HISTÓRIA DA VIDA PRIVADA

Coleção dirigida por Philippe Ariès e Georges Duby

HISTÓRIA DA VIDA PRIVADA

Coleção dirigida por
Philippe Ariès e Georges Duby

1. *Do Império Romano ao ano mil*
organizado por Paul Veyne

2. *Da Europa feudal à Renascença*
organizado por Georges Duby

3. *Da Renascença ao Século das Luzes*
organizado por Philippe Ariès (†)
e Roger Chartier

4. *Da Revolução Francesa à Primeira Guerra*
organizado por Michelle Perrot

5. *Da Primeira Guerra a nossos dias*
organizado por Antoine Prost
e Gérard Vincent

HISTÓRIA DA VIDA PRIVADA

2

Da Europa feudal à Renascença

Organização:
GEORGES DUBY

Tradução:
MARIA LÚCIA MACHADO

2ª edição
15ª reimpressão

COMPANHIA DAS LETRAS

Grafia atualizada segundo o Acordo Ortográfico da Língua Portuguesa de 1990, que entrou em vigor no Brasil em 2009.

Título original
Histoire de la vie privée, Vol. 2: De l'Europe féodale à la Renaissance

Ilustração de capa:
Virgílio, *Eneida* (séc. XV),
Dijon, Biblioteca Municipal

Preparação
Stela Weiss (1ª edição)
Cecília Ramos (2ª edição)

Revisão
Ana Maria Barbosa, Vera Lúcia de Freitas (1ª edição)
Diana Passy, Vivian Miwa Matsuhita, Olga Sérvulo, Beatriz Chaves (2ª edição)

Índice remissivo
Beatriz Calderari de Miranda (1ª edição)
Verba editorial (2ª edição)

Dados Internacionais de Catalogação na Publicação (CIP)
(Câmara Brasileira do Livro, SP, Brasil)

História da vida privada, 2 : da Europa feudal à Renascença / organização Georges Duby ; tradução Maria Lúcia Machado. — São Paulo : Companhia das Letras, 1990.

Bibliografia.
ISBN 978-85-7164-082-5 (obra completa).
ISBN 978-85-7164-135-8 (v. 2)

1. Civilização Medieval 2. Europa - Condições sociais - Até 1492 3. Europa - Usos e costumes 4. Idade Média - História I. Duby, Georges. II. Título: da Europa feudal à Renascença.

CDD-940.1
-390.094
90-1658 -909.07

Índices para catálogo sistemático:
1. Europa : Civilização : Idade Média 940.1
2. Europa : Costumes e vida social 390.094
3. História social medieval 909.07
4. Idade Média : Europa : História 940.1
5. Idade Média : História social 907.07

2013

EDITORA SCHWARCZ S.A.
Rua Bandeira Paulista, 702, cj. 32
04532-002 — São Paulo — SP
Telefone: (11) 3707-3500
Fax: (11) 3707-3501
www.companhiadasletras.com.br
www.blogdacompanhia.com.br

SUMÁRIO

ADVERTÊNCIA

Georges Duby

Em *Montaillou*, à página 386, Emmanuel Le Roy Ladurie acaba de falar das mulheres, de mostrá-las, apoiado em provas, tagarelas e sobretudo curiosas, de olho colado às portas, espiando o que se passa no interior das casas para contá-lo às vizinhas; ele termina com esta frase: "Será necessário, em nossa época, o advento de civilizações mais burguesas, ávidas de vida privada, para que essa espionagem feminina decresça ou pelo menos seja um pouco reprimida". Estas palavras levantam claramente a questão a que este livro não pretende responder, mas que espera ao menos melhor cingir: é legítimo — digo mesmo legítimo, e não apenas pertinente — falar de vida privada na Idade Média, transportar a um passado tão distante uma noção, a de *privacy*, que, como sabemos, formou-se no decorrer do século XIX no seio da sociedade anglo-saxã, então na vanguarda da elaboração de uma cultura "burguesa"? Tudo bem avaliado, creio que se pode responder de modo afirmativo. Pois, de fato, não era mais legítimo aplicar à época feudal o conceito, por exemplo, de luta de classes. Ora, tal transferência revelou-se de utilidade incontestável, já que permitiu não apenas medir o quanto era necessário refinar esse conceito, mas também, e sobretudo, melhor ressaltar as relações de poder no interior de uma sociedade muito antiga, em particular aquelas relações que nada tinham a ver com confrontos entre classes sociais. Não hesitamos então em usar do conceito, tão anacrônico senão mais, de vida privada, e procuramos discernir na sociedade medieval uma fronteira entre o que era considerado como privado e o que não o era, isolar um campo de sociabilidade correspondente ao que hoje chamamos vida privada.

Insisto em que se trata de uma exploração pioneira, muito tateante, incerta. Que o leitor não espere encontrar aqui um quadro acabado. O que ele vai ler, incompleto e recheado de pontos de interrogação, não passa de um esboço. Expondo os resultados de abordagens muito iniciais, este livro pretende sobretudo incitar ao prosseguimento da

Páginas 6-7:
A sala e o quarto. Ilustração do romance Renaud de Montauban, *século XV.* *(Paris, Biblioteca do Arsenal, ms 8073.)*

pesquisa e, para isso, demarca um campo de trabalho. Baseamo-nos em algumas sondagens, como os arqueólogos quando começam a trabalhar no sítio de uma aldeia abandonada no século XIV após a Grande Peste, e, como eles, contamos encontrar em determinado ponto nosso alimento, mas em outro ponto ficar com nossa fome. Pois os frutos de nossa busca arriscada são inteiramente dependentes da densidade, da qualidade dos vestígios, daquilo que informam os documentos, todos os documentos, os textos em primeiro lugar por certo, as fontes escritas, mas também os objetos e depois as imagens esculpidas ou pintadas que pretenderam representar um certo quadro de vida. E se a matéria da obra se encontra disposta de uma maneira que talvez surpreenda, isso se deve a que nossa informação permanece lacunar e ao fato de que está, além disso, muito desigualmente distribuída pelo espaço e pelos cinco séculos que escolhemos considerar.

Partimos do ano mil, pois se produz por volta dessa data uma flexão muito brusca na evolução do material documental, que se torna em seguida cada vez mais abundante. Mas deparamo-nos ao longo do percurso com um outro limiar, igualmente acentuado, que se instala entre 1300 e 1350. Passada a metade do século XIV, tudo ganha um outro tom. A mudança de iluminação é por um lado o resultado de perturbações acidentais (das quais a mais dramática foi, em 1348-1350, a grande epidemia de peste negra) que provocaram em algumas décadas uma real mutação das maneiras de viver em todo o mundo ocidental. Essa mudança se deve também ao deslocamento, na Europa, dos polos de desenvolvimento: antes situados na metade Norte da França, eles se deslocaram nas direções sul e leste para estabelecer-se na Itália, acessoriamente na Espanha e no Norte da Alemanha. Intervêm contudo, e de maneira muito mais decisiva, modificações que, afetando as fontes de sua informação, permitem ao historiador ver mais claramente as realidades daquilo que chamamos a vida privada. Uma ampla face do véu que as mascarava se rompe durante a primeira metade do século XIV. Por quê?

Porque, em primeiro lugar, um movimento profundo levava então os homens a considerar com crescente atenção e lucidez a natureza das coisas materiais, porque no refluxo de uma atitude que dominara a alta cultura europeia durante a Alta Idade Média, o *contemptus mundi*, como diziam os intelectuais, o desprezo do mundo, as aparências pouco a pouco não se afiguravam mais tão radicalmente condenáveis por ser enganadoras, por ser sobretudo inclinadas para o mal. Em razão disso, a arte, a arte de figurar os aspectos da vida por meio do volume ou do traço, a arte dos pintores, a arte dos escultores, oscilou, em torno do ano 1300, para o que denominamos realismo. Parece que os olhos se abriram; o artista aplicou-se doravante em transcrever exatamente o que via, usando de todos os procedimentos de ilusão. A pintura, mais capaz de ilusionismo, antecipou-se nesse momento a todas as outras artes, e viram-se aparecer as primeiras representações pictóricas de cenas íntimas. De modo que, desposando o do pintor, o olhar do historiador pode, passado 1350, penetrar no interior da casa, isto é, no espaço privado, da mesma maneira pela qual aí penetrava, algumas décadas antes, o olhar das mulheres curiosas de Montaillou. O historiador, pela primeira vez, dispõe de meios para adotar a postura de *voyeur*, observando o que se passa no interior desse universo fechado, protegido da indiscrição, onde, por exemplo, Van der Weyden pôs a Virgem da Anunciação e o Anjo.

Isso não é tudo. Interrogando-se sobre a história do privado após a primeira metade do século XIV, o pesquisador pode igualmente meditar de modo proveitoso sobre os vestígios do equipamento material: eles são muito menos raros do que anteriormente. A contribuição de uma arqueologia do cotidiano medieval, com efeito, esclarece essencialmente os dois últimos séculos da Idade Média: as escavações foram quase todas conduzidas em sítios de habitats desertados; ora, o grande período da deserção inaugura-se justamente após a peste negra. Por outro lado — e essa é sem dúvida a consequência de uma elevação generalizada do nível de vida, ela própria consecutiva à despovoação, portanto à pandemia —, dentre os elementos de arquitetura civil que hoje se encontram na paisagem, castelos, moradas urbanas, casas de aldeias, os mais antigos, com poucas exceções, datam do século XIV. O mesmo ocorre com o que subsiste do mobiliário e dos adornos. Vejam-se as coleções. A extraordinária desproporção, por exemplo, no museu de Cluny, entre o que data de antes e de depois de 1300, e essa desproporção se agrava quando se retém das coleções apenas aquilo que concerne à vida privada.

Enfim, os textos. Os documentos escritos começam a revelar o que, até então, aparecia apenas por fragmentos, pois o realismo invade também a literatura, pois Froissart diz mais sobre o cotidiano que Villehardouin, pois o romance já não está tão perdido nas brumas do sonho, e porque sobrevivem, nos depósitos de arquivos, sempre mais abundantes à medida que se avança para o fim da Idade Média, documentos mais loquazes, inquiridores, e que permitem, assim como a nova pintura, perceber o que se passa no interior do lar, atravessar os anteparos, introduzir-se, espionar. Documentos de Estado, pois que o Estado, mais sólido, mais bem armado, já está, nos séculos XIV e XV, a querer tudo controlar, explorar a fundo, portanto, a informar-se sobre o que há também nas consciências a fim de melhor extorquir, de melhor reprimir; o poder público investiga, exige declarações, rompe o segredo. Por exemplo, esse registro de Jacques Fournier, inquisidor e futuro papa, do qual Emmanuel Le Roy Ladurie extraiu tudo o que sabe da vida privada camponesa, data do começo do século XIV e não é senão uma parcela, escapando por acaso à usura do tempo, da massa de investigações que foram conduzidas desde essa data. Por certo, na época de Montaillou, justamente porque se endureceu a luta entre, de um lado, o poder institucional de controle e de exploração e, de outro, as pessoas privadas, estas resistem, erigindo como proteção o "muro" da vida privada, cuja solidez continuamos ciosamente a defender. Mas, para além desse muro, a partir do século XIV, também as informações se tornam cada vez mais abundantes, pois se escreve mais no âmbito do privado, já que se recorre com maior frequência aos notários para questões privadas, e começam então as séries desses inventários após falecimento que dizem tanto dos contratos de casamento, dos testamentos. Logo aparecem enfim nos fundos de arquivos, ainda mais ricos de ensinamento, os escritos íntimos, as cartas, as memórias, os diários domésticos.

Revelação. Ultrapassado esse limite, os anos 1300, desfralda-se toda uma paisagem que até então estava quase inteiramente recoberta de penumbra. A Idade Média, que habitualmente se acredita conhecer, aquela que serve de cenário a esses romances históricos de que constatamos hoje o estrondoso e inquietante sucesso, a Idade Média de nossos sonhos, a Idade Média também dos sonhos de Victor Hugo e de Michelet, quer se trate dos sentimentos, da maneira de amar, dos modos de se portar à mesa, das conveniências, da vida interior, da piedade, não é a Idade Média do ano mil, não é igualmente a de Filipe Augusto, é a Idade Média de Joana d'Arc e de Carlos, o Temerário. De modo que já não é inteiramente impossível pôr em cena sem demasiados anacronismos, em um filme de cinema, uma intriga que se situe no tempo de Luís XI, ao passo que mais vale não se arriscar a fazê-lo se a intriga se arma no tempo de são Luís. A arquitetura deste livro é portanto em grande parte comandada pela presença, na primeira metade do século XIV, de tão incisivo corte. Tudo o que concerne ao período anterior se mostra, com efeito, muito mais problemático e descarnado.

Contudo, as brumas que impedem o conhecimento histórico dissiparam-se lentamente desde o ano mil até o limiar do século XIV, graças a um progresso contínuo pelo qual aquilo que, em uma civilização, diz respeito ao material e o que diz respeito ao espírito foram indissociavelmente afetados. Apenas a esse título, o movimento de crescimento trissecular aparece como um fenômeno fundamental. Mas ele deve igualmente ser considerado como tal e isso obriga a permanecer muito atento, no decorrer da investigação, a essa presença determinante porque repercutiu muito diretamente sobre as formas da vida privada. Por exemplo, que o uso da moeda se tenha pouco a pouco difundido não deixou de modificar a concepção do haver pessoal, a representação do que pertence a si e que não diz respeito aos outros. E, já que o progresso levou à lenta passagem do gregarismo ao individualismo, a concomitante tendência à interiorização e à introspecção isolou pouco a pouco no interior do espaço doméstico um espaço mais privado do qual o corpo de cada homem e de cada mulher constituiu o invólucro. Por outro lado, esse período de descontração geral e de contínuos renascimentos foi o de uma abertura progressiva para culturas distantes ou esquecidas — islã, Bizâncio, Roma antiga —, portanto da descoberta, em maneiras exóticas de comportamento, de estruturas em que o privado e o público mantinham relações diferentes daquelas às quais se estava acostumado e que elas contribuíram para modificar um pouco. Enfim, a elevação contínua do nível de existência, a partilha desigual dos frutos da expansão no interior do modo de produção senhorial e a diferenciação dos papéis sociais avivaram os contrastes entre cidades e campos, entre casas ricas e casas pobres, entre o masculino e o feminino, enquanto, inversamente, a circulação sempre mais rápida dos homens, das ideias e das modas fazia esfumarem-se os particularismos regionais e propagava, de um extremo ao outro do Ocidente, modelos uniformes de comportamento.

No decorrer da pesquisa da qual este livro poderia constituir o plano diretor, importará, em consequência, datar exatamente todas as observações, buscar a mais exata cronologia. Entretanto, do nível muito elementar de que partimos, a matéria revela-se por demais escassa para ser inteiramente ordenada segundo eixos cronológicos. Pareceu-nos mais conveniente e mais eficaz adotar uma outra organização do discurso: preocupados em não dissimular o que nossos conhecimentos têm ainda de fragmentário, escolhemos uma divisão em dois grandes painéis. No primeiro estão dispostos dois quadros. Um propõe uma descrição da vida privada nos séculos XI e XII, mas concentrando a atenção no período compreendido entre 1150 e 1220 (pois parece que nessa época o ritmo do progresso se acelera, a distância entre gerações é sem dúvida mais larga do que jamais foi até os tempos modernos e a documentação começa a revelar atitudes que não são exclusivamente eclesiásticas), e também na França setentrional (a zona de mais intensa fertilidade) e na sociedade aristocrática (a única nesse momento a sair um pouco da sombra). O outro estudo, também estático, refere-se a um período, uma região, um meio social para os quais dispomos de informações particularmente ricas: ele mostra uma imagem da vida privada dos notáveis na Toscana dos séculos XIV e XV. A segunda parte é mais aventurosa. Arrisca-se a tratar, no curso da longa duração, de dois aspectos da evolução geral, acompanhando, por um lado, as transformações do espaço doméstico e, por outro, o desabrochar do individual, especialmente nas atitudes religiosas e nas expressões artísticas. Enfim, na junção dessas duas partes, uma terceira se intercala; ela trata do imaginário, explorando as obras literárias compostas na metade norte da França entre os séculos XII e XV. Com efeito, a literatura de ficção, de interpretação delicada, traz testemunhos insubstituíveis sobre o privado tal como foi efetivamente vivido.

Este livro é obra de uma equipe, e sonhávamos mesmo, ao empreender sua redação, constituir um grupo de trabalho tão coeso que cada um de nós aí se perdesse a ponto de se tornar impossível discernir, à leitura, a parte de um e do outro. Logo se revelou que nisso havia demasiada ambição e que, conduzindo evidentemente nossa tarefa em união muito estreita (e em especial por ocasião desses colóquios de Sénanque, no decorrer dos quais nossos convidados nos beneficiaram com observações preciosas, alimentadas de suas próprias pesquisas), completando-nos, corrigindo-nos mutuamente, era menos artificial e sobretudo mais equitativo renunciar a fundir cada contribuição em uma prosa homogênea, que era preferível, resignando-nos a deixar subsistir dissonâncias e talvez mesmo, aqui e ali, algumas imbricações ou repetições, atribuir claramente a tal ou qual a responsabilidade principal por um segmento determinado do discurso. Todos, em consequência, são explicitamente assinados. Danielle Régnier-Bohler encarregou-se de inserir no conjunto tudo o que se pode extrair da literatura de francês antigo. Dominique Barthélemy, que ademais cuidou da coordenação geral, abordou as relações de parentesco e a história do habitat na era feudal. Philippe Braunstein, Philippe Contamine e Charles de La Roncière trataram respectivamente da pessoa, da moradia e da Toscana nos últimos séculos da Idade Média. Para o período anterior, forneci em alguns pontos minha própria contribuição.

Horda de cavaleiros. Ilustração do Miroir historial *de Vincent de Beauvais, século XIII. (Biblioteca de Bolonha, ms 130.)*

1

ABERTURA

Georges Duby

PODER PRIVADO, PODER PÚBLICO

PARTIR DAS PALAVRAS

O que era a vida privada nos tempos feudais? Para construir uma problemática eficaz — pois, repito-o, é disso que se trata — o melhor método, creio, é partir das palavras, explorar um campo semântico, isto é, o nicho onde se acha refugiado o conceito. Ao tomar este caminho, tenho além disso a impressão de ser fiel ao espírito daqueles eruditos que, à época que escolhi observar, cumpriam uma função análoga à que cumpro, e que em primeiro lugar eram gramáticos, começavam por estudar um vocabulário para aproximar-se do incognoscível, progredindo do mais conhecido ao menos conhecido.

Nos dicionários da língua francesa compostos no século XIX, ou seja, no momento em que a noção de vida privada adquiria seu pleno vigor, descubro de início um verbo, o verbo *privar*, significando domar, domesticar, e o exemplo dado por Littré, "um pássaro privado", revela o sentido: extrair do domínio selvagem e transportar para o espaço familiar da casa. Descubro em seguida que o adjetivo *privado*, considerado de maneira mais geral, também conduz à ideia de familiaridade, agrega-se a um conjunto constituído em torno da ideia de família, de casa, de interior. Entre os exemplos que escolheu, Littré cita a expressão que se impunha em seu tempo: "A vida privada deve ser murada", e propõe esta glosa, em minha opinião bastante expressiva: "Não é permitido procurar e dar a conhecer o que se passa na casa de um particular". Todavia, e é isso que marca bem o termo *particular*, em seu sentido primeiro, mais direto, mais comum, o privado se opõe ao público. Assim, no *Littré*, estas duas citações, uma de Vauvenargues: "Aqueles que governam cometem mais faltas que os homens privados"; e outra de Massillon: "Nada é privado na vida dos grandes, tudo pertence ao público".

Eis-me então remetido à palavra *público*. Definição de Littré: "O que pertence a todo um povo, o que concerne a todo um povo, o que emana do povo". Portanto, a autoridade e as instituições que

O dom privado do poder público. Cena de investidura. Afresco da Torre Ferrande, Pernes-les-Fontaines, c. 1270.

sustentam essa autoridade, o Estado. Esse primeiro sentido evolui para uma significação paralela: diz-se público o que é comum, para o uso de todos, o que, não constituindo objeto de apropriação particular, está aberto, distribuído, resultando a derivação no substantivo *o público*, que designa o conjunto daqueles que se beneficiam dessa abertura e dessa distribuição. Muito naturalmente, o deslocamento do sentido prossegue: é dito público o ostensivo, o manifesto. Assim, o termo vem opor-se, de um lado, a *próprio* (o que pertence a tal ou qual), do outro, a *oculto*, *secreto*, *reservado* (o que é subtraído).

Deve-se ficar surpreso de que um nó de significações apareça de tal maneira organizado no seio da língua latina clássica, em torno de duas palavras opostas, *publicus* e *privatus*? Na linguagem de Cícero, por exemplo, agir *privatim* (opondo-se esse advérbio a *publice*) é agir não enquanto *magistratus*, investido de um poder emanado do povo, mas como simples particular, em outro território jurídico, e igualmente não é agir fora, aos olhos de todos, no fórum, mas em seu domicílio, no interior de sua casa, isoladamente, separadamente. Quanto ao substantivo *privatum*, designa os recursos próprios (novamente, a ideia de propriedade), o uso próprio e, finalmente, ainda, o em-casa (*in privato*, *ex privato*: em ou fora da casa). Quanto a *privus*, designa também ao mesmo tempo o que é singular e o que é pessoal. Em consequência, no francês do século XIX e no latim clássico, a organização do sentido é a mesma; uma raiz, a noção de comunidade popular, da qual procedem dois ramos, um crescendo na direção do que é isento, afastado do uso comum, o outro na direção do que é doméstico, que toca ao indivíduo, mas cercado de seus próximos. Portanto, aquilo que juridicamente escapa, de um lado, a esse poder cuja natureza é especificada pela palavra *publicus*, poder do povo, e, do outro, à intrusão da multidão. A *res publica* engloba todo o domínio pertencente à coletividade e que, por isso, é, de direito, considerado *extra commercium*, que não deve constituir objeto de troca no mercado. Ao passo que a *res privata* encontra-se por contraste posta *in commercio* e *in patrimonio*, isto é, na dependência de um poder diferente, o do *pater familias*, principalmente exercido no quadro fechado, voltado sobre si mesmo, da *domus*, da casa. O que nos faz voltar à Montaillou do século XIV, às suas células domésticas fechadas, mas imperfeitamente, já que o olhar podia nelas penetrar, o olhar das comadres, o do inquisidor, mas também o olhar do historiador.

Se chego a considerar a maneira pela qual se exprimia o pensamento na Idade Média, se consulto o *Glossaire* de Du Cange, o de Niemeyer, o de Godefroy, descubro — sem surpresa, pois que a configuração semântica aparece a mesma nos dois extremos da cadeia, no século XIX e na Roma clássica — que, no meio, ela não era diferente. O latim das crônicas e das leis qualifica de *publicus* o que depende da soberania, do poder de regalia, o que é da alçada da magistratura encarregada de manter a paz e a justiça no povo (como nas expressões *via publica*, *functio publica*, *villa publica* ou, na fórmula merovíngia de Marculfe, *publica judiciaria potestas*). Aquele que se chama *publicus* é o agente do poder soberano, a *personna publica*, aquela que tem o encargo de agir em nome do povo para defender os direitos da comunidade. Quanto ao verbo *publicare*, significa confiscar, apreender, subtrair ao uso particular, à posse própria. Por exemplo, no texto de um legado funerário: *Si absque herede obirent* ("*Se* os doadores morrerem sem herdeiros") *ad monasterium publicatur praedia vel quid haberent hereditario jure* ("tudo o que eles possuíam como direito hereditário será retirado desse direito e atribuído ao monastério"); ou então, na *Historia ecclesiastica*, de Orderic Vital: *Si facultates inimicorum publicarentur paupertas egenorum temperaretur* ("Se se tirasse dos inimigos o que eles possuem, a pobreza dos indigentes seria diminuída").

Por oposição a esses termos, *privatus* e seus derivados ganham seus múltiplos sentidos, evocam o familiar, designam ainda o que não é festivo (por exemplo, na regra de são Bento, *privatis diebus:* nos dias não feriados). Aparece, nesse ponto, uma noção muito importante para a pesquisa que conduzimos, a de festa, de cerimonial, de espetáculo montado, os gestos que se fazem, as palavras que se dizem, as atitudes que se tomam diante dos outros de maneira a mostrar-se: as palavras que sustentam a ideia de privado são reservadas, por contraste, aos comportamentos de intimidade, especialmente àqueles que são de regra no interior de uma fraternidade; assim, em certo documento dos arquivos da abadia de Sankt Gallen, o doador especifica: *Filius meus privitatem habeat inter illis fratribus* ("Meu filho terá essa *privitas* entre os irmãos do monastério"), isto é, gozará de um conjunto de prerrogativas que pertencem coletivamente àqueles que formam esse grupo fechado, isolado pela clausura monástica da sociedade pública. A palavra *privatus* chega com isso a designar o que se encontra em retiro: chama-se *privata*, em uma genealogia composta por Lambert de Saint-Omer no começo do século XII, a vida que leva por um momento o conde de Flandres, Robert de Frison, no mosteiro de Saint-Bertin. Vida "privada" com efeito, pois, durante a quaresma que antecedeu sua morte, esse príncipe, *personna publica*, investido do poder de dirigir o povo, fez retiro, abandonando temporariamente a atividade de regalia; escolhendo residir no interior do claustro, como simples particular, tendo abandonado suas armas, símbolos de seu poder, ele penetrou em uma outra zona do espaço jurídico, em um outro *ordo*, o da penitência. No ponto de chegada dessa derivação, os *privatae*, no latim dos escritos monásticos, são latrinas.

Voltado para as línguas vernáculas, dou-me conta de que, nas línguas romanas, a palavra privado significa mais ou menos a mesma coisa. Ao "privado", à "privança", ao "privativo" pertencem, com efeito, nos textos que se servem da linguagem das cortes, os seres e as coisas abrigados no círculo da família (familiares e não estrangeiros: "*estranhos ou privados*", a oposição está em uma canção de Guilherme da Aquitânia), tudo o que está incorporado à domesticidade e sobre o que o dono da casa estende seu poder ("de seus homens, levou doze de seus privados", diz Wace), permanecendo o vínculo quando este grupo é levado a sair para o exterior ("onde quer que eu esteja, sou vosso privado", lê-se na *Chanson d'Aspremont*). A mesma evolução se manifesta em direção do íntimo, do secreto. *La quête du Saint-Graal* fala dos "grandes segredos e intimidades de Nosso Senhor", e quando Wace, no *Roman de Rou*, transpondo Dudon de Saint-Quentin, mostra os notáveis da Normandia reunidos em conciliábulo, buscando juntos um meio de escapar às exações que os francos fazem pesar nesse momento sobre o país, ele os diz reunidos "privadamente", isto é, não como nessas reuniões em que os membros do povo, em pleno dia, ao ar livre, exprimem o que pensam, deliberam sobre as questões comuns; pois, ainda que se trate de um debate a propósito dos interesses coletivos, ele é conduzido às escondidas, a portas fechadas. E se vê nitidamente como se passa do íntimo, envolto em um apego que se nutre de conivências, ao clandestino, portanto ao suspeito. Suspeito aos olhos do poderio exterior, opressivo, e que o poder público de regulação tem o dever, consequentemente, de desmascarar, de desemboscar. Na relação conflituosa que desse modo se estabelece, o privado aparece bem contido em um espaço protegido, uma defesa, é como uma fortaleza sitiada.

Tal é o resultado de um percurso inaugural em meio às palavras. Retenhamos de início a solidez do sentido. O conceito, sustentado por uma estrutura muito firme da linguagem, afirma sua permanência através das eras. Com toda a evidência, na época feudal permanece perfeitamente clara a ideia, expressa por vocábulos que se organizam em torno de *privatus*, de que existem atos, seres, objetos que escapam de direito à autoridade coletiva e por isso estão estabelecidos em um domínio restringido por limites precisos, cuja função é constituir obstáculo a toda tentativa de intrusão. Então, já que se trata de definir não o conjunto do privado, mas a vida privada por oposição à vida pública, em primeiro lugar nota-se que essa oposição é questão de lugar. A área da vida privada seria o espaço doméstico circunscrito por um recinto, tal como o do claustro onde o conde Robert de Flandres se refugiava para só pensar em sua alma, modificando de súbito a tonalidade de sua existência no momento em que transpunha o seu limiar. Contudo, é importante notar que existem graus na reclusão, que a noção de vida privada é de fato relativa, pois que se passa progressivamente do mais externo ao mais interno, desde o fórum, a estrada, a *strada*, o estrado, o palco, até esses últimos redutos em que se encerra o mais precioso de suas riquezas ou de seus pensamentos, em que as pessoas se fecham entre quatro paredes para posturas que as conveniências proíbem exibir. Desse modo, é preciso admitir que a oposição entre vida privada e vida pública é menos questão de lugar do que de poder.

No entanto, o contraste não é entre poder e não poder, mas entre duas naturezas de poderes. Distingamos dois distritos em que a ordem e a paz não são mantidas em nome dos mesmos princípios, em que, em ambos, o indivíduo é submetido, controlado, em que se corrige, se castiga, mas em que a correção e o castigo cabem a autoridades diferentes. De um lado, o propósito é reger a *res publica*, o *populus*, o grupo de homens (digo de homens: as mulheres escapam a este poder) cuja reunião constitui o Estado, que são copossuidores de bens comuns e corresponsáveis pelo bem comum. Esse domínio é do coletivo, portanto, como se dizia na Roma antiga, *extra commercium*, inalienável; a *res populi* é *res nullius*, e sua gestão cabe ao magistrado, ao *rex* e à *lex*, ao rei e à lei, que é a voz do povo. Uma barreira jurídica fundamental isola da *res publica* o que, nos textos do século XII, é explicitamente designado como *res familiaris*. Um dos cartulários da abadia de Cluny contém um documento intitulado *dispositio rei familiaris*; é um plano de gestão elaborado em 1148 a pedido do pai da fraternidade clunisiana, o abade Pierre, o Venerável, preocupado em sanear a economia doméstica, como era seu dever e seu poder de *pater familias*. A *res familiaris*, como se vê, serve de suporte à vida de uma família, portanto de uma coletividade, mas distinta da coletividade do povo e que é definida por sua área natural de reunião, de encerramento, deveria dizer, que é a casa. Essa comunidade privada não é regida pela lei, mas pelo "costume". Certos membros do corpo que ela constitui fazem também parte do povo e a esse título recaem sob a ação da lei, mas apenas no tempo em que se desprendem desse corpo para entrar na vida pública.

A vida privada é portanto vida de família, não individual, mas de convívio, e fundada na confiança mútua. Em torno dos termos que exprimem nessa época a noção de *privacy* mantém-se, com efeito, enriquecendo essa noção, uma constelação de outros termos. Detenhamo-nos em um deles, *commendatio*, palavra-chave, na verdade, pois define a entrada na relação sobre a qual se edificava a concórdia no interior dos grupos privados. Como traduzir? Por esse ato um indivíduo se confia, remete sua pessoa, liga-se ao chefe do grupo e, por meio dele, a todos aqueles que formam esse grupo, por um vínculo afetivo de grande poder que a linguagem vulgar e a linguagem erudita chamam *amizade*, e que constitui o cimento de todas as ordenações internas: tais relações estruturam uma entidade social defendida por uma parede protetora contra a "lei" cuja tendência é expandir-se, insinuar-se, de modo que o poder exterior manifesta o seu domínio, quando consegue fazê-lo, por um simbolismo de penetração: evocarei, na Idade Média tardia, a solenidade das entradas reais nas cidades, sua encenação, as chaves entregues — já que a chave, que pende da cintura da dama, isto é, da dona de casa, é bem o símbolo do poder adverso. Poder privado, poder interno este, mas que não é menos exigente e que, assim como o outro, não tolera as insubmissões do individualismo.

O PRIVADO NO DIREITO

Eis-nos então incitados, no limiar de uma pesquisa sobre o lugar que a sociedade dita feudal proporcionava à vida privada, a reconhecer onde se situava a linha de confronto entre dois poderes concorrentes, dos quais um era considerado como público. Revela-se bruscamente a configuração dessa sociedade durante as três ou quatro décadas que emolduram o ano mil, quando, há muito tempo carcomida, desaba a fachada de estruturas estáticas que a mascarava. O que se mostra então pode aparecer como uma invasão pelo privado. Com efeito, as relações de poder nesse momento reveladas não acabam de nascer, existiam há muito tempo. Até o presente, os textos pouco falavam delas, e sempre por inadvertência; de súbito, exibem-nas. Nisso consiste a mudança, a "revolução feudal". Mas, justamente, se essas relações não eram até então mencionadas nos autos oficiais, é que se desenvolviam, se fortaleciam pouco a pouco afastadas do ostensivo, no campo do que, normalmente, não é mostrado: as relações que foram então projetadas no primeiro plano e que tomaram a dianteira sobre as outras eram portanto de caráter doméstico, de ordem privada. De fato, os historiadores estão de acordo quanto a isso: a feudalização traduz uma privatização do poder. Em *La France médiévale* de J.-F. Lemarignier, pode-se ler, na página 119: "Os direitos do poder público acabam por acusar um caráter patrimonial, e os costumes, tomados nesse sentido de direitos do poder público, são objeto de transações". Patrimônio, transação, aí está precisamente o que, no direito clássico, distinguia as *res privatae*, porque se encontravam *in commercio*, *in patrimonio*, da *res publicae*. No limite, poder-se-ia dizer que na sociedade que se torna feudal a área do público se embota, se encolhe, e que, ao termo do processo, tudo é privado, a vida privada tudo penetra.

No entanto, a feudalização deve ser vista também e, creio, sobretudo como uma fragmentação do poder público; é bem o que afirma na mesma obra J.-F. Lemarignier: "A autoridade pública se desmembrou, por vezes mesmo se esfacelou". Um esfacelamento que acaba por disseminar os direitos do poder público, de casa em casa, tornando-se cada grande casa um pequeno Estado soberano onde se exerce um poder que, por estar contido em um quadro restrito, por se ter infiltrado no seio da morada, não deixa de conservar seu caráter original, que é público. De modo que se poderia dizer, no limite, que tudo se tornou público na sociedade feudalizada. Na verdade, em uma primeira fase que se prolonga até o começo do século XII, assiste-se à retração progressiva daquilo que, no poder, era percebido como público, depois, no período seguinte, no curso do qual os Estados se reconstituem, a uma recuperação de extensão dessa parcela pública. Contudo, em nenhum momento, mesmo no fundo da depressão, em torno do ano 1100, perdeu-se a ideia de que há uma maneira especificamente pública de dominar, de que existem direitos distintos dos outros porque são de essência pública, tais como essas *regalia* que o imperador se pôs a reivindicar no século XII, na Itália, com referência ao direito romano redescoberto, em um momento de renascimento, de retorno às formas jurídicas clássicas que a grande vaga de deterioração, de feudalização, repelira para a sombra. No plano do político, o estudo do vocabulário nos conduziu a esta evidência: a oposição privado-público permanece. Nossa tarefa é examinar como essa estrutura, em meio aos movimentos que a sacodem, deslocou-se no campo social.

Parto naturalmente do público para reconhecer contra o que ele vem chocar-se. Na base, o que o latim chama *populus:* uma comunidade de homens, de indivíduos adultos do sexo masculino, distinguidos por seu estatuto, a liberdade. No final do século X, no tempo em que se inicia a revolução feudal, ser livre é participar de direitos e de deveres, os quais são fixados pela lei. Direito e dever de trabalhar juntos na manutenção da *res publica* (a noção, por certo, só era clara no espírito dos homens de alta cultura, mas era familiar a esses letrados para quem a expansão da paz e da justiça manifestava a projeção entre os humanos da ordem perfeita que reina no céu e que corresponde às intenções divinas), direito e dever de defender juntos a comunidade, assim como o país onde ela está estabelecida, a *patria* (noção também sempre viva, como o provam tantas alusões nas crônicas do século XII: o conceito de atividade pública se liga muito estreitamente a um sentimento que é preciso chamar de patriotismo), de defendê-la contra as agressões externas participando dessas expedições que os textos catalães do começo do século XI chamam justamente públicas, de defendê-la contra as dissensões internas, protegendo-a do que é designado como "ruptura da paz", conduzindo juntos a vingança dos crimes "públicos" que por sua gravidade maculam todo o povo, trabalhando para reconciliar, reunidos em assembleias que se dizem públicas, os homens livres que por infelicidade se encontram em conflito.

Essa atividade é guiada por magistrados investidos de um poder de coerção que os autoriza a convocar o exército, a conduzi-lo, a presidir as assembleias de justiça e a executar as sentenças pronunciadas nessas assembleias. Eles recebem como retribuição de sua função uma parte das multas aplicadas aos homens livres que romperam a paz. Seu poder é de intensidade variável. Culmina no seio da tropa convocada para conduzir campanha no exterior, fora da "pátria". No interior do território, há momentos em que esse poder se torna mais pesado e mais invasor. São os períodos ditos de "perigo" (uma palavra derivada do latim *dominiura*, exprimindo então a necessidade de instaurar uma dominação reforçada, de estabelecer uma disciplina mais estrita). Assim, à noite, em Valenciennes, por exemplo, as instituições de paz estabelecidas em 1114 evocam esse sino que convida a apagar o fogo em cada lar, que, soando o toque de recolher, ordena a cada um que se retire para sua casa; é chegada a hora de esvaziar o espaço público: que nele não fique mais ninguém senão os inimigos da paz, os quais se manifestarão desse modo e que se poderá mais facilmente restringir.

Revela-se, por outro lado, que uma porção do espaço depende do poder público. Os *Usatges de Barcelona* [Usos de Barcelona] a definem assim na segunda metade do século XII: "As estradas e as vias públicas, as águas correntes e as fontes, os prados, as pastagens, a floresta e as charnecas". Trata-se em primeiro lugar, como se vê, das áreas de circulação, mas, por extensão, de todos os seres que são vistos como errantes porque são estranhos à comunidade, portanto suspeitos, sob vigilância, postos naturalmente em "perigo", seja porque vêm de outros lugares, porque não são conhecidos — são os "forasteiros" —, seja porque suas crenças e seus ritos os excluem — é o caso das comunidades judias. Trata-se, em segundo lugar, das zonas de selvageria, do *saltus*, do que não é cultivado, não produz colheita, a área da não pastagem, da caça, da coleta, possessão coletiva do povo; no Mâconnais do ano mil, é chamada a "terra dos francos" — entenda-se que não pertence a tal ou qual, mas ao conjunto da comunidade.

Tempos, lugares, maneiras de agir, categorias sociais são, assim, da alçada do direito público, e em relação a esse domínio um outro vê-se definido, que escapa ao poder dos magistrados e cuja independência é manifestada por sinais ostensivos. Essa cultura, com efeito, utilizando pouco a escrita, multiplica os emblemas. Já que o domínio do privado é aquele que constitui objeto de apropriação particular, os sinais que o designam ao olhar exprimem em primeiro lugar um direito de posse. É o caso dessas varas de que se trata nas leis ditas bárbaras e redigidas na Gália franca. Eram fincadas nas glebas pertencentes a tal ou tal patrimônio, nos prados no momento em que a relva começava a crescer, nos campos no momento em que o trigo começava a abrir, isto é, quando, durante uma estação, esses pedaços de terra deixavam de se confundir com os espaços abandonados à vã pastagem. Eu assimilaria de bom grado essas estacas aos estandartes que os bandos militares plantavam em suas conquistas para subtraí-las à partilha coletiva dos despojos, tais como aquelas de que fala em Bruges o cronista Galbert em seu relato dos distúrbios consecutivos, em 1127, ao assassinato do conde de Flandres, Carlos, o Bom, essas insígnias que os diversos grupos de atacantes apressaram-se em pendurar na torre do conde assassinado e na do preboste do capítulo, considerado como chefe dos assassinos; com efeito, esses bens estavam expostos, oferecidos a quem quisesse tomá-los; pelo crime que acabava de ser cometido, eles haviam entrado no domínio da vingança pública; eram presas entregues à pilhagem popular, e aqueles que em primeiro lugar conseguiam delas se apoderar retiravam-nas da posse coletiva, incorporavam-nas ao seu patrimônio, interditando esses objetos como um campo, como um prado preparando-se para produzir.

Entretanto, o sinal maior da apropriação, da *privacy*, não era o estandarte mas a barreira, a cerca, a sebe, um sinal de altíssimo valor jurídico do qual, por essa razão, se trata muitas vezes nos regulamentos que regiam a vida social. Refiramo-nos ao título da Lei Sálica, 34, I, "Daqueles que rompem as cercas (*saepes*)", ou então ao da Lei dos Borgonheses, 55, 2 e 5, que diz: "Quando um marco é retirado ou destruído, se é um homem livre, terá a mão cortada, se é um escravo, será morto". Severidade, pois de um lado e do outro desse limite a paz não é da mesma natureza; no exterior ela é pública, no interior é privada. Quer se trate do que os textos da época franca chamam de cercado (*clausum*) — a gleba plantada de videiras — ou então da sebe (*haia*), do parque (*foresta*) — a porção interditada da zona inculta —, o espaço assim delimitado é regido por um direito diferente. Contudo, essa singularidade é muito mais rigorosamente afirmada quanto ao "pátio" ou "corte" [*cour*].

Essa palavra deriva do latim *curtis* que, em seu primeiro sentido, é sinônimo de *saepes* e significa clausura (como na Lei dos Bávaros, 10, 15), mas uma clausura particular, aquela erguida em torno da morada. Com efeito, é essencial o elo que une o pátio e a habitação, que formam juntos a "casa". Vê-se isso claramente em um documento da abadia de Sankt Gallen datado de 771: *casa curte circumclosa cum domibus edificiis* etc., "a casa (o nicho de direito privado onde tal família se encontra alojada) circundada pelo pátio, com moradas, edifícios", ou ainda na ordenação *De villis* que, no tempo de Carlos Magno, decretou regras de gestão para os domínios reais: *ut edificia intra curtes nostras vel saepes in circuitu bene sint custodire*, "que sejam bem vigiadas as coisas edificadas no interior de nossos pátios ou de nossas barreiras". O recinto circunscreve o abrigo onde os homens se retiram para dormir, onde encerram o que têm de mais precioso e onde se devem proteger após o toque de recolher. A imagem mais expressiva poderia ser extraída da biologia, a da célula: um núcleo, a casa, uma membrana, a cerca, formando um todo, esse todo que os textos da época carolíngia chamam o *mansus*, o lugar onde se fica.

Pode acontecer que não haja cercado ao redor da casa. Um edito de paz promulgado para a Alemanha, no começo do século XII, proclama:

> Que eles tenham a paz no interior das casas e dos pátios, assim como no interior dessas áreas legítimas [isto é, reconhecidas pelo direito público, que vem justamente chocar-se contra esses encravamentos] que são chamadas em língua vulgar *Hofstatten*, quer sejam ou não circundadas por uma cerca.

Mas então, ou bem a ausência é acidental, ou bem, e é o caso mais frequente, as habitações se encontram reunidas no interior de um cercado comum que circunda sua aglomeração. Normalmente, não há casa sem arredores cercados. Quando se decide criar novas aldeias, estabelecendo o local onde se implantarão os colonos, tem-se o cuidado de dizer que os lotes para construir são "pátios" e que será conveniente em primeiro lugar circundá-los com uma cerca (*Liber traditionum* de Freising, 813). Essa cerca repele a violência, afasta-a do lugar onde se vive um estado de vulnerabilidade máxima, e a lei, a lei pública, comum, garante a esse espaço envolvente, a essa área (*atrium*) "que se chama vulgarmente de pátio", esclarece a crônica de Hariulf, uma salvaguarda, ameaçando de punições muito graves quem ousasse transgredir a interdição, transpor esse limite, especialmente à noite. Assim, o roubo, o incêndio, o assassinato, se cometidos por intrusos no interior de um cercado, são passíveis de uma pena duplicada, pois a falta é dupla, acrescentando-se ao próprio crime o delito de arrombamento. Em compensação, quando o culpado é um daqueles que legitimamente residem ao abrigo da cerca, o magistrado não pode intervir, nem penetrar no pátio, se não for chamado pelo chefe da casa. Os pátios da alta época medieval aparecem então como ilhotas, como refúgios, que juncam o espaço onde o "povo" estende sua ação e seus direitos coletivos. Aqueles que decidem deles sair necessitam outro invólucro ostensivo, ou antes outro emblema de proteção. Para os homens livres, são as armas, sinais de sua liberdade. Quanto às mulheres que se retiram do recinto, é importante que cubram a cabeça com um véu.

No interior de cada cercado, com efeito, encontram-se encerradas, confinadas, todas as *res privatae*, as *res familiaris*, isto é, os bens móveis, próprios, privados, as reservas de alimento ou de adornos, o gado, mas igualmente todos os seres humanos que não fazem parte do povo: os indivíduos do sexo masculino enquanto não são adultos, capazes de usar as armas, de participar das expedições militares ou de sentar-se com os outros nessas assembleias em que se faz a justiça; as mulheres, menores ao longo de toda a sua vida; enfim, os não livres, de qualquer idade e de ambos os sexos. Estes não são diretamente da alçada da lei, dependem do poder doméstico, o do dono da casa, da *domus*, do *dominus*, como diz o latim dos textos. Eles estão "em sua mão" ou, segundo os termos germânicos latinizados empregados pelos escribas, em seu *mundeburnium*; são os objetos de sua propriedade, a exemplo do gado recolhido nos estábulos; formam o âmbito doméstico, a *familia*, a "habitação", a "família", a "morada". Essa população não está submetida a uma outra mão, a do poder público, senão em três circunstâncias. Em primeiro lugar, quando essas pessoas, transpondo a clausura, penetram no espaço popular, encontram-se nas vias ou nas praças públicas sem estar acompanhadas pelo chefe da casa de que dependem ou por homens livres da família; tornados como que forasteiros, cabe ao magistrado assegurar-lhes o "conduto", enquadrá-los, substituindo o poder paterno. Por outro lado, quando o chefe da casa não está mais presente, quando já não há na morada adulto do sexo masculino de condição livre capaz de proteger os menores da "família": assim, a função primitiva do rei, que a delegava a seus agentes, era tomar sob sua guarda a viúva e o órfão. Enfim, terceiro caso, a mão forte do magistrado pode ser expressamente requisitada por um apelo, uma queixa, que se diz *clamor* ou "grito", tornando-se públicos desde então o dolo, o rancor e os culpados abandonados à autoridade geral.

A bem dizer, a linha divisória a que se referem ainda no século X os textos oficiais encontrava-se de longa data em via de esfumar-se sob a pressão do privado, e não era o resultado de uma infiltração do germânico nos quadros da romanidade, do bárbaro no civilizado: esse movimento era já perceptível no interior da cultura clássica antiga. Pode-se relacioná-lo com a ruralização: a cidade, espécie de grande cenário plantado para realçar o brilho das exibições do poder público, foi lentamente invadida pelo campo, enquanto o poder do magistrado tendia a esfacelar-se, a disseminar-se entre as casas rústicas. A cidade foi então substituída insensivelmente, como modelo primeiro de toda vida social organizada, pelo "pátio". Por certo, subsistiu a ideia, ao menos no espírito dos homens de cultura, de que a função régia consistia em manter na paz e na justiça uma comunidade de homens livres, de que cabia ao rei ser o agente "da paz em sua plenitude", como escreve Jonas d'Orléans no começo do século IX, realizar a "unanimidade do povo". No entanto, em consequência inicialmente da cristianização da realeza, o rei, considerado como o representante de Deus, mas de Deus Pai, apareceu ele próprio pouco a pouco como um pai, investido de um poder análogo ao daqueles pais que governavam em cada casa. Por outro lado, os poderes que ele detinha revestiram-se do aspecto cada vez mais evidente de uma propriedade pessoal, hereditária, patrimonial: o movimento de apropriação da coisa pública teve origem no topo da hierarquia política. Fustel de Coulanges já o observava: *publicus*, na Roma antiga, designava a coisa do povo; na Gália franca, a coisa do rei; o poder de regalia tornara-se bem de família transmitido por cópula, geração, pelo sangue, e partilhado a cada sucessão entre os consanguíneos, ou então mantido indiviso por irmãos, como uma casa. Insensivelmente, o *palatium*, o palácio, onde o soberano dispensa a justiça, foi percebido como uma morada, e isso é observado na evolução de sentido que afetou certas palavras, tal como a palavra latina *curia.*

Na origem, o termo designara a cúria do povo romano, depois o Senado, portanto a essência mesma da magistratura pública; nos textos que conservamos, *curia* tende, a partir do século VIII, a confundir-se com *curtis*, a designar essa tapada de onde o poder público é legitimamente repelido, enquanto os escribas, e os melhores deles, servem-se inversamente da palavra *curtis* quando têm de falar do palácio real: *in curte nostra*, fazem Carlos Magno dizer nos diplomas mais solenes. Um claro testemunho da compenetração de que falo é fornecido, aliás, pelas estruturas do palácio imperial de Aix, que foi o protótipo de todas as residências principescas medievais. Alguns dos elementos desse edifício, construído em belas pedras como os prédios públicos da Antiguidade romana, provêm do grande cenário urbano, cívico: a porta monumental, a galeria, em suas extremidades duas construções, a basílica ao norte, onde o soberano vinha ditar a lei e prescrever que fosse aplicada, o oratório ao sul, precedido de um átrio onde o povo se reunia para ver o soberano, no andar superior, e para ouvi-lo falar de uma *loggia.* Nesse local, contudo, o trono, por uma espécie de introversão, estava voltado para o interior, o que dava ao santuário o aspecto de um lugar fechado que reunia a domesticidade aos pés de seu senhor, imagem terrena do Pai celeste. Quanto à fachada, não aparecia ela como uma *curtis*, uma barreira cercando o espaço em que o rei vivia com seus familiares, banhava-se, dormia em construções de madeira, alimentava sua gente? O palácio de Aix, os outros palácios carolíngios, os que foram erguidos em seguida pelos príncipes feudais, por exemplo aquele recentemente explorado, que o duque Richard da Normandia mandou construir em Fécamp, apresentavam na verdade os traços de uma *villa rustica*, abrigando uma vasta domesticidade cujos dois serviços principais, a capela e o quarto, haviam insidiosamente invadido edifícios de aparência pública. Na capela, os eclesiásticos da "família" rodeavam o senhor por ocasião de suas orações públicas, mas serviam-no mais comumente quando ele se retirava para rezar sozinho nos dias "privados". E no quarto era guardada o que já não era considerado, senão por resíduos de linguagem, como a caixa pública, a *arca publica*, porém constituía, ao contrário, o bem mais precioso da *res familiaris.* Na morada do rei carolíngio, esta, segundo o autor de uma biografia de Luís, o

Piedoso, "consiste nos ornamentos reais [emblemas do poder, assimilados agora a objetos privados], as armas, os vasos, os livros e as vestimentas sacerdotais"; para o monge de Sankt Gallen, o quarto é um vestiário, um guarda-roupa onde são arrumados os hábitos para todos os usos, e sabemos por um diploma de Carlos, o Calvo, datado de 867, que o linho e a lã tecidos pelos dependentes camponeses aí vinham misturar-se aos presentes oferecidos a cada ano ao soberano pelos grandes do Império. Tudo aquilo que uma tal generosidade, obrigatória mas privada, e os encargos exigidos dos escravos introduziam na casa real, tudo, à exceção das bebidas e da forragem para os cavalos, encontrava-se posto, segundo as ordenações que regiam a vida interna do palácio carolíngio, sob a vigilância da esposa do rei, uma mulher, e que por sua própria condição de mulher estava excluída do povo, recolhida no interior, o que me parece muito expressivo da irresistível reviravolta do poder público em direção ao privado.

Outro sinal evidente: a natureza dos laços que unem o rei aos membros de seu círculo. Esse grupo (nômade, mobilizado a cada primavera para a expedição militar e, no intervalo, para as caçadas nas zonas incultas) era, em torno do edifício palaciano ou então no sítio efêmero dos acampamentos, reunido em primeiro lugar pela comensalidade: comer, comer todos juntos, em companhia do senhor, visto como um nutridor, contar entre os "convivas do rei" de que fala a Lei Sálica. Papel simbólico eminente da refeição no centro dos ritos do poder. O devotamento, expresso pela palavra *obsequium*, isto é, a deferência, o serviço livremente consentido, punha, por outro lado, todos esses homens sob o patronato do soberano. O vínculo atava-se por meio de gestos de mãos, tomando o senhor entre as suas as mãos juntas daquele que, entregando assim sua pessoa, punha-se na posição de um filho diante do pai. Inelutavelmente, durante os séculos VIII, IX e X, pela importância crescente atribuída aos gestos que distribuem o alimento e instauram uma confiança pseudofilial, progrediu a assimilação da *functio*, isto é, do serviço público, à amizade, ao reconhecimento do alimentado e à submissão do cliente. A cada primavera, a assembleia que reunia em torno do rei carolíngio tudo o que contava no Estado era vivida, assim, como uma reunião de família, com troca de presentes e banquete, o que, observemo-lo, provocava a necessária ostentação do privado real. Pois, entre o privado e o público, tratava-se bem de interpenetração, de osmose: se o palácio tendia a parecer uma casa de particular, a casa de todo homem que detinha uma parcela de poder de regalia devia tomar o aspecto de um palácio, portanto abrir-se, revelar seu interior, e especialmente pela instituição de um cerimonial em torno da refeição do senhor. É o que se produziu desde o século IX na altíssima aristocracia, entre os condes. Um conde ocupava o lugar do rei ausente em cada um dos palácios erguidos nas cidades: devia, como o soberano, ali fazer figura simultaneamente de pessoa pública e, exibindo para isso sua "privança", de pai nutridor. O processo de feudalização iniciou-se por uma tal difração do modelo proposto pela casa real.

FEUDALIDADE E PODER PRIVADO

Nas décadas que antecederam o ano mil, esse movimento se acelerou e, pelo efeito de uma série de rupturas ao longo da cadeia dos poderes, isolaram-se então núcleos de autoridade. Autonomia, em primeiro lugar, da maior parte dos palácios locais que outrora eram visitados pelos reis durante suas peregrinações incessantes e que no intervalo eram ocupados pelos condes; estes, na França do ano mil, consideravam já há algum tempo que a parcela do poder público de que seus ancestrais tinham recebido delegação do rei estava doravante integrada a seu patrimônio; sua dinastia tinha raiz em uma necrópole e seu parentesco organizava-se em linhagem, a exemplo do parentesco real. Reivindicando para si os emblemas e as virtudes da realeza, eles deixaram pouco a pouco de se dirigir regularmente para junto do soberano, e seu afastamento, assim como o dos bispos, fez recuar a lembrança daquilo que subsistia de público na corte real. Passado o decênio de 1050-1060, o rei Capeto não era mais assistido senão por parentes muito próximos, por alguns camaradas de caça e de combate, enfim pelos chefes de seus serviços domésticos, e o poder de paz e de justiça via-se decididamente exercido de maneira local por príncipes independentes que, de tempos em tempos, davam-se mostras de amizade nas fronteiras de seu território, em terreno neutro, cada um aparecendo nesses encontros como um patrono, considerando a porção do reino submetida ao seu poder como um apêndice de sua própria casa.

A invasão de imagens mentais e de usos que se haviam fortalecido no privado da vida foi naquele momento tão brutal que se chegou muito rapidamente a pensar o Estado sob o aspecto de um organismo familiar. Aqui estão dois exemplos disso.

Landolf, o Velho, excelente historiador, descreveu, meio século mais tarde, o que era o principado milanês logo após o ano mil; ele fala de Milão, da cidade, de suas cercanias rurais como de uma família, a de santo Ambrósio, já que o poder de regalia pertencia agora ao arcebispo, sucessor do santo. Uma família bem ordenada, com as diversas funções domésticas distribuídas no interior dessa corte imensa entre dez ofícios, dez "ordens" — é a palavra que ele emprega — hierarquizadas, cada uma delas dirigida por um "mestre", chefe de uma equipe. Os mais numerosos e mais bem situados desses serviços eram evidentemente encarregados da administração do sagrado. Contudo, no escalão inferior, dois se ocupavam das questões profanas: um reunindo os servidores no interior da casa;

o outro, dirigido pelo visconde, herdeiro dos antigos magistrados mas doravante considerado como um oficial privado, reunindo, para ações judiciárias ou militares conduzidas fora da *domus*, o povo milanês, a comunidade dos homens livres, dos "cidadãos", como diz esse escrito, que no entanto vê neles a vasta domesticidade do príncipe. Presume-se que todos o servem; todos invocam em troca o seu patronato, esperando ser defendidos por santo Ambrósio como por um pai, e ser também, ocasionalmente, sustentados por ele, e o arcebispo Aribert é mostrado efetivamente, em tempo de fome, distribuindo moedas, roupas, ordenando ao chefe da padaria que mande amassar todos os dias 8 mil pães, ao chefe da cozinha que mande ferver oito grandes medidas de favas para alimentar os esfaimados, sendo o conjunto do povo assim alimentado incorporado pelo imaginário à morada principesca, privatizado.

O outro exemplo, também italiano, porém mais tardio, vem do texto que celebrou a expedição vitoriosa conduzida pelos pisanos contra Maiorca em 1113, uma epopeia, deformante, por isso mesmo revelando melhor as configurações simbólicas. O campo do exército pisano, isto é, da comunidade pública convocada para uma aventura militar, é aí representado ainda como uma morada, ou antes como uma vasta sala preparada para os festins que o senhor deve oferecer a seus comensais: a tenda do arcebispo, que ocupa o lugar de Cristo, fica em seu centro, rodeada pelas dos doze "grandes" que, ocupando o lugar dos apóstolos, conduzem adjuntamente os combatentes; esses chefes estão ligados ao prelado pelo parentesco, pelo dever de vassalagem, pelos feudos que devem a ele, portanto por laços privados, e cada um deles é ele próprio patrono de uma "companhia" (e eis aqui a volta da palavra pão, a ideia do alimento compartilhado), de uma fração do povo cujas tendas formam um largo círculo em torno do círculo estreito da nobreza. Um encaixe de patronatos, essa é bem a imagem que têm de seu poder todos os príncipes desse tempo: imaginam sua casa abrigando sob suas asas um certo número de casas subalternas, cada uma dirigida por um "grande", que exerce sobre uma parcela de populaça um poder análogo ao seu.

No século XI, essas casas satélites eram castelos, edifícios onde dois símbolos, o do poder público e o do poder privado, encontravam-se conjugados: de um lado a torre, erguida, erigida, emblema do poder de coerção; de outro a cerca, a "camisa", como dirá o francês antigo, emblema de isenção doméstica. Essas moradas gozavam de franca autonomia; eram sempre imaginadas, no entanto, como englobadas na casa de um patrono, a qual não era ela própria concebida como totalmente isolada da casa do rei. De fato, costumes intervinham para obrigar os chefes das famílias subordinadas a agregar-se temporariamente àquela que os dominava. Quando o chefe desta, como outrora o rei carolíngio, convocava para as grandes festas todos os seus amigos a reunir-se em sua corte (*curia* ou *curtis* segundo os textos, os escribas hesitam), eles passavam alguns dias junto dele, representando ostensivamente o papel de servidores. Eis como Thietmar de Mersebourg evoca a corte presidida pelo rei da Alemanha no começo do século XI: quatro duques, diz ele, ali serviam (ele empregava o verbo *ministrare:* nessa encenação, com efeito, cada um desses grandes personagens, fazendo função de "ministerial", dirigia um ofício doméstico), um encarregado da mesa e por isso posicionado no topo da escala, o outro do quarto, o terceiro do celeiro, o quarto da estrebaria. Por outro lado, as relações de convívio, de quase parentesco, eram efetivamente vividas por um tempo muito mais longo pelos filhos dos patronos de segunda ordem, comumente instalados durante sua adolescência na "corte" dominante, comendo durante esse tempo com o senhor, dormindo, caçando em sua companhia, educados por ele, rivalizando para agradá-lo, esperando dele adornos, alegria, acabando por dele receber suas armas, por vezes uma companheira, a espada, a esposa, isto é, o necessário para assumir por sua vez a frente de sua própria casa, autônoma, no entanto muito estritamente ligada à casa nutriz pelas remanências de uma tal comensalidade de juventude. Traço fundamental: foi nas formas da vida privada que a feudalização "esfacelou" o poder público. A vida privada esteve na origem da amizade, dos compromissos de serviços mútuos, portanto da devolução do direito de comandar, que passava por não poder ser legitimamente detido senão na atitude de um duplo devotamento, em relação a um protetor, em relação a protegidos. Desse modo, a imagem se pôs no lugar de uma hierarquia de quatro graus: a casa real abarcando as dos príncipes; as casas principescas envolvendo por sua vez os castelos; cada torre, enfim, mantendo sob seu jugo a fração do povo estabelecida ao seu redor.

O povo foi, no entanto, no advento do que chamamos a feudalidade, dividido em duas partes. Coube a apenas alguns dos adultos masculinos assumir em plenitude o ofício cívico primordial, o serviço de armas, munidos do melhor equipamento. Para designá-los, o latim dos textos emprega a palavra *miles*, que significa guerreiro, mas, sob essa palavra, desponta, latinizado, um termo da linguagem falada, *caballarius*, cavalariano, cavaleiro. A fortaleza era o lugar natural onde cumprir a função destinada a esses homens; eles vinham em "estágio" ali fazer guarnição, por períodos; ali se reuniam todos nos momentos em que, estando ameaçada a paz pública, era lançado o que se chamava o "grito do castelo". Ao senhor deste os cavaleiros estavam submetidos — ele falava deles como de "seus" cavaleiros —, e sua autoridade sobre eles, semelhante àquela que sujeitava ele próprio ao príncipe do país, era de natureza muito nitidamente familiar. Quando chegava à idade adulta, cada um dos "guerreiros do castelo" confiava seu corpo ao chefe da fortaleza por meio de gestos, dos quais alguns, os das mãos dadas e tomadas, exprimiam a entrega de si, e dos quais um outro, o beijo, sinal de paz, selava a fidelidade recíproca. Por esses ritos, uma espécie de tratado era concluído, unindo os contratantes por um laço que se podia confundir com os do parentesco. Atestam-no a escolha da palavra "senhor", que significa "o velho", para designar aquele que recebia a confiança, também o fato de que os cavaleiros aparecem na subscrição dos atos do senhor misturados aos consanguíneos deste em um grupo homogêneo, e o fato, enfim, de que o patrono se considerava obrigado a sustentar seus "fiéis", a alimentá-los copiosamente à sua mesa, ou então, mas nem sempre, a conceder-lhes meios de viver por conta própria, um feudo. Essa concessão se consumava pelo rito da investidura, a passagem de uma palhinha de uma mão a outra, que parece ter derivado, nas brumas da altíssima Idade Média, de um simbolismo da adoção.

Confiando-se, os cavaleiros entravam, com efeito, na "família" do dono do castelo, em seu privado. É por isso que os atos de um concílio realizado em Limoges em 1031, ao enumerar os homens que formam a parte superior da sociedade leiga e citar depois os "poderes superiores" e os "príncipes de segunda ordem", os "cavaleiros", acrescentam imediatamente à palavra *milites* o qualificativo mais adequado: *privati*, privados. Uma parcela do povo, extraída do domínio público, vem assim distribuir-se entre grupos de quase parentesco. Todas as querelas que podiam nascer entre esses familiares eram apaziguadas privadamente, em "batalha", por duelo judiciário ou pela arbitragem de seu patrono, um patrono a quem eles serviam como um sobrinho deve servir a seu tio materno, pela ajuda e pelo conselho, todos associados à gestão de um patrimônio comum, o poder de "convocação dos vassalos" ligado à fortaleza. Um de seus deveres, a que os obrigavam o alimento que recebiam ou o feudo que lhe fazia as vezes, era com efeito manter o resto do povo sob o jugo, por meio desses giros regulares de intimidação em torno do castelo que se chamavam "cavalgadas", pois que tinham a função de mostrar a superioridade do homem a cavalo, agente do poder de coerção.

A outra parte do povo era efetivamente objeto de uma exploração que tendia também a privatizar-se. Aberta, mais frequentemente encoberta, passiva, sua resistência é perceptível de um extremo ao outro da Idade Média. Ela foi eficaz em certas áreas camponesas privilegiadas, tais como os espaços montanheses, e nas únicas cidades que conservaram a vitalidade no século XI, no vazio da retração da economia de troca, as cidades do sul da cristandade. Nesses setores, os cavaleiros não foram os únicos a conservar os atributos maiores da liberdade, a se reunir para julgar e para combater. Ao lado deles aparecem nos textos outros homens chamados *boni homines*, "de qualidade", ou então, nas cidades, *cives*, "cidadãos" (são estes que, no campo do exército pisano, não se alojam nas tendas do círculo superior, porém se preparam, em armas, para atacar Maiorca, e que o príncipe-arcebispo estimula, como no fórum, arengando-os). Contudo, permaneceu bastante estreita a margem onde se mantinham, no nível inferior das "casas", das "famílias" de cavaleiros, as atitudes e a consciência do civismo. A massa do povo foi ela também domesticada, mas de uma maneira muito diferente daquela pela qual o eram os cavaleiros. Seus cavaleiros, o "juiz público" (é assim que os autos do Concílio de Anse designam ainda em 994 o detentor do poder de regalia) tratava como a seus filhos, seus sobrinhos ou seus genros; ao passo que entendia tratar todos os outros habitantes do território submetidos à sua vassalagem como os membros de sua *familia* — tomemos o termo em seu sentido primeiro: de sua domesticidade servil. O modelo privado invasor era aqui aquele não do parentesco, mas da servidão, e a imagem que se impunha ao espírito dos contemporâneos, a do grande domínio, legada pela Alta Idade Média rústica. Ela mostrava o castelo sob o aspecto de uma corte dominial (*curtis dominicalis*), dessa cerca que, na época carolíngia, circundava, no coração da grande exploração rural, a morada do senhor e seus anexos. Ela mostrava os pequenos cercados, os "courtils" (*curtiles*), ocupados pelos camponeses sob o aspecto das cabanas de escravos em que a aristocracia carolíngia pusera seus dependentes inferiores.

Ela escolhera com efeito instalar aos pares, em um pequeno pedaço de terra, os homens e as mulheres de seus galés servis a fim de que procriem e criem os filhos nascidos de sua união; era a melhor maneira de gerir a parte de capital, de gado, constituída pelos *mancipia*, de assegurar sua manutenção e sua renovação. O único inconveniente era, unindo-os como casal, abandonar a esses objetos animados que eram os escravos uma parcela de vida privada. Por isso, essa parcela fora parcimoniosamente medida: os homens assim estabelecidos deviam, uma manhã a cada duas ou três, dirigir-se ao interior da corte dominial, ali passar o dia, efetuar todos os trabalhos que lhes fossem ordenados, comendo no refeitório, com isso reincorporados, na metade de sua vida ou quase, à domesticidade primitiva; quanto às mulheres de sua casa, eram obrigadas ao trabalho coletivo no gineceu, na oficina feminina de tecido; por outro lado, o senhor servia-se à vontade dos filhos desses casais, constituindo cada cabana um viveiro no qual mantinha ocupadas em tempo integral as equipes de servidores; ele podia, enfim, tudo apreender na casa de seus escravos, as moças para casá-las a seu bel-prazer — e se o pai queria reservar-se esse direito, precisava comprá-lo —, uma parte também da sucessão, o gado à morte do pai, as roupas à morte da mãe. Os pátios servis não se encontravam, como os dos camponeses livres, protegidos pela lei contra a intrusão de um poder de exação: com efeito, não eram mais que anexos da casa do senhor, proprietário de seu conteúdo em homens, em mulheres, em jovens, em bens, em animais, como o era de seu forno, de seus próprios estábulos e de suas granjas.

No começo do século XI, quando se revela a organização feudal da sociedade, está claro que os detentores do poder de origem pública pretendem assimilar o território de seu distrito a um grande domínio, extorquir de todos os residentes e de todos os passantes que não são cavaleiros o que extorquem dos não livres que lhes pertencem, e vê-se os instrumentos do poder público, quando se aplicam à parte desarmada do povo, dominializar-se. Do mesmo modo que em torno do príncipe ou do conde o tribunal público superior se transformava em uma reunião familiar composta de parentes, de feudatários, de cavaleiros privados, assim também as assembleias reunidas nos campos para julgar os humildes de condição livre tornaram-se tribunais domésticos; os senhores dos castelos delegavam à sua presidência um de seus servidores, e as pessoas de baixa condição, qualquer que fosse seu estatuto, aí eram corrigidas como outrora os escravos dos domínios. Na região do Mâconnais, a transformação estava consumada por volta de 1030. Ela foi menos precoce em outras regiões, mas teve como resultado apagar progressivamente a distinção, no meio dos "pobres" (emprego essa palavra da época, aplicando-se a todos os homens sem poder e sujeitos à vassalagem do castelo), entre aqueles que outrora eram considerados livres e os outros. Consequência natural, pois era nas assembleias de aldeia, em que tal homem tinha o direito de tomar assento e das quais tal outro era excluído porque se sabia que seu corpo pertencia por seu nascimento a alguém, em que tal mulher podia (cito um auto do final do século XI transcrito em um dos cartulários da abadia de Cluny) "legalmente provar" que escapava à posse privada de fulano que se pretendia seu senhor, era ali que se mantinha viva a noção de liberdade. Quando essas assembleias anteriormente públicas se confundiram com instâncias que, no interior das casas, castigavam as pequenas faltas dos não livres, a noção evidentemente se desagregou. Lentamente: foram necessárias três gerações para que os redatores de cartas deixassem, nos campos do Mâconnais, de opor os *servi* aos *liberi homines.* Mas, cinquenta anos antes, a expressão *terra francorum*, a terra reservada aos "francos", isto é, aos homens livres, para uso coletivo, caíra em desuso, já que todos os camponeses, francos ou não, tinham agora acesso aos bens comunais sob o controle do senhor banal. E já em 1062 certo escriba, redigindo um auto de doação, designava globalmente os homens que constituíam o objeto da cessão "escravos" (*servi*); ele acreditava dever precisar: "esses escravos, quer sejam livres ou escravos", pois não se perdera inteiramente a lembrança da distinção teórica; enquanto de fato eles eram cedidos a granel, por seu comum proprietário privado, como um rebanho.

Aí está o segundo efeito da invasão pelo privado do direito de dominar os "pobres": de todos os seres humanos que, na área em que se estendia seu poder, não eram suas coisas, os detentores do poder de coerção se puseram a exigir que se "confiassem" também, como os cavaleiros, que se dessem a eles. Uma carta de Cluny relata um fato que se produzira por volta de 1030 em uma aldeia às margens do Saône: um "homem livre" ali viera estabelecer-se; residiu ali "em liberdade", mas ao fim de um certo tempo foi preciso que se "recomendasse" aos senhores desse lugar. *Commendatio*, o termo é o mesmo que para o ato de devotamento de um homem de guerra, e os gestos rituais talvez não diferissem muito, mas sua consequência era bem diversa: uma tal "recomendação" não integrava ao parentesco mas à *familia*, ao grupo dos dependentes inferiores obrigados a servir não nobremente, filialmente, como os cavaleiros, mas servilmente, não mais se pertencendo, objetos de apropriação. Os homens ricos do Mâconnais dão e vendem no século XI seus "francos", assim como vendem e dão seus escravos. Esses homens ainda são ditos livres, mas seu vínculo é ele também hereditário; seu patrono entra em sua casa para ali tomar o que quiser de sua herança; eles não se casam sem seu consentimento. Quando o vocabulário das cartas enfim se adapta, um século após a grande mutação, duas expressões muito significativas aí se introduzem para qualificar o conjunto dos dependentes entre os quais nada mais resta dos estatutos outrora distinguidos pela lei: um senhor diz, que de tal ou qual, é meu homem "próprio", ele me pertence, é de meu privado — ou então, é meu "homem de corpo": seu corpo é meu.

É evidente, no entanto, que os detentores da vassalagem não chegaram, salvo exceção, a escravizar todos os "pobres" do território dependente de sua fortaleza. Escaparam aqueles dentre os humildes que constituíam a domesticidade das casas de cavaleiros estabelecidas nesse distrito, homens de corpo eles também, mas cujo corpo era possuído por um outro senhor; como dizem os estatutos publicados em edito em 1282 para a cidade de Orange, eles eram *de mainada hospicii*, formando a "manada" de um "palácio", de uma casa bastante vasta, bastante fechada para conservar sua autonomia diante do poder do castelo. Escaparam também a esse poder grupos de homens e de mulheres designados pelo texto como "residentes" (*manentes*). Sobre estes o poder senhorial pesava menos, e seu caráter público não era totalmente apagado. Assim, a Carta de Tende redigida após 1042 distingue, entre os serviços devidos ao conde, aqueles, indefinidos como o eram as obrigações dos escravos, devidos pelos *homines de sua masnada*, e os serviços, ao contrário, tarifados a que são obrigados os *homines habitatores*. Contudo, para essa espécie de pessoas que se haviam defendido melhor, cujos pais tinham recusado realizar os ritos de submissão, deixar-se englobar em uma e outra dessas famílias tentaculares, as exigências do homem que, dizendo-se seu *dominus*, pretendia dominá-los, os tributos que requeria em nome da proteção por ele fornecida, haviam-se revestido também de uma forte tonalidade familiar. Porque, em certa data, eles eram obrigados a levar o que se chamava de "presentes" à casa do chefe, porque deviam ali efetuar corveias substituindo o serviço de armas de que não estavam mais encarregados, eles se transferiam por um tempo para a "corte" do sire, estabelecendo-se em relação a ele em um vínculo de convívio, de obediência. Uma outra espécie de exação, esses direitos que se chamavam de "pousada", de "albergue", de "abrigo", de recepção, produziam um efeito semelhante. Sua origem pública é indiscutível: na Antiguidade tardia, os magistrados em trânsito eram albergados pelos cidadãos. Ora, no século XI ou XII, essa hospitalidade obrigatória derrubava periodicamente as barreiras que protegiam a vida privada do aldeão; a casa de seu senhor vinha alimentar-se, instalar-se provisoriamente em seu recinto, era-lhe preciso passar um dia, uma noite, como em família, se não com o próprio senhor, ao menos com um de seus cavaleiros. E quando a resistência obstinada a uma intrusão tão incômoda triunfava, quando conseguia que o direito de pousada fosse limitado, restava a obrigação de entregar o equivalente; os camponeses considerados "livres" deviam tirar vinho de suas adegas, pão de suas uchas, dinheiro de seus cofres, levar também colchões de penas quando o sire e seu séquito vinham dormir na aldeia — e era uma vitória popular ganhar essa "franquia"; a autorização para o aldeão e sua esposa de conservar ao menos o seu. No povo submetido, que os escritores mais seguros de seu vocabulário já não chamavam *populus*, mas *plebs*, a carapaça da vida privada assim se havia adelgaçado e desmembrado bastante: o processo de feudalização, em todos os níveis da hierarquia social, fizera dilatar-se nas relações de poder o que era até então concluído de maneira privada, impulsionara-o como uma maré, rompera os diques. Paradoxalmente, quando a sociedade se feudalizou, houve cada vez menos vida privada porque todo poder se tornara cada vez mais privado.

O campo religioso não escapou a essa invasão. Os cristãos da época feudal, ao menos aqueles dos quais se podem conhecer as atitudes, mantêm-se diante do poder divino nas posturas rituais de quem faz consagração de si: como os cavaleiros que se confiam ao senhor do castelo, eles estão ajoelhados, de bom grado de mãos postas, aguardando recompensa, esperando ser mantidos no outro mundo paternalmente, aspirando a ser introduzidos no privado de Deus, em sua *familia*, mas no grau conveniente à "ordem" de que fazem parte, isto é, no nível inferior de uma hierarquia de submissão. Buscam tomar lugar em um desses espaços privados subalternos que se encaixam uns nos outros no interior do privado divino. Eles sabem que Deus julga, que o Cristo do último dia pronunciará suas sentenças cercado por um conselho privado, formado por seus familiares; ele interrogará a estes como os senhores o fazem nas cortes feudais, dando sucessivamente a palavra a seus barões, e cada um defenderá a causa de seus próprios fiéis, daqueles que lhe deram sua fé. Esse papel de assessor é feito pelos santos, cujo poder terreno provém do privilégio que têm de tomar assento desde agora no céu com o Senhor e de dar suas opiniões. Por vezes terríveis, vingando-se, dirigindo — pensemos em santa Foy, irascível — vindita privada contra aqueles que ousaram tocar em seu gado ou em seu vinho, no gado e no vinho daqueles que os servem, monges cuja equipe serve o santuário onde repousam suas relíquias, seus domésticos. O cristão entende então prestar fidelidade aos santos, tornando-se assim como um subvassalo de Deus. O mais seguro meio de atrair a benevolência deles é tornar-se também seu doméstico, entrando em uma dessas equipes monásticas, ali fazer profissão. Quantos cavaleiros no século XI não decidiram, em seu leito de morte, vestir o hábito de são Bento, assegurando-se por meio de uma bela doação ao mosteiro mais próximo o direito de serem contados *in extremis* entre os servidores de um patrono sobrenatural? Quantos, também eles pagando o direito de entrada, procuraram fazer-se admitir ao menos como confrades de tal ou qual comunidade religiosa? Quantos se entregaram, pelos ritos não da vassalagem mas da servidão, submeteram-se, tornaram-se propriedade de um santo, seus homens ou suas mulheres "de corpo", tais como esses "servos de um santuário", dos quais muitos saíam da mais alta nobreza, tão numerosos na Alemanha, na Lorena, doravante protegidos neste mundo e no outro pelo possuidor, em todo o caso filiados ao seu estandarte, que, como se viu, era um sinal de apropriação?

O povo devoto ganhou assim o aspecto, irresistivelmente, de uma imensa casa multiplicada em diversas moradas, postas cada uma sob a proteção de um santo ou da Virgem, acolhedoras, englobantes, também elas tentaculares, e ao longo do século XI estendeu-se o sonho de introduzir a humanidade inteira nos múltiplos compartimentos da domesticidade celeste. Tal sonho sustentou a empresa dos promotores da paz de Deus. Eles quiseram obstar o poder que emanava das fortalezas, elevando contra sua pressão novas cercas, isolando lugares, momentos, delimitando um outro domínio privado, o de Deus. Violar essa *privacy*, pilhar nos santuários, nos espaços limitados por cruzes que os circundavam, os "cemitérios", os "reservados", pilhar durante os dias consagrados especialmente a Deus, era desafiar Sua onipotência, atrair Sua vingança, privada. Também era desafiá-Lo levantar a mão contra os homens e as mulheres considerados pertencentes, em razão de sua condição, à Sua casa, os clérigos e os monges, as mulheres sós, os pobres. Era ainda desafiá-Lo querer apreender aqueles que Ele acolhera em Sua hospitalidade sem medida, entre todos os asilos abertos aos desarmados, aos fugitivos, Seus hóspedes, colocados em Seu *mundium*, sob Sua proteção.

Um dos efeitos da instituição, pela paz e a trégua de Deus, de um privado sacralizado foi proporcionar um quadro para reuniões comunitárias e, com isso, favorecer nesse nível a reconstituição de um espaço público. As igrejas onde se batizavam, onde se absolviam os mortos tornaram-se, com efeito, o ponto de cristalização de pequenas sociedades fechadas constituídas pelos habitantes da paróquia, dos quais muitos, nos séculos XI e XII, estabeleceram-se à sombra do edifício eclesiástico, no espaço de imunidade que os regulamentos de paz colocavam ao abrigo das violências. Reagrupando os "pobres" em solidariedades de vizinhança, essas concreções aldeãs formaram espécies de cortes coletivas defendidas contra toda intrusão, e aqueles que aí se refugiavam, reunidos pela copossessão dos direitos de uso sobre a parte da terra que não era plantada e não produzia colheita, resistiram melhor às exigências senhoriais. Em alguns desses locais, mais comumente nos povoados vivificados pela retomada das atividades de negócio, a coesão, a "amizade" se institucionalizou, cimentada por práticas de comensalidade vindas do fundo das eras, reunindo os membros das associações de defesa mútua para comer periodicamente juntos, e sobretudo para beber juntos. Ela o foi também pelo ritual dos juramentos coletivos que o movimento pela paz acabava de impor aos homens de guerra, a fim de colocar os fomentadores de distúrbios fora de condição de prejudicar, encerrando-os no jugo de obrigações pacíficas e que, transportado para o meio dos humildes, reuniu os chefes de casa do aglomerado. Estava estabelecido que a "concórdia" — questão de coração — seria mantida no *interior* dessas uniões fora de toda ingerência de um poder dominante, pela mediação dos amigos, pela "mão dos vizinhos", dizem os textos do direito consuetudinário do burgo de Cluny redigidos em 1166. Privadamente, em consequência, como em uma "família", não intervindo o poder dito público senão em caso de *fractus villae*, quando a comunidade inteira se via chocada por um crime muito grave, um desses adultérios "públicos", desses furtos "públicos" cuja perseguição o conde se reservava em sua cidade até o território privado dependente da catedral, mesmo que os culpados dependessem pessoalmente dos bispos e dos cônegos.

Entretanto, porque o ódio estava banido dessas associações — porque, por exemplo, as instituições de paz promulgadas em Laon em 1128 não impediam apenas as violências no interior do espaço protegido, mas proibiam ainda àquele "que tivesse um ódio mortal contra um outro, de persegui-lo se ele saísse da cidade, ou de preparar-lhe uma emboscada se ele ali se dirigisse", devendo toda agressividade ser expulsa do grupo e projetada para o exterior contra quem quer que viesse lesar os interesses coletivos —, um poder de controle interno ganhou corpo naturalmente, surgiu um grupo de notáveis encarregado das tarefas de conciliação, e viu-se assim, abaixo de uma autoridade de tutela limitada à condução de expedições ditas "públicas" e ao exercício de uma justiça que no século XII se começava a chamar "alta", reconstituir-se no seio de um privado coletivo, em torno da noção de bem comum, uma área de ação pública distinta dos privados particulares. Com efeito, assim como o "povo" da Alta Idade Média, a "amizade", a "paz" (são os nomes que a associação frequentemente se atribuía) não reunia todos os habitantes. Só eram acolhidos na solidariedade os homens adultos que não se encontravam em dependência doméstica. O texto da convenção concluída em 1114 em Valenciennes é muito claro sobre esse ponto: os homens (*viri*) entram ritualmente na comunidade ativa com quinze anos completos; dela são portanto excluídos, ainda que estejam "na paz da cidade", protegidos, os meninos menores, todas as mulheres, "qualquer que seja seu estatuto ou sua graduação", enfim os monges, as monjas e os clérigos, porque são os servos de Deus. Além disso, é esclarecido que

> todo senhor (*dominus*) pode, no interior da aglomeração, flagelar, espancar seu dependente (*cliens*) ou seu escravo (*servus*) sem ser culpado de violação da paz; e, se os escravos que vivem juntos *na mesma casa* e sob o mesmo poder doméstico (*dominium*) batem-se entre si, as queixas e os castigos devem caber a seu senhor, isto é, ao dono da casa (*dominus hospicii*), e os jurados da paz não devem nisso imiscuir-se de maneira nenhuma, salvo se ocorrer morte [...]. O escravo, *comendo o pão de seu senhor*, não pode prestar testemunho com seu senhor contra alguém por violação da paz.

Assim, no espaço pacificado, submetido à lei comum, isto é, público, escapam a essa lei ilhotas, casas cuja imunidade essa mesma lei protege muito especialmente. O "assalto", o arrombamento de uma delas é castigado com a tarifa mais alta, a dos crimes "públicos". Fixados pela escrita no começo do século XIII, os costumes das comunidades de Picardia, Athis, Oisy, Walincourt reconhecem o direito de autodefesa: ninguém é punido se mata um assaltante em sua morada; aquele que chega a agredir no interior da casa um dos que a habitam é passível de uma multa muito pesada: quarenta soldos; se o agressor tentou introduzir-se à força, deve pagar cem soldos; duzentos, se realizou seus fins. Prova notória do valor simbólico atribuído ao recinto privado: é destruindo sua casa que a comunidade se vinga daquele de seus membros que rompeu o contrato de amizade. Vingança, mas pública, como bem se vê em Valenciennes, onde cabe aos magistrados, aos "jurados da paz", decidir a operação (em Ham, é o prefeito da comuna quem dá o primeiro golpe, por três vezes), e os homens que colaboram na demolição, agindo pelo bem comum, não poderiam por isso sofrer prejuízo: "Não pode por isso nascer guerra [isto é, vingança de uma casa contra outra casa, dirigida por um grupo de parentes e de amigos contra um grupo semelhante], ódio, nem emboscada, já que isso é assunto da justiça e do príncipe".

Permanência, portanto, em todos os níveis do edifício social, de uma distinção entre o público e aquilo que não o é, mas fluidez, vaivém de um ao outro dos dois domínios, e essa interpenetração não deixa de tornar bastante relativa a noção de vida privada nos tempos feudais. Para melhor mostrá-lo, analiso um episódio da história de Gênes tal como é relatado pelo notário da comuna. Essa "comuna" era na realidade uma "companhia", uma associação de direito privado estabelecida por um tempo limitado, como uma sociedade de comércio, entre os chefes das grandes casas, essas torres, símbolos de poder, erguidas umas contra as outras, em estado de recíproca bravata. Um poder no entanto era delegado pelos associados a magistrados, os "cônsules" — e esse título, extraído do vocabulário da Roma antiga, faz referência expressamente à noção de *res publica*, consistindo a função consular, com efeito, em conter os impulsos agressivos. Em 1169, uma "guerra" durava cinco anos já, nascida de uma rixa na praia entre jovens de duas casas rivais. Tentou-se um regulamento cujas modalidades merecem atenção. Em primeiro lugar, um juramento de paz foi exigido de todos os cidadãos da cidade, público, comprometendo-se todos a perseguir quem rompesse a ordem. Não se chegou em seguida a destruir as casas dos dois chefes de clã hostis, mandou-se ocupá-las ao menos por uma guarnição pública. Depois, combates públicos foram organizados; "seis batalhas ou duelos em liça entre os melhores cidadãos", no pátio do palácio, público, do arcebispo, o grande patrono, investido das *regalia*. Contudo, diante dessas disposições, o privado resistiu: "os consanguíneos e os aliados de cada parte" vieram suplicar ao magistrado que procedesse de outra maneira, que convocasse uma assembleia de reconciliação: então o cenário muda; não é mais o da paz cívica; a cidade inteira torna-se como uma área de proteção, um espaço colocado sob a paz de Deus; fincaram-se cruzes a cada porta e, no dia previsto, todo o clero conduzido pelo arcebispo chega em ornamentos de festa, trazendo relicários. Sobre os Evangelhos, os dois "chefes da guerra" são convocados a jurar a paz. Um deles recusa. Sentado no chão, não se movendo mais apesar das súplicas da parentela, ele evoca "aos berros" os da linhagem mortos "pela guerra"; é finalmente arrastado até o livro para pôr um fim à vingança. Essa vingança era privada, incontestavelmente. Mas o compromisso o foi também, ou foi público? Ambiguidade.

Referindo-me ainda à Itália, onde o recurso precoce a escrituras notariais nos permite ver melhor, mas que também mantinha na época uma reflexão de vanguarda sobre a lógica jurídica, direi para terminar uma palavra sobre um fenômeno de refração das ordenações do público sobre as do privado, quando se tratava de manter a paz no interior de um grupo familiar cuja proliferação chegara, no século XIII, a dividi-lo em múltiplas famílias. Falo desses acordos de *consorteria* que organizam a parentela como uma comuna, e com o mesmo objetivo: "para o bom estado, para o aumento da casa". Tais pactos impunham um juramento de paz, e só aos indivíduos masculinos de mais de dezesseis anos; eles promulgavam um código; instituíam uma "câmara" para os interesses comuns, assim como um magistrado, também ele chamado cônsul, cujo papel era garantir a concórdia, e que para isso fazia recitar periodicamente o texto da convenção por seus irmãos, por seus sobrinhos, que os reunia num dia fixado para eleger, no final de seu mandato, seu sucessor. Percebe-se então, no próprio coração desses "compartimentos", desses "albergues", cuja reunião formava a associação comunal, uma autoridade, familiar, privada, por certo, mas que curiosamente difere pouco daquela considerada como pública que gere o conjunto dessa casa englobante que era a comuna. No interior de cada molécula parental, esse poder, emanando da estirpe masculina e adulta, difundia-se nos interstícios de células mais estritamente privadas, entre as quais garantia o acordo. Mas bem se vê que ele não tentava introduzir-se à força nessas famílias, pois estas lhe teriam resistido obstinadamente.

Resistência, barreira erguida: temos a impressão, no mais profundo da imbricação, de esbarrar enfim em um núcleo sólido, o grupo de parentesco elementar, a "família" constituída de um homem, de sua esposa, de seus filhos não casados e de seus servidores. A casa. Uma dessas casas que permutavam mulheres, publicamente, exibindo-se então nas praças e nas vias públicas em cortejos ostentados ruidosamente, mas para uma simples passagem, um entreato necessário de ostentação entre duas cerimônias fechadas, os esponsais, celebrados na casa da moça, as bodas celebradas na do rapaz. Aqui mesmo, entretanto, no interior dessa morada, a sala onde se fazia o banquete nupcial não era menos privada do que o eram o quarto, o leito onde o casamento seria no fim da noite consumado? E essa moça, antes de ser dada em casamento por seu pai, seu irmão ou seu tio, fora requisitada a exprimir claramente seu consentimento. Ora, sabemos que algumas se obstinavam em recusá-lo, portanto, que o poder do chefe de casa encontrava obstáculos pela frente, chocava-se a outras barreiras que protegem ilhotas de autonomia individual. Preparamo-nos para apreender o mais privado da vida; ele se esquiva. Nossa investigação, transgredindo os limites ostensivos do privado, deverá então chegar até a pessoa, até seu corpo, até sua alma, até sua intimidade.

Registro de bens senhoriais de Saint-Paul-lès-Romans.

576
32
577

uctiq· est dš iudi
INS
SAC
UTI
ripeme
insi

2

QUADROS

Georges Duby
Dominique Barthélemy
Charles de La Roncière

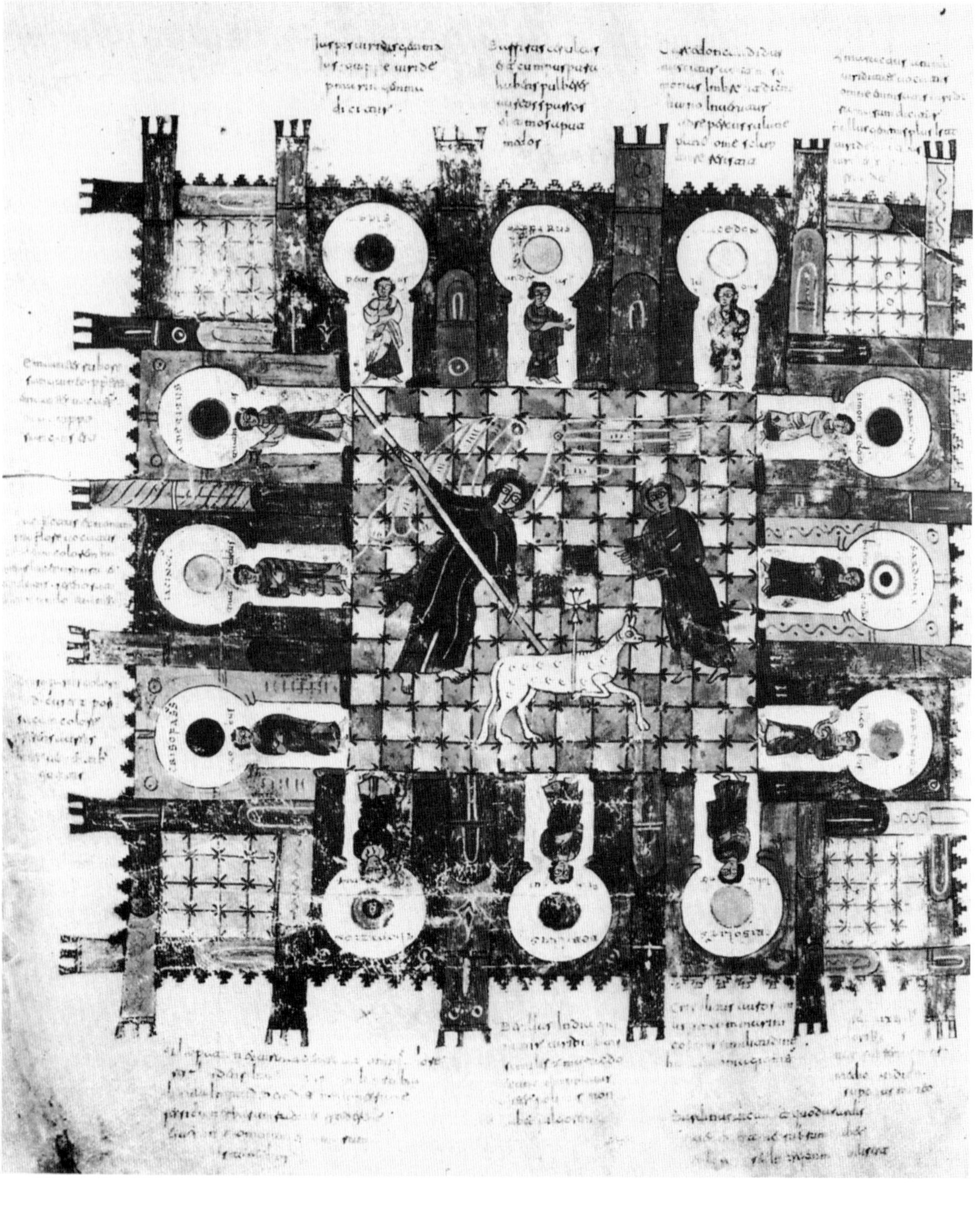

A VIDA PRIVADA NAS CASAS ARISTOCRÁTICAS DA FRANÇA FEUDAL

Como se pôde ver, o privado na era feudal, isto é, nos séculos XI e XII, não se deixa isolar facilmente daquilo que o cerca, que o penetra e lhe resiste. Para destacá-lo, é importante então conhecer bem em sua globalidade e em suas articulações a formação cultural e social em que ele se insere. Seria imprudente, no estado atual da pesquisa, tratar em conjunto todo o Ocidente, mosaico de etnias com usos bastante diferentes, ou toda a sociedade, da qual apenas as camadas dominantes são então suficientemente iluminadas pela documentação. O ensaio que se vai ler atém-se, em consequência, à metade norte do reino da França e refere-se apenas às famílias da aristocracia. Submetidos ao poder privado do chefe da casa, os membros dessas famílias eram acolhidos em uma dupla rede de relações, umas de convívio, outras de parentesco. Escolhemos examiná-las separadamente. Dominique Barthélemy tratou da linhagem e do casamento — sobre os quais escrevi muito em outras obras que não tenho nenhuma vontade de resumir. De minha parte, encarreguei-me da vida doméstica.

G. D.

CONVÍVIO

O SONHO

Para tentar apreender o que eram as relações de poder no interior das grandes casas feudais, os usos e os ritos de uma sociabilidade privada, o melhor não é começar por considerar os sonhos, as representações imaginárias da morada perfeita, e partir do paraíso, da morada dos eleitos no outro mundo? Dos textos que o descrevem, retenho em primeiro lugar os citados por Jacques Le Goff em seu *Purgatoire*, páginas 152-3, e que datam da altíssima Idade Média. Segundo a visão de Sunniulf, relatada por Gregório de Tours, aqueles que triunfam da prova chegam à "grande casa

Página 46:
Passada a porta, a refeição compartilhada e o amor. Saltério *de Odbert, abade de Saint-Berlin, por volta do ano mil. (Biblioteca de Bolonha, ms 20.)*

A Jerusalém celeste, morada perfeita. Beatus de Liebana, Commentaire de l'Apocalypse. *(Nova York, Pierpont Morgan Library, ms 644.)*

Arcaturas e genealogia. Beatus de Liebana, Commentaire de l'Apocalypse, *meados do século XI. (Paris, Biblioteca Nacional, ms lat. 8878.)*

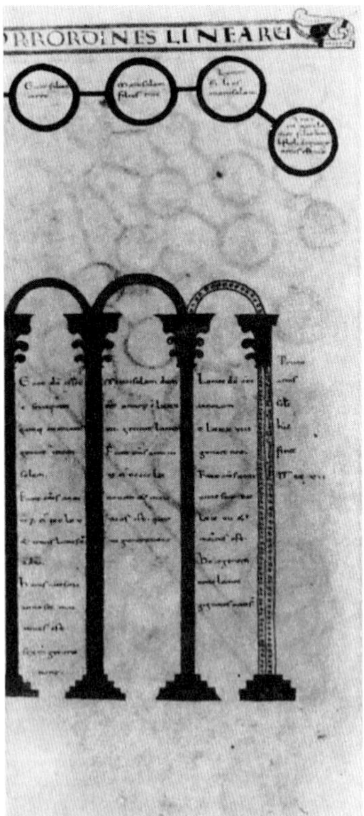

toda branca", e o que é percebido dois séculos mais tarde por um outro visionário é análogo. "Do outro lado do rio, grandes e altos muros resplandecentes"; entretanto, são Bonifácio, que menciona esse segundo sonho, previne, explica: "Era a Jerusalém celeste". Não uma casa portanto, uma cidade: a metáfora é política, citadina, refere-se à cidade que, desagregando-se, permanece então fascinante por todos os seus monumentos apenas arruinados, a que se prende a lembrança de Roma, um refúgio, mas público, preparado para acolher todo o povo de Deus. Além disso, as arcaturas que enquadram as figuras de evangelistas nas miniaturas carolíngias também não evocam uma corte, mas os pórticos do *forum.* Sobre essa imagem primitiva, veio sobrepor-se mais tarde a figura doméstica: a igreja românica se pretende ainda a representação de uma cidadela. Contudo, ela é em primeiro lugar morada: no tímpano de Conques, à direita do Cristo-juiz, do lado bom, opondo suas ordenações calmas à desordem da parte esquerda onde estão mergulhados os condenados, um símbolo arquitetônico se distingue: nichos abertos para um lugar de concórdia, para essa paz de que se gozava em conjunto no coração da clausura, mas cobertos como que por um manto e reunidos em uma habitação coletiva por um único telhado protetor. Na mesma época, Bernard de Clairvaux apostrofa o paraíso nestes termos: "Ó casa maravilhosa, preferível às tendas amadas", um recinto solidamente edificado, para se fixar, repousar, após a vida instável, divagante, do *homo viator*: uma habitação, incontestavelmente.

Deixando o imaginário dos homens da Igreja por aquele da cavalaria, chego a um texto escrito no final do século XIII para o divertimento mundano; elaborado sobre um tema sacro, o espírito cortês o penetra de maneira quase sacrílega; ele se intitula *Court de paradis.* "Court" com um t, portanto *curtis.* Mas também *curia:* Deus Pai "quer reunir Sua corte", uma corte plenária, no dia de Todos os Santos. Então, convoca os senhores e as damas de Sua casa; Seus arautos vão "pelos dormitórios, por quartos e refeitórios". A morada é vasta, dividida, como o são nesse tempo os castelos mais modernos, entre diversas peças, cada uma destinada a uma categoria particular da sociedade doméstica; um quarto é para os anjos, um outro para as donzelas... O agrupamento em todo caso é o de uma casa; de fato, é Sua "família" que Jesus Cristo olha, "preparada de dar alegria". Eis a palavra-chave: uma festa, no caso, um baile. No lugar de honra se mantém a dama, Nossa Senhora. Música e dança: a sociedade inteira convidada a cantar. Ingenuamente, o paraíso é mostrado como uma casa alegre na intensidade plenária de sua sociabilidade, reunida, no uníssono do cantochão e no círculo da ronda, por seu senhor, o *senior,* cujo dever é "divertir a corte". Interferem aqui a visão sagrada — alegria inefável, coro seráfico, caridade unificadora — e a profana, a cortês

Le Paradis. *Abadia de Conques, século XII.*

— puro amor, a exemplo de caridade, a reunir em um corpo, para a boa ordem, todos os comensais do príncipe.

Esse poema leva a dirigir a pesquisa para a literatura de evasão, cujos fragmentos se multiplicam desde o final do século XII. Aí se descobrem casas de sonho que já não são celestiais. Dos textos mais significativos, analisados por ocasião de um de nossos encontros em Sénanque por Michèle Perret, destacam-se principalmente três impressões. A primeira é a de uma necessária clausura, e se vê, desde que se chega ao limiar do século XIII, a área circunscrita por esses muros despovoar-se, tornar-se o quadro de uma aventura solitária. Segundo traço: a imagem doméstica ideal é muito poderosamente erotizada em obras compostas por "jovens", homens celibatários; é a de uma reserva de mulheres, confinadas, guardadas e tanto mais tentadoras: a torre das donzelas, repleta de moças. Revela-se aqui o fantasma recorrente de cópula livre, reprimido, que se vê transposto em mito das origens no relato de Dudon de Saint-Quentin no começo do século XI, assim como nas palavras ditas, trezentos anos mais tarde, pelo cura Clergues em Montaillou; e fantasma que também foi projetado, pelos defensores da ortodoxia, a fim de depreciá-las, nas reuniões secretas, noturnas, fascinantes das seitas heréticas. Contudo, no romance cortês, quando o jogo de amor se localiza, quando, forçado o recinto, o herói apoderou-se de uma das mulheres recusadas, a união, adúltera, tende a estabelecer-se em um lugar subterrâneo: o amor não se faz às claras e, quando é ilícito, deve, propriamente falando, enterrar-se. Ao passo que, e é a terceira impressão, no sonho profano, a morada perfeita é aérea, luminosa: mil janelas, e a obscuridade acossada pela proliferação das luminárias. Vem em reforço a lembrança dos jardins do Orontes, das cenas turcas, as águas correntes, todos os adornos. O paraíso é imaginado como uma morada abundantemente povoada, exultante, e a casa perfeita, como um paraíso resplandecente, preparado para as felicidades da vida.

NO MOSTEIRO, O PRIVADO EXEMPLAR

Entretanto, podia-se ver com estes olhos, na terra, réplicas da morada paradisíaca. Eram os mosteiros beneditinos, que pretendiam ser sua projeção neste mundo, a uma só vez suas antecâmaras e suas prefigurações. Consequentemente, eles se apresentavam como cidades fechadas. Muros em primeiro lugar, um "claustro" (*claustrum*), cujo acesso devia ser estritamente controlado, uma única porta, aberta ou fechada em certas horas como a porta das cidades, e a importância maior de uma função, a hotelaria, governando toda a relação entre o interno e o externo. Contudo, os mosteiros eram em primeiro lugar casas, cada uma abrigando sua "família", e as mais perfeitas com efeito, as mais bem ordenadas: de um lado, desde o século IX, os mais abundantes recursos convergiam para a instituição monástica, levando-a aos postos avançados do progresso cultural; do outro, tudo ali se encontrava organizado em função de um projeto de perfeição, nítido, bem estabelecido, rigorosamente medido, a regra de são Bento. Como, além disso, nenhuma casa nos é mais bem conhecida do que estas, cujas ordenações internas são esclarecidas por muitos documentos explícitos, parece de bom método prosseguir por seu exame a investigação sobre as maneiras de se comportar junto no espaço privado dos ricos.

Enquanto se expandia a renascença carolíngia, enquanto o imperador Luís, o Piedoso, concluía a reforma monástica, aplicando fielmente o modelo beneditino, um esquema teórico foi desenhado entre 816 e 830. Ele representa o arranjo exemplar do espaço cenobítico: falo do célebre plano de Sankt Gallen, traçado em escala, acompanhado de uma legenda, em cinco pergaminhos costurados. Ele foi enviado, sem dúvida, pelo bispo de Bâle ao abade Gozbert, que se preocupava em reconstruir a abadia. Teórica, com efeito, por sua vontade de correspondência estreita com as harmonias universais, orientada, construída sobre os eixos do mundo, em perfeito equilíbrio aritmético, a épura repousa sobre um módulo de base de quarenta pés, formando a nave da igreja a fundação de toda a composição. Pois no coração desse organismo se mantém a igreja, ponto de articulação entre a terra e o céu: nesse lugar opera-se a ligação com o paraíso, quando a comunidade ali se reúne para cumprir sua função maior, cantar os louvores de Deus no uníssono do coro angélico.

Ao sul do espaço litúrgico está estabelecida a residência da fraternidade. Suas disposições são semelhantes às da *villa* da

Planta de Sankt Gallen, c. 820.

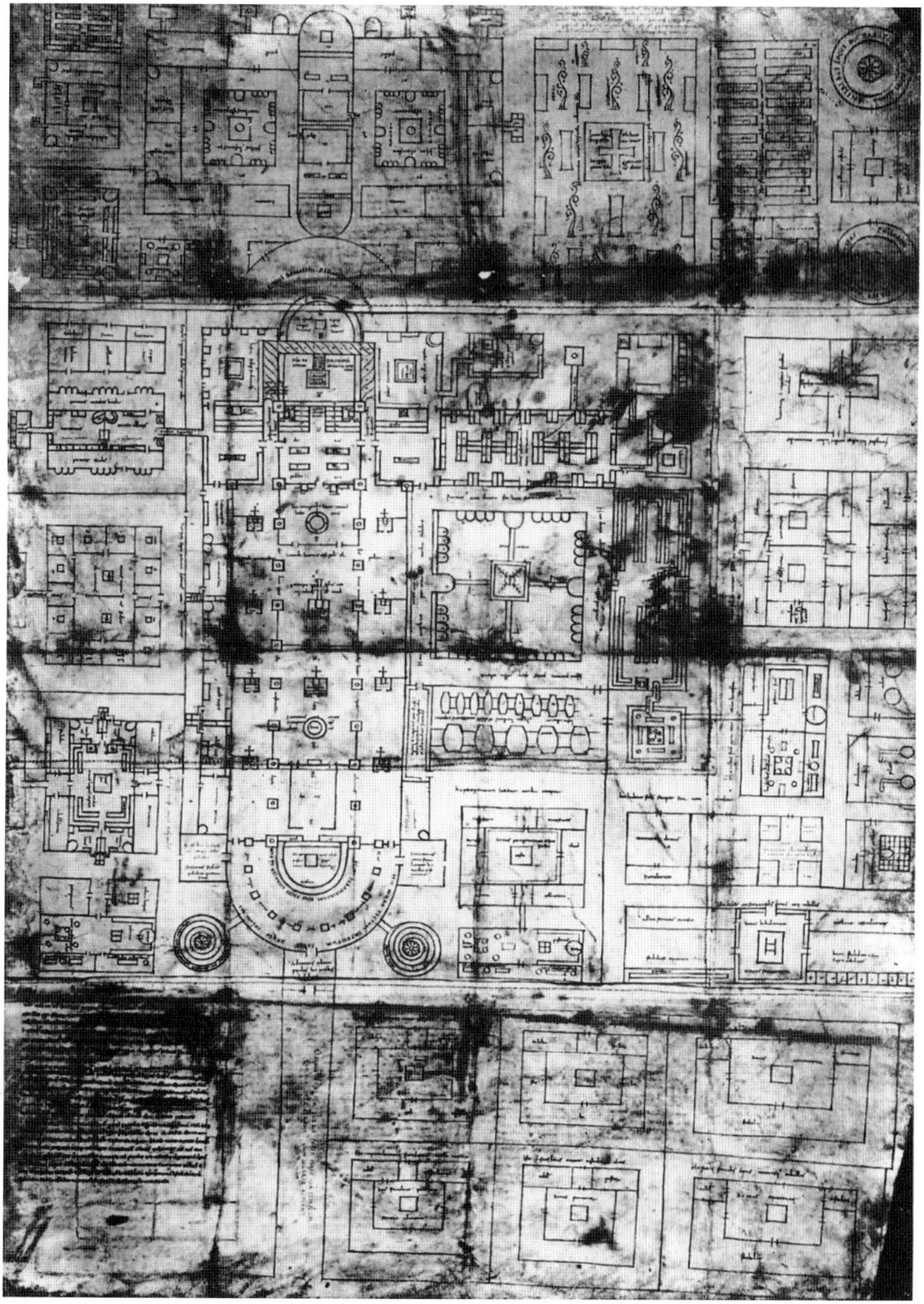

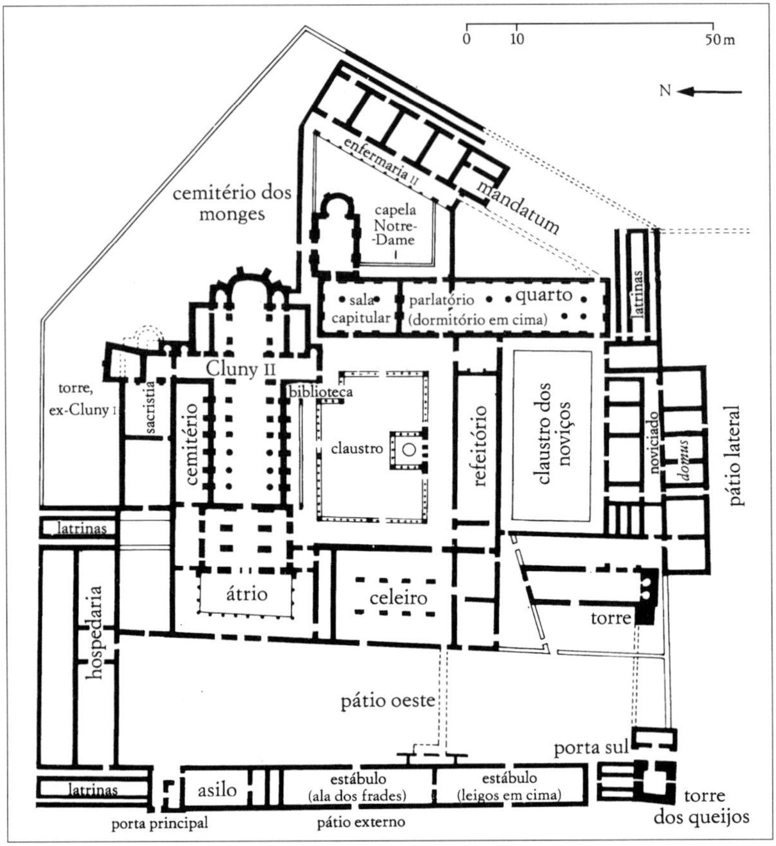

Planta da abadia de Cluny na metade do século XI. (Segundo K. J. Conant.)

Antiguidade: um pátio interno encostado à igreja; de um lado, o celeiro, as reservas de alimento, a cozinha, a padaria; de outro, o refeitório, encimado por um depósito para as roupas; enfim, na terceira face, flanqueada pelos banhos e pelas latrinas, uma sala que suporta, no andar superior, o dormitório que comunica com a igreja; contíguos a essa morada, estendem-se amplamente os anexos para a produção agrícola e artesanal, os jardins, as estrebarias, os estábulos, as oficinas, as cabanas dos servidores domésticos. Ao norte, para além da igreja, à qual está igualmente ligado, tem lugar o alojamento do pai, do abade, uma casa munida de sua própria cozinha, de seu próprio celeiro, de seus próprios banhos. A nordeste, os excluídos temporários da comunidade fraterna, os doentes e os noviços, são isolados em uma outra morada, também autônoma, mas dividida em dois, encontrando-se o local destinado às purgações e às sangrias recuado no ângulo extremo; enfim, perto da porta, a noroeste, os estrangeiros admitidos a transpor os muros são albergados em duas casas providas do mesmo equipamento completo; a mais próxima da morada do abade acolhe os visitantes de marca e os estudantes "externos", que não fazem parte da família; a outra, do lado dos frades, é reservada aos pobres, aos peregrinos.

Vê-se que uma tal organização pretende refletir as estritas hierarquias da corte celeste. No centro está o lugar de Deus, o santuário; à sua direita, no prolongamento do lucanário norte do transepto, o do abade, isolado; chefe da família, ele é guindado, só, a um plano superior; à esquerda do Todo-Poderoso, no terceiro escalão, está situado o corpo da parentela, os filhos, todos irmãos, todos iguais, os monges, homólogos dos anjos, formando como estes uma milícia, uma guarnição mantida por um serviço doméstico ligado a seu refeitório, já que o ideal é de autarcia, de suficiência; no ponto mais distante da porta, essa fissura aberta para o mundo corrompido, estão isolados os inválidos e os jovens noviços em período de formação, crianças, velhos, os mortos também — o cemitério fica nesse local; a parte mais vulnerável da comunidade deve ser, com efeito, em razão de sua fraqueza, afastada, abrigada, mas também protegida pela destra divina; nessa mesma direita se encontram os lugares destinados às funções espirituais, a escola e a oficina de escrita, enquanto o material, o que sustenta o corpo, é relegado à esquerda de Deus. Observa-se também que as sepulturas estão dispostas na direção do leste, do lado da aurora, símbolo da ressurreição, e que, para o oeste, do lado do poente, da perversidade do século, permanecem encerradas as pessoas de passagem.

Esse projeto foi aplicado nos mosteiros do século IX, alguns imensos, desmesuradamente povoados: em Corbie, em 852, viviam

Vestígios da implantação de uma abadia cisterciense abandonada pouco depois de sua fundação. Vron (Somme).

Dormitório. Abadia cisterciense de Santes Creus (Espanha).

Refeitório. Abadia cisterciense de Poblet (Espanha).

Fountais Abbey (Grã-Bretanha).

As cozinhas da abadia de Fontevraud, exterior e interior.

150 monges; 150 viúvas eram sustentadas permanentemente à porta e trezentos hóspedes recebidos a cada dia na hospedaria, sendo que os serviços transbordam amplamente para fora dos muros, formando um grande povoado, como em torno de Saint-Riquier, em ruas destinadas cada qual a uma equipe especializada de trabalhadores. No plano de Sankt Gallen, ajustavam-se sempre, na época feudal, as disposições gerais do espaço monástico, mas uma tendência à concentração progressiva delas as afastara em alguns aspectos. Vê-se isso ao considerar o Cluny do abade Odilon, na metade do século XI (antes das construções faustosas de seu sucessor são Hugues, que, desenvolvendo um sonho, o sonho imperial, referiu-se a um outro modelo, arcaizante, citadino, dando maior lugar ao público). Mesma orientação; uma porta no mesmo lugar; a igreja no coração, ligeiramente descentrada; uma casa de mesma estrutura para a comunidade fraterna; os doentes e o cemitério a leste; a oeste, um vasto pátio de acolhida, e a hospedaria, também dividida em duas. No entanto, nada de morada particular para o abade, reconduzido para o meio de seus filhos; nada de oficinas, nada de granjas no interior do recinto. Com efeito, segundo a interpretação clunisiana da regra de são Bento, o trabalho manual imposto aos monges tornara-se simbólico; o ideal de suficiência permanecia, mas o abastecimento cabia a explorações satélites, a "decanatos" dispersos no campo, cuja estrutura reproduzia de modo mais modesto, como aparece claramente hoje pelo que subsiste do decanato de Berzé, os arranjos da casa-mãe. Esta não conservava em matéria de anexos contíguos senão as estrebarias; nessa civilização de cavaleiros, o gosto pelo cavalo penetrara os usos monásticos: o abade de Cluny não se mostrava senão rodeado de um numeroso esquadrão montado. Da fabricação do *vestitus*, as peças do vestuário, do fornecimento dos *exteriora*, que se compravam fora, era encarregado um "burgo" estabelecido à porta, povoado de negociantes, de artesãos, de servidores assalariados, pois a comunidade começava a utilizar menos parcimoniosamente o instrumento monetário. Assim, o mosteiro, no seio de sua clausura, tornara-se mais homogêneo. Uma só morada. Discerne-se bastante bem como, em seu aspecto privado, a vida era regrada graças a um conjunto de textos, do direito consuetudinário e dos estatutos, que fixavam minuciosamente os usos.

O convívio foi concebido, de fato, pela cultura clunisiana como uma liturgia permanente e estritamente ritualizada. Ele se ordena em torno da pessoa do abade, doravante integrado à comunidade que dirige, não mais se separando dela para a refeição, nem para o sono; doente, junta-se aos outros doentes na enfermaria; faz seu turno de corveia na cozinha como os outros. Afirma-se aqui um primeiro traço, a vontade reforçada do lado a lado, o temor do isolamento: a vida privada tornou-se tão gregária que o chefe de família já não dis-

São Bento difundindo sua regra. Martyrologe et obituaire de l'abbaye du Saint-Sépulcre, *século XII. (Biblioteca de Cambrai, ms 829.)*

O padre abade, Collectaire *de Stavelot, século XI. (Bruxelas, Biblioteca Real Alberto I, ms 1813.)*

Enfermaria e oratório monástico. Vie et miracles de Saint Maur, *fim do século XI. (Biblioteca de Troyes, ms 2273.)*

põe de um lugar onde se refugiar à distância. Em compensação, os sinais de deferência em relação a ele acentuaram-se. Todos se erguem quando ele chega ou se retira, inclinam-se quando passa; dois círios são postos diante dele no refeitório e, quando se dirige à igreja ou à sala capitular para a reunião cotidiana, uma luz é levada à sua frente por um de seus filhos, do mesmo modo se ele precisa se deslocar à noite pelo convento. No retorno de suas viagens, toda a comunidade, paramentada, dirige-se ao seu encontro; à entrada da igreja, ele beija os monges, um após outro — rito do abraço paterno —, e, nesse dia, um prato suplementar é servido no refeitório — rito do alimento festivo; além disso, ele próprio, à mesa, é distinguido dos outros: trazem-lhe iguarias mais finas e o melhor vinho. O fogo, o beijo, o vinho, o cortejo, todo o aparato de uma "alegre chegada", como se dirá mais tarde dos reis. O abade é, com efeito, o senhor.

Ele mantém sob sua autoridade exclusiva, rege soberanamente, toda a sociedade doméstica. Contudo, não a governa sozinho. Uma equipe o assiste, um corpo intermediário com o qual deve aconselhar-se, constituído por aqueles que o direito consuetudinário chama de *seniores*, com uma palavra que esclarece esse traço importante de sociabilidade interna, a necessária subordinação da juventude aos mais velhos. O abade se apoia, por outro lado, em chefes de serviço, oficiais. O "primeiro", o *prior*, é uma espécie de vice-senhor, que supre em tudo o abade indisponível. Mantêm-se abaixo dele os responsáveis por quatro setores. A igreja é confiada ao sacristão, que a abre e a fecha nas horas prescritas, zela pelos acessórios das liturgias, por todos os instrumentos do sagrado usados pela comunidade para cumprir sua função específica. Ao camareiro é confiado o que se guarda no mais interior da morada, no

Monges cavaleiros, relíquias e sala capitular. Vie et miracles de Saint Maur, *op. cit.*

"quarto"; ele é portanto responsável pelo dinheiro, por aquilo que se consegue com o dinheiro — e cuja parcela não cessou de crescer durante os séculos XI e XII: tudo aquilo que entra no mosteiro, por doação, por encargo ou por compra, em tecidos, em vinho, em metal precioso, em moedas, chega às suas mãos, que asseguram sua redistribuição judiciosa; é ele quem renova a cada primavera o vestuário dos monges, a cada outono, na véspera de Todos os Santos, sua enxerga e a guarnição dos catres; fornece as ferraduras para os cavalos, as navalhas, e provê a todas as luminárias, salvo as da igreja. O que concerne ao *victus*, os víveres, é assunto do ecônomo; senhor do celeiro, onde dorme um monge e onde se mantém permanentemente uma luz, ele reparte, a cada dia, as porções de alimento, ajudado pelo zelador do vinho, pelo encarregado dos cereais, que também se incumbe da água, portanto da lavagem de roupa, e pelo condestável, administrador daquilo que constitui o fausto profano de Cluny, a cavalaria.

As relações com as pessoas do exterior, menos puras e que se mantêm abaixo da dignidade monástica, constituem o quarto ofício, dividido entre o hospedeiro e o capelão. Este distribui os excedentes entre os indigentes; fora dos muros, no povoado, ele visita os doentes acamados a cada semana (não as mulheres: servidores leigos sob suas ordens encarregam-se delas) e mantém no interior do claustro dezoito pobres prebendados, isto é, pensionistas: são desses figurantes titulares da pobreza socorrida cuja presença era então considerada indispensável em toda casa afortunada. Da capelania depende ainda a acolhida dos pobres de passagem: albergá-los é função de caridade. A de hospitalidade é nitidamente distinta dela: os passantes de qualidade, que saem do mesmo meio que os monges, que estes rece-

Santo protetor punindo um mau senhor. Vie et miracles de Saint Maur, *op. cit.*

bem como amigos — e essas pessoas são reconhecidas pelo fato de que não andam a pé mas a cavalo —, são alojados em outros locais administrados pelo hoteleiro. Ao longo da campanha de construção conduzida por são Hugues no final do século XI, essa hospedaria tornou-se um importante edifício de 135 por trinta pés, dividido em duas partes — e esse é, bruscamente, um jato de luz lançado sobre o que procuramos precisamente ver, as ordenações domésticas da aristocracia leiga: dois dormitórios, um para os homens, com quarenta enxergas e quarenta latrinas individuais, o outro, trinta leitos, trinta latrinas, para as damas, "as condessas e as outras mulheres de honra"; entre os dois, o refeitório onde ambos os sexos se encontravam diante das mesas postas; uma sala suntuosa, provida de toalhas, de taças, servida por uma abundante criadagem, um mordomo, um cozinheiro, um porteiro, um menino para lavar as polainas e para carregar a água, um almocreve para abastecer de lenha, todos assalariados comandados pelo hoteleiro, intermediário com o exterior, em contato com o que macula — e por isso, note-se, cabia também ao seu ofício a limpeza de todas as latrinas do mosteiro.

Estranhos penetravam portanto no espaço privado, partilhavam por um momento da existência daqueles cuja permanência ali era constante: o convívio aparece então normalmente aberto, e a acolhida, apropriada à condição social dos hóspedes, bastante cerimoniosa para os mais bem situados: em Cluny, a comunidade formava um cortejo para ir ao encontro dos príncipes. Entretanto, todos aqueles que transpunham o limiar, deixando o espaço público, deviam mudar de estado, adotar o dos penitentes, desde que eram introduzidos nessa forma particular de *privacy*, a monástica: assim, as esposas não partilhavam no intetior do claustro o leito de seus maridos. As mulheres sós, e especialmente as viúvas, que decidiam terminar seus dias junto de uma comunidade religiosa, eram admitidas por um momento na igreja para os ofícios principais, mas residiam no exterior do recinto, em sua própria morada, como Ide, condessa de Boulogne, em meio a seu séquito de protegidas e de criadas, ou ainda como a mãe de Guibert de Nogent, à porta do mosteiro de Saint-Germer-de-Fly. E se os estranhos tinham acesso em certas horas até a área preparada para essa festa suntuosa e semipública que pretendia ser a liturgia clunisiana, para o que pode aparecer como o equivalente, no palácio, das cerimônias de coroação, eles eram sempre estritamente mantidos à distância (como o era também a pequena equipe de servidores domésticos, alimentados com o pão preto dos pobres) desse âmbito privado reforçado onde habitavam os senhores, o núcleo da "família", a fraternidade agrupada atrás de seu pai.

Esta, conforme a ordem prescrita pelas coletâneas de direito consuetudinário clunisianas, divide-se em quatro grupos, acantonados em quatro abrigos distintos: o noviciado, a enfermaria, o cemitério e o claustro.

Separada da igreja pela morada dos monges, a dos noviços é um lugar transitório e como de gestação: opera-se aqui, lentamente, a reprodução espiritual da comunidade; crianças oferecidas muito jovens por sua linhagem aí são alimentadas, educadas sob a direção de um mestre; quando sua aprendizagem está terminada, quando estão formados nas maneiras complexas de se conduzir, quando sabem cantar, fazer o que é preciso, exprimir-se por sinais nos tempos de silêncio, são transferidos para o meio dos adultos, solenemente. O rito é de adoção, de integração. Em primeiro lugar, um ato pessoal de compromisso, a profissão: é uma fórmula escrita, assinada, lida, depois de-

O abade curandeiro. Vie et miracles de Saint Maur, *op. cit.*

positada no altar, diante da comunidade reunida; em seguida, gestos simbolizando, como os da sagração de cavaleiro, a admissão em um grupo funcional: o ex-noviço termina de equipar-se, revestindo a peça do vestuário monástico que ainda lhe falta, a cogula; uma mímica de acolhida: o beijo de paz que o recém-chegado recebe em primeiro lugar do abade, depois de cada um de seus irmãos; enfim, três dias de retiro, de recolhimento em si mesmo, no íntimo, no secreto, no mais privado. Todos esses sinais, como os ritos prévios de vigília e de banho impostos ao cavaleiro novo, são os de uma morte seguida de uma ressurreição; no entanto, notável é sobretudo o retorno, durante três dias, à solidão. Uma prova. Para tornar-se monge, é preciso fortalecer-se no silêncio total, a cabeça recoberta pelo capuz, o corpo pela cogula, noite e dia: é como um invólucro, uma pequena casa no interior da grande, um casulo onde se opera a metamorfose, um claustro interior, para um recolhimento, um retiro semelhante ao de Cristo na sepultura, e para um renascimento, sob uma outra forma.

A enfermaria é igualmente um crivo, um lugar de espera: uma parcela da comunidade aí se encontra por um momento isolada, porque maculada. A doença é com efeito percebida como a marca do pecado; aqueles que são por ela atingidos devem ser afastados até a purgação. No mosteiro de Cluny, a enfermaria continha duas peças para as abluções purificadoras, a lavagem dos pés e da louça,

Criança oferecida com seu dote ao mosteiro. Gratiani concordantia discordantium canonum, *século XII. (Biblioteca de Doani, ms 590.)*

O noviço se torna monge. Pontifical *de Guillaume Durand, século XIV. (Paris, Biblioteca Sainte-Geneviève, ms 143.)*

quatro outras mobiliadas cada uma com dois leitos — mas era um privilégio do abade repousar a sós em uma delas; era adjunta uma cozinha particular, pois os monges enfermos, tornados menos puros pela doença, seguiam um regime alimentar diferente: já não lhes era proibido comer carne, considerada reconstituidora do sangue, do fogo de seu corpo débil; mas tornar-se por um tempo carnívoros os excluía mais, e os afastava especialmente da comunhão; assim, a carne, após a extrema-unção, deixava de ser servida aos moribundos porque doravante eles comungavam todos os dias e importava aproximá-los do estado angélico, afastá-los progressivamente do carnal. Excluídos temporários, os internos da enfermaria eram reconhecíveis por seu bastão, sinal de fraqueza, por sua cabeça coberta, sinal de penitência. Pois, se estavam doentes, é que eram pecadores; deviam portanto purificar-se por meio de práticas penitenciais; curados, era-lhes necessário ainda, antes de reunir-se aos outros, proceder a uma última purificação, receber a absolvição.

Para a maioria, a estada na enfermaria antecedia a entrada no outro mundo, e essa passagem era também cerimônia ritual e coletiva. Ninguém morria só: o trespasse era um ato menos privado que quase todos os outros. Em torno do agonizante, como na sociedade profana para as bodas, organizava-se uma espécie de festa onde o convívio atingia sua plenitude. Levado por dois de seus irmãos, o doente, quando seu estado se agravava, era retirado da enfermaria,

Saltério *de Odbert, abade de Saint-Bertin, por volta do ano mil. (Biblioteca de Bolonha, ms 20.)*

conduzido para o meio da assembleia, na sala de reunião dita capitular, para sua última confissão, que devia ser pública: em seguida o moribundo voltava à enfermaria para receber a comunhão, a extrema-unção, e despedir-se da comunidade; após ter beijado a cruz, ele trocava o beijo de paz com todos os seus irmãos, começando pelo padre abade, como o fizera no fim de seu noviciado. Desde o começo da agonia, ele era velado sem descanso; colocavam-se diante dele cruzes, círios, e todos os monges, advertidos por batidas à porta do claustro, reuniam-se e recitavam, no lugar de seu irmão, o *Credo*, as litanias. Quando ele havia entregue a alma, seu corpo era lavado por outros monges, seus iguais na hierarquia das idades e dos ofícios, levado para a igreja, sepultado após a salmodia no cemitério. Este fazia parte do setor mais privado do recinto reservado a essa fraternidade que constituía a comunidade monástica; formava o terceiro quarto desse espaço familiar. Os defuntos, com efeito, em nada estavam separados de seus irmãos vivos. No dia do aniversário de sua morte, uma ração suplementar, e saborosa, era servida no refeitório; presumia-se que alimentavam a comunidade, comiam com ela — só com ela, pois os estranhos eram excluídos dessa refeição da qual os pobres da família recolhiam as sobras — e compartilhavam novamente de sua vida carnal segundo o rito essencial do convívio.

Restava o último abrigo, a moradia. Estabelecida em Cluny no centro da *curtis*, ela pretendia mostrar a imagem daquilo que devia ser na terra uma vida privada perfeita, e por isso empenhava-se em aproximar-se das ordenações do mundo celeste. Ordenação dos quatro elementos do universo visível, o ar, o fogo, a água, a terra, no espaço interno, o pátio interior que chamamos claustro, forma introvertida da praça pública, inteiramente voltada para o privado,

Vie de Saint Omer, *final do século XI.* *(Biblioteca de Saint-Omer, ms 698.)*

A morte do monge. Vie et miracles de Saint Maur, *op. cit.*

com sua galeria coberta; ordenação do tempo, regulamentado com rigor ao longo das estações, das horas do dia e da noite; ordenação das atividades funcionais harmoniosamente distribuídas entre os compartimentos do edifício. O mais cuidado, o mais bem ornamentado destes era consagrado ao *opus Dei*, ao trabalho para Deus, ofício específico dos religiosos, à oração, cantada a plenos pulmões, todos juntos: era a igreja. Ao seu lado, orientada como ela, dispunha-se a sala (*aula*) para as conferências e as reuniões de justiça, homóloga à basílica da Antiguidade, mas também ela voltada para o interior, sendo privadas, secretas todas as palavras pronunciadas nesse local; a cada dia, após a hora prima, os irmãos sadios que não estavam sendo punidos ali se reuniam em corpo para, em primeiro lugar, tomar consciência de sua coesão pela leitura de um capítulo da regra e da lista dos defuntos, tornados presentes ao chamamento de seu nome, para ali tratar também, em comum, das questões temporais, como no conselho do príncipe feudal, para ali proceder, enfim, em família, às correções mútuas: a sala era o lugar de uma

Sermons de Saint Bernard, c. *1160. (Bruxelas, Biblioteca Real Alberto I, ms 9645.)*

autocrítica permanente em que a denúncia das faltas à disciplina pelo próprio culpado ou pelos outros visava restabelecer regularmente a ordem interna. Os faltosos eram primeiramente flagelados — pena característica de uma justiça doméstica privada, a do pai sobre sua esposa, sobre seus filhos, seus servidores, seus escravos —, depois, pelo tempo de sua purificação, separados da comunidade, recebiam sua ração à parte, permaneciam à porta da igreja, de castigo, a cabeça constantemente coberta, em retiro, isolados — e o importante para nós é ver novamente a solidão concebida como um exílio. Uma prova. Uma punição.

Assim purgada a falta, a ovelha extraviada reencontrava o rebanho no refeitório. Tomada em comum a cada dia, a refeição — duplicada em certas estações por uma colação — fazia figura de cerimônia, celebrando também ela a unidade fraterna. Tomava-se a refeição sentado, em boa ordem, em mesas cujas toalhas eram trocadas a cada duas semanas: um banquete de príncipes em que cada conviva encontrava, ao entrar, em seu lugar determinado, um pão, uma faca; tigelas eram trazidas da cozinha e o vinho do celeiro, servido nessas medidas ditas "justas", uma para dois monges, impondo o regulamento que se bebesse sem ruído, que se controlassem os gestos, em perfeita disciplina, o abade, ao centro, dando o sinal, em silêncio. Uma comunhão, e os espíritos ocupados, desviados da concupiscência pelo texto lido em voz alta por um dos irmãos.

Ao cair do dia começava o tempo do perigo, das piores agressões diabólicas. Era preciso então cerrar fileiras, resguardar-se melhor: no dormitório estabelecido no andar superior, dominando toda ameaça rasteira, o local mais retirado da moradia, nenhuma solidão era permitida, e o abade permanecia no meio de suas ovelhas. Luz toda a noite, vigias: um bivaque. Dormindo no entanto cada um em sua própria cama, que a regra proibia formalmente partilhar: o imperativo comunitário cedia apenas nesse ponto diante do temor, não expresso mas obsedante, das tentações homossexuais. Pois, em última análise, o caráter fundamental do convívio monástico era bem o estreito "gregarismo", toda intimidade, todo segredo inelutavelmente partilhados, e a solidão considerada ao mesmo tempo como um perigo e como um castigo.

TOPOGRAFIA DA CASA NOBRE

Era necessário percorrer as edificações monásticas antes de arriscar-se no estudo — muito menos fácil, pois as informações são incomparavelmente mais esparsas — do ordenamento do privado nas grandes casas leigas. Necessário e legítimo, pois estas se assemelhavam muito aos mosteiros da congregação clunisiana que, também eles, abrigavam cada um uma família de grande riqueza, convencida de dominar do alto a massa do povo e demonstrando um gosto pronunciado pelo fausto e pelo dispêndio. Quase se poderiam reduzir as diferenças a dois únicos pontos.

De um lado, os dirigentes da aristocracia leiga contribuíam de uma outra maneira para o bem coletivo: eles não haviam fugido do mundo, e sua vocação era combater o mal pelas armas, não pela oração; isso determinava a abertura ostensiva de uma parcela muito mais ampla de sua vida privada e a inscrevia em um quadro espacial apropriado há gerações à função pública, militar e civil: a casa nobre tinha necessariamente algo da fortaleza e do palácio.

Por outro lado, enquanto da família monástica, depurada, todo germe de fraqueza era banido, a feminilidade e a infância (os oblatos dos noviciados clunisianos eram vistos e tratados como adultos de tamanho menor), os chefes das famílias nobres eram obrigados a acasalar-se e a engendrar legitimamente. A conjugalidade fecunda constituía desse lado o fundamento da ordem. Nenhuma casa sem casamento, nenhum casamento sem casa. Cada uma ordenava-se em torno de um casal procriador e de um só; os filhos, quando se casavam, eram dela expulsos, os velhos também, as viúvas repelidas para os arredores dos mosteiros e os pais demasiado idosos impelidos para o retiro religioso, seja para a viagem de Jerusalém, preparatória da morte.

A investigação começará, como essa, preliminar, de que os mosteiros acabam de ser objeto, pela exploração do espaço privado, daquilo, ao menos, que dele é possível perceber, pois seus vestígios estão muito mais deteriorados que os da habitação dos monges. Na França eles são ao menos, faz algum tempo, escrupulosamente examinados por uma arqueologia atenta ao cotidiano da vida. Por essas pesquisas, revela-se que as casas aristocráticas multiplicaram-se consideravelmente entre o ano mil e o final do século XIII, e o movimento que as disseminou parece ter-se acelerado por duas vezes. A primeira fase de expansão cobre o começo do século XI, o momento em que os principados se dividiram, em que se dispersaram os atributos do poder de regalia: edifícios de aspecto militar, torres, foram construídos aqui e ali para justificar a exploração do povo camponês, a coleta de exações que passavam por pagar o preço da paz mantida. A segunda começou no final do século XII e prosseguiu por 150 anos; então proliferaram construções mais modestas, as "casas fortes": na Borgonha, nas regiões de Beaune e de Nuits, em 240 lugares habitados, incluídos os vilarejos, localizaram-se os restos de 75 dessas construções, por vezes várias apertadas no mesmo terreno, e das quais muitas eram a sede de uma justiça superior, punindo os crimes públicos. Essa disseminação foi favorecida principalmente por quatro fatores: o enriquecimento da classe dominante, beneficiária do crescimento agrícola e das larguezas do Estado reconstituído; a dissolução das grandes casas pelo estabelecimento em família, em sua própria morada, dos cavaleiros até então domésticos; o relaxamento do estrito controle exercido pelos chefes de linhagem sobre a nupcialidade dos rapazes, uma menor hesitação em casar os caçulas e a necessidade de construir uma casa para cada novo casal; enfim, a desagregação das castelanias que fez fragmentarem-se ainda mais os poderes de comando, detidos doravante no quadro da paróquia sob a autoridade eminente do poder estatal. No início desta pesquisa, um primeiro fato se impõe: durante os séculos XI e XII, na França setentrional, as células de convívio aristocrático tornaram-se sempre mais numerosas, e essa multiplicação provocou a vulgarização progressiva dos modelos de comportamento elaborados nas moradas-troncos, as dos príncipes.

Aí devia ser dado lugar, ao mesmo tempo, ao público e ao privado, à ostentação e ao recolhimento, o que comandava sua estrutura. Um texto descreve essa estrutura, uma passagem da biografia do bispo Jean de Thérouanne, que data do primeiro terço do século XII:

> Os homens mais ricos e mais nobres da região têm o costume de amontoar terra para dela fazer uma elevação, a mais alta que podem, de cavar ao redor um fosso tão largo quanto possível e muito profundo, de fortificar essa elevação por meio de uma paliçada de estacas solidamente reunidas, guarnecendo essa cerca com torres; se puderem, de edificar no interior do recinto, no centro, uma casa, que é uma fortaleza, dominando o conjunto, e cuja porta de entrada só é acessível por uma ponte [...].

Saint-Martin-de-la-Brasque

Vaucluse
LE CASTELAS
planta de conjunto com reconstituições
equidistância das curvas: 1 m
(relevo antes da escavação)

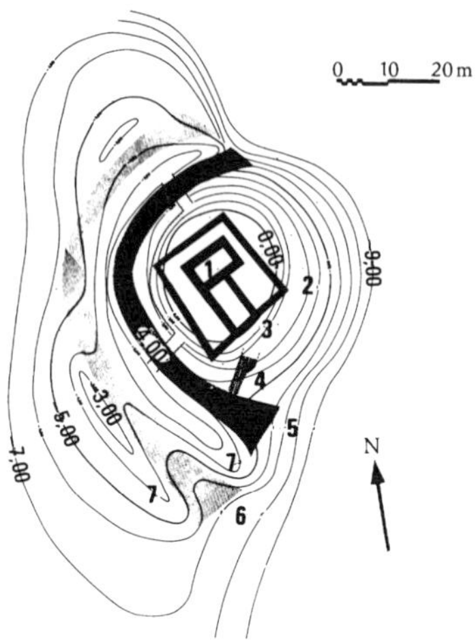

1: torre? — 2: cerca — 3: casa — 4: entrada — 5: fosso interno — 6: fosso externo — 7: muralha.

Cerca e dois castelos sobre elevações. Vimes (Somme).

Castelo de Caen. Vestígios da torre principal e a casa senhorial, século XII.

Aterros, cercas envolvendo o local de habitação, uma única porta: as disposições são análogas às do mosteiro. Aqui, contudo, o caráter defensivo é acentuado, sempre, mesmo nos períodos em que uma espécie de paz se instala. Assim, na Borgonha do século XIII, as casas fortes se distinguem por seus fossos, por suas "muralhas", elevações de terra cercando um pátio, e por sua torre, sobretudo, frequentemente o único elemento fortificado, mas indispensável: era o símbolo do poder, do *dominium* (desse termo deriva, como a palavra "danger" [perigo], a palavra "donjon" [torreão]), do poder de proteger e de explorar. Emblema, signo funcional, como o eram o estandarte ou o campanário da igreja monástica, a torre não era ordinariamente habitada: os arqueólogos ali descobrem muito poucos vestígios do cotidiano; a vida estava em outra parte, na "casa" (*domus*), por vezes contígua.

Menos solidamente construída, dela não resta quase nada. Adivinha-se, no entanto, um pouco de sua organização interna quando, ocupada por um grande príncipe, foi anteriormente edificada em pedra. É o caso, no castelo de Caen, de um edifício retangular de trinta por onze metros e com oito metros de altura, construído na segunda metade do século XII. Dois níveis, nenhuma abóbada. No andar inferior, poucas aberturas, cavidades de despejo no solo, uma lareira central, uma cisterna: um celeiro sem dúvida, mas uma parte ao menos servindo de cozinha. No andar superior, "nobre", seis grandes aberturas, várias chaminés murais, uma porta a que se tinha acesso por uma escada externa. Essas ruínas falam mais claro quando são confrontadas com uma relação das despesas necessárias, por volta de 1180, para os reparos do castelo: essa conta, após a torre, a cerca, a capela, evoca enfim os "quartos" e a "sala", isto é, provavelmente o que abrigava o edifício de que falo. Michel de Boüard, que o escavou, convida a aí distinguir "a sala onde se manifesta o poder *público*" e "o apartamento *privado* do príncipe". Portanto, como no mosteiro, mas aqui muito mais marcada, uma divisão dos locais entre o que se abre mais para as manifestações do poder e o mais fechado. A parte pública aparece essencialmente disposta para o festim: o senhor aí se mostrava alimentando seus amigos, em plena luz: janelas, lareiras, luminárias, os pratos trazidos em cerimônia do espaço inferior, onde servidores subalternos os preparavam. Quanto ao quarto, lugar de "intimidade", de liberdades, pode-se pensar que era aqui contíguo, isolado da sala por uma parede, desaparecida, ou mesmo por uma simples tapeçaria como em Vendôme ou em Troyes; a menos que fosse construído à parte, com materiais mais frágeis e que não deixaram traços, perpendicularmente à sala como o era em Angers. Esse modelo principesco se reproduz nas casas fortes. A de Villy-le-Moutier, do final do século XIII, escavada na Borgonha por J.-M. Pesez e F. Piponnier, consistia em um grande edifício de madeira de vinte por dez metros, de um só andar, dividido em duas peças, uma equipada de uma chaminé para o fogo do aparato, a outra de uma lareira central para cozinhar o alimento.

A arqueologia não mostra muito mais que isso, carcaças. Para restituir-lhes vida, o historiador deve interrogar os escritos. Só por meio deles pode fazer alguma ideia do mobiliário que as guarnecia, essencialmente têxtil, portanto perecível, e cuja abundância e variedade revelam-se nos inventários. Um deles, por exemplo, redigido em 1071, dos bens de Arnal Mir, grande senhor catalão, mostra a casa do príncipe transbordando de tecidos, de peles, enumera as luvas, os chapéus, os espelhos, acessórios indispensáveis já que o senhor e seus próximos deviam apresentar-se enfeitados, e depois as luminárias, a baixela de metal precioso para a magnificência da sala, enfim os arranjos do quarto, elementos de um conforto mais íntimo, cuja peça essencial era o leito, "guarnecido", como se dizia — e há toda uma eflorescência do vocabulário para distinguir os múltiplos componentes de seu equipamento, colchão, almofadas de penas, cobertas, tapeçarias, colchas. Essa decoração era exibida nos corpos, nas mesas, nas paredes, por ocasião das festas em que a família se mostrava em seu esplendor. Mas, em tempo ordinário, tudo era encerrado na parte mais fechada da casa, no quarto senhorial. É aqui que os textos colocam o tesouro, a reserva de dinheiro

Os homens na sala, a mulher no quarto. Histoire scolastique de Pierre le Mangeur, *final do século XII. (Paris, Biblioteca Nacional, ms lat. 16 943.)*

em moeda, mais frequentemente modelado em objetos que podiam ser exibidos, pois convinha que o senhor desse demonstração de seu fausto. O tesouro do conde assassinado Carlos, o Bom, os cavaleiros e os burgueses de Flandres procuraram-no, sem jamais o encontrar, parece, primeiro na casa, depois na torre de Bruges, por ocasião da grande pilhagem em 1127, e, voltando-se para os móveis, acabaram por disputar o aparato de cozinha, os canos de chumbo, o vinho, a farinha, esvaziando os cofres, não deixando nada senão um esqueleto de construção semelhante àqueles que as escavações põem a nu.

É também apenas pelos escritos que se adivinha como as funções e os gestos se distribuíam no espaço interno. O testemunho talvez mais explícito é fornecido pela história dos condes de Guînes, que descreve em detalhe, porque ela parecia admirável, a morada reconstruída por volta de 1120 pelo senhor de Ardres, de madeira, e da qual consequentemente nada subsiste hoje senão a elevação sobre a qual estava edificada. No andar térreo, como em Caen, "os celeiros e os granéis, os cofres, os tonéis e as jarras"; no primeiro andar, a "habitação", antes de tudo, onde "se reunia a família", isto é, a sala para as reuniões e as refeições, o equivalente ao mesmo tempo da sala capitular e do refeitório monástico, flanqueada de redutos para uso do saquiteiro e do escanção; depois

> vinha o grande quarto onde dormiam o senhor e sua mulher; uma peça fechada lhe era contígua, servindo de dormitório às criadas e às crianças; em uma parte do grande quarto situava-se um espaço isolado onde se fazia fogo ao amanhecer, ou então à noite, para os doentes, ou para as sangrias, ou para aquecer as criadas e as crianças;

"no mesmo nível, mas afastada da casa, a cozinha" (uma construção separada, de dois andares, porqueira e galinheiro embaixo, lareira em cima, comunicando com a sala); encimando o do senhor, "estavam arranjados quartos altos; em um dormiam os filhos do senhor, quando queriam; no outro, necessariamente, suas filhas", ao lado da cabana dos vigias; por um corredor, passava-se enfim da "habitação" à "*loge*", lugar do descanso e das conversações privadas, e dali à capela. Assim, como no mosteiro, a transição era gradual, em direção ao mais privado, desde a porta até o local das orações. Convém observar também a outra orientação, de baixo para cima, desde a terra, nutriz, o pátio inferior onde se acumulavam as reservas de alimento, para o alojamento senhorial, dominante, assim como a segregação entre a moradia e as dependências de serviço, correspondente à divisão da sociedade doméstica entre senhores e servidores, à distinção entre o fogo que cozinha e aquele que aquece, que ilumina, que glorifica.

Três setores portanto na parte elevada, magistral, dessas grandes casas, três espaços funcionais. Sendo secundária aqui a função de oração, a capela encontra-se relegada às margens, preciosa entretanto: em Ardres, nos é dito que ela era ricamente pintada. Importante, em compensação, é a função militar e judiciária: a sala é destinada ao exercício solene desse ofício. Como ele se irradia amplamente para o exterior, ela é aberta e próxima do pátio, da porta. Aí cada um se mostra, como nos cortejos em que o poder da família é publicamente exposto, em sua posição, marcada por seus sinais distintivos, revestida, por ocasião das cerimônias, de seus mais brilhantes adereços. O senhor aí dita o direito, pronuncia as sentenças. Aí se vem prestar-lhe homenagem. Área dos atos públicos, a sala é principalmente masculina. No entanto, como aí se exibe todo o festivo da existência senhorial, os ritos ostensivos da união, da comunhão fraterna, a dança e o festim, as mulheres da parentela ali são introduzidas, para a dança de roda e o banquete. Seu lugar, contudo, é no quarto, retiradas, onde se cumpre a terceira função, fundamental, que é a da reprodução, tão grave, tão perturbadora que requer retiro e proteção. Por natureza, o quarto é nupcial, conjugal. Em seu centro, um leito, esse leito abençoado para o qual os esposos são conduzidos na noite das bodas, onde os herdeiros vêm ao mundo. O quarto é a matriz da linhagem, no mais privado da morada. Nenhuma solidão, no entanto, assim como no dormitório monástico. Perto da cama senhorial, outros dormem, mulheres com certeza, talvez também, por um tempo, homens, familiares: as aventuras noturnas de Tristão fazem pensar nisso. Promiscuidade pesada, aguçando o desejo de evadir-se. Sabe-se do papel desempenhado pela janela nas intrigas romanescas: as malcasadas aí vêm sonhar com libertação. Essas mulheres, assim como esses homens, são seres do ar livre: por muito tempo fechados, sufocam, buscando a saída. Ela está no pomar, um espaço aberto, mas que não se escancara como o pátio para o exterior, estritamente fechado, homólogo ao claustro monástico, percorrido, como ele, por águas correntes; e depois as árvores, um simulacro de floresta. Aqui se pode acreditar estar separado dos outros, imaginar perder-se. Aqui, os amores clandestinos têm origem e se desenvolvem até esquivar-se para o abraço ilícito na penumbra subterrânea.

A SOCIEDADE DOMÉSTICA

Nessas grandes casas, as relações sociais eram também semiprivadas, semipúblicas, já que os lugares domésticos, como diz um verso do *Roman de Renart*, eram frequentados por "privados ou estranhos ou amigos". Três categorias de comensais. Os "estranhos" eram aqueles que nenhuma relação afetiva particular ligava ao dono da casa. Talvez seus "privados" se distinguissem de seus "amigos" pelo fato de que lhe estavam ligados pelo sangue: "por amizade", diz o *Roman*, o lobo e o raposo se chamam de tio e sobrinho. A diferença se devia antes, sem dúvida, a que dos "privados" a casa era a moradia titular, enquanto os "amigos", se tinham livre acesso a essa casa e a seu chefe, ali não tinham residência. Estavam de passagem como os ocupantes da hospedaria monástica.

Os privados formavam o que o francês medieval chama de "*ménage*" [família] ou a "*maisnie*", de que se encontra definição jurídica em um auto dos *Olim* datado de 1282: "Sua própria família permanecendo em sua casa, isso deve ser entendido daqueles que fazem suas próprias tarefas e as suas custas": moradia comum, alimento comum, uma equipe dirigida por um chefe e cujos membros sob suas ordens trabalham juntos em uma tarefa comum — o exato equivalente da fraternidade monástica. Esse corpo podia ser

Preparação do banquete senhorial. Tapisserie de la reine Mathilde, *século XI. (Museu de Bayeux.)*

bastante numeroso: na Inglaterra do século XIII a casa de Thomas de Berkeley reunia mais de duzentas pessoas, e o bispo de Bristol precisava de cem cavalos para transportar a dele quando se deslocava. A coesão de um grupo tão vasto provinha do fato de que ele era mantido por uma única mão ou antes, como se dizia na época, "conservado" (*retem*), sustentado inteiramente por um patrono. O que os "privados" do século XI, do século XII esperavam desse patrono não era fundamentalmente diferente daquilo que reclamava do seu, segundo um formulário merovíngio, meio milênio antes, tal homem que se confiasse a ele: "O alinhamento e o vestuário (*victum et vestitum*) tanto sobre minhas costas quanto para meu leito, e me calçar, tu mo proporcionarás, e tudo o que possuo permanecerá em teu poder". Entrega de si — semelhante à do monge quando faz profissão — em troca de tudo aquilo de que o corpo e a alma podem ter necessidade. E o direito para aquele que distribui os víveres, que assegura o teto, de corrigir, de flagelar. Falei de um corpo: membros, uma cabeça, um "chefe" — *caput mansi*, como diz um auto dos arquivos clunisianos no limiar do século XII, cabeça de um "*manse*" [morada], de uma célula de residência, e de tudo o que ela contém.

Entretanto, como a "família" monástica, esta era francamente dividida em duas partes. De um lado, e comendo separadamente um pão menos nobre, mais escuro, aqueles que serviam (*servientes*) e que muitas vezes, nas casas muito grandes, estavam estabelecidos no burgo contíguo à morada (parece-me evidente que a população "burguesa" foi, no início do renascimento urbano do século XI, constituída em grande parte pelo "privado", pela domesticidade — especializada em diversos "ofícios" — do senhor, bispo, conde

ou castelão). Do outro lado, os senhores. Mas, na sociedade profana, e nisso diferindo da sociedade monástica, agrupavam-se a seu lado, tratados da mesma maneira, os auxiliares encarregados das duas funções principais, a de oração e a de combate, os clérigos em primeiro lugar, formando, quando a casa era de alguma importância, um colégio de cônegos (e por mais leigo que fosse, o senhor participava dessa comunidade, tomava assento em seu centro, em posição magistral) e, por outro lado, os cavaleiros.

A propósito desses servidores de primeira classe, vê-se imediatamente como é difícil separar o privado do público, e os "privados" dos "amigos". Pois as preces que se recitavam na capela do senhor beneficiavam a toda a senhoria, e sua morada era uma fortaleza de onde a paz e a justiça se irradiavam para o território vizinho. Em consequência, aos guerreiros propriamente domésticos vinham juntar-se periodicamente todos os homens residentes nas cercanias em casas próprias e que tinham vocação de combater; durante esse estágio, eles entravam no privado do senhor do castelo, dele recebiam sua ração e seu arreamento, tornavam-se por um tempo seus privados e, quando voltavam para suas casas, permaneciam seus amigos, ligados pela homenagem que fazia deles parentes suplementares. Aliás, o verdadeiro parentesco, de filiação ou de aliança, unia ao chefe de família a maior parte dos clérigos ou dos cavaleiros que o assistiam: eles eram seus filhos, seus sobrinhos, seus primos, legítimos ou bastardos; aos outros, ele dera por esposa filhas de seu sangue, e enquanto que, estabelecendo-os por meio desse casamento, afastava-os de sua casa, unira-os a esta por um laço mais poderoso que os obrigava, que obrigava seus descendentes a voltar a fundir-se de tempos em tempos em sua família.

Com efeito, a exemplo do mosteiro, a morada aristocrática assumia uma função de acolhida que se pode dizer estrutural. Também ela se abria aos pobres, admitidos, como na casa de Lázaro, a recolher o que caía da mesa senhorial, e era uma bênção para o senhor e para toda a casa ver-se assim espoliados por esse parasitismo necessário e ritual. Como o mosteiro, a casa nobre acolhia jovens, para formá-los. Era uma escola que ensinava aos rapazes bem-nascidos os usos de cortesia e de valentia, em que os filhos das irmãs do senhor, os filhos de seus vassalos vinham normalmente fazer seu aprendizado. Ela acolhia enfim os passantes, "amigos" ou "estranhos", parasitas também eles necessários, desde que fossem de boa condição, e um dos gestos essenciais, no simbolismo do poder patronal, era convidá-los a sentar-se à mesa, na sala, para ali saciar-se, ali beber até a embriaguez, e ali estender-se, à noite, para dormir. Em certos dias, a casa não acolhia apenas hóspedes casuais, atraía a seu âmbito privado todas as casas satélites. Assim, por ocasião das cortes solenes, nas grandes festas da cristandade, Natal, Páscoa ou Pentecostes: nesses momentos, a sala, na morada principesca, reencontrava sua função primitiva, basilical, de regalia, dissolvendo-se o privado inteiramente no público. E em todas as casas, grandes ou pequenas, a hospitalidade alcançava seu paroxismo por ocasião das festas nupciais. A "família" do casado projetava-se então fora do recinto ao encontro da esposa que avançava escoltada por sua própria parentela, conduzia-a para a porta, introduzia-a, guiava-a até o quarto, detendo-se por um momento, no entanto, no espaço intermediário, semipúblico, para um festim desta vez desmedido.

Reconstrução de uma das casas do sítio de Charavines (Isère), começo do século XI.

Casa rupestre e silos. Buoux (Vaucluse).

ORDEM E DESORDEM

Quanto à disposição dos poderes que regiam essa sociedade complexa e em grande parte móvel, a identidade com as estruturas monásticas é, de início, uma vez mais, notável: um pai, um só, como no céu, que no entanto jamais devia agir sem conselho; um conselho masculino, hierarquizado, os jovens sob o jugo dos mais velhos; um pai cujo poder se devia a que, ocupando o próprio lugar de Deus, toda a vida na morada parecia emanar de sua pessoa. A diferença, considerável na verdade, era que, nessa casa, não se vivia em tão estreita proximidade dos anjos, em tão larga distância do carnal, a ponto de a sociedade doméstica ser assexuada, devendo seu chefe, responsável por uma linhagem, prolongar por uma nova geração sua existência e disseminar mulheres entre as casas vizinhas a fim de com elas congraçar-se, portanto procriar. Sua função genital, primordial, obrigava-o a possuir uma mulher em seu leito. Um casal estava estabelecido no centro da rede dos poderes. O feminino encontrava-se posicionado, por certo, sob o inteiro domínio do masculino; contudo, porque essa mulher era a esposa, porque devia ser a mãe dos herdeiros — e, quando não conseguia, não se hesitava muito, no século XI, em recusá-la —, uma parcela do poder de seu "senhor", como ela dizia, projetava-se sobre ela: "dama" (*domina*), ela também se mostrava dominante, e na medida mesma em que, em posição de parceira sexual legítima e por suas capacidades genéticas, contribuía de maneira decisiva para a extensão da casa.

Pois se tratava disso: o privado que se viu sobretudo até o presente na defensiva, encolhido atrás dos muros, em sua casca, a clausura, tendia, na realidade, como todo organismo vivo, a abrir-se, a expandir-se, e tudo se ordenava na casa, especialmente a autoridade atribuída a seu chefe, para que sua vitalidade estivesse em seu auge: sempre mais parentes, sempre mais amigos, sempre mais servidores. Eis por que se descobre, no mais profundo do castelo de Ardres, uma cela de fecundação e, conjunta, a incubadeira onde amas de leite estavam estabelecidas para dispensar a esposa dos cuidados com sua progenitura a fim de que, sem tardar, fosse novamente engravidada. Eis por que as crianças, desde que atingiam a idade da razão, eram divididas em dois compartimentos distintos: um cuidadosamente fechado, para ali conservar meninas, futuras mães, até que fossem transportadas, uma após outra, em cortejo, para uma outra morada da qual se tornariam damas; o outro aberto, onde os meninos não viriam alojar-se senão de passagem, como hóspedes, pois eram soltos, lançados ao exterior para ali apossar-se de tudo o que pudessem, especialmente esposas.

No entanto, o que saía da fecundidade do *pater familias* não bastava, e o primeiro dever do senhor, após o de engendrar e de casar, sua preocupação maior, era a de levar a família a crescer mais, atraindo, "conservando" comensais. Esse projeto governava a economia doméstica: nenhuma intenção de investir, e se se tinha o cuidado de acumular reservas no quarto, no celeiro, na adega, não era senão na previsão das festas em que as riquezas da casa seriam alegremente esbanjadas. *Constitutio expansae*, "organização da despesa", tal é o título de um plano de reforma dos recursos que foi transcrito em meados do século XII em um dos cartulários da abadia de Cluny. Ele visava, com efeito, ajustar o rendimento do patrimônio às necessidades imperiosas de uma indispensável largueza. Nos tempos feudais, a vida privada não estava de modo algum friorentamente curvada sobre a poupança; ela se derramava em generosidades expansivas a fim de multiplicar os amigos — a verdadeira riqueza, como repetiam à saciedade as obras da literatura profana.

O patrono era obrigado, consequentemente, a oferecer em sua casa satisfação plena das necessidades do espírito e do corpo. As primeiras, na época, tinham precedência, em princípio, sobre as outras, e, entre os serviços domésticos, os espirituais passavam por ocupar o nível superior. Eles não eram prestados apenas na capela, mas também na sala, e mesmo no quarto, pois o pai de família era o primeiro encarregado deles. Como no mosteiro, a função paterna era pedagógica. O elogio do conde Baudouin II de Guînes mostra esse "letrado", ele próprio incapaz de ler, colecionando livros, mandando traduzir os textos latinos na língua que ele podia compreender, comentando as leituras que acabava de ouvir, fazendo perguntas, discutindo, instruindo-se para melhor instruir. Mantinha junto dele um pessoal auxiliar, em parte temporário — "mestres", graduados da escola albergados por algum tempo para trabalhar nas traduções, enriquecer a biblioteca, ou então desses parentes integrados a uma comunidade eclesiástica, cônegos ou monges, que, de passagem, beneficiavam seus irmãos, seus primos com seu saber especializado —, em parte permanente — os clérigos domésticos, os capelães. Estes pregavam. No entanto, seu senhor os empregava de bom grado também em compor divertimentos, textos falados, cantados, em língua vulgar, encenações, que sabia lhe valeriam, mais que os sermões edificantes, o reconhecimento dos "amigos".

Para agradar, com efeito, ele se esforçava em vencer o tédio que espreitava esses guerreiros, esses caçadores, durante as inevitáveis interrupções de sua atividade esportiva. Mas bem sabia que os agradaria mais, que seria tanto mais obedecido, servido e amado se satisfizesse os desejos de seus corpos. Aplicava-se então em conduzir os seus, tão frequentemente quanto possível, à perseguição da caça, ao encontro de protagonistas, na batalha ou no torneio. Zelava para que sua morada estivesse bem provida de mulheres para todos os serviços, seu guarda-roupa fornido de "vestes", como se dizia, suficientes para as distribuições rituais, nas grandes festas. Sem esses presentes, esse "benefícios" periódicos, como governar a

Caçador, século XIV. (Paris, Biblioteca Sainte-Geneviève, ms 1283.)

família, como, sobretudo, cumprir honrosamente o ofício patronal? Em 1219, Guilherme, marechal da Inglaterra, em seu leito de morte, está distribuindo seus bens pessoais; legou todo o dinheiro aos homens de Igreja a fim de que rezem por sua alma; lembram-lhe que ainda restam no quarto muitas togas de escarlate, forradas de veiros, oitenta peles ao menos, todas novas e das quais se poderia tirar bom preço para comprar muito mais orações; Guilherme se irrita: o Pentecostes se aproxima, seus cavaleiros têm direito, nesse dia, a ornamentos novos, e os terão; o senhor não pode falhar, e sua moral lhe ordena, no próprio limiar do trespasse, dar precedência ao dever de munificência doméstica sobre a preocupação de sua salvação. Vestir, mas em primeiro lugar saciar, proporcionar o mais abundante, o mais saboroso, o que agrada à boca e se distingue do comer vulgar, esse *companagium* que, para os senhores e seus hóspedes, não constitui, como para o comum dos servidores, simples e discreto acompanhamento do pão, mas o principal do alimento. E, para isso, jamais olhar a despesa. Pois, no quarto onde procriava, na sala onde alimentava, o senhor não detinha poder em seu privado senão na proporção de sua aptidão para dar, e sempre mais.

Como o abade do mosteiro, ele era ajudado em sua gestão por oficiais domésticos cujas tarefas se dividiam, na era feudal, mais ou menos como, ainda há pouco, no palácio carolíngio. Seu primeiro auxiliar era sua esposa, detentora de um poder análogo àquele de que dispunha a rainha no século IX: ela dirigia tudo o que na casa era feminino — e assimilado ao feminino, como as crianças de pouca idade —, reinava sobre as reservas e controlava o que entrava na morada. Vê-se, por exemplo, a mulher do senhor Ardres vigiando o recebimento das taxas arrecadadas sobre as famílias camponesas, e porque uma dessas dependentes, muito pobre, não pudera entregar o carneiro prescrito, a dama, em compensação, fez com que lhe fosse dada uma menina; criou-a e, quando estava suficientemente crescida, casou-a, acasalou-a, explorando suas capacidades de procriação, zelando como um bom pastor para que o rebanho aumente, cooperando com seu marido na extensão da "família"; vemo-la, da mesma maneira, governando a proliferação doméstica, tomar sob sua proteção tal criada grávida e, restabelecendo a boa ordem, obrigar o pretenso sedutor a desposá-la, imperiosa, corrigindo, aterrorizando todas as mulheres na morada, curvando-as à sua vontade — como também acabara por dobrar-se, segundo Jean de Marmoutier, sob a pressão da rainha da França, a órfã de um grande vassalo que o soberano pretendia casar contra a sua vontade, que ele próprio não podia forçar e que encarregara sua esposa de quebrar-lhe a resistência.

Outros adjuntos assistiam o senhor e a senhora, encarregados cada um de um "ofício" (*ministerium*), da direção de um serviço especializado. O regulamento interno de uma enorme casa, a corte de Hainaut, proporciona uma das visões mais claras desses serviços e de seu funcionamento. Em 1210, dois velhos, escolhidos entre os mais "privados" do penúltimo conde, seu irmão bastardo e seu capelão, tinham vindo recitar publicamente o costume mais antigo, que se queria restabelecer e fixar. Tudo tendia então a institucionalizar-se, a enrijecer-se, e os ofícios, lucrativos, estavam já inteiramente apropriados, vendáveis com o acordo do patrono, hereditários, alguns possuídos por mulheres, ou por maridos autorizados por suas esposas, ainda que, normalmente, o filho mais velho sucedesse a seu pai morto ou muito idoso após ter aprendido, herdeiro presuntivo, o "ofício" na *curia.* A despeito de tal esclerose, os "ministeriais" continuavam a ser considerados como membros plenos da família, comendo com o senhor, por certo dormindo na casa, providos de um cavalo, o que os situava acima do comum, até mesmo de dois se eram cavaleiros; todos os anos, recebiam as "vestes", um manto e uma túnica; além disso, a "*livrée*", isto é, pagamentos para completar a seu modo seu equipamento; enfim, para aqueles encarregados do serviço de armas, um soldo — como os *commilitones* do conde, seus companheiros de guerra que cavalgavam mais proximamente a seu lado, em seu *conroi* [tropa a cavalo], a equipe de combate muito estreitamente unida; não se trata deles nesse documento, mas sabe-se que eram da mesma idade (*coetani*) que o chefe, na maioria seus parentes, seus camaradas desde a infância, sagrados cavaleiros no mesmo dia que ele, formando na casa um corpo mais unido, mais privado, semelhante ao colégio dos cônegos, e situados, parece, como os cônegos, acima dos simples ministeriais. Estes, no entanto, viviam igualmente na estreita intimidade do senhor, obrigados a acompanhá-lo em todas as suas expedições militares "para defender seu corpo".

Músico, Igreja de Saint-Donat (Drôme), final do século XII.

Contudo, de modo algum todos na mesma posição: nesse nível, nessa vasta morada, as funções eram completamente hierarquizadas. Três ofícios, no documento que exploro, são considerados principais, e estes derivam diretamente dos três "ofícios" leigos que ajudavam outrora o soberano carolíngio em sua casa, que foi o modelo inicial de toda vida privada nobiliária. O senescal-mor, o camareiro-mor e o copeiro-mor ocupavam esses ofícios. Eles passavam por servir o conde no principado inteiro, mas, com toda a evidência, seu cargo tornado honorífico não os obrigava mais a viver na casa, apenas lhes valia acesso ao príncipe, um lugar a seu lado nos cortejos onde seu poder era exibido. Sob esses altos personagens, percebem-se com efeito três organizações domésticas autônomas, correspondentes às três habitações do conde, das quais cada uma constituía a cabeça de uma entidade política: dois castelos, Mons e Valenciennes, flanqueados cada um por uma colegiada — a de Mons preeminente, porque

A refeição e seu serviço, século XII. (Toulouse, Museu dos Agostinianos.)

ali repousavam os ancestrais da dinastia (não devemos esquecer os mortos, incluídos na família, associados à vida privada pelas cerimônias comemorativas periódicas) —, depois uma terceira casa, menos solidamente constituída, dominando uma senhoria recentemente adquirida, Ostrevent. Existia um camareiro suplementar. Com efeito, quando a sra. Marguerite, "a esposa do Baudouin [V] que está enterrado no centro do coro de Mons" — era a irmã do conde de Flandres —, fora cedida a um marido, este não era então senão o herdeiro do Hainaut; seu pai ocupava a morada ancestral; o novo casal precisava de sua própria casa; os esposos estabeleceram-se em outro lugar, em Lille, nas terras da dama; esta era servida por suas mulheres; ela casara uma delas e fizera do marido seu próprio camareiro; funcionava, desde então, um "quarto" particular da condessa, "em todo lugar", diz o texto, de modo nenhum ligado a uma casa, e que geria o "móvel", essa parte específica da posse feminina, o enxoval. Graus, portanto, múltiplos: a pessoa do conde, a da condessa, graus entre as casas, e, em cada uma das principais, dois grandes serviços, dos quais um dominava o outro, já que os cargos se distribuíam como, no edifício, o espaço de convívio: um serviço da mesa, isto é, da sala, dirigido pelo senescal e pelo copeiro; um serviço do quarto, mais privado, cujo administrador era o camareiro, que vinha após o senescal mas antes do copeiro, encarregado da adega, portanto do mais baixo.

A mesa, ou antes, as mesas (*mensae*) eram postas na sala ou, desde que o tempo o permitisse, ao ar livre. Aparato, como no mosteiro: não convinha alimentar-se acocorado, nem em pé, às pressas. Comer era um ato solene, público. Era conveniente que dependesse do ofício mais altamente posicionado. O senescal zelava pela parte mais nobre da ração, pelo "*companage*" [tudo aquilo que se come com o pão], as "*esques*" (*escae*, comidas), compradas fora e preparadas na cozinha, principalmente a carne, que cabia ao primeiro servidor (e essa procedência da carne é esclarecedora) apresentar e cortar diante do senhor; sob sua autoridade serviam, segundo sua posição, sete oficiais subalternos: o "comprador" e o "guardião das comidas" em primeiro lugar; os três "cucas" que cozinhavam; o zelador, encarregado de manter os fogos na casa, o da cozinha e aquele, mais brilhante, que realçava o esplendor da sala; o porteiro, acolhendo, instalando os hóspedes; enfim, o cortador, responsável pelo corte, mas também pelo sal. Quanto à bebida de qualidade, isto é, ao vinho, também estava sob o controle de um oficial maior, o copeiro. Em Mons, no começo do século XIII, uma mulher ocupava esse posto, filha de cavaleiro, herdeira de seu pai, mas também cônega e por isso pouco disponível. "À sua ordem", o vinho era levado às mesas e, se lhe aprazia, era servido por suas mãos ao conde e à condessa. De fato, dois substitutos comumente ocupavam seu lugar. Em segunda posição, ele próprio dirigindo dois armazenistas, vinha "aquele que conservava o vinho e que o servia nos cântaros e nas taças" (por essa razão dependia dele o "ofício" muito inferior do oleiro). Mais abaixo figurava o saquiteiro, fornecedor desse alimento que, para os senhores, signo de sua distinção, não era mais que acessório, as migalhas; quatro pessoas dependiam ainda desse subalterno, um fornecedor, um padeiro "hereditário" estabelecido fora da corte, no povoado, com os artesãos independentes, um guarda dos pães, ou mais exatamente das fatias, dos pedaços sobre os quais se colocavam as carnes, ele próprio comandando "o homem que colocava essas fatias sobre as mesas". No fim da lista, o responsável pelo lardo, situando as ordenações domésticas em último lugar, o toicinho, alimento popular como o pão e tirado do fundo da cozinha, da parte mais inferior da casa.

Em Mons, o "camareiro menor" — subordinado de um *camerarius*, ele próprio subordinado ao grande camareiro do Hainaut — devia vigiar o quarto e as coisas preciosas que ali se encontravam encerradas; encarregado, consequentemente, das "roupas", do tecido, devia também arrumar as camas "para toda a corte", as quais, na maior parte, eram estendidas a cada noite na sala; ele fornecia a água que seu superior apresentava ao conde e à condessa, enquanto ele próprio dava água antes da refeição aos clérigos e aos cavaleiros; enfim, sob o controle do camareiro titular, que

Cremalheira, colheres e faca, começo do século XI. Charavines. (Isère.)

Cavaleiro em armas. Tímpano de janela do século XII. (Arles.)

sem dúvida se reservava a administração das moedas, o camareiro menor fabricava as velas e as distribuía, especialmente aquelas que, fincadas em um pão, iluminavam o conde, a condessa e o senescal, e só eles, quando estavam à mesa.

De um lado, então, a mesa, a luz, o fogo claro, a exibição; do outro, as camas, a noite, a vela, o retraimento. A sala era equipada principalmente para o festim, ele próprio representação, ostentação da ordem necessária. O conde e a condessa, o casal dominante, ocupavam o centro do espetáculo, objetos de uma honra particular, servidos pelos mais altos domésticos; mas junto deles, quase em seu nível, mantinha-se o senescal, que tinha direito, como o senhor, pois que *major domus*, primeiro da casa, ao pão de sal ao lado de sua porção, à luz diante dele. E já que se tratava de encenação pública, de demonstração de poder, importava que os oficiais da mesa fossem cavaleiros; eles recebiam o mesmo equipamento, o mesmo fornecimento de trajes que os companheiros de armas do patrono; acompanhavam-no toda vez que ele montava a cavalo, com os cozinheiros e o zelador: sua atividade, diurna, projetava-se para o exterior, para as ações ao ar livre. Ao passo que o quarto aparece, à leitura desses costumes, como encerramento, concha; nada desse vinho que convém à festa, às larguezas; longe da luz, para lavar o que macula e afastar as trevas, a água lustral e as luminárias profiláticas.

Essa assistência multiplicada e o recurso ao cerimonial como instrumento de disciplina eram necessários ao senhor para manter em ordem a sociedade doméstica. O tumulto estourava, com efeito, de todos os lados. Da parte dos homens, o perigo vinha da violência aberta, armada, brotando naturalmente entre esses homens de guerra e de torneio. Era preciso então eliminar constantemente a cobiça e os rancores, reanimar sem descanso a "amizade". Tarefa difícil em razão da rivalidade permanente de que a corte era o local, da inveja dos mais novos em relação aos mais velhos, da competição aberta entre os "comensais" disputando os favores do senhor e os da dama, cada um encarniçado em eclipsar todos os outros, denegrindo-os, desafiando-os, desferindo-lhes a cada ocasião golpes baixos — em razão de uma emulação, fonte de rumor e furor. Para conter a turbulência, três procedimentos entravam em jogo. A expulsão, em primeiro lugar, dos mais agitados; essa foi sem dúvida uma das funções da Cruzada, e a mais benéfica; um papel análogo era desempenhado pela viagem, financiada pelo pai de família, que arrastava ritualmente para longe da casa, por um ano, dois anos, após a cerimônia da sagração como cavaleiro, o filho mais velho e os outros "cavaleiros novos"; todos os jovens eram assim chamados a extravasar na errância, provisoriamente, o excesso de seu ardor. Sabe-se também que se impunha o uso de enviar os filhos, desde que saíssem da infância, para formar-se em outro lugar — simples troca, na verdade, já que a casa, livre dos rapazes de seu sangue, era obrigada a acolher outros, mas essa transferência não deixava, sem dúvida, de amortecer também um pouco os choques. Reputo os ritos do amor cortês como um segundo meio de amansar a juventude. O que se sabe desse jogo e de seu desenvolvimento desde meados do século XII leva a pensar que o senhor propunha sua esposa como um chamariz, uma espécie de isca, oferecendo-a, até certo ponto, como a aposta de um concurso cujas regras gradativamente mais sofisticadas obrigavam os participantes, os cavaleiros celibatários e os clérigos da casa, a dominar cada vez melhor seus impulsos. Enfim, o chefe de casa detinha um poder judiciário, o direito de arbitrar as querelas, de corrigir os erros; e se ele nada podia decidir sem o conselho dos seus, estes eram obrigados a dar-lho, a falar diante dele, a exibir para ele suas discórdias e, na sala — como na sala capitular do mosteiro —, as queixas exibidas, as razões aceitas, recompensas e reprimendas eram periodicamente distribuídas; a menos que, apelando ao julgamento de Deus, o *caput mansi* decidisse presidir, no pátio, a uma batalha, a um duelo, a uma dessas rixas organizadas no decorrer das quais extravasava-se a violência dos rivais.

Registro de bens senhoriais de Saint-Paul-lès-Romans redigido entre 1339 e 1349. (Valence, Arquivos da Drôme.)

Esse sistema de regulação foi eficaz? Os traços de seus fracassos são descobertos facilmente no pouco que resta da literatura familiar. Assim, na história — panegírica — dos senhores de Ardres, e que não é bem documentada senão sobre quatro gerações, um assassinato doméstico, ao menos, é evocado, o do *senior*, morto na floresta, dizia-se, pelos criados de sua cozinha. Na história — também panegírica — dos senhores de Amboise, e também ela bem documentada sobre quatro gerações apenas, é mencionado o assassinato de um cunhado, camuflado em acidente de guerra; os dois irmãos do último dos senhores de que se trata nesse texto foram mortos por seus familiares, um em emboscada e o outro por envenenamento; ao passo que está constantemente presente a agitação dos cavaleiros dos castelos, organizados em partidos opostos, apoiando um o filho, o outro o pai, um irmão caçula contra um irmão mais velho, um genro contra o irmão da esposa, não se deixando esse tumulto dominar-se facilmente: o senhor do castelo de la Haye (era um intruso, o esposo da herdeira) e seu irmão acabaram por ser abatidos pelos guerreiros de sua casa, que não podiam mais suportar sua presença. Contudo, no espaço doméstico, o perigo era em primeiro lugar percebido como vindo insidiosamente das mulheres, portadoras do veneno, dos sortilégios, da cizânia, e dos desmaios, as doenças inesperadas, os falecimentos sem causa aparente, o senhor encontrado morto uma manhã em seu leito, intumescido, tudo aparecia como provocado pelas artimanhas das mulheres, e da dama principalmente.

O PERIGO: AS MULHERES E OS MORTOS

Abraço. Igreja de Aulnay (Charente-Maritime), século XII.

A ameaça contra a ordem estabelecida parecia então surgir surdamente do mais íntimo, do mais privado da sociedade cortês. E a palavra cortês convém, com efeito: não era o caso de inquietar-se muito com a perturbação provocada pelas mulheres submissas sobre quem pesava muito fortemente o poder da dona da casa. O problema da paz, da paz privada, colocava-se a propósito das bem-nascidas. Elas eram por isso estreitamente vigiadas, subjugadas. O eixo mais sólido do sistema de valores a que se fazia referência na casa nobre para bem conduzir-se apoiava-se sobre este postulado, ele próprio fundado na Escritura: que as mulheres, mais fracas e mais inclinadas ao pecado, devem ser trazidas à rédea. O dever primeiro do chefe da casa era vigiar, corrigir, matar, se preciso, sua mulher, suas irmãs, suas filhas, as viúvas e as filhas órfãs de seus irmãos, de seus primos e de seus vassalos. O poder patriarcal sobre a feminilidade via-se reforçado, porque a feminilidade representava o perigo. Tentava-se conjurar esse perigo ambíguo encerrando as mulheres no local mais fechado do espaço doméstico, o quarto — o "quarto das damas", que não se deve tomar, com efeito, por um espaço de sedução, de divertimento, mas sim de desterro: elas eram ali encerradas porque os homens as temiam. No quarto, eles penetravam, e o senhor, muito livremente: os romances mostram-no comumente, à noite, após a ceia, para ali se dirigindo para comer sua fruta, tranquilo, a cabeça sobre os joelhos das donzelas da família que o "massageiam", penteiam-no, tiram-lhe os piolhos — esse era um

O senhor e as mulheres, século XII. (Toulouse, Museu dos Agostinianos.)

dos prazeres próprios aos *seniores*, a esses felizardos que dominavam uma casa. Outros homens eram introduzidos no quarto para os divertimentos íntimos, para a leitura ou para o canto, mas escolhidos pelo patrono, requisitados a entrar, acolhidos em visita temporária: a literatura de ficção, única fonte de informação ou quase, não situa nenhum indivíduo do sexo masculino, com exceção do chefe da casa e de seus rapazes residentes muito jovens, no quarto, a não ser feridos, doentes, entregues até sua cura aos cuidados femininos. O gineceu, entrevisto pelos homens mas do qual são naturalmente excluídos, aparece a seus olhos como um domínio "estranho", um principado separado do qual a dama, por delegação de seu senhor, detém o governo, ocupado por uma tribo hostil e sedutora cuja parte mais frágil é muitas vezes en-

No coração da casa, por que a mulher não estaria ocupada? Bible de Saint Laurent de Liège, *século XII.* *(Bruxelas, Biblioteca Real Alberto I, ms 9916.)*

cerrada mais estreitamente, mais bem protegida em uma comunidade religiosa, um convento interno regido por uma regra sob a autoridade de uma superiora que não é a esposa do senhor, mas uma viúva da parentela ou uma moça que não se conseguiu casar. A parte feminina da família constitui então um corpo, um Estado no Estado, e senhor de si mesmo, escapando ao poder de qualquer homem, salvo do chefe da casa, mas o poder deste não é senão de controle, como suserano, e muitas vezes se veem eclesiásticos disputá-lo com ele sob pretexto de direção das consciências.

A esse grupo de mulheres, inquietantes, estavam destinadas tarefas específicas, pois era preciso que estivessem ocupadas, sendo a ociosidade considerada particularmente perigosa para esses seres fracos em demasia. O ideal era uma divisão equilibrada entre a oração e o trabalho, o trabalho do tecido. No quarto, fiava-se, bordava-se, e, quando os poetas do século XI fazem tentativas de dar a palavra às mulheres, compõem canções "de fiar". Das mãos femininas saíam, de fato, todos os enfeites do corpo e os tecidos ornamentados que decoravam o próprio quarto, a sala e a capela, isto é, uma parte considerável do que chamaríamos de criação artística, sacra e profana, mas assentada em materiais tão perecíveis que dela só subsistem hoje ínfimos fragmentos. Contudo, as orações e essas obras, realizadas em equipe como o eram, da parte dos homens, a guerra e a caça, não os livravam, persuadidos da perversidade estrutural da natureza feminina, de uma inquietação obsedante, fantasmática: o que fazem as mulheres juntas, só entre elas, quando estão encerradas no quarto? Evidentemente, fazem o mal.

Em um tempo em que a Igreja conservava ainda quase que por inteiro o monopólio da escrita e pelo qual quase exclusivamente o pensamento dos eclesiásticos é acessível ao historiador, são os moralistas que mais claramente parecem obsedados pela preocupação com os prazeres condenáveis que, sem nenhuma dúvida, as mulheres, no gineceu, têm sozinhas ou então com suas companheiras e com as crianças. Pois a mulher, a jovem mulher, lê-se em uma das versões da vida de santa Godelièvc composta no início do século XII, está sempre entregue ao aguilhão inevitável do desejo; ela o satisfaz comumente na homossexualidade, e essa suspeita grave é instigada pela prática geral de dormirem vários do mesmo sexo na mesma cama. Entre elas, aliás, em seu espaço privado particular, as mulheres passam por trocar os segredos de um saber no qual os homens não têm nenhuma participação e que é transmitido às mais jovens por essas "velhinhas" presentes em inúmeros relatos, aquelas por exemplo que, na casa paterna de Guibert de Nogent, atavam ou desatavam as agulhetas, aquelas que ensinavam nas aldeias as operações mágicas que um Étienne de Bourbon perseguia no século XIII. O poder masculino se sentia impotente diante dos sortilégios, dos filtros que debilitam ou então curam, acendem o desejo ou extinguem-no. Detinha-se à porta do quarto onde os filhos eram concebidos, postos no mundo, os doentes cuidados, os defuntos lavados, onde, sob o império da mulher, no mais privado, estendia-se o domínio tenebroso do prazer sexual, da reprodução e da morte.

A sociedade doméstica era então atravessada por uma separação nítida entre o masculino e o feminino, institucional, e que repercutia sobre a maior parte dos comportamentos e das atitudes mentais. No interior da morada, a única conjunção oficial, ostensiva, pública, unia o senhor e a dama, e toda a organização da morada era disposta para que esse encontro fosse perfeito, isto é, fecundo. Muitos outros no entanto ali se produziam, ilegítimos estes, ocultos. Por mil indícios discerne-se a exuberância de uma sexualidade privada que se mostra nos lugares e nos tempos mais propícios, os do segredo, do obscuro, na sombra do pomar, no celeiro, nos recantos, e durante as trevas noturnas que nem sequer eram varadas, como no mosteiro, por algum toco de vela. Nesse espaço mal compartimentado, era fácil aos homens introduzir-se no leito das mulheres; se se acredita nos moralistas e nos romancistas, a passagem inversa era no entanto mais frequente: sem obstáculo às uniões fugazes, a casa é mostrada repleta de mulheres que consentem, provocantes. Tratava-se por certo de criadas, mas que não eram mais que a arraia-miúda, e nem a literatura doméstica nem o romance falam muito delas. Tratava-se de parentas, sogras, cunhadas, tias, e adivinha-se, pululante, o incesto fortuito. Entre essas parentas, as mais ativas, segundo o que nos dizem, eram as bastardas da família, filhas do pai, dos tios cônegos, e elas próprias mães de futuras concubinas. E quanto às "donzelas", filhas legítimas do senhor? Eram elas tão livremente oferecidas aos cavaleiros errantes, segundo os ritos da boa hospitalidade, quanto

Ama de leite. Avicena, Canon de médecine, *século XIII. (Biblioteca de Besançon, ms 457.)*

O bom casamento é prolífico. Bíblia latina, século XIII. (Biblioteca de Orléans, ms 41.)

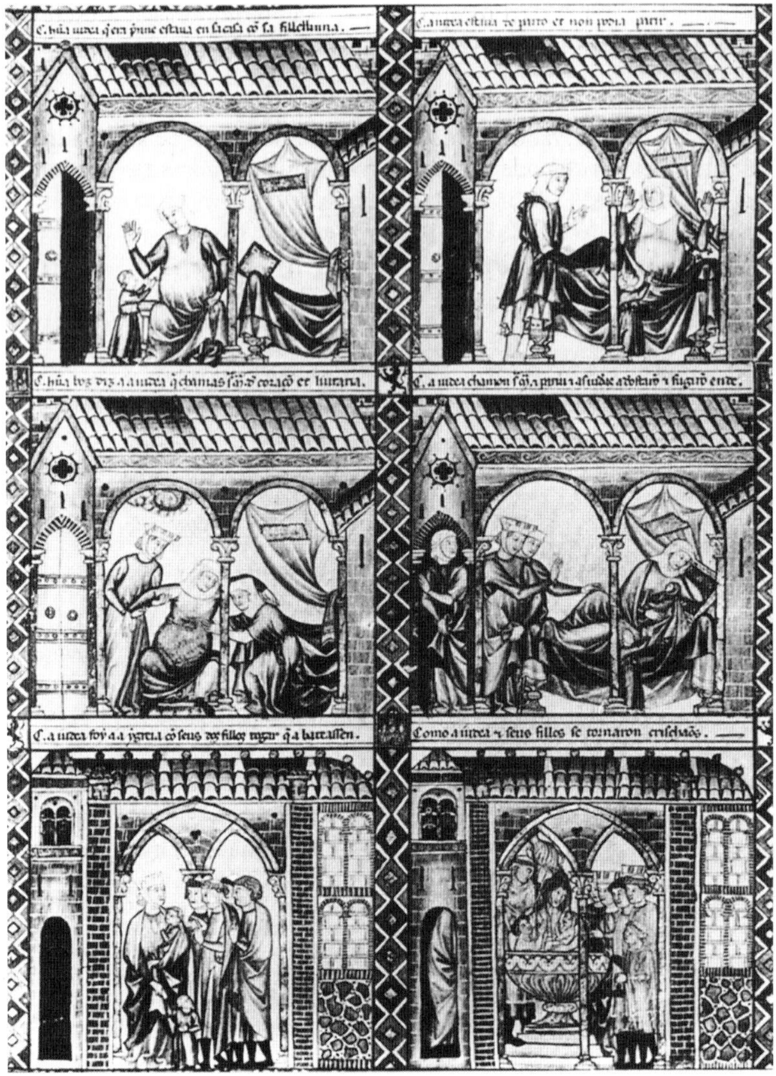

Cenas de parto. Ilustração das Cantigas *de Afonso X, o Sábio, século XIII. (Madri, Biblioteca do Escorial.)*

o pretende a literatura de divertimento? E os homens, eram, tão frequentemente quanto é relatado na biografia dos santos, tirados de seu sono por fêmeas insaciáveis?

É certo, em todo caso, que o convívio que reunia em torno do par conjugal tantos homens e mulheres não casados, sua promiscuidade inevitável, a conduta prescrita em relação aos hóspedes, amigos ou estranhos, diante de quem era de bom-tom exibir as mulheres da casa como se exibia o tesouro, por vaidade, mantinham no espírito do senhor responsável pela ordem doméstica e pela glória familiar uma preocupação principal, a da honra. A história da honra que há muito tempo Lucien Febvre convidava a escrever ainda não foi escrita. Ao menos, é evidente que nos tempos feudais a honra, empanada pela vergonha, era assunto masculino, público, mas que dependia essencialmente do comportamento das mulheres, isto é, do privado. O homem era desonrado pelas mulheres submetidas ao seu poder e, em primeiro lugar, pela sua. O grande jogo, tal como é descrito pela literatura cortês, convidava os homens jovens, para manifestar seu valor, a seduzir a dama, a dela apoderar-se. Um jogo, mas que se inscrevia em um quadro real, no vivido. Incontestavelmente, a esposa do senhor era cobiçada, e o desejo que inspirava, sublimado em puro amor, era empregado, como vimos, como um meio de disciplinar a juventude doméstica. Sólidas proibições impediam tomá-la realmente. No entanto, acontecia que fosse tomada por violência. O lugar atribuído à violação na intriga das narrativas de divertimento reflete com toda a evidência a realidade: como não estabelecer um paralelo entre Renart, o raposo, tirando seu prazer da rainha, e Geoffroi Plantageneta forçando Alienor de Aquitânia na casa de seu esposo, o rei da França? Ocorria também que a dama se entregasse. Obsessão do adultério, e todos os olhares espiando, os invejosos a espreitar o encontro dos amantes.

A defesa da honra consistia em primeiro lugar em erguer um anteparo diante do público: o temor de ser desonrado pelas mulheres da casa explica ao mesmo tempo a opacidade arranjada em torno da vida privada e o dever de vigiar de perto as mulheres, de mantê-las tanto quanto possível enclausuradas, e se era preciso fazê-las sair, para as cerimônias ostentatórias ou para as devoções, de escoltá-las. Em torno da mulher em viagem, a família se transportava para fora da morada, assegurando sua "conduta", para que não fosse "seduzida". Durante a longuíssima peregrinação que fez a Roma em meados do século XI, Adèle de Flandres permaneceu encerrada em uma espécie de casa ambulante, uma liteira de cortinas constantemente fechadas. Mulheres enclausuradas, fugindo, por vezes, ao amanhecer, como Corba d'Amboise, raptada, feliz por sê-lo, por seu primo, à saída da missa, em Tours. Mulheres encerradas no recinto, para que homens da casa não sejam maculados por suas extravagâncias, para que estas permaneçam ocultas, no segredo da *privacy*. Salvo se sua falta, se o adultério era proveitoso, se era boa a ocasião para se desembaraçar de uma esposa estéril ou aborrecida, de uma irmã da qual se temia que reclamasse parte de herança. Então o chefe da casa revelava, denunciava, publicava — tornava pública — a falta feminina, a fim de poder legitimamente castigar a culpada, expulsá-la da casa, quando não decidia queimá-la viva.

Puro amor. Ilustração dos Carmina Burana, *século XIII. (Biblioteca de Munique, ms Clm 4660.)*

É preciso evocar uma outra ameaça que pesava sobre a sociedade familiar: ela vinha dos mortos, presentes, exigentes, e que habitualmente voltavam à noite, no mais íntimo, no quarto onde seu corpo fora há pouco preparado para o sepultamento, buscando novos cuidados. Como no mosteiro, um lugar lhes era reservado no convívio privado a fim de que sua alma não penasse, não viesse perturbar os vivos. Desde que a família tivesse os meios para isso, e eram precisos meios consideráveis, preparava um receptáculo para os despojos de seus defuntos; fundava um mosteiro, uma colegiada onde todos seriam enterrados; uma necrópole assim se instituía, morada obrigatória para os mortos da linhagem, dispostos ali em boa ordem, como um anexo da casa destinado a essa parcela da família, tão perigosa quanto a parcela feminina e, como ela, confinada. Celebrava-se nesse local não apenas a comemoração do falecido na missa do primeiro aniversário da morte, mas também seu aniversário regular, e, nesse dia, a família comia com ele como se fazia no mosteiro, ou antes por ele, em seu lugar, a fim de com ele conciliar-se. O que fizeram, em Bruges, em 1127, imediatamente após tê-lo morto, os assassinos do conde de Flandres, protegidos na capela, "sentados em torno do ataúde, depositando sobre este o pão e as taças como sobre uma mesa, comendo e bebendo sobre o corpo, acreditando que com isso ninguém tentaria a vingança", que o assassinado perdoaria. Entretanto, era no momento mesmo da passagem que os ritos de acompanhamento se haviam inicialmente acumulado, em uma representação em que se vê, como no mosteiro, imbricar-se o público e o privado.

Cerimônia pública, transporte de um lugar privado, o quarto, o leito, a um outro lugar privado, fechado, a sepultura, mas atravessando necessariamente o espaço público; portanto, necessariamente festivo, tanto quanto as bodas e pelo próprio desenrolar de um cortejo, toda a casa, em fila, em ordem, oferecendo a imagem de sua coesão atrás do defunto do qual era a última ostentação, do qual eram também as últimas larguezas públicas, distribuídas entre os pobres, enquanto se desenrolava um vasto banquete; públicas eram igualmente durante essa fase as manifestações do luto, um espetáculo em que as mulheres representavam o papel principal, gritando, rasgando suas roupas, lacerando o próprio rosto. No entanto, essa demonstração sucedia a outros ritos, estes muito privados — um privado na verdade numeroso, gregário. Esse ritual de partida tinha início na sala: diante de todos os seus "privados", mas também de seus "amigos", o agonizante anunciava suas últimas vontades, as disposições da sucessão, procedia à entronização de seu herdeiro, em voz alta e por meio de gestos bem visíveis. Assim, em Audenarde, em torno de Baudouin v de Hainaut preparando-se para o trespasse, como para uma assembleia de paz pública, todas as relíquias da região tinham sido trazidas e todos os fiéis convocados a jurar sobre elas a concórdia. Mais íntima era a agonia, que tinha lugar no quarto. O poema composto em honra de Guilherme, marechal da Inglaterra, morto em 1219, oferece um dos mais preciosos relatos da morte de um príncipe nesse tempo. Guilherme, desejando morrer em casa, fizera-se conduzir a uma de suas mansões desde que seu mal se agravara. Ali convocou todos os seus, e em primeiro lugar seu filho mais velho, para que o ouvissem dispor da herança, escolher sua sepultura, para que o vissem, mudando de traje, tomando o de templário, entrar plenamente em uma outra fraternidade, beijar pela última vez, chorando, sua esposa. Terminado esse cerimonial da ruptura, muito semelhante àquele que se respeitava quando o chefe da casa deixava seu espaço privado para uma viagem, a cena se despovoava. Contudo, o moribundo não devia ser deixado só; as pessoas se revezavam para velá-lo noite e dia; pouco a pouco, ele se despojava de tudo: cedera aquilo de que não era senão o depositário, o patrimônio; cedia agora todos seus bens pessoais, o dinheiro, os ornamentos, as roupas; saldava suas dívidas, implorava o perdão daqueles que lesara em vida; pensava em sua alma, confessava seus pecados; enfim, às vésperas do trespasse, as portas do outro mundo começavam a entreabrir-se para ele. Guilherme viu assim dois homens brancos virem postar-se um à sua direita, o outro à sua esquerda; no dia seguinte, ao meio-dia, ele despediu-se, mas uma despedida privada, de sua mulher e de seus cavaleiros: "Eu vos confio a Deus, não posso mais estar convosco. Já não posso defender-me da morte". Separando-se do grupo que comandara, despindo-se de seu poder, remetendo-o a Deus. Só, pela primeira vez desde o seu nascimento.

G. D.

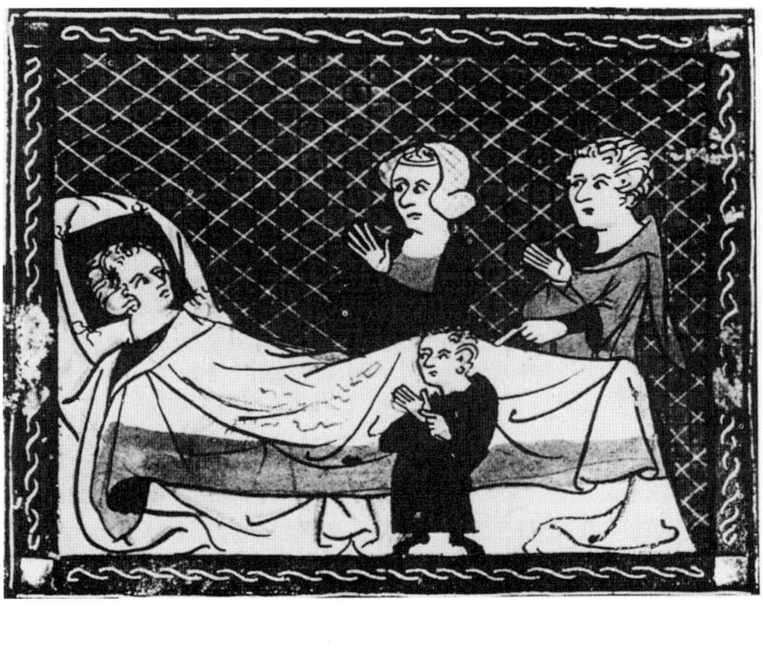

No quarto, últimas palavras do agonizante. Code de Justinien, *século XIV. (Biblioteca de Reims, ms 807.)*

PARENTESCO

Nas páginas que acabamos de ler, Georges Duby colocou intencionalmente entre parênteses o que dizia respeito aos laços carnais; tratou da *familia* medieval não considerando a família no sentido moderno: distinção necessária entre os dois eixos que devem orientar a análise. Naturalmente, as relações de parentesco e as de convívio interferem muitas vezes, mas isso nada tem de automático. Ao não separar com suficiente nitidez a coabitação da consanguinidade, ao persistir no emprego indiferenciado do termo ambíguo de "família", muitos historiadores do passado afundaram em dificuldades (tal como a referência, ritual e exasperante, porque cientificamente infundada, à "família ampla germânica").

A relação de parentesco entra de pleno direito, assim como a de convívio, em um estudo da "vida privada". Seria possível desenvolver sua apresentação de maneira paralela: como as da morada, as metáforas da linhagem têm um vasto lugar na representação das solidariedades religiosas ou políticas; a exemplo das grandes casas, as vastas parentelas, que chamam a atenção privilegiada dos especialistas em história sociopolítica, dão testemunho, por sua extensão, nos séculos XI e XII, da privatização dos poderes, prestando-se ao mesmo paradoxo da alienação da relação privada; enfim, a autonomia do indivíduo ou do casal encontra-se posta em causa pelo irresistível império da "linhagem", assim como pela inoportuna presença do círculo doméstico — em um tempo em que, decididamente, o privado está em toda parte e em parte alguma.

No entanto, o parentesco é uma relação muito mais abstrata que o convívio; levanta, portanto, problemas específicos. É preciso começar por delimitar o que pode ser essa "linhagem" que as fontes medievais dão a ver sob aspectos muito diversos e que os comentadores modernos negligenciam definir. Evitando um fastidioso inventário historiográfico, citarei apenas como exergo os dois capítulos que Marc Bloch consagrou a essa questão, em 1939, em *A sociedade feudal*: livro fundador da história medieval francesa atual e do qual se admira sempre o caráter vivo, fecundo e inspirador — ainda que, sobre esse ponto como sobre vários outros, os progressos realizados desde então pela história, pela antropologia e pela coordenação entre elas obriguem também a fazer sua crítica.

Marc Bloch considera os laços do sangue justamente antes daqueles da vassalagem e relativiza com justa razão a importância destes ao mostrar que não fazem senão completar a trama tecida pelos primeiros para dar coerência a uma sociedade que se poderia chamar, de preferência a "feudal", feudo- (ou vassalo-) linhagista: uns e outros são correntemente postos no mesmo plano pelos homens da Idade Média, e os grupos mais fortemente estruturados são aqueles que os combinam — caráter lígio e linhagem dão assim, por

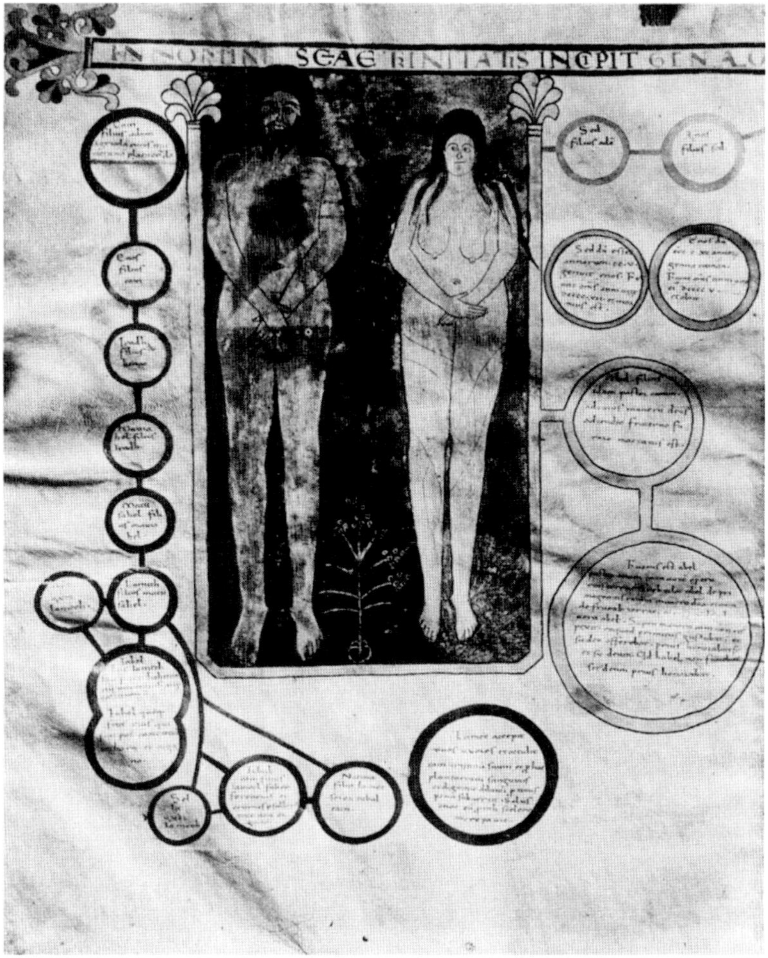

Linhagem de Adão: os cristãos da Idade Média se apaixonam pelas genealogias da Bíblia; nos dois mundos, o hebraico antigo e o "feudal", o parentesco tem um papel importante. Nos quatro cantos dessa folha, eles veem crescer e multiplicar-se a descendência do casal primordial. (século XI, Apocalypse de Beatus, *Paris, Biblioteca* Nacional, *ms lat. 8878.)*

ocasião da batalha de Mansourah (1250), segundo o testemunho de Joinville, uma eficácia ideal à tropa de Gui de Mauvoisin. O parentesco é analisado por Bloch em termos de solidariedade jurídica (mobilização para as guerras privadas, detenção de direitos patrimoniais comuns). Um equívoco paira infelizmente sobre a coabitação, pois ele não se liberta da ideia de que os parentes vivem sob o mesmo teto ou, em todo o caso, sistematicamente na vizinhança uns dos outros. Isso não o impede de abrir uma perspectiva fundamental: ele quer que seja apreendida a diferença entre a sociedade medieval e a nossa até nessa célula aparentemente elementar e natural. "Tanto pela tonalidade sentimental como pela extensão", escreve ele, "a parentela era coisa diferente da pequena família conjugal de tipo moderno": alguma coisa de menos afetivo e no entanto de muito constrangedor, e que para Bloch, como para seus contemporâneos influenciados inoportunamente por Lévy-Bruhl, tem a conotação implícita de primitivismo no mau sentido do termo. Reforçando essa impressão, vem a suspeita de que a força da parentela se instaura à custa do casal: "Sem dúvida, seria deformar muito as realidades da era feudal situar o casamento no centro do grupo familiar"; de fato, a mulher só pertence "parcialmente" à linhagem de seu marido, já que a viuvez, *ipso facto*, dela a exclui (ou dela a liberta). Contudo, graças à Igreja e ao Estado, uma incontestável modernidade desponta com a aurora do século XIII: uma em nome dos direitos da pessoa, o outro em nome da paz pública, e ambos, ao mesmo tempo, em benefício, bem entendido, de seus interesses, trabalham sem descanso no afrouxamento das coerções do parentesco.

Delimitação dos contornos da "linhagem" e desvendamento de suas funções, interrogação sobre as suas relações com a "família conjugal", enfim, busca de uma tendência evolutiva na virada dos anos 1180: tomo de empréstimo aqui a Marc Bloch seus três temas principais, para tratá-los sucessivamente. Os trabalhos que *A sociedade feudal* suscitou fazem com que haja nesse livro, hoje, partes mortas, como em toda obra científica datada de algumas décadas; sua grandeza é reconhecida, em compensação, por certo número de intuições que seus sucessores não exploraram suficientemente ou que não podem senão confirmar, transformando-as em conceitos. Assim, é pressentida a importância da filiação indiferenciada:* a observação sobre a equivalência das linhas paterna e materna não ocorre apenas como um acessório sob a pena de Bloch, pois ela lhe permite rebater a qualificação possível da "linhagem" como unidade constitutiva ou como realidade substancial da sociedade; por causa de um "sistema bífido", "a zona das obrigações de linhagem perpetuamente mudava de contornos". Há aqui um objeto histórico difícil de apreender, por razões ao mesmo tempo documentais e estruturais: essas vastas parentelas no seio das quais vem abrigar-se e alienar-se o homem feudal, mas que são também, tratando-se de um nobre, o meio e a expressão de seu poder, o que são elas exatamente?

AS METAMORFOSES DA LINHAGEM

LINGUÍSTICA E MUNDO FEUDAL

Sob sua forma latina assim como em francês antigo, "linhagem" e "parentesco" antes designam *relações* que *grupos* constituídos de maneira rígida; está-se ligado aos grandes *por* linhagem e/ou *por* parentesco (os dois termos são praticamente equivalentes) e, por esse fato, fica-se classificado em boa posição na hierarquia social. A condição de Enguerran IV, senhor de Coucy, tratado rudemente em 1259 pela justiça real, deve-se a que todos os grandes barões do Norte da França são "de sua linhagem" e portanto levados a

(*) Filiação "indiferenciada" ou cognática: em antropologia, reconhecimento do parentesco pelo sangue nas duas linhas (paterna e materna) com um valor igual e propriedades homólogas.

apoiá-lo com seu "conselho": os parentescos de primos patri e matrilineares, as alianças passando por mulheres dadas ou recebidas contribuem igualmente para fundar a ampla rede de um parentesco posto em destaque pelo caráter dramático da circunstância, senão mesmo reconstituído especialmente com o objetivo de enfrentá-la.

A aplicação dessas palavras a *grupos*, tal como no romance arturiano *Li parentez le roi Ban* ou essa *nostre lignage* [nossa linhagem] de que Gauvain deplora o enfraquecimento, não é de fato senão secundária, mais rara que a evocação da *relação* determinante e/ou manipulada. Tal grupo cristaliza e particulariza a relação de parentesco. *Genus*, vocábulo puramente latino e que não é o ancestral direto de "raça", aplica-se nos séculos XI e XII, da mesma maneira, em primeiro lugar à extração ("nobre" ou "brilhante" toda vez que é mencionada) de um homem ou de uma mulher, e em seguida apenas a uma formação social precisa — designada mais exclusivamente *prosapia*. *Cognatio* aplica-se igualmente a grupos, mas antes servis que aristocráticos. Se se acrescenta a essa lista a de coletivos tais como "próximos", "amigos (carnais)" e — os mais frequentemente empregados — "parentes", "cognados" (*cognati*) e "consanguíneos" (*consanguinei*), uma certa abundância de radicais e de derivados se presta à designação do parentesco ampliado: aí não falta senão "família"! Em compensação, nem o casal nem a família "conjugal" ou "nuclear" que ele constituiria com seus filhos são claramente valorizados.

Daí a concluir que eles não têm existência efetiva, apesar de tudo há um passo difícil de transpor. Pois não se poderia basear apenas, para a descrição e a interpretação de uma sociedade, na consciência que tem e na imagem que pode e quer dar de si mesma: o impensado ou o informulado não devem, ao contrário, reter a atenção? Georges Duby nos convida a uma história dos silêncios, em seus recentes *Dialogues* com Guy Lardreau: precisamente aquela das realidades silenciáveis da vida privada, aquém das palavras. Então não é se agarrando desesperadamente às sinuosidades da linguagem que se decidirá aqui o debate. Tanto mais que, como Marc Bloch o notava, seu vocabulário variável não é necessariamente um indício da força dos laços da "linhagem".

O mundo feudal francês não é um espaço linguístico unificado: a *langue d'oïl* [falada no Norte da França] tem suas variantes regionais, e as transposições latinas correm o risco de ser ao mesmo tempo variáveis e inadequadas. O historiador deve então apenas tomar nota da ausência de termos específicos aos diversos agrupamentos possíveis de parentes; o parentesco como relação e função social genérica é que é essencialmente percebido. A nós cabe examinar a maneira pela qual ela articula conjuntamente várias esferas.

Faltam também, na maior parte do tempo, verdadeiros nomes de linhagem: atores do grande jogo sociopolítico, os Blois-Champagne e os Érembaud são chamados assim, para a clareza da intriga, pelos historiadores atuais. Os Giroie, autenticamente apreendidos como tais pelo século XII normando, representam um caso particular, prelúdio à adoção muito progressiva dos nomes patronímicos; mas esta tem algo de muito artificial, pois as autoridades políticas a impõem do exterior.

Nos séculos XI e XII, muitas vezes se faz uso da metáfora do corpo humano para representar o parentesco; mas é comumente partindo da cabeça (ancestral comum) para descer ao ombro (1º grau) e até a unha (6º ou 7º). Aqui o personagem é apenas um simples suporte da imagem: o quadro se lê a partir do centro, descendo ou subindo o eixo vertical para a filiação direta e procurando os colaterais de um lado ao outro. A extensão se faz até o 6º grau canônico. (Biblioteca de Auxerre, ms 269, século XII.)

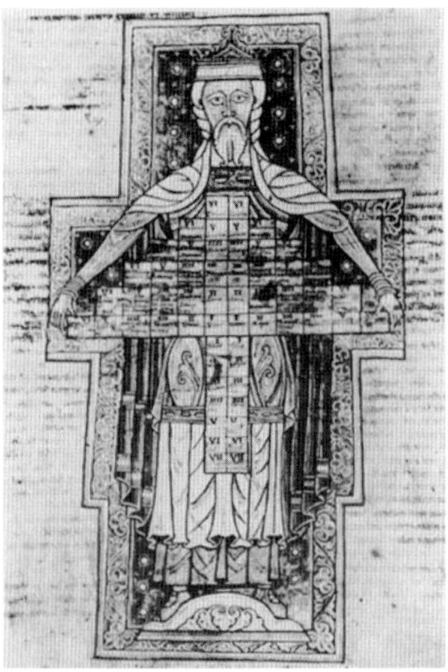

Enfim, a análise pode dirigir-se para a nomenclatura das relações particulares, bilaterais, que sulcam o campo do parentesco. No latim dos clérigos, percebem-se distinções que o vocabulário moderno já não faz. Assim, aquela entre os "sogros" dos dois tipos e, na mesma ordem de ideia, aquela entre irmãos germanos e meios-irmãos: elas se tornam necessárias, por certo, pela frequência das segundas núpcias em uma sociedade em que a morte ceifa muitos guerreiros novatos e primeiras parturientes; não se pode considerar da mesma maneira o casal ou "família" em um regime demográfico que não deixa aos esposos senão uma esperança de vida comum bastante reduzida e no nosso regime, excepcionalmente favorável às uniões prolongadas. Se era realmente constante e confirmada, a distinção entre *patruus* e *avunculus* acarretaria comentários mais propriamente sociológicos: irmão da mãe, foi o segundo que deu *tio* em francês e que desperta o interesse dos amadores da muito antropológica relação avuncular. Mas faltam confirmações no plano das atitudes, e o próprio sistema das denominações parece um pouco confuso. Em contrapartida às diferenças que nós já não assinalamos mais, apresenta-se enfim a fastidiosa ambiguidade de *nepos*: sobrinho ou neto? O primeiro sentido domina, e prevaleceu quando da passagem ao francês: é que poucas crianças devem ter conhecido seu avô; mesmo a sólida linhagem capetíngia não apresenta nenhum encontro dessa ordem antes de 1214, quando nasceu o futuro são Luís, no tempo de Filipe Auguste.

Uma investigação a ser levada adiante: o inventário completo e a interpretação dessa nomenclatura. Mas, de fato, ela corre o risco de ser pouco fecunda, esbarrando em usos aleatórios. A "sociedade feudal", como muitas outras, não domina suficientemente seus meios de expressão para fornecer um claro reflexo de suas atitudes pelas regras de emprego das palavras e pela delimitação de seus campos semânticos. A herança fossilizada no latim, ou no francês quando ele se alça de súbito à dignidade da escrita, deixa-se distinguir mal da parte viva e nova. Destas poucas observações, não tiremos então nada mais que sugestões de pesquisa: a propósito das relações entre tio e sobrinho ou de uma pluralidade eventual das formas da "linhagem". Mas onde encontrar os melhores materiais nas fontes demasiado raras, demasiado alusivas ou por demais majoritariamente eclesiásticas a partir das quais se elabora bem ou mal a história da Idade Média central?

FONTES

Uma literatura genealógica floresceu no século XII pelos cuidados e para o uso da aristocracia, irradiando-se a partir de Flandres

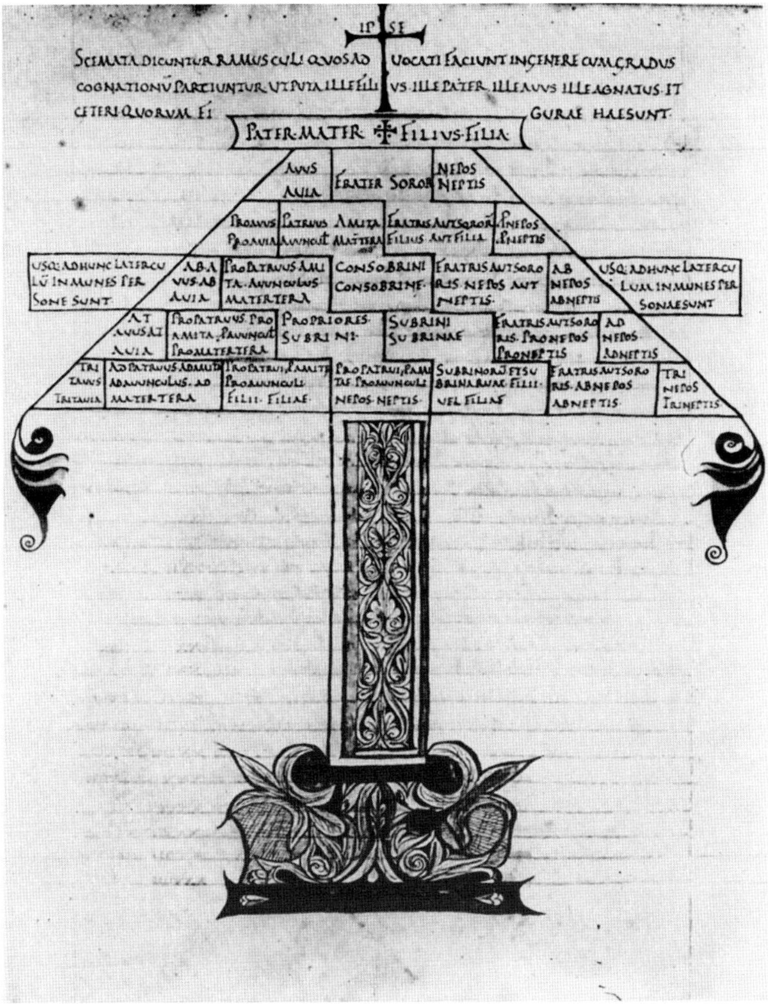

Exercício de abstração: neste outro quadro de parentesco do século XII, a contagem dos graus é igualmente canônica, mas a representação dispõe as filiações ascendente e descendente nos lados esquerdo e direito do triângulo e reserva o eixo central aos parentescos de primos de mesma geração. Rica terminologia: nepos *empregado para neto, enquanto sobrinho se diz "filho do irmão" ou "da irmã"; distinção entre tios e tias paternos e maternos — respectivamente* patruus *e* avunculus, amita *e* matertera. *(Paris, Biblioteca Nacional, ms lat. 5239.)*

e de Anjou, seus núcleos de origem. Georges Duby prossegue seu estudo, sabendo bem não estar às voltas senão com uma "ideologia da filiação", com uma simples representação que se liga mais à linha que à linhagem *stricto sensu*: ao eixo vertical do parentesco mais que ao campo definido por sua combinação com um eixo horizontal. Nem por isso se ficará privado dessa fonte: o exercício do parentesco não se pratica tanto no imaginário quanto no "real" propriamente (e pobremente) dito? Mas a referência a ela deve ir após a reconstituição do conjunto das filiações e alianças conhecidas de outra maneira: então se faz sua confrontação com as escolhas e com as deformações que são obra dos genealogistas para dela tirar indicações sobre o uso sociopolítico de seus trabalhos.

Com as cartas e as notas conservadas pelas igrejas, acredita-se habitualmente apreender as relações sociais em estado bruto. E é na presença muito frequente de toda uma série de parentes ao lado dos indivíduos que se pretende encontrar o melhor, o irrefutável testemunho do vigor dos laços de parentesco. Quando um homem ou uma mulher alienam uma terra ou um rendimento em favor de uma igreja, por doação ou por venda (ou, antes, em uma transação complexa que não é nem uma nem outra), é preciso o acordo de seus próximos, a *laudatio parentum.* Assim, veem-se figurar na parte inferior das atas nomes de filhos e de filhas, de irmãos, irmãs e cunhados, de primos e sobrinhos etc. Daí, Marc Bloch e muitos outros tiram a noção de "solidariedade econômica da linhagem", imaginando frequentes posses indivisas e uma forte coesão dos grupos de parentesco. Isso é muita precipitação. Em primeiro lugar, porque as formações muito amplas, por mais interessantes que sejam, não representam a maioria dos casos: afinal, a estatística dos parentes que intervêm na *laudatio* se volta relativamente em favor da "família conjugal"; intermitentes, as presenças de amigos carnais mais distantes não deixam de ser significativas — tanto mais que podem ser subestimadas pelos redatores de notas breves, como o mostra, toda vez que ela é possível, a comparação entre estas e cartas mais elaboradas relatando as mesmas questões. Mas — segunda e principal objeção — os direitos dos ditos *parentes* não são, estes sim, superestimados? Não parece muito que eles renunciem a um gozo efetivo, mas apenas a um direito potencial. Deve-se imaginar que a Igreja exalta o indivíduo, afastando-o das coalescências de linhagem? Não é preciso, ao contrário, suspeitar que os irmãos e os primos aleguem seu parentesco para levantar uma reclamação que sabem ter poucas possibilidades de chegar a bom termo realmente, mas que é a oportunidade de receber uma indenização substancial? Entoando a grande ária da *calumnia* para receber dez soldos, um palafrém, sapatos rubros, e anéis, enfeites ou porcas (*sic*) para suas mulheres e suas filhas... isto é, transformando um simples direito de controle, quando muito uma parte de indivisão, em bem pessoal. O grupo de parentesco tem todas as possibilidades de ser aqui artificialmente constituído para fazer pressão sobre monges e clérigos mais inofensivos do que se admitiu: ele não se apoia nem na coabitação, nem forçosamente em uma certa comunidade de bens, e se cometeria um grande erro ao confrontar esse tipo de auto muito ambíguo com os costumes sucessórios — de resto muito raramente redigidos entre o ano mil e o ano 1200. Contudo, o artifício em questão é na verdade uma prática social corrente: a da reivindicação possível, em nome do parentesco, de múltiplos bens e honras. Pois os homens desse tempo não "confundem" as noções jurídicas, não estão ofuscados por uma "mentalidade" qualquer: argumentam e rivalizam entre si com sutileza, por todos os meios à sua disposição.

Fundação de monastério: é um duplo investimento dos leigos e dos monges — financeiro e sociopolítico, espiritual e libidinal, século XIV. Décret de Gratien. *(Biblioteca de Laon, ms 372.)*

Insatisfeito com os "autos da prática", o historiador do parentesco pode voltar-se para as fontes narrativas. Seus erros pontuais lhe serão perdoados em razão de tudo o que elas fornecem, por suas interpretações e seus comentários, a uma sociologia retrospectiva. O Norte da França teve, por volta de 1100, seus grandes historiadores e cronistas. O "francês" Guibert de Nogent, o flamengo Galbert de Bruges, o normando Orderic Vital pintam-nos, sob um ponto de vista bastante sinistro, um mundo atormentado pela brutal mas racional competição das linhagens, antes que pela "anarquia feudal": o poder dos grandes é apresentado como causa e consequência, dialeticamente, da força de sua parentela e de sua vassalagem, com frequência reunidas e reforçadas pela vida comum da casa; se os contornos desta não são traçados com maior nitidez que os da "linhagem", é sem dúvida porque não há motivo de buscá-los mais precisamente e porque é preciso sempre pensar redes de relações de preferência a formações homogêneas. Nota tomada para a reconstituição sociológica.

Enfim, não há motivo para recusar o testemunho direto da literatura épica e cortês em *langue d'oïl.* Ser-me-á permitido propor aqui, incidentemente, uma leitura em primeiro grau: a matéria carolíngia é aí tratada, como a da Bretanha, em cenários e com diálogos que são dos séculos XII e XIII; os historiadores da cultura material disso se beneficiam — então, por que não considerar como verossímeis as relações sociais sobre as quais se constroem roteiros imaginários? Aqui, ao menos, a "feudalidade" não é maldita, como é o caso, em um duplo sentido, entre autores monásticos escorados em seu desprezo do mundo. Os debates e os monólogos de Guenièvre e de Lancelot são umas tantas palavras que nos vêm diretamente das cortes leigas. E, se há aí estilização, "lente de aumento", é de resto exatamente o que precisamos! A expressão da afetividade, pelo menos, não poderia encontrar melhor canal. O romance medieval, assim como o de nosso tempo, detém uma parcela maior da realidade (entendendo esta no sentido amplo) do que textos considerados mais "objetivos". As quatro fontes consideradas aqui merecem portanto um igual interesse: cada uma delas se situa em um certo nível de autenticidade, cada uma constrói — o que dá no mesmo — sua própria ficção.

O declínio, a manutenção ou a queda de grandes "famílias" ou "casas" (embora nenhum desses dois termos se aplique então a grupos de parentesco) fornecem aos cronistas dos tempos "feudais" uma ampla matéria — o tema, mais perto de nós, permaneceu eminentemente romanesco ou histórico, propício à manifestação das mais importantes relações sociais, de suas mais sutis evoluções. Os "Érembaud" de Flandres na escala de uma década, depois, de um século, e os Giroie da Normandia permitiram, respectivamente, um rico quadro instantâneo e uma sugestiva apreensão de estratégias a longo prazo.

VENTURAS E DESVENTURAS DAS GRANDES LINHAGENS

A parentela de Bertulf, preboste da colegiada Saint-Donatien de Bruges e chanceler de Flandres, tornou-se famosa, ao desaparecer, pelo assassinato do conde Carlos, o Bom (1127); várias testemunhas contemporâneas, na primeira fila das quais o notário Galbert, descrevem detalhadamente o complô, o crime e, realizada pela mão dos homens, a vingança de Deus. É também um trecho de antologia para a história social, no capítulo da ascensão dos ministeriais, esses servidores dos príncipes e dos senhores cuja fortuna se desenvolve rapidamente no século XII e que, no entanto, têm dificuldade em transpor o limiar crítico que dá acesso à aristocracia. Nobres ou servos? Dois polos opostos na hierarquia das condições, entre os quais está em jogo seu destino; dois estatutos que têm em comum, ao menos, favorecer a conservação de uma memória genealógica, mantida *pelos* interesses, em um caso, e *apesar* deles, no outro. Os "Érembaud" teriam sem dúvida ocultado inteiramente sua origem servil se um cavaleiro, ligado a eles pelo casamento, não tivesse sido, por ocasião de um processo, recusado para o duelo judiciário: livre inicialmente, perdeu — dizem-lhe — essa qualidade em razão de um ano de casamento com uma sobrinha do preboste; ele, que esperava que uma união tão distinta fortalecesse uma liberdade sempre um pouco relativa e precária, eis que descobre em sua esposa um vício oculto: ela é serva! A família por afinidade se vê em embaraço e na obrigação de reagir politicamente contra a facção que, conspirando sua perdição, incita o conde a reivindicar seus servos nativos.

Há entretanto outro motivo na intriga. Pois a *cognatio* maculada de servidão se pretende um *genus* almejando ao prestígio, com suas casas fortes e as guerras privadas que o próprio Bertulf empenha-se em suscitar indiretamente em seus sobrinhos, para que cresçam sua proeza e sua honra. Uma luta inexpiável opõe assim Borsiard e os outros *nepotes Bertulfi* à formação adversa, igualmente arrogante e odiada pelos de Bruges, pelos *nepotes Thancmari*; dos dois lados, ela mobiliza parentes e vassalos. Punindo a infração à sua legislação de paz pública, o conde destrói a casa de Borsiard, o que acaba de açular o rancor dos "Érembaud".

Então se arma uma conjuração entre vários dos sobrinhos do preboste, na qual entram também parentes menos precisamente definidos, e até um não parente. Ela perpetra o assassinato na colegiada e começa a execução de um plano maduramente estabelecido: assegurar Flandres a Guillaume d'Ypres, bastardo da linhagem do conde, com o qual se conta para garantir a impunidade dos assassinos. Mas nem os vingadores de Carlos, o Bom, surgindo imediatamente de sua família, nem o rei Luís VI em busca de soberania e seu candidato Guillaume Cliton deixam o campo livre a uma tal conspiração dos mal-nascidos: sob o peso da falta, todos os membros da parentela, mesmo estranhos ao ato criminoso, soçobram um a um. E Galbert traduz e justifica, *a posteriori*, essa danação coletiva em termos de maldição de linhagem; é ele (ou seus inspiradores "populares") quem modela o grupo dos "Érembaud". O nome é o do ancestral de um cavaleiro de baixa categoria, traidor de seu senhor, o castelão de Bruges (um "Boldran" do qual, de fato, nenhuma carta conserva o rastro!): ele comete adultério com sua esposa antes de precipitá-lo nas águas de um rio e de tomar, com a mulher, a castelania. Assim, a punição daqueles dentre os assassinos do conde que foram lançados do alto de uma torre reproduziu e compensou o delito inicial e fechou sobre si mesma a história de uma linhagem infame... e fictícia. Significativa, pelo menos, é a contrafação do episódio fabuloso que comumente, na literatura genealógica, funda a fortuna de um bom *genus*: a obtenção por um jovem herói desconhecido e valente da mão de uma moça ou de uma viúva como prêmio de uma façanha; através da mulher, a honra (patrimônio e prestígio do sangue) chega à descendência masculina.

Se se pode descobrir na apresentação de uma linhagem, nessa última passagem, alguma coisa de artificial, é que alhures os contornos do grupo são menos rígidos. Seu núcleo central é, entretanto, patrilinear: promovido a *caput generis* em razão de suas altas funções no principado, Bertulf dirige a carreira dos filhos de seus irmãos, que estima por tê-los educado em sua casa; se agora estão estabelecidos cada um na sua, não deixam de depender dele para a concepção e a coordenação de seus percursos, e sua morada é o lugar central do prestígio do grupo. O pai de Borsiard, bem vivo, toma lugar na periferia do sistema: castelão de Reddenbourg, esse Lambert se pretende (em vão) estranho à questão pela qual seu filho é um dos principais responsáveis.

A propósito dele, assim como para outros membros do parentesco, surge a questão da culpabilidade coletiva; vários tentam escapar à vingança. Assim, o castelão Didier Haket, irmão de Bertulf, procura, diante dos principais de Flandres, romper a solidariedade com os assassinos do conde: "Condenamos seu ato e os teríamos afastado absolutamente de nós se não devêssemos, embora a contragosto, levar em conta a proximidade de nosso sangue [...]" (para lhes dar refúgio, ajuda e conselho). Maneira de ser ardiloso ou verdadeiro conflito de valores? Há um certo tom trágico no modo pelo qual a pessoa, aqui, debate-se contra o parentesco. Mas esse combate não é sem fundamento. Não escapa a Galbert nem a seus contemporâneos que certas individualidades se afastam vantajosamente da coorte maléfica: amado pelo "povo" e quase nobre, Robert, o Filho (filho do castelão Didier), tem o duplo privilégio de escapar à detenção no calabouço com seus "parentes" e de ter a cabeça cortada em vez de ser enforcado. O domínio dos laços carnais permanece de todo modo inelutável.

As responsabilidades eram desiguais e a iniciativa não emanava da parentela em seu conjunto. O relato de Galbert dela destaca um sólido grupo de filiação, ao qual não se pode recusar a qualificação de linhagem, embora um outro cronista, Gautier de Thérouanne, lhe dê uma representação mais centrada no convívio: Bertulf é para ele, antes de tudo, um *pater familias*, senhor de uma casa. Do mesmo modo, a conjuração é, a seus olhos, uma associação contratual. Por outro lado, os dois autores nos põem diante de uma ambiguidade quanto à situação dos aliados, muito capaz de complicar a avaliação sociológica: todo casamento influencia a classificação dos dois parentescos e cria uma certa solidariedade entre eles; pelo que se sabe, os maridos das sobrinhas de Bertulf não escapam ao naufrágio, mas permanecem ao longo dos relatos, com uma exceção, em segundo plano. É o indício de uma interferência complexa, quase aleatória, entre a filiação e a aliança.

Mas essa imprecisão se deve talvez à imaturidade desse *genus* particular. Contrastando com esses novos-ricos, a antiga aristocracia não se apoia em uma estrutura de linhagem mais firme, menos improvisada? Os Giroie parecem ser uma bela ilustração disso. Quando Orderic Vital, contemporâneo de Galbert, relata sua história, ou, antes, introduz resumos dela em alguns pontos de sua *Historia ecclesiastica*, ela se estende já há mais de quatro gerações.

1º) Eles são representantes típicos da alta aristocracia normanda, estabelecida ou, ao menos, amplamente modelada pelos duques do começo do século XI: um estudo de Lucien Musset mostra bem que, na falta dos legendários "companheiros de Rollon" (que sem dúvida se esperariam), ela é constituída de imigrados francos ou bretões de alta extração. Giroie, o fundador, é oriundo "de uma grande nobreza francesa e bretã": os nomes de seu pai e de seu avô chegaram a Orderic Vital, assim como o de sua irmã Hildiarde, mãe de inúmeros filhos nobres. Os descendentes de Giroie perpetuam seu sobrenome, ligando-o a seus próprios prenomes, seja tal qual (Robert "Giroie"), seja adjetivado (Guillaume *Geroianus*, o "Giroie"). Os prenomes são, aos olhos dos homens da Idade Média, os nomes verdadeiros e fundamentais; o laço familiar entre indivíduos é marcado por sua repetição regular a cada geração; eles são transmitidos, como atributos hereditários, de pai a filho, de tio a sobrinho, mas também (e talvez antes de tudo) de avô ou tio-avô materno a neto ou sobrinho-neto. Esses nomes ilustres são uma das contribuições essenciais das mulheres às linhagens de seus maridos, e só são usados com a condição de descender de seus primeiros possuidores, representando por si mesmos um trunfo maior para a carreira política: não apenas a *virtus* dos ancestrais vem irrigar o sangue de seus descendentes homônimos, mas também suas próprias *honores* (funções, patrimônios) lhes são por vezes destinadas. Em todo estudo de um grupo de parentesco aristocrático, é preciso prestar atenção às heranças de prenomes, tentar compreender as escolhas por ocasião da nomeação dos filhos — esta não é já a programação de sua existência? Aqui, *Guillaume* e *Robert* atestam um laço (por aliança sem dúvida, ou por apadrinhamento) com a família ducal da Normandia; tendem a suplantar *Ernaud/Renaud*, que parecem mais antigos e patrilineares. *Giroie* não é senão uma alcunha sobreposta, com a ajuda da qual se reconhecem os membros de uma patrilinhagem (linhagem paterna) específica, sobre o fundo de um parentesco indiferenciado que se mostra bem reconhecido e explorado, segundo o uso tradicional dos prenomes transmitidos pelas mulheres. A prática antiga, com efeito, é essa "gramática das relações de parentesco" (cognáticas), segundo a expressão de Karl Ferdinand Werner; em compensação, a alcunha masculina veiculada pela agnação* é uma novidade — dir-se-ia quase uma fórmula pioneira — ligada ao enraizamento do grupo, com uma densidade e um vigor inéditos antes do ano mil, no setor dominado por seus castelos. Gerir um tal "sistema castral" e o poder de comando que a ele se liga (a "senhoria banal"): tal é a tarefa árdua dos descendentes do primeiro Giroie.

A instalação nos confins do Maine e da Normandia se fez entre 1015 e 1027, por meio do apoio de um senhor de Bellême do qual Giroie era companheiro de armas e pelo favor ducal: a filha única do poderoso Helgon é prometida ao guerreiro; ela morre prematuramente, antes das bodas, mas isso não o impede de herdar o

(*) Agnação: laço de parentesco estabelecido pela filiação patrilinear (contrário de cognação: laço estabelecido pela filiação indiferenciada, por todas as linhas).

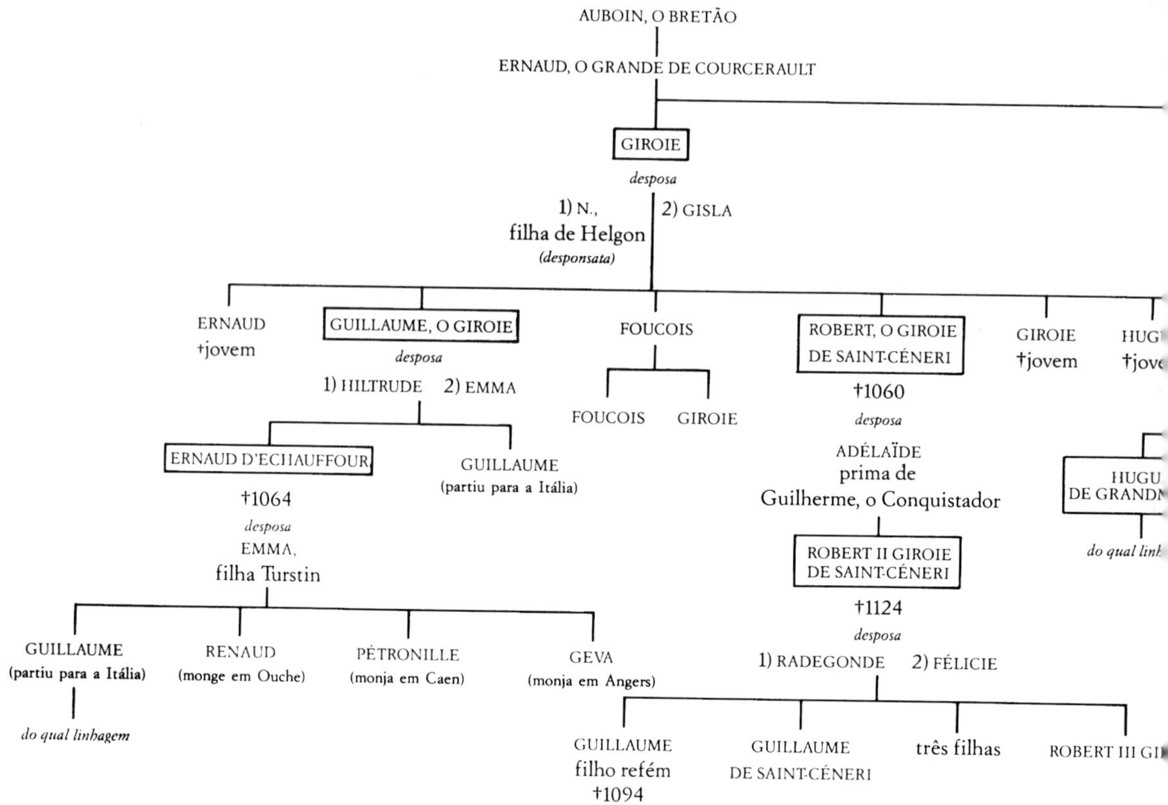

fiscus (domínio ou feudo prestes a se tornar castelo) de Montreuil e Échauffour. De seu casamento com uma outra moça nobre nascem sete filhos e quatro filhas: a fecundidade muito forte das uniões não tem nada de excepcional nesse tempo; ela obriga as linhagens, se querem evitar as partilhas fatais, a perseguir uma lógica de expansão que desencadeia a competição no interior das "pátrias" e fora, ou a manifestar em relação aos caçulas um soberano rigor. Orderic Vital ajuda a reconstituir a estratégia dos Giroie, mas não mostra todos os seus aspectos, ligado que está a uma representação particular, conforme aquilo que sabe e aquilo que serve aos interesses de seu mosteiro, Saint-Évroul d'Ouche; uma e outra, a estratégia e a representação, merecem um exame conjunto.

2º) Na primeira geração de herdeiros, apenas três dentre os sete rapazes produzem filhos. O mais velho dos sobreviventes (após a morte de Ernaud), Guillaume, o Giroie, comanda seus irmãos durante toda a sua vida; tendo obtido o castelo de Saint-Céneri, ele o deixa a seu caçula Robert, que aparece como seu aliado na luta

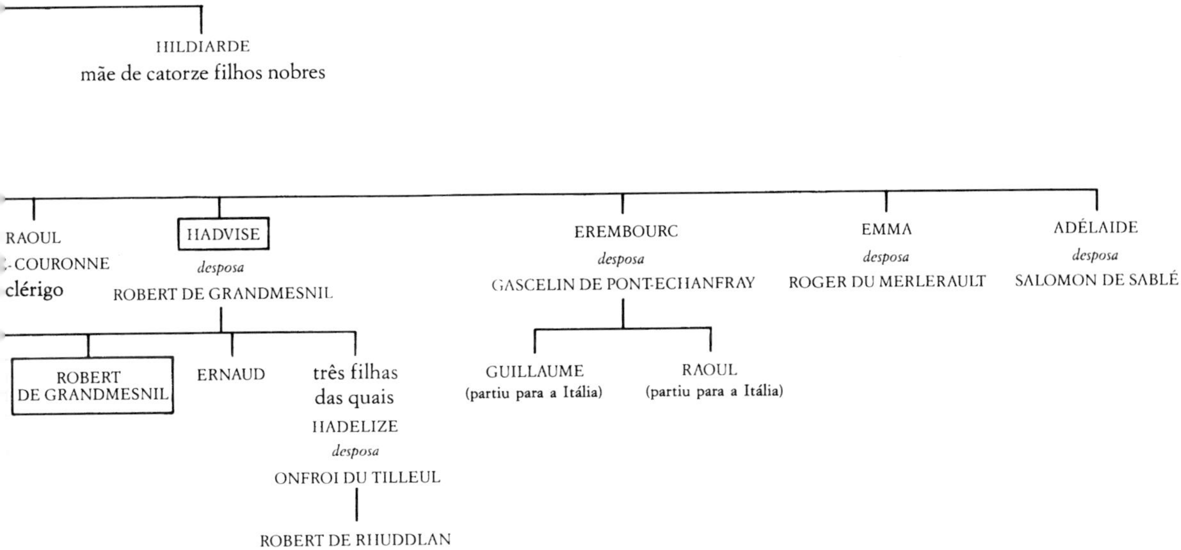

contra o terceiro irmão, Foucois. Pois a preeminência de Guillaume não se estabeleceu automaticamente: entre ele e Foucois, o *honor* de Montreuil havia sido de início partilhado, e é preciso imaginar, pouco depois de 1035, uma áspera rivalidade. Foucois foi o companheiro e afilhado de Gislebert, conde de Brionne, inimigo de Guillaume, o Giroie, e dos seus; mas ele perdeu a partida, e mesmo o relato de Orderic Vital o relega, com seus descendentes, a uma zona de sombra e de ilegitimidade: a mãe de seus filhos é chamada "concubina" — seria essa a única união de validade contestável em toda a história dessa linhagem, poderosa em um tempo em que as regras canônicas do casamento são tão frequentemente desrespeitadas? É difícil de acreditar. Não se trata de desqualificar filhos que não tiveram participação na fundação do mosteiro de Ouche (que o dotaram entretanto) e que mais tarde o hostilizaram? Aprende-se aqui, de fato, um desses procedimentos de competição sobre os quais Georges Duby insistiu mais acima. Para a história política e social, é notável, por outro lado, que as lutas internas de um principado como a Normandia não oponham as grandes parentelas bloco contra bloco, mas antes coloquem em cena facções que utilizam as clivagens internas das linhagens. As ditas linhagens sobrevivem, pois que têm representantes em cada um dos dois campos; mas tudo é questão de saber qual dos ramos eliminará os outros ou obterá, ao menos, a preeminência (ou mesmo, por manipulação da memória, a primogenitura retrospectiva?).

Dos outros quatro filhos, três são levados por uma morte prematura — ou, ao menos, ocorrida quando eram ainda "jovens", isto é, celibatários. É o que ocorre com o mais velho, Ernaud, ou com o "Giroie" (cujo "verdadeiro" prenome não é dado), sexto irmão, acidentalmente ferido de morte por um escudeiro: em seus últimos momentos, por um ato de piedade que, um pouco como a doação às igrejas, isola o indivíduo de sua parentela, ele o apressa a fugir e escapar da vingança de seus irmãos — na qual, sem dúvida, a preocupação com a honra teria tanta ou mais participação quanto o movimento passional da afeição. Enfim, para concluir o exame dos sete destinos, um outro caçula, Raoul Male-Couronne, renuncia aos perigos e aos pecados da cavalaria em benefício de um clericato que lhe dá o tempo para cultivar as letras e dedicar-se à medicina.

Guillaume prevaleceu então, submetendo ou excluindo seus irmãos com a ajuda da sorte ou da vocação; ele com certeza conduz o jogo difícil de um grupo patrilinear cujos membros se dão mutuamente a *laudatio*, à exclusão de todos os outros parentes (mas não dos senhores e vassalos eventuais de cada um) por ocasião das "doações" ou "vendas" a Saint-Évroul: "consencientes" ou "codoadores", como se esses termos se equivalessem e sem que essa prática implique sempre a existência de indivisões.

O sepultamento dos grandes nas igrejas, ad sanctos *(junto dos santos), é tradicional, mas as estátuas jacentes de Henrique Plantageneta e de Alienor da Aquitânia, sua esposa, dão testemunho da nova preocupação dos príncipes franceses, por volta do ano 1200, de ordenar com cuidado suas necrópoles familiares e de esculpir uma imagem das pessoas... sem se preocupar ainda em fixar seus traços autênticos. (Abacial de Fontevraud.)*

O donativo às igrejas, gesto salvador: o doador leigo Guillaume de Bezac entrega ao clérigo que representa o santo, ao qual o mosteiro pertence, um objeto simbólico; é a própria coluna, elemento da decoração, que parece desempenhar aqui o papel habitualmente destinado a uma faca, a um bastão, a um raminho de palha, a um livro. (Igreja romana Saint-Priest de Volvic.)

As quatro filhas de Giroie, em compensação, não transmitem a seus herdeiros nem a alcunha patronímica nem tais direitos sobre o patrimônio. Todas elas foram casadas, já que isso não punha em causa a preservação deste último; ao contrário, as alianças matrimoniais servem à política da linhagem, criando-lhe devedores. Érembourc e Emma são dadas a senhores menores, vizinhos da zona de influência de Giroie: seu pai tem sobre seus genros um certo poder de persuasão, mas percebem-se também, no grupo dos "vizinhos, homens e primos", oscilações, uma margem de manobra que aumenta ao fim de uma geração. Adélaïde e Hadvise fazem, parece-me, casamentos de um tipo diferente, isogâmico* e distanciado: uma em Maine-Anjou e a outra na Normandia, províncias entre as quais a linhagem sempre tem o cuidado de repartir equitativamente suas filhas, quando as dá como esposas ou como religiosas.

A aliança concluída por intermédio de Hadvise é valorizada por Orderic Vital: com efeito, é associando-se a seus dois sobrinhos de Grandmesnil que Guillaume e Robert "fundam" a abadia de Saint-Évroul, por volta de 1050. O estabelecimento de uma relação privilegiada com um mosteiro é uma etapa obrigatória no percurso dos aspirantes à senhoria banal autônoma; é preciso que o poder da espada encontre uma espécie de legitimação e de apoio no poder

(*) Isogamias: casamentos realizados com pessoas de nível social aproximadamente igual (contrário de hipergamias: com pessoas de condição superior; cf. abaixo, pp. 128-9).

das santas relíquias. "Necrópoles familiares", as abadias são o lugar de uma prece ininterrupta pelos mortos; os epitáfios rimados em belo latim elevam-nos à condição de ancestrais. Aí não se está, a despeito da evidente especificidade do culto cristão, bem perto da África linhagista? A constituição do grupo dos fundadores é o fruto de uma manipulação específica do parentesco: evidenciação de uma relação de aliança, em consequência de uma pressão de Guillaume, enquanto seus sobrinhos desejavam de início agir sozinhos e instalar monges no próprio local da morte de seu pai. Ouche é então um santuário que interliga linhagens, e não relacionado aos descendentes pela mesma linha de um ancestral comum; contudo, há como uma preeminência dos Giroie: a ligação de Robert de Rhuddlan com os fundadores, tendo em vista uma sepultura, leva a eles por duas filiações maternas — sendo sua mãe, irmã dos Grandmesnil, "do ilustre tronco dos Giroie" (*ex clara stirpe Geroianorum*).

A medalha conferida às duas linhagens por essa aura de sacralidade tem no entanto os seus avessos. Em termos econômicos, custa-lhes caro: Robert de Grandmesnil, assim como Ernaud d'Échauffour, que se tornaram monges nesse lugar, "arrebatam" literalmente de seus "parentes" uma parte de seus tesouros, em especial da pilhagem trazida da Itália meridional, em proveito do santo; a iniciativa não é exatamente simétrica à dos *calumniatores* que entulham as páginas dos cartulários? Por outro lado, o controle de um mosteiro como esse não é uma aquisição definitiva: o poder ducal, ainda mais do que a reforma gregoriana propriamente dita, combate o domínio dos fundadores. Os Giroie e os Grandmesnil passarão, Saint-Évroul não passará... não tão depressa, pelo menos.

3º) As dificuldades encontradas não são, para dizer a verdade, senão as repercussões diretas da grave crise política que se abate sobre uns e outros em 1060. Rebeldes ao duque, Robert I de Saint-Céneri e Ernaud d'Échauffour não sobrevivem à tormenta; o segundo só tem o tempo de voltar às graças junto de Guilherme, o Conquistador, e à posse de sua herança por um momento confiscada, antes de sucumbir ao veneno preparado por Mabille de Bellême (1064): ao companheirismo dos ancestrais se sucedeu, com efeito, a inexpiável guerra dos Giroie e dos senhores de Bellême, de peripécias notáveis. Os Grandmesnil se recuperam mais depressa; desde então seu destino se separa nitidamente do de seus primos, enquanto depois de Ernaud a nobreza dos *Geroiani*, no dizer de Orderic Vital, se degrada; seus descendentes só encontram refúgio no sul da Itália, saídos de um grande número de ramos caçulas ou simplesmente deserdados dessa constelação aristocrática.

4º) No entanto, os Giroie retornam: o nome continua a viver no ramo de Saint-Céneri. Em 1088, o liberal Robert Courteheuse sucede como duque a Guillaume, o Implacável; em torno dele se desvelam, vindos de toda parte, herdeiros de grandes *honores*, parentes mais ou menos próximos dos poderosos espoliados por seu pai, e ele lhes "restitui" seus patrimônios — consagrando o valor de um direito hereditário que se liga, na cultura jurídica medieval, aos alódios. O argumento de Geoffroi de Mayenne que intercede em favor de Robert II, o Giroie, não é entretanto a filiação deste, mas seu parentesco com o duque por parte de sua mãe Adélaïde, uma prima (*consobrina*) do Conquistador.

A *progenies* (descendência) se mantém a despeito de inúmeras eventualidades, porque é a uma só vez mais e menos que uma pura patrilinhagem. Uma rede extensa e multilateral de laços de parentesco a ajuda a atravessar os momentos difíceis, com a condição de pagar na mesma moeda: assim, em 1094, quando sua primeira esposa, seu filho refém e seu próprio castelo caíram sob os ataques dos Bellême, Robert II, "sustentado pelo apoio de parentes e de amigos", refaz suas forças e recupera a esperança. Por outro lado, já que é preciso preservar a integridade da terra, a estratégia de uma linhagem como esta consiste em não ser senão uma linha — admitindo os irmãos e os tios celibatários, mas rejeitando os primos ou, se eles encontram fortuna em outra parte, tendendo a perdê-los de vista. Em 1119, Montreuil e Échauffour voltam às mãos de Robert II; ele refaz então a unidade do patrimônio ancestral antes de ter de reparti-lo entre seus filhos. Os Giroie estão bem presentes na região quando o velho monge de Saint-Évroul faz entrar uma parte da história de seus predecessores em seu vasto afresco: ele acentua bem, retrospectivamente, a especificidade de uma linhagem que soube multiplicar a aliança e limitar a filiação direta, reservando para si a condução, sobre um fundo de solidariedade de parentesco, de um incessante combate por sua própria causa, em cem anos de solidão.

Esse destino, assim como o ponto de vista da testemunha, são exemplares por mais de um motivo. A data do enraizamento (começo do século XI) aplicar-se-ia à maior parte dos senhores de castelos, no Norte da França: a hora da cristalização da linhagem chega para eles mais tarde que para os príncipes, e mais cedo, sem dúvida, que para os pequenos cavaleiros. O poder dos duques, capaz de tudo recolocar em questão por meio de confiscos, é uma marca normanda particular; mas nas regiões, mais conturbadas ainda, do Val de Loire e da Île-de-France, ataques de surpresa e emboscadas têm o mesmo efeito perturbador, puramente conjuntural, sem abalar mais, afinal, o poder da linhagem.

Essa estrutura de parentesco caracteriza bem a aristocracia, empenhada por vocação e por razão social no grande jogo do poder e da dominação local. Os "médios" cavaleiros, atores frequentes mas raramente personalizados da *Historia ecclesiastica* de Orderic Vital, intervêm como satélites dos "poderosos", implicados nas engrenagens e nas intrigas de suas vastas casas. Quanto aos camponeses destinados às tarefas de produção, suas frágeis casas não abrigam senão "famílias estreitas".

Eles têm menos uma honra a ser mantida por meio das alianças matrimoniais ou por guerras privadas do que um lote de terras a ser aumentado; a integração em uma senhoria ou em uma paróquia os prende ao costume de um lugar e aos *patres* anônimos que repousam no átrio da igreja. A etnologia contemporânea no-lo ensina tão bem quanto a história social da Idade Média central: linhagens e genealogias são monopólio dos chefes.

Elas são também o produto de uma construção ideológica. Aqui, na falta de recolher frequente e diretamente a tradição oral das casas castelãs, o historiador se beneficia das obras de Lambert d'Ardres, de Jean de Marmoutier e de seus remanejadores — dons inestimáveis da segunda metade do século XII. Comparando-as a algumas genealogias compostas, Georges Duby sublinha suas preocupações principais: justificando a detenção de um patrimônio, os redatores seguem a linha masculina, assinalam também o lustre que trouxeram ao grupo alguns belos casamentos, hipergâmicos (concluídos com pessoas de nível social mais elevado). Não é que a nobreza venha das mulheres antes que dos homens; se há nessa sociedade uma condição que se adquire pela mãe, é a servidão — embora a existência de um verdadeiro casamento e a residência autônoma virilocal (na casa do marido) tenham feito perecer amplamente essa herança dos galés antigos. Tratando-se da nobreza, essa qualidade inata ainda suscetível de desigual intensidade segundo o grau de honra e de proximidade com os reis, só um acréscimo de brilho em relação à linha masculina justifica que seja relacionada a uma mãe ou a uma avó, praticando um desvio matrilateral na via real da ancestralidade. A ascendência dos Giroie teria podido prestar-se a uma tal formação por seleção, no século XII, se um capelão doméstico houvesse imitado o dos senhores de Ardres. O mérito de Orderic Vital, autor mais distanciado, é o de nos entregar um estado de elaboração intermediário entre o material bruto e a imagem ideal.

Obra-prima precoce, cujo manuscrito mais antigo provém do meio e do momento aos quais se liga a *Historia ecclesiastica*, a *Chanson de Roland* não nos apresenta, contudo, nem sequer o esboço de estruturas de linhagem. O herói não tem senão dois parentes identificados: Carlos Magno, seu tio materno, e Ganelon, seu padrasto e inimigo. Pode-se imaginar, por certo, como causa desse ódio, a rivalidade de duas parentelas pela conquista do poder: obter a irmã do rei assegura uma posição dominante na corte, e o segundo casamento poderia significar que entre agrupamentos rivais a alternância interveio... mas o texto não explicita nada disso. Roland não vive no meio de amigos carnais mas de companheiros de combate, formando a família real. Sua "parentela" só tem existência virtual e abstrata, quando ele a evoca para justificar sua orgulhosa e fatal recusa em tocar o corne para pedir socorro: "*Ne placet Damnedeu/ Que mi parent pur mei seient blasmet*" ("Não apraz a Deus que meus parentes sejam condenados por minha causa").

Combatentes do Graal: à medida que a prosa dá mais substância e presença aos guerreiros legendários, estes adquirem um patrimônio, uma identidade heráldica, uma parentela. (Por volta de 1280, Histoire du Graal, *de Robert de Boron, Paris, Biblioteca Nacional, ms fr. 95.)*

AS DUAS ERAS DAS SOCIEDADES FICTÍCIAS

A traição de Ganelon é julgada pelos barões, diante de quem o próprio Carlos Magno presta queixa, apoiado pelo jovem Thierry, seu fiel, familiar, mas não da linhagem. Na frente deles, o traidor dispõe da ajuda de trinta "parentes": silhuetas indistintas e inominadas, das quais só se destaca Pinabel na ocasião do duelo judiciário e sem que sua relação específica com o incriminado seja assinalada. Entre os ataques, ele troca com Thierry propostas de paz e de mediação. Pinabel, entretanto, não pode abandonar Ganelon; ele grita, exprimindo os valores principais de uma *shame culture*: "*Sustenir voeill trestut mun parentet/ N'en recrerrai pur nul hume mortel;/ Mielz voeill murir qu'il me seit reprovet*" ("Quero sustentar todo o meu parentesco; nenhum mortal me fará dele retratar-me: antes prefiro morrer a vê-lo censurado").

E sua derrota provoca não apenas o suplício do traidor, mas também o enforcamento dos trinta que o assistiram. Um parentesco sem contornos nem sentimentos, nem sequer articulado — estaríamos aí nas brumas germânicas do primitivismo?

Com o *Lancelot* ou o *Perceval* de Chrétien de Troyes (1170-1190), a ambiência é mais primaveril, e uma pena alerta confere às presenças femininas, geradoras de "estados de alma", um papel mais importante. A aventura individual dos heróis os situa com frequência em presença de parentes denominados e caracterizados genericamente; mas não é jamais senão por incidência, e a identidade se revela, de preferência, após o estabelecimento de uma simpatia espontânea. Perceval defende uma donzela contra a brutalidade de seu amigo? Inclina tristemente a cabeça, sob o peso do remorso, às palavras de um eremita? Descobre depois naquela sua prima; neste, seu tio. Do mesmo modo, o bom Gormemanz de Gorhaut admira o talento inato do filho de sua irmã sem conhecê-lo como tal, por ocasião de uma aprendizagem acelerada da cavalaria. Um "Eu tinha grande necessidade de que fosse meu sobrinho!" ou ainda um "Enfim, vejo claro em meu coração!" viriam bem a propósito para encerrar esses episódios aos quais só falta um toque de segundo grau para serem bem ao estilo de Marivaux: reveladores do preconceito social do público tanto quanto da sutil herança da "classe".

Por volta de 1200, a epopeia e o romance amadurecem, talvez não sem se tornarem insípidos, e se mesclam. Doravante dispersas em múltiplas obras, a matéria da França e a matéria da Bretanha têm necessidade, cada uma por seu lado, de uma síntese. Ora, é nesse momento que, dos dois lados, a patrilinhagem faz sua aparição, logo adquire um papel dramático central e assume uma função organizadora nessas sociedades de ficção. Artur e Carlos Magno enfraquecem diante de seus barões, ao contrário de um Filipe Augusto, do qual imitam, contudo, a brutal ingratidão e a pouca inclinação a arriscar-se. Para além de um homem, é o Estado que, de qualquer modo, mudou de fisionomia; e para além de um determinismo, mesmo dialético, é a lógica própria a essa literatura em expansão que a leva à representação de mundos completos. Uma vez feitas estas observações, fica-se quase surpreso de encontrar inúmeras concordâncias entre as fontes consideradas mais "objetivas" e os tipos de relações e de atitudes postas em cena pela segunda era épico-romanesca.

Bertran de Bar-sur-Aube divide os heróis da epopeia franca em três grandes "gestas", isto é, "raças" ou "clãs" no sentido preciso: a dos reis, a dos traidores oriundos de Doon de Mayence e a dos leais barões aos quais dá um ancestral ao criar Garin de Montglane. A segunda e terceira gestas disputam a preeminência no reino (*seignourie*); ela lhes interessa mais que tais castelos ou ducados particulares que não são mais que as peças de um jogo intempestivo — com exceção de terras patrimoniais antigas às quais se ligam sentimentos.

Desde então, cada uma das obras do ciclo épico pode consagrar-se a uma das patrilinhagens mínimas, apresentada como um segmento da gesta; o personagem principal dificilmente se deixa afastar de seus irmãos (como, em *Renaud de Montauban*, canção igualmente sob o nome de *Quatre fils Aymon*). Na primeira geração,

O bando dos Quatro: montados no mesmo cavalo e dotados da mesma estatura, ou quase, os filhos Aymon estão sem dúvida, como muitos filhos de cavaleiros do século XII, na indivisão para a posse de um cavalo de batalha — que, na prática, eles montariam cada um por sua vez. A ideologia linhagista faz crer em sua igualdade de valor, enquanto se estabelecem entre eles desigualdades de fato, século XV. (Renaud de Montauban, *Paris, Biblioteca do Arsenal, ms 2990.)*

os quatro herdeiros diretos de Garin de Montglane se mobilizam em torno de seu caçula, Girart de Vienne (que dá seu nome à *Chanson* de Bertran): ele foi insultado pela rainha, daí uma guerra privada contra o rei Carlos. Vindos com importantes contingentes de vassalos, os irmãos não regateiam seu apoio àquele dos seus que, sendo ofendido, desempenha nessa situação o papel de chefe. Em presença do velho pai, mantém-se um conselho de "família": parlamentação em que se ouve a opinião de cada um. As relações de linhagem entre homens maduros revestem uma forma igualitária; é uma simples precedência que valoriza, alternadamente, Hernaut, o mais velho, e Girart, senhor do lugar e *chevetaigne* [chefe] da guerra. Este último mantém ainda uma relação privilegiada, de afeição e de autoridade relativa, com seu sobrinho Aymeri — em detrimento de Hernaut, o próprio pai do rapaz; assim se vê consagrado seu papel de educador, "formador" de um adolescente que há algum tempo ele admitiu em casa após ter posto à prova seu senso de honra da linhagem: *Molt traoit à sa geste* ("ele era de sua linhagem" ou "se parecia" com ele "em muitas coisas").

Por ocasião do *asseurement* (acordo de confiança mútua tendo em vista a paz) que reconcilia finalmente essa parentela com Carlos, o jovem Aymeri é o único do grupo que se recusa, de início, a prestar a homenagem de paz; ele se serve de um direito que lhe é reconhecido pelo direito consuetudinário do tempo de são Luís para esquivar-se a um ritual do qual se encontram vestígios desde o século XI. Contudo, ele se deixa convencer de sua incapacidade para prosseguir a guerra sozinho. No seio da parentela, encarna bem as posições arrogantes da juventude: mal domesticado pela autoridade dos *senez* (antigos), ora escarnece seu avô em presença dos seus, ora se antecipa a todos para defender, na corte, a honra comum do grupo quando um barão desrespeitoso puxa a barba do ancião. Entre os Giroie apareciam clivagens intralinhagistas verticais, opondo ramos entre si; aqui se revela uma outra linha divisória, horizontal, certamente provisória e para a qual convergem tensões dinâmicas mais do que forças de confronto fatal, mas de todo modo bem real. Ora, as fontes latinas ocultavam-na um pouco: é a propósito da sociedade global e não do organismo de linhagem que elas opõem muitas vezes, à preguiçosa sabedoria dos *seniores*, a impetuosidade irrefletida dos *juvenes*.

O donzel tornou-se um velho senhor nos confins da decrepitude na epopeia que leva seu nome, *Aymeri de Narbonne*. Um conflito latente o opõe aos seis primeiros de seus sete filhos: traçando para sua linhagem um plano de expansão na escala do universo, expulsa-os da cidade e só conserva junto dele o caçula, ainda criança; procura assim evitar as querelas e preservar a integridade do patrimônio, mas acaba frustrando os mais velhos e pondo em perigo uma terra que permanece indefesa diante dos sarracenos. Expondo esse conflito de gerações, o autor não dá razão ao antigo; deixa seu público em presença de argumentos contraditórios de força igual, de uma aporia da razão linhagista.

Na verdade, como o mostra Joël Grisward, o grupo dos Narbonnais reúne e articula as três funções (com suas faces duplas e seus domínios distintos) nas quais os "indo-europeus" resumiam os modos de ação possíveis sobre o mundo e sobre a sociedade. O panteão da Índia ou dos germanos, a história nacional dos romanos, a linhagem dos feudais: uns tantos "campos ideológicos", segundo a expressão de Georges Dumézil. O parentesco não é, em muitas sociedades "arcaicas", uma das categorias mais operatórias do pensamento ordenador? Uma vez aberto o campo à imaginação, pode-se aí introduzir, sem relação imediata com o meio ambiente, as problemáticas do uno e do múltiplo, da diferença e da identidade, em termos de gemelidade ou de consanguinidade; em suma, pode-se pensar o mundo, com suas contradições e suas articulações.

A presente reflexão não precisa aventurar-se nesse terreno. Bastar-me-á uma observação a propósito do próprio trabalho dos troveiros remanejadores, Bertran e seus colegas. Não reproduz ele, de fato, o próprio processo de invenção da linhagem no seio das sociedades reais? Aí se realiza mais sutilmente, na simultaneidade e desde o interior, o que a história literária nos apresenta sob a forma de etapas sucessivas e como uma operação fora de contexto.

A mesma evolução se dá em torno da Távola Redonda, de Chrétien de Troyes ao anônimo que, protegendo-se sob a autoridade de Gautier Map, terminou por volta de 1230 o enorme ciclo Lancelot-Graal com o dramático relato de *La mort le roi Artu*. Contrastando com a fecunda emulação individual que reinava na corte dos primeiros romanos, uma rivalidade entre linhagens desencadeia aqui as forças incontroláveis da vingança, do ódio mortal, e leva o mundo arturiano à perdição. Amigos diletos, Lancelot e Gauvain são separados, tragicamente, pela intriga e pelo sangue de três dos irmãos do segundo.

As duas patrilinhagens confrontadas não são inteiramente homólogas. *Li parentez le roi Ban* reúne os filhos (Lancelot, Hector) e os sobrinhos (Bohort, Lionel) do defunto epônimo. A primogenitura de Lancelot no ramo mais velho lhe vale o comando incontestado do grupo, a detenção do patrimônio de Bénoïc e Gaunes (sobre os quais, no entanto, seus dois primos têm um direito de sucessão) e a qualidade de senhor. Sua honra de amante, na aventura cortês com a rainha Guenièvre, é também assunto deles, eles o defendem. Em busca de destino pessoal, por mais que ele se retire com seu escudeiro e se disfarce, arvorando insígnias fictícias para se separar por um momento do grupo, seu coração não deixa de permanecer transparente para os de sua linhagem: irmão e primos entre os quais nem o grau de afeição nem a força das obrigações mútuas diferem. Conduzindo cada um sua importante companhia doméstica, os quatro homens dão demonstração de uma inabalável coesão, tanto no torneio quanto na guerra.

Essa bela unidade se estabelece mais dificilmente entre os cinco sobrinhos — filhos de uma irmã ou de um irmão, já não se sabe — que formam a *parentela* do rei Artur e nos quais ele deplora, por ocasião do luto, a perda de sua carne. De seus *ostels* {moradas} na cidade, eles convergem para o palácio onde são encontrados frequentemente reunidos em tal recanto ou tal corredor, cochichando e murmurando entre si como em particular. Mas não compartilham os mesmos sentimentos, não definem ação comum: à inveja e à intriga de Agravain, aos crimes de Mordret, opõem-se a cortesia de Gauvain, a lealdade de Gahériet. Entre eles pode estabelecer-se um quadro de honra: estes dois últimos são, na ordem, os mais *vaillans* {valentes}. Menos homogênea que a outra, essa linhagem não tem a mesma organização hierárquica. De fato, é apenas o triplo luto sofrido em razão do parentesco do rei Ban que faz prevalecer em Gauvain o espírito "de família" que o impele à vingança. A exemplo das grandes sagas islandesas, contemporâneas desses romances franceses, ele deve mostrar-se intratável nas negociações parajudiciais, recusando qualquer outra compensação à morte de Gahériet que não a do próprio Lancelot, perseguindo esse objetivo com uma louca obstinação. Ele exibe publicamente seu "amor" pelos irmãos que perdeu — mas a palavra é, ao longo da obra, bastante aviltada. Não nos enganemos: a aposta principal é a posição da "linhagem" na sociedade global, e esta linhagem, real, quer avaliar seus membros pelo mais alto preço.

O traço não tem nada de anacrônico no século XIII: mesmo sem a precisão estatutária e monetária que as leis "bárbaras" da Alta Idade Média pretendiam conferir-lhes, os "preços" ou "valores" do homem, pelos quais os assassinos compensam os parentes de suas vítimas, resgatando a paz, permanecem presentes no espírito dos "feudais", permitindo e complicando a determinação das posições sociais. A vingança dos amigos carnais não se impõe nem em consequência de um traumatismo afetivo, nem mesmo para compensar a desvantagem infligida na perspectiva de uma luta bloco contra bloco, mas porque, a cada vez, todos estão interessados em um debate que põe em causa, através do "preço" de uma vítima, seu índice de honorabilidade.

A atualidade sociológica de *La mort le roi Artu* revela-se também, parece-me, no contraste entre o *parage* de Gauvain e o *frérage** de Lancelot: pela intrusão de uma relação de vassalagem no seio da linhagem, o segundo é uma novidade dos anos 1200, diversamente apreciada e difundida na aristocracia "feudal" do Norte da França, e portanto entre o primeiro público do romance.

Este, assim como a canção de *Girart de Vienne*, apresenta-se então como uma sugestiva mescla de realidade social e de ficção. A gesta e o romance revelam ou precisam atitudes — tais como a rivalidade dos jovens e dos mais velhos, ou a indistinção afetiva entre irmãos e primos — que as outras fontes esquecem de relatar ou deixam na penumbra. Elas se integram ao sistema com uma grande verossimilhança; apenas a relegação do tio materno (de que dá testemunho a transformação de Girart em tio paterno de Olivier, operada por Bertran de Bar-sur-Aube) pode suscitar uma certa perplexidade — embora ela seja coerente com a exaltação da patrilinhagem. Enfim, fica-se impressionado de ver a que ponto a relação abstrata de parentesco tem grande necessidade de ser escorada por um convívio: cada um, na verdade, serve para manipular o outro. Essa literatura de síntese deu-se ao trabalho de pintar o indivíduo em sua rede de sociabilidade, arrancando-o a uma solidão sonhada, a um desamparo heroico. Não desvenda ela claramente todas as funções do parentesco?

A ficção reside apenas em sua atribuição indistinta a um único grupo. Ora, na prática, como o mostram a reportagem de Galbert de Bruges e o monumento erigido por Orderic Vital, a patrilinhagem não poderia ser tomada inteiramente como o microcosmo no

(*) *Parage* e *frérage* são dois sistemas que permitem, no século XIII, a vários filhos herdeiros de um feudo mantê-los em indivisão sob a autoridade do mais velho: no primeiro caso, eles o ajudam a cumprir o serviço militar ou a desobrigar-se da taxa de substituição devidos ao senhor, mas sem dever homenagem a esse irmão; no segundo caso, ao contrário, os caçulas devem a ele como feudo sua parte de indivisão e lhes prestam homenagem.

qual se contrai todo o domínio do parentesco. Se o patrimônio depende dele, a guerra, em princípio, impulsiona cognações mais amplas. Verdade dos sistemas de relações, erro — ou, ao menos, estilização — na constituição dos grupos: assim pode ser avaliada a contribuição da literatura.

Com efeito, proponho-me utilizar a distinção entre parentesco e linhagem como uma chave para a análise. Ela impõe renunciar à equivalência dessas duas palavras em francês antigo, reservando "parentesco" para a relação em geral e "linhagem" para um grupo particular, definido pela filiação unilinear. Ela permite superar a aparente contradição entre Marc Bloch, que recomenda a prudência em razão da imprecisão da zona das obrigações "de linhagem", e Georges Duby, que põe decididamente em cena, em seus textos sobre o tempo dos castelos, linhagens combatentes e conquistadoras.

HONRA DO PARENTESCO E ESTRATÉGIA DA LINHAGEM

O saber dos juristas confina por vezes com a sociologia, ainda que ele seja constituído com outros fins e desenvolvido segundo outras exigências. Philippe de Beaumanoir, ex-bailio do rei, dá início, por volta de 1283, aos registros dos *Coutumes du Beauvaisis*: ele fornece, nos capítulos "Dos graus de linhagem" e "Da guerra", uma excelente ilustração das propriedades da filiação indiferenciada. Ele conta os graus de parentesco segundo o método canônico: número de gerações que separam cada um dos dois consanguíneos (ou o mais afastado) de seu ancestral comum; sua pedagogia introduz, significativamente, *egos* masculinos e ligações patrilaterais, mas o contexto demonstra amplamente que, para ele, o parentesco passa tanto pelas mulheres quanto pelos homens. Defini-lo serve a quatro ordens de questões jurídicas: guerra, casamento, herança e recuperação de linhagem. Examinemos a primeira.

Beaumanoir levanta o problema concreto de um juiz perante o qual são citados nobres, que muitas vezes pretendem "desculpar-se" de seus *mefets* [culpas] invocando sua participação na "guerra" de um de seus parentes: quando se lhes pode dar razão? O uso medieval não liga a essa palavra o epíteto "privada" (ele vem de comentadores mais recentes); essa violência não está ainda privada de legitimidade pelo Estado, que busca apenas restringir sua aplicação: à classe nobre, aos consanguíneos abaixo do quarto grau e sem levar em consideração a relação de afinidade (parentesco por aliança). Os burgueses e os *hommes de la poesté* (o comum dos súditos da senhoria) não podem ser "chefes" de guerra; no entanto, encontram-se implicados na de seu senhor, se têm um. Em torno do homem em causa, ofensor ou ofendido, a parentela se ordena segundo um princípio de relatividade estrutural: os contornos do grupo em questão valiam para cada indivíduo. Não incerteza, mas rigorosa lógica, da qual o jurista se serve como de uma categoria *a priori* para pensar as regras da guerra. Com efeito, não se pode conduzi-la sozinho, e nada permite agrupar em um dos campos, de preferência ao outro, os homens cujos dois *chevetaignes* são parentes do mesmo grau. Por isso dois irmãos germanos não podem opor-se na guerra, enquanto meios-irmãos, cuja *linhagem* difere do lado materno, por exemplo, têm o meio de confrontar-se — devendo permanecer neutro seu parentesco comum. E assim por diante em toda a zona de solidariedade legítima: os primos do mesmo grau não têm de armar-se; em grau de proximidade desigual, vão para o lado mais próximo.

Isso destaca diferenças essenciais entre consanguinidade e vassalagem, no entanto tão próximas uma da outra, pelas obrigações que acarretam, que Marc Bloch qualifica a segunda de parentesco substituto. Além da ausência de hierarquia que o caracteriza, o parentesco parece um laço de efeitos inelutáveis; uma vez reconhecido e admitido, não é negociável. Em caso de conflito de deveres de vassalagem, pode-se declarar, em compensação, tal caráter lígio prioritário sobre tal outro e, por uma fina casuística, medir sua contribuição militar ou financeira. Entre parentes, a ajuda é ilimitada, e o primo segundo não tem menos obrigações que o irmão.

O argumento da afeição não é aceito em corte de justiça de bailio. Beaumanoir o evoca, contudo, a propósito dos bastardos (meios-parentes, na verdade, já que não têm direito à herança, sendo evidentemente atingidos pelos impedimentos de casamento); um natural amor (e uma comunhão de interesses!) os aproxima de seus meios-irmãos. De fato, se o rigor dos laços de amizade carnal esclarece o debate, não faz o jurista esquecer a mobilização de outras forças. Ele evita também a armadilha que consistiria em fazer passar por obrigatória — em detrimento de uma paz pública que, ao contrário, ele quer reforçar — a ajuda entre próximos: os indivíduos em questão podem sempre se desvincular explicitamente da guerra, esquivando-se a seus perigos, mas também, se se trata de vingadores, renunciando a negociar a paz. Ao inverso, eles têm o direito de recusar a salvaguarda a despeito do *chevetaigne*, no entanto principal interessado: força do sentimento da honra de parentesco e/ou situação paralela à da *laudatio parentum*, quando a invocação do direito coletivo encobre tratos personalizados. Formado para a circunstância, o grupo que conduz a guerra não comporta nem verdadeira disposição hierárquica nem firme estrutura de autoridade.

A filiação indiferenciada serve à teoria da guerra privada, abstratamente. Mas nada impede de pensar que ela se acomode a uma prática preferencial do parentesco de primos patrilateral (lado paterno) — como justamente a *laudatio*. O Beauvaisis está tão longe da Cornualha imaginária? Entre a regra que preside o raciocínio jurídico e o modelo que domina a ideologia cavalheiresca há uma grande distância, mas as fontes narrativas e diplomáticas fornecem a transição. É tempo de concluir caracterizando o *jogo* que se estabelece nos fatos entre a função-parentesco (1º) e a estrutura-linhagem (2º).

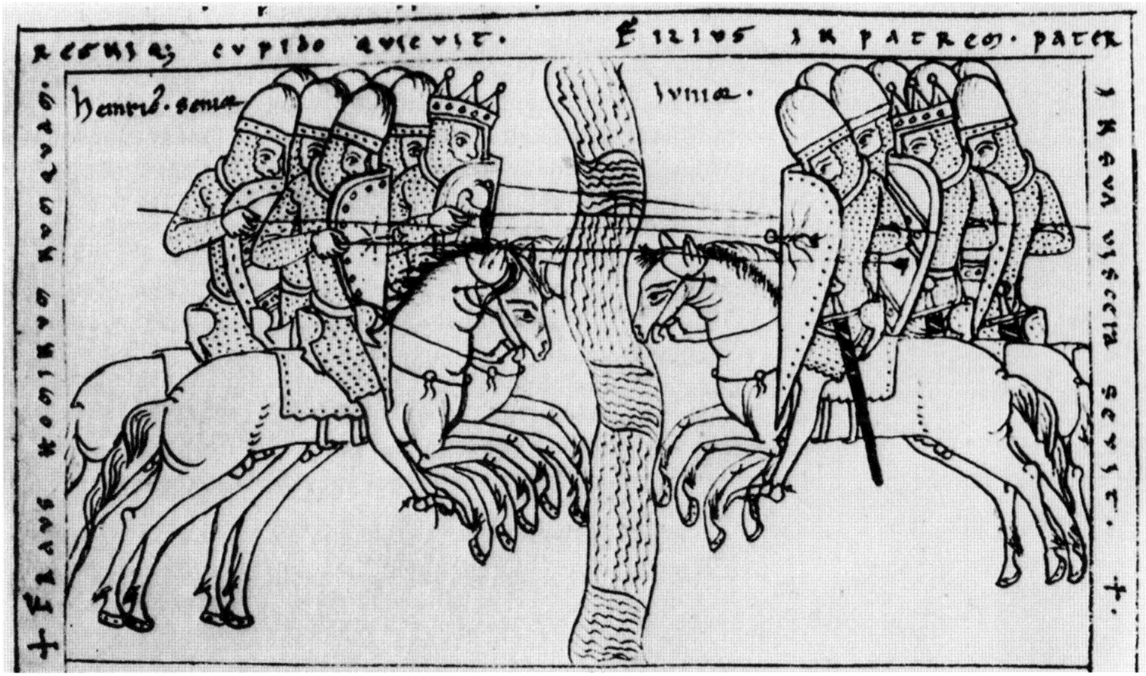

O único verdadeiro combate, aquele de que Beaumanoir não fala, o dos filhos contra os pais. Aqui, o imperador, Henrique IV, o "Velho" (senior), à esquerda, contra seu herdeiro Henrique V, o "Jovem" (junior). (1177, Chronik Ottos V. Freising, *Iena Universitäsbibliothek, Cod. Bose q. 6.)*

1º) A primeira, reduzida aqui provisoriamente ao caso da filiação (a aliança é examinada mais adiante), é uma função, no sentido quase matemático do termo. Ela induz entre os homens relações igualitárias (todos têm a mesma honra), indistintas (deve-se tanta ajuda e afeição a um primo quanto a um irmão) e marcadas, no plano das trocas, por uma reciprocidade não tarifada. A honra é um capital social que se mantém e que se faz frutificar em conjunto, mas cada situação de avaliação (caso de assassinato ou aliança matrimonial) põe novamente em questão a própria posição e os contornos do grupo solidário. A sociedade dita feudal reconhece a virtualidade de tais relações entre amigos carnais, em todas as linhas, e frequentemente as atualiza. O belo casamento de Guillaume de Grandmesnil resulta "em grande honra para sua parentela" (*in magno honore consanguinitatis sue*). O enforcamento, em terra de Nesle, de um cavaleiro-salteador envergonha seus primos: embora estranhos a esses delitos e pouco sensíveis a seu suplício, deles se queixam, mas em vão, a são Luís (Guillaume de Saint-Pathus). Essas solidariedades amplas, contrariamente ao que imagina, com muitos outros, Marc Bloch, não entravam de maneira nenhuma o indivíduo. Dão-lhe, ao contrário, a ocasião de safar-se de embaraços: de extorquir contradoações aos estabelecimentos religiosos, de se convidar como parasita na casa dos primos afastados e de ir-se "para a guerra" com as alegrias do esporte e a esperança do saque. Elas são a garantia da liberdade do nobre, o critério de sua classificação, o trampolim de sua carreira: constituem o sucesso de sua vida pública.

Uma lembrança precisa de todos os ancestrais conhecidos merece, portanto, ser conservada. A consciência "familiar" desses homens, quando nos foi transmitida em estado puro, no grau zero, revela-se tão cognática quanto a nossa: isto é, ligada aos parentescos de primos por todas as linhas, tanto pelas mulheres como pelos homens. Por exemplo, a de um cônego de Saint-Aubert de Cambrai, Lambert, dito "de Wattrelos"; nascido em 1108, redige sua genealogia em 1152; ela é virgem de toda manipulação consciente, porque emana de um clérigo relativamente liberto, por seu ofício, de sua linhagem de origem, que era de pequena ou média aristocracia. Ele tem um interesse igual por suas duas ascendências, paterna e materna: mesmo número de parentes citados de cada lado. Ele negligencia tanto menos a segunda quanto ela parece ser um pouco mais honorável — fecunda, pelo menos, em eclesiásticos que abriram o caminho do claustro ao jovem. Dispersas em sua autobiografia (por volta de 1115), as alusões de Guibert de Nogent a *consanguinei* seus deixam entrever um tesouro de memória do mesmo tipo.

2º) A ordem de exposição adotada por Lambert, entretanto, dá prioridade aos homens sobre as mulheres, aos mais velhos sobre os caçulas. "Em seu espírito", comenta Georges Duby, "sua família paterna se ordena como uma 'casa', uma linhagem de guerreiros, em que a primogenitura conta de modo muito forte." A operação que consiste em destacar, sobre o fundo desse quadro de parentesco indiferenciado, a imagem de uma patrilinhagem seria bastante fácil; ela faria surgir uma formação concreta, construída sobre e elaborada pelas oposições homens/mulheres, mais velhos/caçulas, subjacentes na exposição. De um tal grupo, que as sutis seleções da memória já revelam bem, a morada de Wattrelos seria certamente o núcleo de cristalização; se Lambert deixa de valorizá-lo completamente, é que, à diferença dos genealogistas domésticos, ele não é um membro da casa, mas um desses filhos que dela saíram para estabelecer-se fora.

A linhagem assemelha-se a uma estrutura política elementar — sem o ser inteiramente. Ela realiza a unidade de seus membros face ao exterior, utilizando para esse fim as propriedades da função-parentesco. Mas também, e sobretudo, mantém e faz aceitar disparidades de vantagens entre eles: assimetrias na divisão da herança, rigor drástico na dos papéis sociais — especialmente no entrave ao casamento dos irmãos mais moços. Ocultando os confrontos internos (que no entanto são fatores de dinamismo), a genealogia legitima seu resultado; por outro lado, ela é posta a serviço do engajamento do grupo na competição pública.

A torre, símbolo do poder linhagista. (1109, Bible d'Étienne Harding. *Biblioteca de Dijon, ms 14.)*

Desse lado é que é preciso buscar as coerções efetivas exercidas sobre o indivíduo; mas elas são a expressão de uma estratégia, não a emanação de uma mentalidade. O sacrifício dos caçulas é, no Norte da França, uma maldição própria à aristocracia. A linhagem desperta a prevenção de seus filhos clérigos, desconfiados em relação aos laços da carne e todavia impotentes para deles desprender-se completamente; ela compromete (como veremos) o equilíbrio dos casais formados ou rompidos por sua política; disputa ao homem e à mulher nobres seus momentos e seus espaços de vida privada.

AS DESVENTURAS DO CASAL

A patrilinhagem se liga necessariamente a um casal, senhor de uma casa e procriador de filhos: ela lhe deve sua substância. Mesmo inominado na linguagem corrente, este não toma lugar no centro da "família", a despeito de Marc Bloch? O grupo de parentesco "feudal" mais ativo e típico é uma comunidade ampliada, de interesses e de afeição na falta de permanente coabitação, entre irmãos e primos que se tornaram adultos. Os olhares convergem para uma morada principal, situada no centro do patrimônio ancestral, erigida em lugar de honra do prestígio linhagista, e cuja direção passa, dos avós, ao primogênito e à sua esposa. O senhor e a dama, reinando conjuntamente no castelo — ao menos na parte residencial da alta corte —, pertencem bem à história desse tempo.

Mas como a esposa se integra à linhagem de seu marido? Que laços ela conserva com sua família de origem?

A época "feudal" não é evidentemente a única em que esses temas se impõem, esboçados justamente por Marc Bloch; mas a submissão de muitos casamentos aristocráticos a imperativos políticos lhes confere aqui uma importância particular. Refém de uns ou instrumento de outros? Verdadeira questão, para uma história da dama no tempo dos castelos.

Quadro de parentesco destinado ao exame da consaguinidade eventual entre um marido e uma mulher. Ele se limita ao sexto grau segundo os critérios romanos (direito civil) e não segundo os do direito canônico, e define uma zona de parentesco mais restrita. Demonstra assim, desde antes de 1215, uma sensata atenuação, pelo senso prático, de normas demasiadamente rigorosas. (Biblioteca de Göttingen, Cod. Inv. 27.)

A ESCOLHA DO CÔNJUGE

Para analisar um sistema de parentesco, é preciso descrever a maneira pela qual os homens trocam mulheres. Aparentemente brutal, essa fórmula de Claude Lévi-Strauss não deve produzir a impressão de que elas são objetos puramente passivos; ela não se aplica senão a um certo nível de inteligibilidade ou de artifício e não prejulga comportamentos e relações de poder efetivos. Um pai "dá" sua filha a um genro, que a "toma" por mulher: as expressões medievais permaneciam usuais não faz tanto tempo assim.

As sociedades "primitivas" e "arcaicas" regulamentam cuidadosamente os casamentos: proíbem o "incesto" com as parentas próximas ou com aquelas de uma certa linha (paralela) e prescrevem a união legítima com tal prima mais afastada ou "cruzada". O sistema de troca generalizada da Alta Idade Média é um dos mais complexos daqueles que se veem logicamente possíveis e historicamente atestados. Ele é chamado, em etnologia, de *cognático* porque leva em conta uma filiação indiferenciada: interditando as primas de todas as linhas até um certo grau, geralmente o quarto. Modificar o número ou o método de computação desses graus não muda necessariamente o funcionamento do sistema: de qualquer modo, ele obriga os grupos envolvidos nas trocas a tornar sua rede de alianças ao mesmo tempo mais extensa e mais frouxa; ele abre o jogo sociopolítico. Há aí como uma transição entre as sociedades "arcaicas", que indicam bem precisamente a cada um qual deve ser sua parceira, e nossas sociedades "modernas", que colocam ambos, assim como a sua parentela, em presença de um número elevado de parceiros possíveis, dando-lhes a uma só vez a possibilidade e o embaraço da escolha.

No entanto, o estudo de Françoise Héritier sobre os sistemas cognáticos mostra a tendência, apoiada em uma necessidade sociológica, de escolher a esposa justo nos primeiros graus de consanguinidade permitidos. Essa prática preferencial permite ciclos de trocas regulares; ela conserva para a função-aliança toda a sua importância para a coesão de conjunto de um grupo de dimensão limitada. Ela é localizável na aristocracia do Norte da França, nos séculos XI e XII? Os trabalhos de pesquisa sobre esse ponto fazem falta, porque faltam também as fontes; nem sequer se sabe se a ampliação da zona proibida pela Igreja, do quarto ao sétimo grau canônico, foi seriamente levada em consideração.

Como o vira Marc Bloch, a filiação indiferenciada não permite fixar os contornos de grupos permanentes: cada casamento remodela o parentesco. Mas se a patrilinhagem, enraizada em uma morada dominante e em um patrimônio preservado, conduz efetivamente o jogo, sobre fundo de amizade carnal cognática, então se deve considerá-la como o verdadeiro parceiro da troca matrimonial, com seus homólogos. Ela intervém especialmente para dar suas filhas e para receber a esposa de seu chefe. O fato de um príncipe decidir certos grandes casamentos aristocráticos, como o faz muitas vezes o monarca anglo-normando, não o torna um trocador, mas mostra apenas sua aptidão para regular as relações interlinhagistas — para adotar, ao menos, a postura do regulador.

Certas estratégias começam a ser mais bem conhecidas pelos historiadores. Em busca de prestígio, as linhagens procuram para o primogênito uma esposa de posição superior ou igual à dele, preferindo esperar algum tempo a contrair casamento desigual. Ao montar quadros genealógicos completos de "famílias" de senhores ou cavaleiros de castelos, fica-se impressionado com a constância dessa preocupação. As hipergamias masculinas, menos frequentes sem dúvida que as simples isogamias, mas muito mais valorizadas que elas, permitem a irrigação das patrilinhagens pelo sangue dos reis, dos príncipes e dos condes, em um fluxo periódico que reaviva sua nobreza e assegura a coesão da classe dominante. Um casamento vantajoso eleva a posição do marido e a dos membros de sua linhagem: conserva-se preciosamente seu traço nas genealogias "casa". Em compensação, esquecem-se mais facilmente as filhas dadas em casamento: seus filhos não pertencem à casa! E, contudo, o "casamento" de uma mulher, seu dote, é normalmente cedido à família em caráter indiviso, isento de vassalagem ou serviço por muitas gerações. Motivo suficiente para incentivar o laço entre primos!

O exemplo dos Giroie ilustra bem as práticas da aliança: tem-se interesse em casar todas as filhas, já que elas valem aliados ao grupo, devedores mesmo, e em restringir, ao contrário, as uniões legítimas dos rapazes, causas de uma proliferação inoportuna de herdeiros — prevalecendo nitidamente a agnação em matéria patrimonial. A relegação ao convento das duas filhas de Ernaud d'Échauffour é o sinal de uma exclusão do jogo político normando, a marca de um declínio desse tronco.

Nessa sociedade, há mulheres a serem conquistadas: através delas vem mais geralmente o prestígio do que a herança verdadeira de um castelo, mas isso é o bastante para desencadear uma viva competição. A ascensão social do *miles* feliz no amor não representa, contudo, na verdade, senão uma reclassificação. Georges Duby analisou cuidadosamente a nobreza/cavalaria do Mâconnais por volta do ano 1100: embora todos os seus membros tenham no fundo a mesma origem, na velha aristocracia (a "de sempre", fica-se tentado a escrever, certamente anterior ao ano mil), ela se decompõe em vários estratos porque as eventualidades da luta pelos castelos e as desigualdades na ordem de nascimento operaram a diferenciação. A raridade das *honores* provoca permanentemente a desclassificação de ramos desfavorecidos ou excluídos; a hipergamia masculina provoca ou consagra uma recuperação provisória. É em tal contexto que seria interessante observar ciclos de alianças. Não seria preciso vê-los como processos de reinserção?

A maior parte dos casamentos que nos são relatados se conclui após madura reflexão das duas parentelas: avaliação por cada uma delas da honorabilidade da outra e negociação conduzida pelos chefes de casa. O rapaz e a moça são apenas chamados a consentir em sua promoção à condição de adultos, em seu estabelecimento; uma morada e um estatuto, não é com isso que ambos sonham? Parentes e protetores devem-nos a eles: é a conclusão natural de sua obra educadora, "nutriz". A importância e a dificuldade dos tratos destacam-se bem em três exemplos extraídos aqui ao século XI, e de modo algum atípicos.

Herdeiro em 1076 de três condados margeando ao norte o domínio dos Capeto, Simon de Crépy-en-Valois deveria casar-se a fim de perpetuar a casa. "Escolheram-lhe [uma esposa de Auvergne] elegante de porte, bela de rosto e nobre de linhagem." Mas sua vocação monástica o impede de consumar essa união, tirando-o de fato de um impasse político, pois que lhe é preciso esquivar-se à proposta concorrente de Guilherme, o Conquistador, que o quer como genro com evidentes segundas intenções anti-Capeto.

Diante do pai e da mãe da futura santa Godelièves, jovem da maior elegância e das melhores maneiras, apresentavam-se vários pretendentes (de Boulogne-sur-Mer, em meados do século XI). Bertulf (cuja homonímia com o célebre preboste pode chamar a atenção), de Bruges, recebe a preferência porque traz o mais belo dote; no entanto, ele não se aconselhou com seus próprios pai e mãe. Esta última reprova-o vivamente, deplorando uma escolha demasiadamente distante e inquieta com os cabelos negros de sua nora, percebidos como um signo maléfico: "Não podias tu, caro filho, encontrar gralhas na tua pátria?", insinua ela, segundo o hagiógrafo talentoso, Dreu de Thérouanne. A vida conjugal começa sob maus auspícios.

Mais romanesco é este episódio dos anos 1080 relatado por Hermann de Tournai. Um caçula da Borgonha, Foulque de Jur, apaixona-se pela nobreza e pela excelência do conde Hilduin de Roucy, e pretende por esposa uma de suas numerosas filhas, Adèle. Ao pedido, o pai "francês" opõe de início uma recusa, com base em sua nacionalidade estrangeira. Mas algum tempo depois, viajando a serviço do rei Filipe I, ele cai numa emboscada armada por Foulque: a mão de sua filha resgata sua liberdade e seus tesouros. Tendo-a prometido, é imediatamente tratado com honra, recebendo os presentes de uso. Mais elegante e mais facilmente perdoável, sem dúvida, que um rapto direto, essa iniciativa ousada funda um casal fecundo; a maior parte dos filhos vive e faz carreira na órbita de sua "família" materna.

No oposto de Simon de Crépy, poderoso herdeiro por quem as pessoas se desvelam em vão, Foulque de Jur entra então por arrombamento no feliz grupo dos beneficiários de hipergamias. Os três exemplos dão testemunho também, juntos, de um alargamento das redes de relações, não sem algumas reticências das parentelas no que diz respeito à exogamia regional. Porque têm direito à mobilidade, enquanto toda viagem é perigo para as moças e as mulheres, os rapazes parecem gozar de uma margem pessoal de manobra. Nada indica, em compensação, se Godelièva de Ghistelles ou, antes, Adèle de Roucy deram os primeiros passos discretos em relação a seus pretendentes. Nem as regras da hagiografia nem a moral dos guerreiros deixam lugar à iniciativa feminina. Não encontramos, um século mais tarde, esta dura palavra na boca do Girart de Vienne da ficção, a uma desejável duquesa que se lança em seus braços: "*Or puis bien dire et por voir afier/ que or comence le siecle a redoter/ puis que les dames vont mari demender*" ("Bem posso dizer e assegurar como verdadeiro que o mundo está decrépito, pois que as mulheres se lançam elas mesmas em busca de maridos")?

E recusá-la, lembrando-lhe que os casamentos são assunto de homens — como as guerras, das quais eles interrompem o curso e marcam apenas o muito provisório apaziguamento.

A vontade feminina quase só se exprime na recusa: o voto de consagrar a Deus sua virgindade e o esforço para escapar aos desígnios da linhagem pela fuga são lugares-comuns das *Vidas* de santas... e mesmo de santos, com Simon de Crépy. Por volta de 1150, santa Ode, em Hainaut, acha a evasão demasiadamente perigosa, menos em razão dos ferrolhos de dentro do que em consideração dos perigos de fora, e prefere desfigurar-se para evitar um casamento inoportuno. Já, em seu caso, uma novidade surgiu: ela recusou consentir na união diante de um padre, obrigando a "família" a suspender a cerimônia; mas depois não faltaram as pressões da parte de uma linhagem presa à sua estratégia. A moça é submetida a um poder alienante; mas ele não emana, aqui, só do pai, pois este sabe garantir o concurso das matronas. Enfim, há donzelas que morrem de amor por um pretendente recusado ou perdido: apaixonada pelo anglo-saxão Harold, a quem seu pai a prometera antes de combatê-lo e de matá-lo em Hastings, uma filha do Conquistador ter-se-ia deixado morrer na nave que a levava a um outro marido, Alfonso de Castela (Orderic Vital). Atentar contra sua própria vida é também a ameaça proferida pela filha de um castelão de Coucy, por volta de 1080: à honestidade da parentela do marido que pai e mãe lhe escolheram, ela opõe a proeza do "famoso cavaleiro" pelo qual se enamorou. Por conselho de santo Arnoul (cuja *Vida* relata essa passagem), ela é entregue ao objeto de seus votos: "A autoridade canônica prescreve não unir uma moça a alguém que ela rejeita"; contudo, dá ele a entender, a quem tem o ofício da cavalaria um acidente depressa acontece... Logo viúva, a recalcitrante voltará àquele que lhe estava destinado de início.

Há um ar de espontaneidade no jogo da façanha e da sedução conduzido no século XII, na estação dos torneios do Norte da França, pelos "cavaleiros errantes" (*milites gyrovagantes*). Mas nem todos são caçulas expulsos de sua casa: a errância dos herdeiros se inscreve nos programas de promoção linhagista; seu itinerário não é fruto do acaso, e sua aventura é mais iniciática que contestadora. Um caldeamento crescente da nobreza, favorecido sem dúvida pela luta da Igreja contra as uniões demasiadamente consanguíneas, pôde produzir-se. Moças e rapazes nem por isso escaparam ao controle sutil das linhagens, ao efeito insuspeitado dos pesos sociológicos sobre suas próprias inclinações. Eventualidades, algumas surpresas, apenas uma ou duas rebeliões: há aí com o que abolir um sistema de parentesco?

CASAMENTOS CRISTÃOS

Por volta de 1100, aparecem os primeiros rituais litúrgicos do casamento para o Norte da França; especialmente aqueles do tipo anglo-normando (elaborados na ilha ou no continente?, não se sabe), comentados por Jean-Baptiste Molin e Protais Mutembé. É o indício de uma penetração crescente do poder dos clérigos na vida das "famílias": eles verificam os consentimentos dos dois esposos e investigam as relações de consanguinidade em grau proibido que poderiam impedir a união legítima. Permitindo à vontade feminina exprimir-se publicamente e perturbando talvez os ciclos de alianças pela exigência de uma fortíssima exogamia, a Igreja não sacudiu os equilíbrios fundamentais da aristocracia? A liberação da mulher, que Michelet fazia, com as do "espírito" e das "comunas", uma das três grandes glórias do século XII, deveria ser detectável em primeiro lugar ao exame das cerimônias do casamento, garantia da dignidade religiosa da esposa (ao mesmo tempo que fundadoras de suas prerrogativas econômicas). No entanto, é preciso confrontar atentamente as *ordines* litúrgicas com as notas que a hagiografia ou a canção de gesta consagram incidentemente a casamentos de nobres: então se toma consciência do caráter incompleto (ou mesmo inadaptado) da iniciativa eclesiástica.

O casamento costumeiro comporta dois procedimentos, nitidamente distinguidos, na metade do século XI, pela *Vie de sainte Godelièvе*. Tendo visto seu pedido aceito, Bertulf recebe a jovem "sob lei marital": ela é *sponsa* a partir do momento em que a autoridade sobre ela, o direito e o dever de proteção no domínio público são transferidos a seu marido; assegurado da constituição de um dote, o

Onde se separa aquilo que o Deus dos outros uniu: grande texto romano--canônico do século XII, o Decretum de Graciano *prevê aqui o caso de um infiel casado que se converte. Sua esposa recusa-se a imitá-lo; ele se casa de novo com uma cristã. A Igreja interdita as parentas e prescreve as correligionárias como esposa. (Biblioteca de Autun, ms 80.)*

pai certamente entregou-a sem intermediário. O contrato não pode ser rompido, e as censuras da mãe de Bertulf chegam tarde demais. As bodas instalam Godelièvre na casa conjugal (enquanto *sponsa nova nupta*, ela ali permanece doravante); lê-se ainda com espanto que o marido, que já lamenta sua escolha, está ausente dessa cerimônia, na qual é representado por sua mãe, obrigada a dissimular seu rancor atrás de um rosto sorridente! Ele só aparece depois de três dias... para tornar a partir imediatamente para viver na casa de seu pai, deixando a esposa reger sozinha — e sob vigilância — o domicílio conjugal. Tudo isso terminará muito mal! Mas esse relato, mais ou menos romanceado pelo hagiógrafo, apresenta a seu público uma certa verossimilhança, e nele se distinguem claramente os *esponsais*, que dão início ao casamento, das *bodas* que o consumam e lhe dão valor indissolúvel aos olhos da Igreja.

No final do século XII, a epopeia de Aymeri de Narbonne põe igualmente em cena, e de maneira mais alegre, os dois tempos do casamento tradicional. Ele envia seus barões para pedir por ele a bela Hermanjart a seu irmão, o rei da Lombardia, depois vem ele próprio procurá-la: sequência de tratos entre homens, no decorrer

Junção das mãos: a esposa, usando ainda seus cabelos soltos de moça, abandona a mão de seu pai e toma a de seu marido. A entrega da mulher por um homem a um outro transforma-se em um gesto simétrico dos cônjuges que se dão um ao outro. (Século XIV, Decret de Gratien, *Biblioteca de Dijon, ms 341.)*

dos quais se alternam a ameaça e a largueza dos demandantes, mas que são conduzidos com a preocupação de respeitar a vontade da interessada. Operando nesse segundo registro, o troveiro quer agradar ao público ou retoma ele um hábito "real"? De qualquer modo, os dois futuros cônjuges baseiam o desejo que têm um do outro em sua reputação, pois que jamais se viram. As palavras dos negociadores, ao menos, soam justas; Aymeri destaca assim junto de seu futuro cunhado o valor da aliança proposta: "*En totes corz en seroiz vos plus chier/ Et en voz marches plus redoté et fier*" ("Em todas as cortes de justiça, sereis estimado por isso pelo mais alto valor de homem; e em vossas fronteiras, sereis mais receado e temido").

Convencido, o rei entrega-lhe sua irmã pela mão. Ao longo da viagem para Narbonne, ela é chamada *espouse* ou *moillier*, embora o casamento ainda não esteja consumado; o contratempo de um ataque sarraceno retarda as bodas. É após a retirada do cerco que elas têm lugar, fazendo enfim de Hermanjart a dama da cidade. O engraçado é que a noite de núpcias vem antes das cerimônias oficiais: missa dita pelo arcebispo, e da qual se tem pressa de sair para tomar lugar nas mesas de um festim de uma semana. Seu esplendor é destinado

Novo poder do padre: é ele, aqui, quem junta as mãos dos esposos. (Século XIII, Commentaire du Décret de Gratien, *Biblioteca de Laon, ms 372.)*

Brincadeira de mão que não acaba mal: três dos principais sacramentos, o batismo, a eucaristia e o casamento. (Século XIV, Credo du sire de Joinville, *Paris, Biblioteca Nacional, ms n.a. fr. 4509.)*

a exaltar o conde e a França, num tempo em que riqueza e poder, inseparáveis, são medidos pela liberalidade e pelo fausto.

Percorrendo as fontes dos séculos XI e XII, convencemo-nos de que a distância de tempo entre a *desponsatio* e as *nuptiae* varia muito segundo as circunstâncias. Os prazos mais longos se devem às características originais da vida aristocrática: afastamento geográfico das duas parentelas, que impõe uma viagem sob a responsabilidade do marido, ou necessidade de concluir os esponsais de crianças (implicitamente admitidos por Ive de Chartres com a condição de que ambos tenham mais de sete anos) porque são o selo indispensável de uma aliança ou de uma reconciliação entre grupos em guerra. Tal filha única ameaçada por um tio tem necessidade de um marido defensor para preservar-lhe o castelo. Tal príncipe não pode protelar ligar-se, por intermédio de uma parenta, ao senhor recalcitrante que pirateia as margens de sua província. As crônicas do tempo distinguem então muito clara e frequentemente a *desponsatio* e as *nuptiae*, que os termos "noivado" e "casamento", em sua conotação atual, traduzem evidentemente em sentido contrário.

Herdeiro do trono dos Capeto, Luís VI é unido em 1105 por *desponsatio* à jovem Lucienne, filha "não ainda núbil" do conde Gui de Rochefort (-en-Yvelines): aproximação provisória entre um príncipe que não controla seu "domínio" senão com grande dificuldade e a facção dominante de uma poderosa patrilinhagem cujos castelos podem circundar Paris. Entretanto, faz-se ver ao "rei designado" que ele precisa buscar uma união mais de acordo com a sua dignidade e com seus interesses em grande escala: ele renuncia então a Lucienne em benefício de um senhor de seu círculo, sem contudo se apressar em desposar uma outra (ela só virá em 1115). A reviravolta não é fácil: é preciso o acordo de um concílio, em Troyes, em 1107, para anular o que Suger chama em termos próprios "casamento [...] contraído"; contudo, a menina não havia deixado a companhia de sua tia no torreão de Montlhéry. Quanto ao pai, não se engana: considerando-se escarnecido, com alguma razão, desencadeia a guerra em Île-de-France.

Os canonistas e os teólogos do século XII, especialmente em Paris, precisaram o pensamento da Igreja sobre o casamento, acrescentando uma dimensão consensual e sacramental à moral mais realista e mais propriamente terrena de seus predecessores dos tempos carolíngios: estes últimos estavam antes de tudo atentos à fé (*fides*) mútua dos esposos como valor social e ao papel decisivo da consumação na formação do laço. A alegação dos elementos mais espirituais a partir do século XII não representa, de resto, senão um avanço da alta cultura clerical: na prática, a "pequena parte", carnal e social, do sacramento permanece predominante. Até o Concílio de Trento, aliás, as relações sexuais entre "noivos", desde que fossem completas, realizando a "unidade carnal", transformavam seu compromisso em casamento autêntico, aos olhos do

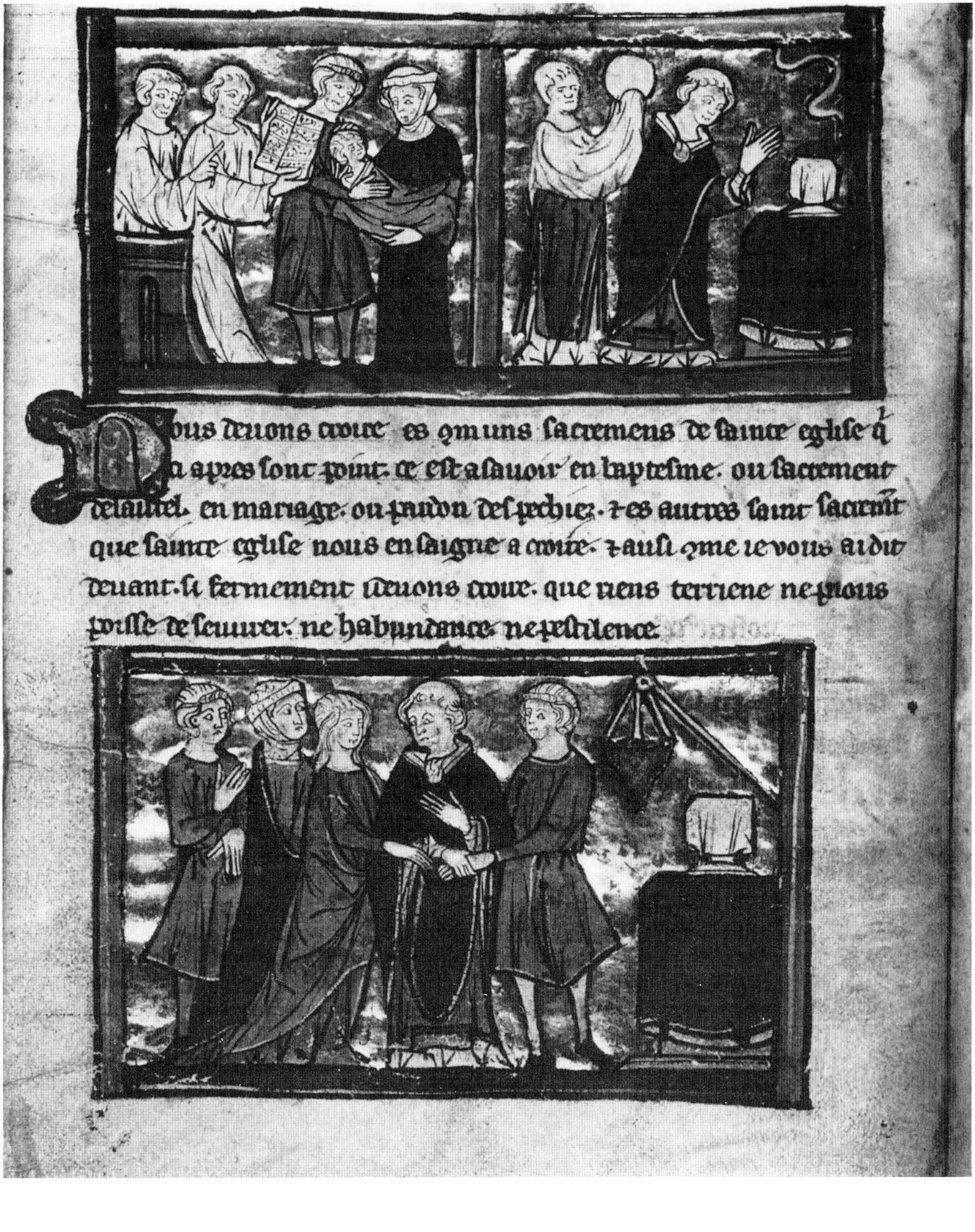

Nous deuons croire es qmuns sacremens de sainte eglise q
ci apres sont point. ce est a sauoir en baptesme. ou sacrement
de lautel. en mariage. ou pardon des pechiez. & es autres saint sacremt
que sainte eglise nous ensaigne a croire. & ausi qme ie vous ai dit
deuant. si fermement deuons croire. que riens terriene ne nous
puisse desseuurer. ne habundance ne pestilence.

direito canônico. O consentimento expresso por ocasião do "noivado" encontrava-se com isso confirmado.

O ritual às portas da igreja, do qual tratam as *ordines* anglo-normandas, é coisa diferente de uma *desponsatio*, seja primeira, seja eventualmente reiterada? Informações preciosas nos são passadas aqui, notam Molin e Mutembé, sobre os "costumes seculares e familiares que muito naturalmente [?] se inseriram na liturgia". Tornando públicos esses ritos antigos que ela submete a seu controle, a Igreja no-los revela. No entanto, ao mesmo tempo os modifica: situação eminentemente etnográfica! Consegue-se ainda, entretanto, distinguir com verossimilhança os traços herdados do contexto "civil" das inovações devidas aos desígnios espirituais. Tendo verificado os consentimentos e a não consanguinidade, o padre faz proceder a uma cerimônia que ele se contenta ainda em olhar e que apenas encerra com uma oração. A esposa (*sponsa*) é entregue ao marido por seu pai ou pelo parente próximo que a mantinha sob sua guarda: essa junção das mãos direitas realiza uma doação (com a parcela de artifício e de ambiguidade que se liga a esse ato); um pouco mais tarde, a Igreja a interpretará como um compromisso de fé mútua dos esposos, e seu próprio padre representará o papel de "juntador" (século XIII). O homem passa em três dedos de sua mulher o anel bento pelo qual a desposa. Esse anel desviará dela os ataques do demônio; ele é entregue, diz já a teoria eclesiástica, por amor e pela fidelidade, mas o gesto recíproco só aparecerá após o século XVI. Duas das *ordines* do século XII comportam em seguida a prosternação da mulher diante de seu marido: depois, a transformação

A ambiência é mais festiva nesse casamento com música em que o padre, testemunha fundamental, não faz entretanto a junção das mãos, e em que o belo meneio da mulher atrai o olhar. (Século XIV, Artus le Restoré, *Paris, Biblioteca Nacional, ms fr. 761.)*

Um ritual antigo: a velatio *(os esposos colocam-se juntos sob um véu nupcial) serve também para ilustrar o* Decretum de Graciano. *(Século XIV,* Decret de Gratien, *Biblioteca de Dijon, ms 341.)*

do gesto é esboçada por uma tentativa de lançar os esposos, juntos, aos pés do padre — mas isso é pedir demais, e a Igreja, experiente em levar em conta as tentativas e erros em sua empresa de absorção do ritual, prefere a supressão pura e simples dessa sequência, que sem dúvida não era, como outras, senão uma particularidade regional. Por mais que a teologia exalte o dom dos esposos um ao outro, a cerimônia marca a predominância do marido. Ele é a parte ativa, ao dar, com o anel, os presentes "costumeiros" e ao apresentar a carta do dote, assim como treze denários vindos diretamente da Lei Sálica; estes acabarão na bolsa do padre, dos pobres ou de alguns dos assistentes antes que na da esposa. Pois esta é menos comprada do que investida da missão de dar as esmolas do casal: essas moedinhas não são os símbolos que restam, enquanto passam e mudam ao longo dos séculos os simbolismos? "Com esse anel eu te desposo, com este ouro eu te honro e com este dote eu te doto": esta fórmula dita pelo esposo, ou alguma outra do mesmo gênero, acompanha o gesto.

O "noivado" de Roland com a bela Aude, explicitamente denominado assim pela *Chanson de Girart de Vienne*, tem características semelhantes a esses esponsais. Carlos Magno pediu a jovem ao tio "chefe" de guerra, depois ao tio mais velho da linhagem (mas não ao pai, no entanto presente), e a obteve para seu sobrinho. Ao final do banquete que encena as hostilidades, a dama Guibourc faz sair do "quarto" Aude ricamente adornada; da mão de sua tia, essa encantadora aparição passa à de seu tio e à do rei, antes de encontrar enfim a de seu pretendente. Ele lhe dá o anel litúrgico, e ela o paga em troca com uma *ensegne* [insígnia] que pertence antes ao ritual cortês. Um arcebispo está presente, testemunhando tudo isso na falta de intervir diretamente. Se o drama de Roncevaux não viesse interromper o idílio, o "casamento" seria outra coisa que não a repetição pública dos esponsais, seguidos de bodas que instalariam verdadeiramente o casal à frente de uma casa?

Os atos da prática oferecem inúmeros exemplos de doações rituais realizadas uma primeira vez na morada dos interessados e depois reiteradas no ou diante do santuário — ou o inverso. A *desponsatio*, como os outros contratos, não seria suscetível de uma semelhante reduplicação? A Igreja não teria ainda realizado senão uma projeção no domínio público, um redobramento no exterior, dos gestos realizados no espaço privado — onde os padres, aliás, penetravam muito frequentemente desde a época carolíngia.

As próprias bodas não podem ser inteiramente transferidas ou reproduzidas na praça pública: seu ponto alto é a bênção do quarto do casal, ou, melhor dizendo, de seu leito. O domicílio conjugal, com efeito, seria definido mais exatamente como um "leito" do que como um lar. A *benedictio thalami*, bem conhecida dos historiadores modernistas empenhados em ressuscitar a "antiga França", figura em algumas das *ordines* do Norte da França no século XII: é preciso dele afastar os malefícios que comprometeriam a fecundidade do casal e as máculas que um adultério feminino (mas não as estroinices masculinas!) ali faria entrar. Os esposos tomam lugar no leito sob o olhar de um círculo de próximos que se tem dificuldade em definir exatamente: eles ali são vistos juntos, deixados apenas, talvez, na intimidade do acasalamento. A bênção do padre penetra nos costumes, não sem hesitação dos bispos; mas a do pai do esposo vem fazer-lhe concorrência, em uma passagem de Lambert d'Ardres que se aplica aos anos 1190. De preferência a um resto de patriarcado espiritual "dos antigos tempos", eu estaria tentada a ver aí uma tentativa de apropriação da autoridade religiosa pelo poder doméstico, uma prefiguração distante do pai famoso de Restif de La Bretonne. Pois a grande cena do leito nupcial, porque permanece ou se torna a parte mais constitutiva do casamento (as investigações dos próprios clérigos do século XIII o mostram), comporta os papéis e as apostas do poder na e sobre a existência privada. Por pouco que a pequena aristocracia esteja ainda mal liberta de toda servidão, a hidra do feudalismo estende até aí os seus tentáculos; o mesmo Lambert d'Ardres situa por volta de 1100 a desventura de uma vassala que, pondo-se no leito com seu cavaleiro, recebe a visita ines-

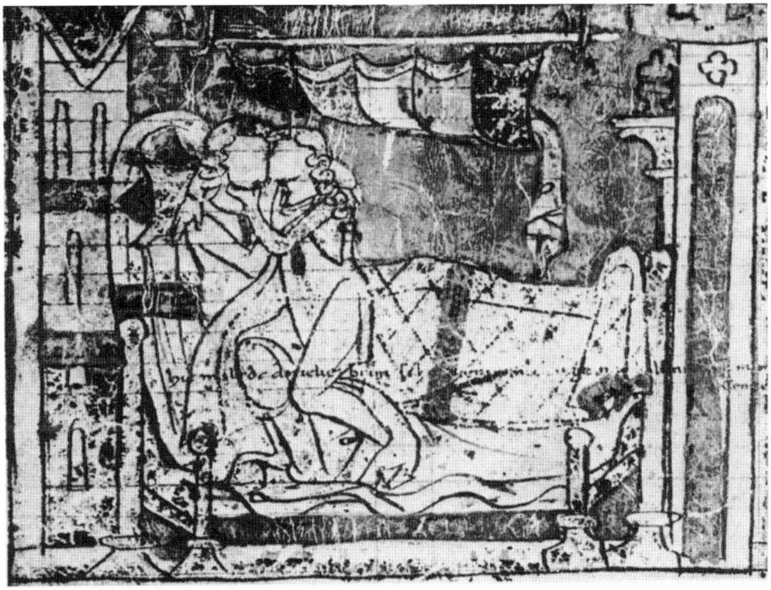

Enfim sós... (Wilhelm Von Orléans, *de Rudolf von Ems, Biblioteca de Munique, Cod. germ. 63.)*

perada do ministerial de um poderoso vizinho encarregado de receber uma taxa de *colvekerla* que tem todos os dissabores de um casamento forâneo. Ela enrubesce de vergonha, a infeliz! Por certo, seu pudor se ofende menos com isso do que sofre a sua dignidade social: por uma intervenção junto à condessa de Guînes, ela faz mais tarde abolir o encargo — militante eficaz pela causa das mulheres de sua condição.

O valor da *desponsatio* aos olhos da Igreja destaca-se claramente de uma sentença de Ive de Chartres: em caso de falecimento ou de anulação antes das *nuptiae*, um dos cônjuges não pode tornar a casar-se com os irmãos ou irmãs e parentes do outro. Ela emana de um prelado particularmente preocupado, como muitos de seus contemporâneos, com a proibição de um "incesto" cuja definição se amplia desmedidamente: a relação de afinidade, em causa aqui, chega ao quarto grau canônico, e a de consanguinidade, mais frequentemente invocada, obriga a controlar todas as relações abaixo do sétimo. Sendo os ditos graus as gerações que separam cada um dos parentes, ou o mais próximo, de um ancestral comum, a enormidade da zona proibida, sobretudo na escala dessa sociedade, constitui para os historiadores um pequeno enigma. Estendendo-se assim, a Igreja "carolíngia" e, depois dela, com mais rigor, a Igreja "gregoriana" (fim do século XI) complicam singularmente a conclusão dos casamentos: como as pessoas modestas, entravadas pelos laços da senhoria, sairiam de seu cantão para chegar a desposar não parentes? E como os bem-nascidos evitariam o casamento desigual sem levar sua iniciativa bem além de sua "pátria" provincial?

O que querem os clérigos, exatamente? Em seu laconismo, as fontes legislativas calam os motivos, limitando-se a apresentar referências às *auctoritates* — que, no entanto, elas teriam podido muito bem selecionar ou interpretar diferentemente. Então fica-se reduzido às hipóteses. Se se trata apenas de obrigar os cristãos a solicitar dispensas, portanto a reconhecer seu poder, é bem maquiavélico — e o efeito não é aqui tomado pela causa? Paroquiana direta dos bispos, a aristocracia é evidentemente a primeira visada: prelados e monges não podem razoavelmente opor à gestão endogâmica de seu próprio rebanho servil um tal obstáculo. Visões mais inspiradas, europeias de alguma maneira, puderam aplicar-se à exigência com relação aos reis: os do ano mil, para não declinar nem se tornar "incestuosos", devem aguardar a conversão e a elevação dos régulos eslavos ou escandinavos para mandar buscar, a toda pressa, suas filhas; a menos que saibam esperar, com a paciência exigida pela complexidade da embaixada, que se lhes ceda uma princesa bizantina! A coesão do conjunto franco do século IX tinha também tudo a ganhar com a mescla mais diluída das aristocracias étnicas da Alta Idade Média. E deve-se acreditar que clérigos do mais nobre sangue, que a história desses tempos mostra sempre muito sensíveis à razão de sua linhagem, tenham-se empenhado coletivamente, em momentos de elevação, em fazer estilhaçar seus patrimônios ao impedir as reconcentrações por casamento?

A melhor hipótese, no que diz respeito às intenções, é de qualquer modo a de uma "confusão": Bernard Guenée sugere que um *sete* simbólico foi tomado no sentido literal. Tratava-se, na autoridade bíblica e patrística, de evitar toda parenta reconhecida, não de conduzir investigações especiais sobre toda a parentela efetiva até o sétimo grau, como no entanto o recomendam os sínodos em torno do ano mil.

Os próprios reis, modelos para o "povo", por vezes se casaram com "primas" de quinto ou sexto graus. A Igreja, aliás, acaba por rebaixá-la: reduzindo em 1215, no quarto Concílio de Latrão, a norma proibitiva de sete para quatro graus, não consagra ela a vitória do sistema cognático tradicional? A menos que já o tenha destruído... Sobretudo, ela se dá conta então da contradição na qual se pusera, e que Georges Duby destacou: preocupada com a indissolubilidade das uniões, fornecia na realidade um pretexto fácil para rompê-las. Como tantos pais enganados, um Gui de Rochefort atribui com justa razão à intriga a anulação dos esponsais de sua filha. A história do tempo está repleta de maridos que se descobrem parentes de sua esposa no momento em que o exige sua política ou seu humor; o conde de Anjou, Foulque, o Carrancudo, é, no final do século XI, um fino especialista da genealogia montada pelo "divórcio". O argumento serve também para contrariar o jogo oposto: Henrique I Beauclerc, duque da Normandia e rei da Inglaterra, impede Guillaume Cliton, o sobrinho que ele deserdou, de apoiar-se na aliança angevina tornando público seu parentesco de primo com a esposa pretendida. A preocupação religiosa é evidentemente desviada.

Até as proximidades do ano 1200, a liturgia cristã do casamento pouco se desenvolveu. A presença do padre não muda muito o sentido de um ritual de "casamento" que não é sempre senão a entrega ao marido do poder sobre sua mulher no domínio público e a instalação desta como senhora do domínio privado; a transferência dos esponsais para a frente da Igreja não arranca a cerimônia ao domínio das parentelas. Contrariamente mesmo ao que ocorre na *Vie de sainte Ode*, o silêncio virginal é erigido em consentimento tácito pelos canonistas. Enfim, as garantias fornecidas à esposa contra as reviravoltas do marido ou as quebras de alianças, que representariam de todo modo uma contribuição apreciável do humanismo cristão, veem-se quase anuladas pelo apego cego a uma norma surpreendente. Supondo-se mesmo que o respeito por essa norma prevaleça, a moça desconhecida introduzida em sua "família por afinidade" não seria suspeita e, como santa Godelièvе, perseguida?

AS MULHERES, A GUERRA E A PAZ

Necessárias à trégua entre as linhagens e facções, as alianças matrimoniais são tão precárias quanto ela. O que acontece com uma mulher cujo marido se encontra em confronto com seu pai ou com seu irmão? Os relatos de Orderic Vital e de Suger apresentam desfechos diversos para essa situação insustentável.

Guilherme, o Conquistador, ao casar suas sobrinhas e primas, sabe fazer delas suas espiãs ou suas cúmplices. Judith denuncia a conspiração de seu esposo anglo-saxão, o conde Waltheof; o que não a impede de usar grande luto após a execução deste último (1075). Robert, o Giroie, come por acidente a maçã envenenada que sua mulher Adélaïde preparou para um outro (1060); mas, por uma perturbadora coincidência, isso se passa no momento de sua rebelião contra o duque de quem ela é prima. A esposa de um senhor é muitas vezes colocada junto dele para incitá-lo à guerra ao lado de sua própria parentela: em um sentido, ela reina no torreão para a vantagem dos cunhados...

Contudo, as mulheres mais frequentemente tomam partido por seu marido: senhoras de sua casa, elas têm muito a perder em um retorno para junto de sua linhagem de origem. A filha bastarda de Henrique I Beauclerc, Julienne, foi dada a Eustache de Breteuil com o castelo de Ivry; ela está a seu lado na luta que o opõe em 1119 ao duque-rei, dirigindo com uma extrema energia a defesa dessa praça forte. Ao mesmo tempo, Henrique não teme deixar cegar e mutilar (cortam-lhes o nariz) suas próprias netas, detidas como reféns. Mas alguns meses mais tarde, no outono que traz de volta a paz, a submissão do casal é aceita em nome da relação de parentesco: "A clemência enternece o coração do rei em favor de seu genro e de sua filha, e ele volta à benevolência"; o que não devolveu a saúde às crianças mártires!

Prerrogativa do bispo: a dissolução de um casamento, depois que tiver sido declarado inválido. (Século XIII, Digeste, *Paris, Biblioteca Sainte-Geneviève, ms 394.)*

Se, sob a influência de um velho paradigma, considerarmos *a priori* o século XI como uma época de guerra perpétua, não veremos nas fontes nada mais que os fatos horríveis e espetaculares, com exclusão de tudo o mais que nelas possa haver. As brutalidades feudais, muito frequentemente, devastam a vida privada. Suger relata a dilacerante apóstrofe da mulher de Gui de La Roche-Guyon a um cunhado que mata seu marido sob seus olhos: "Não estáveis unidos por uma indissolúvel amizade? O que é essa loucura?". Para o esposo que desaba, ela quer fazer uma muralha com seu corpo; mas arrancam-na toda machucada ao abraço, antes de rematar o crime precipitando do alto das falésias do Sena seus dois filhos ainda crianças. Sombrias cores, para a "primavera da Idade Média"! Mas que valem esse exemplo e o pequeno séquito que poderíamos acrescentar a ele? Que época não tem dramas?

Mediadora impotente ou espectadora afligida, a dama se refugia por vezes no mosteiro, sob a proteção e a autoridade do clero. A ordem de Fontevraud, como o observa Jacques Dalarun, serve de refúgio às vítimas da crise do casamento político; mas acolhe-as sobretudo quando estão irremediavelmente desamparadas ou fora de idade. É preciso imaginar também a mulher dos tempos feudais como instigadora de desforra, participando com impetuosidade nos conflitos que escandem e que dilaceram sua existência.

Com efeito, os autores monásticos representam com horror e reprovação *viragos* (a palavra vem sob sua pena) que desencadeiam elas próprias a guerra entre seus maridos em razão de suas mútuas inimizades. Em 1090,

> a condessa Helvise [de Évreux] ficou irritada contra Isabelle de Conches [uma Montfort] por algumas palavras desdenhosas e trabalhou com todas as suas forças, por cólera, em fazer o conde Guillaume e seus barões pegarem as armas. Foi assim que invejas e querelas de mulheres inflamaram o coração de homens corajosos...

Um roteiro idêntico engendra, pouco antes de 1111, um conflito entre Enguerran de Coucy e Gérard de Quierzy: esposas de língua viperina (e que se destacam, além disso, por um desregramento notório) proferem insultos e insinuações em particular — isto é, com a certeza de uma ampla publicidade — umas contra as outras. Guibert de Nogent as descreve muito precisamente como víboras lúbricas.

As mulheres têm mesmo o privilégio de estar, em princípio e na prática, menos expostas a seus perigos. A tal ponto que, por vezes, a relação de autoridade parece inverter-se entre as altivas instigadoras de batalha e os guerreiros que, por elas, esgotam-se em cavalgadas inúteis e sangrentas. O primeiro dos grandes senhores de Coucy, Enguerran de Boves, entra na fortaleza por volta de 1079 porque a senhora do lugar (herdeira do direito paterno, talvez) se dá a ele e lha entrega, traindo seu marido: contudo, a sorte do cavaleiro é aqui demasiadamente bela para não implicar um rude dever de proteção militar. Figura mais pacífica do poder feminino, embora não menos arrebatada, Bertrade de Montfort, inquieta com as disposições de seu terrível esposo, Foulque, o Carrancudo, dá os primeiros passos em relação ao rei Filipe I: ele a rapta e a põe no trono (1093). Ela exerce desde então uma influência evidente sobre o monarca que envelhece e, por muito tempo, coordena a estratégia dos filhos de seus dois leitos contra o jovem Luís VI. O conflito com a madrasta é uma outra constante desses tempos conturbados. Neste caso, o fracasso de suas intrigas conduz Bertrade ao claustro, só, após um confronto notavelmente longo.

O rapto grassa até o século XII: mas é preciso ver aí simplesmente um traço de barbárie e de opressão sofrido pelas mulheres? Frequentemente elas próprias são instigadoras; pelo menos, sua cumplicidade favorece o êxito. Um rapto pode ser o meio para dois apaixonados fazerem prevalecer sua escolha pessoal, contra as linhagens; e se estas mais tarde acabam por reconhecer o fato consumado, tudo termina em um *happy end*... Ou, ainda, o raptor merece antes ser chamado de libertador de uma filha que se sequestra ou de uma esposa que se maltrata. Oferecer-se, para encontrar um defensor: no capítulo do rapto, a ambivalência triunfa; ele manifesta ao mesmo tempo a alienação daquelas que são obrigadas a chegar a isso e um de seus mais eficazes meios de libertar-se. Entra nele muitas vezes uma parcela de encenação; ou, mais profundamente, de ritual.

A bem dizer, da mulher não sabemos senão aquilo que homens nos dizem, e os textos que a pintam tão temível não são inocentes. Ela aparece constantemente, na *Historia ecclesiastica* de Orderic Vital, como manipuladora do veneno, nova Eva oferecendo ao homem maçãs venenosas e sussurrando incessantemente suas insinuações viperinas. Avalia-se o domínio dos paradigmas do Antigo Testamento em um monge de espírito modelado pela leitura bíblica. Mas, justamente, a acusação não é repetida aqui, a exemplo da queixa de feitiçaria em outras sociedades, para anular toda tentativa de questionamento de uma ordem de dominação masculina? Em sua constância, a suspeita de adultério tem talvez uma função semelhante, ainda que seja desprovida de fundamento. Fica-se incrédulo diante da menção das cartas que teriam sido escritas aos companheiros de Guilherme, o Conquistador, por suas mulheres libidinosas: reclamando que voltassem para satisfazer seus desejos, sem o que tomariam amantes. É fato, no entanto, que o espaço feminino não parece estritamente aferrolhado pelos homens: nem a camisa dos torreões nem o legendário ou tardio cinto de castidade aprisionam as esposas dos combatentes da primeira Cruzada. Se o encerramento existe, é de maneira mais sutil e — pode-se acreditar — mais eficaz.

Ele deve ser assegurado pelo poder das matronas — vizinhas ou residentes na mesma casa? Não importa. Pois a clivagem entre juventude e maturidade não atravessa apenas a sociedade masculina. A triste história de santa Godeliève, que pereceu assassinada por um esbirro de seu esposo após ter sofrido diversas perseguições, não atesta tanto o desamparo dessa mulher — ela dirigiu uma casa, embora sob controle, e garantiu inúmeros apoios — quanto seu confronto com uma sogra de posturas pesadamente matriarcais. Em Orderic Vital, o modelo do chefe de "família", ao mesmo tempo que do senhor castelão justo, é Anseau de Maule, educador e corretor de uma jovem e nobre esposa; mas a chave de sua superioridade não estaria na manutenção, apresentada como resultado de uma bela e rara piedade filial, da velha e não menos nobre mãe no lar de seu falecido marido? Se ela pode pôr a nu suas confissões implícitas, tem-se o direito de propor uma leitura ardilosa das fontes. Boa preparação para o encontro, após 1150, de uma literatura cortês que exige uma desconfiança redobrada...

Raoul I, senhor de Coucy, recebe em casamento, por volta de 1160, Agnès, filha do conde Baudouin IV de Hainaut; ela lhe traz um dote baseado na taxa anual devida a esse príncipe por uma das cidades de sua província. Para estar seguro de recebê-la regularmente, o genro tem todo o interesse em ajudar militarmente e em aconselhar seu sogro: justa retribuição, por um serviço não recíproco, de uma contribuição de sangue carolíngio à linhagem. A relação desigual está na lógica da hipergamia, descrita mais acima; ela contribui para a ordenação hierárquica de um sistema.

Mais sutilmente ainda, a ambivalência da relação entre cunhados — por certo determinada por tensões mais profundas que as eventualidades políticas — se mantém na pantomima dos torneios: Raoul I de Coucy e Baudouin V de Hainaut se aliam e se confrontam, alternadamente, nessas justas de grande amplitude. E Gislebert de Mons assinala os laços mantidos pela dama Agnès com seus parentes: ela figura em uma "reunião de família", em 1168, em que a presença de seu marido não é certa.

Ela sabe sobretudo fazer-se amar pelos cavaleiros "ferozes" que detêm, com o senhor de Coucy, o poder sobre sua terra e que compõem sua corte castelã. Ela é, nessas regiões, a dama dos romances de cavalaria: isto é, segundo a interpretação de Georges Duby, não um ídolo elevado por si mesmo no zênite da sociedade cortês, mas um instrumento indireto, e manipulado com fineza, do ascendente de seu esposo.

O que ganharam em segurança e em estabilidade, as damas nobres do ano 1200 sem dúvida perderam em margem de manobra. Contudo, veem-se então multiplicar-se as grandes regências maternas de reino (Branca de França), de principado (Blanche de Champagne) ou de simples senhoria; mas não é que uma carreira nova se tenha aberto a elas espontaneamente ou que a Cruzada, como mais tarde a guerra de 1914-1918, lhes tenha valido responsabilidades aumentadas; é apenas que as condições de exercício do

Venturas e desventuras do guerreiro enamorado: em uma versão germânica de sua história. Tristão disputa Cassia com Nampotenis: ao pé das muralhas (cena da direita). Tristão abate este último com um golpe de espada, enquanto um dos homens do partido contrário o fere com uma lança envenenada. (Biblioteca de Munique, Cod. germ. 51.)

poder mudaram: a presença física no combate doravante importa menos do que a gerência avisada das contas e dos conselhos, com a ajuda dos juristas.

Gostaríamos, sobretudo, de alcançar as relações humanas autênticas, mas diversas, mas complexas.

A SOCIEDADE CONJUGAL

Assim com o amor conjugal, muitas vezes manifestado à aproximação da morte. Há momentos comoventes no relato da comuna de Laon por Guibert de Nogent: quando o vidama Adon deixa sua casa para correr em armas em socorro de seu senhor, o bispo assaltado pela plebe em rebelião (1112), sua esposa prevê a morte que o espera; diante das pessoas da domesticidade, pede-lhe perdão pelas faltas que pôde cometer em relação a ele, e um longo abraço precede a troca dos últimos beijos. A mesma terna solenidade preside o adeus de Anseau de Maule aos seus, três dias antes da morte que ele sente chegar: pronuncia em primeiro lugar, diante dos cavaleiros de seu castelo, uma admoestação a seu filho mais velho, convidando-o a respeitar a Igreja e o rei, e o abençoa; voltando-se em seguida para sua mulher, prega-lhe a castidade em sua viuvez, e lhe pede, também, a autorização para se fazer monge. Duas práticas frequentes na nobreza do século XI estão aqui conjugadas: a de morrer sob o hábito de são Bento, tendo-o vestido *in extremis*, "por socorro" (*ad succurendum*), dizem os textos, e após uma doação importante; a de romper a sociedade conjugal em favor de um laço mais puro: única ruptura autorizada pela Igreja, com a condição de ter o consentimento do cônjuge.

Diante da morte, aqui, é exaltada e exibida a união dos esposos: revelação do fundamental, na hora em que não se mente? Ou aproveitamento de uma última ocasião de modelar uma imagem ideal? O que nos é atestado é a vontade da Igreja, nesses relatos, de representar o casal de uma certa maneira: como no próprio ritual de *desponsatio*, afirmam-se ao mesmo tempo a igualdade e a submissão da mulher. E a arte dos mitos ou, como aqui, dos estereótipos ou das sequências rituais de fazer andar juntos princípios ou constatações contraditórios: função bem desvendada pela antropologia. A sociedade conjugal é desejada *a uma só vez* igualitária e hierárquica. Exatamente como a relação de feudo-vassalagem, com a qual tem em comum o uso de palavras como *meu senhor* e, ao mesmo tempo, *ma par*, minha igual. Quanto ao direito romano, que não deixa de ter influência no século XIII sobre os juristas do Norte da França, a preocupação que tem com os indivíduos caminha ao lado de um reforço das prerrogativas maritais e paternas. A racionalidade é a mesma do direito canônico. É preciso, na associação (*societas*) conjugal, que a mulher consinta em sua submissão.

Com verossimilhança, pode-se fazer um paralelo entre as formas do poder familiar e as do poder estatal: a sociologia contemporânea propõe muitas vezes essa articulação. A "franquia"

Arrebatada!
(Século XV, Roman de Tristan, *Chantilly, Museu Condé.)*

aparente da desposada não passa, sem dúvida, de uma imagem jurídico-política nova e não comporta nada a mais que a da aldeia, "outorgada" na mesma época: um conjunto de relações tarifadas e regradas, uma afirmação da liberdade de princípio dos governados que anuncia o estabelecimento de estritas coerções. A liberação da "mulher" e das "comunas", outrora exaltadas por Michelet, tem as mesmas falsas aparências. De uma se exige o reconhecimento do senhor; das outras, o amor pelo prior.

Isso é conseguido? É quase um lugar-comum dizer, como a excelente *Encyclopaedia universalis*, que o século XII francês, esboçando um traço fundamental do Ocidente assim como dele mesmo, inventou o casal: de início fora do casamento e contra ele (com os trovadores da perturbadora Occitânia), depois até na união legítima (graças ao equilíbrio da doce França de *oïl*), quando Chrétien de Troyes a ornamenta dos mesmos encantos e lhe confere a mesma profundidade da aventura adúltera, através de Érec e Énide, Perceval e Blanchefleur. Amor e casamento são compatíveis? Grande debate do universo cortês de Champagne ou de Paris, em que a resposta entretanto permanece suspensa. Essas discussões tiveram por base autênticas experiências conjugais? Condicionaram outras experiências? Não se permaneceu antes no campo da ficção, gratuita ou compensadora?

A antropologia levanta o problema da distância moral entre esposos, da qual dariam testemunho as poucas palavras trocadas, a propósito de muitas sociedades "arcaicas". Quando a pressão das parentelas se exerce cotidianamente e quando, a despeito disso, a autonomia e os recursos da mulher permanecem importantes, então a aproximação existencial com seu marido quase não é possível. Ora, esses dois impedimentos se encontram, em certa medida, reunidos no mundo aristocrático descrito por Orderic Vital, Suger e Guibert de Nogent. A suspeita mútua envenena a vida conjugal?

Assim, o século XI, ou antes o espírito dos homens desse tempo, é atormentado pela obsessão do adultério feminino, fundada na real permeabilidade da casa ou de seus compartimentos internos. As rainhas e as damas, acusadas, por uma facção adversa, de relações culpadas com os homens que mantiveram no "quarto", pelas necessidades da intriga desculpam-se frequentemente pelo ordálio: aquele, unilateral, do ferro em brasa que se segura na mão, ou aquele, bilateral, do duelo em que as pessoas se fazem representar; o primeiro revela uma certa solidão diante da incriminação, o segundo supõe a intervenção de um defensor, familiar, parente... ou amante. Yseult, Guenièvre e toda uma galeria de heroínas épico-romanescas, que não parecem todas de fato inocentes, conseguem assim, espetacularmente, escapar ao veredito da corte feudal de seu senhor e mestre. Na época em que o público dos troveiros estremece ao relato dessas perigosas provas (fim do século XII), o ordálio parece contudo em declínio — e, com ele, uma espécie de liberdade? Cartas de Ive de Chartres atestavam, ao contrário, nos anos 1100, sua ardente atualidade: o grande canonista certamente quer restringir o uso dessa prova "ilegítima" ("irracional", diz-se hoje), chocante sobretudo enquanto "tentação de Deus", aos casos em que não há outro meio de esclarecimento; o adultério imputado à mulher é um deles. Ela pode tomar o céu por testemunha.

Quanto aos desregramentos da sexualidade masculina no exterior da casa, não põem em perigo nem a ordem desta nem a pureza da linhagem: anódinos, não são mencionados senão incidentalmente. O retrato do conde de Guînes, Baudouin II (m. 1169), pelo capelão Lambert, respira autenticidade: a vitalidade desse senhor ("a intemperança de seus impulsos") traduziu-se, dos primeiros movimentos da adolescência até a velhice inclusive, por um gesto imoderado pelas donzelas; ele semeou em torno do estreito de Calais inúmeros bastardos e bastardas, e empenhou-se muito especialmente em estabelecer três deles (não lhes sendo reconhecido, de qualquer modo, nenhum direito à sua herança própria). Contudo, ele sente uma extrema dor pela morte por parto de sua mulher, a dama de Ardres; tem tudo de um viúvo desamparado, inconsolável. Desde então, dedica-se a praticar as "boas obras" (*opera pietatis*), em benefício dos *domestici* (de sua família ampliada) e também em favor dos pequenos nobres em dificuldade, numerosos na região: substitui, em suma, a falecida *patronesse*. Imagina-se bem o tipo de relação anteriormente estabelecida entre ela e Baudouin: uma boa amizade, no sentido ciceroniano do termo, marcada pela atenção aos "serviços" devidos um ao outro; uma harmoniosa associação para gerir o negócio comum, o organismo senhorial, animado pelo duplo fluxo das retiradas e das redistribuições.

Ora, só isso basta, parece-me, para criar uma aproximação no seio do casal. As sociedades em que reina a desconfiança interconjugal mais grave são aquelas nas quais a virilocalidade não se impõe sem partilha, ou aquelas conhecidas só pelas casas reduzidas e frágeis. Ao contrário, todo progresso da amplidão e da compacidade das moradas (e este livro marca nitidamente o limiar dos anos 1180 a esse respeito) deve acarretar uma certa promoção da célula conjugal. Os indicadores de uma tal tendência pululam no final do século XII, a ponto de suscitar a dúvida sobre a manutenção das solidariedades linhagistas mais extensas. Eles se referem especialmente às transações.

A economia doméstica: tema indispensável à análise da sociedade conjugal, porque esta tem necessidade de fundamentos materiais sólidos. A plena comunhão dos bens não é encontrada, salvo, por vezes, reduzida aos bens adquiridos. Complexas, as relações patrimoniais entre esposos de condição nobre ou cavalheiresca nos levam infelizmente a considerações muito formais. A constituição dos bens dotais de viúva, tradicional desde a Lei Sálica, e equilibrada doravante, em uma certa medida, por um dote (parte de herança) do qual mencionei acima a função estratégica, entra no desenrolar da *desponsatio*. A carta escrita com esse objetivo em 1177 em nome de Arnoul de Monceau, e que já serviu para nos confirmar o exercício da *parentela*, afirma em seu longo preâmbulo a dignidade do casamento; isso visa explicitamente os heréticos, cuja propaganda igualitária e quase libertária seduz mulheres rebeldes à ordem masculina. Por amor, o esposo destina aqui — esse é o objeto principal do ato — a "melhor parte" de seus bens, um pedágio da cidade de Laon, para servir precisamente de bens dotais de viúva à sua mulher. Mas como bem se sabe, um provérbio o diz, estes são ganhos "no deitar" e recebidos na viuvez.

No domínio Capeto, à aurora do século XIII, o uso confere à esposa nobre um direito a bens dotais de viúva (*jus dotalitii*) sobre a metade dos bens de seu marido; trata-se de assegurar sua subsistência à morte deste, no caso em que ela não se casasse de novo e levando-se em conta o fato de que, dotada por ocasião de seu casamento, já não deve figurar na partilha sucessória com seus irmãos. Quanto a seus bens dotais, nem sempre estão definitivamente assentados;

assim, os juristas práticos tomam o cuidado de mencionar sempre o consentimento da mulher às alienações de bens próprios do marido. Ambos se apresentam, por exemplo, diante de uma oficialidade eclesiástica: ela se associa à doação ou à venda, abandonando sua parte, ou se faz conceder um aumento de direitos sobre um outro elemento do patrimônio. Nota-se a aceitação "espontânea, sem coerção" (*spontanea, non coacta*). Ela fica assim a salvo das prodigalidades de um esposo e das eventuais contestações que levantariam, no falecimento, os filhos ou, sobretudo, os colaterais.

A partir de 1175, os atos da prática dão testemunho de um declínio da *laudatio parentum* e, como em contraponto, valorizam as intervenções da mulher ao lado de seu marido. O casal triunfaria então da linhagem? Pode-se, igualmente, propor a interpretação contrária: à parentela, um direito indiscutível, dito de "recuperação de linhagem", atestado por Beaumanoir e que permite obter preempção sobre toda venda; à esposa, no plano da herança, desta vez, uma garantia incompleta, frágil e ameaçada. A imagem fornecida não é, em certa medida, o negativo das realidades? Ou, mais sutilmente, sua prefiguração?

Os juristas, em suma, querem assegurar a defesa da viúva futura. E essa preocupação atesta a tensão virtual entre esta e os consanguíneos de seu marido: problema central de uma história do parentesco. Marc Bloch se mostra atento a isso ao destacar, na gesta de *Garin le Loheren*, a apóstrofe cruel de um cunhado a uma viúva: seu luto é maior que o dela, pois sua perda é irreparável, ao passo que ela se casará de novo. A palavra não exprime apenas uma pura e brutal reação "sentimental", incontrolada: a queixa pública significa, com efeito, reivindicação de herança, *clamor* no sentido pleno do termo.

A VIÚVA E O ÓRFÃO

Mas o cavaleiro, dir-se-á, não tem vocação para "defender a viúva e o órfão"? Ao que responderei que precisamente, se a Igreja lhe ordena isso por meio dessa fórmula (extraída da própria definição, tradicional, dos deveres de regalia), é que ele tem o costume, ao contrário, de oprimi-los, começando por sua cunhada e por seu sobrinho. A luta por um padrão de vida que necessita uma riqueza herdada opõe necessariamente entre si os ramos de uma patrilinhagem, a cada acerto de sucessão; apenas sua forma e sua intensidade puderam variar no decorrer dos dois séculos que nos ocupam.

O que acontece à jovem viúva? À morte de Ernaud d'Échauffour, levado prematuramente pelo veneno de Mabille de Bellême (1064), sua mulher refugia-se em sua parentela de origem, permanecendo em casa de seu irmão, senescal da Normandia: marca de uma primazia estrutural da linhagem natal, ou consequência conjuntural, atípica, da derrota dos Giroie? A célula conjugal rompe-se aqui, no infortúnio: os dois jovens filhos, transferidos para "casas estranhas", longe de sua mãe, ali estão expostos "à penúria e à injustiça" — o

No século XIII, o triunfo do casal... (Roman de la Rose, *Chantilly, Museu Condé.*)

que não os impede, mais tarde, de entrar pela grande porta, um na religião e o outro na cavalaria.

Muito contemporâneo deste é o exemplo inverso da mãe de Guibert de Nogent. É preciso ler o relato autobiográfico, por esse monge filho de cavaleiro de castelo, de uma infância atravessada pela tensão entre patrilinhagem e "família conjugal". Casados muito jovens, em meados do século XI, seu pai e sua mãe dispõem de uma residência autônoma, com uma domesticidade, em um *oppidum* (castelo protourbano) do Beauvaisis. Outros casais, ligados à linhagem paterna, vivem em sua vizinhança imediata, e adivinha-se, entre eles, uma mescla de ajuda mútua e de rivalidade (por exemplo, em torno de um preceptor que é disputado para conferir a seus filhos uma vantagem cultural). De qualquer modo, um anteparo protetor da intimidade isola esses jovens casais uns dos outros, já que "sete anos" se passam antes que o futuro pai de Guibert confesse à sua parentela sua impotência em consumar o casamento. A mulher se vê então em rude prova, pois a patrilinhagem procura induzi-la à falta (ao rapto provocado?) a fim de romper a união, no entanto hipergâmica. O casal sobrevive a essas pressões: uma experiência ex-

Pequeno conto francês do século XIII: marido ciumento acredita ter surpreendido sua mulher em adultério, e a mata. Mas, tarde demais, descobre seu erro: ela estava deitada com um cãozinho! Em desespero, transpassa a si mesmo com seu gládio. (Biblioteca de Dijon, ms 526.)

traconjugal desinibe um homem talvez impressionado pela nobreza de sua cônjuge legítima; ele tem dela vários filhos antes de morrer, ainda jovem, provavelmente em consequência de um cativeiro. É então que a parentela se volta, nas palavras do órfão, contra a viúva: quer desembaraçar-se o mais depressa possível dessa mulher que, por seu lado, recusa um novo casamento; perseguem-na com pretendentes e processos (questões de bens dotais de viúva?), combinando a ameaça e a intimidação com os jogos da tentação. Há uma cena terrível em que a infeliz, prestes a desabar diante de uma corte castelã hostil (e — é preciso esclarecer — exclusivamente composta por homens), encontra sua salvação na invocação do nome de Jesus Cristo como *sponsus* (noivo/esposo que assegura as bodas eternas) — isto é, na expressão de uma vocação religiosa capaz de lhe valer o apoio dos padres. De fato, essa mulher forte, tal como na Escritura, permanece senhora de sua casa e da educação de seus filhos até que Guibert, o caçula, atinja a idade de doze anos mais ou menos. A partir de então, ela já não pensa senão em ganhar, pela penitência, vivendo entre outras mulheres às portas de um mosteiro, a salvação de sua alma assim como a de seus filhos e, sobretudo, a de seu esposo: a ponto de tomar a seu encargo a educação de uma criança perdida para resgatar o pecado deste último — pois a experiência de virilidade produzira um bastardo.

O amor conjugal e o amor materno existem, portanto, no coração da Idade Média: são encontrados nos combates, nas visões e nos sonhos da mãe de Guibert de Nogent, intimamente ligados um ao outro, se é verdade que ela transferiu para ele seu apego ao falecido esposo. Mas as outras dimensões sociais e afetivas do parentesco intervêm no relato, parece-me, com seu exato valor funcional. O homem de Igreja censura-se, enquanto "recuos" longe de Deus, tudo o que fez sob o impulso de seus amigos carnais; o filho afetuoso, cuja piedade mariana tem explícitas relações com seus sentimentos por sua mãe, desposa as queixas desta contra sua família por afinidade. Mas a patrilinhagem, interessada na promoção de seus filhos, zelou ativamente por sua carreira eclesiástica: no fundo de si mesmo, Guibert odeia o primo mais velho que o dirige, mas quase lhe deveu um canonicato. Quanto à parentela do lado materno, mais ilustre sem dúvida, só brilha por sua ausência, nas duas situações difíceis atravessadas pela jovem mulher. Confirma-se que o parentesco cognático não é agente ativo na vida social, mas antes se limita às funções passivas de representação da posição. Do Beauvaisis ao Laonnois, os passos de Guibert cruzam por toda parte com os de parentes, reconhecidos como tais em virtude de todas as linhas; ora, ele não pode nem quer defender-se de sua afeição por Évrard de Breteuil ou de seu preconceito, bem mundano, em favor de uma sua prima estabelecida em Laon por casamento. A despeito de sua integração na imensa e metafórica parentela que é o clero, esse monge não renega os seus. Apesar da aparente modernidade de seu Édipo, esse filho da "feudalidade não tem absolutamente a mesma família que nós".

Prevalece a impressão de que a viúva não tem nenhuma vontade de voltar para junto dos seus; seria ela bem acolhida ali? A atenção dos prudentes juristas do século XIII por tudo o que diz respeito aos bens dotais de viúva deve-se talvez a uma diminuição tendencial dos segundos casamentos, a um afastamento das parentelas; sinais que, se se pudesse confirmar sua frequência, testemunhariam, de todo modo, a favor do casal. O destino da bela Hermanjart, que veio viver com Aymeri de Narbonne longe de sua Lombardia natal, certamente não é retornar para lá; e a dama Guibourc exprime a seu sobrinho, em seu favor e em versos, a razão social dessa prática, duplicada pela ideia prosaica (mas útil) de que as boas contas fazem os bons esposos: "*El n'a parant en iceste contrée,/ Seror ne frere, dont elle soit privée./ De son doaire ne doit estre obliée:/ Car li nomez, sire, s'il vos agrée/ Plus en avra d'amor a vos tornée,/ Si vos en ert plus cortoise et priveé*" ("Ela não tem parente nessa região, irmã ou irmão com quem esteja em relação de solidariedade privada. Não se deve esquecer seus bens dotais de viúva: defini-os de viva voz, senhor, se vos apraz; em troca, ela vos amará mais, será mais atenta, mais apegada a vós").

Nas grandes linhagens do século XII, a dama viúva e com bens dotais desempenha um papel importante: entregue ao estudo dos Coucy, observo sua estreita associação aos atos de um filho adolescente, nos primeiros anos de seu governo, e em seguida sua manutenção definitiva na terra; ela vive das rendas de seus bens dotais de viúva que, com sua morte, irão seja para seu filho caçula, seja para novos bens dotais de viúva (permanecendo de qualquer modo na patrilinhagem para servir a dotações); ela as desbasta um pouco, entretanto,

Mulher diante de um tribunal de homens. Isolda tenta justificar-se da acusação de adultério feita contra ela. (Tristan und Isolde, *Biblioteca de Munique, Cod. germ. 51.)*

A força tranquila. (Andlau, Igreja Sainte-Richarde, século XII.)

preocupada como está em manter ou fundar igrejas, no declínio de sua vida. Entre 1130 e 1138, a viúva e o filho do terrível Thomas de Marle, senhor de Coucy, sofrem o ataque do conde de Vermandois e as recriminações de mosteiros que se dizem espoliados; mas o rei Luís VI, vitorioso de Thomas, não se deixa arrastar à injustiça (e à imprudência) de um deserdamento da mulher e dos filhos do falecido: contenta-se em levar seus tesouros, deixando a terra, enquanto bispos e abades, por seu lado, não desejando a morte social dos sucessores do pecador, satisfazem-se com "restituições" e esmolas.

Por ocasião dos momentos de fraqueza provocados, na história de uma senhoria, de um principado ou de um reino, pelo falecimento de um pai e marido ainda jovem, as relações de feudo-vassalagem prevalecem cada vez mais, no decorrer dos séculos XII e XIII, sobre as relações de linhagem, para ao mesmo tempo defender e manipular a viúva e o órfão: os pares de castelania sustentam e inspiram o herdeiro de seu senhor, o rei e o príncipe suserano tomam sob sua defesa e sob seu jugo o filho ou a filha de seu vassalo. Entre a criança refém e mártir e o adolescente educado e promovido, a ambiguidade subsiste de modo duradouro. É preciso saber, a propósito das grandes regentes mencionadas acima, que uma, Blanche de Champagne, é estritamente vigiada pelo rei Filipe Augusto, que detém seu filho (1200-1216), enquanto a outra, Branca de França, nascida de Castela, vê seu "bailio" sobre o reino contestado por grandes barões que procuram, em 1229, apoderar-se pela força do jovem são Luís — seu senhor agonizante, Luís VIII, não o recomendou a seus cuidados? A vida de uma viúva, como no tempo de Guibert de Nogent, é um duro combate. Jovem, ela é frequentemente pressionada a casar-se de novo, pela tirania de um senhor ou pela insolência de vassalos; não tem escolha.

Na medida em que, até o final do século XII, as grandes senhorias não estavam submetidas a regras feudais coercitivas, mas conservavam um perfil alodial, a pressão/proteção mais forte era a da patrilinhagem. Em seguida, impõem-se a imagem e as regras práticas de uma feudalidade clássica: a liberdade autêntica das mulheres e dos filhos nada tem a ganhar com isso. Lê-se nas histórias da França tradicionais que os Capeto souberam fazer funcionar a seu favor, hábil e pacificamente, as regras da suserania: é preciso entender com isso, na realidade, sequestro de filhas por casar, inquisição sobre as relações entre parentes, veto contra alianças perigosas, em suma, uma pilhagem sem escrúpulo da vida privada da alta aristocracia.

De sua vida privada? Antes, de um conjunto de estratégias que descrevi apoiando-me na delimitação ampla do "domínio privado", proposta anteriormente por Georges Duby.

POST-SCRIPTUM (1998)

O final do meu texto de 1985 retoma os temas numa conclusão um tanto ou quanto densa. Há permanências, como o parentesco amplo, cognático e, em certa medida, como o casal, e há mutações a médio prazo, como a acentuação dos traços de linhagem na nobreza "por volta do ano mil" (!) e sua debilitação, ao contrário (?), por volta do início do século XIII. A classe dominante constitui uma imensa rede de parentescos, tramada por laços entre primos e por afinidades. Isso a define duradouramente: uma pessoa é nobre pelo nascimento e pelo trabalho (cavaleiresco) de manutenção dos laços familiares, uma pessoa é homem "*de franc lin*" [de linho puro], uma dama de "*haut parage*" [de alta paragem] (ambas expressões sinônimas de "parentesco nobre"), sempre solidário(a) ou rival dos(as) outros(as). No entanto, o campo, os objetivos e as regras da competição se modificam um pouco ao longo da história. A monarquia palatina dos carolíngios cede a vez por volta de 880 a principados, digamos, mais "feudais", e bem mais tarde, nos séculos XII e XIII, o poder torna a se concentrar, constrói-se em bases jurídicas e administrativas mais fortes que nunca antes. Esses dois processos incorporam necessariamente certas evoluções da "família nobre". Gostaria hoje (1998) de tornar sobre eles graças aos estudos publicados recentemente e graças ao enriquecimento da minha própria experiência. Pareceu-me que meu ensaio de 1985 podia ser cortado aqui, principalmente na parte que se refere ao "casal", cedendo o lugar a este *post-scriptum.*

Os legados carolíngios. O mundo "feudal" francês é filho da ordem carolíngia dos séculos VIII e IX, muito mais do que acreditavam a velha escola (Marc Bloch) ou os partidários de uma "mutação do ano mil" pela crise rápida e catastrófica das instituições públicas. Na falta de uma liturgia forte do casamento cristão, que efetivamente está ausente por muito tempo, a Igreja carolíngia legou elementos importantíssimos de moral e de direito. O casal já foi erigido em modelo do contrato social, pelos moralistas da "fé", que Pierre Toubert estudou magistralmente. Ele toma lugar numa evolução das estratégias sociais que Régine Le Jan evoca em seu grande livro *Famille et pouvoir dans le monde franc* (VIIe-X[e] *siècle*) [*Família e poder no mundo franco* (*séculos* VII-X)], Paris, 1995. Se a época "feudal" é dominada por patrilinhagens nobres, como a "casa" cavaleiresca de que provém Lambert de Wattrelos, é porque o casal de que procedem ganhou em força e em direitos, desde os séculos VIII e IX. A rainha e a condessa às vezes tomaram seu lugar ao lado dos maridos, desde antes do "ano mil", e a dama nobre do castelo se afirma depois delas. Anseau de Maule não é o único a prestar vassalagem à sua mãe. A mulher se integra fortemente numa casa que se tornou sua, ao sair do cortejo nupcial. Ao lhe proporcionar um dote ("casamento"), o pai, irmão ou senhor casamenteiros muitas vezes significavam a sua exclusão da patrilinhagem natal. Se ela tem irmãos cavaleiros, ela ou seus filhos não herdarão grande coisa. A seus filhos como a suas filhas, ela contribui muito mais com relações sociais e prestígio estatutário do que com herança material. O que ainda assim ela recebe, no dom de "casamento" ou depois dele, pode vir a passar a seus filhos mais moços ou a suas filhas, o que possibilitará ao mais velho ficar com tudo do pai. Essa prática do dote uxório (dom de "casamento") em contraponto às arras esponsalícias legais, aos esponsais [*chartes d'épousaille*], aparece em Cluny ou Vendôme, nos dossiês do século XI, subitamente mais densos e cheios de novos detalhes sobre a vida. Creio que ela se arraiga numa evolução e numa complexidade um pouco anteriores. Georges Duby muitas vezes pressentiu que havia, "por volta do ano mil", muito mais "revelações" do que verdadeiras "revoluções", e Gilbert Dragon não pensa de outra forma a propósito das práticas subitamente atestadas no mundo bizantino por uma explosão documentária contemporânea da nossa.

A dama caçadora. Selo equestre de Sibille de Beaujeu, regente de senhoria durante a minoridade de seu filho, até 1217. (Arquivos do Norte.)

Outro legado carolíngio à sociedade dita "feudal" poderia ser o relevo dado ao apadrinhamento. É uma ideia cara a um casal de historiadores (Anita Guerreau-Jalabert e Alain Guerreau), que dão ao parentesco espiritual uma importância então estrutural. Acho os elementos pouco consistentes, antes do século XII; a relação de apadrinhamento nunca pode ter sido mais que uma dentre outras, e provavelmente acentuada com mais frequência a partir da reforma gregoriana (1070-1120) do que antes.

Na mesma linha, é também o século XII que reaviva e endurece a exigência da não consanguinidade dos esposos. Que sentido tem essa exigência? Régine Le Jan propõe uma precisão que me fez eliminar aqui minhas errâncias de 1985. A antropologia lhe faz perceber que há um laço entre um sistema de filiação indiferenciada e uma forte exogamia. Esta última foi de início característica da nobreza franca da Alta Idade Média: ela lhe permite se ampliar por absorção, até constituir no século IX (e além) a fina flor e o cimento da cristandade latina. Para a coroação imperial de Carlos Magno, a exogamia franca contribui tanto quanto a frâncica e o estribo reunidos. No princípio, a regra é cada vez mais severa: atenção com o "incesto", se um homem se une a uma prima mais próxima que de sétimo grau. Mas Régine Le Jan nota que a evolução se alimentou da própria incerteza do conceito de "grau" de parentesco; primeiro por escrúpulo, os bispos decretaram o grau máximo (sete), mas depois, por pragmatismo, no mais das vezes eles se vedam inquirir além do parentesco já conhecido. Quando a vontade de saber intervém, por si só ela endurece a regra e cria problemas. A regra é portanto, na verdade, *bastante flexível* além do quarto grau. Para terminar, num tempo que pretende leis mais firmes, o Concílio de Latrão IV (1215) fixa sabiamente como norma a prática mais moderada.

Selo de Gertrude, condessa de Dabo... (Século XIII, Arquivos de Meurthe-et-Moselle.)

Num outro sentido, a sociedade e a família "feudais" trazem uma marca carolíngia, mas é antes a marca de um fracasso! Ao mesmo tempo que perseguia o "incesto" com ajuda dos bispos, Carlos Magno também queria suprimir a "faida", pela ação conjunta deles em apoio à dos condes. Essa "faida" (o *feud* em inglês) era o direito de vingança, a guerra privada da altíssima Idade Média, tanto mais vigorosa quanto mais livres os beligerantes, mais suscetíveis quanto à sua honra — numa palavra, mais nobres. Ora, Carlos Magno mal a limitou. E ela recupera todos os seus direitos depois de 880, na época dos castelos e dos principados regionais ou microrregionais. No século XI, a vingança é legítima, quase obrigatória, formalmente. Como que acidentalmente, um primo do conde de Anjou é morto lá pelo ano de 1030 por um vassalo deste, Hamelin de Langeais. O conde Geoffroi Martel se erige então em vingador do seu parente. Ameaça confiscar todo o feudo do seu vassalo. Mas, dissuadido por mediadores, ele se contenta em tomar um moinho, e se apressa a dá-lo de esmola à abadia de Vendôme, com medo de parecer, logo ele, um homem tão elevado, estar vendendo a honra do seu parente. De fato, mais vale perdoar, de maneira cristã e à moda real... Esse exem-

O reinado de uma mãe: Branca de França vigia a educação de Luís IX. (Século XIV, Vie et miracles de Saint Louis, *de Guillaume de Saint-Pathus, Paris, Biblioteca Nacional, ms fr. 5716.)*

plo mostra quanto a ação vingadora é inicialmente necessária; sugere também que nem sempre chega a seu termo mortal. A "cultura da *faide*" (*feuding culture*) é muito mais e antes de tudo uma cultura da negociação e do compromisso do que da violência. Stephen White mostra isso na Touraine e até nas canções de gesta.

O terrorismo senhorial e a tirania castelã "do ano mil" são, até certo ponto, mitos. Eles podem mascarar a instituição social da *faide*, que se desenvolve na grande rede das parentelas nobres e nessas cavalarias castelãs que Georges Duby soube tão bem, em 1953 (na região de Mâcon) e aqui mesmo, em 1985, colocar no lugar do "chefe" e do "bando" convencionais. É com a faida que se inquieta por um instante o monge Raoul Glaber, e não com o suposto aumento das violências do ano mil, classe contra classe. É principalmente ela que os pactos da paz de Deus, entre outras formas de compromisso que a sociedade daquele tempo na realidade produz abundantemente, pretendem aplacar. Quando as relíquias de são Ursmer são levadas, em 1060, para o castelo de Blaringhem, perto de Lille, elas estabelecem a paz entre cavaleiros que o próprio senhor local pena para reconciliar de fato. Num belo estudo, Henri Platelle nota que, assim, o século XI evoca muito o século VI! Ele coloca bem à parte, diga-se de passagem, o crime dos parricidas e sua impressionante penitência. Cuidado, em todo caso, para não considerar a faida, por excesso de prejulgamento modernista, uma violência fatal para todo o equilíbrio social: examinada com atenção, ela se impõe sem no entanto se abater verdadeiramente com furor; sobretudo, ela não põe em xeque a estrutura social. Ela coexiste inclusive com uma forma mínima de justiça pública, que nenhum surto de construções "militares", nenhuma erupção de fortalezas jamais destruíram duradouramente.

Mutações. Assinalar os encadeamentos de causas "carolíngias" e efeitos "feudais" e sublinhar a continuidade de uma verdadeira *civilização da Alta Idade Média*, do século VI ao século XII aproximadamente, nada disso impede identificar algumas verdadeiras rupturas e muitas mutações graduais.

Tendências de linhagem existem a todo momento, embora em estado latente, sob Carlos Magno: tendências a constituir os descendentes masculinos de um casal num grupo bem solidário, agnático, patrilinear, no qual o mais velho predomina e fica com a parte do leão da herança. São esses grupos que, na prática, levam a cabo faidas depois do século IX. Com a queda do palácio carolíngio (877-884) e do regime dos principados regionais, as patrilinhagens ganham impulso por sua vez. Os primeiros principados se decompõem, aliás; à margem deles crescem os principados castelães (no Berry, os de Déols e de Bourbon datam de cerca de 900, outros são menores e mais tardios). A época é da territorialização do poder nobre. Entre ela e a acentuação das características de linhagem, onde está a causa, onde está o efeito? Pelo menos a correlação é indubitável, vai-se no sentido de senhorias mais compactas e de menor extensão, e essas "honras" emblemáticas e patrimoniais cristalizam, do século X ao século XII, patrilinhagens: na falta de corresidência, pelo menos certas solidariedades e uma "imagem" forte nos espíritos e nas crônicas.

Pais associam em vida seu filho mais velho à honra senhorial. Essa prática pareceu por muito tempo, nas modernas histórias da França, uma tática própria dos reis capetíngios; eles temeriam a eleição acidental de um rebento de família rival (de Blois, por exemplo). Na verdade, já era uma prática dos "últimos carolíngios", no fim do século X. Andrew Lewis crê e demonstra que ela garante a primogenitura, impede a partilha fatal com um ou vários irmãos mais moços. A estes, o mais velho tem de entregar logo a parte que lhes cabe, uma modesta pensão. Se Luís VI, único dos primeiros capetíngios, só foi sagrado em 1108, após a morte de seu pai, é que teve dificuldades com seus meios-irmãos e a mãe deles, a bela e temível Bertrade! Mas tudo se arranja em seguida em benefício de Luís. Ora, parece-me que essa prática de associação, esse empurrão dado no mais velho, se encontra com frequência, desde o século XI, entre os senhores de alta paragem. Ela é o que os antropólogos chamam de uma *pré-herança* e sem dúvida tem vários usos ao mesmo tempo: produzir a primogenitura, claro, mas também estabelecer a paz entre o velho e o jovem senhores, dividir entre eles os papéis, antes que o primeiro morra ou vá para o claustro.

Conforme as circunstâncias ou, antes, pelo encontro destas e de algumas normas gerais de moral social implícita, a nobreza da Île-de-France no século XI produziu (ou reproduziu) certa variedade de sistemas de sucessão. Há casos, por exemplo entre Thouars e L'Île-Bouchard, de sucessão entre irmãos, até o último vivo deles, antes de passar ao filho do mais velho. Uso tipicamente local? Muito mais um arranjo, à custa de uma série de pactos e sem evitar tensões... Pelo menos, o século XI ainda parece reservar aos mais moços todas as senhorias adquiridas além da honra paterna: Guilherme, o Conquistador, deixa a seu primogênito, Robert Courteheuse, somente a Normandia; o secundogênito é que fica com a Inglaterra. Ante a filha sem irmãos, o tio paterno tem suas chances. A não ser que ela arranje um marido, "*chevalier servant*", que será por sua vez um filho mais moço proveniente de alguma boa família. Tudo isso serve de freios para a concentração patrimonial, que o século XII, em compensação, às vezes afrouxou. Alienor da Aquitânia, passando dos braços de Luís VII aos de Henrique Plantageneta, sem que um dos filhos mais moços ficasse com aquela, está aí algo inédito!

Alienor... Ela é o símbolo das vicissitudes da "mulher" no século XII. Ela vive melhor ou pior do que as damas de antes? Em nossos esboços sobre a civilização altimedieval, com a qual confina tão fortemente o século XI patrilinear, não devemos nem ignorar nem superestimar o lugar da mulher nobre. Não ignorar, já que tudo é guerra, vassalagem, cavalaria, mas também negociação, parentesco e nobreza — três domínios onde as mulheres são admitidas. Não superestimar, já que os meios e os emblemas da dominação, profanos e religiosos, se encontram todos em mãos masculinas. Pauline Stafford teve de recordar recentemente a ambiguidade dos termos de compromisso do século X, de autoria supostamente feminina. Ela quer restituir sua verdadeira complexidade à história das mulheres ou, melhor ainda, à história social de conjunto que as leva em conta. Depois, no século XII, a evolução é muito contrastada. Há mais herdeiras e regentes, contudo o poder marital se acentua no seio do casal, em vez de enfraquecer. Como se a relação entre homens e mulheres, à semelhança daquela entre senhores e camponeses, não parasse de ser reajustada, mas continuasse a ser fundamentalmente a mesma: uma relação de dominação relativa dos machos, dos senhores, com certos contrapesos...

Quer isso dizer que, por outro lado, as tendências de linhagem estão em refluxo a partir do século XII? Não creio de modo algum. Elas parecem muito mais se inscrever na duração, por intermédio de uma legislação mais explícita. Não é então que progride, tanto na nobreza quanto na plebe, o sobrenome patrilinear, isto é, nosso "nome de família"? Monique Bourin levou consigo, a seu estudo, todo o "grupo de Azay-le-Féron" a partir de 1986. Quanto ao declínio da outorga paternal (*laudatio parentum*), Stephen White o relativiza (1988) em termos próximos dos meus, embora mais precisos e mais fortes.

Georges Duby evocava em 1985 o "canteiro de obras" em que avançávamos. Creio que esse canteiro progrediu um pouco, desde então, e procurei mostrar isso rapidamente aqui. Mas, infelizmente, Georges Duby já não está entre nós.

D. B.

BIBLIOGRAFIA DO POST-SCRIPTUM

Lembremos que tratamos aqui apenas do Norte da França, com exclusão da Occitânia, lamentável mas assumida desde 1985. Sobre ela, um complemento, algumas precisões e discussões críticas ocupariam um espaço demasiado grande aqui.

BARTHÉLEMY, Dominique, *La société dans le comté de Vendôme, de l'an mil au XIVe siècle*, Paris, Fayard, 1993.

_____, "Noblesse, chevalerie et lignage dans le Vendômois et les regions voisines aux XIe et XIIe siécles", em Claudie Duhamel-Amado e Guy Lobrichon (ed.), *Georges Duby L'écriture de l'Histoire*, Bruxelas, De Boeck, 1996, pp. 121-39.

BOURIN, Monique, e outros ed., *Genèse médiévale de l'athroponymie moderne*, Publications de l'Université de Tours, 5 vol. de *Études d'anthroponymie médiévale*, a partir de 1989.

BURGUIÈRE, André, e outros ed., *Histoire de la famille*, tomo I, Paris, Armand Colin, 1986.

GAUDEMET, Jean, *Le mariage en Occident*, Paris, Cerf, 1987.

GUERREAU-JALABERT, Anita, "La désignation des relations et des groupes de parenté en latin médiéval", em *Archivum Latinitatis Medii Aevi* 56-57, 1988, pp. 65-108.

_____, "Prohibitions canoniques et strategies matrimoniales dans l'aristocracie médiévale de la France du Nord", em *Épouser au plus proche. Inceste, prohibitions et strategies matrimoniales autour de la Méditerranée.* Paris, Éditions de l'ehess, 1994, pp. 293-321.

LE JAN, Régine, *Famille et pouvoir dans le monde franc (VIIe-XIe siècle). Essay d'anthropologie sociale*, Paris, Publications de la Sorbonne, 1995.

LEWIS, Andrew W., *Le sang royal, la famille capétienne et l'État, X^e-XIVe siècle*, trad. fr., Paris, Gallimard, 1986.

MORELLE, Laurent, "Mariage et diplomatique: autour de cinq chartes de douaire dans le Laonnais-Soissonnais, 1163-1181", em *Bibliothèque de l'École des Chartes* 146, 1988, pp. 225-84.

PLATELLE, Henri, "La violence et ses remèdes en Flandre au XIe siècle", em *Sacris Erudiri*, 20, 1971, pp. 101-73.

STAFFORD, Pauline, "La mutation familiale: a suitable case for caution", em Joyce Hill e Mary Swan (ed.), *The community, the family and the saint patterns of power in early medieval Europe*, Turnhout, Brepols, 1998, pp. 103-25.

WHITE, Stephen, *Custom, kinship and gifts to saints, the laudation parentum in Western France, 1050-1150*, Chapel Hill and London, 1988.

_____, "Feuding and making peace in the Touraine around the year 1100", em *Traditio*, 42, 1986, pp. 195-263.

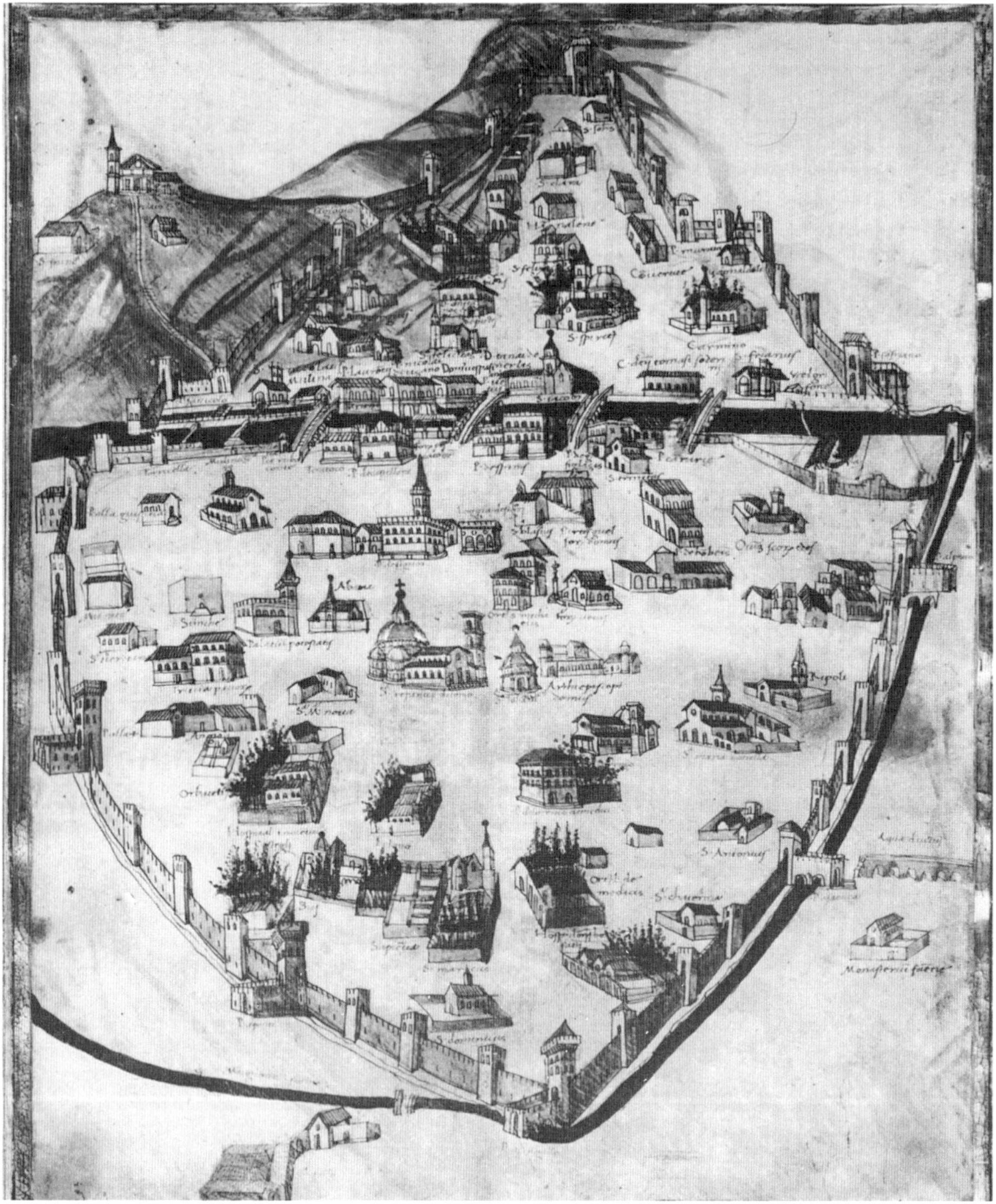

A VIDA PRIVADA DOS NOTÁVEIS TOSCANOS NO LIMIAR DA RENASCENÇA

Como o precedente, este quadro põe em cena principalmente a classe dominante. Mas ele é, sem comparação, muito mais preciso. Em três séculos, com efeito, o material documental de que dispõe o historiador foi muito amplamente acrescido. Aos abundantes vestígios que permanecem da civilização material, ao que os pintores dão a ver, aos inventários de que transbordam os arquivos notariais, acrescentam-se, em particular, nessa região muito avançada, o país florentino que escolhemos como primeiro testemunho, os diários de família, as memórias, enfim, as reflexões dos moralistas, profissionais ou amadores, que prestam uma atenção inteiramente nova aos problemas da vida privada. Daí para a frente, esta saiu, na Europa, da penumbra de sua proto-história.

G. D.

OS MEIOS PRIVADOS, INVENTÁRIO E DESCRIÇÃO

O homem não é feito para viver só — salvo vocação particular, eremita ou bandido —, é um animal social ou, para retomar a esse respeito a opinião aqui resumida do franciscano veneziano Fra Paolino (1314): *Fagli mestiere a vivere con molti. Con molti*, com muitos outros, mas sem desordem. Viver em sociedade é participar, sempre segundo Paolino, em três meios imbricados: a grande comunidade política, cidade ou reino (ou outro distrito), o grupo de vizinhos (*vicinato*), a casa. Nessa ótica, amplamente partilhada, grupos particulares se recortam no interior da esfera pública (cidade ou reino), grupos dotados de autonomia e que se podem qualificar de privados. A casa (*casa*, *ostau* etc.) representa seu centro, mas não encerra toda a existência privada. Esta ultrapassa a família e a morada, e impregna um meio mais aberto, o *vicinato* de nosso franciscano. Falar de vizinhança é insistir na solidariedade de vizinhos,

Planta da cidade de Florença, c. 1470. Vista a distância, orientada para o sul, dos principais edifícios urbanos (cerca de oitenta). Cercados de claustros, de jardins, e isolados do tecido urbano por seus muros, muitos deles (mosteiros, hospitais, palácios) constituem visivelmente células de sociabilidade particular, pequenos mundos privados. (Paris, Biblioteca Nacional, ms lat. 4802.)

de pessoas levadas a ladear-se cotidianamente, mas essas antenas privadas que prolongam a simples existência doméstica se estendem mais adiante, e de maneira multiforme, na vasta comunidade (cidade, cantão) que alberga cada um. Antes de transpor o limiar do privado, começarei portanto por buscar onde ele se encontra.

Viver privadamente é antes de tudo viver em casa, em família. A família constitui o coração do privado, cada um está convencido disso. A casa, o lar, esse privado, o mais indispensável e o mais caloroso, é muitas vezes percebido como um meio estreito. Sempre segundo Paolino, ele deve compreender o marido, sua esposa, seus filhos e não mais, salvo uma doméstica para servi-los, coisa a seus olhos notoriamente indispensável. Cento e vinte anos mais tarde, L. B. Alberti apresenta da família a mesma visão condensada. O marido, os filhos, a esposa, doméstica e servidores, "eis o que se chama família". A acreditar nesses moralistas, a primeira célula privada, o verdadeiro lar, é então representado pelo casal. Esse é realmente o caso? Na Itália da época, os casais adquiriram sua autonomia?

A FAMÍLIA

Graças às declarações estabelecidas por cada contribuinte, a composição da família italiana se deixa entrever a partir do século XIV. Acontece efetivamente, e é mesmo a regra a partir de 1348, que a dimensão média de cada lar seja pouco superior a quatro pessoas (Bolonha, 1395: 4,3; Toscana, 1427: 4,42; Siena, 1453: 4,28), e por vezes até inferior (Florença-cidade, 1427: 3,8; Luca, 1411: 3,91), cifras reduzidas que parecem aplicar-se a famílias estritamente conjugais: pai, mãe, dois filhos.

Mas trata-se aí de médias rebaixadas, em razão sobretudo das pestes, de tão trágica presença após 1348. As famílias que viviam no começo do Trecento tinham provavelmente maior porte, e encontram-se ainda no começo do século XV cantões onde as pessoas se acotovelam até o amontoamento. É o caso em especial de San Gimignano, onde vivem, em média, seis camponeses por lar em 1290 e mais de sete em 1428. Essas cifras elevadas fazem supor que os lares não se limitam a uma única família conjugal, e a hipótese se confirma quando se passam esses lares em revista um a um; os lares cuja dimensão média é a mais alentada (sete ou mais), mas os outros também (quatro ou cinco), agrupam famílias de aspecto muito diferente. Os notáveis trabalhos de Christiane Klapisch e de David Herlihy mostraram que na Toscana, onde o lar médio equivale a 3,8 em 1427, as famílias se dividiam em um vasto leque de configurações muito diversas: pessoas isoladas (viúvos ou viúvas, celibatários); simples famílias conjugais (com ou sem filhos); famílias conjugais ampliadas (albergando um ascendente em linha direta ou não, ou um descendente, um irmão ou um primo); famílias conjugais múltiplas (famílias de pais e famílias de filhos, de irmãos etc.). O modelo estreito definido acima, a família conjugal simples, mesmo que

Andrea Mantegna. Quarto dos esposos *(detalhe face norte), por volta de 1474. Nesse retrato de família dos Gonzaga, senhores de Mântua (dezoito personagens ao todo), reconhecem-se, à esquerda, as mãos do marquês Luís III; à direita, sua esposa Barbara de Hohenzollern. Ao redor deles, filhos, filhas, um bastardo (?), familiares. O privado estrito de um príncipe estende-se amplamente para além de sua família, e seus limites são mal definidos. (Mântua, Palácio Ducal.)*

predomine (54,8% dos lares), não abarca portanto toda a realidade, longe disso: pessoas vivem sós (13,5% dos lares) e, ao contrário, as famílias não se isolam necessariamente, uma vez formadas.

A atração dos casais toscanos do Quattrocento pela vida amplamente comum é pouco acentuada nas cidades (as famílias conjugais múltiplas aí representam 12% dos lares), mas essa atração se manifesta com força entre os rurais, sobretudo os mais ricos; um lar camponês em cinco é formado de famílias múltiplas, e a proporção se eleva a um em dois entre as casas de aldeia. Poder-se-ia crer, ao descobrir esses lares patriarcais, reencontrar o modelo familiar primitivo do qual o lar conjugal seria oriundo ao termo de um desmembramento recente. Isso não é absolutamente certo. Nos

Domenico Ghirlandaio, Cenas da vida de são Francisco, *"Milagre da criança ressuscitada" (detalhe), 1483-1486. Em torno do leito de exibição em que jaz a criança, o artista reuniu em dois grupos, à esquerda, à direita* (página oposta), *uma vintena de patrícios. A família próxima do mecenas aí se encontra em minoria. Francesco Sassetti presta aqui homenagem a eminentes cidadãos (Albizzi, Strozzi etc.), que representa ao redor dos seus. (Florença, Igreja Santa Trinità, Capela Sassetti.)*

séculos XII-XIII, a família rural, na Romanha por exemplo, parece formada de poucos membros, e aí os lares com mais de sete pessoas são exceção nas aldeias acessíveis à observação. Em nossa época, em todo caso, essa coabitação das famílias se revela amplamente praticada nos campos italianos. Ela o é em torno de Bolonha (22% dos lares em 1392, e até 36% em 1451, na planície), em torno de Luca (18% dos lares em 1411-1413), na Polesiana de Ferrara (30% dos lares em 1481). Se as condições da vida urbana freiam a formação na cidade de famílias múltiplas (ou multinucleares), esses empecilhos entravam menos as pessoas abastadas. Entre os lares florentinos ricos com renda superior a oitocentos florins, cerca de 15% compreendem várias famílias, em 1427. A prática dessa coabitação varia na cidade de uma linhagem a outra, e de uma geração a outra: entre as famílias Rucellai, ilustre linhagem florentina, apenas duas em 26 (7,7%) são formadas de vários núcleos conjugais em 1427, contra sete em 28 (25%) em 1480. Entre Capponi, outra linhagem florentina igualmente conhecida, as famílias múltiplas representam 8% dos lares familiares em 1427, 54% em 1469. Nenhuma regra fixa. São as circunstâncias que comandam. Nesses meios, é corrente ver um lar se transformar completamente ao longo das gerações. As primeiras declarações fiscais nos apresentam de início um jovem casal e seus filhos; quinze anos mais tarde, os pais desapareceram, mas os filhos, agora pessoas jovens, permaneceram juntos; dez anos se passam ainda, e reencontramos, sempre unido, o falanstério das famílias que cada um deles formou; depois a irmandade se rompe, e é o irmão que permaneceu no lugar, um patriarca que envelhece, quem redige para as famílias de seus filhos a última descrição do lar.

A existência desses lares múltiplos, eles próprios oriundos das situações intermediárias evocadas mais acima (famílias de irmãos órfãos e celibatários), a maleabilidade da passagem de uma situação à outra, fazem com que a grande família, sob um ou outro de seus avatares — família ampliada (casais, filhos e ascendentes) ou família múltipla —, constitua finalmente uma experiência corrente, em um momento ou em outro, na existência de inúmeros toscanos, sobretudo se vivem no campo ou pertencem à burguesia. Ter assim vivido — ao menos por momentos — com um avô, primos, as famílias de seus irmãos, necessariamente acarretou em muitos um senso da família estreita e do privado familiar mais complexo e mais extenso do que o sugerem as perspectivas dos moralistas. As memórias privadas (*ricordanze*), redigidas no século XV pelos burgueses florentinos, são abundantes em testemunhos sobre o apego de seus autores a essa ampla coabitação. L. B. Alberti, entre outros, atesta repetidas vezes, pela boca do velho Giannozzo, seu pesar em ver "as famílias se separarem, entrarem e saírem por várias portas; jamais suportei [é sempre Giannozzo quem fala] que Antonio, meu irmão, habite sem mim sob um outro teto". Essa concepção ampliada é tão contente que com frequência a encontramos registrada e ratificada pelas leis e regulamentos relativos à família e pelos próprios moralistas. Um estatuto bolonhês de 1287 define a família como reunião de pai, mãe, irmãos, irmãs, noras (é a família patriarcal).

Todos esses lares, por mais acolhedores, abertos e povoados que sejam, não agrupam normalmente senão parentes por parte dos homens. Os parentes por afinidade, por parte das mulheres, mesmo muito próximos ou muito desprovidos (órfãos ou mesmo bastardos), só são aí introduzidos com reticência (mas tratados, uma vez admitidos no lar, com hospitalidade e afeição). Quanto aos domésticos, assinalados com insistência por Alberti como membros normais da família, são encontrados, bem entendido, entre as pessoas abastadas, onde são por vezes numerosos (um criado, cinco servas, uma criadinha, na casa do comerciante florentino Bene Bencivenni em 1290; dois criados, duas servas, um escravo, em 1393, na casa de Francesco di Marco Datini, o famoso comerciante de Prato). Mas essa não é a regra, e os artesãos não os empregam senão de tempos em tempos. Os domésticos só invadirão a vida privada no século XVI.

O limiar do grupo privado não coincide naturalmente com o do lar. Na cidade como no campo, cada um tem tios, primos, toda uma parentela suscetível de compartilhar à sua maneira a intimidade própria aos membros de um mesmo lar.

Aí ainda a parentela é em primeiro lugar a linhagem, o conjunto dos indivíduos que descendem de um mesmo ancestral em linha masculina, e conscientes dessa origem comum. Entre as linhagens (*consorterie*, *casate* ou mesmo *famiglie*), que existem evidentemente na Itália dos séculos XIV e XV assim como em outras partes, as mais antigas ou as mais notórias atribuíram-se doravante um nome, testemunho de sua consciência linhagista. Essa consciência é suficientemente forte e suficientemente difundida em Florença, em 1427, para que ali um contribuinte em três tenha um nome de família. A proporção é menor nas outras cidades toscanas (20%), e menor ainda nos campos (9%), mas se vê, havendo oportunidade, manifestar-se um sentido agudo da linhagem entre camponeses desprovidos de nome de família (eles conhecem seus primos afastados e sabem que fazem parte da mesma *consorteria*), e essa solidariedade sem ostentação é certamente muito frequente em todos os meios. Ocorre que linhagens, por sua vez, se tenham reunido por acordo em um *consorzio famigliare* com seus órgãos, seus chefes, seus estatutos, acrescentando às duas primeiras (lar, linhagem) uma dimensão suplementar possível do privado.

As alianças, enfim, organizam em torno de cada um, através de sua mãe, de sua esposa, de suas noras, uma rede suplementar de parentescos (chamados justamente *parentadi*). Casar-se é uma questão de Estado. A aposta é considerável. "Muitos casamentos foram, como todo mundo sabe, causa da ruína da família, por se terem realizado com indivíduos briguentos, chicaneiros, orgulhosos ou malévolos", lembra L. B. Alberti. Ao contrário, uniões sensatas e combinadas com cuidado valem às famílias "o zelo solícito de seus aliados" (F. Barbaro), "reforçam a mútua afeição entre os novos parentes e [...] restabelecem a concórdia" (são Bernardino de Siena), levam as famílias "aproximadas pelo parentesco [...] a socorrer-se caridosamente e a prestar-se umas às outras conselhos, favor e assistência" (Matteo Palmieri). Casar-se, em uma palavra,

é abrir um campo todo novo e pleno de promessas às relações, às confidências, aos apoios, às afeições, que por vezes ultrapassam, mas em primeiro lugar definem a vida privada.

Fra Carnevale do Urbino, Visitação *(detalhe), século XV. As mulheres têm muitas ocasiões de se encontrar entre si e de se ajudar mutuamente. Suas* brigate *(grupo de amigas) constituem para elas um privado de substituição apreciado. (Roma, Galeria Nacional de Arte Antiga, Palácio Barberini.)*

Acarretadas pela inclinação familiar ou pessoal, outras solidariedades privadas completam por vezes as da família, ou lhes fazem concorrência. Os autores da época, moralistas ou não, exaltam os valores da amizade e da vizinhança. As diferentes formas de companheirismo, apesar do silêncio pudico que as cerca na literatura, terão também direito a algumas palavras aqui. Como valor de jogo, de evasão, de formação, de contestação, adivinha-se que marcaram muitos indivíduos.

O PRIVADO FAMILIAR SUPLEMENTAR

Nas fórmulas padrão que evocam os próximos, os amigos são sempre citados depois dos parentes (*parenti, amici*), sem jamais se identificar com eles — contrariamente à França. Cada família pode contar com um núcleo estável de amigos que completa e consolida o círculo do sangue e da aliança. Entre esses amigos, aqueles que sua intimidade permite associar aos parentes não são muitas vezes senão um punhado, tendo em vista sobretudo os grupos familiares em que cada um se insere: uma meia dúzia, talvez, segundo memórias do banqueiro florentino Lapo Niccolini (por volta de 1410). Mas, enfim, eles estão ali, estáveis, fiéis, calorosos e prontos a todos os serviços, financeiros ou outros, como se verá. De resto, o círculo dos amigos pode aumentar se se cultivam e se aprofundam suas relações. Os moralistas e memorialistas insistem de bom grado na necessidade e nas vantagens da coisa. A amizade é um grande bem em si. Os humanistas, seduzidos pelos grandes exemplos da Antiguidade, falam dela com fervor. E a questão, levantada um pouco em toda parte, de saber o que preferir, a amizade ou o parentesco, suscita debates apaixonados até no círculo de Cosimo de Medici (Platina). Alberti não põe em dúvida que a amizade dura com toda a sua força por mais tempo que todo *parentado* e não hesita em fazer dela, embora estranha à casa (*fuori casa*), um bem doméstico, privado (*privato*), assim como a honra. Sem entrar no debate, como homem positivo que é, "ganhar a amizade de homens de bem [...] virtuosos e poderosos" é um dos objetivos que o florentino Giovanni Morelli propõe, por seu lado, a seus descendentes, após ele próprio tê-lo buscado e tê-lo visto ser buscado por seu pai. Os serviços que, segundo Giovanni, este último prestava a seus preciosos amigos, ou que deles esperava e que detalharemos em um instante, mostram quão estreitamente eles eram associados, ainda aí, à existência privada.

Vizinhos: a palavra completa sempre a trilogia padrão (parentes, amigos, vizinhos) dos memorialistas. De fato, os vizinhos desempenham na vida cotidiana privada um papel que não é muito diferente daquele dos amigos e parentes, papel ao qual sua proximidade os predispõe. Não se esconde grande coisa de seus vizinhos. Eles têm mil ocasiões de intervir na vida cotidiana e de transpor mesmo o limiar da amizade quando passa uma corrente de simpatia: por haver bebido, ao passar, o vinho oferecido com humor e boas graças por seu vizinho, o padeiro Cisti, o patrício florentino senhor Geri Spini o tratou doravante como amigo: é Boccaccio quem o relata. A vizinhança esfuma as distâncias sociais.

Pietro Lorenzetti. Cenas da vida da bem-aventurada Umilità *(detalhe)*, 1341. *Os mosteiros propõem aos religiosos um privado de substituição totalmente separado dos privados leigos e no entanto próximo de seus costumes: refeição em comum, instrução prodigalizada aos jovens pelos mais velhos...* Mobiliário *(mesas, toalhas) e serviços de mesa são os das famílias. (Florença, Uffizi.)*

Uma seleção realizada entre os amigos e os vizinhos eleva alguns deles à qualidade invejada de padrinho (do filho) e portanto de compadre (dos pais); o hábito dos apadrinhamentos múltiplos (atestado na França também, por Joana d'Arc, por exemplo), apadrinhamentos assumidos por estranhos à família, cria em torno dos casais prolíficos um círculo novo, imponente e muito particular, de compadres e de comadres. Para seus treze filhos, os esposos Niccolini reuniram 32 compadres e comadres. À amizade, à familiaridade da vizinhança, o compadrio acrescenta sua nota de parentesco espiritual (unindo os padrinhos a seu afilhado e aos pais dele), parentesco fortemente vivido e sentido. A julgar pelo círculo dos Niccolini, o mundo dos compadres não oferece nenhuma homogeneidade, assim como o grupo díspar dos vizinhos em que ele é recrutado. Dos compadres Niccolini, se a metade pertence a seu meio, dez outros se situam muito mais abaixo. Mas alguma coisa os distingue a todos, outro traço comum frequentemente sublinhado pelos narradores: seu compadrio lhes dá maior liberdade de acesso à morada e ao espaço íntimo da família de seu afilhado. Eles entram, saem, conversam com as criadas, com a patroa, sem dar motivo a falatórios. Os compadres fazem parte da vida privada.

Recobrindo a amizade e a vizinhança, os poderosos (nobres, burgueses, homens de negócios) aparecem amplamente rodeados, segundo as fontes, de *amici* e *seguaci*, em outras palavras, de clientelas. Essas clientelas estão na base de muitos sucessos políticos nas cidades toscanas dos séculos XIV e XV. Reciprocamente, apenas a recomendação do patrão permite obter postos, favores, redução de impostos, toda a pacotilha dos pedinchões. Essas clientelas agitadas permanecem ainda para nós bastante opacas, mas se entrevê a estreiteza dos laços patrões-clientes. Personalidades como Cosimo de Medici e todos os patrícios que o cercam são assediados de solicitações: são bombardeados com cartas, intervenções, presentes; os salamaleques se multiplicam; tratam-nos como mais velhos, quase como pais. Em uma palavra, procura-se estabelecer com eles esses laços pessoais feitos de proteção e de afeição que os contemporâneos qualificam de *amicizia*, mas que demarcam e simulam realmente aqueles de um privado linhagista e patriarcal. Uma clientela é a linhagem artificial, o privado suplementar constituído em torno dos poderosos pelas pessoas de famílias demasiadamente modestas para impelir seus membros para o sucesso ou as honras. Nenhuma verdadeira promoção pública sem um apoio privado poderoso.

Deixar o lar, a morada, a família é descobrir um mundo estranho considerado muitas vezes perigoso demais para ser enfrentado a sós. As confrarias, as corporações, todos os corpos estruturados estão ali para oferecer um enquadramento substituto. Mas quando se sai brevemente da casa, quando faltam as estruturas de enquadramento habituais ou quando não se quer saber delas, reagrupamentos se efetuam espontaneamente, prolongando, substituindo, por vezes imitando os meios privados. Como em toda parte, as crianças, de todas as classes sociais misturadas, brincam em bandos nas ruas. Na cidade, suas *brigate* reúnem ora a garotada de um mesmo bairro, ora os moleques empregados como meninos de incumbências pelos artesãos de uma profissão etc., para brincadeiras descontínuas mas repetidas que os unem em uma mesma convivência. No campo (em Val d'Elsa, por exemplo), veem-se as jovens companheiras de santa Verdiana, pastoras de seis a catorze anos, todas dispersas nos prados, reunir-se quando há ocasião. À sombra de uma árvore ou de uma capela, tagarelam longamente. Conversas pueris, sérias também, pois que aí se fala de religião ou de santidade. Esse pequeno mundo cresce, e a adolescência também tem por toda parte suas *brigate*, quer se trate de bandos de amigos escoltando um galante em aventura amorosa ou de grupos alegres reunidos regularmente por bairro com o único objetivo de banquetear-se e divertir-se, e às vezes fiéis a essa festa de um ano para o outro. Ainda aí, os jovens não carecem de inventividade. Mas também acontece de suas *brigate* se organizarem mais estritamente, com seu uniforme, por vezes também com seus costumes, seu nome, e seus rituais mais ou menos secretos, suas rivalidades também. Um processo nos informa, assim, que existiam em Florença, em 1420, dois bandos de jovens, o Berta e o Magrone, que se confrontavam em grandes brigas. O longo celibato masculino dos florentinos, a longa estagnação que os bloqueia até por volta dos trinta anos no limiar das responsabilidades familiares e políticas, a insatisfação que daí decorre, tudo os conduz a essa sociabilidade de retirada à margem da família, a esse sucedâneo do privado com suas pseudo-*consorterie* (os clãs), seu segredo, seu nome.

OS PRIVADOS MARGINAIS E SUB-REPTÍCIOS

Uma vez passadas as bodas, acontece de as próprias pessoas casadas, e especialmente as mulheres, participarem ainda uma vez desses prolongamentos marginais do privado. Participações episódicas e informais, mas significativas. Também as mulheres têm suas *brigate* de comadres, que elas encontram fora de suas casas para escoltá-las, por exemplo, à confissão ou a outras partes, e de quem não escondem grande coisa. Da aldeia à cidade, de uma cidade a outra, e até nas peregrinações distantes, deslocar-se, para uma mulher, é frequentemente juntar-se a uma *brigate* feminina que toma o mesmo itinerário. Dirigindo-se para Montepulciano, a jovem Agnes, a futura santa local, viaja com um grupo de mulheres; e quando sua rival, a bem-aventurada Verdiana, deixa Castelfiorentino por Santiago de Compostela, é em companhia de outros peregrinos, na maioria mulheres de sua aldeia, que deliberadamente partiram juntas. Notemos também os grupos de mulheres piedosas, por vezes membros de uma ordem terceira, por vezes viúvas, reunidas na casa de uma delas de maneira puramente privada com um objetivo de santificação, e essas clientelas fiéis de devotas locais que as reclusas (como a mesma santa Verdiana) reúnem em torno de sua cela. Tanto os homens quanto as mulheres têm a ocasião, a necessidade ou o gosto desse privado suplementar. Se são isolados, sem família, vemo-los procurar um apoio associando-se, como esses três cegos de Sacchetti que vão arrecadando donativos na mesma estrada e, chegada a noite, dividem sua receita no quarto que alugaram a três (novela 140). Mas também as pessoas casadas sentem a atração de um prolongamento ocasional do privado; a festa, o jogo dominical são sua ocasião no campo, e poder-se-ia aplicar a muitas aldeias camponesas a descrição de uma noite de festa na hospedaria de Pontassieve (Toscana): "Umas boas três dezenas de camponeses se haviam reunido, segundo o hábito das noites de festa, para ali beber, jogar, contar suas inépcias" (fim do século XV). Imaginemos enfim, para não voltar mais a isso, o privado diferente e prolongado dos peregrinos, dos comerciantes, dos pastores, dos marinheiros, de todas essas profissões masculinas que acarretam necessariamente um desenraizamento duradouro e coletivo.

Ao longo de sua existência, cada um, nessa Itália altamente urbanizada e sociabilizada, tem a oportunidade, a obrigação ou o desejo (como substituto ou derivativo) de integrar-se — duradouramente ou não — em diferentes meios de sociabilidade coletiva, meios de eleição, calorosos, informais, próprios à confidência, imagens empalidecidas, mas semelhantes, da vida privada familiar.

Do companheirismo à cumplicidade criminosa a margem é por vezes estreita. Adivinha-se isso a propósito dos clãs de jovens. Outros companheirismos estão francamente situados à margem das leis, e outros ainda decididamente voltados para a delinquência. Mais ainda que os companheirismos simples, a paixão que une por vezes seus membros, seu caráter clandestino e secreto aparentam-nos de maneira caricatural, mas legível, aos meios familiares.

Pellegrino di Mariano (atribuído a). Cenas da vida hospitalar *(detalhe), segunda metade do século XV (proveniente do Hospital Santa Maria della Scala, em Siena). Distribuição dos pratos aos pacientes. Esse hospital-modelo modernizou seus cuidados. Cada doente dispõe de um leito, cortinas para isolá-lo, de uma bandeja-refeição pessoal. Tudo isso é novo, tanto no hospital como nas famílias. (Siena, Pinacoteca Nacional.)*

Há em primeiro lugar o jogo, o jogo por excelência, o jogo de azar (*ad zardum*) que é um jogo de dados. As pessoas se entregam a ele por toda parte, com paixão, de dia ou sobretudo à noite, em casa (e reencontramos o privado doméstico), em certos lugares tolerados (feiras, mercados), porém ainda mais de maneira clandestina por toda parte onde um espaço, mesmo restrito, pode abrigar e dissimular alguns jogadores e um toco de vela: mercados desertos, *loggie*, desvãos de portas, soleiras de palácios, ruelas, cantos de uma praça, ribanceiras de um rio etc. Grupos aí se aglomeram, em meio às vociferações surdas, reunindo ao acaso dos encontros desconhecidos originários dos mais diversos bairros, inteiramente fora dessa sociabilidade normal que une as pessoas dos mesmos bairros ou das mesmas paróquias. E, no entanto, essa fauna do jogo (como aquela mais evanescente, episódica e dispersa dos homossexuais), a despeito do desconforto, do frio, das rondas policiais (que a dão a conhecer), agarra-se com paixão àquilo que a reúne. Excrescência particular, secreta, exigente mas corrente da sociabilidade privada, ela tem seu lugar nesse percurso panorâmico do privado.

Eis enfim, sobre a mesma chapa anatômica, mas ampliado, o privado pitoresco e cruel, porém com frequência muito regrado, dos bandos franca e persistentemente fora da lei, os das companhias de aventura, dos bandidos, reunidos, entre as vítimas do desenraizamento, da mobilidade, da errância, pelas longas guerras, pelos resgates e pelas pilhagens da época. A vida no acampamento, o jogo (ainda aí), as prostitutas, um privado de substituição se constrói dos pés à cabeça, totalmente fora das normas habituais da vida familiar, ainda que impregnado de sua nostalgia.

O ENCONTRO DAS IDADES E DOS SEXOS

Todos esses meios imbricados (família, linhagem, parentesco, amigos, vizinhos, companheiros, privados ocultos) que cercam o indivíduo introduzem-no na familiaridade de centenas de pessoas. Dessa pequena multidão, o que se sabe da demografia da época permite desenhar os grandes traços. Antes das pestes, as casas parecem pulular de crianças. Mas trata-se de impressões fundadas em casos isolados. No fim do século XIV-XV, têm-se cifras. Em certas zonas rurais, o lugar dos jovens atinge ainda, em 1371, proporções excepcionais: ao redor de Prato, os jovens de menos de quinze anos representam 49% da população, porcentagem superior à de todos os países atuais em vias de desenvolvimento, e essa porcentagem não é senão um pouco inferior vinte anos mais tarde no povoamento de Budrio, perto de Bolonha (43% de jovens). Entretanto, as epidemias, tão correntes depois de 1348, ameaçam em primeiro lugar as crianças, cujo pequeno mundo se rarefaz. Em 1427, duas gerações mais tarde, os jovens da mesma idade (até quinze anos) não constituem ao redor de Prato senão 37% da população, e a cifra é e permanecerá a mesma, com um ou dois pontos de diferença, durante quarenta anos, em toda a Toscana (cidades e campos). Por certo, os jovens ainda são numerosos nas famílias (um pouco menos que no Egito atual, um pouco mais que na China), mas também se encontra aí uma proporção inédita de pessoas com mais de 65 anos (de 9% a 10% nos campos toscanos), muito superior à do Egito e à da China, e a população assim definida é uma população velha no sentido dos demógrafos, ainda que o lugar dos velhos se torne menor após 1430. Último traço particular e mal explicado: nota-se um pouco em toda parte (Toscana, cercanias de Bolonha, de Ferrara) um real desequilíbrio entre os sexos, em benefício dos homens, especialmente em certas zonas rurais e entre as classes urbanas abastadas. Viver no século XV nesse privado amplo de parentes e de relações definido mais acima é, portanto, levar uma vida em família no meio de crianças, embora em número menor ao longo das gerações; é também frequentar assiduamente pessoas idosas e escutá-las; é, enfim, em um meio desequilibrado pela rarefação das mulheres (fato sobretudo sensível na burguesia e entre os adultos), falar muito das mulheres, mas fazer prevalecer pontos de vista masculinos.

Ambrogio Lorenzetti, Os efeitos do bom governo nos campos *(detalhe), 1338-1341. Residência patrícia de subúrbio. Próxima da cidade, espaçosa, amplamente aberta para o campo (as ameias não constituem senão uma inofensiva vaidade), ela está pronta a acolher toda a parentela e as* brigate *de amigos. (Siena, Palazzo Pubblico.)*

A CASA

Os memorialistas do século XV procuram manter no seio de sua família o gosto e o respeito, digamos mesmo a mística da vida comum. Em seu diário pessoal, o florentino Gino Capponi escreve em 1421 por intenção de seus filhos: tendes de "permanecer juntos por um tempo até o momento em que estareis em condição de operar a partilha na unidade", e noventa anos mais tarde, em 1510, um outro Capponi, Andrea, informa seu tio, bispo de Cortone, que seu irmão e ele decidiram viver juntos, colocando tudo em comum, coisa própria a satisfazer a honra da casa e o desejo do dito tio. Viver junto é também o ideal de Alberti, que faz seu porta-voz, o venerável Giannozzo, declarar: "Desejaria que todos os meus residissem sob o mesmo teto, se aquecessem ao mesmo fogo, comessem à mesma me-

Ambrogio Lorenzetti, ibid. Morada camponesa*: vários edifícios, sólidos, cobertos de telhas; dependência; três corpos de habitação contíguos, em andares; um pomar fechado por muros. Burgo de vários lares? Antes* podere *(exploração agrícola), isolado e bem equipado, onde a família do explorador — proprietário ou locatário — vive e trabalha confortavelmente.*

sa". Todos os meus — trata-se evidentemente da parentela estreita, a da família. Mas cada um, ao menos nesse nível (grande burguesia urbana), diz desejar conservar essa família patriarcal. O que esse desejo tem de concreto, de preciso, é em parte realizado, como vimos, nas famílias múltiplas do patriciado; mas se trata também de um desejo ao mesmo tempo mais profundo e mais geral: ao evocar a unidade, a honra, a casa, os patriarcas traduzem a uma só vez a nostalgia de um entendimento cotidiano no lar que não seja de pura fachada, e a de um acordo permanente que, para além da família, reúna igualmente a linhagem e os amigos. A vida corrente confirma ou desmente esse voto? Como se vive junto?

Tantos estilos de família — restritas ou numerosas, pobres ou ricas, rurais ou urbanas etc. —, quantos tipos de moradas.

OS TIPOS DE HABITAÇÃO

Anônimo, Rendição de Colle di Val d'Elsa em 1479, *século XV. Os exércitos napolitanos e pontificiais ocupam Colle. Na paisagem urbana desenhada com cuidado, notar a difusão de um modelo padrão de casas vastas, em andares, em que a parte da madeira é reduzida, em benefício da pedra ou do tijolo (muros) e da telha (telhados). Esse grande povoado adere ao modelo da casa urbana, sólida e apta à coabitação de várias famílias. (Siena, Arquivos do Estado, registro de Biccherna, 1479.)*

A diversidade das condições se manifesta em primeiro lugar na planície. Um pouco em toda parte, o alojamento dos assalariados e dos pequenos agricultores parece mais que sumário, com suas paredes de barro com palha, seu teto de colmo (cercanias de Bolonha, aqui e ali na Toscana, maciçamente em torno de Lodi, na Lombardia), suas dimensões frequentemente reduzidas (quatro a cinco metros por oito a dez metros). Exíguas, enfumaçadas, desprovidas de divisões internas, e por vezes em ruínas, essas moradas não proporcionam repouso nem intimidade. As casas camponesas (*poderi*) arrumadas na Toscana pelos arrendatários ou meeiros têm muitas vezes melhor aspecto: um material mais sólido para as paredes (pedra, tijolo) e para o telhado (telha), dimensões maiores em largura e em altura (dez a doze metros por cinco a seis metros por cinco metros) tornam-nas mais habitáveis. O espaço interno, que compreende um andar, é geralmente dividido em várias peças onde figuram um celeiro, uma sala, um ou vários quartos, além das *loggie*, onde trabalhar no exterior. Mas o modelo conhece mil variantes atestadas no Piemonte ou no Apenino emiliano (escada externa, com galeria e alojamento no primeiro andar, estábulo no térreo) etc. Nos povoados e aldeias fortificados, em que o amontoamento é de regra no interior dos muros, as condições de alojamento são ainda diferentes. Em San Colombano, perto de Lodi, a parte mais antiga compreende em 1437 sete habitações (*domus*). De uma grande robustez com suas paredes de pedra (entre as quais a muralha urbana em que se encostam), essas *domus* não deixam de ser exíguas: quatro delas não ultrapassam 27 metros quadrados, divididos em duas peças apenas, espaço vital reduzido para o barbeiro e outros artesãos que elas abrigam. O amontoamento aqui não está necessariamente ligado à pobreza.

A disparidade dos alojamentos, assim como a das fortunas, é maior na cidade. Nas mais importantes, pelo menos, o material se uniformiza. As construções de madeira, tão correntes no século XII, alimentavam um risco considerável de incêndio. Nem todas desapareceram em Florença, em Bolonha, em Siena, em Gênova, nem em Veneza, no século XIV, mas por toda parte adquiriu-se o hábito de construir com material mais seguro, tijolo ou pedra: tijolo em Florença para as construções mais simples, pedra para as moradias burguesas; tijolo em Siena para as casas simples e os palácios, ao menos como adorno, pedra a partir do século XV; pedra, depois tijolo a partir do segundo andar, em Gênova etc. Essa relativa padronização do material não acarreta, evidentemente, nem a padronização das casas nem, sobretudo, a das condições de alojamento.

Morar na cidade, para as pessoas pobres ou mal inseridas, é precisar contentar-se com uma casa sumária, frequentemente tosca, até mesmo mais medíocre ainda que as da planície. Veem-se jovens celibatários recentemente imigrados contentar-se com uma só peça, que dividem (Florença, 1330). Famílias, em uma proporção que se

Simone Martini, O bem-aventurado Agostino Novello, *"Milagres do santo" (detalhe), políptico, 1328-1330. Por volta de 1330, nas cidades superpovoadas, inúmeros acréscimos leves (de madeira, aqui) avançaram como sacada sobre as ruas. As comunas lutam contra essa proliferação anárquica, antiestética e perigosa (incêndios, acidentes). (Siena, Igreja San'Agostino.)*

Aplique de ferro, séculos XIV-XV, Florença, Palácio Giandonati. Conforto e luxo privados estimulam as artes menores. Aqui, bonita ferragem externa (tocheiro e argola de fixação).

ignora, não têm muito mais. Na Toscana, no século XIV, o alojamento pobre padrão compreende ora algum casebre estreito, de material antiquado (madeira, barro com palha) e mal conservado, ora uma ou duas peças em um imóvel de vários andares; nos melhores casos, essas duas peças são contíguas, mas é por estarem confinadas seja no último andar, seja no *palco inferior* (primeiro andar com aspecto de sobreloja); acontece também que sejam superpostas, cada uma em seu andar (sala, depois quarto, depois eventualmente cozinha) e ligadas pela escada comum do imóvel. Os alojamentos são de todo modo escuros, incômodos (frequentemente sem cozinha), voltados para o pátio, para reservar a fachada aos habitantes mais abastados. O imóvel pode ser de bela aparência; um zoneamento imperioso, ao mesmo tempo horizontal e vertical, distribui os lares segundo sua situação social. Mas os pobres se aglomeram também, e talvez sobretudo, em bairros, em ruas, em imóveis que lhes são particulares, e essa segregação se acentua no século XV, ao menos em Florença. Acrescentemos que se trata nesse nível, naturalmente, de locações, de locações breves (um ano, três em cada quatro casos). Os humildes se mudam frequentemente. A pobreza reduz o espaço privado, comprime a família (até a promiscuidade), ao mesmo tempo que obriga a romper as solidariedades privadas mais amplas (amigos, vizinhos) no momento em que se vão formar. Resta então o recurso das clientelas, laços mais maleáveis e indiferentes à localização dos alojamentos, mas laços também mais dependentes, ainda que a entrada dos mais pobres nas clientelas ricas permaneça problemática.

Artesãos, lojistas, todo o *popolo medio* das cidades italianas em geral, toscanas em particular, vivem em alojamentos mais espaçosos e mais decentes, quer se trate de apartamentos ou de casas, de locação (caso frequente) ou de propriedade. O coração desses alojamentos é naturalmente formado pelos dois grupos de peças constantemente presentes no *habitat* medieval, a sala (*sala*) e o quarto (*camera*), mas ali se encontram comodidades suplementares: em primeiro lugar uma cozinha (os alojamentos pobres não as têm), comumente inserida na casa (e não no pátio), embora relegada muitas vezes a um sótão do último andar; frequentemente também um pátio, um jardim, um celeiro, uma estrebaria, um poço privado etc.; mais do que tudo, e este é o verdadeiro luxo, a família dispõe de dois (ou até vários) quartos, distribuídos entre os andares se se trata de uma casa, ou criados ao se desdobrar uma peça mais espaçosa por meio de uma divisão. As salas são instaladas de preferência no lado da fachada, os quartos (sobretudo os das mulheres), no lado do pátio. Os loteamentos realizados em Florença no século XIV multiplicaram, ao longo das novas ruas retilíneas, as casas com dupla exposição (rua-jardim) e de projeto simples (sala para a rua, quartos para o pátio) que propõem ao mesmo tempo um novo tipo de vizinhança (a rua que afasta substitui a pracinha que aproxima) e de intimidade (promoção do jardim familiar, do quarto individual).

Vittore Carpaccio, Milagre da relíquia da Cruz *(detalhe), 1494. A elegância das casas patrícias equivale, em Veneza, à das moradas toscanas do século XV. Sua habitabilidade faz delas o centro de uma vasta sociabilidade privada que a festa prolonga sobre o Grande Canal. A ponte pública, construída em madeira, é mais frágil. (Veneza, Accademia.)*

A burguesia muito abastada das artes maiores (*popolo grasso*) e a nobreza são alojadas mais amplamente. As casas fortificadas e guarnecidas de ameias, bastante desprovidas de espaço e de conforto, que as abrigavam no século XIII, cederam o lugar a moradas mais abertas e mais espaçosas, atestadas em todas as cidades toscanas (Pisa, Siena, Luca, Florença) e lombardas. Constituídas como as outras (as do *popolo medio*) em tijolo ou pedra, delas se distinguem pelas dimensões de sua fachada e de suas aberturas, e pelos detalhes com que são embelezadas: ferragens diversas (argolas, lanternas, ganchos), colunetas de mármore nas janelas (em Siena) ou vastas aberturas em arco de volta inteira (Florença), serrilha na borda do telhado etc., e, sem nenhuma dúvida, por uma disposição interna mais espaçosa. As primeiras moradias florentinas desse tipo aparecem antes do final do século XIII (palácios Mozzi, Frescobaldi, Spini, Peruzzi) e, desde a primeira metade do século XIV, as residências urbanas dos principais comerciantes espelharam-se nesse modelo. Robustas, habitáveis, muitas desafiaram o tempo — especialmente aquelas que acabamos de nomear —, e ainda se pode admirar o longo desdobramento de sua fachada, de uma austeridade severa, embora suavizada pelas longas sequências superpostas dos entrepostos (no andar térreo) e das aberturas (nos andares superiores), que arejam a habitação e lhe tiram todo caráter de fortaleza.

Esse tipo de habitação, um pouco indevidamente chamado de palácio, continua a ser construído por algum tempo. Quais são suas transformações ao longo do século? Não se sabe. De qualquer modo, quando se conhece afinal, por inventários posteriores a 1375, sua disposição interna, esta aparece realmente variada e articulada. A morada do florentino Jacopo di Rosso compreende, assim, segundo seu inventário de 1390, uma grande entrada (*an-*

Aplique de ferro, século XV, Siena, praça Postierla. Ferragem lavrada e com insígnias servindo de porta-estandarte.

Torre de século XIII, em Florença, via delle Terme. As casas-torres: no século XIII, pivôs da defesa armada — observar as aberturas laterais e os suportes para apoiar as plataformas móveis de defesa — e habitações ao menos provisórias; no século XIV, símbolos da força, da unidade e do peso político.

drone) provavelmente abobadada, uma peça abobadada destinada ao uso como adega e/ou celeiro (*volta*), duas salas (a "primeira" e a "grande"), dois quartos dando cada um deles para uma das salas, a cozinha e um quarto de serviço. Ao todo, cinco peças habitáveis e vastos espaços livres. Por seu lado, Serotino Brancacci dispõe, dois anos antes, de três salas, uma antecâmara, quatro quartos, duas *volte* e uma cozinha, o todo organizado em torno de um pátio onde reina uma laranjeira e dividido em dois níveis (andar e térreo). As abóbadas, uma sala e um quarto estão instalados no térreo, comportando o andar duas salas e dois quartos.

Essas disposições são suscetíveis, naturalmente, de mil variantes. Seja como for, ilustram a difusão e a importância na habitação burguesa de elementos novos, ao menos por sua amplidão e sua simultaneidade: o uso privado do andar térreo, do qual aqui o antigo papel comercial diminui (lojas e entrepostos reduzidos, alugados a outros, ou ausentes), a multiplicação das salas e dos quartos, sem romper contudo os acoplamentos sala/quarto, como uns tantos espaços particulares no espaço comum; a profusão dos depósitos e dos serviços capazes de assegurar à família mais autonomia e conforto; a ampliação, em dois andares, da vida da família, suscetível de acarretar uma divisão mais específica dos usos comuns e do privado pessoal (privado dos pais, dos filhos, dos domésticos, dos diferentes casais); a valorização do pátio (muitas vezes ainda embrionário ou ausente) como centro estético e festivo da morada (pátio ocupado, na casa de Serotino, por um único objeto: uma grande laranjeira). Os loteamentos criados no século XIV fora da cidade velha constituem um caso particular. Os patrícios que ali se estabelecem constroem moradias igualmente suntuosas, mas a situação particular dessas casas, erguidas na extremidade de compridos terrenos, perpendiculares à rua, tão característicos desses loteamentos, lhes dá um aspecto especial, idêntico ao das casas mais simples que as rodeiam: planta retangular, dupla exposição rua/jardim (sendo o jardim constituído pela parte não construída do terreno), nenhum pátio interno. Na fila contínua das casas em que essas moradas patrícias se inserem, sua originalidade se deve à sua largura: foram construídas sobre dois terrenos.

O século XV traz a esse arranjo mudanças incontestáveis, mas das quais é preciso ver bem o alcance. A construção, ou mais frequentemente o arranjo (por ampliação, redistribuição interna, fusão de imóveis contíguos) de moradias amplas e suntuosas, análogas às que acabo de descrever, prossegue no fim do século XIV-XV. Algumas dessas moradias conservam as dimensões indicadas acima, mas outras são concebidas com mais grandeza. Desde o final do século XIV, os inventários já citados (1380-1410) revelam em Florença várias moradas (a de Palla Strozzi, dos Bombeni, dos Cappelli, dos Davanzi) dotadas de pátios internos (*cortili*) e comportando, em três ou quatro níveis, doze peças ou mais. O palácio (a palavra convém) habitado no século XV pelos irmãos Da Uzzano (via dei Bardi) encerra até trinta peças, nove no andar térreo, dez no primeiro, onze no segundo. Mas essas moradas respeitam o tecido urbano. Sua planta, geralmente irregular, curva-se à forma do terreno onde elas se erguem, terreno ele próprio constituído por compras difíceis e aleatórias. Suas fachadas seguem o alinhamento geral sem nada que as distinga realmente das casas contíguas (salvo o cuidado empregado no corte da pedra e nos acabamentos) ou, ao menos, que delas as isole. Em seu andar térreo, lojas subsistem ou reaparecem, avatar ilustrado pelo palácio Davanzati, que seu proprietário apresenta ao fisco, em 1498, como "um palácio com três lojas da arte da lã".

A partir de 1440, entretanto, aqui e ali instalam-se palácios, que seus construtores querem ver contrastar nitidamente com o antigo sistema, os grandes e famosos palácios Medici (1446), Pitti (primeira versão, 1446), Antinori (1465), Strozzi (1489), Gondi (1490). Construções de grande prestígio, elas são caras; quarteirões inteiros de casas são comprados e destruídos para dar lugar ao novo edifício. Isolado, cercado por ruas que margeia muitas vezes diretamente em dois ou três lados, este deve ornar-se do mesmo número de fachadas decoradas. Totalmente desprovido de lojas, ele é inteiramente destinado ao espaço privado, espaço imenso, magnífico, com jardim e belo *cortile*, mas inteiramente fechado sobre si mesmo e protegido do mundo exterior pela altura das janelas, dos muros, e pela espessura rebarbativa do portal. O pátio, vasto e cercado de pórticos, constitui o coração da morada para o qual tudo converge (aberturas, escadas).

Ao contrário do que sugere irresistivelmente sua majestosa arquitetura, e a despeito da enorme diferença de escala que os separa das moradas burguesas e de comerciantes descritas acima, esses palácios não são mais habitáveis que os outros e por vezes o são menos. Os quatro andares do palácio Davanzati abrigam cerca de quinze peças de habitação, enquanto, segundo Richard Goldthwaite, seu mais recente historiador, não se enumeraria mais de uma dezena delas nos palácios do novo estilo, mesmo os mais espaçosos: uma parte considerável do espaço privado é aí deixada, com efeito, aos pátios, aos jardins, e as dimensões das peças habitadas, desmedidamente alteadas e ampliadas, impedem de multiplicá-las no espaço restante.

As famílias dos mais ricos burgueses dispõem então, em Florença, de dois tipos de moradias. Os palácios recentes são de longe os mais prestigiosos, e contrastam por seu tamanho e por sua localização com o conjunto das moradas burguesas. Fica-se tentado a fazer deles o verdadeiro modelo do habitat aristocrático florentino, que assim se orientaria, na realidade ou no sonho, para aquilo que, a despeito das aparências, revela-se como a razão de ser dessas moradas: servir de es-

Palácio Davanzati (séculos XIV-XV), em Florença. Edificado por volta de 1350, esse palácio respeita o alinhamento das fachadas e a contiguidade — salvo ruela exígua —, e sua planta permanece irregular. Mas contrasta por sua elevação (quatro andares), pelo número, pela amplidão, pelo alinhamento das aberturas, pelo cuidado do aparato, e por sua habitabilidade. Ocupado no século XV ora por duas famílias, ora por uma só, coloca uma vintena de peças à sua disposição.

crínio, ao mesmo tempo faustoso e protetor, à nova exaltação da família conjugal supervalorizada e do indivíduo superior que ela modela.

Mas o brilho desses palácios e a ambição de seus construtores não devem enganar. As construções desse tipo não representam em Florença, entre as moradias habituais da aristocracia, senão uma minoria exígua. De 1430 a 1520, entre todos os ramos dos Capponi, Ginori e Rucellai, que contavam todos eles mais de duzentas famílias, apenas dois chefes de família empreenderam a construção de palácios; todos os outros viveram em casas herdadas ou compradas, casas de várias dimensões, geralmente antigas, por vezes mais que centenárias, casas, em suma, medievais na concepção e no aspecto. Ora, coisa paradoxal, graças às rearrumações, acréscimos, alteamentos etc. de que são objeto, essas velhas moradias revelam-se mais maleáveis, mais abertas e mesmo mais espaçosas que os palácios. Nas doze, catorze e até trinta peças que nelas se pode enumerar, vastas famílias multinucleares podem instalar-se e viver em uma atmosfera de falanstério, mesmo onde o espaço habitável é separado em apartamentos. A família ampla, a família patriarcal leva adiante na aristocracia florentina uma carreira florescente.

Palácio Medici-Riccardi (1444-1464), Palácio Rucellai (1446-1450), Palácio Antinori (1489-começo do século XVI), Palácio Gondi (1490-1501) em Florença. Cinco exemplos célebres — devidos a Michelozzo, Alberti, Benedetto da Maiano e Giuliano da San Gallo — desses palácios de estilo novo que se distinguem por sua decoração (Rucellai) ou por sua concepção geral (os quatro outros). De uma impressionante monumentalidade, instalados vitoriosamente no tecido urbano, magnificamente ornamentados em s ua fachada, intimidantes como lugares fortificados e sagrados, esses palácios-blocos combinam a força gloriosa do castelo e o recolhimento tranquilo do convento. Quadros admiráveis para uma existência privada feliz e protegida, e, eventualmente, para sua ostentação pública.

O ARRANJO DAS MORADIAS

As peças únicas dos pobres servem para todos os usos. Depois se passa às peças múltiplas, e cada uma delas é destinada a ter sua função. Como em toda parte na Europa, desde que a amplidão do alojamento o permita, muito simplesmente desde que se disponha de duas peças (característica dos alojamentos urbanos e rurais mesmo modestos), uma é empregada como *sala* (estada) e como cozinha, a outra como *camera* (quarto). A associação *sala-camera* parece fundamental em toda parte, em Florença, em Gênova, assim como em Nápoles. Depois as peças aumentam em número, com a abastança, e sua função se diversifica.

No campo florentino, que com muita probabilidade ilustra uma tendência mais geral, os camponeses suficientemente abastados para expandir-se hesitam quanto às prioridades: locais profissionais ou peça privada? Papino di Piero, de Certaldo, chefe de uma família de seis pessoas (1456), acrescentara ao par *sala-camera* um segundo quarto, mas também uma *cella* (celeiro). Outra família de quatro membros, além da *sala* e da *camera*, dispõe de um celeiro e de um quarto de pão (local de assar e amassar o pão?). Um e outro, e sobretudo o segundo, dão prioridade às peças profissionais. Meeiros estão alojados em melhor situação. O patrão de Maso de Montalbino pôs à sua disposição, por volta de 1450, uma sala utilizada como cozinha, uma sala de jantar, um quarto matrimonial, dois quartinhos para seus dois filhos (cada um tinha o seu) e o indispensável celeiro. Maso aí vive comodamente. E também o caso do arrendatário dos cartuxos, perto de Lodi: cinco peças estão à sua disposição. Isso é frequente em sua profissão? Não se sabe.

Na cidade, passar de duas peças a três é ganhar seja uma cozinha, seja uma *camera* suplementar, solução frequente e fácil de realizar erguendo um tabique na *camera* primitiva, tabique fino, de testo, feito de madeira, de barro com palha ou de uma fileira de tijolos colocados de pé e que protege mal a intimidade (os narradores não perdoam o tabique).

Quanto mais o alojamento aumenta, mais, naturalmente, as peças se diversificam. Raras são as simples casas burguesas desprovidas de *cella*. Depois as exigências crescem com a riqueza. Para armazenar sua parte de parceria e suas provisões, as pessoas abastadas arrumam vastos espaços livres: um celeiro, abóbadas (salas abobadadas do andar térreo utilizadas como adega ou como depósito), um lenheiro, estrebarias, gabinetes e cubículos diversos conseguidos à custa dos patamares e dos corredores, sem negligenciar, evidentemente, as peças específicas da vida privada, as salas e os quartos aos quais se acrescentam, nos meios realmente ricos e sobretudo a partir do século XV, as entradas, as antecâmaras, a sala de armas, o *studio* etc., o pátio e suas arcadas, as *loggie* enfim, *loggie* do último andar onde tomar a fresca nos dias de verão, essas *loggie*

Vittore Carpaccio, São Trifone exorciza a filha do imperador Gordiano *(detalhe), 1507. Situado imaginariamente por Carpaccio no topo de uma passagem abobadada que flanqueia um palácio, essa* loggia *se inspira em seu aspecto (balaustrada, colunas, teto leve) em múltiplos exemplos privados venezianos. Coisa habitual na laguna, uma dúzia de jovens — família, amigos? — ali se instalou para o espetáculo, e tapeçarias lhe dão um ar de festa. (Veneza, Scuola di San Giorgio degli Schiavoni.)*

que são nos séculos XIV-XV a coqueluche dos habitantes de Florença, de Siena, e dos venezianos também, que têm paixão por um espaço do qual, sobre a laguna, sob o nome de *liago*, *termanza*, *corteselle*, *altane*, multiplicaram os tipos à sua fantasia.

Essas peças e comodidades se distribuem segundo os andares, e essa distribuição não é deixada ao acaso. Como é normal, os locais de entreposto e de serviço são instalados no subsolo ou no térreo, aos quais se tem acesso sob as arcadas do *cortile*, que desemboca na rua pela entrada abobadada, a *androne.* Se a casa comporta um jardim, os apartamentos do dono podem abrir para ele no térreo. As peças que dão para a rua são também, eventualmente, arrumadas como quartos, ali onde faltam as lojas. Mas é nos andares que se estende o espaço da vida cotidiana. O primeiro andar, o andar nobre, encerra as peças mais prestigiosas, o quarto dos senhores, a antecâmara, eventualmente a sala de armas, o *studio*, e em primeiro lugar a grande sala que muitas vezes se vê ocupar toda a fachada (palácios Davanzati, Pazzi, Guadagni, Medici). Contudo, o andar nobre não tem o monopólio dessas peças nem de sua disposição. A sala pode encontrar-se em todos os andares, sempre associada a um ou vários quartos, em uma configuração por vezes idêntica de um andar ao outro (palácio Davanzati). Quer a casa seja dividida e alugada por andar, quer uma família multinuclear a ocupe inteira,

Em Florença, o cortile *do Palácio Strozzi (fim do século XV), obra de Simone Del Pollaiolo, dito* Il Cronaca.

Em Florença, o cortile *do Palácio Gondi (fim do século XV). A amplidão, a monumentalidade, a perfeição clássica desses* cortili *fazem deles exemplos acabados do estilo renascença no fim do século XV. Prestígio ligado à sua função: centros do privado cotidiano, abrem-se também para a clientela, para as festas, para a ostentação pública da família.*

um privado separado pode constantemente esboçar-se ou organizar-se em cada andar.

O conforto do mobiliário é um privilégio urbano. A casa camponesa, ainda que fosse a de um agricultor abastado, impressiona pela pobreza de objetos, reduzidos ao mínimo. O inventário da sucessão de Zanobi, camponês de Capannale (Mugello) morto em 1406, dá uma impressão de abastança. O defunto, proprietário de sua terra, estava bem equipado em material agrícola, tonéis, animais de tiro e de curral (três porcos); suas provisões de trigo e de vinho teriam bastado até a próxima colheita; nenhuma dívida. Mas na peça exclusiva que o abrigava com sua família (uma mulher, três filhos), o único móvel marcante é uma cama, uma grande cama larga de 2,90 metros com todos os seus pertences e o cortejo de suas arcas; quanto ao resto, nem mesmo o estritamente necessário. Sim: uma masseira, um baú para grãos, duas mesas, entre as quais uma mesinha redonda, um caldeirão, um forno, algumas caçarolas; mas nem cadeira nem luminária, nem bacia alguma para a água, nem louça de mesa. Descontadas as omissões habituais aos notários (tigelas, cerâmicas consideradas sem valor), é evidente que, para Zanobi, sua prosperidade e seu sucesso se confundem com os de sua propriedade. É para ali que vão seus cuidados, sua ostentação e suas despesas. O mobiliário privado conta pouco, e muitos camponeses reagem certamente como ele, mesmo que, mais sensíveis aos gostos urbanos, certos figurões de aldeia consagrem mais dinheiro aos baús, aos bancos, às mesas, às luminárias, a mais comodidade doméstica.

As famílias pobres (cardadores etc.) estabelecidas na cidade utilizam um mobiliário igualmente rudimentar e, em seu caso, muitas vezes alugado. Mas não se trata de uma escolha deliberada. A arrumação das peças conta mais no meio urbano. Enriquecer, progredir na sociedade é, entre outras coisas, cuidar de seu mobiliário. Exemplo, entre outros, o inventário de Antonio, peleiro florentino, profissão artesanal sem brilho, comporta, em 1393, 553 itens correspondentes aos objetos repertoriados nas oito peças de sua casa, entre as quais quatro quartos. Se o essencial é constituído pelas roupas, o mobiliário também tem seu lugar. Antonio dispõe de nove camas, das quais cinco ao menos inteiramente guarnecidas (colchão etc.), de sete bancos (quinze metros para todos eles) e de quatro cadeiras, de duas mesas e de uma escrivaninha (*tavola da scrivere*), isso quanto ao grande mobiliário (sem contar as luminárias, a louça e a roupa branca, às quais voltarei). Fausto ainda sóbrio, mas o essencial está aí: camas, cadeiras, mesa, e cada um se contenta com isso.

Mais bem-sucedidos, comerciantes de tecidos, peleteiros, *mercatores*, todos reuniram um mobiliário ainda mais diversificado. Eles também dispõem de várias camas, cada uma com seus pertences, cadeiras (longos bancos de dois a 3,50 metros, ou escabelos — *deschetti*), mesas, almofadas de dois a três metros de comprimento e montadas sobre estrados. Mas o material desses móveis é frequentemente mais belo, mais lisonjeiro — carvalho para os bancos, nogueira para as mesas —, e muitos outros objetos os completam. Arcas, em primeiro lugar, sob todas as suas formas. A viúva de um peleteiro, por sua parte, detém em seu quarto uma pequena dezena delas, desde essas grandes *cassapanche* que rodeiam a cama e cujo tampo serve de banco até os *cassoni*, arcas lavradas que contiveram seu enxoval, aos *forzieri*, cofrezinhos reforçados de metal, aos *cassoncelli* — outra variedade de *cassone* — ou a simples caixa pintada. Como para essa dama, as arcas, os cofres, os escrínios, todos esses receptáculos habituais da roupa branca e dos objetos preciosos (os armários são raramente citados no século XIV) equipam normalmente em quantidade as casas dos ricos. Mas ao mesmo tempo os outros e múltiplos auxiliares do conforto se diversificam, e encontram-se sempre nos grandes inventários os acessórios do lar, as luminárias, os recipientes onde guardar as provisões — carnes, grãos, líquidos —, os utensílios, a baixela de ferro, de madeira, de cobre, de estanho, de cerâmica, a da cozinha e a da mesa, todos os objetos que acompanham doravante a abastança.

Esse conforto mobiliário começa a organizar-se. A voga das arcas está ligada à necessidade mais sentida, mais viva da arrumação. Os pobres penduram seus trapos nas longas barras que seguem à meia altura as paredes nuas de seu quarto. Mas a abastança tem suas arcas. Esse esforço de organização regula também a distribuição dos móveis e dos objetos entre as peças. Nem tudo está ainda bem definido, especialmente quanto às provisões. O celeiro ou a *volta* constituem,

Em Florença, o cortile *do Palácio Davanzati (século XIV). Sua arquitetura complexa precisou adaptar-se à sua planta irregular. Mas o cuidado empregado nesse arranjo e em sua decoração (fechos de abóbada, colunas, capitéis, barras de parede) mostra a importância social do* cortile, *lugar de encontro do público e do privado.*

Vittore Carpaccio, Nascimento da Virgem *(detalhe), 1504-1508. Desde o quarto, enfiada de peças de serviço até o jardim. Da cozinha, no primeiro plano, vê-se a chaminé monumental e, colocada bem alto, a prateleira onde tigelas e cântaros esperam ser utilizados. Calor, toalete (a criada aquece uma toalha), alimentos: as necessidades cotidianas aproximam cozinha e copa do privado estreito dessa patrícia. (Bergamo, Accademia Carraca.)*

Cofre do tesouro de Sexto Quinto, século XVI. Espécime de cofre-forte especialmente reforçado para uso do quarto apostólico. Os particulares instalam em suas casas móveis menos rebarbativos. (Roma, Castelo Santo Angelo.)

com a cozinha, as despensas habituais, mas alguns patrões exercem sobre suas reservas uma vigilância mais estreita. Um oficial público da comuna de Florença armazenou na sala (*sala*) trigo e carne salgada e transformou seu quarto em guarda-comida, dispondo em torno das camas (há três delas) quatro sacos de farinha de trigo, um de farelo, um barrilete de vinagre e quatro cântaros de azeite. Mas as peças parecem ter a destinação que seu nome sugere (*sala*, *camera*, *cucina*), com uma vantagem particular para os quartos, manifestamente considerados como o coração da casa. O mobiliário das salas é geralmente formado por uma ou duas mesas e por raros bancos e tamboretes. A esses elementos de base, que por vezes faltam (certas salas são absolutamente vazias), acrescentam-se segundo a ocasião um pouco de baixela, provisões, alguns objetos díspares (um tabuleiro de xadrez, um livro de contas, um clister); é ali que se podem armazenar provisoriamente materiais de construção ou lenha. Sem decoração, parcimoniosamente mobiliadas, por vezes nuas, muitas dessas peças rebarbativas não desempenham, por certo, senão um papel descontínuo no privado; animam-se no verão ou para as recepções. O aparato dos banquetes, os tapetes de flores, lhes emprestam então um ar de festa e um encanto de que habitualmente carecem. Isso ao menos no começo do século XV, pois Alberti dá das *sale*, em 1434, uma descrição mais calorosa e muito mais lisonjeira. É ali que se realizam as reuniões cujos diálogos ele descreve com tanto talento.

Dos quartos se desprende a impressão contrária, a de um uso constante e múltiplo, de calor e de vida. Uso noturno em primeiro lugar, evidentemente: o quarto é por excelência o local do sono e do repouso. E o único a sê-lo: dorme-se às vezes nas salas, nas antecâmaras, nos cubículos (domésticos, escravos, crianças), mas as camas só são assinaladas aí excepcionalmente. O quarto o é até de maneira ostensiva, por vezes monumental.

Tanto no campo como na cidade, por toda parte a cama é o móvel de base, o móvel rei. Não dispor senão de um catre ou de uma enxerga é um sinal de grande pobreza. O primeiro investimento mobiliário (vindo frequentemente do pai do casado) é destinado ao leito, ao verdadeiro leito de família. Desse móvel prestigioso, relatos, inventários, pinturas enumeram e representam todos os elementos. A armação é geralmente de madeira, às vezes de terracota e de largura compreendida entre 1,70 e 3,50 metros, mais frequentemente de 2,90 metros (os inventários aí distinguem variedades — *lectica*, *lectiera*, *lettucio* — e modas — *lectica nuova alla lombarda* — difíceis de identificar mas independentes do tamanho). Os pertences completos desse monumento compreendem geralmente um estrado, um colchão, cobertas, um par de lençóis, uma manta, travesseiros e por vezes *piumacci*, almofadas de destinação imprecisa, talvez simples rolos de cama; o todo combinado a lençóis e mantas de reserva arrumados na proximidade.

Sasseta, Vida do bem-aventurado Ranieri Rasini de Borgo San Sepolcro, *1444. Quarto suntuoso de um prelado: leito monumental com sua alta cabeceira, sua colcha cobrindo até a armação de cama, sua* casapanca, *seus vasos; decoração mural refinada — elegantemente retomada pela arca. (Berlim, Staatliche Museen Preussischer Kulturbesitz.)*

Reinando assim na peça com sua largura de dois ou três metros, sua vasta superfície ampliada pelas arcas que a rodeiam e realçada pela vivacidade colorida de uma colcha bordada, ora multicor (em espinha de peixe ou quadriculada), ora vermelha ou azul, ou mesmo branco neve, segundo os caprichos da moda, a cama se impõe por seu caráter monumental, realçado pelos cortinados. Esse caráter permanece discreto no século XIV. Na Capela Scrovegni, a santa Ana pintada por Giotto, que acaba de ser mãe, repousa sobre uma cama muito simples, estreita, desprovida de cabeceira e da habitual coroa de suas arcas; a cortina que a isola não passa de um véu de tecido barato que

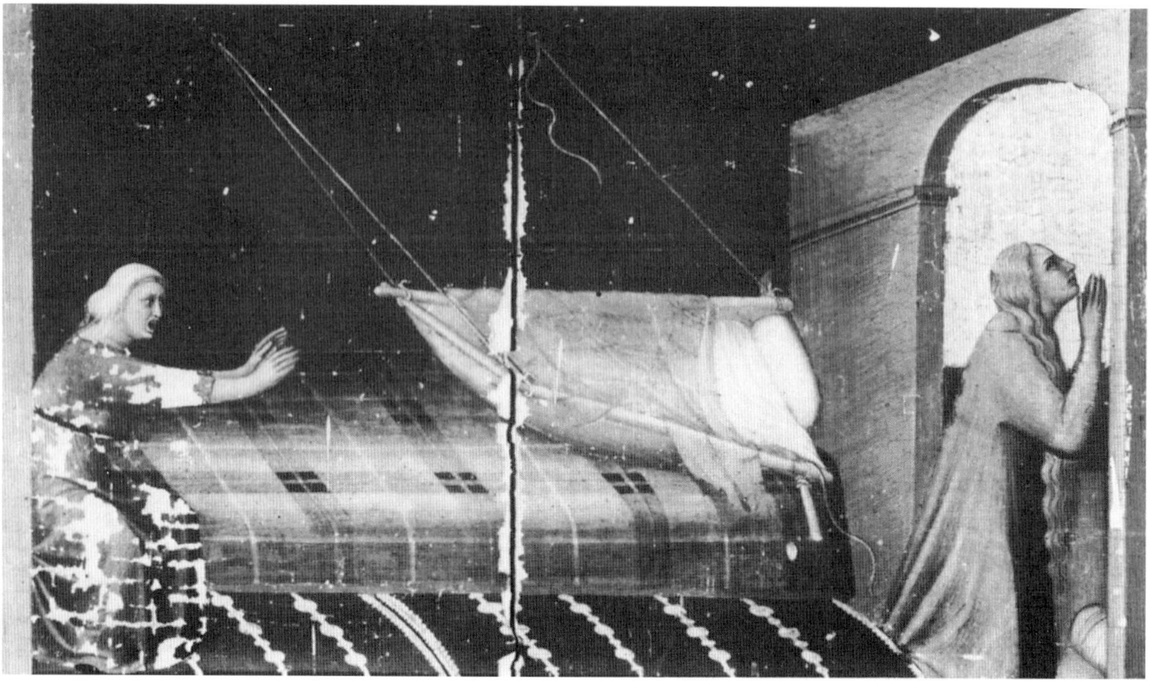

Simone Martini. O bem-aventurado Agostino Novello, *"Milagres do santo" (detalhe), políptico, 1328-1330. Outra época (século XIV), outro meio (pequena burguesia). Quarto e mobiliário mais simples: nem armação de cama nem decoração mural. Único luxo: as duas arcas vermelhão, cada uma com sua fechadura. Observar a solução engenhosa, mas perigosa, adotada para alojar um berço nessa peça atulhada. (Siena, Igreja Sant'Agostino.)*

desliza sobre a armação rústica de quatro barras de madeira presas ao teto (por volta de 1306). Vinte anos mais tarde (por volta de 1328), no quarto burguês onde Simone Martini situa um dos milagres de santo Agostino Novello, o protagonista é um leito, imenso, e tendo ao lado uma rutilante arca pintada de vermelhão. Mas não se vê nessa cama nem estrado nem a menor cortina. Passa uma geração, e a versão do nascimento da Virgem, imaginada para Santa Croce por Giovanni da Milano (1365), nos recoloca em presença de uma cama bem mais equipada e conforme às descrições dos inventários do fim do século. A longa arca doravante habitual a margeia em todo o seu comprimento, o que acarreta uma elevação do leito propriamente dito, que se diria empoleirado sobre um pedestal. Uma cortina leve, mas elegante, está pronta a deslizar sobre um varão oculto por uma armação. Os anos passam, e os leitos onde, por volta de 1430, Fra Angelico faz nascer, dormir, sofrer, morrer seus personagens conservam uma parte das características descritas acima, muitas vezes ampliando-as. Uma arca ininterrupta contorna três de seus lados, o que os alarga ainda mais e acentua a elevação da parte central; a cabeceira se eleva às vezes à altura de um homem. Finalmente, sua amplidão, a obrigação de ter acesso às arcas que muitas vezes as cercam, fez migrar essas camas dos ângulos da peça para seu centro, localização que dá um caráter mais ostentatório ainda à sua monumentalidade. Isso quanto aos meios ricos. Mais simples, mais estreitas, mais econômicas (abeto ou pinho), as camas das pessoas modestas refletem muitas vezes os mesmos modelos: estrado de madeira ajustada, arcas periféricas, cabeceira alta, cortinas (Fra Angelico: predela da *Pala de San Marco*).

Em Veneza, no fim do século (1495), a cama onde sonha a santa Úrsula de Carpaccio reina também no meio do quarto, perpendicular a uma das paredes e rodeada pelo degrau de sua arca. A cabeceira, que faz corpo com a parede, tornou-se uma obra-prima de refinamento arquitetônico. Um leve baldaquino, implantado muito alto e totalmente desprovido de cortinas, encima o todo; elegantes colunas o sustentam, colunas ausentes do desenho preparatório. Em outras partes em Veneza, assinalam-se em outras camas cortinas preciosas, figuras, desenhos, cenas de caça, toda a profusão do luxo.

O quarto é também animado durante o dia, e o é em mil ocasiões e a todo instante. Ao redor da cama, toda espécie de móveis e de objetos está ali para atestá-lo. Os inventários dos anos 1380-1420 enumeram até duzentos, trezentos deles, ou mais. Bancos, escabelos redondos, mesmo mesas, sem contar as múltiplas arcas, convidam a sentar-se ali em grupo. Para conversar. Para trabalhar. Para rezar também, voltando-se para os ícones e objetos preciosos frequentemente presentes nos quartos (nas paredes e sobre os móveis), e somente ali. Esse lugar, tão estreitamente ligado à vida dos senhores e à sua vigilância, por outro lado se impõe como o forte, a despensa onde se arrumam, onde se acumulam, onde se protegem os tesouros.

Giovanni da Milano, Nascimento da Virgem, *1365. Elegante realismo dessa cena burguesa (atitudes, trajes, leito) sob um pincel atento ao cotidiano. (Florença, Igreja Santa Croce.)*

Aí está a razão de ser das arcas que o povoam e que desempenham ao mesmo tempo (pois se mistura um pouco de tudo em uma arca) o papel de guarda-roupa para o vestuário (dobrado e não pendurado), de biblioteca para os poucos livros da família e para os papéis pessoais (cartas, *ricordanze*) do senhor, de cofre-forte para as joias, de bufê para a roupa de mesa e, eventualmente, de aparador para a baixela. Isso posto, encher o quarto não significa necessariamente entulhá-lo. Tudo fica guardado, poucos objetos soltos. Poucos bibelôs, parece, para enfeitar os quartos do século XIV. Sua moda se difunde apenas mais tarde. Restam o fausto dos tecidos, a proteção dos ícones, a presença tranquilizadora da cama, as conversações, o vaivém em meio às arcas constantemente em uso; esse fausto tranquilo, essa animação,

Vittore Carpaccio, Legenda de santa Úrsula. *"Sonho da santa", 1495. Quarto lambrisado, claro (janelas largas, parcialmente envidraçadas) e refinado de uma princesa e de uma letrada da Renascença: notar o espaço, a decoração caprichada dos móveis usuais, os testemunhos novos de uma cultura feminina profana (livros, objetos, esculturas). O quarto do fim do século XV reflete mais do que antes os gostos de seu hóspede. Pintá-lo é fazer dele um retrato imprevisto, mas penetrante e novo. (Veneza, Accademia.)*

Vittore Carpaccio, Legenda de santa Úrsula. *"Chegada dos embaixadores ingleses junto ao rei da Bretanha" (detalhe de um quarto), 1495. Ícone da Virgem, decoração frequente dos quartos nos séculos XIV e XV. Em sua moldura renascença, aqui ela está acima do leito. (Veneza, Accademia.)*

essa alma secreta que o habita, tudo isso vivifica o quarto, alegra-o, faz dele a peça mais calorosa da casa.

Os grandes palácios no novo estilo dos florentinos devem ser considerados à parte. Como mobiliar suas peças desmedidas? Cinquenta anos após a arrumação do palácio Strozzi, no começo do século XVI, suas maiores salas permanecem inteiramente nuas. A enormidade do mobiliário florentino pode ser relacionada, no século XV, com a necessidade de vestir sem ridículo essa impressionante nudez (apenas mais tarde alegrada por bibelôs).

O CONFORTO PRIVADO

Estar bem em casa, ainda que seja em um quarto simpático, supõe aos nossos olhos outros arranjos. A necessidade ou o gosto por alguns deles manifestam-se também, ou se difundem, desde a época estudada.

Inventários e descrições falam constantemente de fechaduras, de trancas (*spranga*). As casas são mantidas frequente e costumeiramente fechadas? Têm-se razões de pensá-lo. O espaço privado é um espaço proibido. Dá-se uma grande atenção à porta externa, tanto no campo como na cidade, e essa prudência é amplamente explicável pela insegurança. Nas aldeias da região de Lodi, as casas rurais são dotadas de uma sólida porta. As mais suntuosas, feitas de pedra, são providas de portas de madeira consolidadas por montantes transversais, e toda uma série de dispositivos permite fechá-las hermeticamente: barras encastradas perpendicularmente aos batentes, ferrolhos, fechaduras, estas de tipos múltiplos, verdadeiras obras-primas de serralheria. As janelas são todas providas de postigos plenos, trancadas e com frequência munidas de barras de ferro. Nessas mesmas zonas, as choupanas aldeãs, que são bem mais numerosas, são também elas providas de portas de madeira munidas de um dispositivo de bloqueio (*tranca*) ou de uma fechadura. Mas o são de maneira menos cuidadosa. Chaves são perdidas; em certas casas, faltam acessos a esse dispositivo de bloqueio. Em compensação, salvo exceções, todas as janelas são dotadas de um postigo.

Na cidade, as casas-torres são abandonadas (embora ainda atestadas em Bolonha em 1286), essas casas nas quais homens e mulheres precisavam, para nelas penetrar, subir por meio de escadas até portas situadas a meia altura (século XIII). Mas a vigilância é de uso. As novas casas urbanas são providas de um sistema de fechamento externo ainda mais cuidadosamente combinado. As mais conhecidas, as moradias burguesas, são fechadas por meio de portas formadas de dois batentes, eles próprios reforçados por finas pranchas de madeira fixadas por uma densa semeadura de pregos de cabeça larga (semeadura uniforme ou enquadrando painéis nus). Essas portas, muito severas, são também muito sólidas. Seu fechamento e seu bloqueio são assegurados por uma barra horizontal interna e por uma fechadura que se fecha à chave e que pode ser completada por um ferrolho. Tudo isso é conservado e funciona. À partida de seu marido, uma mulher honesta deve pensar em dar uma volta de chave à grande porta. Quanto ao marido, que pense em fechar bem tudo, à noite, a fim de impedir alguém de entrar e de sair, e que encerre em seu quarto a grande chave da entrada (Paolo da Certaldo). Ali onde a existência de peças no andar térreo acarreta a criação de janelas, estas são munidas de barras, sobretudo quando se trata de aberturas reduzidas destinadas à entrada do ar e desprovidas de postigos.

Janela e postigo interno do Palácio Davanzati (século XIV), em Florença. Janela com vidros em uma reconstituição aproximada: comparar às vidraçarias autênticas — móveis ou fixas — das páginas 192 e 225. Os postigos internos plenos, parcialmente articulados em torno de dois eixos verticais, são desprovidos aqui de dobradiça horizontal.

A casa deve proteger das intempéries, e essa necessidade aumenta com a abastança, sobretudo quando as novas construções urbanas, abandonando o estilo fortificação, multiplicaram as aberturas e os grandes vãos em todas as peças e em todos os andares. Primeira preocupação: fazer anteparo às insuportáveis correntes de ar que varrem as peças. A primeira defesa e a mais antiga é a dos postigos internos. Sua prática é corrente em Siena, por exemplo, desde antes de 1340, mas talvez não geral: as janelas geminadas dos palácios góticos representadas por Lorenzetti (sala da paz) aparecem todas desprovidas deles. Cortinas parecem ter constituído nessas moradas uma barreira mais leve e mais precária contra o vento e o sol; eram penduradas às longas varas horizontais que barram as fachadas a meia altura das janelas. Isso posto, fechar os postigos é deter a luz com a chuva, sem, em compensação, nada mudar em relação ao frio. O postigo não é, para o conforto, senão uma etapa bem inicial.

Para não viver no escuro quando faz mau tempo, sem para tanto usar luminária, imaginou-se articular os dois batentes do postigo arranjando em sua base um sistema de painéis girando em torno de eixos horizontais e verticais; mas isso foi feito tardiamente. Esse procedimento não parece difundido nem na Siena dos anos 1340, nem mesmo na Florença dos anos 1420, onde os afrescos e quadros (Lorenzetti, Martini, Masaccio) nos mostram postigos

Fechadura francesa. Ferragem de arte soberbamente decorada, na medida da importância da fechadura na defesa dos bens — e das existências — privados. (Florença, Bargello.)

Chave, século XV. Belíssimo cabo, mas observar sobretudo o trabalho minucioso do palhetão e dos dentes: sua complicação assegura a inviolabilidade do fechamento. (Florença, Bargello.)

maciços mais ou menos entreabertos. As primeiras menções de guichês ou de gelosias remontam aos anos 1390-1400; encontramo-los na contabilidade de hospitais florentinos, e foi aí talvez, na solicitude em torno dos doentes tão característica dessa época, que essa técnica foi realmente posta em funcionamento e sistematizada, antes de difundir-se amplamente na segunda metade do século XV. Os guichês não eliminam, contudo, todos os inconvenientes dos postigos (semiobscuridade, correntes de ar etc.). Um dispositivo mais elaborado aparece cedo (começo do século XIV?) mas progride, parece, lentamente: o das *finestre impannate* (janelas "drapejadas"). Em Florença, é por volta de 1370-1380 e no ambiente dos hospitais que melhor se percebe sua difusão, em ligação provável, mais uma

Masolino.Masaccio, **Ressurreição de Tabitha** *(detalhe), por volta de 1425, (Florença, Igreja do Carmine, Capela Brancacci.)*

vez, com a preocupação com os doentes. Trata-se, com efeito, de uma armação coberta por uma tela de linho, ela mesma impregnada de óleo para tornar-se translúcida, que se fixa na abertura do vão, do qual tem as dimensões, para obturá-lo sem o cegar. O procedimento progride no século XV, atestado um pouco em toda parte na Itália central (Pisa, San Gimignano, Montefalco, assim como em Gênova). Os palácios florentinos do final do século XV fazem dela grande uso, sobretudo, naturalmente, para as peças nobres: salas, quartos, escritórios; encontram-se-lhe também usos técnicos (ateliês de pintores ou mosaicistas). As janelas com vidros não são muito mais tardias. São citadas em Bolonha em 1331, acompanhadas de um gradeamento de fios de cobre para protegê-las; em 1368, em Gênova. Vinte anos mais tarde (1391), elas equipam ao menos duas peças do convento dos carmelitas em Florença, a enfermaria — duas janelas — e o estúdio, antes de difundir-se (mas muito moderadamente no século XV) nas casas burguesas de todas essas cidades. O vidro, lembremo-lo, apresenta-se sob a forma de placas arredondadas reunidas por uma rede de chumbo.

Resta resolver o problema da noite, também o do escurecimento devido à aglomeração: em uma carta, a patrícia florentina Alessandra Mazzinghi-Strozzi queixa-se do vizinho cujas construções tiram-lhe, diz ela, a luz. O que dizer então das ruas populares! É preciso então iluminar. O procedimento menos caro é a vela feita de sebo, iluminação geral no campo, onde se assinalam morteiros de moer o sebo. Os inventários camponeses registram também candeeiros (*lucerna*) que funcionam a azeite, mas 48 dos sessenta interiores (miseráveis ou abastados) estudados por M. A. Mazzi são deles desprovidos. Companheira fiel, a vela acompanha o camponês em seu vaivém e em seu trabalho noturno. Mas seu clarão fraco é logo engolido pela escuridão. Só a luz da lareira pode iluminar todos os rostos e todos os gestos da comunidade familiar. O fogo, a lareira são os grandes agrupadores da noite camponesa.

As casas da cidade, aquelas dos burgueses que conhecemos, são muito mais bem equipadas, superioridade devida sobretudo à profusão das luminárias, quer se trate de simples candeeiros a azeite (de barro mas igualmente de estanho, de ferro), de lanternas, "porta-candeeiros", de inúmeros candelabros enfim, candelabros curtos ou longos, de cobre, de ferro, "ingleses". Todos esses objetos se encontram, por vezes em vários exemplares, nos interiores florentinos abastados (conhecidos) dos anos 1400. São assinalados por toda parte, mas parecem dispostos de maneira privilegiada nos quartos (seis vezes) em detrimento das salas (duas vezes) e das cozinhas (uma vez). Evidentemente, esses objetos leves são móveis, mas a luz aparece ainda aí como o luxo privilegiado do quarto, uma luz que suportes sempre mais numerosos (de dois a seis por quarto) permitem pôr em boa altura e nos bons lugares. Contrariamente às

débeis velas rurais, as grandes luminárias das moradas burguesas permitem iluminar num quarto ou numa sala as conversações e as reuniões das famílias ou das *brigate* urbanas. Outras lanternas flamejam nos ângulos dos maiores palácios, que elas revestem desse prestígio misterioso e teatral devido às iluminações noturnas, mas a existência privada de seus habitantes não é por elas afetada.

A luz discreta das velas nada pode diante do frio, realidade sempre ameaçadora de novembro a abril, nessas peças mal isoladas e mal calafetadas. Nos campos toscanos dos séculos XIV e XV, o fogo destinado aos alimentos (sala ou cozinha) representa a única fonte de calor. Fogo simples, rústico, lareira sem nenhum preparo, disposta diretamente sobre a terra batida, com alguns tijolos como suporte. Mesma situação na região de Lodi em 1440, à exceção das famílias realmente abastadas, em especial aquelas dos *castelli*; mesmo exiguamente alojadas, sua casa comporta doravante uma chaminé, por vezes até duas (para cinco peças). O fogo é mais bem domesticado nas cidades, onde a chaminé mural, com seu pano, seu conduto, sua saída externa, já não é uma novidade no século XIV. É conhecida em Veneza no século XIII, e os primeiros exemplos em Florença aparecem por volta de 1300. Sua difusão é lenta. Nenhuma chaminé em Piacenza em 1320, segundo o cronista G. Musso, assim como em Roma em 1368. Em Siena, em

Ambrogio Lorenzetti. Os efeitos do bom governo na cidade *(detalhe), 1338-1340.(Siena, Palazzao Pubblico.)*

Carlo Crivelli, Anunciação *(detalhe), segunda metade do século XV. (Frankfurt-am-Main, Staatkunstinstitut.)*

1340, o afresco de Lorenzetti não revela senão uma meia dúzia de condutos externos sobre os telhados (não necessariamente ligados a chaminés murais). O mesmo Musso acrescenta que em Piacenza, em 1388, encontram-se várias chaminés em cada casa: mas se trata de verdadeiras chaminés murais? Em todo caso, a passagem é progressiva em Florença; é nos anos 1370-1420 que ela parece acelerar-se, a lareira central sendo substituída pela chaminé "à francesa".

Chaminé da sala dita "dos papagaios", no primeiro andar do Palácio Davanzati, em Florença (fim do século XIV-XV). Monumental chaminé, decorada, mas sobretudo equipada e funcional. A grande alcofa lisa desclassificou a variedade em forma de tronco cônico. Sob essa forma, a chaminé invade no século XV os quartos e as salas do patriciado.

No entanto, nem todos dela se beneficiam do mesmo modo, nem tão depressa. Certas casas, muito estreitas ou muito leves, são menos adequadas para receber chaminés. É paradoxalmente o caso, em Florença, das filas de construções novas alinhadas nos loteamentos periféricos dos anos 1280-1340. Hesita-se em correr o risco de aí criar, nas paredes-meias, compridos e perigosos condutos de fumaça. As próprias cozinhas, instaladas no último andar, só dispõem de uma lareira central. As moradas burguesas dos velhos bairros, mais espaçosas e mais articuladas, puderam ser mais facilmente arrumadas ou rearrumadas? No fim do século XIV, a maior parte delas dispõe, ao menos, de uma peça aquecida, sem contar a cozinha. Nos oito interiores conhecidos por mim, seis cozinhas, seis quartos e duas salas contêm material ligado a uma lareira: cães, atiçadores, cremalheira ou pá. Contudo, essa lareira não é descrita, com duas exceções: uma chaminé mural é assinalada em um quarto de senhor, um braseiro em um quarto de hóspede. Retenhamos para essa época (fim do século XIV-começo do XV) a existência certa nas moradas florentinas abastadas de verdadeiros locais aquecidos independentes do cozimento dos alimentos e ligados ao quarto (mas não mais de um em três) antes que à sala, aquecimento em que a chaminé entretanto não triunfou e em que lareiras de tiragem incerta e utensílios móveis conservam um lugar importante, talvez mesmo preponderante.

A carreira da chaminé mural se desenvolve irresistivelmente no século XV, ali onde se pode observá-la. As cidades são conquistadas umas após as outras. A nova invenção, quando é adotada por alguns, o é rapidamente por todos. A técnica é bastante familiar aos pedreiros para que se faça instalar essa preciosa construção em vários locais de um mesmo alojamento. No final do século XV, as chaminés ornamentam em Florença as peças principais dos grandes palácios, sua coifa aí ganha um caráter monumental, e os cães, os atiçadores, toda uma panóplia de objetos novos e cinzelados com gosto dão à lareira onde são dispostos um ar de galeria de arte. As chaminés também conquistaram Veneza, e as monumentais saídas dos condutos de fumaça dão aos telhados, nos quadros de Carpaccio (*Milagre da relíquia da cruz*, 1494), o aspecto de uma elegante cultura de cogumelos.

O CENÁRIO DOMÉSTICO

O privado estrito exclui o fausto do vestuário. Os camponeses conservam, em casa, sua roupa de trabalho, que pode variar do século XIV ao XV ao acompanhar de longe a moda urbana, mas cujo

Vittore Carpaccio, Milagre da relíquia da Cruz *(detalhe), 1494. Sob sua graciosa corola, o desabrochamento das chaminés venezianas (até oito por imóvel). Sabe-se lutar vitoriosamente contra o frio às margens da laguna. (Veneza, Accademia.)*

tecido privilegiado permanece o *romagnolo*, lã grosseira marrom ou cinza. Sair e exibir seus trajes de festa — todos os têm — é precisamente misturar-se a uma sociedade externa ao privado estrito. Na cidade também, as pessoas se vestem simplesmente em casa e entre si. Alberti o assinala para nisso insistir: as roupas novas são para os dias de festa; as já usadas, são para a vida corrente; as realmente gastas, para a casa. A opinião de M. Palmieri é comparável, mas um pouco diferente: não usar em casa para os dias comuns senão as roupas de todo mundo. Duas categorias de trajes são assim declaradas boas para a vida privada e provavelmente utilizadas: os trajes mais simples pelo tecido ou pelo corte; os belos costumes herdados de uma avó ou encontrados no belchior e desclassificados, apesar de sua riqueza, porque usados ou ridículos. De qualquer modo, a regra é o traje simples. Dentro de casa, uma mulher, seja qual for o seu meio, contenta-se com a *gonnella* (século XIV), chamada no século XV *gamurra* (na Lombardia, *zupa*), a saber, uma túnica de lã, muito simples e provida de mangas (removíveis após 1450), que se enfia por cima da *camicia*, longa camisa de linho ou de algodão. É assim vestida que ela se ocupa de sua família e faz mesmo, nas proximidades, as compras rápidas ou as visitas muito informais (quando não usa um traje suplementar contra o frio). Mas desde que se abandone o privado estrito para abordar, mesmo de longe, o mundo e a representação, permanecer de *gamurra* seria uma falta de gosto. É então que se abrem as arcas para delas tirar os trajes mais ricos destinados a distinguir pessoal e socialmente.

A vida em casa admite em matéria de vestuário uma liberdade ainda mais desenvolta. Os moralistas recomendam observar uma total correção em casa, em especial na sala (onde se está em família), mas, na realidade, deixar aparecer parcial ou totalmente a nudez, em certos momentos de privacidade, não choca. Pode-se dormir de

Lanterna de ferro do Palácio Davanzati (séculos XIV-XV), em Florença. O luxo de ver claro, tanto fora como dentro.

camisa, mas dorme-se nu com igual facilidade, muito simplesmente porque faz calor, sem que as damas se preocupem, por exemplo, com a menina estendida a seu lado ou com o vizinho que espreita seu despertar ou seu deitar pela janela escancarada para o frescor da noite. E depois, ao aquecer-se ou secar-se ao fogo, as mulheres ficam nuas pois não há *lingerie*, e também os homens que, tirando seus calções, põem-se de bom grado à vontade, sentados diante da lareira. Cuidado então com o gato (*dixit* Sacchetti) que, insinuando-se sob os escabelos, tenta brincar com esses divertidos penduricalhos.

O que o vestuário interior tem de simples e mesmo de negligente não deve mascarar a alegria jovial, animada ou colorida que as famílias buscam muitas vezes conferir ao seu interior. A alegria pode ser uma flor, um buquê, uma dessas plantas, de que afrescos e quadros de Florença e de Siena dos séculos XIV e XV nos dão tantas amostras, ornamentando, em seus vasos, as mesas e as credências ou tomando a fresca sobre os apoios de janelas. Pode ser esses pássaros cujas gaiolas de junco pendem às janelas dos afrescos de Lorenzetti ou de Masaccio, ou que se enviam a uma criança doente, Michele Verini, para que a alegrem com seus cantos (o jovem humanista de dez anos responde em um latim perfeito). Pode ser esses gatos provocadores ou brincalhões, esses cachorros, essa gansa que Alberti deseja sempre ver em seu lar para garantir sua guarda, esse macaco enfim que, apesar de sua coleira, faz sua ginástica sobre a cornija de uma casa de Masaccio (Carmine, em Florença).

A abastança e a fortuna permitem ir mais longe e ornamentar e alegrar de maneira mais duradoura, por meio das tapeçarias ou dos afrescos, as peças principais. Os inventários genoveses dos anos 1390 mencionam frequentemente tapeçarias (não descritas), e sua moda continua no século XV. Existem também em Gênova "quartos de tela pintada" (assinalados no final do século XV), pinturas com tema executadas sobre tela e destinadas a revestir um quarto inteiro; quarto, mais uma vez, de preferência a sala. Os tecidos e tapeçarias fazem furor também em Florença desde o século XIV. Apenas as amostras de menores dimensões que são colocadas sobre as mesas, as cadeiras ou os bancos são de uso constante e decoram os momentos estritamente privados. As peças maiores, as verdadeiras tapeçarias (*arazzi*), destinadas às paredes, às cabeceiras de cama e mesmo às portas, são utilizadas com menos frequência. Só são tiradas das arcas, onde repousam em tempo normal, nos dias de festa, para delas se fazer um verdadeiro abuso nas grandes ocasiões. Elas acompanham e realçam os ricos trajes, a maquiagem, as joias, todo o fausto de que se reveste o privado para exibir-se.

As pinturas, afrescos ou têmperas que, desde o final do século XIII (Dante, *Vita nuova*), ornamentam as peças de maneira permanente e menos onerosa que as tapeçarias — das quais são um sucedâneo — estão também mais estreitamente ligadas a um privado do qual são as testemunhas sem falhas. Os motivos padrão e os menos caros associam ou alternam, segundo os gostos, os desenhos geométricos simples (quadriculados multicores, losangos etc.) ou complexos, os arabescos ou — já mais refinadas — as imitações de peles (petigris ou arminho). Por vezes aplicados uniformemente à parede inteira, esses motivos são alhures destinados a decorar revestimentos pintados em *trompe-l'oeil* sobre as paredes com seus atamentos espaçados, sua curvatura, sua franja. A moda e seu baixo custo difundiram amplamente esses afrescos de motivos simples que invadiram os pátios internos, as galerias entre andares (Castelo de Poppi, fim do século XIII, Toscana), as salas, as *loggie* e até as latrinas. Mas as infinitas possibilidades da pintura se exprimem de maneira mais ampla nos interiores verdadeiramente abastados onde, desde o século XIV, propagam-se as cenas figuradas. A voga vai principalmente para as árvores, isoladas com elegância sobre painéis, depois para os jardins cheios de flores e de pássaros, para os personagens, enfim, reunidos nas cenas de jogo, de caça, ou nos episódios de uma história cortês. Associando esses diversos temas, vários registros podem superpor-se em uma mesma peça. O palácio Davanzati, magnificamente conservado e restaurado, oferece uma soberba amostragem da coisa, espalhada por três gerações (fim do século XIV-XV). A sala e os dois quartos decorados inteiramente (os únicos a sê-lo) associam, todos os três, um primeiro nível de motivos geométricos cuidados, refinados mesmos, mas de realização simples, que cobre cerca de 2,50 metros de altura, depois, acima de uma faixa mais ou menos larga (de vinte centímetros a um metro), ora um friso de palmeiras cercadas de pássaros sobre fundo alternadamente azul e vermelho (a sala), ora um friso de árvores ainda, cada uma desta vez decorada por um escudo e enquadrada por uma arcatura gótica, ora enfim, sempre em friso, a história da castelã de Vergy cujos episódios se desenrolam em meio às árvores e aos pássaros, sob o refinado *trompe-l'oeil* de arcadas de volta inteira, elas mesmas pintadas com armas da França. Quanto mais crescem a abastança, a riqueza, mais se refina no frescor e na alegria, no sonho também e no artifício, um quadro capaz de formar uma cortina contra as preocupações de fora.

UMA PRIVACIDADE NUTRIDORA

Contra as eventualidades do abastecimento, um pai de família prevenido trata de intervir formando reservas. Só a família, em seu privado, pode amortecer as intermitências da natureza e do serviço público. Tal é o ensinamento desse protótipo do bom senso burguês que é Paolo da Certaldo (século XIV): "Tem constantemente em tua casa trigo para dois anos [...] e faze o mesmo quanto ao azeite". Evidentemente, as pessoas modestas são incapazes de curvar-se a essa regra de prudência, e são inúmeras as famílias camponesas, sobretudo em período de penúria, a vender seu trigo novo. Mas a menor abastança de finanças é aproveitada para começar a encher, ao melhor preço, as arcas de provisões. Na cidade de Prato, em novembro de 1298, no mo-

Quarto pintado (detalhe), no Palácio Davanzati, em Florença, por volta de 1400. Afrescos realizados para as bodas de um jovem Davizzi (o proprietário). Sucedem-se, de baixo para cima: uma tapeçaria factícia com motivos de chaves e de leões; uma série de painéis, meio dissimulados por uma rede pintada; uma cornija sobre modilhões em trompe-l'oeil*; sob arcadas igualmente factícias e decoradas com as armas da França, dois episódios da história de* La châtelaine de Vergi *(romance francês do século XIII); brasões e uma nova cornija pintada. Conjunto refinado, construído do privado linhagista, o recolhimento pessoal e a evasão em um mundo cavalheiresco de sonho.*

mento em que se delineia uma carestia, as autoridades mandam efetuar uma relação dos estoques de cereais. No bairro San Giovanni, 30% das famílias não têm mais nada, 20% dispõem de um a seis meses de provisões, as outras, uma boa metade, estão inteiramente providas até a nova colheita. Isto significa que a prática da estocagem vai muito além da grande burguesia dos juízes ou dos comerciantes. Lojistas, artesãos a ela se curvam também e, dada a modéstia de seus recursos e a amplitude de seus estoques, é entre eles sobretudo que essa prática é prioritária (em tempo e em porcentagem de seu orçamento).

Os burgueses florentinos dos anos 1400 não renunciaram a esse hábito, mas ele aparece menos em seus inventários. Quase todas as famílias conhecidas têm vinho — alguns tonéis — e azeite — alguns cântaros — à sua disposição. Duas vezes em três, dispõem de vinagre; uma vez em duas (ao menos), de trigo, de cereais, de legumes secos, de carne seca ou salgada. Essa amostragem não tem o rigor da primeira, a de Prato. Os estoques de trigo são por certo mais frequentes em um mundo, o dos burgueses toscanos, em que cada um possui uma ou várias propriedades agrícolas. Em todo caso, é certo que, em uma medida que nos escapa, o hábito de abastecer amplamente sua família não se perdeu. Locais são previstos com esse objetivo. As arcas (*arca*) de cereais são, em diferentes ocasiões, arrumadas nas salas, ou antes nos quartos, mas armazenam-se sempre os tonéis no celeiro (*cella*, *volta*) arranjado no andar térreo de cada morada burguesa.

Da despensa à mesa, os alimentos, evidentemente, têm de passar por uma preparação. As cozinhas equipam a maior parte das habitações e todas as casas burguesas. Dos pátios e jardins em que estavam exiladas no século XIII, foram transferidas para as casas. Diferentes motivos aí as confinaram nos sótãos (temor do fogo, da fumaça, dos odores), mas é possível que por comodidade se tenham instalado algumas delas nos andares nobres. Esse testemunho do conforto urbano alastrou-se no campo, e a cozinha é, no século XV, uma peça várias vezes assinalada nas casas ricas dos Apeninos, de certas zonas lombardas e, por certo, em outras partes também.

Entre as peças da habitação, a cozinha não é a menos equipada, e ali se enumeram mais objetos (de 25 a oitenta inventários florentinos), eles próprios mais variados e por vezes mais caros, do que em muitas salas. Em matéria de móveis, aí se pode encontrar amassador, ucha, armário (raro e ali apenas no século XIV), prateleiras, mas a atenção das donas de casa se volta antes de tudo para esses mil utensílios de ferro, de cobre, de estanho, de terracota, de madeira, próprios para todas as manipulações técnicas de onde saem as boas refeições e mais ainda os excelentes banquetes, pois a boa mesa abranda o humor do senhor, mas é também, na abertura do privado ao público, uma das principais armas da ostentação bem-sucedida. As cozinhas de alto nível técnico existem em Veneza no fim do século XIII, e encontramo-las no século XIV, através da Itália, em todas as boas casas.

Essa progressão do conforto privado dos olhos e da boca é facilitada pela melhoria do abastecimento privado de água. O poço público cavado nas encruzilhadas e nas praças, e mantido à custa dos vizinhos, é de uso comum em Bolonha, em Piacenza, em Florença e em muitas cidades no século XIII. Mas a água que daí se tira nem sempre é suficiente, nem sempre boa, e a água do rio, quando existe um, não é melhor. Preocupadas em mudar as coisas, comunas tomaram a questão nas mãos, criando, como em Veneza, um conjunto de cinquenta cisternas públicas suplementares ou organizando, como em Siena, uma ambiciosa rede de canalizações subterrâneas e de fontes públicas. Em outras partes, são antes os habitantes que vemos agir. Em Florença, por exemplo, nos novos loteamentos traçados em

1320-1380 ao norte de San Lorenzo, poços privados são frequentemente construídos com os edifícios: pelo menos 149, segundo um trabalho recente. Esses poços não são cavados por toda parte. Certas vias afastadas e todas as casas pobres deles carecem (encontra-se um poço para 33 casas na via Guelfa). Quanto mais as ruas são belas e as construções caras, mais os poços são numerosos, equipando até 30% das casas dos belos bairros (campo Corbolino). A água então está ali, ao alcance da mão, para quem quiser tirá-la, elevando-se o conduto do poço por vezes até o terceiro andar, com abertura, polia, balde em cada andar, para grande benefício da higiene, da conversação, da cozinha e da sede.

Poço doméstico florentino (século XIV): seus acessos ao andar. Poço cavado sob o próprio edifício. Seu conduto sobe até o nível mais alto do imóvel. Uma polia particular permite às donas de casa retirar diretamente a água em cada andar: duas portas com dois batentes dão acesso a ele a partir de duas peças diferentes.

COMO VIVER JUNTO

AS OCUPAÇÕES COLETIVAS NO PRIVADO DA FAMÍLIA

As ocupações da loja e do artesanato se desenvolvem no mais das vezes fora do espaço do alojamento privado. Em Florença, a maior parte dos artesãos é locatária de suas oficinas e mora em outro local na cidade. Tem-se exemplos contrários de oficinas e de habitações superpostas, mas são muito raros. A dissociação parece a regra. A morada urbana se esvazia, durante o dia, de seus trabalhadores homens, mulheres também eventualmente, e mesmo crianças (por vezes desde os oito anos). No entanto, algumas profissões são exercidas tradicionalmente a domicílio, profissões masculinas como a tecelagem, profissões femininas como essa mesma tecelagem e antes de tudo como a fiação. O mobiliário dos trabalhadores da lã, segundo os inventários que lhes dizem respeito (1378), comporta com efeito frequentemente um tear — para o marido, se é tecelão, para a mulher, no caso contrário — e um *filatoio*, uma roda de fiar, instrumentos enumerados com o mobiliário e instalados entre os móveis no alojamento privado. O mesmo acontece em Siena, na metade do século XV, e em muitos outros lugares. As famílias que associam dois tecelões ou um tecelão e uma fiandeira trabalham então em casa, em comum ou lado a lado, por todo o dia e por vezes mesmo até tarde da noite. No campo também, e sobretudo ali, o trabalho cotidiano na exploração agrícola, que se executa em conjunto, não se dissocia da vida privada. Trabalhar conjuntamente em casa é, em compensação, uma situação pouco corrente na cidade e, de resto, mais ameaçadora do que vantajosa para a intimidade familiar quando o trabalho, como acontece com os pobres, submerge tudo, mesmo as noites.

Felizmente não faltam as ocasiões, para aqueles membros da família que o trabalho dispersa pela manhã, de reencontrar-se juntos em casa, e isso, como em todas as épocas, à noite ao fim do trabalho (à hora das vésperas para os pedreiros florentinos) ou durante todo o dia nos feriados (domingos e festas). Esses momentos de reunião dão lugar à vida realmente comum?

A toalete é uma primeira e boa ocasião para se encontrar: toalete das crianças, vigiada pela mãe como o quer Giovanni Dominici, toalete também dos adultos, nem sempre solitária nem reservada, ao amanhecer. É normal que uma mulher ajude nas abluções de seu marido. As matronas pedem aos domésticos para vesti-las, maquiá-las, lavá-las (ao menos quanto aos pés), e a limpeza mútua de piolhos é tão difundida entre as damas e as famílias de Ravena que um regulamento do século XIII proibiu que isso fosse feito em público, debaixo das arcadas.

Com menos privacidade, há encontros também às refeições, por vezes antes. Em torno de uma dona de casa afobando-se com

Uma refeição familiar, manuscrito ilustrado do Decameron, *1427. Sobre a mesa redonda de três pés* (desco), *colocou-se uma toalha retangular com franjas (mal adaptada). Todos — pai, filho crescido, mãe, crianças — tomaram lugar em tamboretes* (deschetti). *Vários copos, uma faca para todos. Pede-se ao filho — ele é tão instruído — que faça as porções. (Paris, Biblioteca Nacional, ms it. 63.)*

sua sopa vesperal (Fiesole, julho de 1338), eis ali, surpreendidos por uma testemunha, a filha de quinze anos que se sentou para costurar sobre uma arca baixa, sua irmã mais velha instalada à soleira, os joelhos no queixo, espreitando seu galante, enquanto um garoto desocupado anda de um lado para outro. Depois cada um se instala. Comer junto é ao mesmo tempo um ideal (lembrado por Alberti) e uma realidade. Ricas ou pobres, as famílias florentinas possuem todas uma (ou várias) mesa, retangular (e montada sobre cavaletes) ou redonda, e manifestamente destinada às refeições, segundo a própria definição de certos inventários (mesa redonda de comer). Os narradores nos apresentam como coisa normal os maridos comendo com sua mulher, e os filhos de uma certa idade completam provavelmente o círculo de mesa. Não os domésticos, salvo talvez aqui e ali, no campo e nos meios modestos.

Enfim começam os serões, que se abrem amplamente após a ceia para os reencontros familiares. Tem-se muito a fazer junto, trabalhos domésticos de sempre (debulhar, remendar, limpar, consertar etc.), trabalhos femininos, e muito a dizer também. Fazer serão, como em toda parte, é conversar. Rumina-se a labuta cotidiana, "os carneiros, o trigo, as construções, assuntos habituais dos esposos", segundo a expressão de uma testemunha relatando uma conversação conjugal camponesa. Repisam-se os projetos (com quem casar sua filha) e as preocupações: o fisco opressor, os filhos que chegam um após outro e que "não fazem senão comer", todas essas queixas das declarações fiscais, eco imobilizado de tantos suspiros e de tantas recriminações domésticas. Conversações inteiras rolam sobre o dote, sobre os interesses materiais, sobre as relações com o proprietário ou o patrão quando se trata de meeiros. Os moralistas se queixam da licenciosidade das conversações privadas. Acontece também que se converse sobre religião. As famílias mais santas e as mais bem-educadas são, como as outras, sacudidas por esses momentos de cólera em que cada um "exala sua amargura em palavras violentas", segundo a expressão aplicada à família de santa Catarina de Siena por seu biógrafo. Em outros momentos, ouvem-se os avós evocar sua infância e discutir genealogia (nem sempre com muita segurança). Comentam-se com indignação os escândalos locais (bigamia, assassinatos, desregramentos do clero etc.). Essa amostragem, extraída de diferentes documentos toscanos no século XIV, enriquece-se naturalmente se, dos camponeses e das pessoas modestas, passa-se à burguesia urbana e aos humanistas. Entre eles conversa-se também, nem sempre fugindo à simplicidade do cotidiano. L. B. Alberti gaba os encantos das conversas tranquilas sobre "o boi, a lã, a vinha e as sementes" permitidas pela vilegiatura. Mas se sabe igualmente elevar-se a um outro tom. Na casa de um tio do mesmo Alberti, "o hábito era de jamais conversar de coisas fúteis, mas sempre de coisas magníficas". Quanto aos assuntos dos humanistas, aos seus diálogos — verdadeiros ou supostos —, aí a conversação se eleva ao nível da erudição e da pedagogia, e é aí que a reencontraremos.

Da conversa passa-se ao jogo. Aos dados (mas isso é malvisto), às damas, ao jogo de xadrez (frequentemente mencionado nos interiores burgueses), mais tarde às cartas. Ou então convocam-se as crianças para um pouco de alfabeto sem lágrimas (Palmieri); quando elas crescem, organiza-se uma pequena sessão de leitura vesperal, como o digno e piedoso notário Lapo Mazzei, de Prato, que preenchia as noites de inverno lendo os *Fioretti* de são Francisco para seus filhos (1390). Cem anos mais tarde (1485), de modo semelhante, um tio do jovem humanista prodígio Michele Verini lê para ele a Escritura, após o jantar (e Euclides como aperitivo).

A própria estrutura das casas, desigualmente mobiliadas e aquecidas (ou refrigeradas), presta-se a essas reuniões e serões coletivos. No verão, toma-se a fresca em conjunto à soleira das portas ou no jardim, ou nas *loggie* de diferentes tipos. O inverno reúne a família em torno do fogo da *sala*, a esposa fiando, o senhor atiçando o fogo e falando, os filhos, cada um em seu tamborete, escutando-o em diversas atitudes, segundo tantas iluminuras consagradas a esse tema de predileção. Outras circunstâncias (parto, doenças) levarão cada um a se reencontrar no quarto. Mas isso parece aos puristas uma usurpação de um espaço propriamente feminino ou conjugal, e o espaço por excelência da sociabilidade familiar é, a seus olhos, a sala. Esta por certo desempenha seu papel. Mas um casal e seus filhos (a família conjugal estrita) permanecerão antes no quarto, mais íntimo e mais acolhedor.

Quarto pintado (detalhe), no Palácio Davanzati, em Florença, por volta de 1400.

A grande sala das casas burguesas abre-se sobretudo ao mundo mais vasto do grupo de parentesco e de convívio, ao mesmo tempo que o filtra, para só permitir a alguns eleitos o acesso aos quartos.

O *PATER FAMILIAS*

Uma família se governa. Decisões se impõem cotidianamente. Duas ordens de problemas sobretudo exigem uma boa definição das responsabilidades: o patrimônio e os filhos. Quanto aos filhos, tudo está por fazer, de sua primeira infância ao casamento. Ora, eles dependem de duas linhagens e de duas tradições, representadas respectivamente pelo pai e pela mãe. Quem vai prevalecer? A mesma observação pode ser feita quanto ao patrimônio. Até os *nihil habentes*

Prazeres perigosos da vida mundana. Mestre Ermengol, Le bréviaire d'amour, *século XIII. (Madri, Biblioteca do Escorial.)*

Mesa de jogo, Afonso X, o Sábio, Livre des jeux, *1282. (Madri, Biblioteca do Escorial.)*

Saltério *de Ingeburge da Dinamarca. Anunciado a seus ancestrais pelas profecias e pelos sonhos, Cristo toma lugar no topo de uma árvore genealógica cuja raiz se encontra em Jessé, pai do rei Davi. Depois vem Salomão e, após 26 gerações, a Virgem Maria. (Chantilly, Museu Condé, ms 6.)*

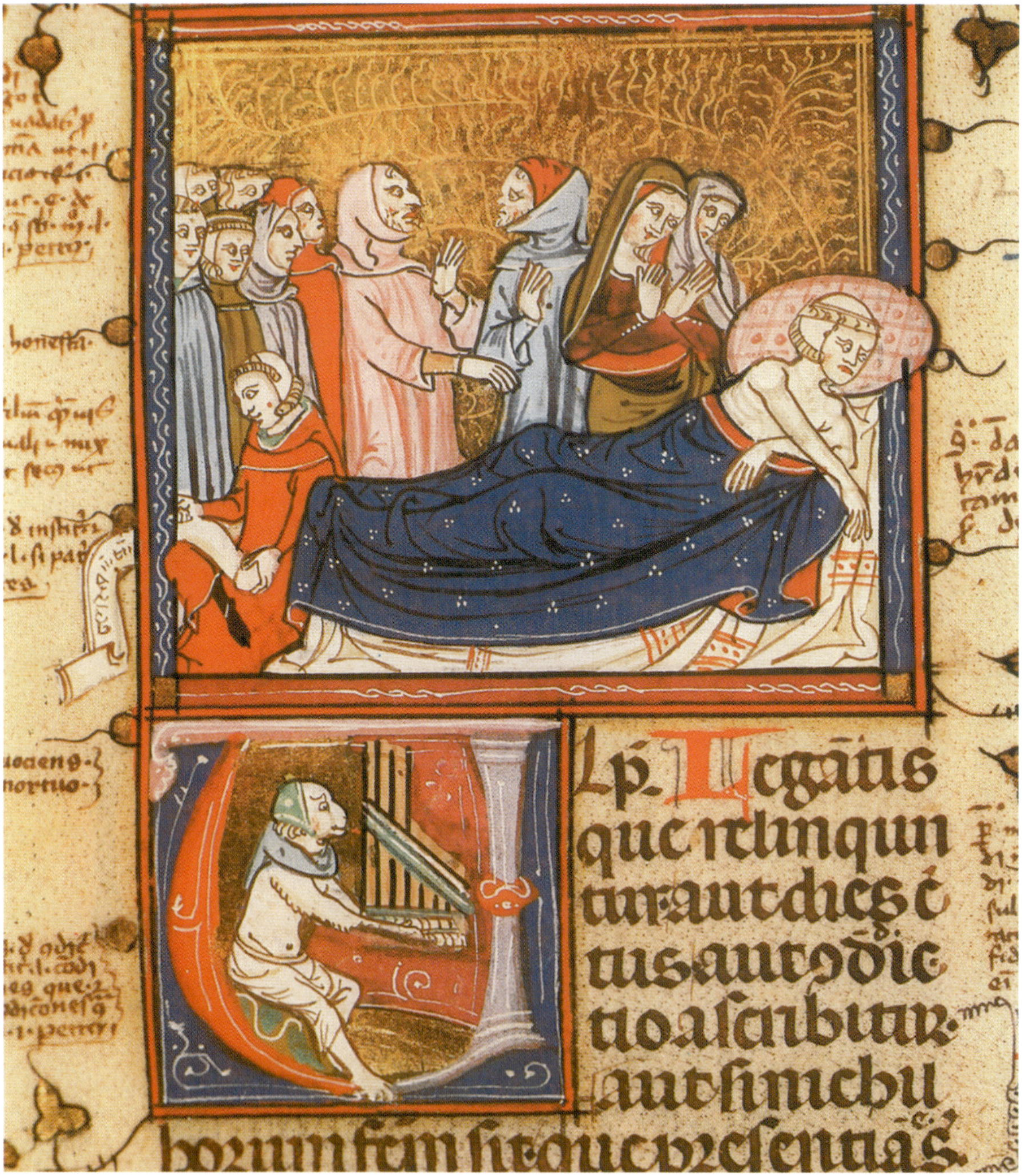

Página anterior:
Justiniani in fortiatum, *século XIV. Com o renascimento do direito romano e a autoridade crescente dos autos escritos (séculos XII-XIII), o testamento é novamente praticado: permite ao indivíduo ditar suas vontades a seus próximos. (Madri, Biblioteca do Escorial.)*

Paolo Uccello (atribuído a), Nascimento da Virgem, *1436. Episódio bíblico cujo cenário (um quarto de patrícia), cuja decoração (uma tapeçaria de peles em* trompe l'oeil*) e a multidão encantadora que o anima transpõem totalmente para a Toscana. Um nascimento: maravilhosa ocasião para dar livre curso, entre mulheres, à sua simpatia, à sua competência e à sua alegria. Momento privilegiado do privado feminino. (Prato, Domo, Capela da Anunciação.)*

Página seguinte:
Jacopo e Lorenzo Salimbeni, História de são João Batista *(detalhe), 1416. Dois jovens na última moda, a da França, compartilham, escutando o santo, da emoção dos mais velhos. (Urbino, Batistério São João.)*

Andrea Mantegna, Quarto dos esposos *(detalhe painel oeste), 1474. Dois meninos entre o público e o privado, Francisco de Gonzaga, futuro marquês, e seu irmão Sigismundo, futuro cardeal, foram vestidos para uma festa com as cores da família. Como é demorado, e intimidante! Mãos se procuram. (Mantua, Palácio Ducal.)*

Meo di Guido de Siena (ativo de 1319 a 1334), Retábulo *(detalhe), "A cidade de Perugia apresentada por seu patrono, são Ercolano". Com suas duas mãos enluvadas, consagradas e maternais, o prelado apresenta e protege sua cidade e toda a sua clientela espiritual. (*Perugia, Galeria Nacional da Úmbria.*)*

As felizes cidadãs da Cidade das Damas no reino de Fémenie.
Christine de Pisan, Livre de la Cité des Dames. *(Século XV, Chantilly, Museu Condé.)*

Na página anterior:
"... um pequeno livro que teria por nome Lês évangiles des quenouilles, *em memória e em lembrança duradoura dessas mulheres, por intenção de todas as mulheres por vir". (Século XV, Chantilly, Museu Condé.)*

Tradução francesa de De senecture, *de Cícero, em um manuscrito do século XV. Nesse elegante* studium *do fim do século XV, uma discussão filosófica opõe dois velhos: Catão, à direita, em sua cátedra professoral, com suas obras de referência ao alcance da mão, e Ático, à esquerda. O fogo aquece a peça. No último plano, à esquerda, a peça se abre para uma outra peça, onde se encontra um leito. (Chantilly, Museu Condé.)*

Christine de Pisan apresenta a Isabel da Baviera um manuscrito de seus poemas. A rainha da França, cercada de suas damas de honra, recebe Christine em seu quarto. Panejamentos suntuosos, ornados das insígnias de Isabel (os lises da França à direita, os losangos da Baviera à esquerda). Além do grande leito, uma caminha onde se instalou um cãozinho. Cadeiras e carreaux *(almofadas) confortáveis. Um tapete recobre o piso. Postigos, vitrais e barras nas janelas. Teto lambrisado. (Londres, British Library, ms Harley 4431.)*

Lucas de Leyde, Os noivos, *c. 1519. Jogo das mãos, intensidade dos olhares, gravidade do amor. (Estrasburgo, Museu de Belas-Artes.)*

No verso:
Mestre de Tolentino, Os fiéis escutam a palavra de Deus *(detalhe), século XVI. A palavra de Deus penetra nos corações e ilumina os rostos: o artista apreende a expressão dos movimentos íntimos. (Tolentino, capela de San Nicola.)*

Mestre alemão, século XV, A ressurreição de Lázaro *(detalhe). Do laguinho de recreio ao rio imaginário, do pavão decorativo aos carneiros de convenção, a natureza abre uma brecha no cenário urbano, estabelecendo uma corrente contínua entre interior e exterior, privado e universal. (México, Museu San Carlos.)*

Benedetto Bonfigli, O corpo de são Herculano é enterrado no exterior das muralhas de Perugia *(detalhe), 1461-1496, afresco do Palazzo Pubblico. Fachadas abruptas e fechadas da cidade-fortaleza, cenário público insensível à dor dos homens. (Perugia, Galeria Nacional da Úmbria.)*

(sem haveres) declarados como tais pelos documentos fiscais, todos os lares têm bens próprios, ainda que sejam alguns móveis e algumas roupas velhas. Mas esse patrimônio é heteróclito. Justapõe os bens patrimoniais propriamente ditos trazidos pelo pai, seus próprios bens adquiridos, o dote da esposa e por vezes o das noras, os *peculia* dos filhos (bens chegados à sua posse por doação ou aquisição). O próprio dote não forma bloco, e os juristas distinguem a parte "estimada", que constitui objeto de um inventário atento, da parte "não estimada", móveis ou objetos de uso cotidiano. Pai, esposa, filhos grandes, cada um está implicado no patrimônio. É preciso partilhar as responsabilidades ou delegá-las. Ainda aí, quem se impõe?

Em toda a tradição italiana, o poder pertence em primeiro lugar, incontestavelmente, ao pai de família. Por assimilação à do rei, sua autoridade não cessou de ser consolidada, nos séculos XII-XIII, pelos juristas (em Bolonha especialmente) para desembocar no adágio repetido em toda parte no século XIII: "Em sua casa, qualquer um é chamado rei" (*Quilibet, in domo sua, dicitur rex*). Essa autoridade, a *patria potestas*, é exercida pelo pai sobre seus filhos e ele é seu único depositário: como o expõe o jurista Azzo, "nem as mães nem os avós maternos têm poder (*potestas*) sobre os filhos". Esse poder, o pai o exerce também sobre sua descendência, e em primeiro lugar sobre seus netos, e isso qualquer que seja a sua idade, ainda que tivesse sessenta anos (*etiam sexagenarius*), e qualquer que seja a idade de seus filhos. Essa máxima geral não permanece confinada nos manuais dos juristas. Elaborada como resposta a questões levantadas pela vida corrente, ela aí repercute, em primeiro lugar pelos estatutos e costumes de que se dotam as cidades nos séculos XIII-XIV (estatutos que regem, entre outras, a vida privada), e por isso impregna ainda mais a vida das famílias.

O *pater familias* se impõe em primeiro lugar como o administrador único do conjunto dos bens da família dirigida por ele. A gestão do dote lhe compete, de todo o dote (século XIII), *estimata* ou não, e por vezes de todos os dotes, noras incluídas. Esse dote, ele pode até vendê-lo, sem que a mulher esteja realmente armada para opor-se a isso. Toda a prática jurídica tende a dar plenos poderes ao marido no governo dos bens trazidos pela esposa e a deles afastá-la, pondo-a na incapacidade de frear as iniciativas perigosas para seus haveres, futura herança de seus filhos. Quanto aos rendimentos desse mesmo dote, os juristas opinam também que sejam depositados no pote comum da família gerido pelo marido (e não reinvestidos), para melhor fazer frente aos "insuportáveis encargos" do casamento (muito simplesmente as despesas correntes), tendo assim o marido o campo livre para reinvestir seus próprios rendimentos na terra ou na mercadoria. Do lado do filho, o mesmo controle do pai sobre seu pecúlio e sobre seus bens adquiridos, sempre nos termos da *patria potestas*.

Dono de todas as coisas, o pai faz igualmente figura de patrão para as pessoas de seu lar. A esposa é submetida, como os outros, à *potestas* definida pelos juristas, e a esse título deve obediência e respeito a seu cônjuge. O ensinamento dos grandes diretores de consciência dominicanos reforça o de seus colegas juristas. Lembrando em 1398 a uma de suas penitentes que a mulher foi posta sob o comando de seu marido (excluído até o pecado), Giovanni Dominici enuncia um lugar-comum da pregação, que é repetido pelos moralistas Fra Paolino, Alberti, E. Barbaro e muito outros: "Único senhor em sua casa, o marido não revela à sua esposa senão uma parte dos segredos familiares. Ele próprio a forma em seu ofício de mulher e, considerando a fragilidade de seu corpo e de seu caráter, não lhe deve confiar, na família, senão responsabilidades menores". Essa subordinação pode ter consequências práticas dolorosamente palpáveis, expressas e codificadas por certos estatutos comunais em que se autorizam os maridos, como em Gello (Toscana, 1373), "a corrigir seus filhos, seu irmão mais novo e também sua mulher". A autoridade atribuída ao pai sobre os filhos pelos textos jurídicos, legislativos ou morais é ainda mais completa. A seu pai, os filhos devem um profundo respeito e uma inteira reverência, como a uma pessoa para eles sacrossanta. Sejam quais forem as responsabilidades públicas do filho, elas desaparecem na vida privada: o pai aí conserva inalteradas sua autoridade e sua preeminência (Palmieri). Toda falta, toda rebelião, injúria, negligência (em relação a um pai idoso) serão legitimamente punidas pelo próprio pai ou pela justiça pública. Em 1415 ainda, uma rubrica dos estatutos florentinos autoriza um pai ou um avô a mandar prender um descendente faltoso. Os pregadores gostam de desenvolver um tema análogo: quem honra seu pai será recompensado em seus filhos; receberá a bênção divina etc. Enfim, cada um (moralistas, clero) concorda em reconhecer nos pais dispostos a "ornar a vida de seu filho com os costumes mais virtuosos"(Palmieri) a fonte de toda educação. Giovanni Dominici, obrigado por seu tratado da boa educação a ser concreto, insiste em que um filho responda a seu pai "Sim, senhor", permaneça em pé diante de seus pais, baixe humildemente a cabeça quando lhe dão uma ordem, manifeste abertamente, em uma palavra, seu respeito constante pelo autor de seus dias.

Tacuinum sanitaris, *Pavia ou Milão, 1390-1400. Sentado em sua cátedra, o* pater familias *acaba de provar na colher o caldo oferecido por sua esposa inquieta. Ele está contente. A satisfação do senhor reconforta as duas mulheres. (Paris, Biblioteca Nacional, ms n.a. lat. 1673, fol. 50 v.)*

A legislação e os imperativos sociais refletem os costumes, e o que se sabe das famílias toscanas corresponde em parte ao programa cujas grandes linhas acabo de lembrar. O estatuto sobre a prisão de um filho é ainda aplicado em Florença em 1463 e, nas grandes famílias burguesas do século XV, os patriarcas são por vezes os testemunhos vivos dessa preeminência do pai. Veem-se alguns deles conservar entre as mãos a totalidade da autoridade em matéria econômica. Em 1480, o velho Gino Ginori redige ele próprio, e só ele, sua declaração fiscal, acrescentando a propósito de seus filhos adultos que vivem sob seu teto e trabalham com ele: "Eles traba-

Gentile da Fabriano, Políptico Quaratesi, *"História de são Nicolau" (detalhe), começo do século XV. Honrar seus genitores. Uma filha manifesta sua deferência por seu velho pai, que ajuda a descalçar-se. Em sua extrema pobreza, este se dispõe, no entanto, para sobreviver, a prostituí-la, como às suas irmãs. (Roma, Museus do Vaticano.)*

lham comigo em minha empresa de lã e dela ainda não sabem o suficiente para se separar". Outros patriarcas de seu calibre dotam eles próprios seus netos etc. O poder do pai em matéria econômica está fortemente enraizado também no mundo dos meeiros. Ao redor de Siena, por volta de 1400, as famílias de meeiros aparecem organizadas como pequenas sociedades onde tudo é gerido, controlado, dividido (trabalho, dívidas, colheitas, estoques) pelo pai.

Veem-se também muitas vezes os pais imporem-se como os grandes responsáveis pela educação. Sua mulher é a primeira a pagar por isso. Sua grande juventude, sua inexperiência no momento do casamento a tornam necessariamente tributária dos conhecimentos de seu marido. Muitos esposos terão infligido a suas jovens mulheres, atentas e amedrontadas, os longos discursos moralizadores e sentenciosos graças aos quais o velho Giannozzo, segundo seu sobrinho Alberti, conta vaidosamente ter feito de sua jovem esposa uma dona de casa mais que acabada: "Seus dons e sua formação, mas bem mais ainda minhas instruções, fizeram de minha esposa uma excelente mãe de família". Mas os cuidados mais ternos e mais vigilantes — os mais comoventes também — dos pais vão para a formação moral e intelectual de sua progenitura (por exemplo, por ocasião dos serões de que falamos). Que alegria para eles quando essa atenção é recompensada! Esse afetuoso orgulho ilumina as cartas dirigidas no fim do século XV pelo notário *ser* Ugolino Verini a seu filho Michele, jovem humanista prodígio. Esse pai exigente encoraja seu filho, aconselha-o de perto, repreende-o mesmo, mas, muito frequentemente, constatando as disposições excepcionais e a afeição desse miraculoso rapazinho de dez anos, deixa irromper sua ternura: "Que alegria me teria causado tua visita [de Florença a Pisa]. Ninguém me é mais caro do que tu, ninguém que eu deseje tanto rever, tu que cumulastes todos os meus votos".

A disciplina e o respeito suscitam a satisfação do mestre; a revolta e a arrogância, sua cólera. A legislação autoriza-o a corrigir os seus. Ele usa desse direito para satisfação geral, e em primeiro lugar sobre sua mulher. Sacchetti conta a história de um casal de estalajadeiros da Romanha cuja mulher, uma noite, não ajudara seu marido senão resmungando e muito mal. Um cliente estava lá, sufocando de indignação. A Providência o tendo feito viúvo como à sua anfitriã de uma noite, ele desposou esta última com a única intenção de puni-la por sua insolência passada. O que fez desde a noite de suas núpcias, atormentando a infeliz com surras, brutalidades, humilhações. Corrigida, prostrada, domada, a nova esposa jurou tudo o que se quis numa voz entrecortada: seria uma perfeita esposa. E Sacchetti sentencia: a qualidade das esposas depende inteiramente dos homens. Se não subscreve o provérbio (no entanto muito popular): "Boa esposa ou desmazelada, toda mulher quer bordoada", ele não deixa de conceder que, sim, a desmazelada quer bordoada. Ele leva a questão a peito. Vemo-lo consagrar ainda toda uma novela ao diálogo forçado de uma outra jovem esposa e de Martinho Bordoada. Quanto aos filhos, nada de boa educação sem pancadas (bordão, varas), pancadas das quais Giovanni Dominici lembra o bom uso: "Corretivos não furiosos mas frequentes lhes são de excelente proveito".

ESPOSA E MÃE

Espancadas e submetidas, as mulheres não deixam de conservar na família um poder que, se têm personalidade, pode ir longe, e que as reflexões humanistas consolidam em parte.

A mulher, dizem os moralistas, deve limitar-se à casa, mas ocupará aí o primeiro lugar "antes de todo o resto da família". É destinar-lhe, em um campo estreito, por certo, uma autoridade real. Autoridade delegada e controlada, por vezes minuciosamente, mas inteiramente certa no nível das discussões e das decisões cotidianas, e isso sem ter sempre a vigilância do marido: ela é livre quando ele viaja, por exemplo, caso bem frequente nessas cidades de comerciantes. "Todo o encargo familiar das roupas domésticas, dos servidores, da educação dos filhos, é dela. Princesa da família, cabe-lhe governar e distribuir com cuidado e prudência tudo o que o marido faz chegar a ela [...], desenvolvê-lo, melhorá-lo" (Ermolao Barbaro). Aí está uma primeira homenagem simpática, mas empolada e alusiva. São Bernardino de Siena é mais direto e mais esclarecedor. De sua descrição pitoresca, mas longa, retenhamos alguns instantâneos que mostram a esposa afobando-se do porão ao sótão, vigiando o azeite, salgando a carne, varrendo, fiando, tecendo, cortando, lavando, limpando as roupas, mantendo toda a casa em ordem. Trabalho de criada? Sim, concorda são Bernardino, mas tão mais benfeito! Trabalho fundamental, em todo caso, base de todo um edifício familiar regido pela esposa e cujos andares se chamam educação dos filhos (Barbaro também insiste muito nisso), sustento do marido e da família, porta aberta aos necessitados e, finalmente, paz e concórdia. Concórdia, objetivo maior de toda vida social e de todo governo: apresentar a mulher como sua verdadeira garantia no privado, eis aí o esboço de uma reflexão moral nova sobre o sentido e o resultado do trabalho feminino doméstico.

A ambiguidade de um destino de esposa é bem ilustrada pelo que sabemos, graças às suas cartas, da existência e dos humores cotidianos de Monna Margherita, mulher do comerciante Francesco di Marco Datini, de Prato. No início, os esposos quase não se deixam. Depois a profissão de Francesco separa com mais frequência os dois cônjuges. Escrevem-se mais. Quando sua correspondência a revela plenamente, Margherita é uma mulher mais madura, cujo caráter endureceu-se e que suporta mal as servidões de sua subordinação a um marido nada cômodo. Tudo isso dá às relações entre esposos a uma só vez mais complicação e mais relevo. Francesco, cuja formação mercantil reforçou a vigilância de bom *massaio*, oprime sua companheira com instruções cotidianas acompanhadas de repetidas lembranças tão desconfiadas que se tornam ofensivas: "Não esqueças de manter fechadas as janelas da cozinha, de regar as laranjeiras, não esqueças [...], não esqueças [...]". De início, Margherita obtempera gentilmente. Depois as relações se tornam tensas. Sua esterilidade irremediável, as aventuras ancilares de seu marido a entristecem e amarguram. Ela responde com mais irritação às censuras minuciosas de seu cônjuge e sabe retorquir. Vemo-la insistir em sua diferença de nascimento (ela tem sangue nobre), atalhar as jeremiadas de seu marido (foste tu quem escolheste partir), reprovar-lhe, às vezes com veemência, seu desregramento (muda tua maneira de viver, cuida de tua alma), em suma, manifestar uma grande liberdade de expressão. Uma certa independência também, pois Francesco, por momentos lúcido e contrito, lhe dá razão e chega a encorajá-la a "agir do melhor modo segundo tua opinião [...], se apenas Deus houvesse desejado que eu te escute [...]" etc. No cotidiano de uma longa vida conjugal, quando uma esposa tem caráter (e o tem mau), e que o afastamento de seu marido a obriga a mil iniciativas ou decisões, um certo equilíbrio se estabelece em seu benefício. A brutal ruptura da viuvez a encontra mais bem armada para enfrentar o choque de suas novas responsabilidades (gestão, educação), inteiramente iguais às de um homem.

Mas é sobretudo na educação dos filhos que a mulher se realiza. Esposa estéril, Margherita sentia toda a sua frustração. Seu caso não constitui a norma, longe disso. Mulheres geralmente cumuladas pela maternidade são postas por muitas circunstâncias nessa posição central de educadora. Sua idade em primeiro lugar. Mais jovens que seu marido sete a dez anos, casadas aos dezesseis, dezoito anos, ocupam entre a geração do pai e a dos filhos (sobretudo dos mais velhos) uma posição intermediária que as aproxima destes. Elas representam também para eles a estabilidade e a permanência em um mundo (na cidade sobretudo) em que os homens, comerciantes e artesãos, trabalham por mais tempo, em que se ausentam também, frequente e duradouramente. Sua influência de educadora é grande. Excessiva, dizem certos moralistas: cuidado com a fraqueza de uma ambiência demasiadamente feminina. Em certos meios burgueses, a despeito da legislação tão favorável ao *pater familias* e do culto que lhe dedicam os memorialistas burgueses, a realidade talvez seja, ao menos por momentos, em uma existência de criança, o eclipsar-se do pai.

Uma hierarquia teórica existe portanto nas famílias, hierarquia idealizada pelos moralistas, ainda que a realidade a desminta, em que o pai tem precedência sobre a mãe. Pode-se observá-la em muitos exemplos através das formas de chamamento, tratamentos por vós etc., que a concretizam. Jamais, por exemplo, um marido trata sua mulher por vós. A esposa, sim: e quando o marido é condecorado com um título (*messer*, *maestro*), ela trata de não esquecê-lo: "*Maestro, voi*" (Boccaccio). Em relação ao pai, o *voi* parece sempre imposto aos filhos da burguesia urbana.

UM CASAL, APESAR DE TUDO

Mas essa escala de dignidade e de deferência é muitas vezes perturbada, especialmente entre o povo miúdo. As esposas aí tuteiam, todas, sem cerimônia, seu marido, e veremos que sabem apostrofá-lo com rispidez e sem papas na língua. A própria Monna Margherita tuteia seu pontilhoso cônjuge. O tratamento por vós da esposa parece de fato limitado a certos meios nobres e patrícios fiéis às suas tradições, ou deliberadamente arcaizantes (como Alberti). O tratamento por vós dos filhos parece, ao contrário, mais difundido: mas tem-se a impressão, ali onde persiste, que ele se dirige aos dois pais em bloco, e o mesmo se dá com outras marcas de polidez. As regras de boa conduta (reverências, silêncio respeitoso, salamaleques), nas quais Dominici julga indispensável formar os filhos, sempre são dirigidas aos dois *genitori*, sem distinção. Insistindo prioritariamente na demarcação pais/filhos, Dominici propõe um ideal, mas certamente reflete também uma situação aceita em toda parte. Em relação a seus filhos, os pais toscanos, italianos, aparecem antes de tudo provavelmente como um casal, uma entidade tutelar cercada de uma aura que esfuma as diferenças, iguala os personagens, funde as autoridades.

O PRIVADO PESSOAL NO PRIVADO DA FAMÍLIA

A CADA UM SUA TAREFA

A família, que reúne seus membros para comer e para conversar, dispersa-os para trabalhar. A cada um sua tarefa. O Giannozzo de Alberti, que não omite nada, adverte bem sua mulher do dever de distribuir a todos um serviço que lhes convenha. Na grande burguesia de que falamos, trata-se dos domésticos, mas os membros dos lares humildes procedem entre eles a essa repartição, em especial no campo. Essa repartição, geralmente simples, mas mal conhecida, complica-se quando se apresenta a ocasião de diversificar as ocupações acessíveis aos membros da família. Constatamo-lo, por exemplo, ao analisar as relações estreitas estabelecidas entre o mosteiro de Monte Oliveto (Siena) e as famílias de seus meeiros (1400-1430); as mulheres fiam o linho para os monges, tecem a lã, lavam os tecidos de lã, e a esse trabalho assalariado sucedem-se quase todos os da família. Os homens, entretanto, além da responsabilidade pela exploração agrícola, põem-se a serviço dos monges para toda espécie de breves tarefas assalariadas, que se coadunam com os ritmos do ano agrícola. Por seu lado, os rapazes são engajados, cada um por sua vez, no mosteiro, mesmo como domésticos. Mas a família pode chamá-los de volta, em acordo com o ecônomo, nos momentos de urgência. O grupo doméstico se recompõe nessa ocasião. A proximidade do mosteiro faz aqui da parceria uma empresa que ultrapassa os limites geográficos da exploração agrícola. Cada um conquista um lugar original, escorado nos dois poderes, o do *pater familias* e o do ecônomo, e portanto meio independente de ambos. A coesão do lar torna essas aventuras individuais a uma só vez interessantes para cada um e benéficas para todos. O mesmo se dá com muitos lares rurais, onde se vê, por exemplo, um sapateiro exercer sua arte em uma família de meeiros (Val d'Elsa). Em outras partes, a família vê os filhos deixá-la momentaneamente pela cidade, por uma profissão etc. sem prejudicar o bom entendimento familiar. Situação ainda mais frequente nas aglomerações.

UM ESPAÇO APROPRIADO AO ISOLAMENTO

Essa diversificação dos empregos se manifesta no momento em que se multiplicam nos documentos os sinais de um gosto mais acentuado pela intimidade pessoal, no próprio seio da família; os

Um casal, manuscrito ilustrado do Decameron, c. 1370. As preliminares têm sua importância. (Paris, Biblioteca Nacional, ms it. 2212, fol. 151.)

sinais também de uma necessidade (nova?) de se isolar no lar sem o deixar, servindo o privado familiar de moldura a um privado pessoal. Constata-se essa necessidade pela disposição e pelo uso dos espaços privados. As peças da habitação aumentam em número, e é antes de tudo, como disse, em benefício dos quartos. Mais importante ainda, esses quartos se fecham à chave, ou mesmo com ferrolho, obstáculo ainda mais inviolável. As casas se organizam, assim, como uma imbricação de espaços privados sempre mais estreitamente pessoais. Uma pequena cena de Boccaccio nos apresenta as despedidas de um marido (ciumento) e de sua jovem mulher (infiel): "Eu vou então jantar em outro lugar", diz o ciumento (ele mente), "assim, trancarás cuidadosamente a porta da rua, a da sobreloja e a do quarto". Portanto, a família dispõe da casa inteira. Entra-se ali pela primeira porta, a da rua: primeira barreira. Essa abertura, no entanto, só dá acesso diretamente ao andar térreo, espaço aqui periférico destinado às provisões, depósitos etc., e, por momentos, aos hóspedes: um quarto aí se encontra, de fato, mas está desocupado (o ciumento ali se esconde). A moradia propriamente dita, o conjunto das peças habitadas permanentemente, situa-se no primeiro andar; uma porta de patamar, com fechadura, a separa do espaço das coisas e dos hóspedes: segunda barreira. Enfim, a própria moradia é compartimentada, e a peça própria ao casal, seu quarto, o verdadeiro coração da casa, pode ser fechado por sua vez: terceira barreira. Três portas, três espaços isoláveis, três níveis de intimidade: a passagem e os hóspedes, a família, o casal. Nós compartilhamos por um breve momento da vida da família. Penetremos agora sucessivamente na intimidade do casal e, já que localizamos vários quartos, nas dos outros membros da casa.

A INTIMIDADE DO CASAL

O quarto conjugal, nós o conhecemos, com suas arcas, suas tapeçarias, seus ícones, seus bancos e escabelos, sua cama, seu ferrolho e sua chave. Ou, antes, suas chaves. Última etapa do privado, as arcas, as famosas arcas da família, são com efeito frequentemente munidas de fechaduras que os inventários jamais esquecem de assinalar. Sabemos, por exemplo, que a família de Bartolo de Castelfiorentino e de Catarina, sua esposa, dispunha, em seu quarto, em 1380, de uma comprida arca-banco (*cassapanca*) e de um baú, respectivamente munidos de três e de duas fechaduras, assim como, na antecâmara, de duas arcas-bancos ainda mais compridas, cada uma equipada com seis fechaduras mais um baú com duas fechaduras. Essa lista não tem nada de excepcional nem a esse nível de abastança, nem, mas menos fornida, nos meios modestos. Quase não há família de artesãos que não tenha sua arca com fechadura.

Esse quarto caloroso, sua peça, agrada aos esposos. Eles ficam ali frequentemente, à noite, por exemplo, após o jantar. O marido instrui sua jovem mulher, que o escuta com deferência. Ela lava-lhe os pés (Sacchetti), limpa-lhe os piolhos (os narradores reservam esse episódio aos camponeses). A esposa se atreve: evoca suas preocupações, os pequenos atritos da família vêm à discussão: "Não tenho nada para vestir, tu me negligencias [...]. Fulana anda mais bem vestida que eu, uma outra é mais honrada, todo mundo me acha ridícula [...]. O que é que tu contavas à vizinha? e à empregada?" (Fra Paolino). Tudo se apazigua. Fala-se das coisas da família, dos bons usos, dos filhos (Alberti). Continua-se a dois a conversação do serão familiar. Assuntos não faltam.

A hora é para o sono ou para a ternura. Começam os preparativos da noite. Eles podem começar por uma oração. Alguns recém-casados, uma vez trancada a porta, inauguram assim, ajoelhados, sua vida de família; pedem a Deus a prosperidade, a concórdia, a fecundidade (muitos meninos), a riqueza, a honra, a virtude (Alberti). Em tempo normal, se as confrarias e os diretores de consciência fazem da oração noturna uma obrigação para seus devotos, falam pouco do casal, e ignora-se a difusão dessa devoção nas famílias.

Os esposos põem-se à vontade. O marido, em mangas de camisa, sua mulher, mais ou menos despida ou mesmo nua sob sua camisa, despacham os últimos arranjos (Sacchetti). A corpulência da esposa, que já nada dissimula, excita a verve do marido: "Sabes o que me disseram esta noite? Quando vais aliviar-te, nem mesmo podes enxugar aquilo em que penso!". Última altercação (Sacchetti).

Memmo di Filippuccio, O deitar dos esposos, *c. 1320. Na noite da* ductio ad maritum, *os recém-casados descobrem o grande leito aberto, as arcas, toda a intimidade do quarto conjugal. Estão nus, com exceção do adorno de cabeça. Em um instante, a criada terá baixado a cortina sobre o novo casal. (San Gimignano, Palácio Comunal, quarto do podestade.)*

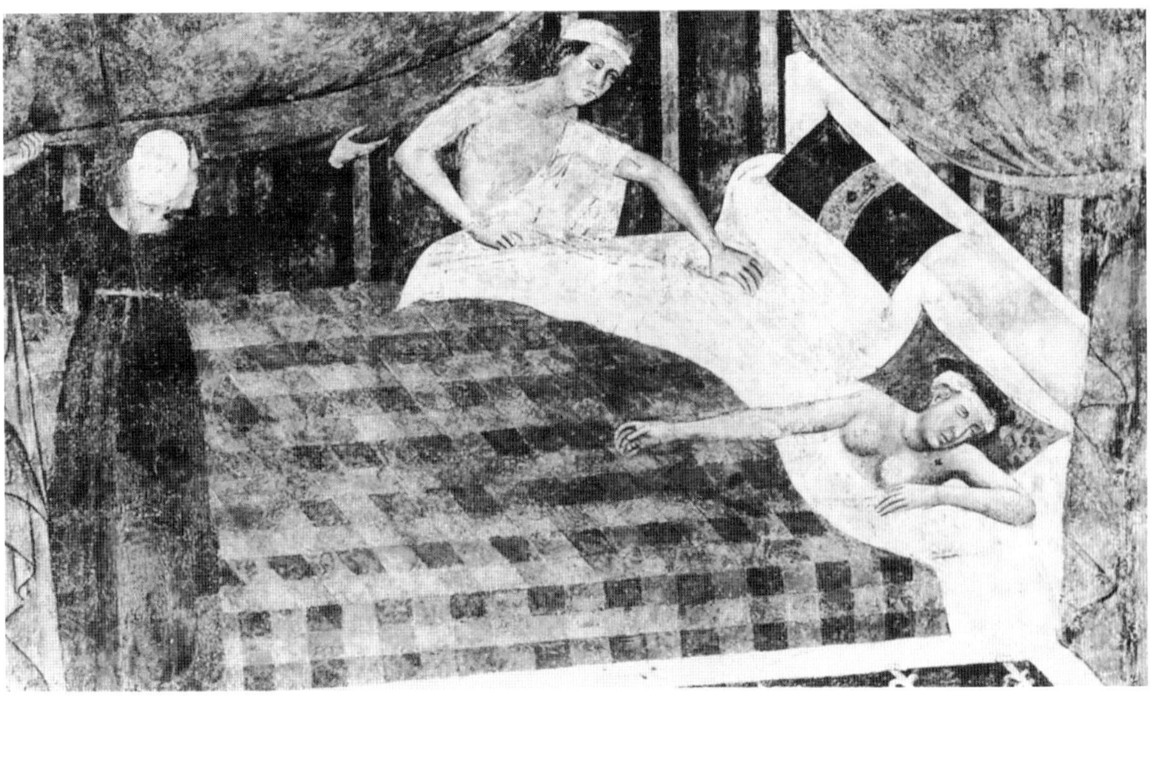

Esgotados por seu dia, alguns maridos mergulham imediatamente no sono. Tanto pior para a intimidade conjugal. Felizmente, esse não é o caso de todos. A esses momentos de intimidade, os moralistas e os pregadores consagraram muitas investigações suspeitosas, advertências e regulamentações minuciosas. Os narradores, por seu lado, não perderam essa ocasião de brincadeiras picantes. Sentenciosos ou brincalhões, seus testemunhos respectivos não deixam de introduzir-nos, à sua maneira, na intimidade do casal.

As preliminares não deixavam de ter importância. Os *ragionamenti amorosi* em que os casais se demoram precedem o momento de despir-se. A nudez tem seu fascínio. Cita-se no entanto o exemplo de um marido (um nobre florentino) incapaz, sem lhe ver o rosto, de reconhecer a nudez de sua mulher. Questão de pudor: algumas esposas vão ao encontro de seu marido de camisa. Os médicos relacionam a boa gravidez e os belos filhos ao despertar e ao desabrochar máximo, antes da união, do desejo feminino: *farsi ardentemente desiderare.* E reforçar esses hábitos e essas inclinações dos casais para os *toccamenti... de la bocca... et con mano* denunciados por são Bernardino.

Os narradores e as comadres exibem o maior ceticismo sobre a virgindade das moças no casamento. Está-se bem convencido, na cozinha, quando um criado se casa, de que "o senhor Vara entrou em Negro Monte em derramar sangue e para grande prazer dos habitantes" (Boccaccio). A cozinha provavelmente se engana quando se trata das donzelas da burguesia. Casadas jovens (dezesseis, dezoito anos) e muito vigiadas, a fortaleza de sua virtude não terá jamais aberto suas portas antes do sim. As primeiras noites terão sido traumatizantes para essas jovens donzelas, casadas deliberadamente sem nenhuma informação. Depois as esposas adquirirão toda a *astuzia* e a *malizia* convenientes. Através das reticências dos

Masaccio, Caridade de são Nicolau *(detalhe), fragmento da predela do políptico de Pisa (desmembrado), 1426. A exiguidade do leito leva a reservá-lo ao pai. As filhas dormem sentadas, apoiadas na arca. (Berlim, Staatliche Museen Preussischer Kulturbesitz.)*

Pietro Lorenzetti, Caridade de são Nicolau de Bari *(detalhe), por volta de 1330-1340. Os pobres muitas vezes não têm acesso, em seu privado, a uma verdadeira intimidade pessoal. Três irmãs partilham aqui o leito doméstico; seu pai cochila na arca ao lado delas. (Paris, Louvre.)*

moralistas, adivinha-se que os casais de então conheciam e utilizavam as posições que uma longa conivência amorosa acarreta por si mesma. É assim que o simplório Calendrino, a quem seus companheiros fizeram acreditar que está grávido, põe a culpa em sua mulher: "*Non vuoi stare altro che disopra*" (Boccaccio).

Pela insistência dos moralistas, compreende-se também que uma prática difundiu-se, parece, de maneira bastante ampla (e provavelmente recente) no começo do século XV nas cidades toscanas, a da sodomia conjugal. Os pregadores incriminam a grande ingenuidade de jovens esposas totalmente submissas a gestos de que ignoram tudo. É preciso também olhar pelo lado da educação, por demais feminina, recebida pelos rapazes, seu longo celibato etc., e aproximar igualmente essa prática dos procedimentos contraceptivos (*coitus interruptus*?) dos quais a situação demográfica revela mais ou menos seguramente a existência, ao menos entre as mulheres maduras (mais de trinta anos) da pequena burguesia e do artesanato (suas maternidades se detêm bem antes de sua menopausa).

Os narradores estendem-se sobre as façanhas sexuais dos homens, que eles exprimem de bom grado em "salmos" ou em *Pater*, em homenagem aos clérigos e aos monges, campeões da categoria. Um destes teria recitado seis salmos em sua noite e dois pela manhã. Excesso de devoção mais clerical que marital.

De acordo com as crenças médicas veiculadas pelas tradições orais e pelos memorialistas, os momentos de distensão feliz consecutivos ao ato conjugal são vividos pela esposa, se ela quer filhos, no repouso absoluto: cuidado com o simples espirro que faria esguichar a semente fora do recipiente. Se ela não os quer, fica livre para espirrar; que o faça com todo o ânimo e que se agite tanto quanto puder.

A promiscuidade reinante nas choupanas camponesas mais pobres — uma só peça, por vezes uma só cama familiar — terá mudado profundamente a maneira de viver a intimidade do casal e o pudor dos filhos.

UM QUARTO PARA CADA UM

Para voltar às casas burguesas, a multiplicação das peças aí permite frequentemente dar um quarto aos celibatários adultos e por vezes mesmo um para cada um. Entre a elite burguesa, um número indeterminado mas importante de indivíduos dispõe, assim, de um espaço para sua vida pessoal, e dele dispõe cedo. Esses quartos individuais são equipados como o dos patrões, ou quase: porta com trinco e ferrolho, arcas com fechaduras (atestadas, por exemplo, em um quarto de amigos, em um quarto de criada), luminárias, bancos, escabelos, às vezes ícone ou lareira e, evidentemente, cama completa com todos os seus pertences. Eles exibem um real conforto, capaz de fornecer um espaço de escolha à independência de cada um, sem contudo suscitar essa independência. Preservar e desenvolver sua vida pessoal parece, no século XV, um objetivo de longa data. A multiplicação de quartos vem coroar e acelerar um movimento mais antigo. De qualquer modo, viver ao seu gosto em um lar não é uma utopia total nos séculos XIV-XV. Como se organiza essa vida pessoal?

Alberti recomenda ao marido e à mulher ter cada um o seu quarto, para evitar aos dois cônjuges se incomodarem mutuamente (doenças, grandes calores, partos etc.). Uma porta porá as duas peças em comunicação para favorecer o encontro dos esposos sem alertar os indiscretos. A prerrogativa de um quarto particular, aquecido e silencioso, é ainda mais indispensável a um velho, acrescenta o autor. Mas se impõe também e em primeiro lugar, continua Alberti, a qualquer chefe de família, sobretudo se pertence a uma grande linhagem. O quarto é o lugar do segredo onde, a sós diante de seus objetos mais preciosos e de seus documentos familiares, o pai alimenta com sua contemplação e com sua consulta seu orgulho familiar e sua atividade. Diante dessas "coisas [os documentos familiares] sagradas e religosas", o pai faz figura, em seu quarto, de sacerdote cumprindo em seu templo uma liturgia comemorativa e propiciatória. Do quarto poderá depender um escritório (*studio*), também ele lugar secreto e sagrado, onde o pai, entre outras coisas, redigirá suas memórias ciosamente reservadas à sua descendência. Da exaltação do privado paterno depende, nessa perspectiva, a manutenção da tradição familiar em sua autenticidade e em seu calor. Alberti, como de hábito, dá às suas recomendações uma ênfase um pouco teatral, mas o que preconiza, um privado próprio ao pai, é praticado desde o século XIV, e talvez difundido. Pais têm seu quarto separado do da esposa, hábito assinalado na boa burguesia pelos narradores (Boccaccio), assim como pelos inventários (1381). Mais tarde (século XV), *studii* são assinalados em vários palácios.

Essas peças masculinas não têm o monopólio dos livros familiares que se encontram — e não necessariamente fechados a chave —, sim, em quartos, talvez reservados ao marido (duas vezes), mas também em vastos quartos com duas ou três camas abertas a todos (três vezes), em antecâmaras (uma vez), por vezes mesmo em todos os quartos (uma vez), sem nenhum segredo nem reverência sagrada, ao menos aparente. Com essa exceção, os pais não deixam de ter seu refúgio próprio onde abrigar seus papéis familiares e outros livros, conservados com estes (Tito Lívio, Salústio, a *Crônica* de Villani, todos citados em nossos inventários), e que vemos esses senhores tirar das arcas, abrir sobre as mesas de escrever e ler atentamente, no sábado à tarde, por exemplo (Sacchetti), ou à noite. Em sua vida corrente, chefes de família fizeram questão, portanto, desde o século XIV, de se proporcionar em casa lugares que os isolam, ocupações próprias que os interessam e os cultivam, sem que, no entanto, perdessem de vista sua família ou sua linhagem, cuja preocupação explica muitas vezes seu retiro.

A esposa também tem seus momentos de solidão, às vezes impostos, às vezes escolhidos. Acontece-lhe ter quarto à parte, seja de maneira permanente, seja provisoriamente. Não faltam testemunhos sobre esse retiro mais ou menos voluntário. As grandes damas, como Lucrécia, a mãe de Lorenzo de Medici, têm seu quarto, mas o caso se apresenta frequentemente também na aristocracia ou na boa burguesia de Nápoles, de Florença ou de Veneza. Ocorre que as circunstâncias imponham uma separação e um isolamento provisórios. Em caso de doença, por exemplo, parece normal que uma jovem mulher mande arrumar uma cama em um lugar separado, naquele quarto no andar térreo, por exemplo, que vimos reservado aos hóspedes e que está frequentemente desocupado (Pecorone). Os partos também levam a esposa a ter, por um tempo, cama à parte. Esses espaços próprios que elas se proporcionaram no seio mesmo do casal permitem

Vittore Carpaccio, A visão de santo Agostinho *(detalhe), 1502. Contíguo ao grande* studio *de Agostinho, esse local exíguo e atulhado evoca essas peças onde os patrícios reuniam comumente seus livros e seus objetos pessoais, onde se isolavam (cf. o ferrolho) e que podiam interditar a outrem (cf. a fechadura). (Veneza, Scuola di San Giorgio degli Schiavoni.)*

Mestre de Siena, manuscrito italiano das Meditationes Vitae Jesu Christi *(detalhe), 1330-1340. Uma porta com seu pesado ferrolho: segurança, intimidade. (Paris, Biblioteca Nacional, ms it. 115, fol. 40 v.)*

Anônimo, Anunciação, *século XV. A estante, a Bíblia (aberta aqui na profecia "Eis que uma virgem conceberá", Isaías, 7: 14), o luxo da peça, a atitude meditativa da Virgem evocam e inauguram a iconografia das Virgens instruídas, doutas, levadas a meditar sobre as obras de piedade. (Florença, Igreja Santa Maria Novella.)*

às damas abastadas dispor de momentos de retiro, repeti-los e prolongá-los tanto mais facilmente quanto nenhum trabalho se acrescenta à sua responsabilidade de dona de casa. Na perspectiva de santificação pessoal a que se propõem algumas dessas patrícias (e/ou seu diretor de consciência), o quarto, espaço místico, faz as vezes de capela, de claustro e de refúgio contra o mundo. Ele é equipado com um genuflexório, acrescenta-se um crucifixo aos ícones que o decoram e a esposa aí vem rezar ajoelhada várias vezes ao dia. É ali também que ela busca na leitura e na oração um refúgio contra as conversações ociosas após o jantar. Tocada pela graça, após uma juventude de fornicação, santa Margarida de Cortona isola-se em seu quarto para chorar. Trata-se de mulheres de exceção. As outras, menos piedosas e menos hostis ao mundo, encontram para esse recinto de seu privado usos mais humanos. O quarto é primeiramente o lugar dos sentimentos e do segredo, aspecto valorizado pelos narradores. A tonalidade cultural e sagrada sublinhada a propósito do marido é aqui esfumada em benefício de uma atmosfera mais sentimental. A sós com seus cofrezinhos, a esposa pega suas cartas, as relê, as responde, evoca seu marido distante ou seu amante: enternece-se. Separada daquele a quem ama, Madonna Fiammetta retira-se muitas vezes para seu quarto:

> A sós de preferência a acompanhada [...], abrindo um cofrezinho, dele tirava um a um objetos que lhe haviam pertencido, olhava-os com o mesmo desejo como se ele estivesse ali; eu os contemplava mais e mais, e os beijava contendo minhas lágrimas [...]. Depois retomava suas inumeráveis cartas e sentia, ao relê-las, um reconforto semelhante ao que teria tido em lhe falar.

Mas as matronas que povoam as cidades são mais robustas e mais realistas que as dos romances. Elas se dirigem para seu quarto, sozinhas ou com sua criada, quando têm uma, para atividades mais ligadas à sua responsabilidade: escrever, sim, a seu marido ou a seus filhos, mas sem necessariamente lacrimejar e sobre assuntos em que os sentimentos não entram senão debilmente: saúde e sobretudo gestão; preparar e redigir a correspondência ligada aos negócios que elas próprias montam, negócios por vezes surpreendentemente complexos e numerosos (pequena especulação sobre linho, tecidos, víveres etc.); estudar e destrinçar os grandes problemas de gestão que cabem às mulheres cujo marido está ausente ou às viúvas; de maneira mais feminina e mais privada, dedicar-se a todos os cuidados de toalete, inclusive prova de vestidos.

As doenças e sobretudo os partos são as ocasiões, sempre no privado do quarto, de atividades das quais está encarregado o grupo doméstico das mulheres: preparação de bons pratos, de banhos quentes para reconfortar a parturiente, canções para alegrá-la etc.; muitas outras festas terão animado a *brigata.*

O espaço privado da esposa não deixa, portanto, de evocar o do marido. De seu quarto, um pouco seu escritório, ela dirige e organiza certas atividades pelas quais é corresponsável com ele (gestão da família, educação) ou que lhe são próprias (pequenas trocas entre mulheres); mais tarde, a penetração dos gostos humanistas no quarto das damas o povoará de livros e dessas escrivaninhas que se veem nas *Anunciações* do final do século XV. Mas, à imagem de seu quarto, mais íntimo e mais caloroso, a esposa dá ao seu privado uma tonalidade mais doméstica, mais frívola também (ah! as roupas, as toaletes!) ou por vezes, ao contrário, mais mística; mais terna, enfim, mais sensível: aí se chora mais. Mas também se sabe rir; a esposa em seu quarto está mais raramente só do que o homem no seu; crianças, filhas, criadas, amas de leite constituem-lhe uma corte indiscreta e estorvadora que no entanto a ocupa, a ajuda, a reconforta. Isso, evidentemente, nos meios abastados das cidades. Em todas as outras partes, as mulheres trabalham todo o dia, e essas considerações sobre o espaço privado as deixariam boquiabertas.

O LUGAR DAS CRIANÇAS

As crianças pequenas partilham em parte o destino de sua mãe. Em parte apenas, pois na burguesia os bebês são excepcionalmente amamentados por sua mãe. São confiados a amas de leite, das quais apenas um quarto (23%) são instaladas na casa dos patrões. Na proporção de três em quatro, os bebês passam todos os seus primeiros meses longe de sua casa, e até mais, já que 53% deles não são retomados por sua família senão após dezoito meses, pelo menos. Um memorialista, falando de seu pai, conta que ele o fez permanecer na casa de sua ama de leite até os doze anos!

Cedo ou tarde, no entanto, se sobreviveram, seus pais os recuperam e eles reintegram o privado familiar. Têm seus berços, simplesmente construídos e equipados (colchão leve), e dispostos perto da cama ou por vezes em cima dela. Trata-se, neste último caso, de uma simples armação de madeira sumariamente arranjada, suspensa ao teto por cordões e que se balança como uma rede (Simone Martini, século XIV). As peças em que os inventários situam esses pequenos móveis (quarto de amigos, quarto de *cacina*, despejo) indicam antes um entreposto que um uso, salvo se uma ama de leite ocupa a *camera di cacina* (quarto de criada). Nenhum dos berços recenseados em nossos inventários encontrava-se, em todo caso, no quarto materno. O filho não é introduzido com seu berço no quarto materno senão entre seu retorno da ama de leite e o momento excitante de ir com os grandes, em suma, por pouco tempo. As fraldas, os cueiros, o enxoval da primeira idade estão mais frequentemente ao alcance da mãe (antecâmara, quarto) e sob sua vigilância, como se ela fizesse questão de controlar em pessoa, amamentadora ou não, o estado e o uso do enxoval, que é por vezes abundante (cinquenta camisas de criança em uma única arca) e bem cuidado.

Escola italiana do século XV: estátua funerária de um bebê. Bela peça de escultura, comovente no que evoca a propósito das crianças pequenas: a precariedade de sua condição (entraves estreitos, higiene medíocre) e de sua fragilidade (morrem em grande número). (Paris, Louvre.)

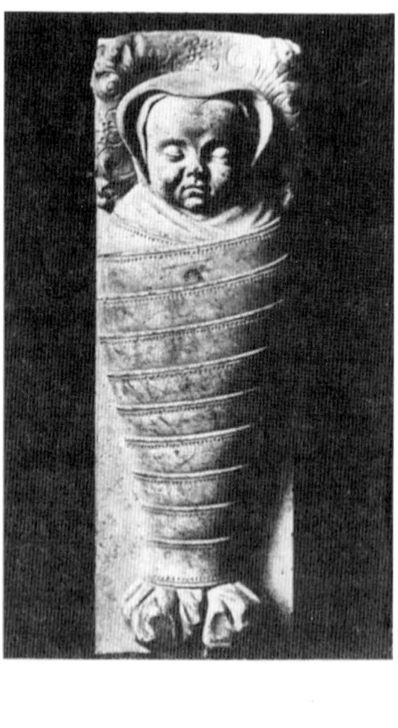

Francesco di Barberino, moralista do século XIV, prodiga mil conselhos atentos e sensíveis a propósito dos cuidados a serem tomados com os bebês. Mas ele se dirige à ama de leite; essa brava camponesa os seguia? Chegava a conhecê-los? Correspondiam eles às práticas correntes entre o povo?

Em ambiente popular ou camponês, a mortalidade dos bebês é considerável no momento das pestes (1348-1430). Desde esse momento, e mais ainda a partir do século XV, o infanticídio (por sufocação) não é mais um fenômeno excepcional, e os abandonos tornaram-se suficientemente numerosos para levar à criação de asilos (San Gallo, Innocenti, 1445, em Florença), geradores por sua vez de novos abandonos. Os bebês, sobretudo de sexo feminino, são muito frágeis, por vezes muito pouco desejados, para que o apego real que se tem por eles resista às graves coerções da pobreza.

Em relação às crianças em condição de andar e logo de falar, a atitude muda. É no seu retorno da ama de leite que os rebentos da burguesia ocupam verdadeiramente seu lugar no privado familiar. A existência de berços de diferentes tamanhos mostra que esses pequenos móveis não estavam reservados à primeira idade, mas a criança parece ter tido acesso cedo a uma cama, que partilha com

Mestre veronês do século XV, O nascimento de Maria. *As matronas se desvelam em torno da recém-nascida, encontrando espontaneamente os gestos afetuosos do enternecimento (nuançado aqui pelo respeito). Alimentado pelo exemplo de Elisabeth, de Ana e de Maria, orquestrado pelo círculo feminino, o amor materno nasce então imediatamente, como agora, ainda que possa permanecer atenuado até o retorno de ama de leite. (Siena, Museu da Ópera Del Duomo.)*

seus irmãos, suas irmãs, um de seus parentes ou toda a família (até seis juntos) segundo os casos, as circunstâncias e os meios sociais. Giovanni Dominici apresenta desde então a criança como um pequeno ser adulado e cumulado — nas famílias abastadas — de cuidados e de mimos; é beijada, diz ele, afagada, embalada com canções; as histórias de feiticeiras e outras que lhe são contadas lhe provocam um agradável medo; ela encontra em seu canto de brinquedos os cavalos de gangorra, tamborins e tambores, pássaros de madeira ou de cerâmica multicolorida etc., todos os presentes de um círculo que rivaliza em gentileza. Criança mimada? Alguns inventários o confirmam à primeira vista, ao revelar nas arcas do quarto materno com o que vestir magnificamente esse pequeno rei: vestuário variado, abundante, sólido, soberbamente tingido e rutilante de botões de prata (170 nas diferentes peças de um único vestuário infantil).

Mas a descrição de Giovanni Dominici, que se dirige a uma grande dama, não se aplica aparentemente, mesmo na burguesia, senão a um número limitado de famílias. Um peleteiro, por exemplo, segundo seu inventário, não dispõe, para os dois filhos, senão de um manto e de quatro túnicas pretas, das quais apenas uma forrada, e a filha de um oficial público comum só tem em seu guarda-roupa, além de quatro camisas, um vestido de interior, duas túnicas simples e uma pequena saia, tudo de lã muito comum. E, por toda parte, menção raríssima de brinquedos caros.

Quaisquer que sejam os sentimentos que se lhes dedique, voltarei a isso, as crianças abastadas não são necessariamente mimadas, ainda que a educação se abrande ao longo do século XV. Quanto às crianças do povo, seu guarda-roupa é ainda mais pobre, e não se fala jamais de seus brinquedos.

A inserção das crianças pequenas no privado familiar se opera então, como regra geral, de maneira simples e por vezes áspera. A criança, evidentemente, tem suas brincadeiras e seus brinquedos sem pretensão, e a ternura não lhe é recusada. Mas como divide muito cedo o quarto e mesmo a cama com seus irmãos mais velhos, partilha suas ocupações e preocupações. Quanto mais pobre é, mais cedo cessa a tranquilidade da infância: veem-se desde seis, oito anos meninas empregadas como criadas.

Acrescentemos uma última sombra ao quadro (orientado) de Giovanni Dominici a propósito mesmo da elite mais favorecida. Atenção, dizem certos conhecedores da época, ao apego da criança por sua ama de leite, essa pequena mãe afetuosa e dedicada, se se continua a confiá-la a ela após a desmama. Esse apego poderia enfraquecer o amor naturalmente dirigido à mãe e enfraquecê-lo de forma duradoura.

Giovanni di Pietro, O nascimento de Maria *(detalhe), fragmento de predela, século XV. Apego à infância: ternura de um velho por seu jovem companheiro. (Paris, Louvre.)*

ADOLESCENTES E "JOVENS"

Ao crescer, meninos e meninas ganham personalidade; muitos trabalham ainda jovens. Ganham dinheiro. Mesmo permanecendo no lar, têm eles a oportunidade de ali viver de maneira mais independente?

Nem todos os jovens celibatários têm direito a uma cama pessoal. Vemos — mas esse é um caso particular — três jovens eremitas florentinos compartilhar a mesma cama (onde se introduz uma noite uma quarta pessoa, seu confessor). A prática do leito partilhado é frequente entre os pobres e no campo. Posto isso, ter seu leito parece coisa corrente até entre os artesãos. Os exemplos disso são abundantes entre os narradores. Catarina de Siena, filha de tintureiro e 24ª filha de uma família de 25, tem seu leito pessoal desde os catorze anos mais ou menos, e tanto melhor para as irmãs dispensadas de partilhar sua cama, pois ela substituiu seu colchão por tábuas. Dormir sozinha em sua cama nem sempre é sinônimo de isolamento, se vários leitos são arrumados na mesma peça. O oficial público comunal de quem conhecemos o apartamento em 1390, e que dispõe de dois quartos, instalou suas três camas em um deles, das quais só uma com cortinas. A própria santa Catarina partilha por alguns meses o quarto de um de seus irmãos. Mas os jovens procuram ficar a sós e conseguem satisfação. Catarina acaba, com sua insistência, por obter uma peça isolada, da qual fora privada, a título de sanção, apenas por sua deplorável

Filippo Lippi, Milagre de santo Ambrósio. *Apego à infância: efervescência e conciliábulos de mulheres em torno de um bebê. Observar sua cama, leito de adulto em modelo reduzido. (Berlim, Staatliche Museen Preussischer Kulturbesitz.)*

obstinação em recusar qualquer casamento; inúmeros são os jovens e as jovens, na cidade e por vezes no meio rural, a dispor, como ela, de seu quarto pessoal. Essa feliz conquista é tão propícia ao desabrochar de uma vida espiritual interiorizada quanto ao de uma vida sentimental. Crianças adquirem muito jovens o hábito de uma oração pessoal (Agnes de Montepulciano, Catarina de Siena), enquanto outras, entre seus irmãos mais velhos, recitam a dois, em segredo, esses outros salmos de que falam os narradores. Enfim, é ali, na cidade como em sua propriedade de campo, que os jovens humanistas arrumam e utilizam seus livros e sua escrivaninha.

Esse esboço de um privado juvenil não desmembra o privado familiar. Os filhos maiores são postos à disposição de seus pais, prestam serviços. Santa Catarina, aos sete anos, é enviada a fazer compras; aos treze anos, põem-na na cozinha (por humilhação): desde que atinge o porte para isso, percorre os dois lanços de escada de seu domicílio, carregando sobre o ombro até o sótão os fardos descarregados à soleira por um jumento ou um asno. Para Francesco di Barberino, é normal que uma filha de comerciantes (mesmo ricos) colabore em todas as atividades domésticas nas quais uma dona de casa põe a mão, isto é (precisa Paolo da Certaldo), fazer o pão, cozinhar, lavar, arrumar as camas e fazer todos os trabalhos de fio, de tela e de agulha, fiar, costurar, bordar esmoleiras, como as filhas de cavaleiros ou de juízes. Quanto às filhas do povo, camponeses ou assimilados, seu trabalho será o de uma criada, nem mais nem menos. Os rapazes também são suscetíveis de ser úteis. Pequenos entregadores durante sua infância, adquirem em seguida mais autoridade. Morelli conta com elogios a história de um primo seu, um rapaz de doze a catorze anos, capaz de assegurar sozinho toda a intendência da família, quando as vinte pessoas que a compunham se haviam refugiado de Florença em Bolonha, no momento de uma peste.

Naturalmente, os serviços, a vida corrente, a própria vida profissional são controlados pelos pais. Todas as iniciativas domésticas, mesmo puramente privadas (localização de uma cama, dormir em um terraço), são submetidas à autorização parental. Sobretudo quando se trata das moças, cujo quarto, a cama, o ferrolho, o penteado, as ocupações domésticas, tudo é regulado pelos pais (santa Catarina de Siena). O mesmo se dá com a escolha do ofício: os contratos de aprendizagem são fechados pelo pai e certamente decididos por ele. De modo mais geral, isso é verdade também para a gestão da fortuna pertencente ao filho, qualquer que seja o meio de apropriação dessa fortuna: doação, salário, herança, compra; de tudo isso, a *paterna potestas* permite ao pai controlar a gestão e o uso. Embora a emancipação venha muitas vezes atenuar esse poder.

A pressão familiar se acentua no momento do casamento. O que está em jogo é muito importante para deixar livre campo à decisão privada do interessado. Primeira questão: casar-se ou não? Na resposta, pensa-se sempre, a família tem muito a dizer. Muitos rapazes (ao menos nos meios abastados) são reticentes em se casar: é muito dispendioso, muito fastidioso, muito pesado. Alberti, que deplora esse estado de coisas, prega a firmeza: "É preciso induzir a juventude a casar pela persuasão, pelas ponderações, pelas recompensas; por todo argumento, meio, artifício". Segue-se todo um plano de discurso muito bem argumentado. Adivinham-se as inúmeras discussões, arrebatamentos, lágrimas de que os lares terão sido testemunhas a esse respeito. Para as filhas, usa-se menos luva de pelica. Quando Catarina participa à sua mãe seu voto irrevogável de castidade e lhe mostra seus cabelos cortados rente, Monna Lapa só falta estrangular-se de furor. É a indignação geral: censuras e humilhações chovem cotidianamente. Advertem-na: "Teu coração deveria partir-se, tu te casarás". É então que a privam de quarto, de fechadura, de liberdade, que a mandam como criada para a cozinha. Tanto quanto a filha, a família está em jogo: a pequena é perfeita, tudo permite esperar uma aliança lisonjeira, um "grande genro".

Uma vez obtido — ou arrancado — o acordo do interessado, resta resolver a segunda questão: com quem? Outro assunto de conciliábulos e de intervenções. Mas aqui se trata da abertura do privado familiar ao mundo dos outros, e voltaremos a isso.

Há ocasiões, apesar de tudo, em que os filhos celibatários conseguem abrandar ou afrouxar a autoridade parental, e em que recuperam parcialmente sua autonomia ou então são associados ao exercício da autoridade do *pater familias.* No plano teórico, a opinião geral, pouco a pouco corroborada pelos estatutos urbanos (a despeito da letra da lei romana), reconhece ao filho uma participação no *dominium* (exercício da autoridade) sobre o patrimônio paterno. No plano prático, a coisa é ainda mais acentuada. Nos meios rurais, os filhos são associados ao pai na redação dos contratos, de parceria, por exemplo, e na gestão. Os irmãos intervêm e por vezes tomam partido vigorosamente no momento do casamento de suas irmãs (como o fazem em Siena os irmãos da jovem Catarina). O limiar está aqui situado em catorze anos, idade na qual o rapaz pode comprometer-se ou associar-se a responsabilidades, nas assembleias de aldeia, por exemplo. E, depois, eles encontram apoio uns nos outros. Existe uma conivência entre irmãs, entre irmãos. Em suma, ao crescer, os filhos procuram forjar para si mesmos um privado que não seja apenas o refúgio do quarto fechado, mas o exercício autônomo de responsabilidades.

Apesar dos freios do costume e das reticências dos pais, os rapazes têm acesso em parte a essa forma superior do privado. As tentativas brotam de todas as partes: piedade, sexo, trabalho pessoal, alianças matrimoniais. Nem todas são coroadas de êxito. Elas chegam a bom termo mais facilmente quando os jovens podem juntar-se a outros grupos que constituem uns tantos privados de

Benozzo Gozzoli, O cortejo dos Reis Magos *(detalhe), 1460. À imagem desse jovens escudeiros que cercam os Reis Magos, muitos jovens se incorporam aos grupos de pajens (nas cortes), ou, mais frequentemente, às tropas dos* condottieri. *Seu engajamento aí pode permanecer breve — alguns meses —, mas terão recebido um soldo e conhecido a solidariedade tão particular aos campos. (Florença, Palácio Medici-Riccardi.)*

substituição: as confrarias, os bandos de jovens, o aprendizado das lojas. Esses grupos mal conhecidos, mas numerosos, contribuem, com seus ritos, com suas badernas, para integrar os rapazes em outras comunidades privadas e, através disso, pouco a pouco, nessa outra comunidade superior que é a grande coletividade urbana. Para as moças, a esperança de uma emancipação ativa é pequena, quase nula. A menos que se refugiem na oração, no misticismo ou nesse ato livre que é a recusa do casamento. Essa situação é acentuada pela corrente misógina sempre vigorosa em muitas famílias tradicionais, e ilustrada por diversos memorialistas (Paolo da Certaldo e outros). A moça deve viver, por certo, e o aspecto de seu vestuário não deve trazer desaprovação à casa. Mas é inútil empanturrá-la, e nem se pensa na possibilidade de que ela saia, salvo circunstâncias precisas e calibradas. Tal é, ao menos, o princípio, um princípio amplamente partilhado, e não apenas nos meios burgueses.

ENVELHECER EM CASA, E NA CASA DOS OUTROS

A velhice é uma realidade cambiante para os contemporâneos. Dante a faz começar aos 45 anos. Palmieri, aos 56: antes ele fala de *virilità.* Isso no que concerne à velhice, que constitui o começo mas não o termo do declínio. A verdadeira velhice, a nossa, a quarta idade, a decrepitude (termo da época), situa-se para Dante aos setenta anos, o que é também a opinião de Palmieri. Adotar, para definir a velhice, 45 ou mesmo 56 anos é avançar amplamente na população dos pais e mesmo dos pais recentes, pois que os limites das idades dos pais cujos bebês têm menos de um ano, na Toscana de 1427, vai de trinta a cinquenta anos, e sua idade média é de quarenta anos. Aos 56 anos, um homem mal começa a conhecer os filhos de seus filhos, seus netos de nome e de linhagem. Desloquemos portanto a objetiva para os indivíduos mais veneráveis, para aqueles de 65 a setenta anos ou mais, os verdadeiros velhos que cristalizam verdadeiramente os sentimentos e as atitudes suscitadas pela idade avançada.

Seu número não é muito elevado (3,8% da população em Prato, em 1371, 4,8% em Florença, em 1480), mas as circunstâncias os favorecem, por momentos, e eles representam 10% dos camponeses toscanos em 1427. Nessa data, sua presença se faz sentir sobretudo no povo e na pequena burguesia, onde sua proporção atinge e ultrapassa 11%, e é mais discreta nos meios opulentos, onde atinge no máximo 3-4%. Mas seu número não é proporcional a seu papel familiar, sobretudo nos meios realmente abastados, assim como no campo. Nesses dois casos, o velho, sempre chefe da família, dirige frequentemente lares extensos, em que coabitam com ele uma ou várias famílias de filhos, ou até de netos. Em relação a esses patriarcas, os memorialistas como Alberti demonstram um grande respeito e encorajam vivamente interrogá-los, escutá-los, obedecer-lhes em razão de sua experiência. Insistem também para que se cuide do conforto de seu quarto. Na realidade, a atitude da família em relação ao velho é mais ambígua, e o respeito, por momentos, atingido. Sua mulher, muitas vezes desposada em segundas núpcias e jovem, pode cansar-se de um homem não muito vivo, por vezes repugnante e naturalmente ciumento, a se acreditar no sucesso entre os narradores (Boccaccio, Sacchetti) da descrição desse tipo. O cambista Lippo del Sega, então com 64 anos, registra com despeito, em seu memorial, as injúrias com que o cumula sua jovem esposa que o trata de *vecchio rimbambito* (velho gagá) e declara, diz ele, que "*il cesso dove ella cacava era più bello* [...] *que la mia bocca*" [o vaso no qual ela cagava era mais belo [...] que a minha boca]. Quanto aos filhos, a tutela interminável desse fóssil acaba muitas vezes por pesar-lhes, e os documentos são abundantes sobre as desavenças que essa situação acarretava nos lares. Mas o cotidiano dos velhos é mais tranquilo; a idade, como em toda parte, os torna loquazes, e eles terão animado muitos serões ao pé do fogo, melhor do que o faz, em Alberti, levado pela bajulação geral, esse inesgotável e maçante Giannozzo.

A situação das mulheres velhas é certamente mais dura. As viúvas jovens têm poder e autoridade, que no entanto devem partilhar com os tutores de seus filhos, muitas vezes o próprio irmão

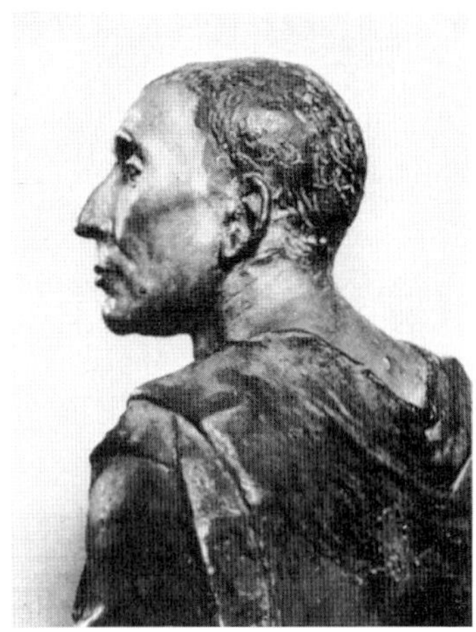

Donatello, Niccolò da Uzzano, *busto em terracota policroma, começo do século XV. Obra-prima de observação, de vida, de interpretação (evoca a Antiguidade), esse busto de ancestral terá por muito tempo marcado com seu prestígio a morada e a linhagem Uzzano. (Florença, Bargello.)*

do marido. Mas elas são pouco numerosas: os lares dirigidos por viúvas de menos de 38 anos não representam em Florença, em 1427, senão 1,6% do total, e nem mesmo 1% no campo. A posição das viúvas à frente da família se deteriora quando elas são idosas, caso muito mais frequente. Sempre em Florença, os lares dirigidos por uma viúva de mais de 58 anos constituem 8,4% dos lares urbanos e ainda 5% dos rurais. Ora, esses lares não têm a consistência dos outros: eles contêm no máximo duas pessoas, e seu patrimônio médio (na cidade) é extremamente baixo (cerca de duzentos florins contra oitocentos florins para os lares masculinos). Envelhecer, para uma mulher, é enfrentar a viuvez (46% das florentinas são viúvas aos sessenta anos, 53% aos 65 anos, 75% aos setenta anos), o isolamento e a pobreza, salvo se se encontra um abrigo acanhado na casa de um filho. Escutemos uma velha confiar-se a uma jovem:

> Uma vez velhas, para que diabo servimos, senão para remexer as cinzas do lar? Quando envelhecemos, nós mulheres, nem marido nem ninguém quer nos ver! Mandam-nos para a cozinha, passar em revista os potes e as caçarolas e declamar nossas baboseiras para o gato. E isso não é tudo. Canções zombam de nós: os bons pedaços para Jeanneton, as cascas velhas para os velhos estafermos, e se ainda fosse só isso!

Envelhecer, para uma mulher, é ver desmembrar-se progressivamente em torno de si o privado doméstico. É, pelo menos, no lar que a acolhe, sentir-se inoportuna, abandonada, objeto entre outros, sem que uma ternura intacta desperte ecos. Queixas fundadas? Jeremiadas sem razão? Como sabê-lo? Os sofrimentos da fome e do frio são muitas vezes bem menos duros que as ofensas e os desertos da afeição.

A VIDA PRIVADA DOS SERVIDORES

A família, diz Alberti, compreende os domésticos e os servidores. As famílias burguesas não empregam, em Florença, no século XV, senão um efetivo reduzido, bem inferior à maré doméstica que invadirá os lares no século XVI (16,7% da população florentina em 1552). Os grandes palácios remanescentes, em particular, não mobilizam mais que uma equipe muito pequena. Se o serviço da vasta família ampliada de Giovanni Rucellai requer em seu palácio uma boa meia dúzia de pessoas (e cinco para Francesco Datini), um lar normal, mesmo na alta burguesia, contenta-se com dois a três domésticos, cifra que se encontra entre os médicos e os notários, os juízes e os comerciantes. Mais abaixo na escala social, artesãos, lojistas, revendedores, todos eles pessoas do *popolo medio*, só têm a seu serviço uma única pessoa, geralmente uma criada. Em Pisa, em 1428-1429, as grandes domesticidades são ainda mais raras; mas, ainda aí, estão reservadas antes de tudo ao serviço da casa. Numerosos ou raros, os domésticos não deixam de marear com sua presença constante muitos lares. Como aí se integram eles?

Sua juventude é um trunfo. Pôde-se calcular que em Florença, em 1427, entre os servidores conhecidos, 40% dos homens (456) e 39% das mulheres (280) tinham entre oito e dezessete anos. Domésticos tão próximos em idade dos filhos da casa são tratados como eles: com severidade — bate-se neles —, mas, tanto quanto possível, com justiça, ou até com magnanimidade — não os espancar por pecadilhos, perdoá-los. Tais são ao menos as instruções dos memorialistas (Paolo da Certaldo, Alberti, Giovanni Rucellai). Diferentes tarefas esperam esses jovens. Essa diversidade é sublinhada pelo vocabulário que distingue *famulus*, *domicellus*, *fante*, ama de leite, camareira, *ragazzo*, e é provável que ela acarrete uma penetração desigual de cada um deles no privado familiar. Tratando-se das criadas, ali onde uma família terá contratado várias delas, a camareira será por definição mais próxima que as outras do privado de sua patroa. Mas essa distinção é sem objeto nas famílias em que se emprega uma só criada para todo o serviço, e essas são as mais numerosas. Quer sejam camareiras ou criadas, desde que atingem quinze anos, e até os trinta anos (categoria mais numerosa), a dona de casa (casada com cerca de dezoito anos) encontra nelas companheiras de sua idade que é tentador transformar em confidentes quando o destino as confina em um espaço sem horizonte e sem abertura, e quando ele é partilhado com um marido bem velho, bem severo e muito frequentemente ausente. Confidentes, cúmplices também das escapadas sentimentais da patroa; mas trata-se dos mexericos habituais dos narradores e desprovidos de toda consistência estatística. Familiar ou respeitosa, a camareira ou a criada, constantemente chamada a assistir sua patroa em seus momentos mais íntimos — toalete, banhos, provas de roupas —, é, em todo caso, a companheira habitual do privado propriamente feminino.

Em Florença, no final do século XIV, os patrões abastados alojam convenientemente seus domésticos, aos quais um quarto é muitas vezes reservado perto da cozinha ou em outra parte da casa. Esse quarto serve por vezes conjuntamente de despejo; ali se podem amontoar os objetos mais heteróclitos (provisões, móveis velhos, lenha, materiais brutos etc.), e amassadores de pão e outros móveis lhe dão um ar de copa. Mas é sempre equipado com uma cama, ela própria provida de todos os pertences (como a dos patrões) e, frequentemente, com cadeiras. Esses pertences de cama e toda a roupa branca dos domésticos (lençóis, toalhas de banho e de mesa) são mais rústicos e muitas vezes mais gastos que a roupa branca dos patrões, e a dona de casa os arruma em suas arcas e ela própria controla seu uso, mas não é preciso ver aí nenhuma humilhação particular: os filhos também são tratados simplesmente, e a patroa mantém à chave toda a roupa branca da casa.

Vigiados, eventualmente castigados, os domésticos não deixam de ter direito à gentileza, a considerações. Laços de afeição recíproca se formam, especialmente com as amas de leite. Servidores se ape-

Paolo Uccello, Nascimento da Virgem *(detalhe), c. 1440. Apressada e graciosa, uma criada traz da cozinha — situada no andar superior — com quê reconfortar a parturiente (caldo, uma asa de frango). Quanto menos abastada e vulnerável em sua intimidade for a patroa, mais a criada aí se imiscui. (Prato, Duomo.)*

Memmo di Filippuccio, Os esposos no banho, *c. 1320. Uma criada assiste os esposos no privado tão íntimo de seu banho; ela estará ali também no seu deitar. (San Gimignano, Palácio Comunal.)*

gam, envelhecem no lar, e o patrão não esquece de recompensar esse apego em seu testamento, acrescentando às poucas liras habitualmente distribuídas entre seus familiares disposições especiais em favor dos velhos fiéis: vestuário de belo tecido, moedas de ouro, pedaço de terra. Acontece-lhe até prever para eles o alimento e o abrigo perpétuos na casa dos herdeiros, tratamento que lembra o das próprias viúvas. Para manter essa concórdia entre patrão e domésticos, e como o fazem em relação aos filhos, os moralistas são pródigos em conselhos deontológicos em intenção de uns e dos outros. Francesco di Barberino insiste nos deveres da *cameriera* tão perigosamente introduzida no coração do privado doméstico: que ela seja diferente, limpa, casta, franca (nada de lisonjas à patroa), apegada às crianças e antes de tudo discreta, discreta, muito discreta!

Boa vontade mútua e precauções não varrem todas as dificuldades. A inserção dos domésticos no privado é muito artificial para se efetuar sem complicação, e para perdurar. As disposições impregnadas de bondade tomadas pelos patrões e indicadas mais acima ocultam por vezes o simples dever — lembrado pelo confessor — de saldar ordenados não pagos há anos. Muitos outros atritos sufocam,

nem sempre extinguindo-a, a afeição entre patrões e criados. Chovem queixas da parte dos patrões, e os domésticos incompetentes, preguiçosos, dissimulados e gatunos entulham as conversações e as correspondências (na casa de Margherita Datini, por exemplo); as criadas bonitas são muito coquetes (na avaliação da patroa), os "velhos espantalhos" que as substituem são muito horrendos (na avaliação dos patrões). Nos patrões, os domésticos, se escrevessem, censurariam brutalidade, sovinice, lascívia, e eu dispenso o mais. Rancores vêm à luz, e rançam: "Eu o veria pendurado na forca, não daria um tostão para o seu resgate, a esse inveterado mentiroso [...] feito de vícios e de dissimulação", escreve de um servidor Margherita Datini, exasperada. De patrão a servidor, a desconfiança, em definitivo, parece prevalecer (tanto de um lado como do outro), a julgar pela facilidade com que se muda de doméstico (ou de patrão). Em princípio, um doméstico se engaja por contrato registrado em tabelião, o qual prevê a duração do serviço, que pode chegar a seis anos (caso mais frequente em Gênova). Na realidade, o contrato não é nem praticado nem respeitado em toda parte. E, de trinta contratações conhecidas no século XV por meio das *ricordanze* de três famílias florentinas, quatro apenas ultrapassam um ano. As criadas (trata-se sobretudo delas) permanecem normalmente em serviço entre três e seis meses, sendo a permanência média de quatro meses.

Pietro Lorenzetti, Nascimento da Virgem *(detalhe), 1342. A jovem mulher da direita, uma criada, vista a sua cobertura de cabeça, endomingou-se para essa grande festa do privado dos patrões: um nascimento! Colocou sua gamurra com galões e seu cinto dourado. (Siena, Museu da Ópera Del Duomo.)*

Nessas condições, o serviço doméstico, assegurado na maior parte por assalariados, acarreta para os patrões a incursão sucessiva em seu privado íntimo — o quarto — de testemunhas sem benevolência cuja indiscrição pode divulgar muitos segredos. Daí as chaves, cujo molho não deve deixar a cintura da patroa, as arcas, daí esse privado individual do quarto de cada esposo. Restam os segredos dos sentimentos e os dos corpos, oferecidos à indiscrição, às bisbilhotices de dezenas de *voyeurs* efêmeros (uma criada assiste ao banho e ao deitar-se dos novos esposos — ambos nus — em um afresco de San Gimignano). Os patrões se preocupam com isso por seus sentimentos e suas aventuras, que desejam abafar, mas parecem indiferentes aos mexericos eventuais sobre sua nudez. Os verdadeiros segredos são os das famílias e das fortunas.

OS ESCRAVOS DOMÉSTICOS

Uma categoria inferior de servidores (*servi*) coexiste nas grandes casas com os domésticos livres, são os escravos, não os esqueçamos. Esses escravos (orientais) são também empregados nos campos sicilianos e espanhóis, mas a gestão e a ostentação domésticas os introduziram mais amplamente no privado da família urbana. Um recenseamento enumera em Gênova, em 1458, mais de 2 mil desses desafortunados. Ora, trata-se de mulheres, em uma proporção esmagadora (97,5%), quase todas empregadas como criadas nas famílias, onde são muitas vezes preferidas às criadas livres por razões de economia (o preço de compra das mais caras não ultrapassa seis anos de ordenados de uma criada normalmente paga). Em Veneza, em Florença, em outras partes na cidade, as escravas são numerosas e geralmente utilizadas, aí também, como criadas.

Comprar e albergar uma escrava não deixa de ter consequências no privado. No momento de sua aquisição, essas infelizes são ainda jovens (entre as 340 escravas compradas em Florença — e registradas — de 1366 a 1397, 40% não têm 23 anos) e totalmente desamparadas; todos na casa a repreendem, todos batem nela (patrão, mãe, filhos crescidos), e os testemunhos de processos em que elas comparecem mostram-nas vivendo frequentemente no temor das pancadas. Quanto mais os meses passam, e apesar dos golpes, elas ganham mais segurança e mais espaço, na medida sobretudo em que se introduzem mais estreitamente no privado de sua patroa. Sem escapar à tutela geral, as mulheres escravas estão, com efeito, ligadas antes de tudo à esposa. Um costume tácito, difundido em certas cidades (Friuli, Ragusa), impõe às mulheres abastadas ligar-se a uma escrava, e ali onde o costume não é tão imperativo, em Gênova ou em Veneza, a escrava-criada é um elemento essencial de prestígio das nobres e ricas matronas. No convívio cotidiano com sua patroa, essas humildes companheiras penetram mais em sua intimidade. Naturalmente, os trabalhos mais depreciados e mais cansativos são para elas e não para a criada eventual. Mas se pode confiar-lhes ocupações mais tranquilas, como a costura, que leva à conversa. Algumas são tomadas como amas de leite. Em 1460, uma certa Maria, escrava de lojistas florentinos, é deixada sozinha na casa durante todo o dia. Vemo-la penetrar a sós, por várias vezes, no quarto de sua patroa; ela sabe onde está oculto o cofre de joias e tem fácil acesso à sua chave. Sentimo-la totalmente familiar com esse santuário do privado doméstico — o quarto — sem enfrentar a desconfiança de seus patrões. Estes por vezes se apegam a uma escrava devotada e diligente a ponto de entregar-se amplamente a ela para a gestão de sua família. Alessandra Strozzi brinca várias vezes com seu filho Filipe a esse respeito (1463).

No seio do privado familiar, acontece de a escrava também formar um privado pessoal, empresa facilitada pela duração de seu serviço que, se não é revendida, pode prendê-la durante longos anos a uma mesma família, contrariamente às criadas livres (mas esse nem sempre é o caso). Pode-se destinar-lhe um alojamento particular. Muitas escravas são relegadas ao sótão, em um pardieiro entulhado de provisões e de móveis fora de uso (Florença, 1393). Solução já preferível, pode-se também fazê-las acampar na sala onde sua cama (não descrita: elas têm uma?) está ao lado do depósito de lenha e de materiais de construção (Florença, 1390). Notemos ao menos que aí elas dormem a sós. Outras têm direito a um alojamento mais decente, a um verdadeiro quarto. "Meu quarto", dizem elas. Nessa peça privada, vemos uma delas (Florença, 1450) guardar suas próprias roupas. Trata-se de roupas simples, evidentemente, mas idênticas aos trajes domésticos das patroas, com exceção de sua vetustez e de seu tecido. Essa mesma jovem mulher dispõe com toda a independência de seu guarda-roupa, que utiliza, arruma e pode até dividir. Vemo-la também deambular através da cidade, trocar visitas com amigos — livres ou libertos — sem ter de prestar contas a ninguém. No entanto, essa presença enquistada em sua intimidade contraria muito frequentemente as famílias. Elas suportam mal um comportamento estranho, por vezes hostil, e que exprime gostos, opções, um segredo, revoltas, inquietações, que exprime também a busca de um privado indócil que contrasta com o conformismo habitual dos outros membros do lar. O traumatismo que marcou a captura e depois o desenraizamento dos escravos perturbou o caráter de muitos deles. Isso não lhes é perdoado. Condena-se o que seu comportamento tem de exótico. Censuram-se-lhes as lacunas de uma educação que eles jamais tiveram, suas gatunagens, suas mentiras, suas querelas... seu odor. Enfim, as esposas se assustam com as devastações exercidas sobre os sentidos de seu marido por esses corpos jovens carregados de todo o atrativo do exotismo: entre um quarto e um terço das crianças confiadas aos asilos florentinos de *trovatelli* (crianças encontradas), por volta de 1430-1445, são filhos de mulheres escravas, e portanto também dos burgueses, seus patrões. Portanto, não é possível manter em casa por toda a vida, em uma dependência privada de tipo infantil, adultos ávidos de uma autonomia, de um privado que não pode finalmente se exprimir senão na sedução, na contestação, na violência ou, fenômeno frequente, na fuga. Muitas escravas, no final das contas, são libertadas.

AS OUTRAS SOLIDARIEDADES PRIVADAS

O PRIVADO AMPLIADO, UM PROGRAMA

Nos meios abastados — abastados e não apenas aristocráticos — e sobretudo na cidade, o sentimento do privado transborda da família para a parentela. Essa convivência particular, reforçada de afeição, manifesta-se mais vigorosamente em relação ao núcleo dos irmãos, dos primos-irmãos (*fratelli germani*), dos tios, dos sobrinhos, em companhia dos quais frequentemente transcorreu, em um mesmo lar ampliado, uma parte da infância. É a eles — irmãos e íntimos — que se reserva o luto, usado em preto pelas viúvas, pelos irmãos, pelas cunhadas. Mas esse acordo ultrapassa esse núcleo privilegiado. Alberti e os outros memorialistas toscanos — cujas *ricordanze* são inteiramente celebrações consagradas à sua *gens* — fornecem a todo instante a prova disso.

Em Florença, em Gênova, em Bolonha, por toda parte, muitos elementos mantêm essa união entre parentes e a simbolizam ao mesmo tempo, elementos que nem sempre se abrandam nos séculos XIV-XV, bem ao contrário. Um nome de família (atributo cada vez

Em Florença, no Palácio Davanzati, o quarto pintado dito "dos pavões" (detalhe da decoração), c. 1400. Sob os trompe l'oeil *superpostos (arcos trilobados e arcaturas sobre molduras salientes), 56 insígnias plantam-se no meio de uma decoração de vegetação e de pássaros. Aqui se veem seis delas. No alto, a partir da esquerda, as de Robert d'Anjou, da Comuna, depois, da Igreja de Florença. Embaixo, as das famílias Cafferelli, Bardi (ligada aos Davizzi por quatro casamentos desde antes de 1400) e Guidotti.*

mais difundido) distingue as linhagens, como um rótulo atestando sua comunidade de sangue. Um pequeno estoque de prenomes é transmitido na linhagem (ou no ramo, segmento da linhagem) ao longo das gerações, supondo-se que cada prenome proporcione ao recém-nascido a lembrança e mais ainda a força vital do *consors* que o usava anteriormente. Um brasão comum à linhagem e que decora tudo — armas, trajes, casas, capelas, guarnições de altares, catafalcos, estandartes — lembra a cada um a antiguidade (suposta), o poder, o valor dessa casa. Terras, imóveis, bens altamente simbólicos (torres, praças, ruelas, capelas, patronatos de igreja), possuídos em comum, mantêm uma solidariedade sem grande importância no plano econômico (o resto do patrimônio dividiu-se no decorrer das sucessões), mas capital para a consciência de si que é a do parentesco. A linhagem possui enfim, na igreja para a qual vão suas devoções e sempre decorada com o famoso brasão, altares, capelas, sepulturas que cristalizam a devoção familiar em torno dos mesmos santos, das mesmas cerimônias, dos mesmos defuntos. Para coroar o todo, a lembrança dos ancestrais comuns não morre em seus descendentes (bastante afastados uns dos outros à medida que passam as gerações), e todos os meios são bons, nos séculos XIV-XV, para reavivá-la e conservá-la. Em Florença especialmente, os memorialistas rivalizam a respeito de quem remontará mais longe quanto ao vestígio do primeiro ancestral conhecido. Giovanni Morelli, por exemplo, inicia suas memórias (*ricordi*) — inauguradas por ele por volta de 1400 — pela evocação de um ancestral que viveu em 1170 e do qual ele chega a nomear o bisavô. E as casas começam a povoar-se, depois de 1450, de retratos de ancestrais em pinturas e em bustos, aos quais se acrescenta, depois de 1480, um número "infinito" (Vasari) de máscaras mortuárias penduradas por toda parte — sobre as chaminés, as portas, as janelas, as cornijas etc. —, máscaras "tão naturais que pareciam vivas". Todos esses rostos que animam, espiam e multiplicam o privado estreito da morada remetem cada um, permanentemente, dessa pequena célula ao mais vasto corpo que a engloba, à linhagem.

O parentesco aproxima; cria solidariedades; mas não necessariamente intimidade. Na linhagem extensa, há primos que jamais são vistos e que só participam de maneira marginal ou intermitente da vida privada de uma pessoa. A solidariedade linhagista não é uma geradora constante de intimidade privada. Ao contrário, amigos que se veem sempre ou vizinhos bem próximos são mais imediata e normalmente acolhidos no privado. Convém então definir com mais precisão, no estoque, se assim se pode dizer, de candidatos possíveis à intimidade desse privado ampliado, aqueles que aí penetram realmente, assim como os locais e as ocasiões dessa intimidade.

A amabilidade, a familiaridade, o coração aberto — que dão início (sem com ela ter uma identificação total) à verdadeira intimidade privada —, é preciso estendê-los o mais amplamente possível entre os candidatos apresentados acima. É o que afirmam, num belo conjunto, os memorialistas florentinos do século XV. Obsedados como são pelos problemas fiscais e pelas eventualidades de uma política regida por um pequeno número de famílias, a constituição de uma rede extensa de solidariedades próximas e afetuosas lhes parece a melhor trincheira contra a arbitrariedade e as reviravoltas da fortuna. Giovanni Rucellai se faz o advogado eloquente dessa maneira de ver (extremamente difundida) no memorial que redige por intenção dos seus:

> Em nossa cidade de Florença, eu vos devo essa advertência indispensável, as riquezas não se conservam sem dificuldades imensas [os impostos!] [...]. Não vejo outro remédio para disso se defender senão se precaver bem de fazer inimigos — um inimigo é mais nocivo do que são úteis quatro amigos; em segundo lugar, estar em bons, em excelentes termos com seus *consortes* [pessoas da linhagem], com seus aliados, com seus vizinhos e com o conjunto das pessoas de seu gonfalão [bairro]; destes não tive senão de rejubilar-me; sempre me serviram nas reduções fiscais obtidas no gonfalão, ajudaram-me e tiveram compaixão de mim. E, nessa ocasião, os bons amigos e os parentes devotados são bem úteis: eles te mantêm a cabeça fora d'água quando vais soçobrar e te salvam do perigo [...]. E para estar nos melhores termos com cidadãos, parentes e amigos, exorto-vos, meus caros filhos, a ser bons, justos, honestos, virtuosos, e a entregar-vos a boas obras... para vos fazer amados. Não vos exorto menos a servir com a maior liberalidade vossos amigos

Insígnia de Mariotto Sengni, 1442. Observar o leão, a cimeira, as duas insígnias, da Comuna (prateada com lírio vermelho), e do Povo de Florença (prateada com a cruz vermelha). Mariotto, como todos os seus predecessores, quer prolongar em Pescia a lembrança de seu mandato de governador (por Florença) e a de sua linhagem. (Pescia, muro do palácio vicarial.)

realmente justos, honestos e bons. Eu não hesitaria em fazer-lhes empréstimos, ou doações, em neles confiar totalmente, compartilhando com eles todos os meus projetos, meus pensamentos, meus sucessos e meus fracassos (sem descuidar de adquirir amigos novos) [...]. Resta-me falar-vos dos pedidos de serviço que vos poderiam dirigir, isso acontece todos os dias, as pessoas de vossa linhagem. Minha opinião é que vosso dever é ajudá-las, não tanto com vosso dinheiro mas com vosso suor, com vosso sangue, com tudo que for possível, até com vossa vida, quando se trata da honra de vossa casa e da vossa linhagem.

Giovanni Bellini, Estudo arquitetônico, *desenho, segunda metade do século XV. Projeto de palácio renascentista com todos os seus atributos (colunas e capitéis, arcos de volta inteira, nichos e* oculi*). São previstos no exterior os dois centros habituais de sociabilidade: o terraço superior coberto (*altana*), onde a família e domésticos tomam a fresca; a grande* loggia *inferior, sede das reuniões ampliadas entre parentes, amigos, vizinhos, e das cerimônias abertas ao público. (Londres, British Museum.)*

A homilia continua, fornecendo nuanças àquilo que precede, mas o sentido da passagem é claro. Seu interesse bem compreendido (defender-se mutuamente contra o fisco) conduz os lares a ultrapassar as simples relações de cortesia para multiplicar à sua volta os laços mais estreitos, mais calorosos, mais existenciais, dentro e fora da família ampla. Esses laços são muito especialmente íntimos com a linhagem (*casa*), digna sem exceção de que se lhe sacrifique tudo, e com os amigos mais próximos, dignos de que se lhes confie tudo. Mas estar "nos melhores termos" com os outros (cidadãos, aliados, outros amigos) é tratá-los, a eles também, com uma grande intimidade, introduzi-los — por meio de uma refeição, de uma confidência, de uma série de cartas ou de visitas — na vida privada. Esse projeto de vida é definido por um grande e rico comerciante. Mas ele se forma em um meio em que os problemas fiscais, políticos, que importunam esse comerciante são os mesmos para todos (ou quase). Ao lê-lo, toma-se consciência do interesse sempre mais atual que têm todas as famílias em abrir amplamente a intimidade à sua volta, para fazer de um sólido privado alargado uma trincheira contra uma invasora solicitude pública.

Posto isso, esse programa — por mais justificado que seja — não é senão um projeto, um desejo de realização difícil, pleno de abnegação e sem dúvida utópico. As ocasiões de ampliar espontaneamente seu espaço privado e de abrir a outros seu mundo privado por certo não faltam na vida corrente, mas elas são ao mesmo tempo mais simples, mais modestas, mais seletivas e com frequência mais descontínuas. Comecemos por elas antes de examinar a dilatação do privado que as necessidades fiscais, ou outras, teriam eventualmente acarretado.

O ESPAÇO DO PRIVADO AMPLIADO

A simples configuração do espaço urbano e também a do espaço aldeão são favoráveis ao estabelecimento de laços privados que unem diversos lares da mesma linhagem ou de linhagens diferentes. Esses locais do privado ampliado favorecem em primeiro lugar a nobreza e os magnatas. Há muito tempo, nas cidades italianas, as grandes famílias construíram suas torres, depois suas casas, em um espaço restrito que cada uma delas colonizou e muitas vezes fortificou. O grupo familiar se enraíza em um bairro. Essa disposição e a solidariedade de vizinhança que daí resulta não são rompidas, nos séculos XIV-XV, nem em Florença — onde as casas dos grandes *casate*, reunidas frequentemente em torno de uma torre, de uma igreja, de uma *loggia*, de uma pracinha, permanecem estreitamente próximas umas das outras —, nem em Pisa, nem em Siena — onde os *castellari*, conjuntos de edifícios formando blocos, fortificados e agrupados em torno de um palácio, continuam a abrigar no século XIV as principais *consorterie* (em torno de uma corte central) —, nem em Gênova — onde os *alberghi* (grandes famílias e sua clientela) têm sempre, no Quattrocento, suas moradas urbanas concentradas no interior de um bairro determinado frequentemente estreito —, nem nas cercanias de Gênova, onde essas mesmas famílias fazem questão igualmente de manter uma vizinhança também estrita para suas residências rurais, construídas nos arrabaldes: em 1447, os Spinola dispõem de dezoito moradias em Quarto. Famílias camponesas imitam os nobres: podem-se localizar em certas aldeias toscanas verdadeiros burgos ou bairros aldeões pouco a pouco construídos no século XIV, pelas linhagens que se ampliavam, para permitir-lhes permanecer agrupadas.

Células individualizadas, por vezes realmente isoladas — por muralhas ou por um dédalo de ruelas —, assim se formaram, e a maior parte delas conserva ainda, no século XIV, seu caráter e sua originalidade, em Gênova, em Siena e nos velhos bairros de Florença. Uma solidariedade feita de familiaridade, de conivências, de alianças e de interesses comuns une seus habitantes, quer sejam membros da *consorteria* ou da linhagem, seus clientes, seus amigos, ou simplesmente seus locatários, salvo, casos frequentes entre os pobres, para as locações de breve duração. Essa sociabilidade acarreta muito normalmente encontros, discussões, tagarelices, os quais são por vezes enquadrados por estruturas públicas (diversas assembleias de paróquia, de gonfalão etc.), mas permanecem no mais das vezes puramente privados por suas ocasiões, sua espontaneidade, os assuntos informais de sua conversação.

Equipamentos por vezes muito simples foram instalados para permitir esses encontros. Nas moradas abastadas onde o andar térreo se interpõe entre a rua e o privado estrito da família, a sala que é aí com frequência arranjada parece destinada precisamente a esses encontros mais abertos do privado ampliado. O inventário de Piero Mostardi (Florença, *c.* 1390) ali enumera bancos, tamboretes (de quinze a vinte lugares sentados, no total), mesas, cântaros, garrafas, copos, material sem dúvida destinado a refrescar as *brigate*, tanto mais facilmente quanto a sala dá para a *volta* onde seiscentos litros de vinho branco e tinto esperam ser bebidos. Para os belos dias, em que se gosta de tomar a fresca fora, bancos de alvenaria foram preparados ao longo dos imóveis. Cada um pode ali se sentar, às vezes ao abrigo de uma sacada. As pracinhas dos *castellari* de Siena e dos blocos formados pelas linhagens florentinas são frequentemente rodeadas por eles, como umas tantas ágoras em miniatura abertas a todas as parlamentações. Os claustros, o poço comum, a loja do forneiro, o átrio da igreja, o cabaré (para os homens), umas tantas ocasiões ainda de trocar entre vizinhos algumas conversas, algumas tiradas ou algumas palavras. Mas os dois monumentos mais típicos da solidariedade familiar da linhagem, de sua clientela e de seus vizinhos são a igreja paroquial, alternadamente centro sacro (durante as cerimônias) e profano (nos intervalos), e a *loggia*, vasto local aberto no mesmo nível da rua por arcadas onde os homens da linhagem e do clã (mais raramente os outros) se reúnem para tagarelar, discutir, arbitrar suas contestações, gerir seus bens (recebendo vassalos e arrendatários) e exibir-se. Em Gênova, certas *loggie* estão abertas a todos; são frequentadas mesmo na noite escura.

As moradas rurais aristocráticas, tomadas isoladamente, constituem com frequência também espaços de todo adequados, e às vezes deliciosos, para amplas reuniões privadas. Em seu livro *De re aedificatoria* (Da arquitetura), L. B. Alberti descreve seu modelo ideal e seu uso, sob o título promissor: "Da vila dos senhores e das nobres pessoas com todas as suas partes e sua melhor localização". E eis aqui seus conselhos: que ali se goze de uma vista extensa e que ela seja cercada de jardins próprios à pesca e à caça. "Ela compreenderá várias partes: umas acessíveis a todo mundo, outras abertas a uma companhia mais restrita, outras ainda reservadas à intimidade." As primeiras, dispostas segundo o modelo das casas principescas, consistirão em prados imensos próprios a servir de quadro às corridas de carro e de cavalos. As segundas oferecerão às *brigate* passeios, banhos de rio, pradarias, alamedas, *loggie*; os velhos aí passearão, a *famiglia* aí se alegrará, *famiglia* muito ampla compreendendo a família, sua parentela, a domesticidade, sem esquecer os hóspedes de passagem, também eles incluídos na *famiglia.* Essa segunda parte da morada, espaço típico do privado ampliado, compreenderá igualmente, dispostas ao redor do *cortile*, diversas *sale*, de inverno, de verão, de meia-estação — as primeiras serão aquecidas —, todas espaçosas e alegres. Quartos arrumados perto da entrada estarão à disposição dos hóspedes. Depois Alberti nos faz entrar no privado mais estrito da família.

Esse modelo de sonho só terá sido realizado raramente com esse fausto, e pelos príncipes apenas, mas não deixa de corresponder a uma sensibilidade e a um gosto que os italianos ricos manifestam, mais modestamente, desde o século XIV. Inspira-se em uma prática geral que ele terá ampliado e embelezado. Os Peruzzi, ilustres banqueiros florentinos, arrumam em 1310-1320 uma morada campestre recentemente comprada por eles às portas de Florença, ali criam um jardim de recreio, alegrado por tanques e fontes, e fechado por muros. No final do século, a propriedade dos Alberti é tão famosa por seu encanto que a apelidam de *il Paradiso.* Bosquezinhos de resinosas perfumadas (pinheiros, ciprestes) foram plantados na proximidade de fontes e, nos prados onde elas são esparsas, pastam animais "estranhos e maravilhosos". É aí que se reúnem as *brigate* florentinas (*il Paradiso* fica às portas de Florença), como o fazem nos jardins igualmente perfumados dos campos napolitanos, genoveses ou venezianos.

CONQUISTA JUVENIL DE PRIVADOS DIFERENTES

A amistosa familiaridade que distingue o privado ampliado nasce na Itália, como em toda parte, desde a infância, e desabrocha, como em toda parte, nas brincadeiras. As crianças do bairro formam bandos dos quais os meninos fazem parte com as meninas, sem nenhuma preocupação com os meios sociais: o filho de um rico comerciante pode formar par com a filha de um simples alfaiate sem que essa boa camaradagem abale ninguém (Florença, século XIV). Nessa mesma cidade, de resto, as meninas vão à escola como os meninos (prática atestada em 1338), o que amplia e prolonga para além da brincadeira as ocasiões de camaradagem. Ignora-se se as escolas são mistas, mas as crianças se ligam mais facilmente a camaradas do mesmo sexo, por gosto, por pudor ou por obediência, quando a verdadeira intimidade está em causa; a jovem Catarina Benincasa (mais amedrontada que outras, é verdade, pela presença masculina, da qual foge) formou à sua volta um grupo fiel de meninas, e a ocupação privilegiada dessas donzelas, na excitação deliciosa da perfeição protegida, é chicotear-se secretamente. Jogo, cumplicidade, segredo, em tudo isso se trata da primeira descoberta pelas crianças de um privado delas, mas também de sementes para o futuro. As solidariedades que se forjam então (não apenas por causa do chicote) entre todas essas crianças chama-

Anônimo, Decameron, *"Prólogo", século XV. Os jovens protagonistas do* Decameron *(três rapazes, sete moças) rodeiam sua rainha de um dia. Na proximidade do castelo, as pradarias, os bosquezinhos e a fonte formam esse quadro privilegiado — o parque — comumente oferecido aos divertimentos privados das pessoas de sua classe. (Paris, Biblioteca Nacional, ms it. 482, fol. 4 v.)*

Mestre do cassone *Adimari (?),* Jogo do "civettino", *século XV. Uma praça; os jogos com regras dos adolescentes do bairro; espectadores de sua idade. Ambiência própria à formação de amizades, de convivências, de uma hierarquia paralela, de todo um privado juvenil. (Florença, Palácio Davanzati.)*

das mais tarde a rever-se frequentemente — são vizinhas — são de bom grado evocadas e invocadas mais tarde em caso de dificuldade: "Ainda garotos já éramos companheiros e amigos, tu bem sabes" (Florença, 1415). Eis aí um argumento de peso, quando se trata, como aqui, de encontrar um apoio. Essas solidariedades contam, e formam uma das bases mais sólidas do privado ampliado que se organiza, em seguida, em torno dos adultos.

A solidariedade dos adolescentes (a partir de doze, catorze anos) continua a das crianças, com mais força e mais autonomia. Francesco di Barberino reconhece às jovens — salvo as de alta posição, filhas de príncipe ou de rei — a liberdade de encontrar-se com as companheiras de sua idade e de seu bairro. Os afrescos (*Bom governo*, Siena, 1338) mostram-nas dançando e cantando com acompanhamento de tamborins — ali onde os regulamentos de polícia não o proíbem. Os rapazes são mais livres para escapar ao meio familiar e forjar para si mesmos um privado marginal de complemento. Também eles cantam e dançam entre si (e com as moças); os magníficos parques dos arrabaldes para isso oferecem mil ocasiões aos filhos mimados da aristocracia nobre, comercial e burguesa, tão bem representados pelos jovens dândis civilizados do *Decameron.* Vemo-los também jogar xadrez, damas, passear, brincar ao redor das fontes etc. Seria preciso evocar também as caçadas, as expedições militares etc. que os mobilizam juntos após os dezoito anos. No clima mais pacífico e mais plebeu das cidades e das aldeias, os rapazes seguem o costume universal da conivência juvenil, com sua gíria e suas histórias libertinas que só as famílias exigentes e estruturadas podem vitoriosamente combater em seus filhos. O jovem marido de Bonaventura Benincasa (irmã de santa Catarina), ao contrário, "privado de seus pais, frequentara regularmente os jovens de sua idade; esses jovens, sem nenhuma contenção de suas palavras, entregavam-se mais do que o normal a expressões bastante grosseiras, e ele [o jovem marido] não ficava atrás!". Pobre Bonaventura, tão bem-educada e tão triste (Siena, 1360)!

Entre esses jovens alegres, verdadeiros bandos se organizam, que já apresentamos mais acima, com seu nome, seus ritos, suas rixas, suas algazarras (Florença, 1420). Por vezes duradouros, por vezes também surgidos espontaneamente, esses bandos constituem surpreendentes caixas de ressonância para as emoções dos adultos e temíveis fermentos de rebeliões. Por ocasião da execução de um gibelino, por exemplo, vê-se um bando de *fanciulli* (crianças e jovens adolescentes) apoderar-se do corpo, arrastá-lo para casa, cortar-lhe as mãos, jogar bola com elas, e opor-se durante quatro dias a que se fechasse sua cripta funerária (Florença, 1381).

Mais pausada e mais cotidianamente, os jovens trabalham e ganham sua vida. Seu meio profissional os inicia em um privado diferente — o patrão, a patroa, os aprendizes da loja ou da oficina onde lhes acontece habitar (o pai de santa Catarina aloja em casa seus aprendizes) — e seu salário, muito substancial após 1348, estimula seus gostos ou suas cobiças comuns: sair, vestir-se bem, estar na moda. Sim, a moda. Como em toda parte, o grande assunto dos jovens são as moças, as estratégias de sedução, as exibições diante das casas, as *brigate* em expedição amorosa, as serenatas, as vitórias saboreadas e comentadas entre si. A moda é também a festa. Ricos ou menos ricos, todos esses jovens são o pavio que se acende imediatamente à perspectiva das festas e das justas, e que se incendeiam por aquelas que se organizam sempre um pouco em toda parte, na Toscana, em Gênova e mais ainda talvez no Vêneto, onde exibem seus faustos em Treviso (ataque e defesa do Castello d'Amore), em Pádua e sobretudo em Veneza, que as festas alegram durante quase todo o ano.

Os adolescentes, nessa emulação confusa, não procuram romper um espaço privado infantil para emergir no mundo adulto do público. Multiplicam à sua volta as experiências de meios diferentes, mas aí reconstituindo a cada vez o espaço e o sabor do privado. Situar-se — pelo ofício, pela festa etc. — fora do campo permanente do controle dos pais, eis aí uma conquista do privado pessoal sem dúvida essencial desde essa época, para os jovens. Aos rapazes frustrados até 27 ou 28 anos com o modelo admitido e estabelecido do privado, ou

Ambrogio Lorenzetti, Os efeitos do bom governo na cidade *(detalhe), 1338-1341. As moças "bem" podem dançar em casa ou no espaço familiar que rodeia sua morada. Para fazê-lo em público, é preciso a ocasião das festas, e a comuna exige uma taxa. As* fanciulle *adoram essas farândolas tão lisonjeiras para sua graça e sua elegância e que unem estreitamente suas* brigate. *(Siena, Palazzo Pubblico.)*

seja, a vida de casal, a ousadia das palavras, as conquistas (masculinas e femininas) proporcionam as compensações sonhadas ou reais que são as de sempre. Para jovens cidadãos ainda mal integrados nas instituições, os bandos constituem igualmente um contrapoder que os rege, mas sem desvendar suas regras, e que permanece seu assunto privado. Ao crescer, os adolescentes não procuram então abandonar de fato o mundo privado que os enquadrou exclusivamente até ali. Antes multiplicam experiências de privados novos, a uma só vez justapostos — cada um com seu espaço, sua amplitude, suas regras, seus ritos, seu segredo — e coletivos, a presença de camaradas a sustentar a afirmação pessoal sem a humilhar.

AS RELAÇÕES PRIVADAS DAS FAMÍLIAS

Para as famílias, a abertura ampliada de sua intimidade se faz de maneira mais simples e muito cotidiana. Essa sociabilidade tem por quadro esses espaços próximos da morada conjugal que foram definidos mais acima, e é vivida mais estreitamente no meio das linhagens aliadas, dos vizinhos, dos amigos já apresentados. É vivida também de forma mais simples.

Os espaços externos previstos para esse fim — *loggie* de *consorterie*, bancos construídos nas praças etc. — são frequentemente para os homens um lugar tácito de encontro vesperal ou matinal, para onde cada um se dirige quando faz bom tempo. Aos mais famosos (Mercato Nuovo, Santo Apolinário, em Florença) as pessoas se dirigem de toda parte, e a companhia numerosa aí forma um círculo. Mas as pessoas preferem muitas vezes a intimidade muito simples das banquetas que flanqueiam sua casa, e é geralmente ali que se reúnem à noite entre vizinhos, *come è d'usanza.* Os velhos evocam seu passado, suas viagens, o estrangeiro etc. (Boccaccio). As pessoas riem ruidosamente *dicendosi novelle* (Sacchetti). Mas adora-se sobretudo falar das mulheres; uma noite, cada um escarnece a esposa do vizinho, uma outra noite, uma conversação mais picante se organiza em torno do tema: como, em suas relações íntimas com a esposa, o homem sempre acaba por ceder (Sacchetti). As conversas vão no mesmo andamento nas *loggie* aristocráticas, e isso desde a manhã, entre os homens que ali se encontram *a cerchio.* Mas os negócios da comuna aí estão frequentemente em jogo, e o privado de linhagem aqui nos conduz ao domínio público.

Também se recebe muito em casa e as pessoas se deslocam de bom grado de uma casa a outra. As crianças vão cumprimentar seus avós, as mães, "como é seu hábito, dirigem-se à casa de suas filhas casadas para se informar se tudo vai bem" (Siena, 1360). Os primos se visitam, "Constância [uma prima] vem frequentemente conversar comigo em casa" (Alessandra Strozzi, 1459). Os *consortes* se encontram necessariamente a todo momento nesses blocos que os albergam, e um incidente, mesmo menor, tem logo a capacidade de cristalizar sua solidariedade. Basta que uma jovem mulher Acciaiuoli grite por brincadeira "Socorro" em plena noite para que seu quarto se encha, num piscar de olhos, de parentes inquietos, homens ou mulheres (Florença, século XIV). As pessoas se veem entre amigos também, prática calorosamente recomendada por L. B. Alberti, e os contatos são incessantes entre vizinhos. Durante o dia, falam-se de uma porta a outra, de uma janela a outra (instantâneos por vezes esboçados pelos pintores) e, entre vizinhos, as visitas fazem parte da rotina. E depois, com a chegada da noite, quando o tempo não se presta às conversações ao ar livre, acontece de serões sem cerimônia reunirem na casa de uma família alguns casais ou algumas mulheres, costume atestado em Florença no século XIV, em Gênova também, cidade onde, no século XV, as matronas parecem conduzir o jogo, "visitando-se reciprocamente e reunindo em suas casas companhias para os serões".

A solicitude se torna geral em torno dos doentes. Alberti, sempre ele, faz um dever imperioso de cada um "não abandonar um doente

Anônimo, Nascimento de são João Batista, *século XVI. Primas e amigas desvelam-se junto das doentes e das parturientes. Veem-se aqui duas visitantes — uma prima (a Virgem) e uma amiga ou parenta idosa — fazer companhia à velha Elisabeth e afagar o pequeno João. (Avignon, Petit Palais.)*

de sua parentela [...] mas visitá-lo e ajudá-lo". E é bem esse o costume. Monna Alessandra Strozzi se mostra à cabeceira de primas convalescentes. Camaradas cercam afetuosamente o jovem humanista Michele Verini antes e depois de sua operação (1485), e vemo-los conversar, brincar com ele e alegrá-lo com um pouco de música. Uma solidariedade idêntica se revela cotidianamente em torno dos doentes de todos os meios: estalajadeiro moribundo, velho percluso de gota, dona de casa tomada de cólicas (foi envenenada). Grupos de velhos companheiros vêm comer, brincando com o gotoso; uma comadre reconforta o moribundo "como fazem todas elas" (Sacchetti); vizinhas devotadas arrumam o leito da vítima. Essa solidariedade é tão bem-aceita e tão esperada que muitas vezes se instala o doente no quarto do andar térreo, nível por excelência do privado ampliado, para aproximá-lo da porta e dos visitantes (às vezes também para afastar o contágio, mas isso jamais é atestado). Apenas o terror, acarretado pelas pestes, estanca (salvo exceção) essa assistência, prática tão fundamental do privado.

Para chegar talvez ao essencial, beber, comer junto, umas tantas ocasiões de manifestar e de manter mais estreitamente as solidariedades do privado ampliado. Um simples copo, oferecido no andar térreo, não compromete muito, e tem-se frequentemente a oportunidade de beber perto de casa para festejar, por exemplo, a chegada do vinho novo à casa de um vizinho (Sacchetti), e nada impede de trazer desconhecidos. Subir ao primeiro andar para uma verdadeira refeição é um sinal maior de familiaridade, e essa hospitalidade, muitas vezes oferecida aos parentes, amigos, vizinhos do privado ampliado — mas não a todos, dada a intimidade que comporta —, lhes é mais estreitamente reservada (salvo a ostentação dos banquetes). Os padres gostam de receber seus paroquianos e de tratá-los bem, como alegres bebedores que são (segundo os narradores). Reciprocamente, convida-se também de bom grado um padre amigo, ou seu cura, e é ele quem preside, tendo à sua direita o dono da casa, ele próprio flanqueado por sua mulher, depois por suas filhas. Pode-se também receber os pintores a quem se encomendam trabalhos, e a intimidade leva por vezes até a receber os amigos à mesa de manhã e à noite. Mas a acolhida às refeições está antes de tudo reservada à parentela, e é praticada habitualmente entre primos no círculo dos Strozzi, tanto de manhã como à noite (Florença, *c.* 1450).

Nos meios aristocráticos, a mobilidade inerente ao gênero de vida (viagens, veraneio) e à época (deslocamentos à frente das grandes companhias, a peste) acarreta o desenvolvimento de uma hospitalidade mais completa. As pessoas se recebem para dormir e veem-se hóspedes instalar-se por semanas. O quarto de amigos está lá, e é posto de bom grado à disposição dos que chegam. Alessandra Strozzi se aproveita disso frequentemente para si mesma (em 1449, por exemplo), ora na casa de sua filha Mugello, ora na casa de um irmão, ora na de um primo nos arrabaldes próximos. Ela também sabe acolher outrem. Vemo-la, por exemplo, receber com solicitude um primo-irmão de seu marido, com quem trabalham seus dois filhos em Nápoles e que está de passagem por Florença. Hospeda-o durante oito dias, abre sua sala e sua mesa a toda a multidão de parentes, aliados, amigos, vindos para cumprimentá-lo, alimenta-o com fausto em todas as refeições (Florença, 1449). A prática da hospitalidade não está reservada aos burgueses. As pessoas modestas também sabem, segundo seus meios, abrir sua casa a seus próximos ou amigos. Na falta de um quarto, oferecem um leito em um quarto já ocupado, um lugar em uma cama já ocupada ou um simples monte de palha na estrebaria.

APOTEOSE DO PRIVADO AMPLIADO

Evidentemente, a apoteose do privado ampliado coincide com os acontecimentos marcantes de uma vida pessoal e familiar, aqueles que exaltam as solidariedades. O círculo próximo concede mil cuidados à futura mãe, e a parentela desvela-se em presentes (metragens de lã fina, talheres de prata etc.) junto da jovem parturiente. Festejam-se com alegria certos nascimentos, por exemplo, o de Bernardo Velluti, que vem ao mundo após cinco filhas (Florença, *c.* 1330). Dessa "grande festa", a parentela participa sem nenhuma dú-

Mosaccio, Um nascimento, *1427. Outra parturiente. Multidão dos amigos e conhecidos. Trata-se aqui de um* desco da parto, *prato decorado, tradicionalmente oferecido às jovens mães. (Berlim, Staatliche Museen Preussischer Kulturbesitz.)*

vida. Os *consortes* estão muito menos relacionados com os batismos, ocasiões habitualmente escolhidas para atar parentescos artificiais: são os vizinhos, os clientes, as relações de negócios que fornecem aos pais a imensa maioria de seus compadres (Florença, 1380-1520).

A parentela reencontra amplamente seu lugar e seus direitos por ocasião dos casamentos. Quando Giovanni del Bene toma as iniciativas que encaminham o casamento de sua filha Caterina, gostaria que o assunto não se tornasse público. Coisa impossível, respondem-lhe. A parentela do noivo, que se começa a consultar, é tão numerosa, e está tão feliz, que não conseguiria conter sua língua (Florença, 1380). A consulta dos *consortes* (dos dois lados), que é coisa habitual, não é uma formalidade, sobretudo se figura entre eles uma notabilidade. Donato Velluti relata ter sido consultado sobre o casamento de um primo em terceiro grau e ter dado o seu assentimento, palavra muito forte (Florença, 1350). No dia da cerimônia, os *consortes* estão lá. Em Florença, a entrega do anel (a troca dos consentimentos) se faz com frequência em reunião íntima, não estando o esposo regulamentarmente acompanhado senão de quatro parentes muito próximos, mas o parentesco logo emerge de novo. Um rito particular que tem lugar no dia das bodas, ou no dia seguinte, leva os membros dessa paren-

Mestre veronês, Um casamento: a troca dos anéis, *1490-1500. O prometido toma a mão direita de sua noiva. Coloca o anel — de ouro ou de prata dourada — em seu anular. Como muitas vezes na Itália, poucas testemunhas, nenhum padre. (Berlim, Staatliche Museen Preussischer Kulturbesitz.)*

tela do lado do esposo (até quinze ou vinte) a entregar à jovem esposa anéis recebidos por eles em ocasiões semelhantes. Entregues pelas mulheres mas regidos pelos homens, esses anéis rituais entronizam a desposada em sua nova parentela e materializam a acolhida dessa parentela, de seus homens e de suas mulheres, de suas antigas gerações outrora detentoras desses anéis, a esse novo casal.

Para a verdadeira festa, que celebra a coabitação dos recém-casados, os membros da linhagem são convocados até o terceiro grau canônico (tios-avós, primos-irmãos dos pais, primos em segundo grau dos esposos). Os amigos estão igualmente presentes, em número indeterminado. Parentes e amigos contribuíram para o brilho da festa enviando provisões para o banquete (pelo lado do marido) e presentes à esposa (dos dois lados): com a condição de que haja retribuição. Parentes e amigos participam portanto prioritariamente do banquete. Necessários ao fausto, desempenham também com eficácia o papel de testemunhas, como lembra um cronista de Módena: o testemunho deles autenticará o acordo dos esposos (Bianchi, século XV). A afluência dos *consortes* e dos amigos e a ostentação geral acarretada por essas festas são tais que as comunas se inquietam com isso e procuram contê-las. Em Bolonha,

Sano di Pietro, Casamento de nobres: a troca dos anéis, *século XV. Aqui, fausto mais acentuado, assistência mais numerosa de parentes e provavelmente de amigos. Atrás do esposo, um personagem esboça, desfigurando-o, o tapa amigável usual, frequentemente lembrado nos costumes e na iconografia. (Siena, Arquivos de Estado.)*

entre muitas outras prescrições, proíbe-se convidar mais de 24 damas ao banquete, não incluídas as da família que recebe, e o resto (cortejo de uma casa a outra) é igualmente regulamentado (Bolonha, 1401). Florença, Siena, Módena não agem de modo diferente.

Os lutos mobilizam os *consortes* tão amplamente quanto as bodas. "Todos os seus parentes, homens e mulheres" (Sacchetti), reúnem-se na casa do defunto onde encontram os vizinhos. As mulheres, as parentas, as vizinhas choram e gemem junto ao corpo. O enterro de um grande personagem pode acarretar vociferações dilacerantes. Quando a mãe do nobre Giovanni di Marco viu chegar à sua casa o corpo de seu filho (morto em Orvieto), "pôs-se a lamentar-se com gritos tais, acompanhada por todas as mulheres presentes, que se pensaria em uma rebelião" (Siena, 1394). Depois se procede à retirada do corpo, e se forma o cortejo fúnebre do qual participam naturalmente os *consortes*. Desde o século XIII, estatutos regulamentam esses deslocamentos, com o objetivo especial de limitar os excessos eventuais da multidão inquietante desses parentes. Em Ravena, por exemplo, o luto é reservado aos parentes muito próximos, e as lamentações são proibidas na igreja (Ravena, século XIII).

Portanto, não faltam as épocas de maior sociabilidade de linhagem, e poderíamos citar outros (primeiras missas de jovens padres, sagrações de cavaleiros etc.) em que todos os parentes e os amigos participam estreitamente do privado da família, privado que lhes é comum a todos, pois que, em uma sagração de cavaleiro, um casamento, um luto, é a linhagem inteira, em sua honra, em sua fecundidade, em sua sobrevivência, que está em jogo. Notemos, no entanto, o lugar de prestígio ocupado nessas cerimônias pelas mulheres, elas que, esposa, mãe, cunhada, não pertencem à linhagem (ou dela logo sairão quando se casarem). Sua participação traduz a das famílias aliadas, que são as suas. Mas é também uma participação pessoal que, mesmo ritualizada (como as vociferações), traz a essas festas do privado ampliado um toque particular de espontaneidade pessoal, de calor e de sensibilidade.

SERVIÇOS MÚTUOS

Dos *consortes* à família se estabelece enfim, no intervalo dessas festas, toda uma rede banal, mas vital, de conselhos e de arbitragens, de intervenções junto às autoridades ou à justiça, de testemunhos de ajuda mútua inumeráveis: uns tantos serviços que tornam permeável a muitos *consortes* o privado das diversas famílias e mantêm entre eles (não sem falhas, por certo) solidariedades e mesmo uma afeição de tipo muitas vezes patriarcal. O humanista Platina, entre outros, destaca a importância desses serviços, mesmo nas altíssimas esferas, quando faz Cosimo de Medici apresentar a seu neto Lorenzo o quadro ideal das relações que regem o parentesco:

> Ama teu irmão; ama também toda a tua parentela; não te limites a estimá-la, e chama-a também a participar de tuas deliberações, quer se trate de assuntos privados como de assuntos públicos. Os conselhos de parentes serão, segundo toda a probabilidade, melhores que os daqueles indivíduos sem nenhum laço de sangue contigo.

A SOLIDARIEDADE PRIVADA POSTA À PROVA

A solidariedade das famílias, e mais ainda aquela entre primos e aquela das linhagens, é frequentemente posta à prova. É ameaçada pela mobilidade de indivíduos cuja profissão leva muitas vezes a deslocarem-se (e que gostam de fazê-lo), ou que são vítimas dos incidentes da vida política (guerras, exílios etc.). Corre o risco também de ser rompida pelo falecimento de seus membros e pelo esquecimento dos ancestrais, o que é igualmente grave em um meio em que se considera que os ancestrais vivem ainda — no paraíso e nas memórias — e têm participação estreita na linhagem. Contra esses perigos, os italianos dos séculos XIV e XV, sobretudo na burguesia comercial (e humanista), procuraram defesas.

Anônimo, Banqueiros italianos no estrangeiro, *século XIV. Três banqueiros, seus livros, a multidão de seus clientes. Milhares de italianos — comerciantes, banqueiros, emprestadores, artistas — permanecem duradouramente no estrangeiro. Adaptam-se à sua pátria provisória, mas mensagens orais e toda uma correspondência os mantêm ligados à sua família. (Londres, British Library.)*

Anônimo, Decameron, *século XIV. Luto de mulheres à cabeceira de uma morta. Suas vociferações, depois o fausto público dos funerais, fazem da morte burguesa um assunto que ultrapassa o privado. (Paris, Biblioteca Nacional, ms it. 482, fol. 79 v.)*

DISPERSÃO FAMILIAR E CORRESPONDÊNCIA PRIVADA

A dispersão das famílias é um dado antigo da vida social das cidades e dos campos italianos. Os comerciantes correm os mares e o mundo há séculos, os lojistas (comerciantes de trigo, de gado, de azeite etc.) percorrem os campos, muitas vezes distantes, os próprios camponeses precisam dirigir-se frequentemente à cidade, onde encontram pousada em geral na casa de um parente ou de um vizinho que ali se estabeleceu. Nos séculos XIV-XV, a multiplicação das responsabilidades periféricas, ocupadas por revezamento pelos cidadãos em grandes Estados cada vez mais bem geridos e sempre mais extensos (embaixadas, administração e justiça provinciais), agravou essa situação. Os expurgos políticos, enfim, multiplicaram os exílios. Ter um esposo, um filho, um irmão distante (a vários dias de caminhada ou mais) é uma situação banal a que as famílias precisam com frequência se acomodar.

Com a condição, evidentemente, de não romper com o ausente. Ligações episódicas são possíveis. O vaivém de viajantes multiplica os mensageiros e informantes provenientes de toda parte. "Espero de um momento para o outro, com impaciência, a chegada de Gherardo (que vem de Bruges) para ter enfim de viva voz notícias de ti, de tua pessoa e de tua saúde", escreve Alessandra Strozzi a seu filho Lorenzo (Florença, 1459). A família, por seu lado, ou um de seus membros, pode pôr-se a caminho para juntar-se ao ausente. A questão é várias vezes discutida entre Alessandra e seus filhos. Cada um vive nos quatro cantos da Europa (Nápoles, Bruges, Florença): por que não se encontrarem todos em Avignon (1459)? Mas as complicações do projeto fazem-no gorar. Essa é a sorte de muitas tentativas análogas: fala-se de ir a Pisa, a Bolonha, e fica-se em casa. Limitar-se aos deslocamentos de uns ou de outros para encontrar os ausentes é, finalmente, perder o contato.

Resta a correspondência, a maravilhosa correspondência privada, descoberta e alegria dos italianos do século XIV. Escrever, trocar informações comerciais é, desde o século XIII, uma das técnicas comprovadas do sucesso mercantil dos italianos. Porém, à medida que passam as gerações, notícias, cartas puramente privadas acrescentam-se às primeiras. Pouco a pouco, cada um se familiariza com a escrivaninha: os homens para informar, dirigir; as mulheres para responder, avisar; as crianças para enviar alguma ternura reanimadora; os intendentes e notários para prestar contas. Nem todas as mulheres sabem escrever; quanto mais se desce na escala social, mais são ignorantes, e esse estado de coisas parece agravar-se na Toscana do século XV. A mesma incultura, porém mais circunscrita, existe entre os homens (pequenos assalariados, camponeses). Posto isso, a partir dos anos 1360-1380, o gosto, a necessidade de escrever são atestados amplamente na sociedade, vastas correspondências são conservadas, e é possível que essa data corresponda, ao menos em Florença, a um limiar, a uma aceleração, a uma difusão na prática da correspondência privada.

Cada um pode escrever cartas e recebê-las. Meeiros, por exemplo, veem-se comunicar por escrito, sob a forma de carta, instruções de seu proprietário (Siena, 1400). Outras correspondências — tais como as conhecemos — emanam essencialmente da família, do privado estrito, do qual refletem a vida (desmembrada, mas poderosa), as afeições, as ocupações, sobretudo as das mulheres, das quais se têm cartas admiráveis. Alessandra Strozzi, cujos filhos foram exilados pelos Medici, os mantém regularmente a par, durante 23 anos (1447-1470), de seus assuntos domésticos. Seu genro, suas filhas, seu pequeno Matteo — a partir dos doze anos e meio — enviam suas missivas particulares. Os dois exilados respondem. A célula familiar continua a viver intensamente.

Mas certas *carteggi* (correspondências) são muito mais vastas, mais amplamente estendidas à parentela, aos amigos, à clientela, e revelam ao mesmo tempo a amplitude dessas relações privadas, seus laços com as instituições e as questões públicas, o papel desempenhado pela correspondência na vida e na gestão do conjunto.

Entre muitos outros, o florentino Forese Sacchetti, prior da comuna em 1405, novamente no poder em 1411 e muitas vezes capitão ou podestade de cidades do *contado*, é bombardeado de missivas, pequenos bilhetes de papel fortemente dobrado e trazendo o endereço no verso, que ele recebe no ritmo por vezes de vários ao dia (segundo a coleção conservada), sobretudo quando suas funções o chamam fora de Florença. Esses bilhetes emanam dos correspondentes mais díspares. Seu círculo figura, muito normalmente, em primeiro lugar. Seu administrador, Piero di Giovanni, o mantém a par, com perfeita pontualidade, das peripécias da gestão de sua fortuna (colheitas, arrendatários, vendas de gêneros etc.), endereçando-lhe, se necessário, várias cartas sucessivas — quatro entre 15 e 30 de novembro de 1417. Seus próximos não parecem muito escrevinhadores, mas os amigos que pensam nele manifestam-se por cartas afetuosas ou por encantadores bilhetes; pequenos, mas substanciais: "Forese, cacei e fiz boa caça. Envio-te esta lebre. Come-a, se bem o quiseres, com meu fiel e excelente irmão Giovanni". Presente ou ausente, Forese permanece perto do coração de seus amigos, que encontram, para demonstrar-lhe isso, palavras e coisas. Outros, conhecidos por outras correspondências, fazem-se informar com cuidado das ocupações e da saúde de sua esposa e de sua progenitura, e a solicitude se transforma em inquietude quando se apresenta uma indisposição. *Ser* Bartolomeo Dei, então em Milão, faz questão de receber pontualmente notícias de uma filha ou de uma nora a ponto de dar à luz, e seu correspondente, um cunhado, envia-lhe até três vezes em dez dias (1º, 5 e 10 de maio de 1489) um boletim de saúde detalhado, sendo o estado da jovem mulher, então em seu nono mês, um pouco preocupante; suas pobres pernas estão muito inchadas!

Essas missivas familiares ficam perdidas no meio das outras, a massa das cartas expedidas por relações distantes, clientes ou desconhecidos, gente de todo gênero, de todas as origens, de todas as profissões. Em princípio, esse fluxo de cartas é dirigido ao homem público, ao personagem suscetível de pôr sua autoridade ou seu crédito a serviço de seus correspondentes, que são, quase todos, solicitadores. Saímos aqui do domínio privado. Mas entre público e privado a demarcação nem sempre é simples. Para obter o apoio desejado, a maior parte dos pedinchões adota o tom caloroso e, por vezes, o próprio vocabulário do privado, esperando criar, por sua deferência afetuosa, esse parentesco de adoção que constrangerá moralmente a notabilidade requisitada a intervir. Cada um chama Forese Sacchetti de *maggiore*, em homenagem à sua superioridade. Os mais moderados a isso acrescentam *onorevole*. Depois a deferência (não isenta de bajulação) vai num crescendo, com *magnifico*, *carissimo*, até o insistente *onorevole maggiore come fratello*, da parte dos burgueses, seus pares, ou *come padre* da parte dos outros, reaparecendo a palavra *padre* três ou quatro vezes no decorrer de uma mesma carta nas expressões "esperando em vós como em um pai" ou "rogando-vos como a um pai". Forese não é insensível a esses pedidos, por vezes reiterados em um tom cominatório. Vemo-lo iniciar diligências, solicitar juristas, comportar-se como homem compreensivo, mas sobretudo como verdadeiro chefe de clientela. Uma clientela, por mais instável que seja, tem vantagens políticas, e os memorialistas florentinos são explícitos: sede obsequiosos, não façais inimigos. Mas essa máscara do privado (que não é totalmente uma comédia) adotada por seus correspondentes estimula sua sensibilidade e seu amor-próprio e leva Forese a agir em relação a seus clientes como agiria em relação a seus próximos.

Os meios italianos instruídos (que as burguesias urbanas abastadas não representam com exclusividade) aproveitam com presteza esse instrumento maravilhoso que são as cartas para manter, na separação, os laços privados, familiares ou amistosos, que lhes são tão caros. Manter e enriquecer, pois se constata, desde essa época, que a necessidade de escrever pode proporcionar ao diálogo cotidiano dos privados alguma coisa a mais. Por certo, quanto mais se está longe, quanto mais as cartas se fazem esperar, mais o diálogo epistolar esfria. Uma mensagem partida de Nápoles a 18 de dezembro de 1464, com destino a Alessandra Strozzi, não terá sua resposta senão a 18 de janeiro de 1465, embora a destinatária tenha respondido em quatro dias. Mas todos o sabem: espaçadas, lentas, as cartas só têm com isso mais valor para quem as recebe; redige-se a correspondência em conformidade com isso. O ausente permanece informado das notícias domésticas mais íntimas, mas elas lhe são apresentadas de maneira particular. Por vezes o que se escreve tem mais calor do que aquilo que se fala. É-se levado, mais do que na vida corrente, a encontrar as palavras da afeição, da inquietude (que o afastamento redobra), do consolo, da alegria, essas palavras que as convenções e o pudor tornam menos fáceis às mulheres na existência cotidiana. Poupam-no também. Esfuma-se a gravidade das indisposições: o cunhado de *ser* Bartolomeo Dei confia-lhe após o parto de sua filha: "O inchaço de suas pernas era bem mais forte do que vos escrevi". E depois, para informá-lo, cada um se desdobra; estimulados pelo desafio — falar com exatidão do pequeno mundo deixado pelo ausente —, seus correspondentes demonstram mutuamente mais interesse e atenção que de costume: um tio informa-se constantemente sobre sua sobrinha; um jovem filho é todo ouvidos para as conversações dos adultos e sabe falar de dotes, hipotecas, fisco, com uma segurança saborosa; uma mãe redobra as amabilidades em relação a todos aqueles que viram ou verão seu filho etc. A necessidade de informar, ligada à de gerir, de educar, de cuidar no lugar do ausente mobiliza todo o círculo de parentes e de amigos, e não apenas o lar, e reforça sua coesão.

O fato de escrever reforça enfim o privado, ampliando-o, nesse nível ao menos em que se está exposto às solicitações. Os pedinchões também, em suas cartas, mais fáceis de renovar e de combinar que uma visita (elas são por vezes redigidas por um terceiro), sabem encontrar as palavras que os inscrevem em uma dependência privada em que alguns deles permanecerão.

DISPERSÕES FAMILIARES E DIÁLOGOS PRIVADOS

O afastamento definitivo que é a morte, fechado a toda correspondência, não é contudo, nem mesmo ele, sem recurso.

Antonello de Messina, São Jerônimo em seu gabinete de trabalho, *1475. Um modelo para os homens de estudo: biblioteca,* studio *calmo, vastos espaços de experiência e de pensamento, tudo aquilo que os comerciantes humanistas também procuram conquistar para suas leituras, seus estudos, a redação de suas memórias e de sua correspondência. (Londres, National Gallery.)*

Há em primeiro lugar a oração, esse grito tênue, totalmente desprovido de resposta explícita, mas então percebido e praticado como uma via costumeira na direção do Senhor, de seus santos e, por meio deles, da Igreja sofredora (o purgatório), estadia provável de muitos ancestrais. A oração da linhagem não é um mito. Muitas vezes se apresenta a ocasião de orar pelos mortos do casal e da família, especialmente no momento das missas e das cerimônias fúnebres instituídas pelos próprios defuntos em seus testamentos e regularmente (às vezes perpetuamente) celebradas em suas igrejas habituais ou nas capelas de suas fundações. Mas teríamos muita dificuldade de provar que as famílias delas participavam com regularidade ou que tivessem aproveitado essa ocasião para evocar as ações do defunto. Sem a intervenção de um esforço

Filippino Lippi, Retrato de velho, *segunda metade do século XV. O gosto pelos retratos familiares atentos e penetrantes, gosto depurado pelo espírito linhagista assim como pelo humanismo, desabrocha na pintura, como nas* ricordanze, *mas com maior brilho. (Florença, Uffizi.)*

especial da memória, os mortos logo se reduzem, nas recordações, à proclamação anual de um nome inscrito em um obituário.

Esse esforço existe. Tradições orais relativas aos ancestrais se transmitem nas linhagens por vezes desde o século XII e continuam ativas nos séculos XIV e XV. Giovanni Morelli afirma várias vezes, por volta de 1400, ter obtido de velhos parentes (homens e mulheres) informações que eles próprios deviam a seus antepassados e que chegavam a um ancestral nascido em 1150. Giovanni Rucellai relata ter amplamente tirado proveito de conversações com *consortes* idosos para esclarecer seu próprio passado familiar. Certas grandes famílias parecem ter conservado com cuidado um rico patrimônio oral, sobretudo ali onde seus lares estão mais estreitamente agrupados, e ter tirado disso um bom conhecimento de seus ancestrais e um grande orgulho linhagista.

Mas, nos séculos XIV-XV, procura-se ir mais longe, melhorar suas fontes, consultando os papéis de família fechados nas arcas (contratos registrados em tabelião, livros de contas, processos e outros), e dar dos ancestrais um retrato mais circunstanciado, mais verídico, mais convincente também. Ao mesmo tempo, faz-se questão de deixar sobre si e sobre seus filhos todos os elementos de uma biografia exata: idade, padrinho, hora, data e dia do mês de nascimento etc. Alberti é o primeiro a aconselhar essa precaução — por muitas razões — (que ele não apresenta).

Desde então, já não se trata de abandonar tão somente à memória um depósito de informações tão precisas e tão preciosas. No século XIV, chega-se a confiar a algumas páginas distintas de um livro de contas, ou a um caderno comprado especialmente para esse fim, as informações recolhidas um pouco em toda parte e que reconstituem, da linhagem dos ancestrais, uma galeria bem caracterizada. Circunscrita aos ancestrais diretos e aos parentes mais próximos (Morelli), ou então estendida aos primos e às primas afastadas (Velluti), essa galeria não procura necessariamente lisonjeá-los, mas mostrar como vive uma linhagem, destacar os momentos marcantes de seu passado, sublinhar a antiguidade e a continuidade (ou os meandros) de seu engajamento profissional, exaltar, em uma palavra, todos os elementos da solidariedade linhagista (solidariedade patrimonial, espiritual, política etc.), sem com isso apagar a originalidade das orientações individuais e das personalidades (por vezes maravilhosamente valorizadas — entre os Velluti — até as dos primos muito distantes), nem escamotear os atritos e as inevitáveis desavenças. Memórias de uma linhagem, esses livros de família (*ricordanze, ricordi*) mantêm no grupo que os conserva um apego refletido, motivado e personalizado por uma grande família, que os detalhes apresentados pelos memorialistas e os sentimentos suscitados por eles fazem melhor perceber como um prolongamento no tempo e no espaço, como uma ampliação do privado doméstico.

Posto isso, nenhuma das *ricordanze* conhecidas é escrita coletivamente por uma linhagem. Seus autores são pais de família enraizados em sua geração. Os ancestrais bem valem uma saudação, mas quando o relato chega aos tempos presentes, o autor encontra, ao falar de seu círculo (pais, tios, primos próximos, filhos), um atrativo e um acento muito particulares; as páginas mais finas e mais sensíveis de Giovanni Morelli são consagradas a seus tios e a seus irmãos e irmãs. Esses livros de memórias pessoais são ciosamente conservados na casa de seu autor e de seus descendentes. São mostrados a amigos íntimos, emprestados eventualmente a seus irmãos ou mesmo a seus primos (Corsini, Florença, 1476). Mas os memorialistas, os autores, estão mais inclinados a insistir em seu caráter secreto. O memorial é destinado antes de tudo aos filhos e aos descendentes diretos (que frequentemente o continuam), é assunto da família e mais precisamente dos homens. Mesmo a esposa é suspeita: ela pertence a uma outra linhagem; o segredo das *ricordanze* vale também para ela.

Duas perspectivas finalmente se justapõem nas *ricordanze.* Os retratos de ancestrais e de ascendentes determinam um apego mais vivo à linhagem e a vontade de prolongar-lhe os costumes, as orientações, a originalidade, de inspirar-se em seus exemplos, evitando suas fraquezas. Mas essa primeira mensagem é amplamente completada e por vezes submersa por tudo o que o memorialista acrescenta sobre a família — estreita ou ampliada — no meio da qual ele vive. Falando de seus próximos, daqueles que o cercam, seu relato é mais minucioso, mais preciso, mais bem observado, mais caloroso, mais estreitamente privado. Leiamos, entre tantas outras, o início da nota consagrada por Giovanni Morelli a seu irmão Morello. Ele nasceu, esse Morello, a 27 de novembro de 1370,

> na véspera de são Pedro de Alexandria, e foi na noite da quarta para a quinta-feira, quando as oito horas e meia soavam em Santa Croce. Batizaram-no no sábado seguinte, 30 de novembro; seus quatro padrinhos foram [seguem-se os nomes e endereços de dois homens e de duas mulheres]. Foram-lhe dados os nomes de Morello e de Andrea. Morello por causa de seu avô, Andrea, padroeiro do dia [...]. Casou-se com Caterina [...] Castellani (seguem-se alguns detalhes sobre esse casamento).

Tudo aqui remete a um privado mais estrito (salvo o nome do avô), mais exclusivamente centrado em um grupo familiar estreito. No quadro geral da cidade, da igreja, do trabalho, as solidariedades destacadas aqui, e constantemente nas notas análogas — solidariedades inteiramente privadas — são as da família, do compadrio, e as das alianças. A vida corrente leva cada um a superpor essas solidariedades novas, que são absolutamente próprias à família e constituem sua originalidade, à trama (e por vezes à filigrana) das solidariedades de linhagem. Os livros de família consolidam esse estado de coisas ao mesmo tempo que o anotam. Eles estabelecem e ilustram esse entrecruzamento de solidariedades e de relações que define de maneira original o privado ampliado vivido pelos adultos, ligados cada um por si a uma família por afinidade, a um grupo de compadres etc., que os distinguem irredutivelmente uns dos outros na mesma linhagem.

CONFLITO DO PRIVADO PESSOAL E DO PRIVADO COLETIVO

Uma tensão subjacente opõe de maneira permanente os diferentes engajamentos privados vividos ao mesmo tempo por cada um, em sua linhagem, em sua família ou em seus próprios gostos e preferências individuais. Essa tensão forçosamente acarreta atritos, conflitos, tão frequentes entre os antigos quanto em nossa época, em que se confrontam diferentes concepções do privado.

Esses conflitos opõem em primeiro lugar os cônjuges, situação clássica. Esposas suportam mal a ausência do marido: o privado da família se vive a dois. Elas resmungam, impacientes, azedas. Outros choques nascem, ao contrário, da própria coabitação que — sem contar os atritos de caráter — reúne duas pessoas formadas cada uma em meios que a compartimentação socioprofissional torna com frequência bem diferentes. Essa situação é comum, e as crises inevitavelmente atravessadas pelo casal manifestam-na e exasperam-na. Um pintor de Siena surpreende sua esposa, uma mulher soberba, em flagrante delito de adultério (por volta de 1350-1380). As injúrias, os gritos que chovem de um lado e do outro, revelam as tensões que podem ter acarretado a ruptura:

> *Ele*: Puta suja, tu me chamas de beberrão, mas foste tu quem escondeste teu companheiro atrás de meus crucifixos [ele é pintor de crucifixos].
> *Ela*: É comigo que falas?
> *Ele*: Não, é com a merda do asno.
> *Ela*: Não mereces coisa melhor.
> *Ele*: Porcalhona, não tens vergonha! Não sei o que me impede de te pespegar este tição aí onde eu sei.
> *Ela*: Não tentes... pela cruz de Deus. Se me tocares, jamais o pagarás bastante caro.
> *Ele*: Ignóbil porca, e teu companheiro [etc.].
> *Ela*: [...] Malditos sejam aqueles que levam uma moça a se casar com um pintor, malucos e birutas que sois todos vós, sempre a vos embebedar, bando de desavergonhados!

Encenado com verve por Sacchetti, esse episódio revela à sua maneira as tensões reais assinaladas mais acima: viver com Mino (o pintor) é ter de suportar uma grosseria herdada em linha direta dos bandos de celibatários; é precisar admitir hábitos, os dos pintores (itinerância, intemperança), insólitos para moças crescidas em outra parte; é ter de conciliar as heranças de três privados diferentes: o de uma jovem bem-educada, o dos bandos de jovens, o das equipes de pintores. Compreende-se a confusão e as tentações da jovem mulher.

A família conjugal tem seus bloqueios e suas dificuldades, nascidos em boa parte, ainda aí, da coexistência e dos conflitos de privados díspares. Os problemas começam por vezes desde o nascimento dos filhos; uma boca suplementar é uma catástrofe em um lar pobre; um bastardo, uma grande fonte de aborrecimentos por toda parte; uma jovem viúva, enfim, não pode pensar em se casar de novo — decisão vivamente aconselhada pelas famílias — conservando com ela os filhos pequenos do primeiro leito. Acontece frequentemente que a necessidade (no primeiro caso), as convenções sociais ou o interesse pessoal (nos dois outros) levem ao infanticídio ou antes ao abandono da progenitura (sobretudo das meninas). As filhas de pobres ou os bastardos são confiados aos asilos, os filhos de viúvas deixados por muito tempo com amas de leite, depois entregues à família do pai (Toscana, fim dos séculos XIV-XV). Bastardos, viúvas, é a linhagem que impõe aqui seus desígnios. Sua honra, sua coesão, seu interesse prevalecem sobre os sentimentos eventuais das mães. Ao dar seu consentimento (que jamais é exigido) ao seu segundo casamento, estas mostram também, de resto, ao fim de uma escolha certamente difícil, que preferem sua condição de esposa à sua condição de mãe. Nesses conflitos em que estão implicados ao mesmo tempo o privado da linhagem, o do casal legítimo, o das mães, enfim, o dos próprios filhos, não é fácil para os interessados ver claro.

As dificuldades recomeçam com os filhos crescidos. Alguns foram marcados por sua primeira infância que uma ama de leite brutal, uma "mãe cruel" ou a ausência frequente de um pai entristeceram. Entre os Morelli, um pai e seu filho conheceram esses problemas. Paolo, deixado com a ama de leite até os doze anos, e Giovanni di Paolo, abandonado por sua mãe aos quatro anos, não deixaram, chegados à idade adulta, de remoer sua amargura (Florença, 1335-1380). Com outros, a insatisfação chega até a insubordinação. Um membro da família Peruzzi consagra, em 1380, uma página inteira de seu livro a explicar por que está reduzido a maldizer seu filho. É, diz ele, em razão de suas desobediências: a palavra volta cinco vezes — "Dissimulado, traidor, falso, ele sempre me desobedeceu, traiu, escarneceu, assim como a meu bairro, minha comuna, meus *consortes* e meus aliados" (Florença, 1380). Em Cortona, encontramos o mesmo reflexo hostil do pai da futura santa Margherita. Ao fim de alguns anos de concubinato, a serva de Deus volta para casa em lágrimas e vestida de preto. Incitado pela madrasta, seu pai recusa-se a recebê-la (Cortona, século XIII).

Acontece também, em sentido inverso, que as iniciativas dos pais irritem ou exasperem seu filho, quer se trate de gestão ou, como na família Lanfredini, de uma reconciliação desastradamente concedida pelo pai a uma linhagem hostil, contra a vontade expressa de seus filhos. Sua própria mulher o invectiva: "Lanfredino, traidor de vós mesmos e dos vossos [ela o trata por vós]! Como! Ousastes infligir a vossos filhos a vergonha dessa reconciliação, sem nada dizer a eles nem a mim! Vós lhes retirastes tudo neste mundo, bens, honra, tudo". E um dos filhos, humilhado, escreve a seu irmão: "Eu te digo, ao abandonar a casa, tomei a decisão irrevogável de nunca mais me dizer seu filho e de mudar de nome" (Florença, 1405). Ao afirmar-se, a personalidade dos filhos se faz então mais áspera. Os dois exemplos acima ilustram (acentuando-os) os dois eixos de seu desejo de emancipação. Ora eles exigem participar inteiramente das decisões maiores que orientam o privado da família, ora, ao contrário, só querem agir segundo sua cabeça, reorientando totalmente sua vida e suas opções fora do quadro familiar.

Não nos detenhamos nas incontáveis querelas de sucessão, das quais o dote, em primeiro lugar, e o patrimônio marital, em seguida, são o objeto. Elas colocam em questão tanto a linhagem quanto a família, e constituem também um dos aspectos das falhas da solidariedade linhagista. No que se refere a esta última, nem todas as famílias de uma linhagem são naturalmente íntimas, e muitos motivos de afastamento acentuam as clivagens naturais que as atravessam. Questão de domicílio. Lares se instalam fora do bairro colonizado por seus *consortes*; eles perdem esse contato familiar, acarretado pelos encontros cotidianos, que os faz participar do mesmo privado. Mas os lares não se decidem por esse exílio a menos que sejam coagidos a isso por seu isolamento, por sua pobreza, e contra a sua vontade; eles só querem voltar e são muito minoritários nas grandes *casate* florentinas que se conhecem bem (Ginori, Capponi, Rucellai). A fortuna pode igualmente desempenhar seu papel, não tendo os pobres, em princípio, o mesmo estilo de vida que os parentes ricos, seus vizinhos. Esse discriminante não tem, na cidade, o caráter decisivo que muitas vezes se lhe atribui. Pelo menos é a impressão que dá a frequentação das famílias que acabamos de evocar. Entre as famílias, as disparidades de fortuna são mais reduzidas que o previsto, e sobretudo essas fortunas carecem de estabilidade; de um cadastro ao outro (de dez em dez anos), não é jamais o mesmo Ginori, por exemplo, que se acha na situação, no século XV, de ser o mais rico de sua casa. Por outro lado, as três famílias citadas são muito mais uniformemente abastadas que a população urbana em seu conjunto; nenhuma família Ginori figura, no século XV, entre os miseráveis, e aqueles cuja cota de impostos é modesta (por vezes há pouco tempo) têm acesso, apesar de tudo, à mesma educação, às mesmas responsabilidades, finalmente ao mesmo modelo de vida que os mais abastados. Enfim, a solidariedade atua; as pessoas se apoiam.

A solidariedade das linhagens e seu espírito de corpo são, portanto, suficientemente fortes para resistir às tensões estruturais acarretadas pela compartimentação desses grandes organismos. Mas outros desafios encontram-nas mais desprevenidas, em particular as tentações da independência profissional e patrimonial.

Tomemos o exemplo da família Velluti. Todos os homens da família participavam, no século XIII, da mesma companhia comercial: a independência e a dispersão são a regra desde os anos 1310-1330. No século XIII, procurava-se, tanto quanto possível, preservar o patrimônio e gerir uma parte dele em comum: as partilhas são fre-

Tacuinum sanitatis, *1390-1400. Espancar sua mulher é um direito sagrado do marido. Fazê-lo sob o domínio da bebida ou de um desregramento dos humores pode ter consequências nefastas para o casal. Cuidar disso por meio de uma dieta adequada, recomenda o* Tacuinum. *(Paris, Biblioteca Nacional, ms n.a. lat. 1673, fol. 50 v.)*

quentes e precoces desde essas mesmas datas, sem contar as vendas a estranhos à linhagem. Divisões, sucessões, vendas acarretam antagonismos muitas vezes duradouros que se multiplicam com o tempo. O autor das memórias utilizadas aqui, Donato, assinala dez conflitos entre primos, dos quais vários degeneram em verdadeiras desavenças. Ele próprio está envolvido em seis desses conflitos. Desde então, as hierarquias naturais se desmantelam. A autoridade de Donato, o grande homem da família — que se exprime por consultas, por arbitragens —, limita-se a um só dos ramos de primos germanos oriundos do avô paterno. Seu verdadeiro campo de ação circunscreve-se a seus irmãos e a seus filhos. Enfim, sinal mais eloquente desse afrouxamento das solidariedades, a prática da *vendetta*, ao menos entre os Velluti, cai em desuso. Não se vingariam as ofensas feitas ao clã, e quando enfim um primo, após muitas tergiversações, lava em sangue um assassinato cometido em 1310, a opinião familiar o considera como um desastrado perigoso (Florença, 1310-1360).

A solidariedade de linhagem está igualmente ameaçada nos campos, sem incidentes, e pela evolução das coisas. Em uma aldeia do Val d'Elsa, entre Siena e Florença, uma família de fidalgotes, os Belforti, ocupa a primeira posição. Três irmãos a dominam no começo do século. Os anos passam, e os três fundadores deixam o lugar a seus filhos, três grupos de primos germanos (1330-1340). O belo espírito de corpo de outrora fica bem embotado. Os membros do ramo número um têm todos profissões brilhantes (cambistas, proprietários de imóveis). Não hesitam em superdotar suas filhas (mais de mil liras, em média, para cada uma) para conseguir alianças lisonjeiras. Todos se instalam na cidade.

Os do ramo número três têm todos ocupações muito modestas (arrendatários), dotam parcimoniosamente suas filhas (cem liras em média) e permanecem enraizados na aldeia. Uma solidariedade persiste entre eles, pois que se fala ainda a seu propósito de *consorteria*, mas sua intimidade privada dissipou-se sob todos os aspectos (Toscana, 1300-1340).

Reencontramos aqui a conclusão que nos sugeria o estudo das *ricordanze.* A linhagem e suas coerções antigas já não respondem inteiramente às necessidades sentidas por cada um, as de uma maior mobilidade profissional e patrimonial, de uma autonomia mais alentada diante da justiça (sem precisar estar implicado na falta de um *consors*), de uma defesa mais cerrada contra o apetite monstruoso do fisco. O apoio da linhagem, sempre útil, deve estar acompanhado de outras solidariedades, mais cuidadosamente talhadas sob medida em torno de cada um, e menos coercitivas, as dos vizinhos, dos amigos, dos aliados escolhidos expressamente. A mistura dessas solidariedades próximas define doravante o privado ampliado, um privado caloroso (com suas cartas, suas visitas, suas refeições), mas de um sabor próprio a cada família.

A CÉLULA PRIVADA, MATRIZ DA VIDA INTERIOR

Os diferentes meios privados não esmagam a personalidade de seus membros. No seio das linhagens, no seio dos ramos, no seio das próprias famílias, é possível orientar pessoalmente certas escolhas, é possível também, ao menos entre as pessoas abastadas, isolar-se em um santuário próprio (que pode ser um quarto). Mas a vida em família não faz desabrochar as pessoas tão-somente pelos espaços de liberdade que estas aí se proporcionam. A solicitude familiar, voluntária ou não, o simples exemplo de existências próximas, com toda a sua riqueza e suas peripécias, constituem evidentemente para cada um uma fonte também, e mais fecunda, de formação e de estruturação interior. Esse papel estimulante das famílias, que jamais deixou de ser atual, aparece muito particularmente forte em um mundo em que aquilo que hoje se chamaria reforços ou os substitutos educativos desempenhava um papel muito limitado.

O CONHECIMENTO MÚTUO

Viver junto na existência cotidiana constitui em primeiro lugar um meio privilegiado, se não exclusivo (para as mulheres), de penetrar na intimidade de outrem, de conhecer e de ser conhecido. A leitura das cartas e dos livros de família mostra abundantemente a realidade e o calor da atenção que se prestava às pessoas participantes de seu meio privado, sem consideração do sexo, da imponência, das responsabilidades públicas.

A idade, em primeiro lugar, permanece por muito tempo (até a compilação dos cadastros, no século XV) um patrimônio privado, conservado de início pelos pais. A mãe frequentemente assegura sua tradição oral: ao começar seu caderno de recordações, um comerciante declara, em 1299, ter nascido em 1254, "segundo a lembrança de minha mãe". Um camponês estima a idade de uma filha em dez anos, "por tê-la ouvido de sua mãe". Alessandra Strozzi sabe na ponta da língua, com exceção do dia, os momentos marcantes da biografia de seus filhos. Ela consagra, em 1452, um longo parágrafo de uma carta a instruir nisso seu filho Lorenzo. "A idade de Filippo? Vinte e quatro anos completados a 29 de julho. A 7 de março próximo, serão doze anos que ele terá deixado Florença. Quanto a ti, fizeste vinte anos a 21 de agosto passado. Deixaste Florença nesse mês, faz agora sete anos"; seguem-se informações análogas sobre os três outros. Difundindo-se a moda das *ricordanze*, as notícias biográficas (e necrológicas) constituem um de seus elementos habituais, e são os pais que as redigem, mas é possível que a ciência oral das idades tenha sido antes e por muito tempo feminina, e portanto mais especialmente privada. Determinar a idade, salvo o dia, é poder desejar uma festa, estabelecer um horóscopo, determinar no meio familiar ampliado uma hierarquia: é a uma só vez exaltar o privado pessoal e organizar o privado coletivo.

Os filhos crescem e desabrocham fisicamente. O primeiro testemunho, e por vezes o único (para as filhas, frequentemente enclausuradas em casa durante a puberdade), dessa transformação tão perturbadora para os interessados está, ainda aí, com os pais, com o círculo privado. Ora, os memorialistas mostram por meio de inúmeros exemplos que o aspecto físico dos *consortes*, tanto dos jovens como dos outros, não passa despercebido em seu meio privado. Giovanni Morelli diverte-se em destacar a silhueta de seus irmãos, de suas irmãs, de seus primos, e realiza bem seus croquis. Eis aí Bernardo (primo germano), "robusto, muito alto, musculoso, de tez muito colorida e coberta de sardas"; aqui está Bartolo, "gordo e juvenil, branco ou antes azeitonado de pele"; eis sobretudo Mea, sua irmã mais velha,

> de altura normal, uma pele admirável, fresca e clara, muito benfeita de sua pessoa, ela era só encanto. Entre outras perfeições, tinha suas mãos, mãos de marfim, tão benfeitas que se diriam pintadas por Giotto, mãos longas, suaves, de dedos alongados, fuselados como círios e terminados por largas unhas torneadas, brilhantes e vermelhas.

Viver em casa no círculo familiar é ser caçoado; mas é sobretudo ser conhecido, reconhecido, distinguido, admirado; que satisfação!

Os memorialistas acompanham de retratos morais ainda mais atentos o perfil que esboçam do físico de seus *consortes*. Todos os primos e primas de Donato Velluti têm direito (inclusive os primos em terceiro grau) a algumas palavras destinadas a destacar sua personalidade moral. Isso sem nada sacrificar ao lugar-comum ou à banalidade. Donato busca demonstrar, tanto quanto pode, justeza e penetração. Para descrever os caracteres e os comportamentos dos homens, faz uso de pelo menos 79 adjetivos diferentes.

É evidente que esse homem experimentado recusa-se a ser uniformemente beato; e não hesita em sublinhar os desvios. Por outro lado, seus julgamentos inspiram-se nos valores que são os de sua época, de seu meio, de sua idade. Ele é sobretudo sensível — com todas as nuanças de seus 79 adjetivos — à sabedoria (do julgamento), à prudência (da gestão), à alegria cortês (da sociabilidade); daí a severidade com que condena a maldade e o desperdício. Nos limites desse quadro (nem muito social nem muito cristão), seus julgamentos são, no conjunto, benevolentes, elogiosos, otimistas (75% dos adjetivos são no bom sentido). O privado, o vasto privado ampliado vivido por Donato, talvez não faça justiça a todas as virtualidades das consciências e dos caracteres; mas não deixa de ser um centro insubstituível de conhecimento e de estima mútua, o foco por excelência em que a atenção e a benevolência clarividentes de alguns próximos — camaradas ou mais velhos — estimulam desde a infância o desabrochar das pessoas.

O REFINAMENTO DAS SENSIBILIDADES

A célula privada é também o berço do coração. É ali que algumas situações, contempladas alhures com indiferença, são vividas de maneira mais pessoal e mais empenhada, com emoção ou mesmo com paixão. É ali que se moldam as sensibilidades.

Um tema frequentemente abordado nas correspondências é o da ausência, a ausência de seres caros, sentida como um sofrimento. Com apenas onze anos, Michele Verini o diz e repete a seu pai, então em Pisa: o menor atraso de correio o inquieta, a ele e a toda a sua família, sobretudo se se teme que uma doença seja a sua causa. De qualquer maneira, carta ou não, "tua ausência", lhe diz ele, "é para mim um verdadeiro sofrimento", e a confidência dessa pequena alma sensível e precoce soa verdadeira.

Mas o poderoso, o implacável foco no qual se purificam e se afinam as sensibilidades é certamente o sofrimento físico, ele próprio

Vittore Carpaccio, Legenda de santa Úrsula, *"Sonho da santa" (detalhe), 1495. Atentos às silhuetas, aos traços, ao caráter e ao encanto pessoais, por vezes também por trás da ostentação e da exibição, às poses mais abandonadas, os retratos femininos refletem entre outras, no século XV, a promoção afetiva e cultural que é a das patrícias em seu universo, o dos espaços e instituições privados; vilas e parques, palácios, círculos humanistas, cortes. (Veneza, Accademia.)*

Filippo Lippi, Cenas da vida de são João Batista *(detalhe de Herodíades), 1464. Sob a indentidade bíblica de empréstimo, retrato suposto de Lucrezia Buti, companheira do pintor. Elegante mas atento, ele sabe destacar tanto os traços da jovem mulher (sua testa, sua orelha) e seu brilho (seu colo magnífico) quanto seu pudor um pouco desajeitado. (Prato, Duomo.)*

precursor da morte. Nesse mundo em que o hospital é antes de tudo destinado aos pobres, os doentes abastados permanecem em casa. Ali eles ficam acamados, sofrem, agonizam, morrem. Sofrer e ver sofrer, morrer e ver morrer permanecem experiências privadas, experiências multiplicadas pela amplidão das famílias, pela precariedade da saúde, pela brutalidade frequente dos cuidados.

Correspondências, diários privados, contabilidades, narrativas e novelas, tudo ilustra em primeiro lugar a presença obstinada da doença nos lares. Um tio hidrópico de 35 anos, o ventre inchado como um odre, está de cama há seis meses na família de Michele Verini (1480). Um golpe recebido no baixo ventre obriga o próprio Michele a permanecer muito tempo deitado em casa (1485-1487),

Simone Martini, São Luís de Toulouse coroando o rei Roberto *(detalhe de uma pala), 1317. Fragilidade das crianças: na falta de terapêutica eficaz, invocam-se os santos. São Luís cura aqui uma criança acidentada — observar o leito à sua medida — à cabeceira da qual duas mulheres se lamentam. (Nápoles, Museu Capodimonte.)*

e é aí que nele se pratica a ablação de um testículo. Seu contemporâneo, Orsino Lanfredini, vê aos treze anos duas de suas irmãs caírem gravemente doentes de sarampo (maio de 1485), e naturalmente cuida-se delas no domicílio de seus pais. Ter em casa um familiar de cama por várias semanas é coisa corrente em um lar. Os doentes de malária abundam por toda parte. Experiência bem mais grave, os pestíferos ficam de cama em casa, e a maior parte dos testamentos é ditada por um entrevado *in domo sua*, em sua casa. Até mesmo os domésticos os moralistas desejariam ver cuidados na casa de seu patrão e por este, conselho certamente seguido. Mas se a doença se agrava, hesita-se menos em enviá-los ao hospital, certificando-se, como o faz Alessandra Strozzi, da qualidade dos cuidados que ali receberão.

Ambrogio Lorenzetti, Cenas da vida de são Nicolau, *"Cura de uma criança" (detalhe), 1330-1332. É à magia diabólica (um diabo disfarçado em peregrino) que o estado gravíssimo desse menino é atribuído. A intervenção do santo liberta seu círculo do desespero impotente em que está mergulhado. (Florença, Uffizi.)*

Todos esses males, incluídos os mal-estares, que têm todos eles o domicílio por cenário, reúnem as indisposições hoje tratadas em casa e os estados gravíssimos reservados em nossos dias aos hospitais. Aproximar-se da doença doméstica é então muito frequentemente aproximar-se do sofrimento, um sofrimento muitas vezes fugidio, mas também longo, duro, e mesmo insuportável, de cuja presença obsedante ninguém na casa escapa. O tio de Michele Verini, o hidrópico, perpetuamente sedento, alerta toda a casa com seus clamores: quer vinho. O próprio Michele, cinco anos mais tarde, sofre muito com seu ferimento, e a intervenção cirúrgica é um calvário. Desde então, o sofrimento não o abandona mais. Ele o mantém desperto durante toda a noite. A solicitude de seus amigos pode enganar sua dor; jamais a expulsa. Quanto mais o tempo passa, mais ele sofre "de um mal atroz". Monna Ginevra, mulher do memorialista Gregorio Dati, que acaba de dar à luz, permanece acamada em casa. Ela não se recupera e sofre o martírio (Florença, 1404). As grandes crises intoleráveis são particularmente perturbadoras. Giovanni Morelli jamais pôde afastar de seus olhos, de seu coração, de sua imaginação, os momentos atrozes da última doença de seu filho Alberto. Uma segunda-feira de manhã, o pobre menino (ele tinha dez anos) foi acometido na escola de sangramentos de nariz, de náuseas, de cólicas. Depois a febre não o deixou mais. Ao fim de dois dias, em meio a vômitos, uma viva dor tomou-o na virilha. Seu estado piorou dia a dia. O sofrimento era tão forte, tão torturante, sem uma única hora de descanso em dezesseis dias, que ele não parava de gemer, de gritar. Cada um em torno dele, por mais endurecido que fosse, estava transtornado.

Acamados em casa, ali esses entrevados morrem também. Morte de crianças (Alberto, dez anos), morte de adolescentes (Matteo Strozzi aos dezoito anos, Orsino Lanfredini aos dezessete anos, Michele Verini aos dezenove, Lucrezia, irmã de Orsino, aos doze anos), morte de jovens mulheres (a bela Mea de mãos de marfim morre aos 23 anos, oito dias após o nascimento de seu

Andrea del Sarto, Os doentes do Hospital San Matteo, *primeiro quartel do século XVI. O equipamento dos grandes hospitais do século XV é bastante notável: leitos individuais, banquetas para os visitantes. Um privado é reconstituído por intenção dos doentes — todos pobres —, mais caloroso e mais confortável que o deles próprios. (Florença, Hospital San Matteo.)*

Domenico Ghirlandaio, Cenas da vida de santa Fina *(detalhe), 1475. Uma entrevada voluntária (é uma forma de penitência) e extenuada, velada em sua casa por duas mulheres, recebe de um santo o anúncio de sua morte próxima. (San Gimignano, colegiada.)*

quarto filho, que não sobreviveu mais que seus irmãos mais velhos, todos mortos antes dos dois anos), morte de adultos, morte de velhos: cada um no lar é a testemunha repetida da perspectiva, do temor, da preparação (confissão, viático, extema-unção, testamento, orações), da encenação fúnebre (gritos das mulheres, aparato, reunião) e do último cortejo da morte. Quando Valorino di Barna Ciuriani termina, em 1430, aos 77 anos, o livro de *ricordanze* começado em 1324 por seu avô, pode lançar um olhar melancólico sobre o estado civil registrado por ele em suas últimas páginas e consagrado a seus próximos. Sem contar os recém-nascidos, ele viu desaparecer, entre 25 e trinta anos, uma filhinha de um mês e seu pai de 58 anos; aos 37 anos, uma filha de catorze e um bebê de onze meses; aos 47 anos, duas filhas respectivamente de treze e quinze anos; e, desde que é sexagenário, três filhos de cerca de 35 anos, sua esposa, um filho de 54 anos, uma neta de dezessete anos. E ele só começa o seu diário aos 25 anos. A experiência da morte é muito mais precoce. Seu filho Luigi, morto aos 36 anos, vivera esses mesmos lutos (irmãs de catorze, quinze e treze anos; jovem irmão de onze meses, irmão de 31 anos) respectivamente aos nove, dez, dezenove, vinte e 31 anos.

Morrer jovem e no sofrimento é comum em todos os tempos, mas as epidemias que assolam a Europa depois de 1348-1350 multiplicam as mortes precoces e as mortes penosas, mortes tanto mais perturbadoras e suscetíveis de exacerbar as sensibilidades quanto atingem redobradamente os mais jovens, os mais inocentes, que são atingidos em casa, nesse mundo que se pretenderia precisamente sempre mais retirado, sempre mais protegido, sempre mais consagrado à intimidade, ao isolamento, à paz, que é o mundo privado.

EXPANSÃO DOS SENTIMENTOS

O que antecede faz pensar enfim que o meio privado é também o berço privilegiado dos sentimentos. Indivíduos tão frequente e tão fortemente solicitados em sua sensibilidade privada dão livre curso aos seus sentimentos com facilidade. Reciprocamente, tudo leva a crer que essa efusão dos sentimentos, dos grandes sentimentos essenciais (temor, alegria, tristeza), é ali, na intimidade privada, que ela se manifesta antes de tudo e que ali adquire, para todos, toda a sua força. O privado nos liga, com efeito, a pessoas muito próximas, cuja sorte nos comove particularmente. O privado é também o quadro de vida e o lugar de expressão privilegiado, e com frequência único, dos sentimentos femininos. Na família, enfim, onde são vários a vivê-los em uníssono, os sentimentos comuns reforçam os sentimentos individuais. De qualquer modo, a época em que nos situamos tem a possibilidade, graças aos livros, às correspondências muitas vezes citadas, a outros testemunhos ainda, de dispor de observatórios em que se veem desfilar esses sentimentos e de onde se pode identificá-los, assistir constantemente à sua eclosão espontânea e à sua difusão. Vejamo-los então em seu frescor e em sua força.

Simone Martini, O bem-aventurado Agostino Novello, *"Acidente de uma criança" (detalhe), políptico, 1328-1330. Menino vítima de um lobo. Intervenção miraculosa de santo Agostinho. A criança brincava às portas da cidade. (Siena, Igreja Sant'Agostino.)*

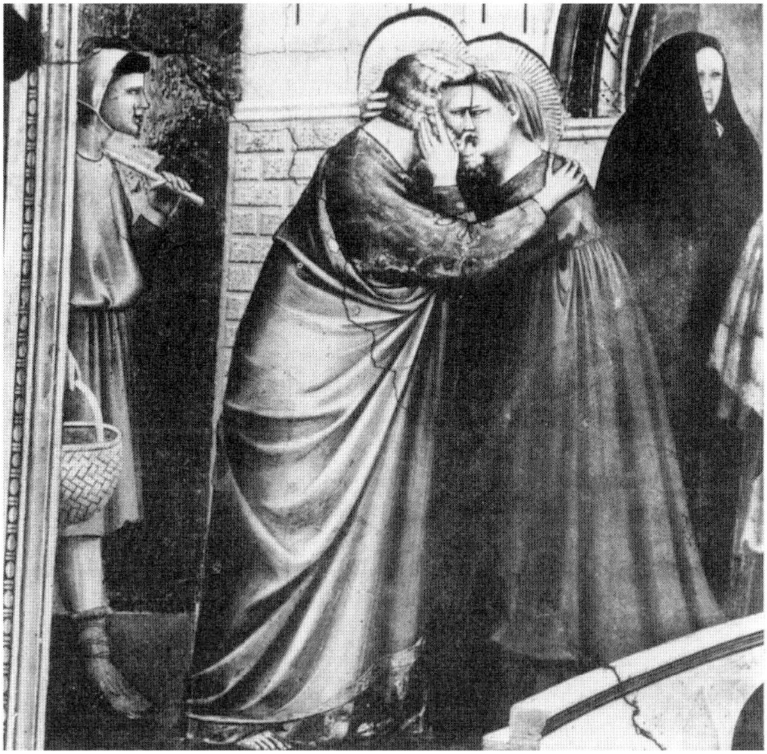

Giotto, São Joaquim e santa Ana à Porta Dourada *(detalhe), 1304-1306. Segundo uma piedosa lenda veiculada pelos Evangelhos apócrifos, são Joaquim teria sido obrigado ao exílio pelos padres do Templo. De retorno a Jerusalém, reencontra à Porta Dourada sua esposa que ali o aguarda com suas criadas. (Pádua, Capela Scrovegni.)*

Um primeiro testemunho, novo e precioso, nos vem da iconografia. Pela primeira vez na história italiana, a pintura religiosa, o afresco, toma o aspecto de uma vasta cena de cem episódios em que os atores — uma Santa Família — experimentam e exprimem com convicção sentimentos profundos. Nem todos os pintores têm o mesmo êxito, mas observemos Giotto, o mestre incontestado do século XIV, considerado como tal e constantemente admirado ao longo do século, e examinemos, em Pádua, os personagens da capela Scrovegni (por volta de 1305). Ana e Joaquim se reencontram na Porta Dourada; em seu abraço e em seu olhar se estampam o apego indefectível de dois esposos por longo tempo maltratados pelo destino e a alegria profunda de seu reencontro. Com essa mesma ternura grave, santa Ana estende os braços para sua filha recém-nascida, depois, chegado o momento, a acompanha até o grande sacerdote. Estendida na baia rochosa onde acaba de dar à luz, a Virgem recebe pela primeira vez (da parteira dos apócrifos) seu filho todo enfaixado; ela põe em seu gesto todo o respeito, em seu olhar toda a veneração atenta e terna, toda a presciência também que lhe inspiram seu criador e seu filho. Os anos passam. Inclinada sobre o rosto de seu filho morto, ela o contempla com o desespero

Giotto, Lamentações sobre o corpo de Cristo *(detalhe), 1304-1306. As silhuetas curvadas e veladas, os gestos de suas mãos piedosas sublinham e acompanham o último e pungente abraço de uma mãe a seu filho torturado. (Pádua, Capela Scrovegni.)*

sem lágrimas de quem não aguenta mais chorar e o desejo apaixonado de gravar em sua memória esses traços que vão desaparecer. Diante desse cadáver, ela não parece demonstrar nem mais coragem nem mais esperança que qualquer mãe. Em torno dela, as santas mulheres gemem. Do século XIV ao século XV, os estilos, os nomes e os talentos mudam, mas as variações inspiradas pela Virgem e por Jesus sobre os temas da ternura diante da infância, da aflição diante da dor e da morte, constantemente reelaboradas ao sabor das sensibilidades do momento, propõem por toda parte modelos convincentes para os sentimentos de qualquer um que viva instantes análogos (nascimento, morte trágica etc.). A iconografia sacra, em seu crescente domínio técnico e psicológico, certamente ajuda no refinamento dos sentimentos privados, em especial em relação aos bebês e às crianças, e em relação aos defuntos.

Levados pelo exemplo das pinturas, pela difusão de uma literatura humanista e burguesa que seria preciso evocar bem mais longamente (Boccaccio tem um sucesso prodigioso), pela própria configuração do privado, a uma só vez espetáculo, acordo, tensão e intimidade, mil sentimentos se exprimem em mil ocasiões, e com toda a liberdade, na vida privada, inspirados ou fortalecidos por ela.

Viver em harmonia com sua família, coisa felizmente frequente, é em primeiro lugar aí encontrar e manter um clima de afeição mais caloroso que em outras partes. Os moralistas estão bem convencidos disso, a começar por Alberti: seja qual for o valor da amizade — sua mania —, ele é forçado a constatar que ela é comumente subordinada ao amor conjugal. A conversação familiar, a efusão dos corações, a volúpia, os filhos, o cuidado da casa, tudo concorre para manter a afeição que une o casal. Quanto ao amor paterno, cada um sabe com que profundidade, com que amplitude, com que veemência está ancorado nos corações; nada de mais constante, de mais total e de maior do que esse amor.

Diante dos moralistas, os narradores, as correspondências sobretudo, nos revelam bem nas famílias a difusão e a força desse apego mútuo. Os esposos de então têm, um em relação ao outro, o pudor de seus sentimentos, mas as outras afeições se expandem facilmente. Afastada de seus filhos exilados, Monna Alessandra Strozzi não pode conter em suas cartas as queixas de uma ternura frustrada que os anos, ao passar, não fazem senão avivar: "Creio morrer desta sede de te rever [...] desejo com toda a força de meu coração e de minha alma viver aí onde viveis; meu único medo é morrer sem vos rever" (Florença, 1450-1451). "Se tivesses tido filhos", confia a uma amiga uma outra dama florentina, "compreenderias a força do amor que se tem por eles."

O coração dos pais não está menos aberto à ternura. Boccaccio, à sua maneira desenvolta, usa e abusa desse nobre sentimento como de uma isca infalível para apanhar na armadilha os maridos traídos: o que faz então esse monge de camisola no quarto conjugal? Cura dos vermes um rapazinho em muito mau estado; e o papai abraça o curador com efusão... Mas não faltam os exemplos, nas *ricordanze* e nas correspondências, de apegos mais esclarecidos e igualmente fortes. As confidências de Giovanni Rucellai, as de Piero Guicciardini, de Piero Vettori, de Guido del Palagio, de Cappone Capponi, de Giovanni Morelli, as cartas de Ugolino Verini, todos esses textos exprimem unanimemente a atitude resumida pelo aforismo de um deles: "Diz-se que o maior amor possível é o de um pai por seu filho" (Florença, séculos XIV-XV). Esses amores de pai e de mãe são despertados muito precocemente pelos sorrisos e pela própria presença dos bebês. Segundo Alberti, "a atenção e a assiduidade dos cuidados dados por uma mãe a seu bebê são bem superiores às de uma ama de leite, e seu amor também". Por certo, a realidade nem sempre é tão cor-de-rosa. Fez-se notar que os italianos abastados, todos os de classe alta, eram impelidos a enviar seus filhos à ama de leite. Veem-se jovens viúvas abandonar ali rebentos ainda de peito para casar novamente. E, nos meios populares, registra-se um déficit suspeito do número das meninas em relação aos meninos. Sim, ocorre, com frequência talvez, que a pobreza, o choque das pestes, a dureza da existência eclipsem — até o infanticídio — o apego nascente dos pais por essas criaturas apenas formadas e já estorvadoras. Mas esse apego está sempre ali, em germe, e a menor brecha o desenvolve irresistivelmente.

A afeição que irradia dos casais encontra, sem dúvida, um eco dos filhos. Reforça e revigora também todos os apegos que se entrecruzam na família ampla, e se estende até os amigos. Crescer em casa, sobretudo nos meios privados, ricos em relações e em parentelas, da burguesia urbana, é inserir-se em uma rede densa e estável — no essencial — de afeições mútuas frequentemente proclamadas e bem preciosas para os jovens, para as viúvas, para todos. Michele Verini, que tanto admira

Giotto, O massacre dos inocentes *(detalhe), 1304-1306. Em seus gestos, em seus movimentos, em seus olhares, desespero impotente das mães. (Pádua, Capela Scrovegni.)*

e adora seu pai, está muito ligado a seu tio Paolo ("vós me amais de maneira privilegiada"), a seu preceptor Lorenzo ("não amais ninguém mais do que a mim"), a seus camaradas, e é sempre de afeição (*amore*) que se trata (Florença, 1480). Ligar-se, para ele, sobretudo durante sua doença, é amar. Alessandra Strozzi, cercada por suas filhas e por seus genros de uma afetuosa veneração — reforçada pelas provações que atravessa —, deixa transbordar com toda a simplicidade sobre seu círculo de sobrinhos e de primos a afeição que seus filhos exilados não estão ali para receber. Mas cada um, ao redor dela, age da mesma maneira, e muito especialmente os homens, cujos sentimentos são então freados pelo respeito humano. De tio a sobrinho, de primo a primo, de amigo a amigo, a estima, com todas as suas nuanças (*fidanza*, *fede*, *stima*), frequentemente acompanha a afeição. Ela é dita, deixa-se que seja dita e escrita, pelas mulheres — que dela fazem um argumento para ajudar seus filhos ("sempre lhe demonstraste tanta afeição: ajuda-o") — e age-se de acordo com isso, manifestando pelas pessoas do sangue uma solidariedade (conselho, emprego, gestão) cujos exemplos são abundantes. A despeito das desavenças e das inúmeras falhas do espírito de linhagem, a família permanece o berço por excelência da afeição mútua, afeição nuançada por esse toque particular que faz dela, mais nitidamente do que hoje, um sentimento estendido aos primos e aos amigos, um sentimento enfim — justamente por esse motivo — ativo, eficaz, o coração das solidariedades privadas.

A afeição acarreta seu cortejo habitual de sentimentos que se veem desabrochar à vontade na intimidade privada. Graças a Deus, as ocasiões de alegrar-se não faltam. Um primo eleito prior cumula de alegria toda uma linhagem. Notícias de um ausente, um nascimento, e eis aí todo mundo feliz. A alegria transbordante, o cúmulo da alegria, segundo Boccaccio que a descreve várias vezes, é naturalmente um acontecimento da vida privada. Acontecimento modelo, simbólico, trata-se do reencontro imprevisto que reúne uma família dispersa, por vezes sem esperança. Uma mãe reencontra seu filho: torrentes de lágrimas, mil beijos, "efusões de uma alegria tão pura". Um pai reconhece sua filha, "alegria imensa"; depois seu filho: intermináveis relatos "pontuados de lágrimas de alegria vertidas junto". Reconstituir contra toda a esperança um lar desmembrado, eis a alegria suprema, todos concordam.

Nesses grupos frágeis, periodicamente ameaçados por uma separação, um exílio, uma doença, um falecimento, a afeição ostenta, no entanto, com mais frequência, sua expressão preocupada.

As pessoas se inquietam pelos ausentes. As correspondências muitas vezes são o eco dessa inquietação. A resposta esperada não chegou; a espera se tinge de *malinconia* (ansiedade): "Como descrever estes dois meses de ansiedade, sem nenhuma notícia deles! Eu tinha certeza, alguma coisa lhes tinha acontecido!" (Alessandra Strozzi, 1451). Se finalmente as notícias não são boas, a ansiedade

Giotto, Morte do cavaleiro de Celano *(detalhe), final do século XIII. Uma morte súbita: estupor, horror, consternação dos presentes. Expressões ainda inábeis — trata-se do primeiro Giotto —, mas percebidas então como gritantes de veracidade. (Assis, Convento de São Francisco, igreja superior.)*

transforma-se em angústia: "Não sabendo a natureza de seu mal, fui tomada pela angústia" (idem, 1459). Mesmos sentimentos de inquietude, depois de angústia, quando, no lar, um familiar fica acamado, quando sua doença se agrava e ele sofre.

A morte fez seu trabalho. Da tristeza ao desespero, a família experimenta, segundo seus membros, todas as nuanças amargas da dor. Revés de estreito ajuste às afeições do privado, essa dor, no entanto — e precisamente por esse motivo —, não abala sua coesão. Nas famílias unidas, quanto mais o pesar é forte, mais é sentido em comum na afeição, mais essa ajuda mútua aproxima os corações, mais ela consolida os laços de solidariedade doméstica. A morte em Nápoles, em 1459, do jovem Matteo Strozzi (dezoito anos) consterna o círculo de sua mãe Alessandra, que permaneceu em Florença. A desolação aflita impregna todas as cartas de condolências que são prodigalizadas à infeliz mulher. Cada um ao redor dela rivaliza em delicadeza. Para revelar-lhe a terrível notícia, um primo, avisado de Nápoles, convoca à sua casa alguns parentes, depois acolhe-se a pobre mãe, avisando-a com prudência, e cada um a reconforta com compaixão. Nas conversações, nas cartas que se entrecruzam, as pessoas se consolam mutuamente, exortam-se a cercá-la, a apoiá-la em sua provação. Para essa mobilização das almas, Monna Alessandra contribui entretanto mais que qualquer outra ao exercer à sua volta, com caridade, a despeito de seu pesar, um papel de consoladora. Coração vivo de sua casa, ela redistribui imediatamente, para com elas irrigar o corpo familiar, as provas de amor que dele recebeu. Esse choque atroz, que transtorna todos os próximos, consolida em definitivo o entendimento geral e estreita as solidariedades privadas mesmo distantes.

A vida privada parece o espaço privilegiado das lágrimas. Chora-se muito em público? Ignoro-o. Nos lutos, nos reencontros, nas dores como nas alegrias, cada um, em todo caso, chora em casa calorosas lágrimas. Sensibilidade particular? Sim, mas sobretudo linguagem própria ao privado. Naturalmente, as confidências das cartas e dos narradores — Boccaccio sobretudo, tão atento às lágrimas — levam em conta os prantos solitários, esses prantos que acompanham a consciência pungente de uma solidão brutalmente imposta pela morte, pela ausência, pelo abandono, pelo dilaceramento, em uma palavra, de um privado doméstico reconfortante. Mas se trata também de choros compartilhados, desses choros que são, para os próximos, por ocasião de choques familiares que desafiam as palavras, a única e verdadeira linguagem da confidência e do pleno acordo. Acordo da afeição: ao reencontrar-se depois de anos, as pessoas se abraçam em silêncio, chorando (Boccaccio, II, 6 e 8; V, 6 e 7); acordo da compaixão (*ibid.*, II, 6; III, 7; VIII, 7); do arrependimento. Acordo, enfim, do pesar partilhado. Ainda muito abalado pela notícia da morte de seu jovem cunhado Matteo, Marco Parenti recebe duas cartas sucessivas; a primeira, que evoca a dor de sua mulher, o faz desfazer-se em lágrimas; a segunda, insistindo no desespero de sua sogra, acaba de transtorná-lo: "ela redobrou minhas lágrimas". Essas lágrimas selam aqui a adesão total de Marco à dor de sua família por afinidade. A expressão de sua compaixão preenche em seguida sua correspondência, mas ele aí apresenta seu pranto silencioso como o mais eloquente testemunho de sua união profunda com os seus; chorar junto, mesmo de longe, supera todas as palavras. De resto, notar-se-á nessa ocasião que os homens participam como as mulheres da linguagem das lágrimas, o que amplia e fortalece seu alcance; chorar junto supera todas as convenções.

Outros prantos coletivos, e destinados exclusivamente às mulheres, pontuam os funerais das pessoas do clã, mas se trata de lamentações rituais destinadas a representar para o uso do público a dor da família. Dispensá-las seria um ultraje à honra do defunto.

Mas seu exagero (indispensável) parodia os sentimentos verdadeiros sem nada mostrar da intimidade familiar.

FORMAÇÃO DO CORPO E DA INTELIGÊNCIA

A inteligência se forma em casa, assim como a sensibilidade; a educação do corpo e a do espírito são em primeiro lugar assunto privado; a escola vem em seguida, sob todos os aspectos, qualquer que seja a sua importância, que é objeto de discussões.

A primeira formação começa desde a mamadeira (ou antes, desde o seio), e a ama de leite é a primeira a encarregar-se dela. Atenção para escolhê-la bem; desconfiar como da peste das "tártaras, sarracenas, bárbaras e outras energúmenas" (Palmieri). Seguem-se mil recomendações do mesmo autor sobre os seios da candidata, sobre sua boa disposição, sua idade, sua seriedade etc. E com razão. Tarefas capitais a esperam: dar seu leite, por certo, mas cantar para adormecer a criança, corrigir sua gagueira eventual e até mesmo saber remodelar seu rosto (nariz, boca, estrabismo) por meio de hábeis manipulações (Francesco di Barberino).

A ama de leite ainda está em ação e já intervêm os educadores naturais. Em primeiro lugar a mãe, como o desejam Alberti, Francesco Barbaro e outros moralistas ("o cuidado das crianças de tenra idade cabe às mulheres, amas de leite, mãe", Alberti), à qual sem tardar se juntará o pai, o primeiro responsável — aos olhos dos moralistas — pela formação moral e intelectual do filho. Com a educação, a instrução, com efeito, deve começar precocemente; esse é um desejo muito difundido do qual, entre outros, Palmieri se faz o propagador. Algumas pessoas, diz ele, postergam até após os sete anos o momento de instruir os filhos. É pura preguiça. É preciso começar desde seu tempo de ama de leite a ensinar-lhes os primeiros rudimentos das letras. Obrigar-se a isso é ganhar dois anos. A partir dos sete anos, dar--se-á um mestre ao menino. Moralistas (Maffeo Veggio) insistem em que seja enviado à escola, onde encontrará camaradas. Outros são favoráveis ao preceptor privado, solução adotada por Giovanni Morelli (século XIV, e mais tarde por Lorenzo de Medici e muitos outros).

Nas famílias abastadas, paradoxalmente mais próximas nisso dos camponeses e do povo do que da burguesia média, o ciclo inteiro da formação infantil pode então se desenrolar majoritariamente, por vezes exclusivamente, no espaço privado. Espaço, em seu caso, cada vez mais bem ordenado para essa função. Quanto mais avança a Renascença, mais as moradas burguesas se prestam à vida intelectual, com suas peças múltiplas, calmas e propícias ao isolamento (quartos, *studi*), com seu mobiliário especializado (mesas de escrever, estantes de coro, prateleiras para livros), até mesmo com suas bibliotecas, luxo de certos palácios florentinos, milaneses, venezianos, napolitanos, romanos. Os adultos, que as arranjaram, são os primeiros a aproveitar dessas vantagens, mas as crianças não são delas excluídas.

Domenico Ghirlandaio, Cenas da vida de são Francisco, *"A confirmação da regra" (detalhe), 1483-1486. As famílias do patriciado gostam de confiar seus filhos a preceptores. Ângelo Politiano, à frente aqui, cumpre essa função junto aos filhos de Lorenzo de Médici, Pedro, João e Juliano, que são vistos atrás dele. (Florença, Igreja Santa Trinità, Capela Sassetti.)*

Instruir os jovens é uma tarefa absorvente que pode mobilizar uma boa parte do grupo privado. Do jovem humanista Michele Verini encarrega-se em primeiro lugar seu pai, e o faz precocemente, por certo antes de seus sete anos. Mas quanto mais ele progride, mais a equipe de seus professores domésticos aumenta, para atingir, entre seus dez e seus quinze anos, uma meia dúzia de pessoas. Seu tio Paolo, um médico de cerca de 35 anos, ensina-lhe os rudimentos das matemáticas (e a Bíblia), ensinamento completado mais tarde pelo matemático Lorenzo Lorenzi, um outro tio. Um eclesiástico e um gramático orientam seu latim até o momento em que, alertados por seus dons, Cristoforo Landino e Angelo Poliziano aceitam prodigalizar-lhe seus inestimáveis conselhos; ele ainda não tem quinze anos. As lições de todos esses mestres têm lugar no exterior, mas também em sua casa. Ele encontra frases tocantes para declarar que os estima a todos com uma grande afeição, em razão do *paternum officium* (tarefa paterna) que cumprem em relação a ele. Em seu papel de preceptores, esses personagens iminentes, quase todos professores no *studio* (universidade) de Florença, entram em seu domínio privado. Pai, tios, aliados, ilustres *amici*, toda essa equipe doméstica consagra à instrução de seu pupilo muito tempo e atenção. As pessoas se deslocam, se escrevem, se consultam a seu respeito para trocar notícias, conselhos, projetos. O círculo de um jovem, sobretudo se ele é brilhante, jamais faz o bastante por seu futuro.

Os objetivos dessa formação doméstica não são portanto exclusivamente privados, longe disso. Instruir um rapaz é em primeiro lugar pô-lo em condição de dominar rapidamente as técnicas da profissão em que se engajará e de participar digna e eficazmente da vida pública. As famílias burguesas consideram seu ponto de honra bem armar seu filho para sua futura carreira política. Posto isso, notemos com Palmieri que, ao educar os rapazes, não se procura ensinar separadamente "como organizar seus negócios, como conversar com seus concidadãos e [...] como manter sua casa [...] mas sim o todo conjuntamente na prática". Em um mundo em que a família e a linhagem desempenham um papel tão determinante na vida política, a fidelidade aos valores privados que regem essas parentelas é a chave do sucesso público de seus membros.

Ao educar as filhas, as famílias se mostram menos ambiciosas. Embora em 1338 assinalem-se crianças de ambos os sexos nas escolas de Florença, a oportunidade da instrução feminina é apaixonadamente discutida, e muitos moralistas são hostis a ela. As mulheres de sociedade constituem um caso particular. Suas responsabilidades sociais supõem um certo nível de cultura. Sabem portanto escrever, e mesmo muito bem; muitas gostam de ler; no século XV, as mais dotadas dominam o latim, e por vezes o grego, com o *satisfecit* de um humanista como Leonardo Bruni. O mesmo ocorre — leitura, escrita, latim eventualmente — com as futuras religiosas. Mas, fora desse meio privilegiado, a formação feminina é orientada antes de tudo pelas perspectivas do casamento, dos filhos, das responsabilidades e dos valores privados. Em suas

Benozzo Gozzoli, Cenas da vida de santo Agostinho, *"O santo é conduzido à casa do mestre de gramática"*, 1463-1465. *O artista inspira-se ao mesmo tempo nas* Confissões *de santo Agostinho e na realidade escolar conhecida por ele. Como por toda parte na Itália, crianças de idades diferentes estão lado a lado sob a autoridade do mestre. Nesse outro recinto privado que é a escola, o mestre representa a autoridade parental, pancadas inclusive. (San Gimignano, Igreja Sant'Agostino.)*

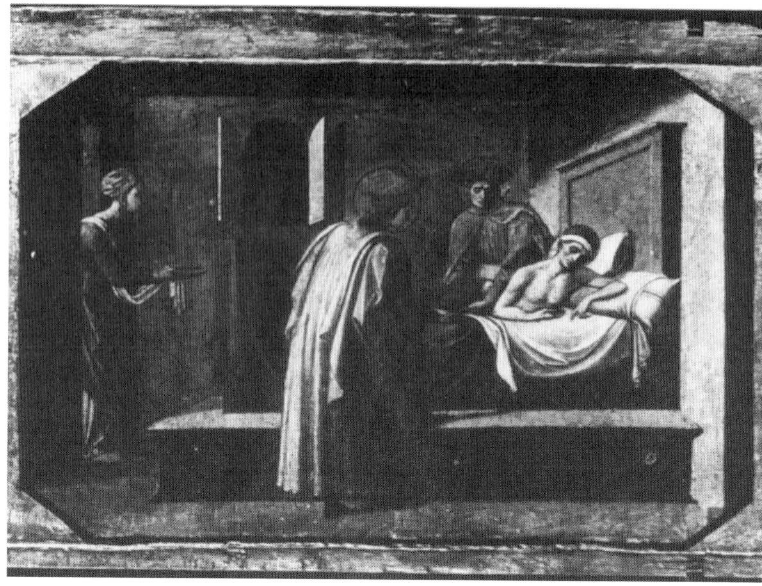

Pesellino, Cenas da vida de são Cosme e de são Damião *(detalhe), fragmento de predela, por volta de 1450. À imagem de seus patronos — Cosme e Damião —, os médicos penetram normalmente na intimidade dos quartos, que servem mesmo, eventualmente, de salas de operação. (Paris, Louvre.)*

obras respectivamente consagradas ao casamento e à educação, Francesco Barbaro (*De re uxoria*, 1416) e Maffeo Veggio (*De educatione liberorum*, 1440) são inteiramente dessa opinião. Futura mãe, futura educadora doméstica da moral e da fé, futuro modelo para suas filhas, a adolescente, segundo Veggio, deve "ser educada, por santos ensinamentos, para levar uma vida regular, casta, religiosa, e para dedicar-se constantemente a trabalhos femininos", intercalados por orações. Barbaro insiste mais na formação prática; mas a perspectiva dos dois autores, e de muitos outros, coincide. Sendo a mãe de família, aos seus olhos, a verdadeira depositária dos valores privados, é desejável que se consagre inteiramente à sua defesa e à sua transmissão. A educação das donzelas será concebida de acordo com isso.

A INTIMIDADE PRIVADA DIANTE DO MUNDO EXTERIOR

OS VISITANTES DO COTIDIANO

Por mais protegidos que estejam da multidão por suas portas, por suas fechaduras, e pelo anteparo de suas desconfianças e de suas solidariedades próximas, os meios privados, e em primeiro lugar as famílias, abrem-se para o mundo exterior, e precisam fazê-lo a todo instante, e quase sem pensar nisso, ao sabor das necessidades cotidianas.

As moradas mais bem fechadas não são herméticas nem aos indiscretos nem aos importunos, por uma espécie de porosidade natural. As cenas de família atravessam as paredes. Às mudanças de humor, de comportamento, de fisionomia não escapam aos bons apóstolos do bairro (Boccaccio, IX, 5). Os vizinhos não deixam de espiar as pessoas da frente quando a olhadela vale a pena. A estreiteza das ruelas mantém um voyeurismo difuso. Pergunta de um juiz: "Monna Selvazza vive como prostituta?". Resposta da honesta vizinha: "De uma janela que dá para a moradia de Monna S., ela a viu cem vezes pôr-se na cama nua com homens inteiramente nus e praticar todas as torpezas que são as das prostitutas" (Florença, 1400). Nada de importante escapa por muito tempo à perspicácia bisbilhoteira das boas pessoas, e a respeito de tudo, a começar pelas aventuras sentimentais, os mexericos seguem seu ritmo.

Penetrar na casa de outrem é tão fácil quanto espiá-lo. Muitos estranhos têm a oportunidade de rondar diante das portas — mendigos, seresteiros, galantes — e muitos, a de transpor-lhes francamente a soleira. Sem contar as ninharias dos fila-boias profissionais, das crianças etc., desfilam ao longo da semana todos os auxiliares indispensáveis à vida doméstica. Meeiros transportam seus produtos até o sótão ou o celeiro (desde a exploração agrícola, são necessárias

Escola de Ghirlandaio, Socorros trazidos a domicílio pelos membros da confraria San Martino dei Buonuomini, *fim do século XV. O privado dos pobres — muitas vezes mulheres sós — abre-se também às visitas caridosas, geralmente masculinas, sendo encarregadas da caridade organizada as confrarias, instituições de homens, das quais San Martino é a principal. Uma parturiente, na falta provisória de dinheiro — cf. seu leito monumental, suas belas arcas —, e sua companheira, pobres "orgulhosas", recebem reconforto e provisões. (Florença, San Martino dei Buonuomini.)*

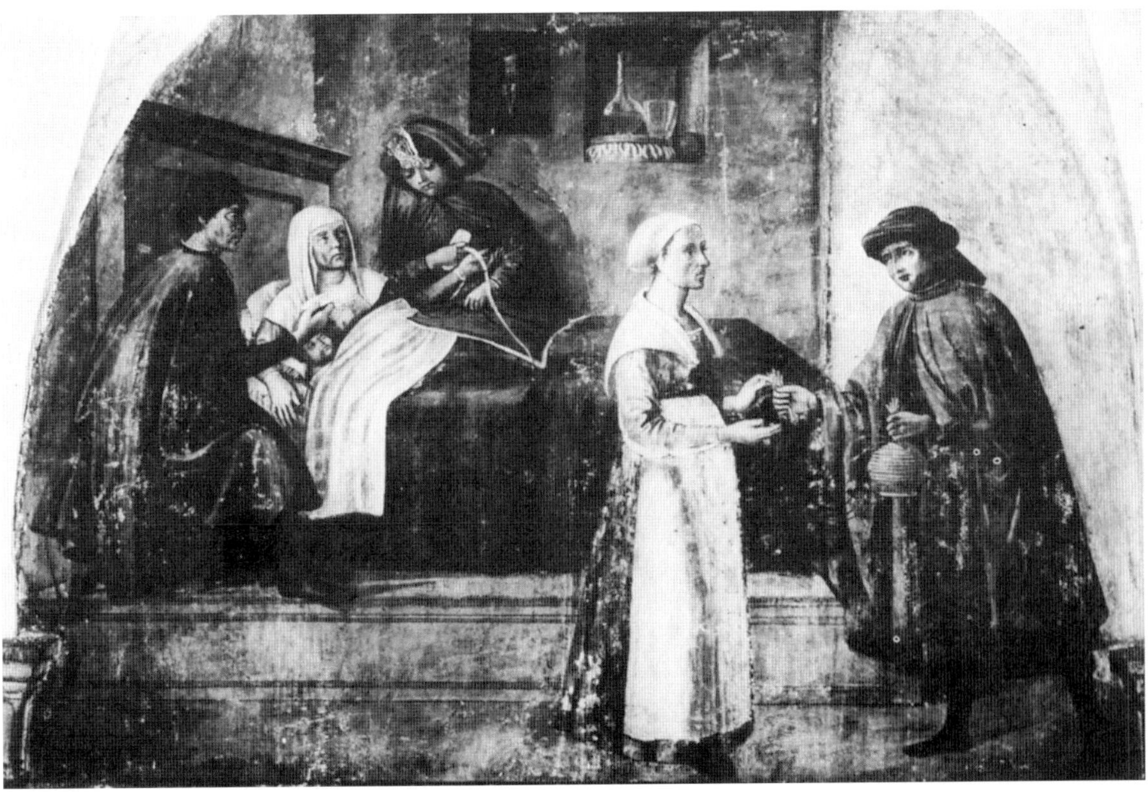

até cem idas e vindas de asno); a lábia de um comerciante ambulante lhe vale exibir seu tabuleiro na entrada; a doméstica de um vizinho entra para ver sua colega; o barbeiro sobe para fazer seu trabalho (em Ravena, os estatutos obrigam-no a deslocar-se se a convocação vem de um cavaleiro); o médico passa para ver um doente; a parteira, uma parturiente; um notário e suas testemunhas são introduzidos para um contrato; intermediários reconhecidos entabulam as parlamentações em vista de um casamento; religiosos cumprem os deveres de seu ministério (visita aos doentes, extrema-unção) etc. Os documentos estão repletos dessas idas e vindas familiares sem imprevisto e sem idade. Acrescentemos a esses figurantes os comparsas ocasionais das bebedeiras, os comensais dos banquetes, os pobres recebidos para uma refeição, os hóspedes enfim, esses estranhos acolhidos por uma ou várias noites e que as famílias abastadas consideram um dever albergar de acordo com a ética de opulência definida, por exemplo, pelo napolitano Giovanni Pontano (fim do século XV); a liberalidade, a hospitalidade fazem parte dos deveres imperiosos do rico.

Nem todos esses hóspedes de um momento ou de um dia penetram muito fundo na intimidade privada. Muitos transpõem apenas a soleira. Outros — os bebedores — são recebidos aparentemente na sala do andar térreo, contígua ao celeiro, e é ainda na sala, mas no primeiro andar, que se tratam os negócios, que se janta, que se conversa com todos esses estranhos. O quarto é mais secreto, sem se revelar totalmente inacessível. Aí se admitem com familiaridade bufões, por vezes seus arrendatários, e, naturalmente, todos os auxiliares da doença, os barbeiros, médicos, parteiras, os padres e seus clérigos. Nos *rocche* (castelos rurais) da nobreza feudal, o quarto goza muitas vezes do prestígio que tem nos palácios reais: como os reis com seus tesouros, os senhores ali encerram nas arcas os documentos que fundam seu poder, e é ali que, diante de notários e testemunhas, são registrados muitos contratos importantes.

Filippo Lippi, Cenas da vida de são João Batista, *"Dança de Salomé" (detalhe),* c. *1450-1465. Sob o nome de Salomé, dança de uma jovem por ocasião de um rico banquete toscano contemporâneo do pintor. Dançar sozinha diante dos hóspedes de seus pais: a coisa só é admissível, para uma donzela, no estrito privado doméstico. (Prato, Duomo.)*

A hospitalidade exige normalmente que se ofereça aos hóspedes uma cadeira, um lugar ao fogo ou à mesa. Para escutar a confissão de um doente, tomar um pulso, exercer, em uma palavra, seu ministério, padres e médicos sentam-se familiarmente na cama. Quanto a esses estranhos que se recebem para a noite, acontece que se lhes proponha sem mais aquela um lugar em uma cama já ocupada, procedimento normal dos hospitais e dos albergues, e aceito aqui sem cerimônia.

Essa primeira abertura da célula privada para o mundo exterior, em sua simplicidade e em sua banalidade, não acarreta para a intimidade nenhuma perturbação particular, com exceção dos falatórios habituais, dos riscos e do receio dos roubos (são Bernardino o propaga), e, nessa familiaridade improvisada, alguns atritos um pouco rudes, ou demasiado doces.

Cosme Tura e Francesco Cossa, Triunfo de Minerva *(detalhe), por volta de 1470. É preciso, dizem os moralistas, saber ocupar as mulheres da casa. Uma amostra de seus trabalhos — obras de damas, bordados — nessa célebre composição. Observar particularmente o tear. (Ferrara, Palácio Schifanoia.)*

O EXTERIOR CONQUISTADO PELAS MULHERES

Ultrapassar essas relações episódicas e enfrentar sozinha o mundo exterior não é fácil para uma mulher, sobretudo jovem, e sobretudo moça. As mulheres são vigiadas, a opinião pública considera a coisa normal, e alguns moralistas fazem coro. Aos olhos de Paolo da Certaldo, "a mulher é coisa vã e frívola [...]. Se tens mulheres em casa, vigia-as de perto; dá frequentemente uma volta por tua casa e, enquanto te dedicas às tuas ocupações, mantém-nas [essas mulheres] na apreensão e no temor", e mais adiante: "Que a mulher imite a Virgem Maria, que não saía de casa para tagarelar por todo lado, para trazer de olho os belos senhores e dar ouvidos às vaidades. Não, ela permanecia encerrada, fechada, no segredo de uma casa, como se deve".

A indulgência prevalece para as meninas. Por certo, serão sem tardar — desde três anos — separadas das camas e dos quartos dos meninos e envoltas à noite (mas os meninos também) em longas camisas: dever de pudor (G. Dominici). Mas ninguém pensa em proibi-las de circular pelo bairro para prestar serviço (para brincar, atenção!), nem de acompanhar às suas casas tios que vêm buscá-las, nem de se reunir em bandos na casa de uma delas (comportamento da pequena Catarina Benincasa, no entanto dotada de uma mãe severa).

Passados os doze anos, acaba a liberdade. Caterina é fechada em casa, de acordo com o costume em vigor em Siena. Seu pai, seus irmãos — cujo papel é grande — montam uma guarda atenta, e os moralistas, ao insistir no assunto, mostram o quanto a opinião geral é sensível a isso. Aos olhos de Fra Paolino, esse é o momento de os pais redobrarem a vigilância, proibindo a essas donzelas as vagueações na cidade e até as tagarelices em particular. Só um trabalho doméstico assíduo e silencioso vencerá os sonhos ridículos alimentados por essas desmioladas. Francesco di Barberino está mais atento à posição social. Sem pretender igualar o rigor exigido pela educação das jovens princesas, a das donzelas de boa posição será muito severa: atenção aos homens, às galanterias, aos olhares; que essas pequenas pessoas permaneçam em casa, e afastadas das janelas. As classes baixas merecem menos precauções. Maffeo Veggio, por seu lado, adverte contra as más companhias, as dos rapazes, das moças estranhas à família, das jovens criadas suspeitas. Que a mãe zele por isso. Tão grande é a circunspecção geral que se evita levar as filhas aos sermões, a despeito das apóstrofes encolerizadas dos pregadores. Piedade, pudor, honra, tais são, para todos, as palavras-chave do comportamento ideal das jovens donzelas.

O casamento não traz senão um abrandamento parcial desse confinamento. Apesar de suas novas responsabilidades de donas de casa, em suas relações com o mundo as esposas são submetidas ao bel-prazer dos maridos. Alguns rabugentos se mostram odiosos: "Sem pretender ir às bodas, às festas, à igreja, sem sequer sair de casa um mínimo que fosse, a esposa [de um comerciante de Rimini] não ousava nem se pôr à janela, nem lançar sob nenhum pretexto um olhar para o exterior" (Boccaccio, VII, 5). Esse caso limite é raramente atingido, e todas as mulheres ficam indignadas com isso. Mas se o senhor é assim, o que fazer?

A severidade tagarela dos moralistas em relação às cabeças de vento de quinze primaveras mostra bem que aí há dente de coelho. O espaço privado feminino não é impenetrável, a despeito de todas as repreensões. Mas o tom dos moralistas desperta a curiosidade: até onde vai essa porosidade?

As casas mais severamente enclausuradas conservam para o exterior as aberturas costumeiras, que já vimos os rigoristas apontarem com suspeita, e que são muito simplesmente as janelas e as portas. A janela é, de fato, o grande divertimento e a grande tentação, maravilhosamente aberta para a rua como é, embora abrigada dos indiscretos por todo o andar e pelo anteparo eventual dos batentes articulados da persiana. Ali se espia, ali se olha; ali se conversa de um vão ao outro; ali as pessoas se fazem ver. As belas indolentes "ali ficam sentadas o dia inteiro, os cotovelos no apoio, tendo na mão a desculpa de um trabalho que jamais é terminado" (Alberti). A porta, a do exterior, também é frequentada pelas damas que ali se sentam habitualmente nas noites de tempo bom, para conversar seguindo os passantes com os olhos (santo Antonino). A proximidade da rua e sua promiscuidade antes reservam a soleira às matronas, e as moças em princípio só aparecem ali acompanhadas, mas o local não deixa de ter prestígio, e é lá que, nas ocasiões regidas pelo costume, exibe-se a corte doméstica das mulheres. Em Milão, podiam-se ver "as matronas e as donzelas sentadas às soleiras nos dias de festa; elas rutilam tanto de ouro, prata, esmalte e de pérolas esparsas em seus adereços que as tomaríamos por rainhas ou princesas de sangue" (G. Fiamma).

O contato com o mundo raramente se limita a isso, tanto para as mulheres como para as moças. As obrigações domésticas e religiosas das donas de casa levam todos os dias a maior parte delas para fora do lar. Algumas, sobretudo entre as pobres, exercem um ofício externo. As outras se encontram em torno dos tabuleiros, no mercado, no poço, no moinho. As igrejas constituem espaços privilegiados para essas escapadas femininas fora do privado, espaços frequentados sobretudo pelas damas dos bons meios das quais suas criadas aproveitam o álibi das compras, e que dispõem de tempo. Essas devotas têm muitas oportunidades de ali passar todos os dias horas inteiras, sobretudo nos dias de festa, ou na Quaresma, e é de bom-tom para as mulheres de seu mundo encontrar-se todas em certas cerimônias: "Domingo de manhã, na igreja dos franciscanos, todas as mulheres estão lá" (Pecorone). Veem-se até mesmo moças, ao menos nos meios modestos, participar de peregrinações locais e a elas dirigir-se em duas ou três, sem nenhuma vigilância (Boccaccio, IV, 7).

Arriscar um olhar ou um passo fora da casa é cruzar ou encontrar pessoas totalmente estranhas ao privado, em especial homens, rapazes. Então começam para as adolescentes os namoricos.

Certos laços se acrescentam muito simplesmente a uma amizade de infância ou a uma familiaridade prolongada. Outros, ao acaso de uma estada comum em um albergue. Mas nessas famílias da burguesia urbana em que a filha, estritamente vigiada, não pode descobrir livremente o mundo senão pela janela, a iniciativa cabe em primeiro lugar aos olhares. As ingênuas se enamoram dos galanteadores simplesmente por vê-los passar (uma siciliana, filha de farmacêutico, "postada às janelas com outras damas", comete a gafe de apaixonar-se pelo rei em pessoa — Palermo, 1280); porém muito mais perturbadoras são as trocas de olhares. Os jovens dândis estão ali embaixo a ir e vir, atentos àquela que, da janela, cruza suas olhadelas mortais. Então começam, à revelia dos pais, ou com seu acordo tácito, todas as artimanhas da sedução e da conquista. Diálogo, em Veneza, de uma mãe e de sua filha: "Minha filha, e teu xale?". "Minha mãe, ele se desprendeu de meu pescoço ontem à noite, quando eu estava no balcão, e ignoro como pôde cair. Aquele rapaz o apanhou." A mãe (mulher de experiência): "Há quanto tempo dura essa manobra?". "Minha mãe, há quase um ano" (Lionardo Giustinian, começo do século XV). As moças de Gênova são bem iguais; segundo um versificador local,

> essas jovens ninfas na idade do casamento; cada um pode vê-las, postadas como estão na luz e no adorno das janelas; estão ali para olhar, e para que as olhemos também, por certo. Cada donzela sorri para seu galante. E eis que ela lhe lança flores, frutas, nozes, tudo o que pode servir de penhor de seu amor. Mil confissões se trocam, e mil gracejos [...]. Um pai que surpreende sua filha nesse jogo não a reprova, ainda que se trate do cortejador; embora encerrada, ela é livre para conceder ao eleito mil palavras ternas; as realidades não se seguirão.

Gentile de Fabriano, Apresentação no templo *(detalhe), predela, primeiro quartel do século XV. Duas patrícias em grande toalete e sozinhas nas ruas? Sim, mas com a dignidade e o pudor exigidos, e a desculpa de uma cerimônia religiosa. (Paris, Louvre.)*

Vittore Carpaccio, São Trifone exorciza a filha do imperador Gordiano *(detalhe), 1507. De suas janelas decoradas, onde se exibem todas enfeitadas, as* signore *contemplam o espetáculo do grande teatro urbano (aqui, um torneio, o do santo e da besta). (Veneza, Scuola di San Giorgio degli Schiavoni.)*

E por toda parte, de dia ou à noite, elevam-se as matinadas, ou as serenatas; sem contar as inúmeras festas que tradicionalmente colocam as moças em presença dos rapazes.

O CASAMENTO, RUPTURA E REENCONTRO DE DOIS PRIVADOS

O casamento é, contudo, o momento crucial de ruptura no privado feminino. Os namoricos passam rapidamente, no Trecento; as moças são casadas muito cedo. Em média aos dezesseis anos em Prato (Toscana), em 1370; aos dezessete anos e meio, em 1427, nessa mesma cidade e em Florença. Em Siena, por volta de 1350, pensa-se em casar uma filha desde que ela tem doze anos; um século depois, esse momento é adiado para catorze anos, e as moças contraem núpcias por volta dos dezessete, dezoito anos. As coisas evoluem ainda depois dessa data. Em 1470, em Prato, em Florença e em seus campos, as recém-casadas ultrapassaram vinte e mesmo 21 anos (Prato). Daí, talvez, a exuberância nova das brincadeiras descritas anteriormente. Brincadeira de qualquer maneira, no mais das vezes, sem consequência e sem futuro.

O casamento, eis o que conta, e, qualquer que seja a idade da moça, os pais não se comprometem levianamente nessa aventura tão importante para seu mundo privado. A escolha deve amadurecer por muito tempo, por vezes anos. Entram simultaneamente em jogo as diligências encetadas pelos pais ou por terceiros — existem intermediários profissionais — e, tratando-se aqui das filhas, a sedução da donzela. Nada chegará a bom termo se os rapazes não forem atraídos. Não se trata de comprometer a donzela, mas, da casa onde é mantida escondida, será exibida no enquadramento de

Antonello de Messina, São Sebastião *(detalhe), 1475. Conversa vesperal de duas damas no terraço — versão renascentista — que cerca seu palácio, enquanto expira melancolicamente, no* cortile *mais abaixo, o belo efebo Sebastião. (Dresden, Gemäldegalerie.)*

uma janela, ou à entrada, no meio das damas, com o aparato e a encenação de um quadro vivo. Com o rosto bem lavado — Monna Pica repreende a esse respeito sua filha Caterina (de Siena): "Lava o rosto!" —, bem penteada, bem graciosa, esse pequeno ícone hierático, que evitará sorrir demais, atrairá, todos o esperam, a devoção dos rapazes. Se tudo corre bem, os pretendentes não faltarão. Então se colocará o problema da seleção. Toda espécie de considerações será levada em conta: o dote que a isso se destinará, o meio social do pretendente, sua profissão (permite ela uma associação?, acarreta uma promoção para a moça?, um genro artesão é um bom negócio para um camponês [Fiesole, 1338]), a habilidade política dos seus, seu domicílio (próximo é melhor), o acordo ao menos tácito da linhagem... e da moça, apesar de tudo. Ainda aí, os moralistas não são avaros de conselhos. Dominici: "Casa tua filha em teu meio, com o dote desejado". Alberti: "Tomar mulher é procurar beleza, parentela, riqueza. Cercai-vos da opinião de todos os vossos antepassados. Eles conhecem em detalhe as famílias, inclusive as avós, de todas as candidatas". Nenhum casamento é bem-sucedido sem conhecimento mútuo dos privados.

Casar suas filhas, depois seus filhos, é a grande questão de Alessandra Strozzi. Tendo levado a bom termo a primeira operação, empenha-se na segunda, ajudada por seus dois genros. Quantas diligências, conciliábulos, hesitações! Certas donzelas são arrebatadoras, aquela moça Tanagli, em particular, entrevista em Santa Maria del Fiore, no momento em que um raio de sol, transfigurado pelos vi-

Giovani Mansueti, Milagre da verdadeira Cruz *(detalhe),* c. *1506. Por ocasião de uma procissão, mansardas, vãos, impostas, gradis, gelosias, todas as aberturas que dão para a praça povoaram-se de silhuetas femininas. As janelas desempenham aqui o papel das tribunas nas igrejas, e, entre as espectadoras endomingadas, a devoção rivaliza com a curiosidade e a vaidade. (Veneza, Accademia.)*

Discípulo de Cristoforo de Predis, Maximiliano Sforza em Milão, *século XV. Cavalgando em Milão em busca de aventuras galantes, o jovem príncipe desperta, às janelas, um rasto de olhadelas e de suspiros. (Milão, Biblioteca Trivulziana.)*

trais, nimbava de um brilho angelical sua encantadora silhueta. Mas, ai!, todas deixam a desejar; uma é desmiolada; aquela outra carece de dinheiro; esta outra ainda, de prestígio familiar. Alessandra faz finalmente sua escolha, mas essa operação lhe terá custado muito trabalho. Nada é supérfluo quando a felicidade, a honra, a segurança, a sobrevivência da família estreita, do privado estrito, estão em jogo.

Chega enfim o momento do casamento, com seu cerimonial. A complicação de um ritual elaborado no decorrer dos séculos mostra, ainda aí, a importância da aposta para os dois meios privados que colidem por um instante. O comerciante Gregorio Dati anota em seu diário, no ano de 1393: "A 31 de março de 1393, consenti e comprometi-me sob juramento a tomar Isabetta por esposa. A 7 de abril, segunda-feira de Páscoa, dei-lhe o anel, em presença de *ser* Luca, o notário. No dia 22 de junho seguinte, um domingo, passadas as noas, ela se instalou em minha casa, seu marido, em nome de Deus e da boa sorte". Sem romantismo supérfluo, e bem à sua maneira impessoal de comerciante, esse recém-casado registra fielmente as três etapas habituais de um casamento na Toscana da época. As conversações das duas famílias chegaram a bom termo. O primeiro contato sanciona oficialmente o compromisso mútuo desses dois grupos de parceiros. Nos dias (aqui), nas semanas, nos meses ou nos anos que se seguem, vêm os esponsais propriamente ditos. O noivo, diante do notário, dá quitação pelo dote (formalidade não lembrada por Gregorio), depois esse mesmo homem de lei recebe os consentimentos e preside a troca dos anéis: nenhum padre no horizonte. À sua pergunta: "Quereis vós...", cada um dos noivos responde "Sim", ou "Sim, senhor" (*Messer si*, Poppi, Casentino, 1388); depois o noivo introduz o anel de ouro — ou de prata dourada — no anular direito de sua noiva, e um anel semelhante no seu próprio anular (mas a troca pode ser mútua). Cavaleiros e doutores têm direito, em Bolonha, a dois anéis, e é com três anéis de ouro que Leopoldo da Áustria desposa em Milão, em 1350, Verde Visconti. O venerável *pater familias* — ou seu filho mais velho, se ele faleceu —, doravante provido de um genro, cede-lhe então oficialmente a autoridade sobre sua filha. Como contraponto burlesco à cerimônia, acontece de, no momento do "sim", um assistente desferir nas costas do casado um vigoroso tapa amigável (frequentemente reproduzido nos afrescos consagrados ao casamento da Virgem) destinado a marcar o respeito da população masculina local. Resta a etapa número três, a instalação na casa do marido, o começo da vida comum. Esse momento abençoado é, ai!, frequentemente retardado, por vezes em meses, anos inteiros (muitas vezes por questões de tostões), e famílias ficam entulhadas de jovens donzelas *maritate* mas não *ite* (não conduzidas ao marido), por seus pais não terem podido reunir o dote combinado. Graças a Deus, esses obstáculos acabam geralmente por se arranjar; uma nova pequena célula privada se forma, desprende-se das células mães, e ei-la que começa a viver.

Mestre do cassone *Adimari,* As bodas de Boccaccio Adimari e de Lisa Ricasoli *(detalhe),* cassone *(arca de casamento), século XV. Cortejo dos adolescentes e das donzelas participando em público — diante do batistério de Florença — das festas suntuosas da* ductio ad maritum *(instalação na casa do marido). (Florença, Accademia.)*

AS EVASÕES CLANDESTINAS FORA DO PRIVADO FAMILIAR

Os namoricos nem sempre levam ao casamento, e essa é mesmo a exceção: o galante é um contemporâneo, o marido, um mais velho. Mas acontece de levarem a outra coisa. Os casamentos, por seu lado, nem sempre são felizes e nem sempre fiéis. Escapar ao privado doméstico se faz muitas vezes discretamente e sem alarde. Nesse vasto domínio dos amores clandestinos, tão repisado pelos narradores, tão oculto pelos usos, nada permite contabilizar os segredos, funestos ou não. Entretanto, esses amores existem no cotidiano, todos o repetem, riem ou se queixam deles, e representam para muitos uma das opções fundamentais de um privado que pretende afirmar-se.

As criadas e as escravas, frescas e jovens como o são frequentemente, oferecem aos homens da casa uma distração que freia outras escapadas exteriores. Ler as *ricordanze* burguesas é encontrar

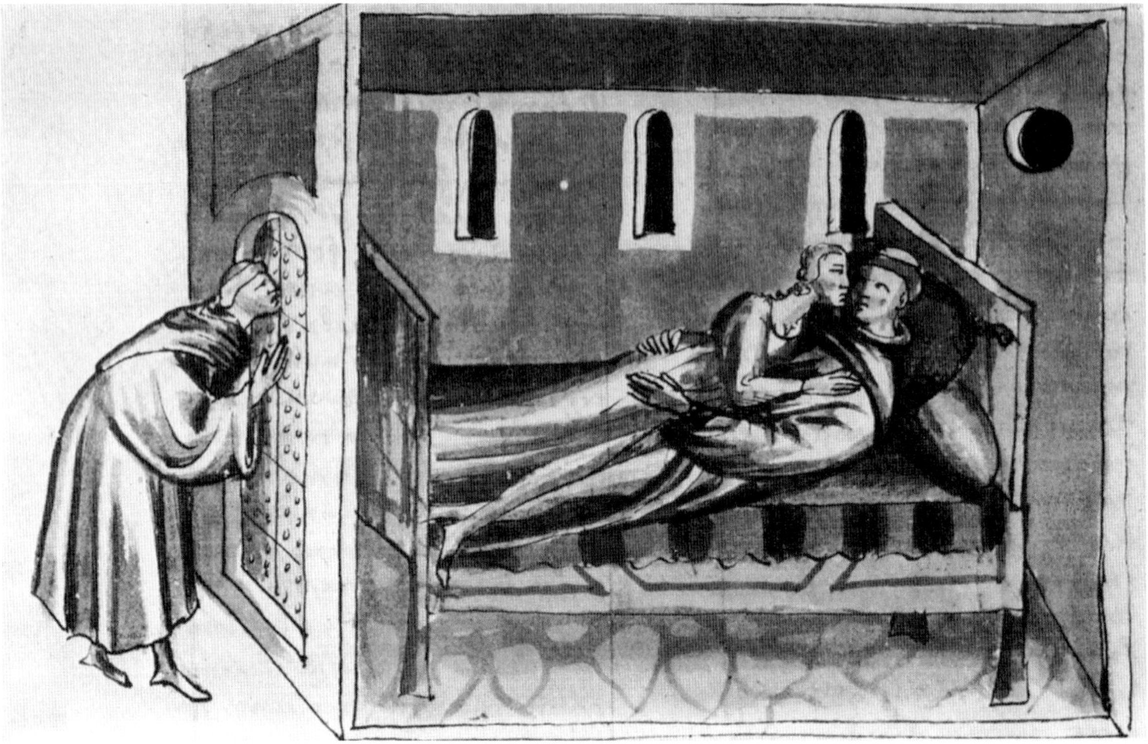

Anônimo, Decameron, *manuscrito ilustrado, 1427. Surpreendidos em suas obras, dois monges, dois campeões — segundo os narradores — dos amores clandestinos. À porta de seu padre abade, um religioso espiona as brincadeiras daquela que alguns instantes antes ele tinha entre os braços. (Paris, Biblioteca Nacional, ms it. 63, fol. 20 v.)*

bandos de bastardos domésticos. Margherita Datini queixa-se de suas empregadinhas (1390), e o cambista Lippo del Sega festeja seus setenta anos violando sua criada (Florença, 1363). Em casa também, a presença de primas, de sobrinhas pode ser perturbadora, sobretudo quando se partilha o mesmo quarto. Processos por incesto são por vezes julgados diante dos tribunais (uma prima, uma sobrinha, *contado* de Pisa, 1413), e esse desvio talvez seja mais difundido do que parece.

As aventuras passageiras ou repetidas, as ligações habituais, as afeições duradouras se armam antes fora do lar. Todas as cidades, e mesmo os povoados (na Ligúria), têm suas prostitutas. Sua presença aí desafia os séculos, apesar dos entraves interpostos pelas comunas ao seu ofício (traje, domicílio, saídas, impostos). Mas esses próprios entraves se abrandam. Bordéis são criados (Florença, 1325, 1415; Gênova, antes de 1336), e ocorre que se encoraje esse comércio como um mal menor, para frear outros, a começar pela homossexualidade (Florença, 1403). A presença indefectível das prostitutas, seu número surpreendente, sobretudo em Veneza (mais de 11 mil no século XVI), em Roma e em Nápoles, a posição, a riqueza e a voga mundana de algumas delas no final do século XV nas sociedades romana ou veneziana, tudo mostra o sucesso geral dessas damas e seu papel na abertura furtiva — ou ostensiva —, em todos os níveis sociais, das barreiras do privado estrito.

A homossexualidade fortuita tem os mesmos efeitos, criando por vezes, entre os parceiros, uma intimidade privada mais duradoura. Os homossexuais estão em toda parte — Nápoles, Bolonha, Veneza, Gênova —, mas as explosões dos melhores pregadores toscanos (Giordano de Pisa, *c.* 1310; Bernardino de Siena, por volta de 1420), as flechas de Dante (*Inferno*, XV, XVI), as discussões alarmadas das autoridades e suas medidas muito severas (começo do século XIV e começo do século XV), tudo atesta que as cidades toscanas — Siena, e especialmente Florença — são seus principais focos (*Florenzer* designava o homossexual, em alemão). Posto isso, as diatribes desses mesmos pregadores, que põem os pontos nos is, mostram que se trata antes de tudo de uma pederastia, difundida entre homens de oito a trinta anos, todos, ou quase, celibatários. Essas práticas constituiriam então menos uma alternativa ao privado conjugal do que uma amostra dessas tentativas desordenadas inventadas pelos "jovens" — obrigados ao casamento tardio — de forjar para si mesmos uma identidade e um privado pessoais. Não se trata menos, aí, de um desvio pronunciado em relação às normas costumeiras da moral elaborada em torno do privado, e sua voga constitui problema. Sem passar em revista todas as suas causas, notemos a observação de santo Antonino, que incrimina a excessiva permissividade dos pais, de uma indulgência condenável em relação a essas "brincadeiras de crianças", observação que ligaria a pederastia às mutações do privado familiar. De fato, é possível que, em um mundo onde as opções tradicionalmente masculinas (luta política, guerra) perderam seu prestígio, os valores de doçura, de polidez, de afeição, valores percebidos como femininos, tenham marcado mais os rapazes, ao mesmo tempo que se esfumava a autoridade de um pai frequentemente ausente, velho (ou defunto) sobre jovens já engajados na vida profissional.

Restam enfim os verdadeiros amores clandestinos, esse vasto teatro de que as famílias fornecem os atores e onde vemos, diante dos homens, nossas donzelas e nossas coquetes demorar a casar-se. Ainda celibatárias, elas tentam sua independência; casadas, pretendem assumi-la, forjando para si mesmas, como os homens, um privado paralelo fora de seu privado doméstico habitual. Os narradores são inesgotáveis sobre todas as circunstâncias possíveis da aventura, desde o primeiro ímpeto dos corações até o êxtase final. Presentes são trocados, alcoviteiras (muitas vezes a criada da senhora) vão de um lado para o outro, combina-se um encontro — em casa, no jardim, nas saunas —, frustram-se os ardis grotescos do ciumento, e viva o amor! Ocorre que os meandros da intriga conduzam à formação de casais trocadores (Boccaccio, VIII, 8) ou à bigamia. As leis que reprimem esta última prática — em Veneza

Pisanello, Banquete nupcial, *painel de* cassone *(arca de casamento), primeira metade do século XV. Banquete que acompanha os últimos ritos do casamento. Estrado e pálio para os casados. Escudeiros e lacaios. Apresentação dos grandes pratos cinzelados sobre um aparador. (Veneza, Museu Correr.)*

(1288), em Gênova (século XIII), em Bolonha (1498) — fazem-na também conhecida, mas sem o detalhe de situações concretas. Por vezes, ao contrário, o caso acaba mal; os amantes fazem desaparecer o cônjuge importuno. A farsa se transforma em drama. Quando os arquivos da justiça nos reconstituem um desses episódios, com as minutas dos interrogatórios dos assassinos e dos cúmplices, assiste-se por vezes, de coração apertado, à progressão de uma tragédia realmente pungente. O caminho que afasta os jovens, depois as moças, depois os cônjuges, do coração de seu privado doméstico chega aqui, nesses amores adúlteros, a seu termo. Contrariamente aos chistes dos narradores (eles próprios por vezes reservados), ele nem sempre é despreocupado e nem sempre feliz.

A OSTENTAÇÃO PÚBLICA DO PRIVADO

Em ocasiões no mais das vezes regidas pelo costume, a família, estreita ou ampla, abre deliberadamente ao público sua intimidade e seus assuntos privados. Trata-se, na Itália como em toda parte, desses grandes momentos familiares em que os fatos privados despertam necessariamente a atenção do público como testemunha ou como participante: bodas, enterros, batismos, reencontros, investidura de um filho etc. Em todos os meios sociais, dá-se a essas cerimônias uma publicidade particular, e a multidão que ali se comprime ultrapassa em muito os limites da família e do meio privado. O longo desenrolar da aliança matrimonial é parcialmente privado (promessa, entrega do anel), mas os últimos ritos — começo da coabitação, visita à casa paterna (oito dias depois, em Chioggia, fim do século XIII) — são celebrados em público, com rumor, sobretudo no *popolo grasso.* Convidados, conhecidos, clientes, basbaques, centenas de pessoas participam a cada dia, alegremente, das festas dadas por Giovanni Rucellai, em junho de 1466, pelas bodas de seu filho Bernardo com Nannina de Medici, neta de Cosimo. Bancas sobre cavaletes, estrebarias, celeiros transbordam de presentes (sobretudo vinho), enviados por aldeias inteiras, mosteiros, camponeses anônimos, assim como pelos próximos.

A "condução ao marido" (*ductio ad maritum*) é tão tradicionalmente um fato público que em muitos lugares (Piemonte, Lombardia, Toscana) o costume autoriza, desde o século XIV, a intervenção espontânea da comunidade local. Os segundos casamentos, sobretudo no século XV, são muito especialmente tomados como alvo, e as sociedades de jovens, ou o próprio público, desencadeiam à passagem do cortejo algazarras memoráveis (tumulto, *mattinate*) em que se misturam zombarias bufas, cacofonias estranhas, apóstrofes obscenas, e que terminam com uma rega de moedas ou de vinho.

Os falecimentos, e não apenas os dos grandes, mobilizam o público alertado, nos arredores, distantes, pelos gritos dilacerantes das mulheres. A população feminina se reúne em torno do corpo exposto na igreja; grupos de homens permanecem fora (Florença, século XIV).

Domenico Ghirlandaio, Cenas da vida da Virgem, *"Nascimento de são João Batista" (detalhe), 1486-1490. Vestida para sair e ladeada por duas matronas, Lucrezia Tornabuoni penetra na intimidade magnífica (teto com caixotões, tapeçarias, pilastras, marchetaria, leito de aparato) de uma de suas amigas patrícias, mãe recentemente. (Florença, Igreja Santa Maria Novella.)*

Enfim, retornos, reencontros, reconciliações entre linhagens (acontecimento considerável na Itália) suscitam festas às quais o público se associa.

Essas cerimônias, quaisquer que sejam, põem a honra familiar em jogo. Não se pode pensar em perder o prestígio diante desses estranhos. Todo um decoro costumeiro acaba por cercar essas festas e por regê-las, decoro destinado a evitar as gafes, a destacar a família por uma ostentação bem conduzida, a mascarar sob um brilho de fachada os pequenos segredos privados.

Receber bem é, naturalmente, alimentar e dar de beber em profusão. Os banquetes são aqui, como em toda parte, a peça de resistência da hospitalidade ostentatória. Para as bodas de Bernardo, Giovanni Rucellai mandou montar em um alargamento da rua um estrado de 180 metros quadrados coberto de mesas, onde festejaram durante oito dias até quinhentas pessoas por dia, enquanto cinquenta cozinheiros e aprendizes se ocupavam em uma cozinha também montada nas proximidades. Os pratos se sucedem. Sem chegar a isso, o menor negócio ou encontro feliz termina com um banquete. O cenário deve igualar a comida. A eminente personalidade que é Rucellai teve o cuidado de ornamentar com tapeçarias, com tecidos, com belos móveis preciosos o pódio de seu festim. Para proteger os comensais das intempéries, um imenso toldo de lã azul claro foi estendido, recamado e festonado de guirlandas de folhagens misturadas a rosas. Uma credência de prata cinzelada reina sobre o estrado. Nos meios mais modestos, forra-se com folhagem o piso da sala e tiram-se das arcas as tapeçarias, os tecidos ou as simples lãs para estendê-los nas paredes ou com eles decorar as janelas.

A ostentação mais geral e mais febrilmente preparada é em primeiro lugar a da toalete pessoal, da maquiagem, sobretudo dos trajes. Vestir-se é de rigor para exibir-se fora do privado. As grandes cerimônias familiares, a começar pelos casamentos, acarretam na burguesia impressionantes despesas de vestuário. Entre uma multidão de outros objetos e enfeites, Marco Parenti presenteou sua jovem noiva com dois trajes de bodas ultrassuntuosos (*giornea* e *cotta*) e com um adorno de cabeça de penas de pavão que lhe custaram, os três, mil liras, ou seja, quatro ou cinco anos de trabalho de um bom pedreiro. E tudo à altura. As visitas mais informais que se fazem às parturientes (da boa sociedade) exigem também que se faça toalete. Para honrar a grande dama que representa santa Elisabete — nos afrescos de Santa Maria Novella —, Lucrezia Tornabuoni escolheu uma magnífica *guarnacca* de seda rosa esmaecido salpicada de estrelas de ouro, usada sobre uma *gamurra* de seda branca, bordada com romãs e flores, cujas mangas com aberturas deixam à mostra o tecido armado de uma camisa. É assim enfeitada que ela toma a pose diante de Ghirlandaio.

A variedade e a suntuosidade das toaletes de aparato, as das mulheres principalmente, não deixam de aumentar ao longo das gerações; a qualidade dos tecidos se torna mais refinada com o uso mais habitual da seda, uma seda mais rica; os guarda-roupas são mais variados, toma-se gosto pelos acessórios preciosos. Um documento bolonhês que descreve, em 1401, cerca de duzentas toaletes femininas permite localizar 24 delas ornadas de prata, 68 ornadas de ouro (franjas, ornamentos bordados, brocados), 48 guarnecidas de pele. Prevalece a impressão, reforçada pelos inventários que nos restam das famílias, de que as mulheres da aristocracia estão cada vez mais aptas, no século XV, a marcar sua posição por meio de seus trajes. Mas também de que elas o fazem sem referência explícita a seu clã, nem à sua família, na preocupação predominante — pelo arranjo de sua toalete, de sua maquiagem, de seu penteado leve que realça seus traços — de se valorizar pessoalmente e de se distinguir umas das outras. A ostentação do vestuário feminino exalta em público a ilustração social da família, do meio privado, sem no entanto precisar-lhe a identidade. Destacando a esse ponto a pessoa que a usa, com seus traços particulares, a toalete feminina de aparato constitui para as mulheres uma valorização, ao mesmo tempo que uma desforra de sua sujeição privada.

INTERVENÇÃO DAS AUTORIDADES NA VIDA PRIVADA

O lugar determinante das ocupações e dos valores privados — os da família em primeiro lugar — na vida das pessoas e na das comunidades lhes vale necessariamente a atenção das autoridades, e sua intervenção.

A LEGISLAÇÃO DAS COMUNAS

As comunas muito cedo tomam nota da existência dos grupos privados. As palavras *consortes*, família, descendência, irmãos aparecem com frequência nos documentos oficiais como uma realidade humana, social, e em primeiro lugar política, com a qual é preciso contar. Não sem desconfiança. De fato, esses grupos privados são importunos, no século XIII, nas cidades politicamente ainda frágeis. As ambições familiares rivais aí se desencadeiam. Vence quem fizer prevalecer seus interesses privados. Contra esses poderosos (*magnati*, dizem os contemporâneos), as comunas erguem a proteção da lei. Assim é a primeira legislação comunal sobre os grupos privados: defensiva, impondo a paz.

Desconfiada ou não (as equipes no poder favorecem as famílias que lhes são partidárias), essa legislação pouco efeito teria sobre o desenrolar da vida privada se não buscasse ao mesmo tempo reger também seu conteúdo. O direito romano codifica tanto o privado quanto o público, e evoquei mais acima a importante produção dos glosadores bolonheses dos séculos XII-XIII sobre os direitos e o papel do *pater familias* etc. A seu exemplo, as comunas tomam constantemente como alvo o próprio conteúdo da vida privada, e os estatutos que todas elas estabelecem nos séculos XIII-XIV falam disso a todo propósito. Já se veem municipalidades legislar sobre as casas privadas, definir sua altura, seu material, seu alinhamento (Siena, século XIV); ou ainda fixar uma taxa sobre as sacadas, limitar a altura das torres etc. Muitas exigem comunicação dos patrimônios privados para melhor taxá-los (os primeiros cadastros são atestados nos séculos XIII-XV em Verona, em Veneza, em Perúgia, em Florença) e regulamentam sua gestão (responsabilidade, sucessão, doação). Todas intervêm mais fundo na intimidade privada para definir e regulamentar a autoridade marital, os direitos da mulher, os do filho, as emancipações, as maioridades, os casamentos (proibição aos guelfos de desposar um gibelino, Parma, 1266); para reprimir os mais graves desvios, incestos, bigamia e sobretudo homossexualidade.

Detalhe de um quarto do Palácio Davanzati, em Florença, séculos XIV-XV. Em um nicho gótico, fechado por uma porta de dois batentes, um pintor do século XIV representou uma Crucificação com a Virgem e são João, tema doméstico inusitado. A estátua é um manequim de procissão do século XV.

Todas redobram a atenção em toda parte onde as escolhas privadas têm, ou podem ter, repercussões públicas. As cerimônias organizadas para as bodas e os enterros despertam uma suspeita toda particular e são alvo de regulamentações prolixas que não esquecem nada: número e qualidade dos convivas — das mulheres sobretudo —, horários dos banquetes (Veneza, 1339, 1356; Bolonha, 1276 etc.; Gênova, 1484), valor do enxoval e dos presentes de casamento (Veneza, 1299, 1360; Bolonha, 1401), desenrolar dos enterros etc. As iniciativas mais temidas do legislador são, no entanto, coisa surpreendente, as da moda. O fausto e o custo das toaletes exibidas em público por suas companheiras tornam os responsáveis bastante preocupados, preocupação marcada absolutamente em toda parte por regulamentos que adquirem o aspecto de verdadeiros catálogos de moda; o grande estatuto suntuário votado em Bolonha em 1401 enumera dezesseis categorias possíveis de infrações de vestuário (joias, cintos, anéis, bordados, peles, franjas, vestidos, sapatos, botões), categorias elas próprias muito subdivididas, e chovem as multas. Mas o ofício de inspetor é ingrato. As autoridades fecham os olhos quando se trata das suas próprias festas, principalmente em Veneza. E as mulheres demonstram uma esperteza diabólica: um agente (notário) interpela uma elegante exibindo uma toalete enfeitada por uma longa fila de botões: "Esses botões são proibidos, senhora". Mas a bela: "Botões? Mas são copelas! Olhai, se não me acreditais: onde estão os fustes, e onde estão as casas?" (Sacchetti). No entanto, os responsáveis, humilhados, não capitulam. Com o passar do tempo, o controle, o domínio mesmo do legislador sobre o privado não se abranda. A moralidade e a ordem pública estão em jogo e, concentrando-se em um pequeno número de mãos, o poder se faz mais inquisitorial: os Medici chegam até a vigiar a correspondência privada. Uma osmose permanente impregna, assim, os meios privados de valores e de instruções elaboradas fora deles. Pelo Estado. Mas também pela Igreja.

AUTORIDADE DA IGREJA E PASTORAL DA VIDA PRIVADA

A morada privada é espontaneamente um local de devoção. Os pobres ali exibem medalhas, ramos bentos, e localizam-se com frequência, mas nem sempre, nos inventários de pessoas abastadas, objetos mais importantes: terços de âmbar, crucifixos (muito raros em Florença, fim do século XIV), alguns livros preciosos, e antes de tudo quadros da Virgem.

Esses ícones e esses objetos são reservados aos quartos — até aos dos amigos, ou aos das empregadas —, onde parecem sustentar uma devoção toda pessoal, e não são encontrados nas salas (Florença, 1380-1420). Mas a devoção privada não está necessariamente ligada aos ícones. Vemo-la também tomar a sala por cenário e reunir toda a comunidade familiar, por ocasião de leituras devotas feitas pelo pai, ou de orações pronunciadas por ele no momento das refeições. Quarto ou sala, é na casa que as crianças aprendem os primeiros gestos e as primeiras pequenas preces de sua vida cristã.

Mais profundamente, tudo o que a vida privada comporta de eventualidades, de inquietudes, de aflições em que estão implicados aqueles a quem se ama, tudo isso faz do mundo privado o espaço mais tangivelmente regido pela Providência. Cada um, homem, mulher, criança, tem consciência disso, reconhece-o e o diz. Ver partir, enfraquecer, sofrer, morrer um próximo é sentir sobre si a mão de Deus, reconhecer seu poder, invocar sua misericórdia. Entregar-se a Deus, invocar Sua providência é uma fórmula mais do que habitual nas cartas privadas, e muito sincera.

Os defuntos da família, que frequentemente se conheceu tão bem, estabelecem também eles uma outra mediação do privado com o Céu. Objetos de missas, de orações, que acabam por alçá-los ao paraíso — sobretudo as crianças, esses mortos inocentes —, eles conservam na família o sentido de uma proximidade muito mais íntima com o mundo celeste.

Essa impregnação cotidiana e costumeira pode interpor-se no caminho da verdadeira piedade; está ela apta a realmente formar as consciências? É o que se perguntam com inquietação moralistas e pregadores, enumerando os perigos, morais ou físicos, encontrados nas fronteiras da vida privada, ou mesmo em seu seio, e que apenas uma sólida formação privada poderia combater.

Se invejosos procuram perturbar as famílias por meio de sortilégios — atamento de agulhetas, *mal occhio* nas crianças etc. —, os moralistas se comovem com isso e aconselham, por exemplo, atar um pedacinho de coral no pescoço das crianças para deles precavê-las (amuleto com que os pintores enfeitam até o Menino Jesus), mas esse perigo não inquieta exageradamente a Igreja em sua reflexão sobre o privado. O mesmo não se dá quanto à vida moral.

Abrir sua porta aos outros acarreta *ipso facto* na família perturbações que os clérigos, de acordo aqui com os moralistas leigos, denunciam com uma indignação entristecida. Casamentos, enterros, batismos, banquetes, todas essas festas oferecidas ao público pelo privado são muito frequentemente a fonte de desregramentos, de *disonestà*, desde a complacência, a vaidade, até todos os roçamentos da emoção e do desejo: uma simples pressão furtiva das mãos pode ser pecado mortal (santo Antonino). As saídas cotidianas oferecem cem ocasiões de conversações e de frequentações desonestas, sobretudo aos rapazes, ameaçados pela promiscuidade duvidosa de seus camaradas (santa Catarina, Palmieri, são Bernardino, Maffeo Veggio). Bastam enfim os encontros mais anódinos para despertar esses corruptores por excelência que são os sentidos. O olfato, ainda passa (Dominici). Mas os olhares, "flechas do amor" (Francesco di Barberino), o são também da morte, da verdadeira, a da alma (santo Antonino). Escutar é prestar ouvidos às lisonjas, às licenciosidades murmuradas ou cantadas, a toda a gama das baboseiras (dirigindo-se aqui a uma grande dama, o mesmo santo Antonino limita sua lista aos defeitos de seu meio). Falar é misturar-se a essas mesmas conversações. O gosto leva à gula.

Sano di Pietro, São Bernardino pregando diante da Igreja São Francisco de Siena *(detalhe), 1430. As grandes pregações se desenrolavam muitas vezes nas praças das igrejas. Uma cerca separava a multidão dos homens e das mulheres. São Bernardino de Siena gostava de nelas desenvolver temas morais relativos à vida privada. (Siena, Duomo.)*

Mestre de Tolentino, Cenas da vida de são Nicola de Tolentino, *"São Nicola criança escutando um sermão", século XIV. A essas pregações, crianças e donzelas podiam assistir, mas sua educação religiosa se fazia sobretudo em casa. (Tolentino, Capela San Nicola.)*

Encerrar-se em casa não põe ao abrigo dessas tentações. O privado estrito não elimina nem os excessos à mesa, nem o arrebatamento, nem as tagarelices ociosas, nem essas atitudes e essas conversas por ocasião das quais as crianças "são postas a par de nossos vícios, de nossas amantes, de nossas comilanças" (Palmieri) e correm o risco, "elas que não se dão por achadas mas que compreendem tudo [...] de ser corrompidas por nossas depravações" (santo Antonino). O privado não proíbe as aparências relaxadas (não à nudez doméstica) nem esses sinais equívocos ou grosseiros (brandir o dedo médio, por exemplo) que os garotos difundem entre eles em meio à complacência geral. Resultado: as crianças acabam por considerar esses desvios como naturais e por fazê-los seus. O privado, enfim, abriga todas as depravações do leito conjugal.

Essa fragilidade moral e espiritual dos meios privados é uma grande preocupação para a Igreja. À imagem da Santa Família, o casal, a família são as pedras angulares da sociedade cristã, o lugar cotidiano da vida, do exemplo e dos progressos espirituais. As pregações morais mais comoventes permaneceriam inoperantes se não caíssem no terreno fértil das famílias, ali onde se enraízam as vocações religiosas e as santas vidas. Um enfraquecimento das famílias teria desastrosas consequências espirituais.

É portanto urgente intervir, e veem-se desde o século XIV dominicanos e franciscanos reunir os elementos de uma pastoral da vida privada. Os frades logo tomaram a iniciativa de visitar as famílias e esse empreendimento, ampliando-se, fez de muitos deles confidentes próximos e amigos de inúmeros lares. Os pais de santa Catarina

Giovanni Mansueti, Uma procissão de confraria *(detalhe), primeira metade do século XVI. Igreja (gótica), jubeu, retábulos antigos, altar e monumentos murais renascença. Um papa acolhe os penitentes carregados cada um de uma cruz. As inúmeras confrarias ofereciam por toda parte um quadro para a formação de uma solidariedade (ela própria de tipo privado), de uma piedade (litúrgica e pessoal) e também de uma moral cujas implicações privadas (castidade conjugal, espírito de família, serviçalismo, dignidade) eram capitais. (Veneza, Accademia.)*

contam um dominicano entre seus íntimos (Siena, 1360), e veem-se dois franciscanos da Observância intervir espontaneamente nas decisões familiares de Monna Alessandra Strozzi em nome de sua velha amizade por seu falecido esposo (Florença, 1449).

A sociabilidade familiar assim construída pelos frades mendicantes prepara e facilita intervenções pastorais mais precisas e mais técnicas, como a confissão — mais frequentemente praticada, parece, pelas mulheres —, a direção de consciência propriamente dita, realizada sob a forma de opúsculos (Dominici, santo Antonino), de cartas ou de palestras — ainda aí destinadas sobretudo às mulheres — e, é claro, a pregação, sobretudo quando, após 1350, insiste mais na moral, pregação para a qual um santo Bernardino convoca aos brados todos os membros sem exceção dos meios privados, incluídas as moças.

Essas intervenções repetidas permitem aos frades difundir um ensinamento do qual um dos objetivos principais, embora implícito, revela-se muito claramente ser a recondução da vida privada. Vemo-los em primeiro lugar insistir, em concordância aqui com os humanistas, na importância do espaço privado, da morada, como reforço e como quadro para uma formação cristã e humana (isso do lado humanista) pessoal. Todos eles sublinham o que o meio privado deve comportar de calma, de recolhimento; seu papel de retiro, de refúgio; a defesa que pode assegurar, melhor do que qualquer outro, contra as agressões diversas, a começar por aquelas do mundo físico. Ele protege da noite, "floresta em que, fora de casa, todos os males estão à espreita" (*ser* Ugolino Verini, 1480). Ele deve proteger também, nos quartos favorecidos dos palácios, contra os rumores (e os odores de repolho e de cebola) mais domésticos (Alberti, *De re aedificatoria*); filtrar a agitação e as tentações do mundo; proporcionar a paz e o recolhimento.

Uma vez aceita essa primeira base, passar-se-á mais facilmente ao ponto essencial do programa: a saber, desobstruir a alma,

ao preço de uma disciplina de toda a vida — e iniciada desde a infância —, de todas as vaidades e cobiças denunciadas mais acima. Os educadores nisso se empenharão, e os confessores também, impondo uma disciplina estrita, um verdadeiro adestramento — explicado e aceito — a seus pupilos e penitentes, respectivamente. Esse adestramento dará prioridade aos prenunciadores mais perigosos da concupiscência, a saber, os cinco sentidos. O olhar: "Entrega teus olhos a Deus [...] abre-os para o céu, as florestas, as flores, para todas as maravilhas da Criação. Nas cidades e em toda parte onde se encontram ocasiões de pecado, baixa os olhos" (Dominici). "Leva as crianças a afastar os olhos daquilo que as perturbaria, a começar pelas pinturas" (Fra Paolino). "Atenção aos vossos olhos [...] aos vossos olhos [...] aos vossos olhos [...]" (santo Antonino), e aos olhos dos outros, cuja curiosidade pode ser corruptora para vossas boas obras e para vós mesmos. As palavras: atenção às que se proferem, assim como às que se ouvem, todas suficientemente suspeitas para que santo Antonino, em sua *Opera a ben vivere*, lhes consagre três grandes capítulos: "Guardar bem nossa língua, para não ofender Deus", "Do pecado de falar demais, e das palavras ociosas, o quanto elas são condenáveis", "As próprias palavras honestas: não as usar senão com discrição". Dominar suas palavras é também controlar seu riso, cujo excesso é um pecado, seus gestos também e suas brincadeiras. O gosto, o tato são também evocados. O programa ascético engloba igualmente, é claro, a sexualidade, a verdadeira, a do casal (devendo todas as outras ser banidas): não se casar nos períodos proibidos pela Igreja (pecado mortal se houver consumação), não usar do casamento senão nos lugares convenientes, nos períodos canônicos — nem Quaresma nem momentos de penitência — e de modo totalmente natural: nem sodomia (pecado mortal gravíssimo), nem posturas inconvenientes (pecado mortal).

Giotto, Santa Ana recebe a visita de um anjo, *1304-1306. Orando em seu quarto, a santa Ana de Giotto ilustra o ponto de vista de certos religiosos: o quarto de uma mulher pode ser o lugar forte de sua devoção. Realidade vivida, desde o século XIII, por gerações de penitentes, de terciárias, de piedosas leigas, ansiosas por santificar-se no único quadro oferecido à sua atividade, o quadro privado. (Pádua, Capela Scrovegni.)*

O meio privado se presta melhor do que outro à realização desse programa difícil, em razão da solidariedade que une naturalmente seus membros. Então, que se faça essa solidariedade agir, e que as pessoas se ajudem mutuamente no caminho da virtude. Os mais velhos, por exemplo, empenhar-se-ão em mostrar aos caçulas como obedecer aos pais (Fra Paolino). Estes últimos, por seu lado, darão aos filhos camaradas bem escolhidos, bons conselhos, bom exemplo, e a bênção divina coroará o esforço coletivo (Giovanni Dominici).

A pastoral preparada pela Igreja é difundida em grande escala não apenas por seus dirigentes, que a dão a conhecer, mas por centenas de frades espalhados nas cidades e nos povoados (fim do século XIV-XV). Que ela tenha resultado no aperfeiçoamento da fé e da prática nas famílias, é provável. Mas teria levado também esses cristãos convictos a engajar-se mais deliberadamente na vida pública (social, política), no mundo?

Certamente, não as mulheres. O caminho de santificação que

lhes é proposto — em especial pela direção de consciência, frequente entre as terciárias, ou as grandes damas — tem por objetivo essencial o aprofundamento, na solidão, de sua devoção interior. Uma vez amordaçados todos os sentidos, encontra-se a solidão em toda parte, nas igrejas, nos salões, nos banquetes, no passeio. Mas o espaço mais apto a realizá-la é por certo o quarto. O quarto de uma devota será seu refúgio, sua cela, o local privilegiado de seus exercícios espirituais, que ela mobiliará com objetos adequados, especialmente com um crucifixo, mais apropriado à meditação penitencial que o costumeiro ícone mariano. A verdadeira devoção privada feminina afasta do mundo.

Os objetivos da educação religiosa são mais controversos no que se refere aos homens. São Bernardino lembra a estes últimos que eles têm o dever de agir no mundo, mas nem ele nem seus confrades parecem consagrar à coisa grandes desenvolvimentos. Nos meios cultos, a voz dos humanistas encobre doravante, sobre esse ponto, a dos frades mendicantes. Não sem discordâncias. Suas opiniões estão divididas. As circunstâncias conduzem Coluccio Salutati (m. 1406) a consagrar um opúsculo à apologia da vida retirada (*De saeculo et religione*); essa corrente jamais se esgota completamente no século XV, e reencontramo-la, por exemplo, nas páginas consagradas por Cristoforo Landino à vida contemplativa (*Questiones camaldulenses*, 1475). Mas a opinião majoritária é completamente diferente. Salutati considera a vida da cidade por demais importante para admitir que "evitar a companhia, desviar os olhos das coisas agradáveis, encerrar-se num claustro ou num ermitério constituem o caminho da perfeição". O sábio tem o dever de servir-se de todos os seus dons para o bem comum. Sob as formas diversas que seu temperamento e sua formação sugerem a cada um, Poggio, Bruni, Valla — para se limitar aos maiores — insistem nessa obrigação e o fazem, Bruni especialmente, em nome de um ideal cristão. Manifestam, em compensação, uma viva hostilidade em relação a esses pregadores que eles mostram com sarcasmos — entre outras censuras — "pregando com hipocrisia a todas essas tolinhas e a esses homens idiotas, não menos tolos do que elas", a quem inspiram uma devoção de visionário que os afasta das coisas sérias. Sem o formular nesses termos, os humanistas partidários da participação na vida da cidade recusam uma pastoral que atribui à formação cristã dos homens objetivos idênticos aos das mulheres, a saber, o recolhimento no privado. Aos seus olhos, ao contrário, se os deveres cristãos das mulheres as reduzem justamente à vida privada, a formação privada dos homens, porque é cristã, deve constituir um trampolim para outros compromissos de ordem pública. Mas se trata de um mundo em que as referências são com frequência cada vez maior extraídas de outras fontes que não os textos cristãos, de um mundo moderno — embora muito presente no século XV — em cujo limiar nos deteremos.

Ch. De La R.

Domenico Ghirlandaio, Cenas da vida da Virgem, *"A visitação" (detalhe), 1485-1490. Em grande toalete para exibir-se em uma festa religiosa, patrícia dividida entre sua curiosidade e sua modéstia, sua vaidade e seu pudor, sua ostentação pública e sua devoção privada. (Florença, Igreja Santa Maria Novella.)*

3

FICÇÕES

Danielle Régnier-Bohler

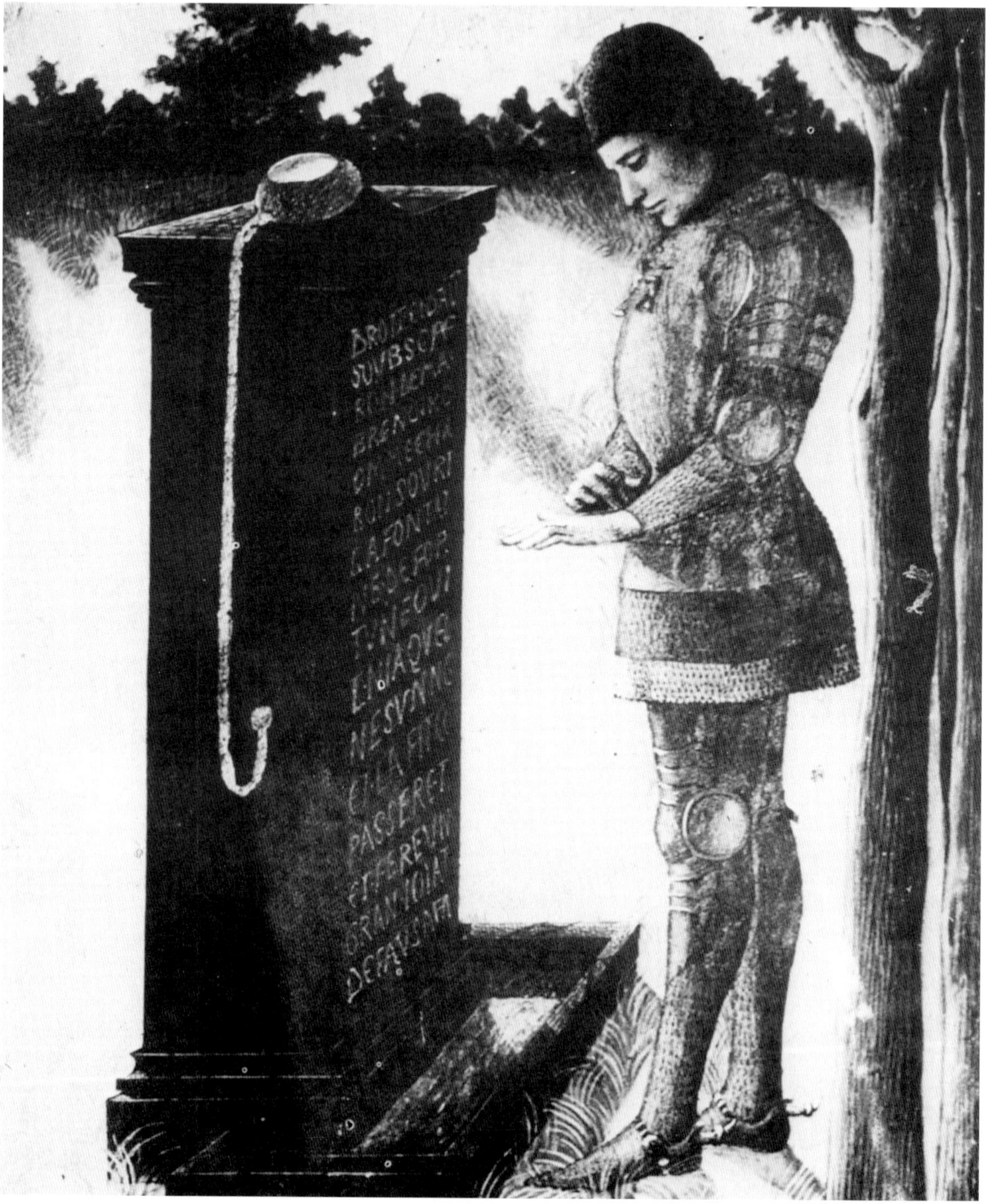

EXPLORAÇÃO DE UMA LITERATURA

Emergência do "privado", consideração do indivíduo, delimitações novas de domínios que se consideram doravante como secretos ou reservados: quer sejam da *langue d'oïl* ou da *langue d'oc*, as fontes literárias convidam a um uso prudente. Algumas ilusões de ver surgir um "cotidiano privado" serão por vezes despertadas: a nostalgia das *realia* saberá, contudo, não esquecer que esse tipo de fontes apresenta lugares, grupos humanos regidos por códigos literários, e que a intimidade que parece revelar-se pega carona com a metáfora. No entanto, as ficções podem pretender a uma outra forma de verossimilhança, narrativa desta vez, cujas leis são coerentes. A simples esboços do espaço, real ou sonhado, alguns protagonistas privilegiados, a literatura sabe dar vida: de um lugar ao outro, de um conflito às conciliações, a literatura preenche o que em aparência apagara. Sob a forma de roteiros fantasmáticos, ela sugere uma avaliação extremamente sensível das relações do indivíduo e do coletivo, é a matriz de suas oscilantes e utópicas fronteiras: do espaço coletivo, com efeito, o indivíduo pode ser excluído e banido; pode também dele excluir-se para arraigar-se, voluntariamente, em um espaço reservado; ele poderá — no próprio seio do espaço e dos valores comunitários — buscar verdades "privadas". Se a célula familiar, sob a força dos poderes maus, parece dissolver-se, o fim do relato desemboca muitas vezes na restauração da unidade inicial, melhorada, enriquecida.

Nas páginas seguintes, certos aspectos dessas problemáticas foram privilegiados, e apenas puderam ser cingidos alguns pontos nevrálgicos aos quais o imaginário deu voz, os itinerários de exclusão que permitem ao indivíduo progressivas reintegrações cujos sinais culturais são densos de sentido; a obsessão do Duplo e a consciência das rivalidades familiares que adquirem nas ficções os traços de uma exemplar conciliação; o traje, o adorno, a nudez, que dizem respeito, em suas modalidades, ao código coletivo oculto, esquecido, reaprendidos pelo indivíduo; os lugares enfim que, simbolicamente, são destinados aos grupos que compartilham a morada onde reina, fre-

Páginas 310 e 312: *René d'Anjou,* Le coeur d'amour épris. *(Viena, Biblioteca Nacional.)*

quentemente prisioneiro, o gineceu. Nenhum pulular daqueles detalhes que comporiam uma história do cotidiano, uma sequência de quadros de gênero: em compensação, uma avaliação constante e frágil do estatuto do indivíduo, desse errante da literatura cortês que, tal como um renovo, desprende-se do grupo e nele se reimplanta após um itinerário fecundante, reencontrando uma estrutura comunitária que, embora de legenda, jamais é ameaçada de desintegração. A despeito da transgressão trágica da qual se fez um dos mitos do Ocidente, apesar do abalo profundo que sofre o mundo arturiano quando ali se instala a suspeita, a figura real, Marc ou Artur, não é de modo nenhum maculada. No entanto, no decorrer do século XIII, em *La châtelaine de Vergi*, o poder se compromete no drama privado, e, se predomina em outras narrativas a exaltação da vida de corte e da alegria coletiva, a intriga se resolve em uma anedota "privada". Mais tarde ainda, o universo fictício pode trair uma sensível defasagem da posição do indivíduo diante do coletivo: a mentira e a máscara ali alteram suas relações. A prova do mundo arturiano que conjugava amor e aventura, que ligava o herói à comunidade, cede o lugar ao segredo. A excelência de Jean de Paris, fundada em sua bela aparência, o fará conquistar a bela por meio de uma intendência de ordem visual à qual a realização de si não traz mais nada.

"Bem próxima se encontrava uma cidade inteiramente fechada por muralhas. Nenhuma casa, sala, torre que ali não pareça toda de prata..." Marie de France, Yonec. (Paris, Biblioteca Nacional, ms fr. 20 127.)

Paralelamente, e em uma longa duração, a evolução de conjunto da literatura marca uma lenta emergência das representações do indivíduo. A poesia abre espaço à expressão de uma consciência solitária, a um lirismo mais "individualizado" que parece perder as marcas dos *topoi* utilizados à vontade pelos trovadores e pelos troveiros. Quanto à literatura de testemunho, memórias e crônicas revelam a viva preocupação de pôr o autor em cena por meio de marcas de enunciação que pretendem afastar a neutralidade do discurso.

Relações do indivíduo e do coletivo: é através de tempos de aparência biológica, através de gestos realmente "privados" que as fontes literárias sabem ainda evocá-las. Assim, a função do sono faz parte de uma duração simbólica do ser, traumatizado amnésico que, para ser restituído à ordem humana, deve precisamente passar por essa ganga, o empastamento da consciência, o sono fetal que lhe permite renascer para a vida coletiva. Mas, à luz da desconfiança que a Idade Média frequentemente demonstrou em relação à solidão, porta aberta a Satã, seremos sensíveis a todo sinal de uma valorização do espaço íntimo, do recolhimento em si mesmo, à exibição da área mental, a esse fenômeno singular do sonho como quadro de uma ficção literária, aos tateios obsedantes das certezas ou das sombras da consciência. Nenhuma tentação, portanto, de ver nessas fontes reflexos, textos-espelhos. Eludindo toda grade cronológica demasiadamente rigorosa, na medida em que prevalece para o imaginário esse princípio de engendramento dos textos que é a consideração do horizonte de espera que condicionava modificações e retomadas, será preciso, ao contrário, encarar as ficções como encenações que respondem a obsessões, a pulsões, a tensões na direção das soluções satisfatórias para as consciências, ecos ao que aflora nos textos normativos que pretendem indicar ao indivíduo, e sobretudo à mulher, seu lugar no coletivo. Se as ficções são invocadas em uma arqueologia literária do privado, será em termos do estatuto imaginário atribuído àquele que, pouco a pouco, se designa como o indivíduo que tem direito à palavra e ao silêncio, à identidade e à máscara.

Artur disse a Mélion: "Possuo um castelo que dá para o mar, no mundo não há igual! É magnífico, cercado de bosques, de rios e dessas florestas que tanto amas!" Lai de Mélion. *(Paris, Biblioteca Nacional, ms fr. 8266.)*

ESPAÇO E IMAGINÁRIO

DA OPRESSIVA CLAUSURA À DOÇURA DE SER INCLUÍDO

Confrontado com a bipolaridade das representações da clausura, o leitor oscila entre ameaça e proteção. Clausura-prisão tal como Rutebeuf descreve a morada da Avareza, que encarna o anticonvívio, dispositivo de captura que submete o visitante ao capricho da senhora do lugar, "mais morta que viva", clausura perigosa ainda dessas casas demasiadamente fechadas que um Robert de Blois opõe às portas escancaradas, e se *Le songe d'enfer* de Raoul de Houdenc nos diz que na França cada um, ai!, fecha sua porta, enquanto no inferno se sabe comer a "portas abertas", em *Blancandin et l'orgueilleuse d'amour* lamentam-se mais simplesmente esses tempos passados em que ninguém tinha porteiro. A clausura aparece, portanto, como uma barreira ao ideal da sociabilidade, à livre circulação dos bens e dos seres, em particular à liberdade de comer junto. Ora, "a refeição, sabei-o, funda a amizade", lembram os *Enseignements* de Robert de Ho.

Em oposição a essa representação negativa da clausura, é significativo notar, entre esses textos que falam a favor das mulheres, que uma defesa do século XIII integra um argumento de ordem espacial: às mulheres, a "feliz sorte de terem nascido incluídas". O Senhor coloca o homem no seio do paraíso, adormece-o e de seu flanco extrai a costela da qual emerge Eva, provida da dupla clausura, a do paraíso e a do flanco do homem. Encerramento valorizador aos olhos do autor, que opõe o espaço de dentro e o espaço de fora: "Julgai então se Ele não lhe demonstrou um amor maior do que ao homem, já que criou este último no exterior?".

O ESPAÇO POSSUÍDO PELO OLHAR

Quando o espaço aparece como objeto de uma posse global pelo olhar provido de onividência, trata-se de uma representação em geral muito tranquilizadora de uma estratificação das clausuras: um espaço elaborado e habitado surge dessas visões panorâmicas, espaço "total", protegido e construído, que leva facilmente à percepção de um espaço estético: "Esta praça não teme ataque de parte alguma:

impossível matá-la de fome. Foi fortificada pelo rei Evrain, que a manteve em franquia todos os dias de sua vida e a manterá enquanto viver. Se a fez fechar por muros, não foi porque temesse o que quer que fosse, mas porque a cidade fica mais bela assim" (*Érec et Énide*).

Proteção que não deixa de ser funcional: o traidor que, em *Cligès*, trai Artur, fortifica o castelo com uma dupla cerca de muros, "paliçadas, fossos, pontes levadiças, valas, barras e liças, portas de ferro com corrediça e grande torreão de pedras quadradas", de modo que não há nenhuma necessidade de recorrer a uma porta fechada: clausura protetora e defensiva que, em certos enredos privados, pode mesmo receber um reforço vegetal. Em *Le vair palefroi*, por exemplo, a casa fortificada, erguida sobre um rochedo, é cercada por um fosso, por uma sebe de espinhos e, além disso, pela "floresta solitária e espessa".

O imaginário insiste de bom grado na noção de clausura emergindo de um espaço amplo, com componentes que ilustram não apenas a força e a proteção, mas também a proibição. Nos *Lais* de Marie de France, sustentada em esquemas míticos, a proibição de ordem institucional ganha uma precisão surpreendente, mesmo com a extraordinária concisão das leis narrativas desses relatos. Assim, em *Guigemar*, o cavaleiro ferido chega a um mundo proibido onde o esposo aferrolhou sua mulher: um cercado fechado por um muro de mármore verde, dotado de uma única entrada, guardado dia e noite, e, no recinto, um quarto cavado para a esposa. Um belíssimo panorama de cidade, em *Yonec*, fornece um espaço iniciático à jovem mulher que quer reencontrar o misterioso amante-pássaro, cidade inteiramente fechada por muralhas, provida de edifícios soberbos e, do outro lado, pântanos e florestas; enfim, um rio. As arquiteturas imaginárias são frequentemente — em espelho — calcadas no espaço feudal, como o ilustra o *Lai de Guingamor*, em que aparece o castelo da fada. A cidade fortificada do emir que possui a arte do "encantamento", em *Floire et Blancheflor*, é uma cidade ampla em extensão, com altas muralhas de argamassa resistente, provida de 140 portas, de setecentas torres; no centro, uma torre de duzentas toesas, hipérbole dos volumes e dos materiais que aparece como constante dos espaços utópicos.

Outros acrescentam, aos sinais do poder, notações econômicas. Em *Le bel inconnu*, o castelo é rodeado de moinhos, de rios, de pradarias, de vinhas e, na *Gaste Cité*, os heróis avistam, com um olhar abrangente e totalitário, dos torreões fechados por altos muros, as numerosas moradas da cidade, um espaço cercado de bosques, de vinhas, de prados. Em relação aos relatos de Chrétien de Troyes, constata-se no decorrer do século XIII um aumento dessas representações espaciais. O ponto de vista atribuído ao olhar não é fortuito, na medida em que o acesso ao conjunto significativo das clausuras, muitas vezes difícil ou pobremente concedido, diz respeito ao indivíduo da ficção. Com efeito, as clausuras habitualmente estabelecem clivagens entre aqueles que estão fora e aqueles que estão autorizados a permanecer no interior, entre aqueles que são admitidos e aqueles que têm a permanência proibida. Entrarão em jogo espaços de transição, atravessados pelo herói das narrativas de origem céltica: espaço descoberto, charneca, floresta grande e vasta onde corre um rio, onde surge a corça que leva Graelent para a charneca. Em *La quête du Saint-Graal*, a clausura pode ser de origem divina: Lancelot, chegando ao castelo do Graal, solidamente edificado, consegue transpor uma porta guardada por dois leões. Subindo a rua principal do castelo, ele chega ao torreão: não há vivalma. Alcança então o salão do castelo, vai de encontro a uma peça cuidadosamente fechada, clausura simbólica que priva o herói do acesso ao Graal. As portas da sala se fecham "sem que ninguém as tenha tocado", o que é considerado como uma "extraordinária aventura".

As zonas de encerramento podem entretanto desfazer-se, e se a cidade aparece como um castelo, se o castelo se apresenta como espaço urbano, o espaço das ficções se torna o sinal de um poder por vezes submetido a uma viva interrogação: com efeito, o espaço aberto franqueado ao herói que deixa o mundo feudal não desemboca senão em um novo encerramento, o do amor e de suas proibições, que adquire a forma de um espaço social, pois a fada é muitas vezes uma "dama" de uma "outra terra". Da problemática indivíduo/coletividade que se encontra no próprio centro dos romances de aventura, não se afastará a presença de uma transposição liminar nem a fluidez de fronteiras reservadas a alguns eleitos. Longe de ser um simples pano de fundo, o espaço coletivo, nos séculos XII e XIII, está centrado em recintos de onde o herói pode escapar, de onde pode ser expulso, que pode conquistar. As referências espaciais estão enxertadas em uma rede muito firme de clausuras, e mesmo um lugar tão íntimo como o pomar, em princípio reservado aos amores, pode ser o significante de um poder exercido pelo Outro Mundo, como na prova final de *Érec et Énide.*

A ANGÚSTIA DE UM MUNDO DESERTO

A abundância dos habitats que exaltam o trabalho das mãos e a imaginação de um arquiteto ressalta a estranheza dos espaços desertos, assim como a redundância das ausências e das faltas. Em sua busca perigosa, Érec e Énide não beberam nem comeram, "pois não havia, a um dia de caminhada nos arredores, nem castelo, nem aldeia, nem torre, nem fortaleza, nem abadia, nem asilo, nem albergue". No *Le chevalier à la charrette*, a donzela que partiu em busca de Lancelot vai para a aventura:

> Antes que ela chegue e saiba alguma coisa dele, creio bem que terá explorado em todos os sentidos muita e muita região. Mas de que serviria contar suas paradas para a noite e suas longas jornadas! Por mais que houvesse tomado mil e mil caminhos, depois de decorrido um longo mês, dele soube justo o mesmo, nem mais nem menos que

antes: o todo não era mais que um puro nada. Um dia em que, ao atravessar um campo, avançava triste e pensativa, avistou ao longe, em uma margem, à beira de um braço de mar, uma torre solitária: nenhuma outra morada, cabana ou solar, uma légua ao redor [...].

O HOMEM SOLITÁRIO

No universo medieval, o homem solitário parece em perigo. No *Tristan* de Béroul, tendo sabido da presença do casal adúltero na floresta do Morrois, Marc manda chamar seus próximos para lhes anunciar que pretende partir só: "Partir assim completamente sozinho?", lhe perguntam eles. "Alguma vez se viu rei mais imprudente?" Ao que Marc responde: "Irei então sem escolta e deixarei meu cavalo. Não levarei companheiro, nem escudeiro. Por uma vez, recuso vossa presença". Situação de exceção e de perigo à qual fazem eco as palavras do pai de Érec, que lhe roga que leve ao menos uma parte de seus cavaleiros: "Filho de rei não deve andar só!". Dos perigos a que se expõem, narrativas do século XIII darão uma representação por vezes bastante realista. Em *La fille du comte de Pontieu*, o marido, preocupado em reforçar a escolta de sua esposa na floresta, envereda pelo mau caminho: padecerá o espetáculo da quíntupla violação de sua esposa. Se, em *Le vair palefroi*, a jovem pode reencontrar seu amante e desposá-lo, é que foi "mal reconduzida" pelo cortejo de núpcias. Por outro lado, uma mulher que viaja sozinha pode ser, para tal herói de um lar anônimo, uma inquietante aparição: ele a desposará, para sua maior infelicidade.

Existem entretanto solidões procuradas e prolongadas. Sob a forma de um habitat compreendendo cela e dependência, com estreita abertura para o mundo exterior, a solidão voluntária recebe um ancoradouro espacial preciso e implica uma função do recluso em relação ao coletivo que ele abandonou. O eremita está sempre muito afastado de todo agrupamento humano. Na floresta do Morrois onde os *forbannis* [banidos] construíram um habitat de miséria, a ermida de Ogrin não é descrita: a narrativa insiste, em compensação, no afastamento espacial e nas longas errâncias pelo bosque antes de ali chegar. É depois de longas errâncias também que Yvain encontra uma pequena casa baixa dotada de uma estreita janela onde o eremita deposita o alimento destinado ao selvagem. Em *La quête du Saint-Graal*, os inúmeros encontros com eremitas e reclusas são sempre precedidos de uma localização específica, um caminho perdido, uma capela, um ermitério sobre uma colina, em um momento de retiro, à noite, o tempo da palavra. Assim, Perceval perde seu caminho: "Contudo, tomando a direção que julgou melhor, ele acabou por chegar à capela e bateu à janelinha da reclusa. Ela abriu imediatamente, pois não estava dormindo, e, avançando a cabeça o mais possível, perguntou-lhe quem era". A reclusa explicará que, depois da morte de seu esposo, retirou-se nesse lugar selvagem porque temia por sua vida e mandou construir uma casa para o seu capelão e sua gente e, para ela mesma, uma cela.

"... não há, parece, nem castelo, nem fortaleza, nem torre, nem casa onde possam habitar seres humanos..." La quête du Saint-Graal. *(Armas e brasões dos cavaleiros da Távola Redonda, Paris, Biblioteca Nacional, ms fr. 1438.)*

Gauvain e Hector, chegando ao pé de uma montanha, seguem um caminho estreito que leva ao topo, caminho tão rude que eles ali se esgotam, e é só então que percebem uma pobre casa e uma pequena capela com um jardinzinho anexo, onde o eremita recolhe urtigas para sua refeição. Assim evocada pelo espaço percorrido para alcançá-la, a solidão se mostra solidamente protegida.

SOLIDÃO E SENTIDO

As referências desses territórios percorridos pelas múltiplas buscas dos cavaleiros da Távola Redonda dizem respeito, fundamentalmente, ao valor da submissão do "terreno" ao "celestial", e, como os lugares da reclusão voluntária são portadores de sentido, não é fortuito que seu sentido se faça buscar, enrodilhando-se em espaços secretos e pouco acessíveis. No final do século XIV, a inacessibilidade dos lugares irá acentuando-se. Raimondin, o esposo de Melusina, após ter obtido do papa o perdão por seu perjúrio em relação à esposa, vai visitar os ermitérios da abadia de Montserrat: trata-se de uma rocha escarpada onde, no sentido da subida, escalonam-se sete ermidas — das quais Raimondin ocupará a quarta — tão afastadas de qualquer habitação que, vistas do alto, a igreja e a abadia parecem absolutamente minúsculas.

Os encontros com os solitários de Deus não são jamais fortuitos nas narrativas: aquele que escolheu a solidão determinou laços muito particulares com os valores da coletividade deliberadamente abandonada. Se, em *Yvain*, o eremita é a conexão elementar do selvagem com a vida coletiva, em *Tristan*, Ogrin, que fala a linguagem do Bem e do Mal, sabe também restituir a Isolda as marcas exteriores de sua reintegração no social: ele se torna o instrumento da reconciliação, dirige-se ao Mont-Saint-Michel da Cornualha, ali compra peles e trajes de seda, a crédito ou pechinchando, traz a Isolda a toalete que convém a uma rainha! Em *La quête du Saint-Graal*, o sentido das aventuras se oculta entre as mãos dos eremitas e das reclusas: se toda aventura é percebida pelo herói como possuidora de um sentido, sem que, no entanto, ele saiba manipular seus sinais (E. Baumgartner), os eremitas são os detentores das interpretações, donde os longos discursos e as múltiplas confissões da narrativa. Trata-se, em particular, da interpretação dos sonhos, área do íntimo. "Fica sabendo", diz o eremita a Lancelot, "que essa visão é bem mais rica de sentido do que muitos poderiam pensá-lo. E agora, escuta-me se quiseres, e eu te direi a origem de tua raça." Intermediários indispensáveis entre Deus e os que buscam o Graal, os eremitas e as reclusas detêm, encerrado em sua palavra, o próprio sentido das aventuras.

LUGARES SIMBÓLICOS

No imaginário das ficções, alguns espaços evocados com frequência são mais particularmente dotados de funções simbólicas,

A dança de roda do pomar: "E então teríeis visto rodar a dança e as pessoas dançarem seu lindo balé e fazerem muita bela dança, e muito belo passo na grama fresca". Guillaume de Lorris, Roman de la Rose. *(Paris, Biblioteca Nacional, ms fr. 19 153.)*

como é o caso da torre e do pomar, e, se a compartimentação e a distribuição do espaço interno em sala e quarto parecem possuir uma funcionalidade real, um objeto como o leito recebe uma polivalência de significações bem próximas do símbolo.

A TORRE

Símbolo do poder, a torre assinala a conquista. Contrariamente à *Chanson de Roland*, que se passa quase inteiramente em espaço aberto — com algumas zonas de encerramento, esses pomares onde Carlos e Marsile reúnem respectivamente seus vassalos —, *La prise d'Orange* apresenta um interessante investimento da torre no espaço interno onde penetra Guillaume, disfarçado, com seus companheiros. Eles se dirigem em primeiro lugar à sala de recepção, situada na torre, atravessam-na, depois chegam à torre Gloriette, cujos "pilares e lanços de muralha são de mármore", onde não penetra nenhum raio de sol, nenhum sopro de vento. No próprio seio do poder do Outro, Guillaume vai aproximar-se do privado do Outro, pois que a um lado do quarto foi cultivado um pomar em vários planos: é ali que ele descobre o objeto de cobiça, a mulher. Símbolo do poder cobiçado pelo conquistador, a torre é ao mesmo tempo espaço defensivo, espaço habitável, espaço de gozo.

Lugar dos cativeiros, a torre significa a autoridade exercida indevidamente, como bem o sabem as heroínas das canções de fiar. Por vezes, contudo, a torre pode ter uma função protetora e, no quadro de uma arquitetura imaginária favorável aos amantes, tem um papel inteiramente benéfico. Polivalência das clausuras do espaço feudal: prêmios de batalhas, elas servem igualmente a situações de ordem privada, no exercício das proibições proferidas pela autoridade; no *Lai du laostic*, a parede se torna o emblema das proibições institucionais e sociais, no limite do verossímil. A jovem mulher e seu amante vivem seus amores no impedimento... e na proximidade: "Vizinhas eram suas casas, assim como as grandes salas de seus torreões. Nenhum outro obstáculo, nenhuma outra separação senão um grande muro de pedra cinzenta".

O POMAR

Lugar do privado, lugar da sociabilidade, o pomar dá testemunho, por sua vez, de uma obsessão das delimitações e da ambivalência das fronteiras. O encerramento do pomar faz dele, em primeiro lugar, o local ideal de reunião dos amantes, o local da sedução e do segredo: espaço circunscrito, teatro onde se expõem os encantos da mulher, como no *Lai d'Aristote*, lugar fechado onde se exalam as queixas de certas canções de fiar, lugar de espionar, lugar que deve, para escapar ao julgamento dos amores proibidos, cobrir-se de um silêncio mágico, como no *Lai de Tydorel*, onde o *faé* [mágico], o ser vindo de um mundo feérico, vem encontrar a rainha estéril. Quando — proibido de passagem, proibido de saída, espaço a ser conquistado — o pomar se torna para Érec o lugar de uma prova iniciática derradeira, ele pode ser marcado de ambivalência, pois é ao mesmo tempo um lugar de delícias. No entanto, o pomar dos amantes é sobretudo um lugar protetor: é ele que por muito tempo abrigará os amores da castelã de Vergi. Ele sabe também ser um lugar de sociabilidade, sempre reservado a um pequeno grupo e concernente, neste caso, mais especialmente às mulheres, como nesse *Lai d'Ignauré* onde, brincando de confessionário, as damas ficam sabendo que são todas amantes do mesmo sedutor, ou ainda no *Lai de Tydorel*, já que após a refeição a rainha e as donzelas têm o costume de ali comer frutas e de entregar-se à sesta.

"Mais que nunca me agradavam seus gestos suaves e comedidos, que me emudeciam..." Christine de Pisan, Dit des vrais amants. *(Paris, Biblioteca Nacional, ms fr. 836.)*

Lugar íntimo por excelência desde que os amantes o tomam só para si, o pomar é um lugar frágil, o ponto focal do olhar indiscreto e hostil; mas no *Lai de l'ombre* o lugar da intimidade amorosa pode, no século XIII, cristalizar-se ao infinito na água desse poço onde a amante evasiva encontra seu Duplo, essa sombra que, ela sim, não recusa o anel oferecido pelo amante.

OS PARAÍSOS DOS SENTIDOS

Independentemente de sua função simbólica como lugar secreto dos amores corteses, bem distantes também desses pomares que se oferecem à transgressão e que brincam ao mesmo tempo com a sedução e o perigo, certos pomares se oferecem como paisagens encantadas onde a invenção do homem se amalgama à natureza e a enriquece. Teatro dos sentidos, encenação de um gozo e de uma festa perpétua, o jardim de artifício nascido da tradição do *locus amoenus* (nas ficções dos séculos XII e XIII como *Floire et Blancheflor*, *Lai de l'oiselet*, *Le bel inconnu* ou mesmo em *Huon de Bordeaux*, onde no pomar corre uma fonte de vida e de juventude) permite explorar o espaço ideal e fechado, encenação profusa das virtualidades sensoriais. Esses pomares, paraíso de artifício, espaços sápidos ricos em convites aos sentidos, designam a pura felicidade de uma pausa sensorial em que todos os objetos se conjugam para solicitar as virtualidades perceptivas do homem: disposição do jardim, flora, emanação de odores e de sons. Anunciador dessas apoteoses da percepção que serão os jardins maneiristas, o pomar medieval oferece a imagem de uma felicidade sem ameaça de ruptura, e diz respeito evidentemente ao problema da permanência ilimitada, em sua duração, pelo inesgotável afluxo de sensações, o universo floral do jardim é uma natureza levada ao seu paroxismo: silencioso mundo de virtudes salvadoras, rico não apenas de todas as essências, mas também pródigo em "boas ervas", cuidados de um misterioso herborista que encoraja uma natureza suscetível de negar a doença e a passagem do tempo. A mão do homem ou a de um mágico ali aplanou o solo. O pomar no *Lai de l'oiselet* aparece como o fruto de uma *nigromance* [necromancia]. Ali a luz não tem agressividade, ali o pássaro concede o canto do esquecimento, o canto do desejo, o canto de juventude, assim como a ilusão da perenidade. Mundo hiperestético que concede ao efêmero um primado temível, pois que o paraíso, afinal, é uma eternidade bem frágil: desaparecido o pássaro, o pomar seca e a fonte se esgota.

A oferenda do coração, *tapeçaria. (Paris, Museu de Cluny.)*

Abolição do tempo ou tempo do eterno retorno: a fábula social é explícita no *Lai de l'oiselet*, que condena a desordem do tempo e a inversão dos proprietários do pomar, cavaleiros e damas substituídos pelo vilão. Essa função de suspensão e de retenção do tempo é bem evocada pela ambiência sensorial do cenotáfio em *Floire et Blancheflor*: aí a morte é transcendida pelo arrebatamento dos sentidos, pela reiteração — graças ao capricho e ao ritmo dos ventos — dos gestos do desejo. Com efeito, existe mais bela maneira de negar o escoar do tempo do que exaltar as virtualidades de todos os gozos possíveis? Longe de ser um simples motivo ornamental, longe de se reduzir a um teatro do mundo sensorial, o pomar faz passar pela apoteose do prazer a própria percepção do tempo.

Nessa utopia dos sentidos, a cor está quase ausente; paradoxalmente, é ao volátil, à essência das árvores e das ervas, é ao efêmero do som que está destinada a função de fazer perdurar a felicidade. Frágil como o corpo, o pomar transgredido definha.

O ESPAÇO INTERNO: SALA E QUARTO

A literatura, quando põe em cena camadas diferentes da sociedade, apresenta seguramente uma distribuição e uma diversificação diferentes das divisões do espaço habitado. Sublinhou-se a pouca diversificação dos espaços nas moradas plebeias evocadas pelos *fabliaux* [breves relatos em versos]: não há muito lugar, ali o espaço é muitas vezes reduzido a uma só peça; na casa do moleiro de um *fabliau*, por exemplo, amontoam-se tonéis, arcas e leito. Se

"Teria sido bem difícil dizer qual era a mais bela e a mais elegante." Lai du mantel. *(Festa na corte do rei Artur, Biblioteca de Dijon, ms 527.)*

a filha do moleiro precisa ser posta a salvo, é introduzida em uma ucha da qual o pai possui a chave.

Em compensação, nas narrativas que põem em cena uma sociedade aristocrática, a distribuição dos espaços internos é mais fina. Sala e quarto: seríamos tentados a atribuir a uma a função de uma manifestação do coletivo ou, ao menos, de um privado gregário, ao outro a função de um uso mais secreto e mais íntimo. Contudo, as intersecções são perturbadoras. A sala, por certo, é o lugar reservado à vida coletiva; separada da rua, é o lugar usual das reuniões, o lugar por excelência da sociabilidade. Se se examina o espaço destinado a um personagem mítico tal como Artur, ver-se-á que a grande sala é de uso quase exclusivamente social. Ela é, em particular, o espaço

"De resto, como sabeis, ali onde existe a cavalaria, quer seja em terra pagã ou cristã, seus membros vêm à Távola Redonda e, se Deus lhes concede a graça de ali tomar lugar, consideram-se mais cumulados do que se tivessem o mundo inteiro em sua posse." La quête du Saint-Graal. *(O livro do senhor Lancelot do lago, século XIV, Paris, Biblioteca Nacional, ms fr. 120.)*

das grandes travessias espetaculares: já na *Chanson de Roland*, voltando a Aix, Carlos sobe ao palácio, dirige-se à sala para informar Aude do luto que o atormenta, a morte do herói. É na sala que se reúnem os vassalos para os assuntos importantes: assim, em *Le charroi de Nîmes*, quando Guillaume, retornando da caçada, é informado pela boca de seu sobrinho da ingratidão de Louis. Precipitando-se para o palácio, ele "atravessou a sala com tal impetuosidade que rompe o cano de seus sapatos de couro. Todos os barões ficam assustados. À sua visão, o rei ergueu-se para ir ao seu encontro". No entanto, a sala é também um lugar de divertimento, por ocasião das reuniões ligadas a uma data ritual em que se testa a coesão do grupo. Na festa da Ascensão, o rei Artur mantém uma corte magnífica, a sala pulula de barões; a isso se acrescenta a presença da rainha e das damas. É à assembleia como totalidade que se dirige o desafio do cavaleiro que rapta Guenièvre no *Chevalier à la charrette.* O final das narrativas utilizará também a sala como o lugar coletivo da glorificação do herói. Por ocasião do coroamento de Érec, o banquete se desenrola em cinco salas "cheias, de modo que com muita dificuldade se podia encontrar uma passagem entre as mesas. Em cada mesa, havia na verdade um rei ou um duque, ou um conde". Lugar privilegiado para o anúncio da aventura, não é muito surpreendente que, nos *lais* paródicos, a sala se ofereça às hipérboles; no *Lai du cor*, 30 mil cavaleiros ali estão instalados para o banquete, acompanhados de 30 mil donzelas!

Nas ocasiões mais modestas da hospedagem, a sala é também o lugar da refeição: o cavaleiro da carroça e Gauvain seguem um anão até um torreão onde serão albergados, depois Lancelot seguirá uma donzela que o hospeda em seu solar, um "recinto fortificado fechado por altos muros". "Para sua habitação ela mandara construir uma sala de vastas proporções e muitos quartos bem adornados", sala na qual é oferecida uma suntuosa refeição: "Da sala estavam banidas as trevas. No entanto, as estrelas já luziam no céu. Mas uma infinidade de tochas torcidas, maciças, ardentes, ali espalhavam uma orgia de claridade". À sala são portanto reservados os grandes momentos da acolhida. À chegada de Énide, o rei a conduz à grande sala de pedra, depois a rainha a leva à sua *maistresse chambre* [quarto principal] onde a faz vestir-se regiamente. As mulheres então se reúnem ao rei na sala, onde os inúmeros cavaleiros se erguem à sua aproximação. Nesse dia de regozijo, na festa das bodas, toda clausura é suprimida, não se fecham nem porta nem postigo, as entradas e saídas são deixadas livres durante todo o dia, de modo que nada separa pobres e ricos, efeito da coesão do grupo que acarreta provisoriamente a supressão de toda defesa.

Quanto ao quarto, é mais habitualmente o lugar da solidão. Mas o que significa a solidão? Em *Érec et Énide*, Artur se faz sangrar, e a sangria aparece como um momento estritamente privado: ora, "ele tinha consigo, em seus quartos, em privado, apenas quinhentos barões de sua casa: jamais em nenhuma estação o rei se encontrara tão só, e estava aborrecido de não ter mais pessoas em sua corte". A imagem real não poderia existir só? Seria ela de fato o olhar que o outro dirige ao rei? Artur aparece, em todo caso e sempre, como o centro de um processo febril de aglomeração de seres humanos.

O quarto é, no entanto, o lugar por excelência onde se escapa aos olhares de outrem, o lugar portanto onde se pode exprimir a dor. Atormentados pela aflição, os personagens retiram-se a seus quartos. Muito geralmente, este é um lugar de isolamento e de proteção da mulher. Em *Guillaume de Dole*, a heroína se mantém em seu quarto: "Nenhum homem pode vê-la, pois seu irmão não está aqui". Embora "[...] eu não seja livre", deplora a jovem mulher que ama Milon em Marie de France, "tenho quantidades de guardas sobre meus passos, velhos e jovens, meus domésticos". O quarto se abre também ao homem ferido ou esgotado. As notações de salubridade, de calma e de isolamento são então numerosas: o quarto onde é acolhido Érec é "agradável, longe de todo ruído e ao ar livre" e, no *Chevalier à la charrette*, após a dura prova de seu cativeiro, Lancelot encontra "ar salubre e retiro assegurado" junto da donzela que o alberga.

Assim, o quarto pode oferecer-se a formas de sociabilidade e de divertimentos mais refinadas. Música íntima, narrativas, jogos:

"... fez-se sentar a todos aqueles que tinham vindo na companhia do rei, com a condição de que fossem cavaleiros." La mort le roi Artu. *(Século XIV, Turim, Nacional.)*

Guiron le Courtois. *O jogo de xadrez.* *(Por volta de 1370-1380, Paris, Biblioteca Nacional, ms n.a. fr 5243.)*

o pai de Guilliadon, em *Éliduc*, dirige-se aos apartamentos de sua filha, começa uma partida de xadrez com um cavaleiro de além-mar, ensina sua filha, posicionada do outro lado do tabuleiro, a jogar. Vêmo-lo: são porosas as fronteiras entre lugares coletivos e lugares reservados ao indivíduo, e é possível o acesso dos homens a um espaço mais especificamente reservado às mulheres. No *Dit du prunier*, no século XIV, após a refeição, as pessoas lavam as mãos, e a dama faz distribuir vinho e especiarias. Os convidados reúnem-se a seguir no quarto: "A dama, que sabia muitas maneiras de tornar um homem jovem apaixonado, reúne todo mundo à sua volta para jogar 'o rei que não mente' [...] Desse jogo ela é quem foi rainha, e desse modo queria saber o que cada um pensava; foi preciso vir um após o outro dizer-lhe seus segredos de amor". Quanto ao conde de *L'escoufle*,

> tinha um costume que era para ele fonte de grande prazer: quase toda noite, quando se encontrava cercado apenas de sua gente, mandava fazer um grande e belo fogo no quarto das donzelas. Dirigia-se para junto delas para comer sua sobremesa e distrair-se. A bela e jovem Aélis conhecia bem a arte de lhe ser agradável. Instalavam-se camas e leitos ao redor do fogo, para ali sentarem-se. O conde dera a ordem para isso na noite em que sobreveio o acontecimento. Após a ceia, o conde se dirigiu ao quarto para o seu prazer e, enquanto se preparava sua fruta, despiu-se para se fazer roçar, não conservando, com exceção de suas bragas, nenhuma roupa.

O LEITO

Dorme-se na sala ou no quarto? Dorme-se a sós ou em vários? Partilha-se o leito com um cônjuge ou com um ser do mesmo sexo? A promiscuidade parece de todo modo, para as práticas noturnas, um fato admitido. Para o encontro que marca com Lancelot, Guenièvre indica bem que não dorme sozinha: "Não pensemos em nos unir: à minha frente, em meu quarto, está deitado Keu, o senescal, que, todo coberto de chagas, languesce sempre mais". Mergulhado no sono, o ferido pouco incomodará os amantes. Jouffroi de Poitiers e a rainha marcam encontro: como a rainha diz não poder mandar vir o conde ao seu quarto, ela manda instalar na grande sala de pedra dois leitos, um para o conde que ela virá encontrar, o outro para seu companheiro.

Quando um personagem goza de um leito individual, é que se faz questão de assegurar-lhe um melhor repouso. Assim, Érec recebe do rei Artur um leito exclusivo: "O rei tinha uma grande afeição por Érec; ele o faz dormir sozinho em um leito, não querendo deixar ninguém deitar com ele, em contato com suas feridas". No quarto vizinho, Énide e a rainha, lado a lado, dormem juntas. Curado, Érec reencontrará a esposa "no mesmo leito". Em compensação, o casal do *Lai Équitan* parece dispor de dois leitos, já que é "no leito do marido" que os amantes têm seu prazer. Pode-se desfrutar de um leito só para si em sinal de honra: em *La*

Aqui começa o testamento de mestre Jean de Meun... (Estocolmo, Biblioteca Real.)

Christine de Pisan, Dit des vrais amants. *(Século XV, Paris, Biblioteca Nacional, ms fr. 836.)*

quête du Saint-Graal, Artur, "para prestar homenagem ao seu alto nascimento", conduz Galaad ao seu quarto e lhe dá seu próprio leito; quanto a ele, vai reunir-se a Lancelot e aos outros barões. Na sequência — sinal de que tacitamente a narrativa confere a Artur uma parcela de solidão — é dito que de manhã Artur se dirige ao quarto onde Lancelot e Gauvain haviam dormido.

Península do privado, o leito aumenta o gozo da solidão: oferece a única ocasião de deixar irromper seus sentimentos. Assim, em *La quête*, Guenièvre, "para não mostrar demais a extensão de seu pesar", na partida dos cavaleiros, volta aos seus aposentos e se lança ao leito, tomada de aflição. Mas o leito também pode ser um símbolo da culpa: com efeito, pode ser o lugar das sombras, do crime, o lugar que marca para sempre a impossibilidade de esclarecer o que realmente se passou ali. O leito é o objeto propício às manobras e às substituições, em particular para essas mulheres acusadas de pôr no mundo filhos monstruosos e de fazer do pai um desconhecido. O leito torna-se, assim, lugar dos subterfúgios e da manipulação do real: substituindo Isolda, Brangien serve a Marc de esposa virgem e, nas narrativas de Duplos, o leito é precisamente o lugar obscuro onde a esposa iludida não poderá distinguir entre os irmãos. Lugar do crime também, ele é o espaço privilegiado do erro, e ali a verdade quase não se pode provar. Em compensação, o adultério ali pode ser sustentado, na medida em que o leito ostenta seus sinais. Entre a cama de Tristão e a do rei, "a distância de uma lança". Projetando Tristão falar à rainha desde que seu tio esteja adormecido, seu ferimento se abre, o sangue jorra, marcando os lençóis. O sangue de Lancelot, do mesmo modo, manchará o leito de Guenièvre, fazendo com que seja acusada de ter recebido em seu leito o senescal ferido. Ambiguidade das provas, provas que não o são de modo nenhum: o leito, como se vê, torna-se facilmente o espaço do perigo.

Enfim, evocando a escansão do dia e da noite, o leito falará também da sociabilidade noturna como de um sinal inquietante. A ausência de sono, e em consequência a ausência de sonhos, acaba por tornar Tydorel — o herói do lar que leva seu nome, a criança meio mágica cujos olhos jamais se fecham para dormir — inapto ao social e ao exercício do poder. Ele irá unir-se a seu pai feiticeiro em um mundo de onde o tempo ausentou-se: parábola da alternância obrigatória dos ritmos diurno e noturno, da sociabilidade e da suspensão necessária da sociabilidade. Em inúmeras narrativas, deita-se tarde na alegria do convívio, mas raramente se diz que não se dormiu. A vigília, aliás, pode ser fonte de mal, como o testemunham estas confidências arrancadas à noite ao marido pela esposa da *Chanson du chevalier au cygne*. Impelida pelo diabo, ela fará a pergunta fatídica, e é no leito ainda que a duquesa arranca do esposo o segredo que precipitará na morte a castelã de Vergi e seu amante. O leito aparece, assim, como o lugar mesmo da vulnerabilidade,

*Troïlus estava mergulhado na melancolia: "Em pouco tempo, seu quarto ficou cheio de damas e de donzelas e de toda espécie de instrumentos musicais...". (*Roman de Troïlus, *Paris, Biblioteca Nacional, ms fr. 25 528.)*

o lugar onde a identidade é facilmente oculta, o lugar de graves transgressões, pretensas ou reais, ainda que fosse a da palavra, como se, emitida à noite, ela não pudesse ser fonte senão de infelicidade.

A SOCIABILIDADE

Nas obras literárias, o espaço é quase sempre posto em cena como espaço ocupado por um grupo doméstico: casais, filhos, gerações coexistentes, subalternos, campo familiar submetido a frequentes oscilações, séquito arturiano, em suma, uma sociedade doméstica fundada em uma hierarquia em torno da qual se armam intrigas e relações de poder. Desaparecimento das mães no nascimento, desaparecimento dos pais, filhos perdidos, reencontros, por vezes assassinatos: mesmo quando retomam a tradição dos contos, os enredos familiares deixam falar, por suas próprias redundâncias, fantasmas que possuem frequentemente o estatuto de universos coerentes. À coesão da linhagem nas canções de gesta sucede-se, no romance, um universo mais familiar onde ocorre que uma forma de corrupção corroa as relações entre os seres, onde certos papéis na célula nuclear estão cristalizados pelo mal (madrasta, por vezes concubina ou senescal), cristalizados muitas vezes também na condição de vítimas, em geral a criança e a jovem esposa. Poderes são assim mostrados em exercício e, no universo doméstico, o gineceu aparece muito particularmente como um lugar onde uma autoridade marital e parental se exerce sobre o mundo feminino, o qual, no decorrer das narrativas, encontrará arranjos possíveis de sobrevivência e de manifestação. Não se ficará surpreso de que um debate — bastante secreto — sobre os direitos do primogênito ou do caçula possa ser posto em cena nas narrativas de gêmeos, reais ou fictícios, em que o significante da geminação funda um tipo de associação afetiva, uma forma de sucessão indivisa entre irmãos. Assim, as ficções oferecem, se não um quadro do privado real da época, ao menos os pontos mais nevrálgicos que podem concernir a vida comunitária e estatuto do indivíduo. Em particular, os lugares e os rituais da sociabilidade, do convívio sobretudo, dispõem os pontos de referência de uma integração necessária e difícil do indivíduo no grupo.

O PRIVADO: SI MESMO E OS OUTROS

FRONTEIRAS

Se, no interior da sociedade doméstica, a diversificação do espaço marca muitas vezes a dificuldade para o indivíduo de escapar ao olhar de outrem, vê-se entretanto edificar-se pouco a pouco em torno dele paredes que lhe permitem, à distância dos outros, desfrutar de uma liberdade de si próprio. Já as narrativas de Chrétien de Troyes adotavam habitualmente a estrutura de um percurso iniciático que permitia ao indivíduo abandonar o espaço coletivo pela errância solitária de onde devia retornar, devolvido a uma glorificação assegurada no coletivo. Além disso, no século XIII, o corpo aparece cada vez mais como uma posse privada e um ponto de referência ao qual se remetem os discursos normativos, pois ele é percebido como suscetível de abuso na atenção dirigida ao Eu e, em consequência, como gerador de perturbação na vida do grupo, situação conflituosa na qual os textos esperam pôr ordem.

O papel crescente do escrito. (Roman de Troïlus, *Paris, Biblioteca Nacional, ms fr. 25 528.)*

Surge então a noção de um "privado de outrem", espaço onde se fazem outros gestos que não aqueles que se propõem ao olhar exterior. Assim, a discrição no seio da comunidade será explicitamente exigida em *Le chastoiement des dames*, de Robert de Blois: não penetrar pelo olhar no espaço de outrem, essa *privacy* que, precisamente, não é a de todo mundo, e é significativo que essas instruções de respeito pelo privado refiram-se mais particularmente à pessoa feminina, como se ela constituísse o ponto nevrálgico de todas as faltas possíveis e o ponto focal de todas as virtudes desejadas:

> Todas as vezes em que passais diante da casa dos outros, cuidai de ali jamais introduzir o olhar e de não vos deter ali. Permanecer

boquiaberto e flanar diante da casa de outrem não é um comportamento prudente e cortês: há atos que se fazem muitas vezes privadamente, em sua morada, e que não se desejaria entregar aos olhares, se alguém devesse apresentar-se diante da porta. E se quereis entrar na casa, tossi levemente ao entrar, a fim de que se seja advertido de vossa chegada, por essa tossidela ou por uma palavra. Ninguém deve, sabei-o em poucas palavras, entrar sem avisar.

ISOLAR-SE

Como as pessoas se isolam no privado gregário? Os componentes do espaço mostram bem uma distribuição de certos lugares "mais públicos" e de outros "mais privados". Ora, a conversa privada concerne precisamente à maneira pela qual dois indivíduos se isolam voluntariamente para se comunicar aquilo que não está destinado a um grupo mais amplo, situação de confidências em que se dá voz ao segredo.

(*Paris, Biblioteca do Arsenal, ms 5117.*)

Os modos de comportamento no privado gregário das ficções testemunham a que ponto parece difícil dispor de um lugar e de um momento convenientes para se entreter, a salvo dos ouvidos indiscretos, com um interlocutor. Não surpreende muito que os textos proponham constantes de aparência realista para situar, de um lado, o pôr-se à distância, de outro, o tempo do silêncio. Assim, Cligès, o herói, manda vir Jean, seu servo, em privado, a fim de pedir-lhe um abrigo para seus amores. O século XIII será particularmente rico em conversas privadas. Em relação à bela ordenação do mundo arturiano em Chrétien de Troyes, *La mort le roi Artu* no começo do século XIII — em que a aventura se torna rara, em que se esfacela tragicamente o universo da Távola Redonda — é o teatro das intrigas e das denúncias; e, em *Le vair palefroi*, desejando o sobrinho convencer seu tio que deveria, pensa ele, ser um bom advogado junto do pai da jovem, procura para essa conversa a sós um lugar adequado, uma "loge" (pequena peça acima da porta, talvez um quarto no andar superior), em suma, um lugar afastado.

Em *Guillaume de Dole*, narrativa da sociabilidade exaltada como virtude do bom soberano, a conversa privada possui uma verdadeira funcionalidade e é a manifestação refinada das relações com outrem. O menestrel amigo do imperador é seu objeto privilegiado. Desejando ouvir de sua boca um belo conto, o soberano toma o cavalo de Jouglet pelo freio, e ambos deixam o caminho. "Conta-me então, caro amigo, uma história que possa despertar-me!" Tanto em plena natureza como em espaço construído, a conversa privada exige um local de retiro, uma alcova benfazeja do espaço. Em uma outra conversa desse tipo, "sobre um balcão", o imperador anuncia ao senescal seu projeto de casamento, e, mais tarde, o imperador — de quem se diz que se encontra "em companhia restrita" — convida o herói Guillaume a vir divertir-se no pomar, lugar de uma última conversa. Conversa consigo mesmo: tendo sabido da calúnia de que é vítima a jovem Lienor, o imperador se afasta para partir só através dos campos, o coração apertado de tristeza. Quanto ao senescal, é graças a uma última conversa privada que ele será enganado: enquanto todos se encontram em plena assembleia, o mensageiro de Lienor o arrasta "para fora do palácio, perto do muro alto", para estar em segurança e a salvo de todos os olhares, espaço-armadilha onde o traidor enfim se deixará prender. Assim, as intrigas de palácio, servindo-se dos nichos do segredo, substituíram a bela transparência do mundo arturiano. Os vãos de janelas, no *Lai du blanc chevalier*, no século XIV, ou no *Jehan de Saintré*, mais tarde, tornam-se por excelência os abrigos dos segredos, os lugares onde se pode surpreender negociações por vezes pouco honrosas.

A LINGUAGEM SECRETA DOS SINAIS

O espaço coletivo vê nascer por volta do final do século XII uma rede cerrada e secreta dos modos de comunicação: dons que selam os laços entre dois amantes, prendas de amor que os etnólogos reconhecem ainda hoje, papel crescente do escrito como substituto, proliferação das mensagens transmitidas, perdidas, desviadas, manipuladas. Os objetos de encerramento, simples receptáculos de joias, de roupas ou de armas, adquirem, valorizados, o estatuto de preciosos relicários, metáforas de segredos do amor cortês, por vezes também elementos da intriga e pretextos a uma gestualidade da abertura e do desvendamento.

Sinais da aliança amorosa, alguns são ostensivos e outros mais comumente secretos: signos da intimidade que os outros percebem como significantes remetidos à sua contingência primeira. No século XIII, o mundo cortês é invadido por sinais secretos: o cãozinho, na aparência personagem fortuito do espaço doméstico, anuncia ao amante da castelã de Vergi os momentos de encontro. Trocas de sinais que selam já em Marie de France os encontros do *Lai du chèvrefeuille*: Tristão enrola a madressilva em torno da varinha de aveleira da qual retira a casca e onde grava seu nome, sinal secreto do laço que diz: "Bela amiga, assim é conosco: nem vós sem mim, nem eu sem vós!". Sinal, ainda, o nó que a amiga de Guigemar faz na túnica deste de tal modo que nenhuma outra poderia desfazê-lo, encerrando o amante, por seu lado, com uma faixa, a carne nua da amante, laço que ninguém poderia romper nem cortar, linguagem secreta dos sinais que determinam uma intensidade e um espaço afetivo proibidos a outrem. Mais tarde, no universo das máscaras do *Jehan de Saintré*, a educação do jovem na cortesia inclui a iniciação em uma linguagem secreta, em um código oculto, que duplica a utilização dos espaços de retiro em que os segredos podem transmitir-se.

".... Enquanto quiserdes ter-me ao vosso lado, não me pergunteis jamais quem eu sou, não me pergunteis jamais o nome da minha terra..." Chanson du Chevalier au cygne. *(Munique, Bayerische Staatsbibliothek.)*

Suscetível de ser compreendida, em compensação, pelo olhar de outrem, a prenda de amor é um dom, adorno ou anel. Elemento da representação do Eu, o anel é ao mesmo tempo o sinal mais marcado de sexualidade, aposta de importância nos relatos que dão lugar às proibições: a ligação com a fada se dissolve a partir do momento em que o herói revelou ao eremita o segredo da sedução. Eis que o anel desapareceu! Em compensação, mais bem integrados nos sinais da sociabilidade estão esses terços oferecidos pela amante ao amado, e cujo gesto se perpetua ainda em Guillaume de Machaut. A donzela "foi prestamente fazer um lindo terço que me pareceu pleno de doçura, pois era feito de nozes-moscadas, de rosas e de violetas. Quando o terminou, veio depositá-lo sobre minha cabeça", elo vegetal que prolonga o círculo que a jovem fará com seus braços.

A PALAVRA PROIBIDA

A lei do segredo é um componente bem conhecido do amor cortês, é ela que — transgredida — inaugura a tragédia da castelã de Vergi:

> Ocorre, assim, que aquele que revelou o segredo perde com isso a felicidade, pois quanto mais o amor é intenso, mais os amantes perfeitos são afligidos quando um deles suspeita que o outro tenha revelado o que devia manter secreto. E muitas vezes daí nasce uma infelicidade tal que o amor deve ter fim na dor e na vergonha.

Nos encontros de mortais e de mágicos, as inúmeras proibições — podem referir-se ao ato de beber e de comer quando o impedimento designa toda participação no mundo do lado de cá do rio — dizem respeito mais frequentemente ao segredo: não revelar a existência da fada, não formular a pergunta sobre as origens, no *Lai de Tydorel* ou na *Chanson du chevalier au cygne.* As narrativas feéricas levam ao extremo a proibição de dar a conhecer ao coletivo a existência de um privado, ainda que ele seja de um outro mundo. Melusina se servirá dessas proibições, ocultando sua identidade de mulher-serpente, conjugando o tabu do olhar, a proibição do conhecimento e a manutenção da opacidade, aquela precisamente protegida pela porta diante da qual Raimondin fixará sua retina para sempre culpada.

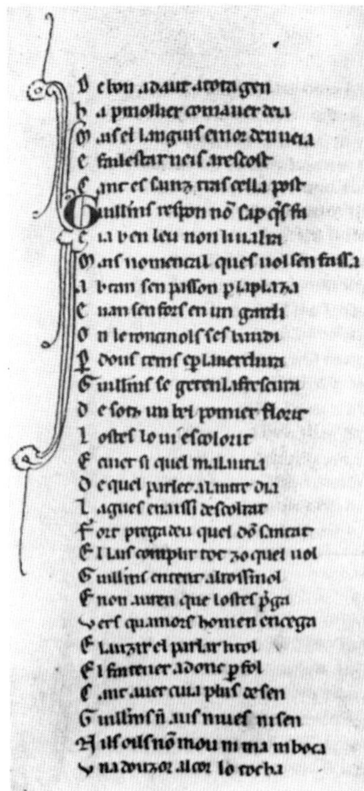

Roman de Flamenca. *(Segunda metade do século XIII. Biblioteca de Carcassone.)*

Às comunicações filtradas ou proibidas acrescenta-se a importância do escrito nas ficções. Ora, esse tipo de mediação aumenta no século XIII, e, no *Roman de Flamenca*, os amantes se buscarão longamente através dos fragmentos do tempo, das mensagens ditas ou escritas, do jogo dos sinais. Já a carta era objeto de uma circulação no *Tristan* de Béroul, onde Marc faz com que o capelão leia para ele a missiva de Isolda: a carta se torna o objeto de uma comunicação pública. O capelão rompe o lacre, lê o texto, depois enuncia linha por linha o conteúdo. Em seguida Marc manda convocar os barões e dá ordem de ler o texto.

Em *La mort le roi Artu*, é o próprio Artur quem lê a mensagem da donzela cujo cadáver, na barca misteriosa, deriva ao longo do rio. Nos dois casos, o papel do escrito é transmitir aquilo que, do privado verdadeiro ou simulado (como o diz Ogrin: "Para atenuar a vergonha e evitar o escândalo, é útil mentir um pouco"), está

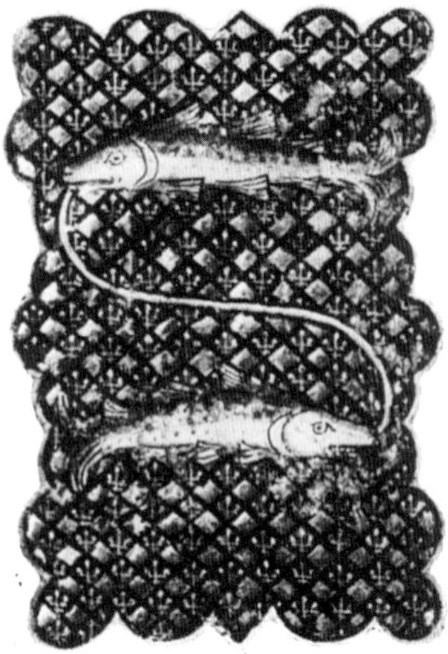

"Encontrareis em seu estômago como a marca de uma luva: é o lugar onde a mão foi conservada, durante invernos, durante verões!" La Manekine. *(Biblioteca de Cambrai.)*

destinado a tornar-se público. Desse privado, aliás, a imagem pode ter o privilégio de uma triste revelação. Ao nascer do sol, Artur, recebido no misterioso castelo de sua irmã Morgana, vê as pinturas que Lancelot traçou durante seu cativeiro. Ele decifra então seu próprio infortúnio. Na *Philomèle* atribuída a Chrétien de Troyes, a pobre muda, encontrando em uma ucha "meadas" e "fusos", narra em fios coloridos sua história, a violação que sofreu, sua mutilação, sua prisão, mensagem que sua irmã saberá ler. A imagem dirá o que ninguém ousou dizer, o indizível da transgressão.

Da proliferação do uso dos escritos na comunicação dá testemunho o *Roman du châtelain de Coucy*, onde esta é particularmente mediatizada, o que faz compreender, em especial, a função das inserções líricas e a problemática fundamental do romance, os intermediários multiplicados das trocas entre o amante e a dama, em suma, o "difícil trajeto da palavra e da informação" (C. Marchello-Nizia). O escrito prolifera ainda nos entrechos das filhas ameaçadas de incesto, onde os selos são violados, as cartas substituídas tanto para o anúncio da má notícia de um monstro (à guisa de bela criança) quanto para as medidas de clemência tomadas pelo esposo atormentado, medidas que são substituídas pela ordem de mandar queimar a esposa e a monstruosa criatura que ela teria carregado em seu seio.

Para o homem selvagem em quem se ausentam a razão e a memória, o escrito será encarregado de anunciar aos passantes a origem da infelicidade insensata. O herói do *Dit du lévrier* foge para a floresta, leva tinta e pergaminho, escreve sua aflição, os longos anos de espera, o desprezo da dama. Único instrumento, doravante, de uma memória possível, o escrito é fixado a uma árvore, a fim de que todos dele possam tomar conhecimento.

OS OBJETOS DE ENCERRAMENTO

Os objetos de encerramento gozam do júbilo do oculto progressivamente revelado. Assim, os continentes se abrem para liberar adereços; arcas entregam os adereços que devem ser oferecidos ao lobisomem restituído à forma humana em *Guillaume de Palerme*; uma arca de viagem contém uma cota de um brocado verde com que a fada adorna o selvagem, rito de reintegração no *Dit du lévrier.* O objeto de encerramento pode tornar-se um verdadeiro actante da narrativa: a esmoleira roubada em *L'escoufle* é origem do drama, mas igualmente dos reencontros. Já em *La mort le roi Artu*, não apenas o escrito desvendava o segredo da bela morta, mas a mensagem constituía o objeto de uma exploração de um espaço percorrido: barca, tapeçarias, esmoleira. No jogo da sociabilidade, os presentes são com frequência objetos de encerramento, o que favorece a proliferação do gestual da abertura.

Mais simbólico, o objeto pode tornar-se relicário, como esse cofrezinho onde está encerrado o cadáver do rouxinol, o *laostic*, em Marie de France, metáfora da perenidade do segredo, relicário guardião de uma quintessência e de uma memória: o esposo matou o rouxinol e, para dar a conhecer ao amante o que se passou, a dama envolve o passarinho em uma peça de brocado, com sua história bordada em fios de ouro. Como homem cortês, o amante manda forjar "um cofre de ouro puro" enriquecido de pedras preciosas e faz lacrar o relicário. Outros relicários marcarão habitualmente o alcance simbólico do conteúdo, esse "cabaz" que conserva miraculosamente fresco o braço da bela Helaine, e sobretudo o estranho relicário que, durante longos anos, conservou a mão cortada da Manekine, esse estômago de esturjão que exalava eflúvios tão suaves que com eles cada um tem o coração tomado de doçura!

A SOCIEDADE DOMÉSTICA: OSCILAÇÕES E RESTAURAÇÕES

Ordenadas segundo uma firme estruturação familiar, as narrativas medievais traem, à flor do texto, os problemas internos das famílias, sugerindo — o que, aliás, pode ter obsedado a consciência da época feudal — a obsessão das rivalidades entre herdeiros com ambições comparáveis. Ora, as narrativas rompem frequentemente o circuito fechado da família, que, por um itinerário exogâmico de natureza diversa, será por fim restaurada. Se as referências familiares possuem uma complexidade extrema, é possível delas destacar aqui alguns eixos e, em primeiro lugar, a frequência dos enredos sexualizados: seduções de tipo incestuoso (pai/filha, madrasta/enteado, cunhado/cunhada), rivalidades em torno da mesma mulher, calúnias de natureza sexual que acarretam o exílio das jovens mães, em suma, um conjunto de querelas domésticas que outras narrativas, prudentemente, ocultam por meio de uma exemplaridade por vezes um pouco rígida.

O CAMPO FAMILIAR

Que o casal seja o foco de dissonâncias e de desunião é um fato bem conhecido dos *fabliaux.* Chrétien de Troyes, em compensação, enfatiza deliberadamente a realização do casal no casamento, demonstrando passo a passo que o amor cortês se vive na instituição. Em seu romance do anti-Tristão, o adultério dá lugar à livre escolha na legitimidade, mas na sociedade doméstica das ficções mais frequentes são as tensões e os desentendimentos do casal. Em compensação, fora da engrenagem do adultério, fonte de ciúme, outros casais podem dar testemunho de uma perfeita harmonia, temporariamente ameaçada, mas recuperada; assim, na curta narrativa *La fille du comte de Pontieu*, o esposo traumatizado pela violação de sua mulher, à qual foi obrigado a assistir, refugia-se na interrupção das relações sexuais, enquanto uma forma de punição (punição obscura quanto à sua causa) é assegurada pelo pai; ou ainda nas histórias de incesto, como *La Manekine*, em que os esposos que se reencontram dominam temporariamente, durante a semana santa, seu desejo e recomeçam uma vida nova.

Da ternura em relação ao filho dão testemunho inúmeros textos, de *La Manekine* ao *Tristan de Nanteuil*, onde só um milagre vem liberar o leite que se tornou parcimonioso aos olhos dessa mãe que prefere suicidar-se a ver seu filho sofrer. Em um quadro mais especificamente hierárquico, Ide, condessa de Boulogne, não deixa a ninguém o cuidado de seus filhos: ela se dá conta de que, em sua ausência, um de seus filhos, esfaimado, foi amamentado por uma ama de leite. Tomada de uma santa cólera, toma o filho, sacode-o, fazendo-o vomitar o alimento subalterno, depois o amamenta de seu próprio leite. Fundada no elo em torno do filho, da mãe e da domesticidade feminina, essa sequência da *Chanson du chevalier au cygne* liga o mundo privado do gineceu à dimensão da grandeza da linhagem. O gineceu se torna o lugar simbólico do papel maior da mãe no seio da célula doméstica, e a transmissão biológica do leite materno se torna um ato sagrado: a mãe é aí a única nutriz digna da gloriosa progenitura.

A APAIXONADA BUSCA DO PAI

As narrativas medievais são obsedadas pelos problemas da ascendência, pela função do filho e pela importância quase obsessiva das relações pais-filhos. Os laços com o pai, como se adivinha, constituem o objeto de uma febril preocupação nas narrativas em que a esposa caluniada se vê acusada de ter posto no mundo um monstro que seguramente não poderia ser o filho legítimo do marido; mas esses laços aparecem mais fortemente ainda através desses riscos mortais (e simbólicos) representados pelos combates dos filhos contra os pais, adversários trágicos que não se conhecem ou não se reconhecem de modo algum, *Gormont et Isembart*, em que o filho renegado atinge seu pai na contenda, *Doon de la Roche*, *Baudouin de Sebourc*, *Florent et Octavien* etc. O romance tardio *Valentin et Orson* ilustra o parricídio: Valentin, que usa um escudo sarraceno, é atacado por seu pai; eles se enfrentam com tal violência que a lança do filho atravessa o corpo do pai: "Hoje, matastes o pai que nos gerou!", grita ao assassino Orson, seu gêmeo.

TIOS E SOBRINHOS

A interrogação sobre os laços do sangue marca implicitamente a que ponto, nas consciências medievais, a certeza das filiações devia ser frágil. Aliás, é nas linhagens oriundas de mágicos que o fascínio do pai pelo filho, e vice-versa, é particularmente explícito, pois a própria dissonância de suas vidas, pertencendo um ao mundo feudal, o outro a um Outro Mundo, faz deles seres a uma só vez próximos e desconhecidos, no *Lai de Desiré*, por exemplo, e mais fantasmaticamente ainda em *Tydorel*, em que, após ter sabido de sua origem mágica, o rei Tydorel, abandonando seu poder terreno, fazendo soar as esporas, precipita-se todo armado nas profundezas do lago de onde seu pai saíra para engendrá-lo.

Os grandes heróis das canções de gesta e dos romances corteses frequentemente não têm filhos, ou esses filhos fazem reles figura, como o fraco Louis de *Le charroi de Nîmes.* Figuras substitutivas, os so-

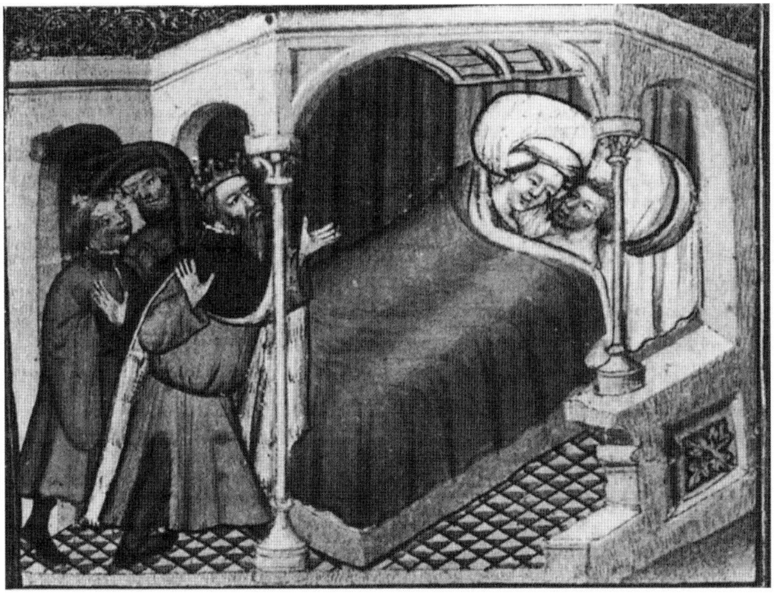

"Quando Gauvain adormeceu, a donzela, que era jovem e rechonchuda, adormeceu igualmente, embalada pela terna presença de seu amigo." É então que o rei de Norgales surpreende sua filha nos braços do cavaleiro. (Paris. Biblioteca do Arsenal, ms 3479.)

O rei Artur e a rainha Guenièvre deixam o banquete. (Século XIV, Turim, Biblioteca Nacional.)

brinhos estarão unidos ao tio por laços privilegiados, fenômeno que R. Bezzola assinalava como muito novo em relação às mitologias grega, romana, germânica e celta. À relação pai-filho, da qual se adivinhava o forte valor simbólico, acrescenta-se aquilo que pode oferecer o sobrinho em uma relação de parentesco estreito que exclui, entretanto, a sucessão imediata: extremamente próximos do tio, desfrutando da parte dele de uma afeição particular e providos — é o caso dos sobrinhos de Guilherme de Orange — de uma sólida individualidade, os sobrinhos são personagens "marcados". No entanto, a ambiguidade macula as relações do sobrinho com o tio, como as de Roland com Carlos. Sobrinho único do imperador, é-lhe confiada uma missão individual, mas "não teria sido ele mais que um sobrinho? não teria sido seu próprio filho?" (Bezzola). Segundo uma saga nórdica, Roland, a quem a *Chanson de Roland* não dá, aliás, senão um padrasto, teria sido o filho de Carlos e de sua irmã Gisèle, mas essa ascendência incestuosa não será atestada pelos textos franceses antes do século XIV. Quanto ao tema do sobrinho como "filho do amor", está no primeiro plano na história de Tristão tal como no-la apresenta Gottfried de Estrasburgo: criado por pais adotivos, raptado por comerciantes escandinavos, é recolhido por Marc, que fica sabendo que ele é seu sobrinho. O amor do tio será tal pelo filho de sua irmã que ele próprio não desejará engendrar sucessor, como se Tristão fosse seu próprio filho... A ambiguidade reina ainda no par antinômico de Gauvain e de Mordred, sobrinhos de Artur. Fiel companheiro e conselheiro íntimo de Artur, o homem cortês se oporá a Mordred, o traidor, que quer tirar de Artur esposa e reino. Uma versão da lenda pretende que Mordred seja o fruto do amor incestuoso de Artur com sua irmã, mulher do rei Loth de Orcanie e mãe de Gauvain. Falta inocente, aliás, já que Artur, no momento do ato, ignorando de quem era filho, ignorava consequentemente que Anna era sua irmã!

OS EXÍLIOS

Ao problema das relações do indivíduo com o coletivo que o encerra e que — impondo-lhe limites — lhe confere seu estatuto, está estreitamente ligado, na elaboração do campo familiar, o investimento no exílio. Ele é particularmente interessante no caso das mulheres, como essa filha do conde de Pontieu casada da maneira mais satisfatória, pois que desposou o filho da irmã de seu pai. Esposa estéril, entretanto, tendo perdido honra e validade social, abandonada ao mar em um tonel, encontra estatuto e fertilidade em meio muçulmano. De estéril, torna-se fecunda por uma iniciação que se inaugura no ataque ao corpo, pela transgressão de uma tentativa de assassinato, da qual não se arrependerá jamais, e pela passagem, enfim, à lei pagã. Deve-se imaginar que o trajeto exogâmico tenha sido para ela necessário e fecundo, já que afinal reencontra o mundo de suas origens, como se tivesse sido necessária a temporária ruptura do mundo familiar e social que a cercava? O exílio, aliás, é frequentemente a consequência das perseguições incestuosas, e embora o desejo do pai seja apenas sugerido em *Le vair palefroi*, é mais explícito em *Les deux amants* de Marie de France ("Ela foi pedida em casamento por poderosos vassalos que de bom grado a teriam desposado, mas o rei não a queria conceder, pois não podia passar sem ela. Era seu único refúgio, e ele permanecia junto dela noite e dia."), e a exigência perversa é muito precisa em *La Manekine* ou no *Roman du comte d'Anjou*.

AMOR CORTÊS E CIÚME

Das tensões do universo doméstico, um dos móveis — e não dos menores — é o ciúme que repousa sobre a face institucional do amor cortês, elaboração das mais fantasmáticas, que se serve dos próprios quadros da proibição, pois aí o marido é bem aquele que torna o amor a uma só vez perigoso e possível. Se no mundo arturiano a figura real é finalmente pouco maculada (Artur não se mostra de maneira nenhuma ciumento, nem atingido pela suspeita nesse romance do adultério que é *Le chevalier à la charrette*), é a partir do século XIII que aparecem no privado as incidências dos amores adúlteros: no *Roman du châtelain de Coucy*, o marido ciumento faz a esposa devorar o coração de seu amante morto em terra de cruzada, ou ainda, no sentido de uma hipertrofia paródica, através da vingança dos doze esposos do *Lai d'Ignauré*, em *La châtelaine de Vergi*, em que o ciúme da duquesa leva à profanação do amor, e sobretudo no *Roman de Flamenca*, em que o ciúme ganha traços patológicos, aí aparecendo o corpo ciumento como desregrado, repulsivo, anticortês.

Visita de um cavaleiro à sua dama, *século XV. (Chantilly, Museu Condé.)*

AS MULHERES ACUSADAS

Certos enredos familiares, muito amplamente representados na tradição do conto, constituíram o objeto de um tal número de narrativas romanescas na Idade Média que é impossível que não tenham, no plano fantasmático, ainda que não fosse senão a título do alívio proporcionado por todo desfecho em *happy end* após a retirada das ameaças que pesam sobre o universo doméstico, proporcionado coisa bem diferente de uma diversão ancorada no reconhecimento de uma tradição: assim o motivo das mulheres acusadas, em que a calúnia invade especialmente o quarto, e sobretudo o quarto da parturiente, que se torna espaço culpado, maculando de ilegitimidade, ou até de monstruosidade, o nascimento de um filho; calúnia ainda da mulher casta cobiçada por seu cunhado, objeto perseguido e depois reabilitado com essas constantes na constelação familiar que fazem do pretendente rejeitado o irmão do marido, e esse desfecho em que o perseguidor da heroína, prostrado por uma doença, é curado pela própria vítima, depois de ter confessado sua culpa. Jamais se afirmará suficientemente a importância da confissão pública, comunitária, do desejo faltoso intimamente procurado, confissão que pode mesmo, na estrutura final da narrativa, em *Florence de Rome*, por exemplo, constituir o objeto de obsedantes reiterações. As acusações de amores monstruosos são frequentes, e se podem ser relacionadas às tradições populares, é mais amplamente nas vastas representações da sexualidade e da fantasmática genital que elas devem inserir-se. Na *Chanson du chevalier au cygne*, a rainha Beatrix difamou uma mãe de gêmeos: ela própria põe no mundo uma ninhada de seis filhos. Na narrativa mais tardia *Theseus de Cologne*, a rainha riu de um disforme: dá à luz um ser monstruoso, e um apaixonado repelido a acusará de ter tido relações com um anão. O marido indignado condena sua mulher à fogueira, mas o bebê obtém de Deus a beleza, e o anão, em combate singular, vence o caluniador. À acusação das mães está ligada a sorte dos filhos, muito cedo expulsos de um universo familiar e legítimo, submetidos a um destino que faz deles desconhecidos e deserdados.

OS IRMÃOS NO GRUPO FAMILIAR

Do século XII ao XV assiste-se frequentemente na ficção literária ao emprego de um modelo nuclear de família com dois irmãos, muitas vezes gêmeos, modelo que parece fornecer uma solução ideal ao antagonismo fundamental que opõe dois detentores do poder, dois ocupantes do mesmo espaço privado. Servindo-se do enigma antigo do nascimento dual, as narrativas de irmãos (um conjunto muito bem representado) parecem responder a esse traço da sociedade feudal que consiste em criar para os caçulas um mundo infinito de frustrações; e, introduzindo a estrutura das fratrias na matriz geminada, as narrativas devolvem ao irmão desfavorecido uma igualdade e um sucesso comparáveis, ou então até mesmo lhe asseguram a superioridade, pois por vezes ele acaba por suplantar seu Duplo, com o total acordo deste.

Em certas narrativas em que aparecem gêmeos fictícios, o uso da metáfora gêmina permite sugerir desafios que não se ousa dizer nas histórias de irmãos reais. A fusão dos Duplos é então uma solução, pois, integrados no mundo feudal, os gêmeos recebem uma função valorizadora que depende das realidades mais tangíveis. Assim, as ficções que têm por objeto esse modelo de fratria evocam tensões graves e podem ser interpretadas em termos de "terapêutica social" (G. Duby). Se aí se lê em filigrana a reivindicação dos direitos da ultimogenitura, eles demonstram que a coexistência e a similaridade devem ser vividas. O sósia deixa de ameaçar a identidade, o Duplo recebe direito de cidadania. Fundadas no sentido mais crucial da identidade, as ficções medievais que dão lugar ao Duplo racionalizam um conjunto de fantasmas próprios à consciência individual.

Certos pares de irmãos medievais vivem histórias sangrentas, em particular aquela que retoma a história dos descendentes de Édipo, o

Roman de Thèbes, ou, rapidamente esboçada em um prólogo ao *Roman d'Athis et Prophilias*, a história de Rômulo e Remo, ou ainda, em um contexto mais feudal no século XIII, *Florence de Rome*: aí se luta por cidades, disputa-se o poder, pode-se morrer por isso. Nessas narrativas em que o ódio é exprimido, ligado a um problema que o modelo com dois irmãos permite levantar sem rodeio, o par de irmãos é sempre apresentado como composto de um mais velho e de um caçula, e a cada vez a querela tem por objeto os direitos da primogenitura diante dos da ultimogenitura. O fratricídio resulta de um confronto que se produz entre o primogênito e o caçula, jamais entre gêmeos.

Em compensação, os gêmeos se situam sempre sob o signo da exemplaridade. São frequentemente vítimas de uma expulsão fora de uma matriz humana e social, e as narrativas contam seu itinerário para uma progressiva socialização. Sua mãe — a rainha da Inglaterra, em *Guillaume d'Angleterre*, a bela Helaine, a irmã de Pepin, em *Valentin et Orson*, outras ainda — é exilada, e os filhos muitas vezes nascerão em um mundo selvagem onde perderão sua mãe, serão recolhidos por um animal ou transferidos para um mundo social diferente do grupo de origem, plebeu ou mercantil. Que a união com a mãe carregue vestígios de esquemas arcaicos é sensível: guiados por um forte tropismo materno, os gêmeos permanecem unidos à mãe por um laço matricial, do qual dá testemunho, particularmente, o braço cortado da bela Helaine que seu filho, Bras — a cujo corpo se atou o braço da mãe —, conservará fresco até a adolescência, carregando-o como uma relíquia até o momento em que, consumados todos os avatares da narrativa, seu irmão, o futuro são Martin, unirá por milagre ao corpo materno esse cordão umbilical sagrado.

Livramentos e reencontros são frequentes nessas narrativas, em particular sob a forma de uma reabilitação da mãe. Os gêmeos são, assim, os grandes unificadores da célula pais-filhos, e como são sempre os únicos fatores dessa restauração do grupo parental, sua história possui habitualmente uma estrutura centrípeta: de uma célula familiar rompida a uma célula restaurada. Os filhos, em compensação, conservam um nome sempre deslocado em relação à sua identidade recuperada — uma das versões de *Valentin et Orson* dá a Orson, criado por uma ursa, o nome de *Nameless* [Sem Nome], que ele conservará —, como se o mistério de seu nascimento, sua expulsão do coletivo lhe deixasse alguma coisa de inominável... As narrativas de gêmeos são narrativas de aculturação: antes de reencontrar pai e mãe, os gêmeos devem reconhecer-se irmãos. *Valentin et Orson* apresenta um processo particularmente interessante da conquista da criança selvagem pelo irmão já aculturado; dá testemunho de uma forma de fidelidade que situa Valentin como senhor: Orson "estende as mãos para seu irmão Valentin pedindo-lhe por meio de sinais seu perdão e indicando-lhe que doravante quer obedecê-lo e satisfazê-lo. E lhe mostra por

"A ursa dedicava uma grande afeição à criança e amamentou-a um ano inteiro. Por causa dessa alimentação, a criança tornou-se tão velosa quanto um animal selvagem, comia a carne completamente crua..." Valentin et Orson. *(Manuscrito ilustrado por J. Bourdichon, século XV, Paris, Escola de Belas-Artes.)*

sinais que em nenhum dia da vida ele lhe faltará, nem no que se refere à sua pessoa, nem no que concerne aos seus bens".

Um paradoxo aparente: a existência de um eventual mais velho entre os gêmeos. Não há situação mais igualitária que a dos gêmeos. No entanto, *Guillaume d'Angleterre* indica bem que há um primogênito, e lembramo-nos desse artigo dos costumes do Beauvaisis segundo o qual os testemunhos das mulheres não devem ser aceitos, com exceção do caso em que uma mulher deve indicar qual dos seus dois filhos varões nasceu primeiro: "Não se teria nenhum meio de saber qual seria o mais velho, a não ser pelo testemunho das mulheres, e por essa razão, neste caso, elas devem ser acreditadas".

OS GÊMEOS FICTÍCIOS

Os gêmeos metafóricos são a hipérbole dos gêmeos reais. Outra a origem de sua geminidade e novos os contratos que a acompanham, novas também as provas que testam sua validade. Idêntico, em compensação, seu papel de benfeitores para a comunidade, e inteiramente comparável a visão ideal e exemplar de sua indefectível solidariedade. Esses gêmeos são artefatos, pois a geminidade é o fruto de circunstâncias particulares: um contrato associativo os une para sempre, paralelo aos documentos de irmanação que os historiadores conhecem bem. Esse contrato é no entanto de tipo puramente afetivo, os contratantes não são nem do mesmo sangue nem da mesma região, Berri e Auvergne para Ami e Amile, Roma e Atenas para Athis e Prophilias, Algarve e Castela para uma narrativa do século XV. Uma fórmula explícita de contrato sela suas relações desde os primeiros instantes do encontro e sua expressão é por vezes muito firme: "E quando eles começaram a ter conhecimento, tomaram-se de tão perfeito amor que fizeram juntos aliança, juramento e companhia, prometendo um ao outro que jamais nenhuma coisa fará a separação entre eles dois, senão a morte. Pois excetuada a vontade de Nosso Senhor Deus, parecia-lhes que não era possível de maneira nenhuma poder existir ódio ou malquerer onde havia tão grande amor e boa companhia" (*Histoire d'Olivier de Castille et Artus d'Algarbe*).

Desde esse dia, os contratantes vão apresentar "um semblante e um feitio", uma aparência idêntica, a reprodução dos traços e a confusão possível destes são determinadas como resultantes do contrato que antecede. Mesmo os pais hesitam em identificar os dois rapazes. Além disso, para ser válido, um contrato deve ser testado, frequentemente por uma busca do Duplo graças a um sinal de reconhecimento, pois a separação é insustentável. A prova essencial, entretanto, é a disputa feminina: em favor de Prophilias, que morre de amor pela futura esposa de Athis, este último imagina um subterfúgio que o faz desposar a jovem, cedendo-a na noite de núpcias, e por longos meses, a seu Duplo. A prova pode ser igualmente o dom dos filhos, ou antes do sangue dos filhos, pois que em algumas narrativas desse tipo um dos gêmeos, que ficou leproso, é curado graças ao sangue dos filhos de seu irmão: lembrança possível dos ritos tradicionais da troca dos sangues, marca redundante do discurso contratual e do incondicional contrato de fidelidade.

IRMÃOS E PODER

Os pares de gêmeos, reais ou associativos, estão sempre ligados aos problemas do poder, e pode-se legitimamente considerar esse tipo de associação de aparência estritamente familiar como centro de um laço privilegiado com o comunitário. Se a cobiça devorava os filhos de Édipo e os irmãos fundadores de Roma, os gêmeos medievais, em compensação, estão ligados à prosperidade dos reinos e à sua expansão. Alimentada pelo par carismático Claris e Laris, a comunidade arturiana estende amplamente suas conquistas. Como a irmanação literária é dotada de uma função dinâmica, a literatura medieval parece ter resolvido o problema espinhoso do Duplo em termos de ações solitárias, e o Duplo é aí um reforço do ser. Entretanto, os gêmeos podem também renunciar, conjuntamente, ao poder. Ami e Amile vão terminar piedosamente seus dias na Lombardia; Valentin e Orson vivem um fim quase hagiográfico. O abandono sereno dos bens parece então o melhor meio de extinguir os germes de uma perigosa rivalidade. Mesmo na *Histoire d'Olivier de Castille*, romance territorial bem ancorado nas ambições da corte de Borgonha no século XV, o primogênito tem a benevolência de desaparecer rapidamente da cena narrativa, legando a seu irmão todos os seus reinos.

A fraternidade, real ou fictícia, pode assim ser sentida como a recusa do ódio, como uma solução satisfatória para os conflitos latentes sublimados em narrativas em que jamais se encontra nada que não seja exemplar e perfeito. Translação da indivisão original e da partilha de uma matriz comum: os gêmeos espalham no mundo um clima de conciliação, de relações firmemente atadas, de comunidade recuperada, e seus homólogos metafóricos dizem respeito às mesmas utopias.

O GINECEU

Se se quer extrair das obras líricas e narrativas material para imaginar o que se pode chamar de gineceu, o agrupamento das mulheres em um espaço reservado, as células especificamente femininas, as fontes afluem: canções de fiar, canções de gesta, romances e mesmo serões de mulheres na literatura mais tardia. Qual é então a estrutura, qual é a função desses grupos no seio da sociedade doméstica? Os agrupamentos de mulheres apresentam constantes: do século XIII ao XV, o percurso diacrônico permite destacar, de um lado, a exibição de um espaço, explícito ou tácito, próprio às mulheres, de outro lado, leis de funcionamento no esquema narrativo. Assim, a trama das características variantes e invariantes dá testemunho de uma permanência de estrutura que confere ao gineceu o aspecto de um módulo doméstico cujo espaço e cujos protagonistas parecem relativamente fixos. Quais são, no entanto, os limites de sua variância ou de sua imutabilidade? Quais são as situações que justificam a manutenção ou a dissolução do gineceu? Questões que tocam de perto as relações de um espaço privado (da mulher solitária, de um par de mulheres ou de uma célula de mulheres) com o campo coletivo, ou ao menos com o campo gregário do privado.

Os dados espaciais são esparsos e muitas vezes alusivos; em compensação, exprime-se fortemente a percepção de uma fronteira que separa o mundo interior de um espaço exterior, o tempo interno do espaço feminino opondo-se a uma temporalidade externa que lhe confere seu estatuto. Nas canções de fiar, a noção de fronteira se delimita por uma situação de dependência da mulher e uma revolta virtual diante da instituição de um casamento temido e consumado: o tempo é o da espera, e o acento está colocado em uma temporalidade desesperadamente interna. Por vezes, no *Roman du comte d'Anjou*, por exemplo, mulheres transgridem seu espaço privado, se ele é ameaçado, e emigram para outra parte, recriando para si mesmas um espaço próprio ao mesmo tempo idêntico e novo. Em certos casos, quando a clausura do espaço feminino é violada, é a mão de uma mulher maldita que realiza o gesto, como essa *maistresse* [governanta] da bela Euriaut no *Roman de la Violette.*

Em compensação, na *Chanson du chevalier au cygne*, a noção de clausura é fortemente valorizada, pois encerra o mundo das mulheres encarregadas da qualidade da linhagem, e ali se exalta a qualidade da mulher-mãe em um espaço e em um meio onde o homem pode legítima mas provisoriamente penetrar; é muito significativo que não haja nenhuma referência espacial precisamente ali onde a parcela feminina da família é posta em cena na pluralidade de suas funções (dama, criadas, amas de leite). Trata-se aí do mundo da primeira educação do filho, onde a segregação é funcional, onde o tempo interno do gineceu e o tempo externo, o dos homens, estão em relação de fecundação recíproca.

Mais tarde, sobre um esquema de trocas puramente verbais — a obra é bem a herdeira do *Decameron* e a precursora de um gênero florescente no século XVI —, *Les évangiles des quenouilles* são o fruto de serões que o narrador relata assim:

> É verdade que uma noite, depois da ceia nas longas noites entre o Natal e a Candelária do ano passado, dirigi-me à casa de uma muito antiga dama, minha vizinha muito próxima, onde me acostumara a ir frequentemente me entreter, pois várias das vizinhas da redondeza vinham aqui fiar e conversar de vários pequenos e alegres assuntos, com os quais eu tinha grande alegria e prazer.

A palavra das mulheres, que o narrador deve consignar, atribui ao grupo uma especificidade acentuada; ela se dá a si mesma como fronteira: voluntariamente constituída ao abrigo da comunidade masculina, a palavra das mulheres exprime um saber quase mágico e uma forma de tomar a cargo o mundo comunitário. O tempo do gineceu é aqui um tempo englobante, propriamente falando, uma matriz.

Certas situações são reservadas a protagonistas femininas cujas modalidades — do mundo aristocrático dos romances ao mundo camponês dos serões — são variáveis; a essas protagonistas são atribuídos gestos e sobretudo o ato de dizer, que valem como sinais de um retiro, de um encerramento espacial, emotivo ou ritual. Jogos de sinais cuja economia revela o funcionamento do código literário, esses elementos vêm substituir as raras notações espaciais. Assim, nas canções de fiar o espaço privado das mulheres aparece como lugar de devaneio, de disponibilidade, de espera e de confidência. Se o enquadramento visual é parcimonioso, o nível da gestualidade (as notações verbais) sugere precisamente dois espaços, o do privado feminino que existe em relação ao outro, do qual espera tudo. As heroínas das canções de fiar parecem viver em um limiar, o da ruptura com o mundo autoritário das leis. Enquadramentos sugerem esse obstáculo liminar que o olhar atravessa: janela ou ameia da torre, pontos de encontro do dentro e do fora. Em compensação, o pomar, lugar aberto, indica frequentemente, nesse *corpus* lírico, que o espaço privado vai dissolver-se, que o gineceu já está rompido. É no pomar que o amante reencontra Belle Beatris para arrebatá-la na fuga.

Outra constante: as atividades específicas do grupo feminino que assinalam uma forma de recolhimento. Se muitas vezes a heroína aguarda, se por vezes mergulha em si mesma pela leitura, trata-se sobretudo de trabalhos de mulheres que vemos sendo realizados tanto na lírica quanto nos romances como o *Guillaume de Dole*, *L'escoufle* ou o *Roman du comte d'Anjou.* Mulheres sentadas costuram, cantam e falam, por vezes com uma organização do espaço e do tempo que não deixa de ter incidência sobre a função, no gineceu, da memória coletiva. Assim, a mãe e a irmã de Guillaume representam por si sós uma situação de canção de fiar, sentadas a bordar, como o diz a canção que Lienor canta para acolher o mensageiro do imperador. Do mesmo modo, no decorrer dos seis serões dos *Évangiles*, a redundância dos objetos é marcante, e cada um dos serões é introduzido e concluído por esta lembrança das atividades das mãos: "[...] todas trouxeram suas rocas, linho, fusos e todas as agulhas que servem à sua arte".

A memória do gesto. Boccaccio, Des Clercs et nobles femmes. *(Por volta de 1403, Paris, Biblioteca Nacional, ms fr. 598.)*

Nas obras narrativas atuam mais particularmente a permanência, a constituição ou a dissolução do gineceu através das figuras contrastadas dessas mulheres que, na sociedade doméstica, têm função de governanta. No *Roman du comte d'Anjou* ou no *Roman de la Violette*, essas figuras funcionais empregam a solidariedade mais exemplar ou a malevolência mais absoluta. Na primeira narrativa, a jovem, acompanhada de sua governanta, foge da casa do pai. As fugitivas se escondem na casa de uma pobre mulher onde vivem de oração e de trabalho, pois são hábeis bordadeiras. Forçadas a fugir novamente, transmitem o ensinamento do bordado às duas filhas de um castelão. A governanta, chamada "a boa dama", que se dirige à jovem pelo nome de "filha", é a confidente, é ela

"A velha o conduz para o orifício que havia perfurado: o conde para ali dirige seu olhar e percebe sobre o seio direito a violeta..." Roman de la Violette. *(Século XV, Paris, Biblioteca Nacional.)*

quem a anima na fuga, quem conhece a intendência da casa, quem prepara o ouro e a prata que é preciso levar. Seu *chambre et maingnage* [quarto e morada] dão para um pomar que possui uma saída para a floresta.

Mais tarde, quando, perseguida pela malevolência de uma madrasta que faz crer que ela pôs no mundo um ser monstruoso, a heroína se vê condenada a ser lançada em um poço com seu recém-nascido, a governanta morrerá de desgosto, figura de mãe exemplar a sugerir que a ameaça de incesto e a calúnia atingem de fato o corpo feminino inteiro. O indivíduo-mulher é essencialmente o grupo, já que, nessa narrativa como em outras ainda, o grupo funciona em duplas femininas: a bela Helaine de Constantinopla é por duas vezes "dublada" por uma outra mulher que se deixa queimar em seu lugar. O *Roman du comte d'Anjou* apresenta, aliás, um investimento redundante no trabalho das mãos: é graças ao seu trabalho que as mulheres obtêm *manentise et herbergage* [estadia e hospedagem], e é precisamente a função de transmissão do saber às duas jovens aprendizes, filhas do castelão, que traz segurança e reintegração no coletivo. Assim se reconstitui o gineceu: gineceu de forma ambulatória em que a coesão se mantém pela memória do gesto. Ameaçado de transgressão, o espaço fechado das mulheres se dissolve, busca para si um novo espaço de liberdade, sofre uma migração, até a reconquista de um novo espaço privado e fechado. Sob o signo de uma instabilidade possível, o gineceu, por uma espécie de mergulhia, se replanta em outra parte.

O *Roman de la Violette* ilustra, ao contrário, o rompimento do gineceu. Favorecendo a violação do espaço fechado, a ama de leite encarna a quebra da solidariedade em relação à célula íntima das mulheres: ela espreita o desejo nascente do homem, intromete-se, arranca à moça o segredo do sinal íntimo — a violeta —, depois transpassa a barreira, barreira simbólica cuja fragilidade assinala uma fenda nos valores utópicos do gineceu, o harmonioso plural das mulheres.

Em *Les évangiles des quenouilles*, aparentemente se sai da sociedade doméstica, no sentido da casa aristocrática, mas as matronas sábias e prudentes que um dia decidem pôr-se em cena ("uma de nós começará sua leitura, e seus capítulos recitará, na presença de todas aquelas que aqui estarão reunidas, para mantê-las e pô-las em perpétua memória") entregam-se, por suas máximas e pelos comentários fornecidos à e pela experiência cotidiana, a uma gestão mágica da sociedade doméstica. Como algumas delas tiveram alguma relação com as ciências ocultas, misturam as receitas imemoriais para tornar produtivas as terras e fecundos os animais a outras receitas mais carregadas de superstições, aquelas por exemplo que afastam os pesadelos. Como sua reclusão está ligada a um momento de lazer ativo e a um rito coletivo, aqui o repetitivo é soberano: momento de um tempo cíclico que liga o passado, o presente e o futuro. Erigido em sociedade organizada — uma presidenta eleita em rotação, um auditório feminino que aumenta dia a dia, um secretário que consigna as minutas — esse agrupamento de mulheres em meio camponês é depositário de um saber secreto, como demonstram a abundância das marcas de interpretação, a comparação dos "sinais" que elas decifram, a leitura das aparências de que destacam o sentido oculto. Essa troca dos saberes funda a coerência do grupo, pois os segredos não serão difundidos senão junto de indivíduos femininos: "[...] elas agradeceram muito à dama Abonde por seus verdadeiros Evangelhos, prometendo que de maneira nenhuma os poriam em ouvido de bezerro, mas os divulgariam e repetiriam para todo o seu sexo, com esse fim de que, de geração em geração, fossem continuados e aumentados".

Assim, o gineceu pode ser gerador de gineceus a vir, e o futuro social é tomado a cargo pela palavra autoritária e reguladora do gineceu que tenta uma forma de controle de todos os domínios da vida individual e coletiva, da criação dos animais ao ato sexual, da querela conjugal à modificação enfeitiçada das relações afetivas: "Se uma mulher quer que seu marido ame mais a um de seus filhos que ao outro, que o faça comer a metade das duas pontas das orelhas de seu cão, e o filho a outra metade, e, tão verdade quanto o Evangelho, eles se amarão um ao outro de maneira tão forte que dificilmente poderão estar um sem o outro". A função mágica, oracular, é abraçada pelo gineceu, o que o "secretário" bem compreendeu: "Pareceu-lhes que o mundo, por meio dessas constituições e capítulos, depois disso se devesse governar e reger por elas [...]".

Cercado de fronteiras em certos casos impostas, o gineceu pode ser ele próprio criador de fronteiras, motor de uma vigorosa

Boccaccio, Des femmes nobles et renommées. *Muito habilmente, Marcia executa seu próprio retrato com a ajuda de um espelho... (Século XV, Paris, Biblioteca Nacional, ms fr. 598.)*

dialética do interior e do exterior que pode fecundar o campo coletivo. Aqui, o gineceu conquista o estatuto de uma matriz soberana. Visões contrastadas, do século XIII ao XV, do encerramento sofrido, rompido ou voluntário, o gineceu está sempre cercado de palavra, de infortúnio ou de poder, mas possui uma tonicidade que — através da própria segregação — o preserva, o reconstitui, o erige em módulo inexpugnável da sociedade doméstica.

O CASAL NA INTIMIDADE

Frequentemente estereotipada até o século XIII, a representação do casal em suas relações cotidianas refina-se nos séculos XIV e XV, em particular nos textos normativos. As injunções do cavaleiro de La Tour Landry dirigem-se às mulheres tentadas a não obedecer ao marido, "em especial diante das pessoas", mas, acrescenta ele, "não digo nada, quando estiverdes *privadamente a sós*, vós vos podeis bem expandir de dizer ou fazer mais a vossa vontade, segundo conhecerdes seu comportamento". Assim, definem-se um espaço privado e um tempo do privado em que as relações se tornam mais íntimas e mais livres, como se, diante dos outros habitantes da casa, conviesse manter uma fachada de correção e de respeito, que não se deve desmentir mas pode outorgar-se a licença de uma palavra menos contida. Belos exemplos de intimidade conjugal aparecem no *Ménagier de Paris:* o esposo da recém-casada tenta corresponder a um de seus pedidos lembrando-lhe os momentos em que — no privado — ela lhe rogou que a corrigisse com ternura:

> Pedistes-me humildemente em nosso leito, lembro-me, que pelo amor de Deus eu não vos repreendesse jamais de maneira desagradável diante dos estranhos ou diante de nossos criados, mas que vos fizesse observações toda noite, a cada dia, em nosso quarto, e que vos lembrasse as faltas de conduta ou as ingenuidades cometidas durante o dia ou nos dias passados, e que vos indicasse como vos comportar e vos desse conselhos a esse respeito; então não deixaríeis de mudar vossa conduta seguindo meus conselhos e faríeis o melhor possível o que eu vos pedisse.

Em seu "Quinto artigo", o *Ménagier* estabelece uma hierarquia da intimidade que aparece como um espaço relacional concêntrico do qual o marido é o centro:

> [...] deveis ser muito amorosa e muito íntima de vosso marido acima de todas as outras criaturas vivas, medianamente amorosa e íntima de vossos bons e próximos parentes carnais e parentes de vosso marido, manter-vos à distância de todos os outros homens e manter-vos absolutamente à distância dos presunçosos e ociosos rapazes [...].

A representação de uma afetuosa conjugalidade precisa-se em um quadro do "Sétimo artigo" em que o corpo, assim como uma distribuição das funções e do espaço atribuída a um e ao outro se-

Aqui começa o livro que o cavaleiro de La Tour Landry dirige às suas filhas, "ainda muito jovens e desprovidas de sabedoria...". (Século XV, Paris, Biblioteca Nacional, ms fr. 1190.)

xo, ocupa um vasto lugar. Os bons cuidados concedidos ao corpo, essa doçura que a esposa oferece ao marido "entre seus seios" são comparáveis ao apego que certas crianças sentem por aqueles que sabem amá-las, aqueles junto de quem encontram "os amores, as cortesias, as intimidades, alegrias e prazeres", o que alguns chamam "enfeitiçamento". Intimidade enfeitiçadora que o *Ménagier* aconselha vivamente, lembrando à mulher o provérbio rural que diz que "três coisas afastam o homem prudente de sua casa, a saber, casa aberta, chaminé fumosa e mulher briguenta".

A MULHER NA COMUNIDADE

Os textos normativos em língua vernácula dão uma boa medida do encerramento do indivíduo no coletivo, em particular aqueles que, dirigindo-se às mulheres, têm por objetivo a constituição de seres suscetíveis de cumprir, no seio da comunidade, uma função considerada conveniente. A mulher é convidada, assim, a preparar no privado a imagem de si proposta no coletivo e, em particular, a evitar a intrusão abusiva de sua imagem aos olhares de outrem. O mau uso do privado (corpo, sono, palavra) repercute funestamente nas engrenagens coletivas; a mulher é um instrumento que é preciso preparar para uma cuidadosa regulagem.

As mulheres, então, dirigem-se esses conselhos que, em *Le chastoiement des dames*, dizem respeito a conveniências e atos de sociabilidade, e, através das fronteiras do que se pode chamar o privado, à zona de uma certa liberdade que implica sempre o olhar de uma comunidade ampla. Fragilidade da condição feminina: Robert de

"E por isso amai a pessoa de vosso marido cuidadosamente, e peço-vos que o mantenham limpo de roupa, pois é vossa ocupação, e porque aos homens cabem a preocupação e o cuidado das tarefas de fora, e os maridos devem dedicar-se às suas ocupações, ir, vir e correr de novo aqui e ali, com chuvas, ventos, neves, granizos, uma vez molhado, outra vez seco, uma vez suando, outra vez tremendo, mal alimentado, mal albergado, mal aquecido, mal dormido. E tudo isso lhe causa sofrimento para que seja reconfortado, porque é reconfortado pela esperança que tem nos cuidados que a mulher terá com ele em seu retorno, nas comunidades, nas alegrias e nos prazeres que ela lhe fará ou mandará fazer diante dele; ser descalçado com bom fogo, ter os pés lavados, ter meias e sapatos limpos, ser bem alimentado, ter boa bebida, ser bem servido, bem honrado, bem dormido em lençóis brancos, e toucas de dormir brancas, bem coberto com boas peles e saciado das outras alegrias e divertimentos, intimidades, amores e segredos sobre os quais me calo. E no dia seguinte, camisas e trajes novos" (Ménagier de Paris, *"Sétimo artigo"*).

Blois não hesita em sublinhar que é bem difícil para as mulheres regrar sua conduta na sociedade, pois, se se mostram acolhedoras e corteses, correm o risco de uma interpretação abusiva da parte dos homens; se, ao contrário, faltam à cortesia, serão taxadas de orgulhosas. A cada passo, convém à mulher mostrar-se irrepreensível, manifestar constantemente o controle de seu corpo, pois permanece sempre exposta aos olhares, e o olho — sabe-se — é fonte de mal. Assim, ela deve avaliar as situações em que se deve mostrar, a menos que tenha alguma feiura a esconder. Na igreja mesmo deve saber tirar o véu, demonstrando uma atitude de piedade: não rir, não falar e, sobretudo e sempre, vigiar as errâncias de seu olhar.

No *Livre pour l'enseignement de ses filles*, o cavaleiro de La Tour Landry dirige a estas, ainda "pequenas e de senso desprovidas", um "modelo de antigas histórias", livro de exemplar virtude feito de ágeis capítulos capazes de interessar esses jovens espíritos. Fazendo eco a Robert de Blois, porém mais nuançada, aí se revela a visão de uma regeneração da natureza feminina através de um bom uso do corpo que não deve contrariar o tempo reservado aos gestos do cotidiano e aos ritos comunitários. Nessa regra de vida profana, respeitar o tempo próprio para cada coisa — em particular o sono e a refeição — funda o equilíbrio da vida. Englobando todas as atividades, a piedade, manifestada da manhã à noite, torna-se a fonte de um bom sono. "Comer nas horas certas, por volta da primeira e da terceira, e cear em hora conveniente, segundo o tempo", e mesmo saber jejuar, para melhor domar a carne, três dias por semana, é a lição tirada do capítulo sexto, que põe em cena uma jovem cuja vida se desenrola "dissoluta e desordenadamente de manhã e à noite", que despacha suas devoções, dirige-se à alcova onde engole "papa de pão ou alguma guloseima" e, quando seus pais estão deitados, já não resiste ao impulso de devorar ainda mais. Esse comportamento bulímico e excessivo, servindo-se da inversão do tempo próprio aos gestos cotidianos, se perpetuará infalivelmente na vida conjugal. Mau uso do tempo ainda, através desta anedota de um cavaleiro e de uma dama que, desde a sua juventude, têm grande prazer em dormir até tarde ("*dormir a haulte heure*"), perdendo assim a missa e, fato mais grave, fazendo as pessoas de sua paróquia perdê-la.

Nessa representação do tempo privado que não deixa de ter incidências sobre o tempo comunitário, o lugar de uma conduta a ser evitada ou a ser seguida é baseado em uma surpreendente mistura de conselhos referentes à conduta moral e a uma gestualidade de aparência bem anedótica. Assim, as posturas da mulher ganham aí um lugar importante:

> Ao dizer vossas horas na missa ou em outra parte, não vos assemelheis à tartaruga ou ao grou; assemelham-se ao grou e à tartaruga aquelas que viram o rosto para todos os lados, esticando o pescoço, e que agitam a cabeça como uma doninha. Tende o olhar e o porte

firmes como a fêmea do sabujo, animal que olha direto à sua frente sem voltar a cabeça aqui e ali. Sede estáveis ao olhar direto à vossa frente, e se quiserdes olhar de lado, girai corpo e rosto juntos.

A ordem do humano repousa em uma judiciosa ponderação da relação mais íntima com o corpo e das contas a prestar diante da comunidade: o mau uso do social recai em troca, punitivamente, sobre o corpo. Sede de um júbilo falacioso, o corpo será a sede do castigo: de um mau uso de seu corpo dá testemunho, no vigésimo sexto capítulo, essa mulher que, para uma festa de Nossa Senhora, não queria vestir belos trajes, alegando que ali não iria encontrar pessoas importantes. Punida, intumescida, paralisada, não tarda a arrepender-se e diz a todos, em uma espécie de confissão pública:

> Eu tinha um corpo belo e agradável, é o que todos me diziam para me agradar, e, em razão do orgulho e do prazer que essas palavras me proporcionavam, vestia belos vestidos e belas peles bem enfeitadas, e os mandava fazer bem ajustados e estreitos; e acontecia que o fruto de meu ventre com isso sofresse grandes perigos, e eu fazia tudo isso para desfrutar da glória e do louvor do mundo. Pois quando eu escutava esses homens que me queriam agradar: "Vede esse belo corpo de mulher bem digno de ser amado por um bom cavaleiro!", meu coração inteiro ficava repleto de alegria!

Palavras de arrependimento que a farão recuperar sua forma inicial e inaugurar em relação à toalete e ao olhar de outrem uma atitude mais comedida.

Refratária ao tempo próprio para cada coisa, a mulher é além disso sempre suscetível de uma pressa nociva, por exemplo a que a leva

Saber onde *orar, saber encontrar "o lugar secreto material" parece ter sido um problema de uma singular acuidade para as mulheres medievais. Constitui o objeto de conselhos por vezes muito individualizados, como o demonstra o seguinte texto: "Do tempo, nem do lugar, nem da maneira de se manter corporalmente não digo nada por regra, mas por sugestão de simples conselho, evidentemente. Entrevejo esta regra recebida dos antigos contemplativos, a saber, que cada um encontre a maneira que lhe pareça melhor, para ter mais cedo seu desejo. São vários os que preferem o lugar secreto, escuro, estreito e longe de ouvir qualquer som ou palavra. E tais pessoas permaneciam antigamente em cavernas e sepulcros da terra. Mas isto não é bom para pessoas temerosas como seríeis, minha filha. Os outros preferem o lugar amplo, belo e claro do qual veem o céu: e por isso querem habitualmente os pomares, os lugares desertos ou os jardins. Existem outros a quem nada prejudica, mas, ao contrário, tudo os beneficia, seja ouvir o vento ou o som do rio ou o canto dos pássaros ou o som dos sinos que louvam a Deus, como disse Davi:* Laudate Dominum in tympano et choro*; e o que seria para muitos ocasião de alegria carnal é, para estes, pensamento de honestidade e devoção. Veem-se ainda alguns, mas são poucos, para quem todos os preparativos de núpcias, de danças, de harpas e de outros instrumentos, e a bela e grande posição das pessoas, vinhos, comidas e grandes festas transformaram-se em seu coração em maravilhoso e elevado excesso de contemplação; e tiram grande proveito daquilo que para os outros é seu grande dano. E também, para aqueles que amam perfeitamente a Deus, tudo é feito para ajudá-los a bem fazer. A boa comerciante faz de todos os gêneros seu proveito; a boa abelha bem sabe encontrar mel em toda florzinha" (Manuscrito anônimo, Biblioteca do Arsenal, 2176.)*

"Aqui começa o Livre de la Cité des Dames, *cujo primeiro capítulo diz por que e por qual motivo ele foi escrito..." (Por volta de 1405, Paris, Biblioteca Nacional, ms fr. 607.)*

à dianteira da moda: ativar o tempo é tão perigoso quanto desviá-lo. O capítulo 47 põe em cena uma assistência de mulheres na igreja, das quais muitas estão vestidas na nova moda. O bispo lhes demonstra que elas parecem lesmas chifrudas e licornes. Ficam muito acabrunhadas quando compreendem que suas *cointises* [coqueterias], *contrefaictures* [artifícios] e *mignotises* [afetações] assemelham-se à estratégia da aranha que tece sua teia para pegar as moscas! Contudo, o cavaleiro de La Tour Landry saberá modular suas advertências: por vezes é preciso seguir o mundo e fazer como os outros, "[...] pois que a posição e a novidade são correntes em toda parte e todas se deixam agarrar". Distorção desta vez infligida ao curso das estações, o excesso de preocupação com a elegância levará sucessivamente uma moça e um rapaz a se vestirem contra todo bom senso em tempo muito frio. É preciso saber evitar "*um arranjo muito selvagem e ornamentado*, contrário à natureza do tempo".

Uma ciosíssima avaliação do lícito e do ilícito emana também dos conselhos de pudor. Betsabé lavava-se e penteava-se a uma janela onde o rei Davi podia avistá-la, funesto exibicionismo de que se conhecem as consequências:

> [...] toda essa falta teve por origem o fato de pentear-se e de ter orgulho de sua bela cabeleira, o que é fonte de inúmeros males. Assim, toda mulher deve esconder-se, pentear-se e vestir-se às escondidas, e não deve ter orgulho, nem mostrar, para agradar ao mundo, seus belos cabelos, nem seu colo, nem seu peito, nem nada do que deve ser mantido coberto.

De um corpo devidamente controlado pelo respeito das horas e das estações, de uma toalete contida e apropriada às circunstâncias sociais e sazonais emergem aqui e ali conselhos sobre a proximidade corporal, em particular no decorrer de uma discussão que opõe amavelmente o cavaleiro e sua esposa. Mais conciliador, o pai consideraria possíveis certos tateios; a dama se mostra de uma grande prudência: "Quanto às minhas filhas, que estão aqui, eu lhes proíbo o beijo, as carícias sobre o peito e outras familiaridades" (*le baisier, le poitriner et tel manières d'esbatement*), termos que revelam a que ponto a promiscuidade podia ser interpretada segundo um código ambíguo. Já no século XIII, *Flamenca* punha precisamente em cena gestos de familiaridade que podiam ser objeto de duas interpretações. O rei, "por familiaridade", toca o seio da jovem mulher: "Ele acreditava fazer honra ao senhor Archambaut quando, em sua presença, abraçava sua mulher e a beijava; era sem pensar mal", mas se o gesto carnal pode ser interpretado em termos de normalidade, é sempre suscetível de sugerir, no mesmo instante, a transgressão de uma fronteira.

CALOR E LUZ NA MORADA

Sinal de uma reunião desejada e centro da sociabilidade (salvo quando fogos e luz são concedidos por seres do Outro Mundo cuja hospitalidade pode ser ambígua), o fogo faz parte dos ritos de acolhida, e

Guiron le Courtois. *(Por volta de 1370-1380. Paris, Biblioteca Nacional, ms n.a. fr. 5243.)*

o lugar mais próximo do fogo é concedido ao visitante. Érec é acolhido na casa do vavassalo, pai de Énide, e, diante de todos, o fogo arde muito claro. "Claro e sem fumaça", como é dito com insistência nos *fabliaux*, o fogo é garantia de calor físico e moral, apaga as fadigas e os sofrimentos da viagem. Nas cenas em que os esposos, sentados sobre uma almofada perto da lareira, gozam de uma refeição bem cuidada que se associa ao calor como elemento da felicidade doméstica, a imagem da conjugalidade está amplamente centrada na lareira, signo de convívio.

Ambígua, a luz ou sua ausência permite, nos *fabliaux*, substituições e quiproquós, parcimoniosa então, rendida à raridade das realidades por oposição ao excesso utópico de luminosidade nas narrativas aristocráticas. Na imagem da vida conjugal, o uso da luz é por vezes o sinal de uma ocupação do espaço íntimo em função da legitimidade ou da ilegitimidade dos amores. Assim, no *Livre* do cavaleiro de La Tour Landry, por ocasião de uma querela opondo num jogo de damas um fidalgo e uma donzela, o tom sobe. O homem diz à sua parceira que, se ela fosse dotada de prudência, não viria à noite aos apartamentos dos homens para "beijá-los e abraçá-los em seu leito sem candeia". Mais adiante, a esposa cujo marido luxurioso tem sempre, de modo permanente, uma ou duas mulheres suplementares, comporta-se de maneira exemplar: quando ele volta de suas diversões, de seus "quartos agradáveis", como pretende, encontra a candeia acesa, uma toalha e água para lavar as mãos. Conforme está banhado na obscuridade ou não, o espaço íntimo designa aqui sua ilegitimidade ou afirma sua legitimidade.

Nos *fabliaux*, o fato de a mulher ocupar-se do fogo alimenta o mito da mulher todo-poderosa na casa, conspirando para dela afastar o homem e quase chegando a isso (M.-T. Lorcin), e se, no universo misógino das *Quinze joyes de mariage*, o homem é levado a ocupar-se do fogo, é que as coisas em sua casa vão bem mal. No rastro dos escritos que investem contra a mulher e o casamento, essa coletânea de narrativas do fim do século XIV (ou começo do XV) põe em cena um universo doméstico em que esposa, sogra e criadas conspiram para edificar para o marido um universo sem ilusões, cujo espaço, "a estreita prisão dolorosa e cheia de lamentos", como a descreve a introdução, distribui-se simbolicamente em dois polos, quarto e sala, mas sobretudo em duas esferas táteis que tocam no mais profundo do ser, o calor e o gelo. Aliás, não se escapa nessa obra à clausura da casa inospitaleira, e o jardim só aparece como local de sociabilidade antes da "pescaria" do casamento. É no quarto que a mulher, segura de suas astúcias, se refugia; é no quarto que se desenrola uma cordial sociabilidade, em torno da parturiente ou quando se trata de preparar uma estratégia cuja finalidade é fazer calar as suspeitas do marido. Consenso sem contestação e convívio: as mulheres bebem e devoram o alimento. Ao homem, ao esposo, está reservada a solidão: longe do fogo, muitas vezes vai deitar-se sem jantar, gelado, molhado e aborrecido; ele se levantará igualmente sem fogo nem candeia. Em um mundo às avessas em que o esposo atiça o fogo para sua mulher, em que, enquanto ela se atavia, ele prepara a refeição, a distribuição das tarefas transtorna a ordem do mundo doméstico. Quando seus parentes e amigos próximos vêm ver o esposo, a sociabilidade lhe é recusada. Afastando os servidores da casa, a esposa impede-lhe os gestos da acolhida. Não lhe resta senão conduzir seus hóspedes a uma sala sem fogo nem preparo que, privada de sua função de lugar social, não é para ele mais que um lastimável refúgio. Em compensação, a coesão do grupo feminino — esposa, camareira, mãe, irmã ou prima que se reúnem em torno de um bom fogo no inverno ou, no verão, sobre um tapete de ramagens — está assegurada pelo saber e pela partilha da "velha dança", a lengalenga. Assim, o espaço doméstico surge como um universo compartimentado que determina ao indivíduo, homem e mulher, seu estatuto, submissão ou poder. Isolado em seu quarto, padecendo fome, sede e frio, entregue à sala gelada, separado de toda sociabilidade, o esposo vive um pesadelo, a armadilha. A família é o lugar de conflitos permanentes: filhos e esposa se unem contra o pai, em particular o filho mais velho que quer assumir o comando e aos olhos de quem a morte do pai demora muito a chegar. O pai ditará em vão uma lei da ordem doméstica cujos termos e cujo tom não o farão de maneira nenhuma escapar à armadilha.

O BOM E O MAU CÍRCULO

Longe de serem simples figurantes na sociedade doméstica, os subalternos têm uma função que marca uma grande sensibilidade para a coesão da casa. Assim, em *La belle Helaine de Constantinople*, para transmitir a missiva falsificada, a madrasta faz apelo a *gens estranges* [pessoas estranhas], sem laço com a família, e, em *L'escoufle*, é sob o domínio de maus conselheiros que o imperador esquece a promessa de casamento que ligava Guillaume a Aélis. Com efeito, à morte do pai de Guillaume, o soberano cerca-se de *noviax conselliers* [conselheiros inexperientes], de traidores, de *losengiers* [aduladores], e o texto diz que o imperador melhor teria feito em arrancar um dos dois olhos, pois os conselheiros planejam sempre "*a mal brasser et a mal faire*" [mal empreender e mal fazer].

No universo estritamente doméstico, lembramo-nos dos conselhos que o *Ménagier* dirigia à jovem esposa sobre a escolha judiciosa da domesticidade, mas já um *dit* do século XIV mostra a jovem esposa vítima de um círculo mal escolhido. A boa companheira leva a esposa ao bem, não hesita em repreendê-la, aponta-lhe *folz maintiens* e *foles samblanches* [condutas tolas e tolas opiniões] e, sobretudo, evita gabá-la. A essa boa influência, a essa presença formadora sucede uma mulher que passa por *preude femme* [mulher virtuosa], que exerce de fato uma influência inteiramente nefasta, aconselhando a esposa a tomar um amigo a fim de aproveitar sua juventude (*Lai du blanc chevalier*).

A MULHER: VIDA ATIVA E VIDA CONTEMPLATIVA

A descoberta recente de uma dezena de regras de vida cristã apresentadas sob a forma de "jornadas", escritas em francês entre o século XIII e o começo do século XVI, às quais se acrescentam alguns textos italianos e espanhóis, permite abarcar o emprego do tempo ideal de uma mulher que quer garantir sua salvação. Nesse domínio, os trabalhos de Geneviève Hasenohr, dos quais inúmeras formulações são aqui extraídas, destacaram a que ponto, nas normas prescritas, certos aspectos da vida familiar e conjugal são mantidos em silêncio ou constituem objeto de reservas. A vida do grupo doméstico e a vida do indivíduo, a sociabilidade e o desabrochar natural do eu aí aparecem relacionados a virtuais tensões. Assim, a luz fornecida por esses textos clericais à leitura de moralistas leigos como o cavaleiro de La Tour Landry, o *Ménagier de Paris* e Christine de Pisan é de primeiríssima importância. Na sociedade feminina tal como a veem os clérigos, o esquema tripartido — mulher casada, viúva ou virgem — submete o estado matrimonial ao estado de castidade, sendo então a estrada real a vida contemplativa (G. Hasenohr): ora, essa valorização dá origem a escritos de direção espiritual que, devendo doravante ser acessíveis a "pessoas simples", nos séculos XIV e XV, propagam os sermões franceses do século XIII.

"A vida dos contemplativos é melhor que a vida dos ativos", lembram as *Sept conditions d'une bonne femme:* em relação às viúvas e às virgens, a mulher casada, carregada de uma pesada desvantagem, não dispõe facilmente de si mesma e de seu tempo, e se a pastoral propõe por vezes à esposa um modelo de vida ativa, aí se descobre, no entanto, o nítido preconceito de inserir em um quadro de vida ativa um projeto de vida contemplativa. Para a emergência do indivíduo através da constituição progressiva de uma área mental reservada, que se trata aqui de organizar na perspectiva da salvação, como aliar o estatuto de uma mulher pertencente por natureza à vida ativa e a perfeição de vida cristã que tem por meio privilegiado a contemplação? Aquele que quer associar a vida contemplativa à vida ativa, ensina o *Stimulus amo-*

ris atribuído a são Boaventura, texto amplamente difundido em traduções desde o começo do século XV, deve conciliar-se inteiramente em seu coração, explorar seu âmago, *les entrailles de son cuer* [as entranhas de seu coração], em suma, perder-se inteiramente em Deus. Enxertar a vida contemplativa na vida ativa: sublinharam-se justamente as inevitáveis tensões que devem ter nascido, no vivido cotidiano, entre a aspiração à vida espiritual e a submissão aos deveres temporais, depreciados pela espiritualidade do *contemptus mundi et carnis.* Certos programas de vida como o *Decor puellarum* demonstram uma organização muito rígida que encerra as mulheres do amanhecer até a noite, em particular quando se trata de subtrair aos olhares de outrem as manifestações corporais da piedade. No seio dos *empeschemens* [impedimentos] da vida cotidiana, bastaria retornar "ao tesouro de oração contemplativa, pois quanto mais aumentam as águas de tubulação, tanto mais se deve elevar para o alto o tesouro de oração". Assim, a hora mais conveniente para a prece será o coração da noite:

> Creio, minha caríssima filha, que a hora mais proveitosa para vós e para nós seria o meio da noite, depois de dormir, depois da digestão da carne, quando os labores do mundo são afastados e abandonados, e quando também os vizinhos não nos verão de modo nenhum e que ninguém nos olhará, salvo Deus, e não haverá ninguém que possa ver nossos gemidos, nem as lágrimas e suspiros vindos da profundeza do coração, nem também os amargos clamores, lamentos e queixumes interrompidos por muitos suspiros, as prostrações e genuflexões de humildade, os olhos molhados, a face cambiante e transpirante, ora rubra, ora pálida (Manuscrito anônimo, Biblioteca do Arsenal, 2176).

"... a história de Griselidis e de sua surpreendente paciência: ela tem por título Le miroir des dames mariées*". (*L'histoire de la marquise de Saluce miz par personnages*, 1395, Paris, Biblioteca Nacional, ms fr. 2203.)*

Se o tempo ideal para a meditação é a noite, após a ceia, o dia inteiro é balizado por manobras de interiorização e de domínio da vida pessoal; substituindo a leitura monástica no decorrer das refeições, um programa de orações mentais ou de meditações é proposto à esposa cujo cônjuge, é preciso sublinhá-lo, dificilmente está presente, sobretudo no momento de deitar-se, pois — do mesmo modo que as viúvas — as esposas adormecem a sós e no silêncio.

Manter na vida ativa um estado de devoção e de recolhimento que deve santificar todos os momentos do dia: esse ideal de fuga do mundo leva a formas de reclusão na casa familiar ou no domicílio conjugal, e, no próprio interior da casa, a uma reclusão no quarto, último refúgio contra a vida "mundana" e leiga (G. Hasenohr). Assim, a *Opera a ben vivere* de santo Antonino, no século XV, garante um lugar cuidadosamente medido à leitura e à oração mental. Após a refeição, a mulher se recolherá desde que possível no quarto ("no retiro de vosso quarto, ocupai-vos de maneira útil, lendo, orando ou meditando até que soem as vésperas"). Para aquela que quer viver espiritualmente, o trabalho manual não deve ser senão um paliativo do tédio e da falta de fervor.

Nota-se, assim, uma delimitação normativa de tudo o que cabe conceder à vida do grupo doméstico, na preocupação constante de preservar a parte de liberdade pessoal, condição do aprimoramento do eu espiritual. No *Decor puellarum*, de Jean le Chartreux, os conselhos referem-se comumente ao fato louvável de subtrair-se a uma sociabilidade tagarela: permanecer em oração até que toda a casa esteja na cama, assegurar-se — clausura simbólica da alma cuidadosamente fechada a toda tentação externa — de que portas, janelas e arcas estejam bem fechadas, e é assim que, de retiro em retiro, elabora-se um universo interior autárquico em que o ser, todo voltado para Deus, redescobre-se diante de si, no mais íntimo movimento no coração da noite.

O lugar concedido enfim à leitura, prescrevendo todas as jornadas a leitura cotidiana de pelo menos "uma página ou duas de algum livro devoto para a restauração de vossa alma", aproxima as jornadas femininas das regras de vida destinadas aos reclusos e reclusas. Datada do final do século XIII ou do começo do século XIV, uma carta de direção espiritual sobre a "reta forma de viver" que a alma deve levar insiste particularmente no retraimento em casa: é preciso manter-se "o mais reclusamente que puderes em teu quarto, pois em teu quarto foi a gloriosa Virgem saudada e ali concebeu ela o filho de Deus".

O CORPO

Nas representações literárias, o corpo é submetido a um figurativo inteiramente codificado: convenções ditam seu estatuto e seus gestos. Desse domínio emergem pouco a pouco os delineamentos de uma consciência de si em que o corpo é não apenas o signo de uma exaltação da pessoa como gozo em relação ao Eu e ao Outro, mas também a sede de um bom ou de um mau uso de si. Visões contrastadas tomam o corpo como objeto de uma descrição hiperbólica e de uma regeneração desejável, mas também de uma ameaçadora condenação. Longe de ser somente um elemento fortuito de um verossímil narrativo, o corpo fala amplamente das problemáticas do indivíduo diante do coletivo: ele é um modo de apreensão do mundo, tanto através da valorização da beleza quanto da rejeição da feiura e das propostas de mortificação. Na perspectiva da salvação, a carne está presente por inteiro. Desde o final do século XII, Hélinant de Froidmont, cujos versos traem as marcas de uma subjetividade nascente, interpela a morte nestes termos: "[...] tu que tomas os solos francos/ E que te serves dos colos brancos/ Como pedras a polir" (*Vers de la mort*).

AS REPRESENTAÇÕES DO CORPO

MODELOS E SEDUÇÕES

À literatura de divertimento é atribuída a exaltação do corpo. Ao lado da escultura gótica que se serviu abundantemente da torção e do meneio, cujas incidências sobre as relações do corpo com o fundo transformado em superfície côncava são bem conhecidas, a literatura apresenta um código inteiramente específico e a recorrência de um *topos* que fixa para o corpo feminino os componentes de uma beleza canônica: brancura da tez, realçada por um toque de rosado, cabelos louros, disposição harmoniosa dos traços, rosto alongado, nariz alto e regular, olhos vivos e risonhos, lábios finos e rubros. A esse estereótipo corresponde um par masculino que por vezes faz do rapaz, Cligès ou Aucassin, a imitação da mulher que ele ama. O *topos* do corpo feminino se oferece de bom grado à metáfora: assim, a trajetória da flecha de amor permite a Chrétien de Troyes atribuir elementos da anatomia feminina a cada parte da flecha. Mais explicitamente, mais concretamente no século XIII, o corpo pode ser detalhado: seios firmes são comparados a nozes, por exemplo, e se o meneio da escultura não aparece de modo algum no código literário, a anca feminina parece sublinhada, no entanto, como uma espécie de cesura, na medida em que o traje ajustado marca a cintura, com ligeiras aberturas que deixam adivinhar o corpo.

Quanto à beleza masculina, se a canção de gesta a representava por meio de fórmulas fixas que fundam a excelência muscular, as narrativas corteses não são avaras no que diz respeito às vantagens do corpo do homem. O amante de Flamenca é assim posto em cena:

> Rosa de maio, no dia em que desabrocha, não é tão bela nem de tão vivo brilho quanto o era a sua tez que mesclava nos lugares devidos cor e brancura. Jamais houve tez mais bela. Ele tinha as orelhas benfeitas, grandes, firmes e rubras; a boca, bela e inteligente, amorosa em tudo o que dizia. Seus dentes eram regulares e mais brancos que marfim de elefante; o queixo bem desenhado e um pouco fendido para ser mais gracioso. Tinha o pescoço reto, grande e poderoso, onde nervo nem osso formavam saliência. Era largo dos ombros e os tinha tão fortes quanto Atlas. Seus músculos eram arredondados, seus bíceps desenvolvidos, seus braços de uma grossura razoável. Tinha as mãos grandes, vigorosas e duras; os dedos longos, com articulações lisas; o peito largo e a cintura fina. Quanto às ancas, não era nem um pouco cambaio! Tinha-as fortes e quadradas; as coxas arredondadas e largas; os joelhos eram bem lisos; as pernas sãs, longas, retas, bem unidas; os pés curvos em cima, arqueados embaixo e nervosos: ninguém jamais pudera alcançá-lo na corrida!

Nesses retratos fundados em estereótipos perpetuados à vontade na literatura romanesca, percebe-se a importância da tez para a aparência do corpo. A carnação ideal, brancura levemente tingida de rosa, traduz o ser e fornece o indício de uma compleição física. Além disso, na descrição dos temperamentos, o sanguíneo é privilegiado, pois torna a tez clara e o rosto risonho, enquanto o melancólico — saturnino — está voltado para o lado do obscuro. Assim, apresentando os peregrinos de Canterbury, Chaucer indica que um deles é um belo prelado "que não tem a palidez de um fantasma atormentado", e de um outro peregrino, o *franklin*, ele nos diz que é de uma compleição sanguínea: verdadeiro filho de Epicuro, gosta de comer pela manhã uma sopa com vinho. No cavaleiro de La Tour Landry, o bom amante, aquele que se dá todas as oportunidades de ser aceito e não corre o risco de oferecer uma "cor desbotada" agasalhando-se mal no tempo frio, é "vermelho como um galo", o que é muito apreciado pela dama cortejada, pois a tez lhe parece sinal de virilidade e de saúde.

A partir daí não nos surpreenderemos que a exaltação do corpo masculino possa dar lugar a hábeis cenas de sedução. Ver e ser visto estão ligados; e em certo número de cenas — no *Roman de Flamenca*, por exemplo — o sujeito masculino é apresentado com uma clara consciência do partido que pode tirar de seu corpo, de sua toalete, da displicência estrategicamente arranjada com vistas a uma sedução. Revela-se aqui uma consciência muito viva das situações de liberdade do corpo que se pode permitir a si mesmo em certas circunstâncias, as de um privado que se oferece ao olhar. Saber servir-se de seu corpo tornando mais solta a ligação do corpo com o traje estará estreitamente ligado ao erótico, como o demonstram as cenas de jogos campestres em *Guillaume de Dole*, em que, desde o amanhecer, a bela sociedade é convidada a ir divertir-se na fonte e brincar de "pés descalços, mangas flutuantes", sendo então as camisas das damas usadas à guisa de toalhas, o que permite aos galantes "tatear muita coxa branca". Assim, do jogo entre os atrativos dados pela natureza, de associação do corpo ao traje que sabe desfazer-se e entreabrir-se, nascem festas do gesto, que são ao mesmo tempo festas de corte...

A NATUREZA REGENERADA

Sobre o lugar concedido aos cuidados estéticos que fazem intervir a uma só vez medicina e preocupação de coqueteria, textos narrativos e tratados médicos convergem. Em Henri de Mondeville, as partes do corpo são comumente descritas como adornos, como se o vestuário, marca do social, fosse solicitado para descrever os segredos do corpo: a pele é descrita como roupa, as membranas internas como panos e o interior do corpo como um envolvimento de tecidos, encaixes que fazem da arquitetura geral do corpo uma ampla metáfora social (M.-C. Pouchelle).

Para os personagens das ficções utopicamente mimados pela natureza, a maquiagem faz parte do supérfluo: assim, no *Roman de la Rose*, Amor está instalado ao lado de uma dama que se chama Beleza, brilhante como a lua, diante de quem as estrelas não passam de pequenas candeias; ela não está "nem embelezada nem maquiada", não tem necessidade de adornos nem de artifícios. Em compensação, àquelas que são menos mimadas por uma natureza que atua fora da literatura, o adorno e as diferentes emendas vêm dar ou devolver a sedução. Em Mondeville, no mundo das mulheres aviam-se e transmitem-se receitas de sedução,

"... Ela tomou um belo espelho muito luminoso para se olhar e ali viu seu rosto agradável e colorido, a forma de seu colo branco..." Beuve de Hantone *(Chantilly, Museu Condé.)*

depilatórios diversos (cal viva, depilação com pinças, com a ajuda dos dedos mergulhados no pez, ou ainda — obra de paciência — agulhas aquecidas enfiadas no bulbo piloso), práticas que parece preferível não mencionar, ainda que na intimidade conjugal. Em caso de queimaduras, Mondeville sugere dizer ao marido que a criada esquentou demais a água do banho... A palidez da pele poderá igualmente ser remediada: em *Les trois méchines*, quando três moças se preparam para o baile da região, uma delas percorre um longo trajeto para conseguir um pó mágico que, diz-se, faria dos calcanhares subir o sangue ao rosto, e Robert de Blois, em *Le chastoiement des dames*, aconselha as mulheres a tomar um bom desjejum pela manhã, o que faz maravilhas sobre a tez.

Componente importante da sedução: o odor, ou ao menos a neutralidade olfativa da pessoa. Henri de Mondeville transmite inúmeras receitas para evitar o odor da transpiração e aromatizar os cabelos com a ajuda de almíscar, de cravo-da-índia, de noz-moscada e de cardamomo. Em um lar alegórico, aquelas que vivem no paraíso dos bons amantes têm a cabeça coberta de coroas de rosas e de silvas-machas, e exalam um suave odor. A Dama Ociosa, no *Roman de la Rose*, possui como trunfo de sedução um "hálito doce e perfumado" e, em *Le chastoiement des dames*, aconselha-se absorver no desjejum anis, funcho e cominho, que parecem inteiramente eficazes. Além disso — conselho de boa sociabilidade —, manter-se um pouco afastado dos interlocutores permite não os importunar: "No decorrer da luta amorosa, não vos deixeis beijar, pois o odor desagradável incomoda mais quando estais mais excitado".

No *"Miller's tale"* [Conto do moleiro], de Chaucer, o encantador enamorado Absalon levanta-se ao primeiro canto do galo, penteia os cabelos, masca cardamomo e alcaçuz para exalar um bom odor, na intenção de seduzir a jovem mulher, dirige-lhe uma metáfora olfativa toda conotada de doçura e de prazer carnal: "Meu belo pássaro, minha doce canela!". Quanto aos trajes, são igualmente objeto de conselhos cujo alvo é a satisfação do senso olfativo: Mondeville aconselha lavá-los de tempos em tempos com lixívia, perfumá-los com grande quantidade de flores de violeta, umedecê-los com água fresca na qual se terá feito macerar raiz de íris finamente moída.

CUIDADOS COM O CABELO

Na percepção do corpo, o cabelo é um elemento importante da consciência de si e da representação da pessoa.* Ser louro é um elemento canônico, como o demonstram as inúmeras denominações dessa cor e essas heroínas cujo próprio nome evoca o louro, Clarissant, Soredamor, Lienor. Se as obras narrativas privilegiam a cor loura, mulheres apresentadas como muito elegantes podem no entanto ser ditas *un poi brunete* [um pouco morenas] (*Roman de la Violette*). Laudine é loura, mas sua aia Lunete é uma *avenante brunete* [agradável morena]. As outras cores podem ter um destino interessante, como o ruivo que se especializa no domínio moral. Em *La geste des narbonnais*, dos três fi-

(*) Agradeço muito particularmente a Michèle Perret por me haver comunicado sua documentação sobre esse assunto.

lhos de Aymeri, aquele que encarna a terceira função, a função nutriz, é ruivo, e essa cor parece ter valor pejorativo (J. Grisward):

> *É bem verdade o que ouvi dizer,*
> *Que é impossível encontrar um ruivo pacífico.*
> *São todos violentos: disso tive a prova efetiva!*

No *Lancelot en prose*, Méléagant é ruivo e cheio de sardas.

Receitas permitem devolver sua cor loura aos cabelos embranquecidos: é preciso recobri-los pela duração de uma noite com uma pasta feita de cinza de sarmentos de vinha e de cinza de freixo maceradas e cozidas durante meio dia em vinagre. Abundantes informações são fornecidas por um texto anglo-normando do século XIII, o *Ornatus mulierum*: esse texto — quase contemporâneo do célebre quadro acusador de Adam de La Halle que opõe os encantos de sua esposa no tempo de seu casamento às devastações do tempo que embaciaram os belos cabelos "reluzentes de ouro, firmes, ondulados e cintilantes", agora "esparsos, escuros e pendentes" — põe o acento mais insistente na cabeleira, da qual se trata de conservar e por vezes de conseguir a abundância. Seus conselhos associam a preocupação com a cor e a higiene: lavagem, tintura, ruivo, preto, castanho; maleabilidade do cabelo, uso do óleo de oliva: luta, enfim, contra caspas e piolhos. A profissão de lavadora de cabelos é ocasionalmente mencionada nas narrativas: em *L'escoufle*, a bela Aélis consegue sobreviver em Montpellier lavando as cabeças das pessoas importantes (*haus homes*), e sua competência é particularmente louvada.

CABELOS TRANÇADOS OU SOLTOS

Há outras maneiras de melhorar a natureza e de fazer trabalhar esse capital de que dispõe a mulher. Assim, as tranças muitas vezes louvadas por seu comprimento (Chaucer: "Às suas costas uma trança que media um metro") podem tornar-se arquiteturas: no *Roman de la Rose*, a Dama Ociosa, com um espelho na mão, trançou ricamente sua cabeleira com uma preciosa fita, e Jean de Meung dá à mulher estes conselhos: "Se ela

"Por duas razões uma dama deve olhar-se num espelho, uma para ali ver seu rosto, a outra para ali ver sua consciência..." Le parement des dames en vers, *de Olivier de la Marche. (Século XVI, Paris, Biblioteca Nacional, ms fr. 25 431.)*

não tem um belo rosto, que ofereça aos olhares, com bom senso, suas belas tranças que caem sobre a nuca, pois que sente sua cabeleira bela e bem trançada! É um espetáculo bem agradável a beleza da cabeleira!". Em compensação, os cabelos soltos têm forte valor erótico, e a fada Melusina bem poderia ser o emblema desse jogo de sedução. Quando os cabelos desfeitos são desgrenhados, significam tristeza. O personagem alegórico Tristeza, do *Roman de la Rose*, puxou e arrancou seus cabelos sob o efeito do arrebatamento e do pesar. Sinal de luto igualmente: sob os olhos de Yvain — e esse não era um pequeno trunfo de sedução — Laudine arrancava de aflição seus louros cabelos, e, no *Roman de la Violette*, a bela Euriaut, que se desespera pela perda de seu amigo, afunda violentamente os dedos em sua trança e desfaz seus cabelos.

CUIDADOS COM O CORPO, PERIGOS DO CORPO

Uma coletânea oriunda da tradição ovidiana no século XIII, *La clé d'amour*, associa aos conselhos referentes ao código da sociabilidade (canto, jogo, postura à mesa) anotações sobre a higiene e a valorização do corpo, bastante interessantes para a historicidade do fetichismo: é preciso saber mostrar os pés, servir-se do decote... Certos artifícios são aconselhados: os colos abundantes encontrarão interesse em ser enfaixados, os trajes amplos permitem remediar a magreza. Em *Le chastoiement des dames*, Robert de Blois é muito firme quanto aos cuidados a serem concedidos às mãos e às unhas, que não devem ultrapassar a carne, precauções a considerar sob o ângulo de uma sedução possível: "Uma dama adquire uma má reputação se não se mantém limpa. Uma aparência cuidada e agradável vale mais que uma beleza descuidada".

Contudo, nesse mesmo texto, a valorização do corpo vem acompanhada de conselhos destinados a desencorajar toda tentativa de exibicionismo despropositado. Diante dos perigos dos jogos da carne, diante da captura possível dos olhares, a valorização sóbria e controlada das partes do corpo que se podem licitamente mostrar basta para sugerir que o conjunto do corpo é belo:

> Não é bom para uma dama revelar seu corpo branco a outros que não os seus íntimos. Uma deixa entrever seu colo a fim de que se possa ver como sua pele é branca. Uma outra deixa intencionalmente aparecer seu flanco. Uma outra descobre demais suas pernas. Um homem prudente não louva essa maneira de se comportar, pois a cobiça se apodera ardilosamente do coração de outrem quando o olhar aí se imiscui. Por essa razão, o prudente costuma dizer: "O que os olhos não veem, o coração não sente!". Um colo branco, um pescoço branco, um rosto branco, mãos brancas indicam — em minha opinião — que o corpo é belo sob os trajes. Não se conduz mal a mulher que mostra estas partes, e uma dama deve conhecer bem este princípio: aquela que oferece seu corpo ao olhar dos outros se conduz mal.

PRÁTICAS CORPORAIS: BANHO E SANGRIA

Entre os cuidados corporais, a lavagem das mãos, ato que precede e encerra a refeição, é constantemente evocada nos textos

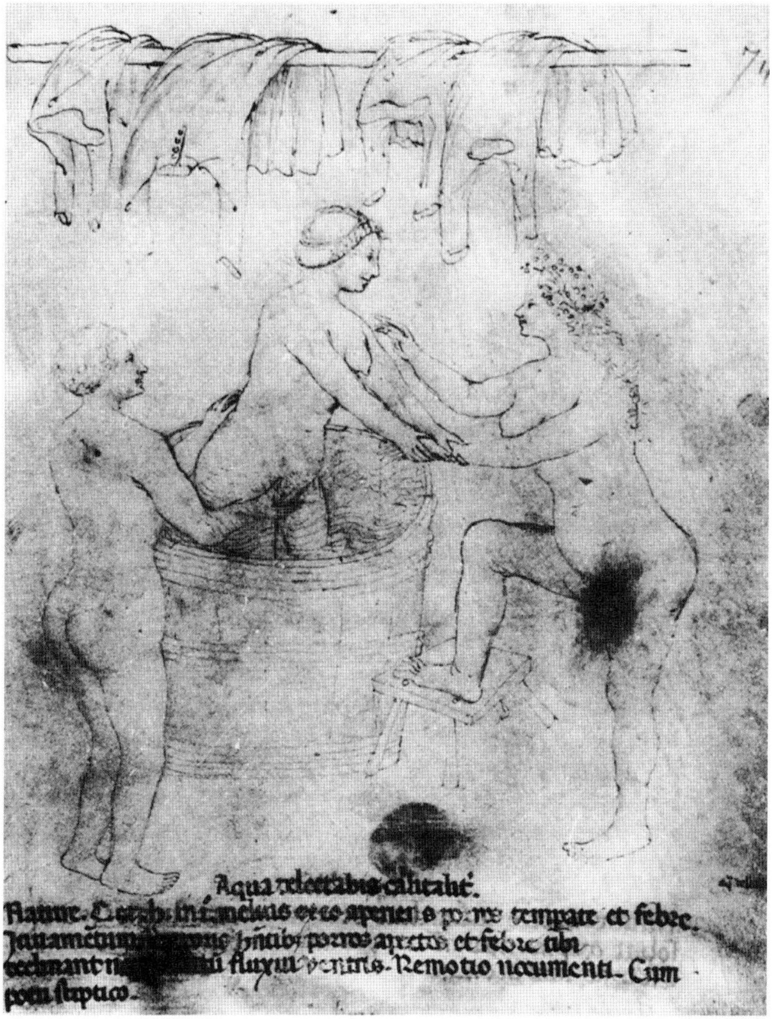

Uma água com temperatura agradável. (Tacuinum sanitatis, *por volta de 1390-1400. Liège, Biblioteca Geral, ms 1041.)*

"... em uma grande bacia de mármore, com escadas que desciam até o fundo, Melusina se banhava..." Roman de Mélusine ou l'Histoire des Lusignan. *(Paris, Biblioteca Nacional, rés. Ye 400.)*

medievais, e a ausência desse costume pode ser constatada com consternação: no decorrer de seu périplo que o leva da Escócia à Noruega, Sone de Nansay, herói de um romance do século XIII, aprende a relatividade dos costumes; entre outras estranhezas, na Noruega, não se lavam as mãos após a refeição! No entanto, é o banho que constitui o objeto de frequentes investimentos nas narrativas, e é ao banho que cabe, estruturalmente, uma importante função simbólica. Na representação do privado, o banho assinala o espaço e o tempo da intimidade, uma área espacial e um tempo reservados ao íntimo. À diferença do enfeitar-se coletivo a que se entrega o grupo das damas da corte em *La châtelaine de Vergi*, a toalete aparece como um ato solitário. Além disso, a expressão do pudor e a vontade de solidão na jovem, no *Roman de la Violette*, por exemplo, oferecem a ocasião da transgressão, e o banho será espiado. O banho deixa também eclodir o erotismo, e compreende-se que as saunas e os banhos públicos tenham sido objeto de uma regulamentação e de uma vigilância; ir às saunas comuns parece ter comportado riscos e, muitas vezes, por ciúme do marido, instalavam-se saunas privadas.

No plano narrativo, o erotismo parece estreitamente ligado à umidade toda feminina sugerida pelo vapor, cujo alcance é sublinhado pelas palavras da Velha no *Roman de la Rose*, que vê Bom Acolhimento "mirar-se para ver se seu *chapel* [capuz] lhe assenta bem":

> Estais ainda na infância e não sabeis o que fareis, mas eu bem sei que em um momento qualquer, cedo ou tarde, passareis pela chama que queima tudo, e vos banhareis na tina em que Vênus aquece as damas. Bem o sei, sentireis o fogo! Assim, aconselho-vos a preparar-vos, antes de irdes ali vos banhar, como me ouvireis ensiná-lo, pois toma um banho perigoso o jovem que não tem ninguém para instruí-lo.

O romance *Flamenca* faz dos banhos de Bourbon-l'Archambault o ponto focal da narrativa, já que as saunas se propõem como o lugar de encontro aos amantes que se procuram. Trata-se de banhos terapêuticos, dos quais um letreiro, instalado em cada banho, esclarece as virtudes. Para ali afluem doentes, coxos e aleijados de todas as regiões: em cada banho, uma fonte de água fervente, e água fria para resfriar a água quente. Cada banho é fechado e isolado; quartos contíguos permitem repousar após o tratamento. As pessoas ali se banham segundo a época da lua: Flamenca, que se diz doente, anuncia ao esposo que gostaria de banhar-se na quarta-feira seguinte: "A lua está em seu último quarto, mas, em três dias, estará toda escurecida e meu estado será melhorado". Seu futuro amante, por sua vez, vê seu hospedeiro propor-lhe banhos: "Hoje", diz ele, "não os usarei, pois estamos muito perto das calendas: é preferível esperar; amanhã é o nono dia da lua, e o momento será bom para banhar-me". Eis aí ganhos os momentos de solidão, mas também de uma sociabilidade por vezes pouco desejável: o círculo feminino de Flamenca dirige-se com ela aos banhos, levando bacias e unguentos. O subterfúgio que permitirá à heroína encontrar seu amante será o de convidar as damas da corte a banhar-se com ela e, como se trata de fontes vulcânicas cujo odor não é muito agradável, elas renunciarão a seu projeto. Esse documento narrativo é, assim, particularmente rico, pois mostra uma forma de sociabilidade e um erotismo explícito. Se, na realidade, tentava-se evitar a promiscuidade sexual impondo alternâncias para os homens e as mulheres, depois fazendo das saunas estabelecimentos inteiramente especializados, essa vigilância prova a que grau o lugar era um ponto delicado da vida comunitária, a que grau a moralidade a ele estava relacionada. Aliás, na ficção proven-

A alface alivia a insônia e a gonorreia, mas prejudica o coito e a vista, efeito que se pode temperar acrescentando-lhe aipo. (Tacuinum sanitatis, *por volta de 1390-1400, Paris, Biblioteca Nacional, ms n.a. lat. 1673.)*

çal, o esposo de Flamenca trancava sua mulher nos banhos e, quando ela desejava sair dali, precisava tocar uma sineta.

Nos ritos de acolhida, o banho é um elemento não negligenciável do conforto corporal. Assim, a filha do conde de Anjou é recolhida com seu filho pela mulher do "prefeito", que manda imediatamente lhe preparar um banho em uma tina, e já no *Chevalier à la charrette* banhos e massagens são habilmente dispensados a Lancelot pela donzela que o libertou. Acolhida? Terapia? Erotismo? Em geral é o homem que constitui o objeto desses cuidados atentos e dessa proximidade corporal, como o atestam inúmeros textos, *Érec et Énide*, *L'escoufle*, *Sone de Nansay*. Após os torneios, os combatentes voltam para as moradas onde apreciam a água quente que lhes é oferecida para banhar seus pescoços feridos, em *Guillaume de Dole*; no *Lai du blanc chevalier*, no século XIV, o desconhecido vencedor do torneio, voltando para casa, "banhou-se e aplicou-se ventosas". Nos *fabliaux*, enfim, o banho se associa habitualmente à refeição: "banho no fogo, capão no espeto", prazer que sabem apreciar as três cônegas de Colônia que se banham na tina, comendo e bebendo enquanto escutam o jogral!

A sangria. (Recueil de traité de médecine et Image du monde, *século XIV, Paris, Biblioteca Nacional, ms fr. 12 323.*)

Quanto à sangria, inaugura um retiro no espaço privado, retiro que, aliás, pode não ser desprovido de exagero paródico: assim, em *Érec et Énide*, Artur se fez sangrar. "Jamais, em nenhuma estação, o rei se encontrara tão só, e estava aborrecido de não ter mais gente em sua corte..." Ora, a narrativa diz que ele tinha em seus apartamentos, "em privado", apenas quinhentos barões de sua casa, singular redução de seu círculo habitual. Em *Marie de France*, a sangria serve explicitamente de estratagema para o encontro de Équitan com a mulher do senescal. Quando o rei manda dizer que sofrerá "uma sangria sem testemunha", as portas de seu quarto serão fechadas. Durante esse tempo, o senescal preside a corte. Aqui o privado é culpado, e a cena pública permite uma substituição na hierarquia das funções. Para se desembaraçar definitivamente do marido, a esposa diz ao amante que venha alojar-se no castelo e que mande aplicar-se uma sangria: os dois homens tomarão então um banho ao mesmo tempo. Conhece-se a sequência, a preparação das duas tinas, o desfecho do estratagema. Sempre no domínio do castigo, o Bel Ignauré, doze vezes transgressor da instituição marital, conhecerá igualmente banho e sangria.

DESCOBRIR O CORPO, SERVIR-SE DE SEU CORPO

Já as situações de simples solidão implicam uma outra consciência do corpo, e quando a situação de solidão quer ser representada, a sedução, verdadeira encenação, está fundada em uma aparência sem afetação: no *Lai d'Aristote*, a jovem, bem decidida a provar ao velho filósofo que ele é tão falível quanto o jovem Alexandre, passeia no pomar como se estivesse sozinha, nua sob sua camisa, pois o tempo está ameno; os trajes a flutuar, ela vai cantando... Ação teatral que utiliza os signos de uma situação privada, reveladora dos componentes de um fetichismo muito pouco datado. O corpo medieval, aliás, sabe servir-se dos elementos que se mostram e dos que se ocultam: a fada que seduz Lanval está estendida sobre um leito magnífico, seu corpo harmonioso é sugerido pelo fato de que tem "o flanco descoberto", assim como o rosto, o pescoço e o colo. Diante dos discursos normativos que ensinam um uso prudente do corpo, diante da tradição patrística referente aos adornos femininos, as narrativas são seguramente, para o olhar imaginário, lugares de liberdade.

UMA OBSESSÃO: ESTAR NU OU MAL VESTIDO

Da exposição do corpo nu ao olhar de si, de sua captura pelo olhar do outro, da função ambígua do vestuário (proteção? pudor? adorno?), da percepção e do uso da nudez na prática social das comunidades fictícias, as narrativas medievais falam amplamente. O recurso ao traje aí aparece como revelador de impulsos exibicionistas e de um sentimento virtual de vergonha. Através dessa obsessão, "estar nu ou mal vestido", a literatura põe em cena o sentimento de incômodo experimentado pelo sujeito posto a nu, a reprovação implícita ou explícita por outrem, que poderiam, no mesmo instante, encobrir uma forma jubilosa, ao menos nos casos dos nus masculinos, da representação do Eu. Pelo desnudamento e pela evocação da vergonha individual, do olhar de outrem e da relação com o grupo, as representações do corpo posto a nu revestiram-se com insistência da noção de um exílio e de uma rejeição temidos. Pela relação íntima com o corpo e, paralelamente, pela relação com o mundo ordenado segundo leis, os nus medievais, sempre banhados de vergonha, levam o selo de proibições e de tabus que atuam segundo uma clivagem sexual. Contudo, de início, o nu feminino, assim como o masculino, se oferece sempre em uma fase de segregação, em uma forma de ruptura com a vida coletiva, por vezes simplesmente com o domínio dos ritos privados (o banho), porém mais particularmente sob a forma de uma fase articuladora para os homens tornados selvagens e que rejeitam o vestuário.

O HOMEM NU: VALOR SIMBÓLICO DA NUDEZ

A criança nascida à margem da sociedade ou logo expulsa — Tristão de Nanteuil criado pela serva, Orson recolhido pela ursa — reencontra simultaneamente o vestuário e a integração na comunidade dos homens: às narrativas de aculturação acrescentam-se as inúmeras ficções em que um ser perfeitamente integrado (como Yvain na Távola Redonda) sofre um traumatismo e se ausenta, por sua loucura, do grupo de origem; e também as narrativas de metamorfose em lobisomem. Mantendo-se as segregações vividas pelo homem das ficções sempre por uma duração muito longa (anos...), o indivíduo delas não sairá senão pelas etapas de um rito específico. A mulher nua vive, também ela, uma forma de segregação, mais instantânea no entanto, uma cena de gênero do espaço privado: assim, a bela Euriaut, no *Roman de la Violette*, objeto de uma infamante intrusão do olhar masculino, é espiada no banho.

No decorrer de sua busca, Coração e Desejo encontram a anã Ciúme, de braços peludos e cabelos desgrenhados, vestida com duas peles de leão... René d'Anjou, Coeur d'amour épris. *(Viena, Biblioteca Nacional.)*

Testemunhos sobre o pudor? Revelar o corpo nu reservado à clausura, à solidão, ao olhar de um círculo restrito, é fonte de embaraço, de vergonha e de fragilidade: não nos surpreenderemos, portanto, de ver aqueles que encontram o homem nu em seu caminho agirem como curadores que favorecem a caminhada na direção do vestuário. Sempre considerado em termos de exílio em relação a um mundo de autoridade e de ordem, o nu masculino significa destruição de uma ordem anterior, oposição mesmo a um estado anterior feito de ordem, uma anarquia cujas marcas são o abandono do vestuário, a destruição da aparência, frequentemente acrescida de pilosidade, a abolição das leis do comportamento, desordem gestual e incoerência do psiquismo: o nu masculino é o significante de uma ruptura. Em compensação, o nu feminino se situa quase sempre na lógica direta de uma lei erigida em absoluto, costume de rei ou vontade de um imperador: "Cumpriremos vossa vontade legítima", admitem as jovens no *Roman du comte de Poitiers*, em que o imperador exige que sejam exibidas aquelas dentre as quais escolherá sua esposa. Além disso, nas narrativas do *Cycle de la gageure*, o nu feminino, cuja privacidade sofre uma ilícita penetração do privado, está frequentemente associado a um ganho material, terras, por exemplo. O único caso de um funcionamento autárquico e feliz da nudez feminina se encontra em narrativas com coloração matriarcal em que a mulher se serve de sua nudez como de um chamariz.

Estado de passagem: se as crianças selvagens emergem do reino animal, progredindo para o mundo da cultura, os outros nus masculinos são todos oriundos de uma verdadeira regressão em relação aos signos culturais do grupo. Bisclavret e Mélion retornam à forma humana depois de um tempo de exclusão em que conservaram sabedoria e memória de homem, e dos traumatizados do amor dir-se-á por vezes que são muito semelhantes a um lobisomem. Se retomar o vestuário é o primeiro gesto de uma gloriosa reintegração no grupo (é então que Yvain empreende a série de aventuras que o levará à apoteose do Castelo da Cruel Aventura), a fase de transição é uma verdadeira amnésia: perda das marcas sociais da identidade e perda das leis de um comportamento codificado. Assim, repelido por uma desdenhosa donzela que lhe impôs vãs provas, o herói do *Dit du lévrier* parte sua espada, rasga suas roupas e se vai inteiramente desorientado pela floresta. Yvain foge de toda companhia, espreita a caça, come a carne crua. Amadas deita diretamente na pedra. A anamnésia, o retorno à memória, aparece então como doma e domesticação: o gêmeo do selvagem Orson, que conduz à corte a estranha criatura peluda, lhe faz sinal de "que ela se comporta mal, o que enche Orson de vergonha". No traumatizado são particularmente acentuadas a agressividade e a ruptura de toda comunicação (o *torbillon* [aturdimento] de Yvain); ao mesmo tempo — e isso é significativo — desaparecem os valores da ética cavalheiresca, proeza, franqueza e vassalagem. Signo de um verdadeiro movimento de oscilação para o reino animal, é feito um amplo uso do paradigma desgrenhado/peludo: o homem selvagem aparece, assim, a uma só vez nu e revestido, na verdade mais travestido que nu, como se os textos narrativos mal ousassem proferir "o homem nu". A pele nova reproduz a função do vestuário, imita envoltórios espaciais, do espaço habitável e das estruturas da sociedade. A aparência civilizada aparece mais tarde como aquilo que, dessa natureza tornada exuberante e mal controlada, será domesticado, aparado, polido. Os ritos de reintegração comportam, com efeito, atos precisos de redução da excrescência anormal: frequentemente se proporão ao herói formas de exalação, de exsudação e de purgação, pois o retorno (ou acolhida) do selvagem deve necessariamente passar pela expulsão dos elementos nefastos. Comparável ao tratamento que tira Yvain da "cólera e melancolia", é a terapia dispensada pela fada ao herói do *Dit du lévrier*: tendo dobrado em dois seu peitilho, ela fixa sobre a testa do jovem ervas cuja virtude é tal que ele se põe a transpirar abundantemente, o que anula a loucura; o adormecido desperta: "Dama", diz ele, "recuperei minha razão,/ Bendito seja aquele que ma devolveu!".

Homens e mulheres selvagens. (Jean Wauquelin, Histoire d'Alexandre, *c. 1448, Paris, Biblioteca Nacional, ms fr. 9342.)*

O rito do banho, elemento indispensável da reintegração, aparece em quase todas essas ficções. Enamorada de Orson, uma donzela o acha admiravelmente benfeito e pensa que, "se passasse por um banho e uma sauna, sua carne seria branca e macia".

O sentimento de vergonha que atormenta o herói restituído à consciência vem do fato de que percebe, adivinhando o louco gestual de seu tempo de amnésia, a deturpação grave de um código: devolvido a si mesmo, ele se vê brutalmente confrontado com o olhar de outrem que cristaliza os valores coletivos. Quando Amadas toma consciência da vida "repulsiva e vil" que levou na cidade, a designação do espaço coletivo não é de modo nenhum fortuita: a incongruência de sua aparência leva o herói a reconstituir um pesadelo, o comportamento caótico sob o olhar de outrem. Aliás, para avaliar o alcance dessas narrativas na simbólica da relação com o coletivo, é preciso sublinhar, na reintegração do exilado, a parte ativa do grupo que deve ressaltar, por sua discrição, por seu senso do íntimo e do secreto, que sabe reintegrar o ausente e merecer seu retorno: deve apresentar-se como um envoltório tranquilizador e protetor. Nas narrativas de lobisomens, insiste-se particularmente no quarto que permite ao lobisomem, no momento do retorno à aparência humana, não se expor nu ao olhar: no *Lai de Mélion*, Gauvain, o homem cortês, aconselha Artur: "Levai-o a um quarto a sós, secretamente, a fim de que não sinta vergonha diante da assistência". Pode mesmo instaurar-se uma cadeia comunitária em que, de espaço secreto em espaço secreto, o herói reencontra a integração final (*Dit du prunier*).

OS ESTRATOS DO VESTUÁRIO

À fase dos cuidados corporais sucede o reajustamento do corpo em envoltórios materiais, sendo os estratos do vestuário apresentados como totalidade detalhada, verdadeira metáfora do corpo social, metáfora aliás explicitamente desenvolvida em uma narrativa de Baudouin de Condé, *Li contes dou wardecors*, em que os fiéis vassalos do senhor, que sabem protegê-lo, são comparados ao traje de cima para viagem, vestimenta de segurança. Ao retorno do lobisomem à forma humana, ao retorno do traumatizado à memória corresponde sempre o detalhe de um guarda-roupa que culmina na toalete completa. Ex-amnésicos e lobisomens recebem trajes suntuosos, e, no *Dit du prunier*, o herói se vê recebendo "togas, cavalos, dinheiro e companheiros", sendo aqui muito significativa a associação dos sinais da posição e dos componentes da sociabilidade, instrumentos de largueza e círculo humano. Se o vestuário aparece como o signo estratificado do envoltório social, se inversamente a matriz social é encarada como traje protetor contra a associalização, pode-se encarar a nudez masculina como a forma carnal dos fantasmas de dessocialização ou desse exílio que tanto impressionara Freud no material onírico? Certas passagens de *Amadas et Ydoine* fazem pensar que a coletividade está amplamente implicada no processo de loucura que parece reservado ao indivíduo cindido do grupo: vítima ritual, Amadas, que se oferece cotidianamente aos ataques na cidade, encarregar-se-ia de uma falta coletiva fantasmática? Sob esse aspecto, as narrativas de lobisomens, as mais fixas em sua trama como o testemunham as narrativas do folclore, talvez tenham sido percebidas como parábolas do indivíduo rejeitado, inapto ao social, depois reintegrado. Pela interação dos gestos e dos ritos, entregam uma chave a esses homens levados a se ressocializar por meio de um verdadeiro cerimonial.

Gloriosa Achevissance: sua perfeição e sua beleza são a recompensa do autor. (Les douze dames de rhétorique, *pelo senhor de Montferrand, Paris, Biblioteca Nacional, ms fr. 1174.*)

Assim, o nu masculino parece servir de prova iniciática ao social: transcendendo o simples estatuto de testemunho do código do pudor, o nu masculino serve a problemática da inserção conflituosa no grupo. A anamnésia — e não se ficará muito surpreso com isso — acompanha-se do epítome da verdadeira integração que é a aptidão para o ritual amoroso: deixando de ser um animal em fuga, Tristão de Nanteuil recebe de sua bela um ensinamento que se volta ao mesmo tempo para o vestuário, o amor e o mundo!

"VERGONHA É VER MULHER NUA"

"Vergonha é ver mulher nua", clama uma das jovens condenadas a se desnudar sob o olhar perscrutador de um imperador com falta de esposa. Como o privado, frágil, é sempre suscetível de ser entregue ao olhar do grupo, é no próprio seio do quadro social que a mulher estará nua, e o despojamento do vestuário faz dela uma presa que um olhar de homem pode ilicitamente capturar. Ao contrário do homem nu, ela está sempre ligada à trajetória de um desejo nascente ou confirmado. O processo de desnudamento pode ser sugerido em termos violentos: no *Roman du comte de Poitiers*, o imperador ordena diante das trinta jovens: "Cada uma ficará nua, tão nua como quando saiu do ventre de sua mãe!", e acrescenta: "É uma ordem, não um pedido!". Mas se a mulher entra voluntariamente no jogo do exibicionismo exigido pelo esposo, aceita tornar-se uma das marcas que fundam o poder masculino, como no *Lai de Graelent*, em que os vassalos são anualmente obrigados a reconhecer a beleza da rainha. Como o vestuário, modo de representação do Eu, parecia para o homem a única forma lícita de exibição, a mulher nua aparece aqui em situação de substituta. Aliás, no *Atre périlleux*, a nudez feminina está explicitamente ligada à afirmação do poder viril.

Em compensação, a função do nu masculino parece estreitamente ligada aos ritos de sociabilidade e às marcas de coesão do grupo, submetida a provas repetitivas: a tendência exibicionista no homem passa por uma total assunção do vestuário. À mulher, ao contrário, é em geral atribuída uma situação de vergonha ("ser vista"), e lhe está reservado um modo infeliz de exibicionismo, pois a mulher nua parece viver uma socialização mediatizada do corpo na medida em que — ao lado do vestuário que é para o homem o signo da integração do Eu recuperado pela coletividade — ela não aparenta ser senão um signo entre outros. O processo do nu ao vestido, metáfora do encerramento desejável no social, surge todo carregado de simbólica coletiva: expulsão e reintegração rituais são as etapas significativas do homem medieval com seu corpo. Em modo menor, a mulher é excluída dessa problemática: posta a nu, admirada, punida, ela serve para fazer nascer o desejo e permanece para o homem um dos trunfos do júbilo de si.

PUDOR E IMPUDOR

Essa nudez possuíra, no entanto, nos tempos anteriores à falta, a bela função do manto de inocência: "E porque cometeu a falta, Adão perdeu o manto de inocência e conheceu a vergonha. E então o anjo os expulsou para fora do paraíso terrestre, na vergonha; e eles se viram nus de toda graça" (*Ci nous dit*, cap. VII).

Em uma era doravante destinada à vergonha, o pudor se exprime claramente — como vimos — por ocasião dos retornos à aparência humana, e é mais explícito ainda entre as mulheres obrigadas a ficar nuas, com exceção dessa rainha altiva que só procura, no *Lai de Graelent*, reunir confirmações de sua beleza. Mas aquelas que, na torre do imperador, devem desnudar-se (submetidas de fato a um teste de virgindade) opõem à ordem iníqua um processo de despojamento do corpo muito lento e constrangido: tiram seus cintos, rasgam seus laços de seda, ao abrir o fecho do pescoço tremem a ponto de rompê-lo. Por contraste, quando o banho se torna para o homem demonstração de virilidade, e confirmação de sua natureza de homem, todo pudor é excluído: assim, em *Tristan de Nanteuil*, Blanchandin obtém um adiamento de quatro dias antes de consumar seu casamento. A esposa manda preparar uma tina para um banho público, mas o "esposo" foge. Surge um anjo, que lhe propõe uma escolha: permanecer mulher ou tornar-se homem. A segunda proposta é adotada, e o transexual se prepara para o banho do testemunho: "[...] quando ele ficou inteiramente nu, dirigiu-se para a tina; diante de inúmeras donzelas, ali entrou todo nu e seu membro apareceu, sólido e espesso".

O adorno, objeto de sedução que sublinha a vinculação sexual daquele que se enfeita, pode — paradoxalmente —, como um talismã sexual, tornar-se proteção do pudor. Provocado, o desejo é imediatamente aniquilado: Aye d'Avignon e a esposa de Dieudonné da Hungria serão protegidas por uma joia: argola de ilusão, anel ou broche; em *Florence de Rome,* o broche engendra explicitamente a impotência. Essa virtude da joia aparece igualmente no *Moniage Guillaume*, em que o monge-guerreiro, muito barulhento, é enviado ao mar para procurar peixe. Ora, o trajeto está infestado de bandidos, e o monge pergunta que conduta adotar, já que os monges são proibidos de lutar. A todas as suas perguntas, seus companheiros respondem que ele não se deve defender, salvo se se tratar de defender suas bragas. O soldado fecha então suas bragas com a ajuda de uma fivela de pedras preciosas, própria para tentar os bandidos, o que lhe dá a oportunidade com que sonha, a de fazê-los em pedaços! Forma de rito de integração, pois, em consequência desse episódio, os monges são obrigados a admitir esse indivíduo bem próximo ainda do homem selvagem.

O INDIVÍDUO

FICÇÕES DA INTERIORIDADE: NOVAS DEMARCAÇÕES

A sedução feminina. (Les quatre fils Aymon, *Paris, Biblioteca do Arsenal, ms 5073.)*

Da tomada de consciência de uma identidade do ser e da área íntima que constitui doravante o objeto de um exame atento dá testemunho o domínio crescente dos recolhimentos do ser em si mesmo, a importância, por exemplo, da leitura, que proporciona ao ser uma tal absorção que ele se transforma no objeto mesmo de sua apreensão, ou o êxtase que arranca ao real o herói, cujos sentidos o abandonam em favor de uma indizível felicidade. A representação do universo onírico — o quadro do sonho é um procedimento retórico muito amplamente privilegiado nos séculos XIV e XV — põe em cena a área mental em que o Eu desdobrado vive uma busca amorosa e se torna, mais tarde, a testemunha de debates que pretendem desenrolar-se durante o sono, mas que se referem estreitamente ao político. Da preensão de uma singularidade do ser participa ainda a angustiante definição, nos textos literários, do real e da ilusão, a angústia dos adormecidos que não apreendem o sentido de seus sonhos, as incertezas da consciência compreendidas nesse estado de sonolência em que o herói não sabe se é ou não é. O espelho, lago de perdição ou objeto simbólico de um retorno do ser à sua própria imagem corrigida, apresenta enfim o registro ilusionista do qual o olhar pode tornar-se culpado através dos perigos de uma visão pretensamente verídica. Quanto à emergência do "eu" na escrita, diz respeito a um código literário bem abarcado por estudos recentes:

"Todos os cantos que compunha, em seu louvor, eu os fazia." Guillaume de Machaut, Le remède de fortune. *(Paris, Biblioteca Nacional, ms fr. 1586.)*

subjetividade de logro que desemboca, por volta do final da Idade Média, na multiplicação das instâncias poéticas que instauram novas demarcações do território individual. Memórias e *crônicas* fazem mais precisamente entrar na representação do Eu os elementos de uma duração pessoal e, paralelamente às tentativas de definição do indivíduo por ele mesmo, vem à luz na poesia tardia a presença obsessional do tempo, a percepção de um tempo perdido.

SER DONO DE SI

Recolhido em si, disponível para o acaso, ausentando-se do mundo que o cerca, o indivíduo das ficções é frequentemente chamado de "pensativo", absorvido em e por seu pensamento. Assim, o cavaleiro das pastorelas partia "pensativo", sonhando na charneca, entre as urzes e as samambaias, até o momento em que se oferece ao seu olhar a pastora. Sob os olhos de Perceval, Artur, abismado em seus pensamentos, mantém-se na extremidade de uma mesa, "pensativo e silencioso", enquanto seus cavaleiros discorrem alegremente ("O rei pensou e não disse palavra", "o rei pensa muito e palavra não soa"). Mais tarde, em Charles d'Orléans, por exemplo, ser "pensativo" se tornará uma forma de morosidade muitas vezes associada à melancolia e, no século XV, o herói do *Coeur d'amour épris* se diz "pensativo e melancólico": ele acaba de encontrar, efeito de simbiose particularmente acentuado nessa narrativa alegórica, dama Melancolia, que aparece como uma velha desgrenhada, "triste e pensativa", sentada com as mãos apertadas junto da lareira. Estado de disponibilidade ou recusa de comunicação, ser "pensativo" pode designar tanto o equilíbrio do pensamento que busca para si um objeto quanto um estado de clausura e de antissociabilidade, marcado por um repreensível recolhimento em si mesmo.

Outras situações de recolhimento são apontadas pela leitura, ato solitário que favorece a projeção para um "alhures", ou um "a vir". Assim, em uma canção de fiar, Belle Doette "lê um livro, mas seu espírito está em outra parte": por meio da leitura, o vivido é mediatizado, e o recolhimento em si mesmo que a leitura implica pode ser a matriz de um impulso fantasmático e de uma atividade do imaginário, a qual, por estar temporariamente condenada à imutabilidade dos rostos, não é por isso menos violenta. Muito evidente em narrativas do século XIII a relação de causa a efeito: lê-se, ama-se. Em *Claris et Laris*, um dos heróis, ao ler a morte de Pirame e Thisbé, torna-se apto à confissão de amor, e para Flamenca, que, aprisionada na torre, ouve falar de amor pelos livros, a leitura é uma suspensão do tempo. Pela valorização, nas ficções, de um espaço de meditação e de instantes de silêncio em torno do escrito, por um distanciamento fundado em uma autarcia temporária, mas frágil, do indivíduo, o tempo presente é "devorado", desrealizado ou surrealizado.

A ESCRITA: EMERGÊNCIA DO "EU"

Trabalhos tomaram por objeto o "eu" que se exprime na lírica medieval: trovadores e troveiros aí expõem a confissão dolorosa e exaltada da situação mais íntima, a do amor e da carne. Ora, esse "eu" pretensamente único e atualizado na situação do desejo é de fato um "eu" universal: feita de motivos indefinidamente repetidos, a lírica não poderia em nenhum caso submeter-se à análise de uma voz de onde o indivíduo poderia ser desentocado, ainda que fosse por meio dessas *Vidas* ou *Razos* relacionadas mais tarde ao nome e à obra de um poeta (Paul Zumthor). O "eu" lírico é o do eterno retorno e o de um logro mantido ao longo de toda a produção medieval. Mesmo naquilo que parece, em Villon, a mais pungente confissão de si, reina ainda um conjunto de convenções. No entanto, durante a última década do século XII, por vezes parece fazer-se ouvir uma voz mais singular: dirigindo suas veementes invocações à morte, Hélinant de Froidmont faz apelo a imagens corporais, que, se não designam o próprio poeta, marcam em todo caso que o indivíduo inteiro, corpo e alma, está envolvido por seu fim:

Morte, tu que me aprisionaste para a muda
nesta sauna onde o corpo extirpa suando
os excessos que cometeu no mundo,
tu ergues sobre todos a tua clava,
mas, por isso, ninguém cria pele nova
nem muda seus velhos hábitos.
(Vers de la mort)

Para significar a regeneração desejada, é ao suor mau e à purgação, bem conhecida pelas terapias antigas, que o movimento da alma é assimilado.

Testemunhos com frequência invocados de uma revelação mais "pessoal", os *Congés d'Arras* apresentam uma realidade aparentemente individualizada: antes de ver fecharem-se sobre eles as portas dos leprosários, Jean Bodel, desde 1202, e mais tarde Baude Fastoul e Adam de La Halle (este último para uma partida menos trágica) dedicam-se a um gênero que é ao mesmo tempo poesia pessoal e poesia de circunstância. Traços ditos "realistas" aparecem aqui, evocando a carne corrompida presa da decomposição, e o estado psicológico, inquietude, depressão e solidão. Quanto à poesia de amor, falou-se muitas vezes da passagem das canções estereotipadas a uma lírica mais subjetiva, mas a imagem deixada por Villon, o mau menino, "estereótipo do anarquismo poético", é de fato comparável à imagem legada no século XIII por Rutebeuf, poesia que pretende dizer a vida do poeta, poesia da falsa confidência. Logro armado por uma relação referencial condicionada pelo modelo cultural: no que se chama a evolução da poesia lírica, a uma poesia de abstração generalizadora, ligada à existência do canto, sucede uma outra poesia fundada na confidência, que estaria antes ligada à leitura. No primeiro gênero, que concerne às grandes gerações de trovadores e de troveiros, o intérprete se identifica, parece, com a subjetividade que aí se exprime, com esse eu que não é ele, mas que poderia sê-lo; quando desaparece o canto que permitia ao público uma simbiose e uma penetração no universo poético, o poeta procurará tornar impossível o processo de apropriação, permitindo assim o que se chamou "uma dramatização concreta do Eu"; a contribuição das *Vidas* e *Razos* parece, aliás, ter aumentado a distância entre o leitor e a subjetividade do poema, na medida em que essas ficções se tornam um "romance do eu" (M. Zink).

Paralelamente ao nascimento do escrito pessoal, memórias e crônicas, assiste-se na própria lírica a um verdadeiro esforço de definição do indivíduo: as antigas perífrases impessoais cedem lugar ao artifício "Eu sou aquele que...", marcando a tentativa de pôr em cena o indivíduo: os exemplos disso são numerosos em Charles d'Orléans ("Eu sou aquele de coração vestido de negro"). Quanto aos personagens alegóricos aos quais o poeta confere vida, levam a uma espécie de fragmentação retórica que tende talvez menos a ocultar o Eu real do que a fazer explodir a apropriação de um território poético pela multiplicação do Eu. Esse processo desemboca, em René d'Anjou, em uma missão delegada a uma parte do Eu, esse coração nascido de uma sinédoque que tem por missão levar a bom termo a busca de amor. Aliás, nesse final da Idade Média, a área da subjetividade, muito particularmente, espacializa-se. Se já no século XIII Thibaut de Champagne descrevia seu cativeiro amoroso como uma prisão feita de desejo, cujas portas eram de belos olhares e as correntes, de boa esperança, é mais visual ainda "a cidadela do Eu" posta em cena por Charles d'Orléans, "a ermida de pensamento" ou a hospedaria acolhedora. Se Christine de Pisan e Alain Chartier insistiram por sua vez na clausura das portas da interioridade, a valorização da solidão e do recolhimento em si mesmo é muito nítida em Charles d'Orléans:

> [...] *Tristeza*
> *me teve tão longamente em seu poder*
> *que releguei totalmente minha Alegria.*
> *Mais vale que me afaste de meus semelhantes;*
> *aquele que está tomado de aflição só pode embaraçar.*
> *Por essa razão, me enclausurarei em meus pensamentos* [...].

Sinal dos tempos: no *Voir dit*, correspondência feita de uma troca de cartas e de poemas entre o poeta que envelhece e uma donzela muito jovem, as mensagens recebidas por Guillaume de Machaut constituem — encenação do íntimo — o objeto de uma apropriação obstinadamente secreta:

> *As cartas tomei e abri*
> *mas a todos não descobri*
> *o segredo que estava ali,*
> *antes as li entre dentes* [bem baixo].

A DURAÇÃO PESSOAL: MEMÓRIAS E CRÔNICAS

O investimento de uma duração pessoal como motor de escrita é um fato importante em escritos como as crônicas e as memórias, cuja produção se multiplica a partir de Joinville: essas narrativas estão baseadas na superposição da duração de uma narração e de uma outra duração, aquela que o narrador quer relatar. Autor da primeira autobiografia em língua vernácula, Joinville viu ser-lhe creditada uma verdadeira inauguração, a da "irrupção fragorosa do sujeito na literatura francesa". Garantia da verdade de sua narração,

"Uma noite, no mês passado..."
René d'Anjou, Coeur d'amour épris.
(Viena, Biblioteca Nacional.)

David Aubert escreve, sob o olhar atento de Filipe, o Bom, L'histoire d'Olivier de Castille et Artus d'Algarbe. *Manuscrito ilustrado por Loyset Liédet, século XV. (Paris, Biblioteca Nacional, ms fr. 12 574.)*

aquele que quis escrever "um livro das santas palavras e dos bons feitos de nosso santo rei Luís" ocupa sozinho a cena e se apresenta a si mesmo como a matéria de seu livro. A essa individualização daquele que escreve acrescenta-se a insistência na autentificação do testemunho, com a ajuda de provas e de cauções que nos parecem bem estranhas, mas que pelo visto não suscitaram problemas na época; se Joinville assume em parte seus testemunhos, relata fatos dos quais ele próprio não pôde ser o observador, mas permanece "extremamente consciente da gravidade e da seriedade de sua função testemunhal" (M. Perret). Sabe-se, aliás, a propósito do relato da tomada de Damiette, como ele redigia suas notas, de cabeça descansada, com a ajuda de documentos e de calendários (J. Monfrin).

Colocação em cena do indivíduo: a crônica que floresce nos séculos XIV e XV marca muito particularmente em seu prólogo, fazendo dele o lugar em que aquele que fala instala-se em sua condição de autor, a preocupação de definir o indivíduo, e isso por meio de uma fórmula quase cristalizada que, a partir de 1300, inaugura a maior parte dos prólogos do gênero: "Eu, Jehans Froissars, tesoureiro e cônego de Chimay", ou "Eu, Christine de Pisan, mulher mergulhada nas trevas da ignorância se se compara às claras inteligências [...]".

Assim é em Enguerran de Monstrelet, Georges Chastellain, Olivier de La Marche, Jean Molinet: pronome da primeira pessoa seguido do nome e sobrenome, título e qualidade que situam socialmente aquele que fala, verbo indicando a ação de escrever. O indivíduo se designa, assim, como um ser singular, em um "contexto social preciso", conjunto ao qual se acrescenta a pretensão de veracidade. Escrever e "escrever a verdade" parecem, com efeito, uma só e mesma coisa que possui um aspecto quase jurídico, referindo-se os autores à missão recebida de fazer obra de historiógrafo (C. Marchello-Nizia).

Paralelamente aos escritos da duração que são as memórias e crônicas, a tomada de consciência do tempo, ou mesmo a presença obsessiva da duração, caracteriza a poesia tardia, transformando consideravelmente a herança literária dos séculos XIII e XIV. Sob a aparência de uma confidência, já Rutebeuf servia-se das imagens da destruição e do desaparecimento dos amigos levados pelo vento; e, mais tarde, Eustache Deschamps parece ter sido particularmente obsedado pela instabilidade e pela fragilidade, pela velhice e pela vanidade das coisas humanas, pela percepção do "ciclo da vida, à imagem do relógio que se acaba de inventar". Domesticado em Charles d'Orléans, com alguma amargura entretanto, o tempo pessoal, que parece harmonizar-se com as estações e com o ritmo cósmico, constitui por vezes o objeto de uma constatação dolorosa: o poeta se mostra escavando "o cofre de sua memória", consciente do espetáculo divertido que oferece a todos o velho que penetra no caminho mais facilmente percorrido pelos jovens, "o caminho amoroso". Obsessão do tempo em Michault Taillevent, para quem o "tempo passado jamais retorna", para Pierre Chastellain, que escreve um *Contre passe-temps*, que intitulará mais tarde *Mon temps perdu*, história de sua vida cortada por digressões que ele ampliará em um pequeno livro chamado *Mon temps recouvré*: os poetas estão doravante atentos à duração profunda do Eu, "ministério do tempo perdido", em Villon, "magistério do tempo

"... pois ela [Fortuna] não é nem certa, nem estável, nem justa, leal e verdadeira. Quando se acredita que é caridosa, é avara, dura, cambiante, pavorosa." Guillaume de Machaut, Le remède de Fortune. *(Paris, Biblioteca Nacional, ms fr. 1586.)*

"Por seu aspecto, ela parecia instável, ou ao menos facilmente cambiante; tinha os olhos vendados como o deus Cupido. Em sua mão direita, segurava um cetro real e, em sua mão esquerda, uma roda que não parava de girar." Pierre Michault, La danse aux aveugles. *(Chantilly, Museu Condé.)*

redescoberto", em Pierre Chastellain, onde já se adivinham alguns sinais do tempo da Renascença (D. Poirion).

A PALAVRA INTERIOR

O gênero romanesco desenvolve enredos amorosos dos quais a representação da solidão e, em consequência, da palavra interior faz parte integrante. Se já Roland, em sua agonia solitária, dirigia a Deus as três preces que se conhecem, é sobretudo no romance dito antigo, e mais particularmente em Chrétien de Troyes, que se desenvolve a técnica narrativa do monólogo interior servindo a um trabalho de elucidação do eu, a uma autoanálise, a um julgamento de si diante de si mesmo. Os longos monólogos paralelos de Soredamor e de Alexandre em *Cligès* servem para cercar, no decorrer de uma investigação secreta, os tropismos afetivos que o sujeito quer definir: cena interior, teatro do sentimento, alegria, delírio, dor, nuanças do humor que a lírica cortês, por seu lado, desenvolve a seu gosto segundo as modalidades do tempo de espera, da esperança e do desespero.

Dança macabra. (Paris, Biblioteca Nacional, ms lar. 1402.)

O século XIII verá desenvolver-se uma forma elaborada de monólogo interior em que o encargo do íntimo pelo narrador pode duplicar-se em uma outra voz na expressão do Eu, por meio de um substituto de cultura, a citação lírica. Modalidades diversificadas do monólogo interior: as palavras solitárias de Guillaume enamorado de Flamenca são ao mesmo tempo uma lamentação sobre o poder do amor e o trajeto preciso na direção de um projeto já racionalizado, o subterrâneo que lhe permitirá ir ao encontro de Flamenca no banho. No entanto, é essencialmente no momento da morte, solidão por excelência, que o indivíduo, abandonando pouco a pouco todos os territórios de uma comunicação possível, aquela que o ligava ao ser amado, acusado — com ou sem razão — de abandono e de traição, e aquela que o prendia a uma comunidade da qual se sabe doravante coitado, entrega-se à palavra da morte de si, palavra proferida, não interiorizada, consequentemente, em *La châtelaine de Vergi*, já que uma donzela oculta em uma alcova a testemunhará e a transmitirá ao amante que, sobre o corpo da amada, tirará a própria vida. Se na *Chanson de Roland* a morte era a ocasião de um último discurso em que o "eu" se duplicava em um "nós", o discurso da castelã é o de uma trágica solidão, comparável à da dama de Fayel que, ouvindo a última mensagem do amante morto por uma flecha envenenada e tomando conhecimento de que comeu, por um ardil cruel do esposo, o coração de seu amante, perde a consciência e, voltando a si, lívida, chama a morte. Consciência da morte acompanhada, aliás, de uma gestualidade padronizada, braços pressionados sobre o peito arrancando ao corpo o último sopro da vida.

A IDENTIDADE

O imaginário literário é obsedado pelos problemas de identidade: identidade perdida, desconhecida, que é preciso descobrir ou redescobrir, que é preciso mascarar e da qual se semeiam os sinais a fim de que seu sentido irrompa mais tarde em pleno dia, modalidades dos jogos sobre a percepção da identidade.

A CLANDESTINIDADE

Fazer falar seu corpo ou deixá-lo mudo: emissor de um discurso, por meio do gesto, do vestuário, do senso das conveniências, o corpo sabe calar-se e servir-se de uma ausência. Nas ficções, essa ausência faz sentido. Retirar do corpo as marcas de uma identificação possível: inúmeras situações mostram como se modifica a aparência, por exemplo, como desaparece, dissimulado por uma erva mágica, o rosto; como se cala a identificação. Assim, ameaçada pelo casamento com um rei pagão, Nicolette, na *chantefable** do século XIII, unta a cabeça e o rosto com uma erva, de modo que se torna toda escura e perde seu brilho. Sob a aparência de um tocador de viela, ao chegar junto de Aucassin, seu amigo, colhe uma erva chamada *éclaire* (a

(*) Narrativa medieval em prosa (narração) e verso (canto). (N. T.)

quelidônia?) com a qual unta o corpo para voltar à sua beleza passada. O corpo pode também ser recoberto por uma pele: em *Guillaume de Palerme*, amantes em fuga conseguem nas cozinhas onde se esfolam cervos e ursos as peles de dois ursos brancos, assim como a de uma serpente, *patchwork* no qual, por meio de costuras, encenam seus corpos a ponto de iludir todos aqueles que os avistam.

Proposição enigmática ao olhar, servindo-se da monocromia, o indivíduo pode concentrar-se, reduzir-se à cor, tornar-se, por exemplo, "Cavaleiro Rubro" ou "Cavaleiro Branco", com aquilo que os valores cromáticos comportam de discurso legível, designando o vermelho um personagem animado de más intenções, o verde um ser fogoso, o negro, provisoriamente polivalente, tornando-se pouco a pouco pejorativo, aparecendo o azul no incógnito, como um real valor para dizer a natureza dos personagens, como o mostra Froissart no *Dit du bleu chevalier* (M. Pastoureau).

Em certas circunstâncias, redundantes se se considera o conjunto das narrativas, homens e mulheres podem temporariamente recusar — e isso dá testemunho de um senso particular da relação com a comunidade — deixar falar a sua identidade: é o caso — e durante uma longa duração das narrativas — dessas jovens que, entregues ao capricho incestuoso do pai, não encontram outra solução que não a fuga, sendo seu silêncio talvez tingido, aliás, pelo desejo de mascarar o espaço privado atingido por uma ameaça que poderia macular a memória familiar. Para o herói cortês, Lancelot, por exemplo, no *Chevalier à la charrette*, a ausência temporária do nome significa que é buscada uma adequação entre o nome e a realização que a comunidade espera do herói. O indivíduo da ficção deseja, assim, uma retenção de si mesmo, e isso diz respeito à longa tradição do romance de aventuras, até o século XV, em que o herói, na *Histoire d'Olivier de Castille*, recusa-se a confiar sua identidade de vencedor; então os arautos precisam contentar-se em proclamar vencedor o "cavaleiro vermelho, negro e branco". A clandestinidade é, assim, uma intimidade transportada consigo como uma bagagem secreta que só se desvenda no momento escolhido, excelente maneira, aliás, de conferir à narrativa o suspense necessário. Quanto aos fantasmas, em *Richard le Beau* ou em *Olivier de Castille*, seres em trânsito neste mundo, também sabem mostrar-se clandestinos.

Tristan en prose. *Cavaleiro monocromo. (1463, Paris, Biblioteca Nacional, ms fr. 99.)*

As insígnias de Bohort, cavaleiro da Távola Redonda. (Lancelot en prose, *meados do século XV. Paris, Biblioteca Nacional, ms fr. 115.)*

A LEITURA DOS SINAIS

"Assim foi Cligès, que possuía sabedoria e beleza, largueza e força: tinha a substância com a aparência": a dissonância percebida na conjunção mentirosa da aparência e do ser é sentida com inquietação. Em particular, a mulher constitui o objeto de uma constatação que opõe os componentes ideais do retrato ao seu ser íntimo, em *Galeran de Bretagne* ou no *Dit du lévrier*, no século XIV, em que uma jovem de rosto suave possui um coração orgulhoso e cheio de "melancolia".

Boccaccio, Des femmes nobles et renommées. *Filha e aluna do pintor Cratino, Irene supera o talento de seu pai. (Século XV, Paris, Biblioteca Nacional, ms fr. 598.)*

Fazer-se reconhecer nas ficções assemelha-se muitas vezes a um jogo de rastreamento. Se as armas de um herói são proposições secretas para uma iniciativa hermenêutica, se a monocromia é "falante" ao mesmo título que as armas explicitadas, o tema do cavaleiro mascarado parece ter sido nos romances do século XIII o motivo privilegiado de uma dialética entre o anonimato desejado, a perda da posição social e a reconquista de um olhar de outrem por meio, em primeiro lugar, do valor físico da façanha que propõe uma identidade que o nome, depois, virá coroar. Para ser reconhecido e valorizado, o indivíduo parece dever passar por uma fase mascarada. O incógnito poderia então significar que toda identidade deve ser conquistada e, uma vez conquistada, provar-se sem fim. Balizando os romances de Chrétien de Troyes, o incógnito, no trajeto iniciático, concerne estreitamente às relações com a nomeação. O próprio Perceval só saberá seu nome na corte do Rei Pescador após omitir-se de fazer a pergunta que teria curado o rei e salvo da desolação a Terra Devastada: "E ele, que não conhecia seu nome, tem como que a sua revelação e diz que se chamava Perceval, o Galês. Ele não sabe se diz a verdade ou não, e no entanto dizia a verdade, mas não o sabia... [...]".

Mensagens ainda sobre a identidade são esses segredos que aguardam decifração, inscrições misteriosas, tramas bordadas, retratos que esperam ser identificados: em *La belle Helaine de Constantinople*, a reprodução do rosto da heroína assinala a busca que dela é feita pelo pai culpado, pelo marido que, involuntariamente, a perdeu. Sinais esparsos esperando ser reconhecidos e confissão de uma culpabilidade: o pai mandou pintar sobre a coluna do palácio do papa, em Roma, a efígie de sua filha; o marido traz no escudo o retrato da esposa perdida. Se a redundância do motivo tende a fazer do pai e do marido uma mesma figura submetida a uma disjunção, a imagem da esposa reproduziria, ademais, um ser disjunto de sua identidade: heroína *incognita*, Helaine, sem identidade, é entregue ao olhar público, ao mesmo tempo pelo pai e pelo marido.

O RETRATO

Fato estranho: quase não é pelos traços que as pessoas se fazem reconhecer (com exceção do retrato). Assim, frequentes nas narrativas em que a célula familiar rompida é finalmente restaurada, os reencontros dos pais e dos filhos não se dão jamais pela leitura dos traços, mas antes por um tropismo afetivo, no *Lai de Doon*, por exemplo, ou no *Lai de Desiré*, em que a fada envia uma bela criança para conhecer seu pai, enquanto o nascimento lhe havia sido ocultado. É o caso, em um contexto menos feérico, da estranha afeição que o rei sente pelo filho da Manekine recolhido por um senador romano e que ele não sabe tratar-se de seu filho, fascínio que não se poderia ter senão como "voz do sangue". O retrato, entretanto, é um bom substituto do ser, pois relembra aos amantes os traços amados. Tristão venera na sala das imagens a estátua de Isolda: "Ele diz tudo o que pensa às imagens e não quer abandoná-las. Seu olhar cai sobre a mão de Isolda, que lhe estende seu anel de ouro, e ele revê o rosto desfeito da amiga quando ela lhe diz adeus".

Avatares sutis da imagem: Guillaume se serve audaciosamente do marido para fazer chegar a Flamenca uma mensagem: compõe um poema (uma "saudação") pretensamente dirigido a uma misteriosa bela. A mensagem comporta duas imagens, desenhadas "com tanta perfeição que parecem realmente vivas. A do primeiro plano estava ajoelhada e suplicava à outra, disposta à sua frente. Uma flor saía-lhe da boca, vindo tocar a primeira palavra de cada verso". Essas pinturas não reproduzem os traços dos amantes: no entanto, basta a Flamenca dobrar as folhas do poema e desdobrá-las, dando então "mil verdadeiros beijos na imagem de Guillaume e mil outros quando dobrava as saudações, pois então uma imagem parecia beijar a outra". Duplicação dos amantes, simulacro fantasmal do abraço, o retrato sabe a uma só vez mentir e satisfazer plenamente. Relação feliz mantida, por sua vez, por Guillaume de Machaut com a "doce imagem", a "doce figura" que seu criado lhe transmitiu. Desde que recebe o retrato de sua dama, "eu me fui", diz ele, "em passo rápido, a sós, sem nenhuma companhia, e me encerrei em meu quarto". Ele deposita sobre sua cama "a imagem agradável e pura, que era representada pela pintura", a fim de contemplá-la, mas também de tocá-la e de enfeitá-la. Substituto do ser distante, o retrato tem função carnal e poder soberano de evocação.

O SONHO

Área íntima, universo afetivo, brumas e claridades: o indivíduo pode ser absorvido pela dinâmica de seu mundo singular. No século XIII, o estado no qual o indivíduo mergulha em si mesmo é descrito no *Roman de Flamenca*, de maneira quase clínica, como uma trajetória dos sentidos que, submetidos ao coração, vão ter com seu "senhor" e "pai", de maneira que o homem permanece sem conhecimento, todo embotado, privado da visão, da audição, da palavra:

> [...] o coração é o senhor e o pai; então, se lhe acontece um bem ou um mal, cada um dos sentidos vem a ele para conhecer imediatamente sua vontade, e quando estão assim reunidos no interior, o homem não vê nada no exterior, e permanece como que ofuscado. E, pois que o bem e o mal os fazem assim retornar para junto do coração, não me surpreendo nada de que a alegria de amor, quando está no coração, sendo um composto de bem e de mal, os faça acorrer a galope para o seu senhor, se ele os reclama. E todos os sentidos têm tal uso que, se um deles cumpre sua mensagem, os outros não se ocupam de nada além de colocar todo o seu cuidado em ajudá-lo e em servi-lo, de maneira que não têm todos senão uma mesma preocupação. Por isso acontece que alguém que está preocupado vê menos, sente menos, fala menos e escuta menos. E ainda que lhe deem um esbarrão não muito suave, ele nem sequer sentirá o choque. É o que cada um vê por sua própria experiência.

".... eu me deitara uma noite, como de costume, e dormia profundamente, quando tive um sonho muito belo..." Guillaume de Lorris, Roman de la Rose. *(Chantilly, Museu Condé.)*

"... o rei Nabucodonosor viu em sonho coisas que depois se verificaram, e muitas vezes as coisas que pensamos de dia aparecem à noite quando sonhamos." Philippe de Mézières, Songe du verger. *(Século XV, Paris, Biblioteca Nacional, ms fr. 12 442.)*

O sonho vai prestar-se muito particularmente a uma encenação que investe o adormecido de sua substância corporal e lhe atribui um espaço e uma busca. Sabe-se que as preocupações despertadas pelo sonho — relação dos sonhos e das visões, natureza do sono e responsabilidade do adormecido, relações da vida do corpo e da natureza dos sonhos — foram muito vivas nos penitenciais, e muito privilegiadas nas *Clés des songes* dos séculos XII e XIII. Aliás, os textos literários fazem frequentemente referência a Macróbio, e a vida onírica é bem conhecida dos romances e textos alegóricos. Vida que escapa à consciência, mas não à responsabilidade: com efeito, é por haver omitido fazer seu sinal da cruz que a donzela, mãe de Merlin, dá a Satã a ocasião de engendrar um filho; o padre que lhe impõe renunciar, até o fim de seus dias, ao pecado da carne especifica: "[...] salvo em sonho, pois o homem nada pode contra os sonhos!".

Recusando-se, aparentemente, a toda investigação voluntarista, enrodilhado no domínio mais íntimo do ser, o sonho foi frequentemente exibido pelas ficções medievais: é mesmo um fenômeno muito singular essa utilização constante, durante cerca de três séculos, do "sonho como quadro de uma ficção literária"; disso dá testemunho uma grande abundância de textos entre o começo do século XIII e o começo do século XVI (C. Marchello-Nizia). Mas, já na

Chanson de Roland, no caminho de volta para a França, Carlos é o foco de vários sonhos: agredido por Ganelon, atacado por um leopardo ou por um varrão. Ainda no decorrer de seu sono, um anjo lhe anuncia que será travada uma batalha da qual lhe mostra os sinais: tempestades, trovões, tormentas, ventos e gelos, fogo e flama. O exército do imperador aí se torna a presa de monstros, de dragões, de demônios e de grifos, premonições angustiantes e espetáculos de terror que de modo nenhum interrompem o sono, cuja continuidade é sublinhada com insistência.

Em *La quête du Saint-Graal*, os sonhos são a fonte de uma verdadeira dinâmica da narrativa, despertando uma propulsão para outrem, para aqueles que, eremitas ou reclusas, detêm seu sentido. Muito prolixa sobre a angústia dos sonhadores, oriunda de uma percepção privada da apreensão de uma significação, a narrativa põe em cena Perceval que, após "a extraordinária visão" das duas damas, alegorias das duas leis, está "muito perturbado". Ele dorme até alta manhã e encontra um padre: "Senhor", lhe diz ele enfim, após terem conversado longamente, "explicai-me, peço-vos, um sonho que tive esta noite, sonho tão estranho, parece-me, que não estarei em paz antes de saber seu sentido". Mais adiante, esgotado pelo jejum e pelas vigílias, Lancelot, tomado pelo sono, viu chegar diante dele um homem cercado de estrelas acompanhado de sete reis e de dois cavaleiros. Chegando a um ermitério, Lancelot aprende do eremita que "essa visão é bem mais rica de sentido do que muitos poderiam pensar". Quanto a Gauvain e Hector, abrigados em uma velha capela, têm ambos sonhos "tão extraordinários que não se pode omitir lembrá-los, a tal ponto estão carregados de significação"; Hector desperta "cheio de angústia, virando-se e revirando-se de todos os lados, incapaz de dormir"; Gauvain lhe diz então: "Tive um sonho muito estranho que me despertou, e não ficarei tranquilo até que saiba o que significa". Assim, cada termo e cada figurante dos sonhos requerem um saber mais global dos valores que atuam na alegoria: as significações representadas no mais íntimo do ser aguardam sua revelação. Objeto virtual de uma interpretação, o sonho é não apenas concebido como um mundo em si, mas se trata doravante de uma luta por uma significação que se esquiva, que espeta de uma maiêutica apropriada o afloramento à consciência e a atribuição de sentido aos seus elementos.

SONHO-MENTIRA

A tradição alegórica, e em particular o *Roman de la Rose*, investe suntuosamente no Eu que — continuando a dizer "eu" — engaja-se por vezes na mais perigosa das buscas, aquela em que a área mental está ligada a um espaço percorrido e à superposição de duas temporalidades, a do sono (a verdadeira) e a de uma consciência bem desperta (mas fictícia). Aqui está, no *Roman de la Rose*, esse limiar do sonho:

> Uma noite, fui deitar-me como de hábito e, enquanto dormia profundamente, tive um sonho que era muito belo e o mais forte [...].

> Sonhei, uma noite, que estava nesse tempo arrebatador em que toda criatura é levada pelo desejo de amar. Então me pareceu, enquanto dormia, que era o amanhecer; imediatamente, levantei-me de minha cama, pus meus calções e lavei as mãos.

Teatro de um ensinamento benéfico em *La quête du Saint-Graal*, objeto de uma avaliação discursiva de sua verdade, como veremos, o sono é um perigoso domínio em que a ilusão pode apoderar-se do adormecido, em que aquele que se acredita desperto não abraça senão uma sombra: o sonho tem cumplicidade na angustiante definição do real e da ilusão. O tio de Cligès, pretendendo desposar Fenice, a possuirá em suas noites povoadas de ilusões, enquanto ela dorme intacta a seu lado; ilusões paralelas, parece, àquela do abraço de um ser amado produzida pela obsessão amorosa, em *Claris et Laris*, por exemplo, em que a confusão onírica engendra um infernal jogo de espelhos. Fronteiras frágeis da consciência, da culpabilidade, da patologia, do sonho: é no século XV que se vê aparecer, espetáculo íntimo pois que na posse apenas do sujeito possuído pelo desejo, um sonho em que a madrasta incestuosa perpetua durante seu sono os encantos de seu enteado, fazendo-o aparecer como um diabólico dançarino que não deixa de persegui-la...

Sonho e névoa interior juntam-se aos estados de ausência de si, os estados secundários do êxtase e do esquecimento. Da incerteza posta em jogo diante do registro do sono, diante desse território que parece escapar ao Eu consciente, os melhores testemunhos — que aliás provam que o real, rugoso e acre, está bem próximo — são esses sonhos eróticos, aquele, facecioso, do monge que vê desfilar, durante seu sono, séries de sexos femininos, e que — cruel dissonância cavada entre o desejo e seu objeto —, estendendo a mão para o objeto de sua escolha, o dispõe sobre um feixe de espinhos. Mas na literatura cortês o sonho aparece, por vezes, como um verdadeiro dom do amor. Na falta de possuir sua dama, Guillaume de Nevers, quando sente chegar o sono, implora a Amor (*Flamenca*):

> Amor, adormecei-me então, fazei-me sonhar como sabeis fazer. Mostrai-me, ao menos em sonho, aquela que não posso ver quando em vigília. É de vós, minha dama, que quero falar, e se puder adormecer em vós, disso bem me virá, e proveito. Assim diria eu sem cessar: "Vós, vós! Vós, dama, eu vos direi minha dama sempre, enquanto estiver desperto. Se meus olhos se fecham, fora, quero que interiormente meu coração vele convosco; sim, convosco, minha dama, sim, convosco!". Ele não pôde dizer o *s* de vós, já estava adormecido, e contemplava sua dama à vontade e sem que nada constituísse obstáculo. E, de resto, acontece comumente que se veja em sonho o que se deseja quando se adormece com esse pensamento.

Se a gestão do sonho nem sempre é tão racional, a evasão onírica possui por vezes uma eficácia comprovada: no romance que leva seu nome, Guillaume da Inglaterra é o joguete das fronteiras incertas entre consciência e inconsciência. Sonha com uma cena de caça e, ausentando-se de toda sociabilidade, entra em um estado de tão profundo esquecimento que o narrador considera bom dizer: "Não me tomeis por um mentiroso, não vos deixeis tomar pelo espanto, pois acontece que se sonhe em estado de vigília. Assim como os sonhos, verdadeiros ou falsos podem ser os pensamentos!".

Assim, o sonho de Guillaume precede e causa os reencontros com seus dois filhos perdidos desde a infância, forma de revelação obsessiva graças à qual o sujeito reencontra seu estatuto familiar quando põe em cena, na realidade, o que o sonho lhe pré-forneceu.

No limiar do sonho, no *Roman de la Rose*, o valor do processo onírico como mensagem de verdade é discutido: "Um sonho é uma maneira de anunciar aos humanos acontecimentos propícios ou desagradáveis; a maior parte das pessoas sonha à noite, no segredo de seu espírito, muitas coisas que se veem depois manifestamente". Na tradição do sonho amoroso, é precisamente uma ficção do século XV, o *Coeur d'amour épris*, que faz de Coração uma parte dissociada do Eu, um verdadeiro personagem: o autor, René d'Anjou, insiste na frágil avaliação da verdade do sonho. Descreve-se em seu leito, acabrunhado, atormentado, profundamente absorvido por seu pensamento, inteiramente possuído pelo amor:

> [...] *tão confuso*
> *Me vi que perto de morrer estive,*
> *Pois meio por fantasia,* [seja imaginação,
> *Meio dormindo em devaneio,* seja devaneio em sono
> *Fosse visão ou sonho,* seja visão, seja sonho]
> *Me ocorreu e sem mentira*
> *Que Amor fora do corpo meu coração pôs* [...].

Ora, essa penetração na matriz do sonho é objetivada pelo fato de que o autor (que, nas partes em prosa que se entrelaçam às partes versificadas, assume ele próprio a narração, estruturação muito nova das instâncias da narrativa em relação ao modelo que é o *Roman de la Rose*) se descreve no final saindo do sonho, tomado de pesar e de angústia: ele abre os olhos, chama seu camareiro que dorme não longe dali, exprime-lhe seu temor de ver seu coração retirado de seu flanco: "Temo que Amor tenha subtraído meu coração e o tenha levado com ele, pois tateio meu flanco com a mão e me parece que meu coração não está mais ali. Na verdade, não consigo senti-lo bater!". O camareiro, fazendo trazer uma candeia, instrumento de verdade, estabelece um rápido diagnóstico: o flanco de René está intacto. Aconselha então ao sonhador que readormeça serenamente, o que não se dá sem dificuldade. No dia seguinte, René pega papel e consigna seu sonho "o mais próximo que soube", diz ele, sinal de uma apreensão ao mesmo tempo humorística e inquieta de um processo imaginário ao qual será conferida realidade apenas pela escrita. Sonho obliterado pela leve derrisão e pelo gesto que expulsa para os vapores que ela merece a ilusão de sua verdade: a avaliação do sonho, sua redução a um estado objetivo, o logro que chama o sorriso, a redundância do atestado (não sabemos se dormimos ou se estamos acordados...) conferem ao sonho o estatuto, quase derrisório, de um teatro que remete à sua própria retórica, a metáfora. Ora, da metáfora ao real, o elo é por vezes tênue. Verdade mais bem cingida, ilusão afastada, distanciamento graças ao humor cotidiano de um despertar depois de um pesadelo, a busca cortês tornou-se, no *Coeur d'amour épris*, o sonho mau de uma impotência, o que talvez ela sempre tenha sido.

Dessa sensibilidade de margem ambígua que separa a vigília do sono, da incerteza da consciência, dessa dúvida entre "ser e não ser", o estado de *dorveille* [sonolência] dava bem conta, aliás. Era assim que Raimondin, o futuro esposo de Melusina, errava na floresta sob o choque do assassinato acidental de seu tio:

> À meia-noite, ele chegou a uma nascente chamada a Fonte da Sede, ou então também, por alguns, a Fonte Encantada, porque ali acontecera, no tempo passado, muita aventura maravilhosa, e ainda acontecia, de tempos em tempos. A nascente jorrava em um sítio surpreendente; uma escarpa selvagem, com grandes rochedos acima, e uma bela campina ao longo do vale, depois da alta floresta. A lua luzia, clara, e o cavalo de Raimondin o levava à vontade, para onde queria, pois seu dono, aniquilado pelo pesar, estava privado de qualquer vontade, como se estivesse adormecido. Ele chegou perto da fonte onde três damas brincavam. É de uma delas, a mais nobre, a senhora das duas outras, que vamos contar agora o que a história nos diz. Segundo a história, então, o cavalo levava Raimondin, pensativo, infeliz, desesperado com o que lhe acontecera; ele não conduzia mais seu cavalo, o cavalo o levava para onde queria; não virava a rédea nem à direita nem à esquerda: perdera a visão, a audição e o entendimento. Assim ele passa diante da fonte onde se encontravam as três damas, sem as ver [...].

Mais tarde, um poeta da corte de Borgonha, Pierre Michault, descreve, em *La danse aux aveugles*, seu teatro interior como um estado particular em que, no coração de uma noite nítida e clara, repousa a "sensualidade" (as percepções sensoriais), em que a concentração extrema ("a assiduidade e frequentação de meu pungente pensar") faz surgir sob forma humana seu Entendimento, mas para que essa dissociação, perfeitamente racionalista, se dê, é preciso a morte dos sentidos!

Outra racionalização, aquela proposta pelo sonho político, verdadeiro debate ao qual os segredos do inconsciente pretendem servir de cenário. O sonho se torna o instrumento de um ardil, pois que o sonho político é o lugar de uma fábula sobre o poder. Em menos de uma metade de século, uma boa dúzia de ficções — *Songe de pestilence*, *Songe du vieil pèlerin*, *Quadrilogue invectif*, de Alain Chartier, *Songe du vergier* e outras — utilizam o universo onírico para uma reflexão sobre as estruturas do poder: a tradição retórica serve para de novo pôr em questão o equilíbrio dos papéis sociais, e, "nesses casos, mais vale fazer crer que se sonha". A forma canônica do sonho (a fórmula "imaginei", seguida do imperfeito do indicativo, estando o próprio sonhador relacionado ao processo do sonho) é afastada em proveito de um processo em que o sonhador é "a sede, depois o copista de uma visão que sempre se refere ao poder real". Assim, a forma do sonho permitiria garantir uma certa impunidade, pois que o autor, o sonhador, pretende não ser o inventor de sua narrativa (C. Marchello-Nizia).

O ESPELHO

Em um livro de instrução cristã à base de exemplos morais, o autor, por volta de 1320, conta que uma dama mandara sua camareira comprar um espelho; como este não a agradara de maneira nenhuma, ela a enviara à procura de um outro. Então a camareira lhe trouxe um crânio, dizendo-lhe: "Tomai, mirai-vos aí, não há no mundo inteiro espelho de vidro onde vos possais mirar tão bem!". Se, mais simplesmente, a Dama Ociosa, no *Roman de la Rose*, serve-se desse objeto para completar os cuidados de sua beleza, o espelho é entretanto o objeto frequente de um ensinamento moral. No *Livre* dirigido às suas filhas pelo cavaleiro de La Tour Landry, o espelho utilizado com abuso acaba por concentrar o feixe dos horrores diabólicos. Encantando-se com sua própria contemplação e passando um quarto de seu dia a cuidar de sua aparência, uma dama exaspera aqueles que esperam na igreja: "Como! Essa dama não acabará de se pentear e de se olhar num espelho?". Funesto espelho: "E como aprouve a Deus, para dar um exemplo, enquanto nesse instante ela se olhava, percebeu no espelho o inimigo que lhe mostrava seu traseiro, tão feio, tão horrível que a dama perdeu a razão, como possuída pelo diabo". Se serve para constatar as imperfeições da toalete e da cabeleira, o espelho, com mais pertinência ainda, designa a imperfeição moral e o excesso do narcisismo. Inúmeros textos fazem do espelho um instrumento de edificação, e, se ele deve ser de virtude, pode-se, para conjurar-lhe o logro e a duplicidade, torná-lo duplo. Assim em Jean de Condé, no *Dit du miroir*, onde o homem deve ter um espelho duplo para ali mirar-se "no direito e no avesso"; existe, com efeito, um espelho "de bela estirpe", que deve estar presente noite e dia, e cujo avesso é "obscuro e diverso", espelho capaz de valorizar por contraste, no qual no entanto é proveitoso mirar-se, pois se pode tirar proveito das más ações de outrem:

Doce espelho por dupla maneira
pois que vês obra inteira.

Boccaccio, Les cas des nobles hommes et femmes. *Cleópatra diante de seu espelho. (Biblioteca de Bergues, ms 63.)*

Roman de la Rose. *A fonte de Narciso.* *(Paris, Biblioteca Nacional, ms fr. 12 595.)*

No entanto, o espelho sabe ser instrumento de sedução, como nesse *fabliau* em que uma dama, recebendo a visita de um escudeiro que lhe anuncia a visita de seu senhor, pede ao mensageiro que segure seu espelho para que possa ajustar seu peitilho, gesto narcísico que a torna tão irresistível que o senhor será infalivelmente precedido!

Paralelo ao estatuto ambíguo do espelho e ameaça virtual ao real que ele duplica, o reflexo do ser (a sombra), ao retirar da realidade uma parte de sua existência, promete ao efêmero o estatuto do real. Assim, sendo a essência deste último, "ao menos no amor cortês", a de esquivar-se, o reflexo, no *Lai de l'ombre*, absorverá, elegantemente, a realidade. Longamente rejeitado por sua dama, um cavaleiro vê seu anel devolvido e, em vez de enfiá-lo de novo em seu dedo, realiza graças ao reflexo o gesto que lhe garante a felicidade. Apoiando-se à beira do poço e vendo claramente na água bela e pura a sombra daquela que mais ama no mundo, dirige-se a ela: "Tomai, minha doce amiga. Já que minha dama não quer saber dele, vós o aceitareis sem discussão!". A água turva-se um pouco à queda do anel e, quando a sombra se desfaz, comovida por tão bela cortesia, a dama enfim concede seu amor. Esquivando-se, mas trazido de volta por sua própria duplicação, o real é enfim possuído.

Se se acredita no deus Amor, o *Roman de la Rose* deveria chamar-se *Le miroir aux amoureux*, exemplaridade da fábula ilustrada pelas duas fontes do romance. Uma delas contém no fundo de sua água o espelho perigoso e letal onde Narciso encontrará a morte; em compensação, a fonte do parque, circular, é fonte de conhecimento, pois todos aqueles que ali se inclinam, qualquer que seja o ângulo de sua visão, tomam conhecimento perfeito de tudo o que pertence ao jardim. Se a primeira fonte é um "abismar-se" do real, a segunda duplica, em espelho, a unidade total do romance. Jogo com a ótica, a absorção da imagem é o retorno feliz de um saber, mas no "Livro dos olhares" que se afirmou incluído no *Roman de la Rose* "como um espelho no espelho", Natureza denuncia "os espelhos deformantes, assim como todas as ilusões engendradas no olhar pela enfermidade dos olhos, pela miragem da distância, pelas visões da vigília e do sono, sem excluir a contemplação, [...] advertência contra todo olhar que tendesse a apresentar sua visão como verídica" (R. Dragonetti).

A roda da fortuna, *coletânea de desenhos, século XV. (Paris, Biblioteca Nacional, ms fr. 24 461.)*

A morte de Narciso

Sobre a fonte então se inclinando,
ele vê na água clara e nítida
seu rosto, seu nariz e sua boca pequena;
então imediatamente se surpreendeu,
pois sua sombra o traíra:
acreditou ver na água
a figura de um donzel extremamente belo.
Então Amor bem soube vingar-se
do grande orgulho e da altivez
que Narciso lhe opusera.
Sua paga lhe foi então bem dada:
demorou-se tanto sobre a fonte
que amou sua própria imagem
e no final por ela morreu.

Como um espelho, a fonte serve à sua duplicação do real e a um simulacro de criação. Pelo reflexo, o Outro se ausenta, o Mesmo revive, perigo de morte. Perigo também para o poeta, pois foi no espelho que ele viu as roseiras carregadas de rosas e, entre todas as outras, percebeu aquela cuja doçura enchia o lugar.

4

PROBLEMAS

Dominique Barthélemy
Philippe Contamine
Georges Duby
Philippe Braunstein

OS ARRANJOS DO ESPAÇO PRIVADO

SÉCULOS XI-XIII

A guerra que grassou nos séculos XI e XII, separando os casais, ferindo as linhagens, não devasta ao mesmo tempo, muito materialmente, o quadro de existência da aristocracia? Ela força as famílias a encerrarem-se nas torres — onde mal se ousa abrir janelas, por temor dos projéteis ou dos assaltos por escalada, e onde, pretendendo entravar a abordagem, condenam-se as portas de fácil acesso para só deixar estreitas entradas, a seis ou oito metros do solo, servidas por escadas removíveis ou perigosas. A sombra do torreão se adensa, nesses séculos de ferro, sobre a vida privada assim como sobre a vida pública: ele impressiona, sem dúvida, os súditos e os inimigos da senhoria, e parece, sobretudo, que encerra no desconforto e na promiscuidade os cavaleiros, suas mulheres e seus filhos. Essa visão pessimista entrou na história da França (e da Inglaterra) no capítulo da feudalidade como um lugar-comum. Deve-se dar-lhe crédito? Exige ela um desmentido? Para repô-la em questão, é preciso prestar atenção ao que vemos, e também à maneira pela qual a encaramos.

Sob os nossos olhos, os torreões são os vestígios mais bem conservados da arquitetura profana desse tempo: devem-no ao seu material, a pedra, ao seu prestígio e também ao acaso, tendo alguns sido abandonados, portanto conservados mas deformados. Muitas vezes, arranjos da Baixa Idade Média, ou mais tardios, interpõem-se entre os tempos feudais e a arqueologia contemporânea. Esta, sobretudo, tem o direito de se perguntar se se trata mesmo dos vestígios mais típicos, se as moradas de pedra perene reproduzem bem a estrutura e a aparência daquelas cuja madeira, presentemente apodrecida ou queimada, constituía o essencial. Ela quer conhecer o conjunto dos habitats de uma região e de uma época e, de preferência a repolir os lajeamentos e restaurar as paredes, procura ler o vestígio dos passos sobre os níveis de terra batida e discernir o dos buracos de pilares nos solos acumulados.

Página 392:
Chroniques de Hainaut, *século XV. O ensinamento do mestre a seus alunos: a transformação da paisagem e do meio pela ação dos homens. (Paris, Biblioteca Nacional, ms fr. 20 127.)*

Restormel. Cornualha: coroando um castelo elevado do qual retoma a forma circular (daí a economia dos custos de construção), este torreão do fim do século XII é característico da preocupação de arranjos residenciais. A céu aberto, a sala (de guarda?) e as pequenas peças.

O trabalho dos arqueólogos em Doué-la-Fontaine (Maine-et-Loire): no solo da grande sala, a escavação fez aparecer vestígios de várias épocas:
0: argila do solo no lugar;
1: fundação da parece oeste do edifício;
2: parede oeste (c. 900);
3: camada de ocupação anterior ao edifício (c. 900-950);
5 e 6: buracos de pilares que pertenceram a uma construção de madeira anterior ao edifício.

Mas como ressuscitar em sua totalidade a vida cotidiana, com os trajetos dos homens e das mulheres, a ordenação cambiante das peças? Não se deve sonhar diante dos torreões, como o fez o século XIX. A arqueologia dessa época, depois de ter analisado bastante bem as técnicas de construção, abandonava-se a puras impressões, falando de tristeza, de estreiteza, de rudeza, sem saber se os habitantes experimentavam realmente seu dissabor, ou desembalando, conscientemente ou não, uma ideologia, como o texto de Émile Mâle que se lerá mais adiante. Mais ativos e igualmente apaixonados, os pesquisadores atuais são também mais prudentes: no mais das vezes, seus relatórios e suas sínteses preferem deter-se no limiar da inapreensível intimidade das famílias. Precisamente porque o conhecimento exato do modo de vida lhes parece fundamental, evitam prejulgar por palavras definitivas as funções de tal peça, de tal construção, e renunciam à tentação de reconstituir esteticamente as habitações desmoronadas e os sentimentos mortos.

Entretanto, não consideramos aqui uma dessas civilizações fascinantes e quase incognoscíveis, tais como a minoica ou a tolteca, sobre as quais a ausência de textos incita às hipóteses ousadas e condena os mais brilhantes às delícias e aos delírios da imaginação. A escrita dá testemunho também, nos tempos feudais: fontes bastante ricas, em suma, permitiram esboçar o primeiro "quadro" deste livro. Há crônicas, biografias, que fazem o elogio de um construtor, explicitam os mais oficiais de seus desenhos, há narrativas no decorrer das quais, de súbito, penetramos nas moradas da feudalidade. Mas, no mais das vezes, os próprios personagens, as relações travadas e as distinções estabelecidas entre eles interessam mais que os cenários. A leitura dos documentos pode completar a análise dos vestígios; mas não deixa de haver entre elas uma certa distância, uma zona de desconhecimento para o historiador escrupuloso.

A dificuldade mais irritante é aquela que impede de atribuir a tal espaço seu nome medieval exato: termos como *turris*, a torre ou o torreão, e *domus*, a habitação, ou ainda como *camera*, o quarto, e *sala*, a sala, aparecem empregados ora em oposição, ora um pelo outro. Os medievais seriam incoerentes, ou incapazes de traduzir em latim os termos de sua linguagem? Duvidamos muito disso: essa explicação condescendente é inaceitável. Deve haver uma real e significativa ambiguidade em cada um desses dois pares. Pensando bem nisso, toda a história do habitat nobre está aí: a aristocracia foi condenada a viver no torreão, a ponto de ele ser tomado por sua casa por excelência, e não soube ao menos atenuar seus inconvenientes? Por outro lado, instalada, no encerramento, foi ela impedida de instituir a separação, fundamental aos nossos olhos, entre a peça de recepção, de refeição e a de intimidade, de deitar, e também impediu a si mesma toda sutileza na ordenação dos retiros e dos encontros?

A TORRE E A HABITAÇÃO

Uma intriga cômoda, para esse primeiro desenvolvimento, é fornecida pelo clássico dilema entre residência e fortificação: até que ponto a segunda dessas exigências constitui a lei nos "castelos", do século XI ao século XIII? Ela sempre eliminou ou contradisse a primeira?

O SURGIMENTO DAS TORRES

Torres ou torreões se elevam, a partir dos meados do século X, seja no meio de conjuntos residenciais anteriores, seja em sítios novos dos quais constituem o elemento único ou principal. Mas, em ambos os casos, não são necessariamente partes habitadas permanentemente.

Herdados da Alta Idade Média ou mais recentemente constituídos, os complexos palaciais se integram em uma cidade ou em uma aglomeração: estão próximos dela e a dominam, dela se separando por um muro "interno", enquanto a muralha principal os encerra ao mesmo tempo. Mesma disposição naquilo que os textos dos séculos XI e XII chamam *castrum*, o castelo principal, ou antes o núcleo protourbano cujo crescimento formará, por volta de 1200, uma verdadeira cidade: a residência senhorial, castelo no sentido restrito, é seu ponto focal e toma lugar, frequentemente, no coração de um sistema de recintos concêntricos.

Esses conjuntos devem cumprir várias funções. Na superfície bastante extensa (de um a cinco hectares), ovoide ou poligonal, delimitada por cercas de terra e por fossos, espalham-se em ordem frouxa construções pouco elevadas, entre as quais permanecem inúmeros espaços descobertos. Uma corte propriamente dita (*aula*), a saber, uma peça de recepção, um *hall*, que repousa sobre um celeiro semienterrado, flanqueada por vezes por aquilo que os comentadores, com ou sem razão, chamam "apartamentos", e comunicando-se com uma capela: é o que Carlos Magno estabeleceu majestosamente em Aix e que reencontramos em muitos lugares, em razão de uma imitação ou, simplesmente, de uma idêntica funcionalidade. Anexos reservados ao trabalho, à estocagem de víveres e de armas, estrebarias, eventualmente outras habitações aristocráticas, e uma colegiada: a presença e a extensão desses outros elementos permitem medir a importância e a polivalência da praça. Tudo isso é reencontrado no *burg* condal de Bruges, bastante vasto, teatro dos dramas narrados por Galbert. O primeiro palácio Capeto de Paris já é mais acanhado, mas comporta, distintamente, a sala do rei encostada à muralha da cidade, uma habitação contígua em ângulo reto e uma capela.

Doué-la-Fountaine: porta principal do edifício (c. 900).

A torre, nesses dois locais, tarda um pouco a aparecer. Em Bruges, onde, como ocorre muitas vezes, equilibram-se material e simbolicamente a parte leiga e a parte clerical, é ainda, em 1127, o campanário da colegiada Saint-Donatien que serve de refúgio último aos assassinos de Carlos, o Bom, no entanto senhores também de sua *aula*, quando os vingadores os perseguem. Em Paris, o rei espera o limiar do século XII para erigir um torreão ao lado de sua sala — e sem dúvida o faz mais pelo prestígio que pela defesa. Mas desde o século X, no tempo de Luís IV de Além-Mar, os carolíngios tinham uma torre em seu palácio de Laon — ou uma *aula* muito fortificada. Em todos esses lugares há, por certo, um pouco de espaço, mas nem luxo nem calma, e a volúpia é menos a dos quartos macios que a do poder exaltado, na exibição do *hall* e do balcão: *aula* e torreão são dois locais memoráveis da representação de poder.

De uma ao outro pode haver uma continuidade genética: assim, as escavações de Michel de Boüard em Doué-la-Fontaine (Anjou) oferecem um tipo quase ideal. No começo do século X, um quadrângulo de 23 metros por dezesseis, no mesmo nível do solo e de altura modesta (de cinco ou seis metros): espaçosa *aula*, residência secundária do príncipe dessas regiões, Robert. Após incêndio, acrescenta-se, por volta de 940, um andar, com acesso pelo exterior: torreão do tipo mais elementar. Enfim, depois do ano

Doué-la-Fontaine (Maine-le-Loire): desimpedimento da aula *do século X enterrada em um castelo elevado do século XI: aqui, parede oeste e porta de entrada; à esquerda se vê o corte do castelo.*

mil, enterra-se o todo na terra transportada, convertendo os dois primeiros níveis em subsolo, celeiros e calabouços, e instalando em cima uma torre (torreão) sobre castelo elevado digno de uma antologia... que é queimado na metade do século XI. Está então estabelecido que uma continuidade arquitetônica pode existir da "corte" à "torre", entre a época carolíngia e a da senhoria banal (século XI). E é possível que as torres dos palácios de Compiègne, de Rouen e de outros lugares, nesse tempo, tenham sido também *aulae* progressivamente entorreadas.

Contudo, a inserção dos torreões nos sítios castelões se realiza em geral de maneira progressiva e incompleta. Há variantes regionais: assim, as cidades do sul, esses grandes castelos, dispensam-nos. É o Noroeste da França, antes de tudo a Normandia e o Val de Loire, rico em bela pedra e sede de principados poderosos, de senhorias compactas, que aparece como o terreno de eleição dos torreões. O mais antigo daqueles que subsistem de pé hoje, Langeais, data de 994 e é devido à iniciativa do conde de Anjou, Foulque Nerra. Mas, ao observá-lo de perto como o fez Michel Deyres, a intenção do conde variou: ele o quis de início bastião para o uso de suas guerras, depois arranjou-o para a residência, antes que seus sucessores, no final do século XI, lhe restituíssem, cercando-o de uma proteção, destinação propriamente militar.

Langeais (Indre-et-Loire): construção quadrangular, edificada em 994 e munida mais tarde de contrafortes, dita torreão de Foulque Nerra, do nome do famoso e terrível conde de Anjou.

Montcuq (Lot): torreão datado talvez do século XIII, cujo aspecto tosco mostra que nem todas as construções desse tempo se beneficiaram da tecnologia de ponta.

Nessa mesma zona geográfica, o caso mais frequente consiste em uma geminação do torreão com um corpo de habitação contíguo, de onde se pode vir ali se refugiar em caso de necessidade; ele não desempenha um papel central nem realmente ativo na defesa das fortalezas: é antes um reduto protegido por seu isolamento ou por sua excentricidade em relação às outras defesas. É só na Inglaterra normanda posterior a 1066, apêndice do Noroeste da França onde os conquistadores vivem por muito tempo precavidos, que imensos e imponentes torreões servem como residência permanente — embora nem sempre, nem exclusivamente. A Torre de Londres é um modelo inúmeras vezes reproduzido.

Passemos agora aos sítios senhoriais de segunda ordem, que o crescimento do povoamento e a multiplicação das guerras localizadas fazem proliferar no século XI, especialmente às margens dos *pagi*, ou antigos condados, e das castelanias. A prospecção arqueológica, há várias décadas, descobriu os vestígios ou inventariou as ruínas de um grande número de castelos sobre elevações e de torres, empoleiradas sobre eles ou assentadas ao seu lado: isolados, apenas sofrivelmente integrados em um plano de enquadramento do território, estão mais regularmente expostos aos perigos e são mais fundamentalmente empregados como covis de pilhagens que os conjuntos castelões.

Mas nem no Sul nem no Norte da França essas fortificações secundárias, totalmente artificiais ou resultantes do arranjo de esplanadas ou de contrafortes barrados, são necessariamente locais de residência. Entretanto, quando abrigam uma "família" de cavaleiro, tendem a dissociar o habitat mais privado da torre. Assim, em Grimbosq em Cinglais: o ponto mais elevado do castelo de Olivet não está destinado à residência; a casa toma lugar apenas em um exíguo terreiro, entre a torre e a parte menos vulnerável do recinto; um outro terreiro, mais largo e menos defensável, abriga alguns animais domésticos e, sobretudo, serve de liça aos exercícios equestres. A residência, cujo caráter aristocrático é amplamente atestado pelas joias e pelas peças de jogo, tem a forma de uma *aula*: um quadrângulo de dezessete por sete a dez metros; seu vigamento repousa sobre uma mureta de pedra. A cozinha está separada dela — sinal distintivo também da habitação nobre — e, por outro lado, uma capela e um outro edifício lhe são contíguos. Tem-se aqui, em suma, o modelo reduzido de um conjunto principesco ou castelão: mesmas distinções funcionais, mesma vizinhança da casa e do bastião. Interessantes também, para as regiões provençais da

Houdan (Yvelines): torreão cilíndrico (15 metros de diâmetro, 30 metros de altura) erigido no começo do século XII por Amaury XIII, senhor de Montfort; é cantonado de quatro torrezinhas das quais uma (aqui, à direita) encerra uma escada em caracol pela qual se tem acesso ao primeiro andar. A porta está a 6 metros acima do solo. O interior se organiza em torno da grande sala ("estrutura de Ardres").

mesma época (século XI), as indicações das narrativas de *Miracles de sainte Foy*, de Conques, que tendem a apresentar a torre como o covil dos guerreiros sós, enquanto as esposas reinam em uma casa, *mansio*, contígua ou mais afastada.

A geminação da torre e da habitação, separadas e complementares, aparece-nos então como o caso normal em toda a gama das moradas aristocráticas, moléculas palaciais e castelãs, ou átomos cujos núcleos são castelos sobre elevações e torrezinhas. A partir daí, por que os textos confundem frequentemente *domus* e *turris*? Pode-se ainda compreendê-lo de várias maneiras:

a) A torre é a metonímia da família, se a parte prestigiosa é tomada pelo todo.

b) A torre é o futuro da casa, se a *aula* progressivamente se eleva e se transforma em torreão. Certas moradas campestres são habitáveis no andar térreo, mas sua concepção lembra a de um torreão (Pierre Héliot, comentando o caso de Longueil, em Caux, residência de uma grande família do começo do século XII): tipos impuros que justificam as hesitações da pena.

c) A torre, enfim, é uma parte da casa: aquela em que as pessoas se refugiam em caso de perigo, por certo, como no castelo de Loches; mas também aquela onde vive permanentemente uma parte da família masculina: a torre é então a *aula* cuja habitação representa o "apartamento" anexo. Mas esse caso não é geral: em muitos palácios, em muitos castelos, ela não é senão o flanqueamento militar e sobretudo simbólico de uma habitação que é preciso continuar a chamar de *aula.*

A marca da guerra sobre as moradas dos nobres, a pressão dos desígnios político-militares sobre sua vida cotidiana são bem reais, dentro e fora da torre. Pois a *aula*, mesmo separada, se torna um pouco torreão. Há na França e na Inglaterra inúmeras construções das quais os especialistas de arqueologia castelã contestam, discutem e retificam a denominação.

Três andares do torreão de Hedingham (Essex), c. 1140:
1: primeiro andar: encima um andar térreo murado, com acesso por uma construção saliente;
2: segundo andar: grande sala, ocupando de fato dois níveis, pois uma galeria se abre para ela;
3: andar superior (o quarto andar): série de quartos.

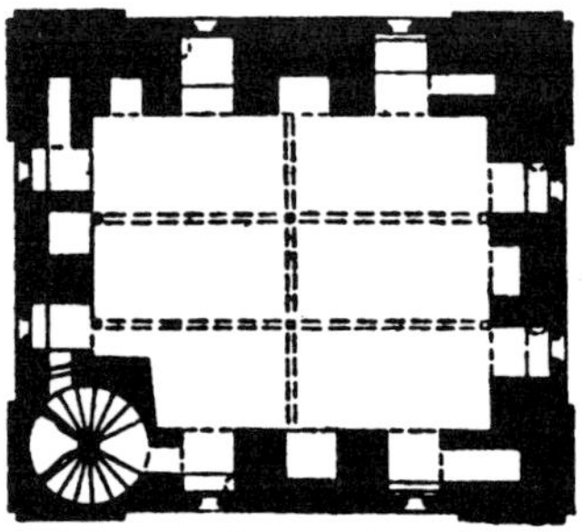

andar superior
quartos

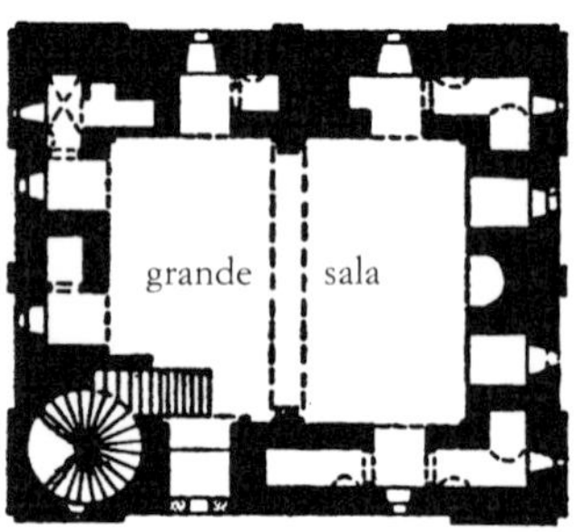

2º andar

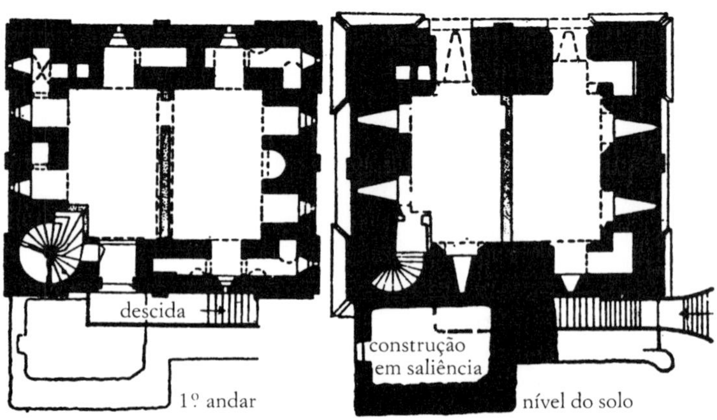

Rochester (Kent): torreão real edificado por volta de 1130 (primeiro século da Inglaterra normanda), característico da série dos "torreões-palácios" inaugurada pela Torre de Londres: cubos maciços de cerca de 25 metros de aresta, três andares e acesso por um "pequeno torreão" (à esquerda).

OS GRAUS DO DESCONFORTO

Entre *aula* e torreão, frisa-se por vezes a indistinção. Acrescentem-se contrafortes a uma, mure-se sua porta no nível do solo: tem-se um torreão. Abram-se vãos nos andares do outro ou arranjem-se escadas na espessura dos muros: ele se aproximará de uma *aula*. Entretanto, podem-se enunciar precisamente critérios de diferenciação: espessura dos muros, estreiteza e dispersão das janelas, acesso muito alteado ao andar superior constituem o verdadeiro torreão; o abandono da planta quadrangular por um módulo quadrado ou cilíndrico e, naturalmente, o crescimento em altura também afastam da *aula*. Porém, traços desta reaparecem no torreão clássico, cujo lado mais longo se apresenta de frente: não se hesitará em chamar *aula* uma grande sala, ge-

Doué-la-Fontaine (Maine-le-Loire): cozinha contígua à grande sala e chaminé mural, c. 900-930.

ralmente superior (a menos exposta), na qual se resolveu abrir amplas e belas janelas "romanas" geminadas.

Os torreões-palácios anglo-normandos, segundo a denominação de Pierre Héliot, bem merecem esse nome duplo porque suas dimensões são equivalentes às das *aulae* principescas (uns vinte por treze metros de superfície interna) e porque, em sua elevação, concentram várias das funções dos conjuntos anteriormente dispersos no solo, incluindo, por exemplo, a capela no primeiro andar, a habitação anexa nos andares superiores. Nessas poderosas construções do final do século XI e do século XII, a função militar não é invasora: trata-se apenas da guarda dos acessos — especialmente da escada externa, verdadeiro bastião que se denomina por vezes "pequeno torreão" — e da tomada de posição sobre o topo, terraço ameado ao qual se tem acesso por vezes por meio de escadas independentes, cavadas na muralha. No entanto, aqui como em toda habitação, pequena ou grande, cuja concepção se aproxima da de um torreão, a rudeza da vida constitui problema.

A tendência pessimista, outrora dominante entre os arqueólogos, fazia duvidar até do caráter original de alguns arranjos internos: chaminés, escavações nas paredes, latrinas... Pesquisas recentes tendem a contradizer esse ceticismo; a bela chaminé de Doué-la-Fontaine e as dos *halls* do século XI, a presença de três lareiras e de duas latrinas no primeiro andar do torreão primitivo (século XI) do castelo de Gand: testemunhos de um esforço precoce, ao menos nas residências dos príncipes, importantes ou não, de melhorar o conforto. Por volta do ano 1200 aparecem os condutos de água nos andares, enquanto o silhar do muro (em Gand, imitação de um belo aparato de alvenaria) se torna mais elegante. Motivo para dar e não dar razão ao autor de um belo livro sobre a arquitetura militar (1953), Raymond Ritter, que faz entrar bastante tarde, e com alguma engenhosidade, um pouco de claridade no interior das torres: "No final do século XII, os maiores feudais apenas começam a descobrir a horrível tristeza das habitações, tão mal iluminadas e arejadas, em que se amontoam com sua família e seus servidores na mais estranha promiscuidade".*

A impressão sinistra, repitamo-lo, é sentida apenas pelos modernos. E, ainda que se encontre denotada aqui uma verdadeira diferença antropológica em relação ao nosso tempo, a palavra "promiscuidade" não é por demais desvalorizadora? Ela vem de um mundo, o nosso, em que as famílias vivem frequentemente um estranho isolamento; o homem ou a mulher, uma terrível solidão... Sobretudo, a crença no refinamento do gosto dos senhores é bastante arbitrária: em primeiro lugar, porque eles fazem aquilo para o qual dispõem de meios, e, em seguida, porque, na realidade, esse momento é aquele em que eles vêm habitar, cada vez mais, torreões ou moradas inspiradas neles. Na Inglaterra, no final do século XII, transformam-se em residência torreões militarmente em desuso.

Janelas suficientes são abertas na parede de uma habitação de Vendôme para que o conde de Anjou, Geoffroi Martel, despertando uma manhã ao lado de sua esposa, em 1032, possa abarcar com o olhar toda a paisagem das cercanias e um céu de estrelas cadentes. As aberturas não faltam a uma *aula*, em todo andar de torreão utilizado como *aula*. Sem dúvida, o interior das salas tem o ar triste: aí se veem poucas decorações murais, apenas uma fileira de capitéis sustentando elegantes colunetas e alguns silhares para animar o relevo das paredes — tudo isso nos mais belos palácios. Mas é preciso imaginar também as numerosas tapeçarias que cobriam a muralha ou permitiam compartimentar o espaço interno, limitando a "promiscuidade"; mais geralmente, todo um mobiliário, que merecia seu nome mais do que hoje, pois que se devia transportá-lo de moradia em moradia, no decorrer dessa itinerância normal dos círculos principescos e senhoriais. A rudeza, portanto, é certa, mas a tristeza e o amontoamento, muito menos — voltaremos a isso mais adiante, a propósito dos quartos.

O desconforto das habitações nem sempre é tão grande; ele varia em graus: por exemplo, segundo o caráter de alojamento seja mais ou menos acentuado em relação ao de bastião e que ali se encontrem ou não as damas e donzelas; segundo os andares também,

Chevreuse (Yvelines): queda externa das latrinas.

(*) R. Ritter, *Châteaux, donjons et places fortes. L'architecture militaire française*, Paris, 1953, p. 99.

pois os mais elevados têm, nos grandes torreões, mais aberturas e sem dúvida são mais bem aquecidos que as salas baixas. Enfim, pode-se acreditar que um progresso muito gradual, no decorrer dos séculos XI e XII, introduziu-se nos torreões — embora a habitabilidade crescente de alguns deles, no final do século XII, se deva principalmente ao fato... de que são habitados, a uma brusca (mas não irreversível) mudança de função. De qualquer modo, é preciso situar nesses anos um limiar importante na história da cultura material. Detenhamo-nos nele por um momento.

A MUTAÇÃO DO FINAL DO SÉCULO XII

É então — Georges Duby indicou-o em seu "Quadro" — que os castelos, concentrando-se nos pontos fortes da defesa, mudam de aspecto. Mas os comentadores modernos dessa evolução veem-se em dificuldade. De um lado, parece-lhes que jamais as preocupações militares foram tão afirmadas, portanto suscetíveis de alienar a vida privada dos grandes: a fria geometria dos ângulos de tiro comanda doravante a planta dessas fortalezas/residências. De um outro lado, eles precisam constatar, como Raymond Ritter, que os arranjos progridem: não é ainda o pleno desabrochar do conforto e da alegria — antes o veríamos no século seguinte, a menos que seja preciso esperar a "Renascença" —, mas assim mesmo é a austeridade melhorada... Como conciliar essas duas constatações? Com elas prossegue o debate do militar e do residencial.

Um texto esclarecedor, muito preciso, relata os trabalhos ordenados e financiados entre 1196 e 1206 no castelo ancestral de Noyers (Borgonha) pelo bispo Hugues d'Auxerre, tutor do jovem senhor, seu sobrinho. Apaixonado por arte militar, ele faz da fortaleza um todo orgânico: o torreão, em vez de ser um reduto maciço e passivo como na era precedente, torna-se a cabeça ativa e operacional da defesa; esta obriga a concentrar a atenção no *praesidium principale*, a parte principal da fortaleza, cimo do promontório que domina o vale do Serein: fossos de obstáculo e plataformas de tiro das máquinas são dispostos, à sua frente, para servir à sua proteção; assim, o *castrum*, já distinto do burgo que ele domina, é cindido em dois por um muro interno. "Fora do recinto dessa parte principal", prossegue o biógrafo,

> ele construiu um palácio de grande beleza que lhe completava a defesa: agradável residência senhorial, que decorou com inúmeros ornamentos e com gosto. Fez galerias subterrâneas que conduzem do celeiro de vinho — instalado sob o torreão — ao palácio situado mais abaixo, a fim de que, para conseguir vinho e outros víveres, não seja necessário entrar na parte principal da fortaleza ou dela sair [...]. Além disso, equipou de maneira notável a parte principal da fortaleza, com armas, máquinas de guerra e outros engenhos necessários à defesa. Comprou, por uma soma elevada, as casas dos cavaleiros e as outras casas que estavam encerradas no recinto

Château-Gaillard, nos Andelus (Eure): a ciência das fortificações.

da fortaleza superior e retrocedeu sua propriedade a seu sobrinho: assim, tanto nessa parte da fortaleza como no corpo de habitação do palácio, por medida de prudência, a chegada daqueles que queriam ver o senhor em seu palácio situado fora do recinto da parte principal da fortaleza não corria o risco de despertar suspeitas e, em consequência da exclusão de todo habitante estrangeiro em período de perigo, o senhor do castelo já não era obrigado a deixar penetrar um homem no interior do recinto superior, se não estivesse plenamente seguro de sua fidelidade [...].*

A exemplaridade dessa operação é tal que se pode aí encontrar, parece-me, quase todos os aspectos de mutação da segunda metade do século XII.

Primeiro, desde o caso meridional precoce de Carcassone (*c.* 1130, sem torreão) até as superproduções setentrionais de Château-Gaillard (década de 1190) e de Coucy (década de 1230), integram-se cada vez melhor torreão, torrezinhas e cortinas em um sistema defensivo único. O propósito estratégico domina, aqui também. Mas o palácio, residência normal dos senhores, e não inteiramente desprovido de valor militar, está um pouco a salvo desse domínio da balística. Do mesmo modo, em Château--Gaillard, o "solar" de Ricardo Coração de Leão está situado fora e abaixo da cidadela. Habitação e bastião, como na época anterior,

(*) Tradução segundo G. Fournier, *Le château dans la France médiévale*, Paris, 1978, pp. 335-6.

são a uma só vez complementares, comunicantes e bem distintos. E o progresso das técnicas de construção serve a ambos.

Segundo, o bispo Hugues, de fato, decora suntuosamente o palácio: portanto, nem todos os fundos disponíveis vão para o equipamento militar. Força e *suntuosidade* devem ser igualmente mostradas, exaltadas.

Terceiro, os cavaleiros do castelo de Noyers vendem suas casas da "parte principal", doravante interna. A tarefa de persuadi-los a essa transação provavelmente foi facilitada pelo fato de que, na maioria das castelanias, ocorria a desintegração desse grupo dominante: eles deixam de ter sede e de manter guarnição no castelo principal, eventualmente ao preço de uma taxa de substituição da guarda ou da *estage* [alojamento], e vão viver em suas terras, inaugurando a segunda era da senhoria banal. O convívio castelão da primeira, um pouco factício e conflituoso, deixa nostalgia, no fim do século XII, em certos troveiros; ele justifica, aqui como em outras partes, o estreitamento da família do senhor.

Quarto, ao mesmo tempo um certo fechamento moral e físico, uma suspeita crescente em relação a qualquer um. Muitos antigos torreões, sem dúvida, foram entregues pela astúcia e pela traição de visitantes solícitos. Orderic Vital relata como, em 1141, Ranulf de Chester e Guillaume de Roumare se apoderaram da torre real de Lincoln, estratégica entre todas: enviaram suas esposas para uma visita à do castelão e eles próprios se apresentaram no mais privado, no coração desse edifício, sob o pretexto de passar para apanhá-las! Do mesmo modo, encontra-se mais de um milagre de santo em favor dos cativos explicado por um traço sociológico das *familiae* antigas: a balbúrdia, a multiplicidade das passagens, nas quais não se pode prestar atenção constantemente. Por contraste, o desejo de segurança dos senhores do século XIII é mais patente.

Na verdade, nenhum castelo, nenhum cofre estão a salvo da traição e da surpresa. Por que então a nobreza do século XIII assim se encerra ainda mais? Fantasma da insegurança e fantasma do orgulho, em um século de paz aumentada e de reforço monárquico: duas hipóteses plausíveis para uma abordagem clínica dos "grandes feudais".

Não é contraditório, em todo caso, considerar ao mesmo tempo, isto é, por volta de 1200, um acréscimo concomitante das possibilidades militares — para fazer frente a cercos muito mais eficazes — e das capacidades residenciais — para assegurar um padrão de vida e um conforto superiores — em edifícios vizinhos, ou até nos mesmos. Tudo isso faz parte realmente do mesmo progresso. Duas observações podem precisar e concretizar esta ideia.

Primeiro, em Gand, por volta de 1178, o conde Philippe de Flandres reforma seu castelo: restringe a superfície utilizada, para melhor cercá-la e fortificá-la pelos fossos do Liève; instala duas grandes salas superpostas na altura de um torreão, cuja face mais longa se apresenta de frente, de 26 por dez metros, e concentra em

Gand (Flandres): o castelo, modernizado depois de 1180 pelo conde Philippe de Alsácia, domina as águas do Liève.

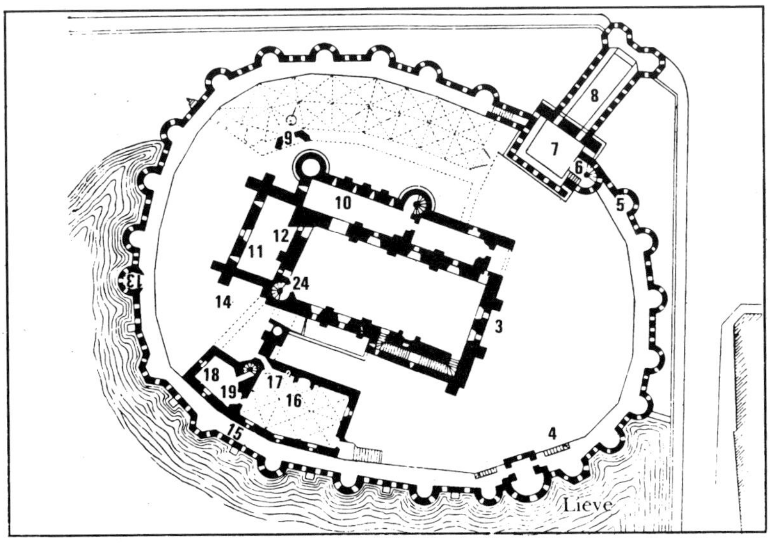

Planta do conjunto, estendendo-se sobre um meio hectare:
Porta de entrada: 8.
Porta de entrada, parte de trás. 1.
Muro de cerca: 4, 5, 13, 15.
Torreão de 1180: 3, 24.
Anexo do século XIII ao torreão: 11, 12.
"Galeria romana": 10.
"Habitação do conde" e anexos: 16, 17, 18, 19.
Galeria ligando a "habitação do conde" ao torreão: 14.
Grande adega à entrada: 9.

Soussey (Côte-d'Or): torre quadrada de três andares, com andar térreo abobadados; é o elemento mais antigo de um "castelo" da Baixa Idade Média.

torno delas duas habitações contíguas. O processo de integração dos elementos até então dispostos de maneira mais solta é, portanto, paralelo àquele imposto pela racionalidade dos engenheiros em matéria de defesa; aqui, ele é evidentemente tornado necessário pela falta de espaço, mas não seria ele, se não a consequência, ao menos a ocasião de uma ordenação mais estrita da família? Os andares, desde o início da transformação tendencial em torreão, não permitem uma vigilância e uma hierarquização mais fáceis dos habitantes?

Segundo, o que é verdade para a ordem de conjunto pode ser encontrado também em traços de detalhe. Começa-se a construir, no século XII, corredores curvos ou angulosos, dispostos sob o arremesso das seteiras e cortados por passagens em ziguezague, para que, uma vez transposta, por acaso, a estreita porta do torreão, o inimigo não tenha, de súbito, o domínio de atacar ou de queimar o conjunto. Mas esses esquemas novos não são os mesmos que Lambert d'Ardres mostra instalados na estrutura do castelo de Guînes, *diversoria* [alojamentos] em que esses seres do ar livre, os cavaleiros e as donzelas, descobrem a cortesia nos desvãos deliciosos das moradas de Dédalo? Onde a arte de modular as nuanças da vida privada progride rapidamente, a crer no testemunho da literatura.

Proponhamos aqui a conclusão, bastante otimista, de que o século XIII domina melhor *ao mesmo tempo* a exigência militar e a exigência residencial. Seus torreões são mais habitáveis e mais bem defensáveis. Se aí as pessoas se sentem mais seguras, não é normal que façam despesas com arrumações?

A ÉPOCA DAS CASAS-FORTALEZAS

No final do século XII, os cavaleiros de Noyers, assim como os de Coucy e de inúmeras castelanias francesas, deixam de residir nos castelos principais. Já não passavam ali, antes, senão uma parte do tempo, divididos que estavam entre esses castelos e suas casas rurais. Nesse momento, veem-se prosperar as pequenas senhorias de segunda ordem — ou ficções de senhorias... Vulgarizada, a palavra *dominus* se aplica doravante a senhores de aldeia, uma dezena de fidalgos de província por castelania, e não mais apenas ao senhor do castelo principal. Ora, quem se pretende *dominus* deve reforçar o prestígio de sua *domus*, dotá-la de uma elevação e de um fosso para marcar bem sua franquia de nobre, de uma torre para exibir seu título de senhor, e construí-la também de maneira mais durável. A proliferação das fortalezas, a partir do século XIII, impressiona os arqueólogos atuais, empenhados em repertoriá-las, em datá-las precisamente e, pelas escavações, reconstituir seu aspecto — como o fizeram, quanto à Borgonha, Jean-Marie Pesez e Françoise Piponnier. Não se trata, como no século XI, de um brutal impulso da guerra privada, mas, ao contrário, em um reino pacificado, de uma erupção (compensatória?) de pretensão aristocrática.

A história das residências senhoriais campestres, entre os séculos XI e XIII, é menos conhecida que a dos grandes castelos. Ela

Villy-le-Moutier (Côte-d'Or): a fotografia aérea mostra os fossos que cercam uma fortaleza (à direita) e uma granja (à esquerda); a escavação provou que a terra retirada dos fossos (largos e pouco profundos) serviu para erigir as plataformas.

progride, no entanto, graças a inúmeros campos de escavações, dos quais aqui só utilizo alguns. Já se pode entrever, aí também, um limiar da evolução ou uma brusca transformação nos anos 1180-1200, com o impulso de novos senhores?

Nesse nível, o problema é menos de levar em conta as defesas do que de distinguir realmente a casa do pequeno nobre da casa dos camponeses. Do século XI ao XV, é definitivamente sempre o mobiliário, armas e peças de jogo em especial, que serve para provar o caráter aristocrático da morada, enquanto os arranjos e o aspecto das peças são de uma grande rusticidade.

Em Colletière, no Delfinado, cavaleiros estavam instalados, antes de 1030, em zona marginal para guardar um setor fronteiriço, e viviam também da caça, da pesca e da criação de animais. Uma área de 1 500 metros quadrados era delimitada por uma paliçada, clausura de um lugar privado no espírito da Alta Idade Média, mais do que verdadeira defesa. Várias grandes casas aí se encontravam, cujos vestígios foram revelados por Michel Colardelle e sua equipe; a imersão no lago de Paladru preservou a legibilidade dos solos. Em cada uma delas, um setor norte, frequentado pelos animais domésticos, distingue-se de um setor

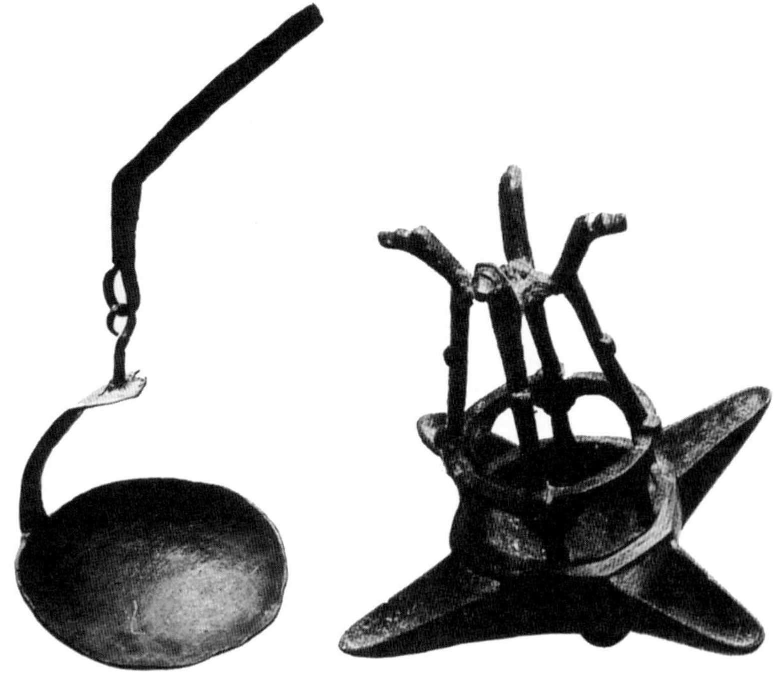

Em Villy-le-Moutier (Côte-d'Or), a frequência relativa dos ornamentos de bronze ou de cobre, e também das peças de cobre e a presença do vidro é que assinalam o caráter aristocrático de uma morada. Estes dois candeeiros a óleo simbolizam a distância entre dois níveis de civilização material: "Um, uma simples copela de ferro, sem bico, é o candeeiro aldeão; o outro, de bronze, de quatro bicos, com um cadinho lindamente rodeado de arcadas, era suspenso por quatro hastes terminadas por cabeças de animais, é o da casa-fortaleza" (J. M. Pesez e F. Piponnier.)

meridional, exposto à claridade e puramente residencial, onde se fazia muito mais do que ficar de vigília e repousar, muito mais que trabalhar, já que peças de jogo e instrumentos musicais atestam uma vida cultural elaborada e uma participação ativa na economia de trocas. A etapa seguinte do equipamento regional é o arranjo dos castelos construídos sobre elevações. Suas cercanias são menos ricas em vestígios de habitat.

Objetos de ferro, de que os camponeses vizinhos não dispõem, tábulas de gamão, peças de xadrez e dados de jogar singularizam a morada de Andone (atual departamento da Charente), estudada por André Debord: aqui, é um sítio antigo que se encontra reocupado, por volta de 975, por um pequeno castelo, *castrum*. Do mesmo modo, o mobiliário da casa senhorial de Rubercy, em Bessin, entre meados do século XII e o começo do século XIII, constituído de ferraduras, de chaves de arcas, flechas, setas de balestras, mordedores de criança, ponteiras de bainhas de espada, pendentes de bronze dourado, dados de jogar e tábulas de gamão, evoca bem, como observa Claude Lorren, uma "possibilidade de lazer que só se pode encontrar em meio aristocrático". A própria casa, retangular, quase não se distinguia, em um primeiro tempo (1150-1190), com seu chão de terra batida e suas lareiras diretamente no solo, de uma morada plebeia; e mesmo os arranjos do segundo período de ocupação, tendendo a compartimentar o interior entre sala, quarto e cozinha (que não está dissociada do edifício), não comportam, em suma, melhoria maior.

Em Rubercy, assim como na Borgonha, o que faz a fortaleza é sua instalação um pouco afastada da aldeia, sobre uma plataforma retangular plana e pouco elevada — em consequência, inteiramente distinta da elevação que sustentava os castelos de outrora — constituída pela terra transportada da escavação dos fossos, ou *terreaux*, que cercam sua área. A torre é apenas o apêndice prestigioso, utilizado ou não de maneira residencial, de uma habitação principal muito rústica: geminação que no fundo reproduz muito bem a situação dos maiores castelos descrita acima.

A casa da pequena aristocracia deve então ser aproximada ao mesmo tempo da casa das pessoas comuns — da qual não se destaca senão pela localização, por uma certa amplidão e pela riqueza e variedade de seu mobiliário — e da casa da alta nobreza com poder e protocolo regalistas — de cujos prestígios tenta apropriar-se. Se o século XIII é importante em sua história, é porque, de um lado, ela está na vanguarda do progresso material de todas as choupanas aldeãs, e porque, do outro, transpõe nesse momento, mais ou menos nitidamente, o limiar de honorabilidade. Como, com efeito, resumir o destino típico de uma linhagem de proprietários de alódios de condição cavalheiresca? Sua casa começou por ser um centro de exploração agrícola, o núcleo de um pequeno "domínio", uma *curtis*; pretende-se fazer dela um pequeno *castrum*, mas a todo momento os poderes principescos ou castelões (dos senhores de castelos maiores) tentam opor-se a isso: tensão persistente nos séculos XI e XII, com vantagens alternadas segundo se esteja em fase de "anarquia" (favorável aos pequenos fidalgos) ou de "ordem" (estabelecida por reação dos maiores). Por volta de 1200, um compromisso inédito — a feudalização das terras, contra a aquisição dos títulos e das torres — permitiu inaugurar o tempo das fortalezas: às dos pequenos cavaleiros, condes e senhores acrescentaram e opuseram virtualmente, aliás, as suas próprias, dotando de muralhas as suas pousadas.

A cidade, meridional ou nórdica, é na França o teatro das mesmas tensões: o *steen* dos patrícios de Bruges e de Gand — já impressionante no tempo de Galbert por seu piso sobre o celeiro (planta de *aula*), com suas capacidades de resistência à mão armada e de encerramento de cofres — aspira ainda a crescer, e o castelo de Gand, tal como o conde Philippe o aumenta em 1178, talvez não seja senão uma réplica das arrogantes torrezinhas dos burgueses enriquecidos; o andar superior meridional, de mesma concepção, é também o pai da torre nobre, ou seu vizinho. Aqui como no campo, a história do habitat dos notáveis não é, no fundo, senão um capítulo da história dos poderes.

Residência ou fortificação era, então, um verdadeiro dilema? Se os dispositivos militares do castelo principal e da fortaleza são também, ou sobretudo, feitos para impressionar, e se os arranjos das habi-

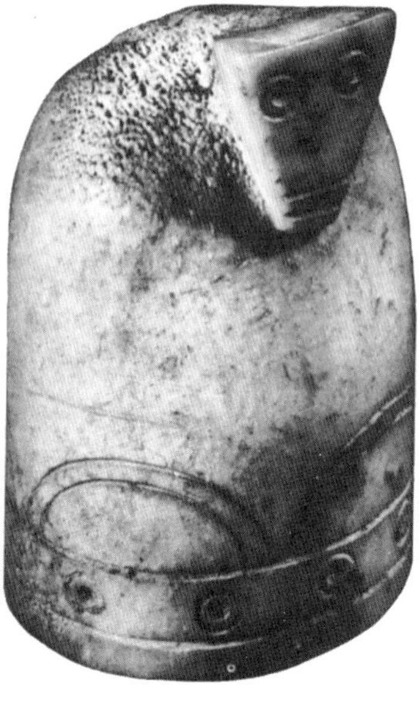

Peão de xadrez do século XII. (Paris, Museu de Cluny.)

tações visam principalmente embelezar e ampliar a exibição, então a defesa, assim como a vida privada, alienam-se ambas em alguma outra coisa, que é preciso chamar de prestígio, de aparência, e que contribui poderosamente para a instituição imaginária da sociedade. Constatação que vale também quando nos debruçamos sobre o interior das habitações, sobre a maneira pela qual se confundem, se distinguem e se dispõem, em todas essas moradas, a "sala" e o "quarto".

A SALA E O QUARTO

Deixemos então o problema de alguma maneira externo e sintético para chegar à análise das articulações internas das moradias. Nesse segundo desenvolvimento, a arqueologia será menos diretamente solicitada: são textos, usos de palavras opostas ou confundidas que nos dizem mais coisas sobre o curso da vida, os deslocamentos, as reuniões e os retiros do que salas vazias das quais não vemos os arranjos; tratar-se-á então apenas de verificar que a ordenação revelada pelas fontes escritas possa efetivamente tomar lugar nos quadros materiais conservados ou reconstituídos. Ao considerar apenas estes últimos, os historiadores da arte e os arqueólogos de antanho deixaram-se levar por seus próprios pressupostos e reações de modernos. Não é inútil ver, em um ou dois exemplos, em que peca tal postura.

PRESSUPOSIÇÕES

Os cientistas austeros, irrepreensíveis no estudo daquilo que constituíram como objeto científico (assim, as preocupações militares dos arquitetos de castelos ou as próprias técnicas da construção), faziam outrora da vida privada das damas e dos altos barões a ocasião para efeitos de estilo e para sugestões ideológicas. Assim, o grande Émile Mâle, comovido, como muitos de seus contemporâneos (1917), pelo "herói de nossas epopeias, o soldado de nossas cruzadas", tentava traduzir, em um estilo sóbrio e no entanto vibrante, a unidade orgânica entre o quadro severo e denso do torreão e o caráter de seus habitantes.

> Essa rude morada modelou a feudalidade. Deu-lhe defeitos: o desdém, o orgulho do homem que não tem iguais à sua volta; mas lhe deu também mais de uma virtude: o amor pela tradição e pelos costumes antigos, o profundo sentimento da família. Aí já não há, como na vila galo-romana, um gineceu, um triclínio de verão, um triclínio de inverno, termas, galerias, uma multidão de quartos onde é possível isolar-se: só há uma sala. O pai, a mãe e os filhos vivem juntos em todas as horas do dia, apertados uns contra os outros, muitas vezes sob a ameaça do perigo. Era preciso que houvesse nessa sala sombria uma calorosa atmosfera de afeição. A mulher, sobretudo, ganhou com essa vida tão austera: tornou-se a rainha da casa [...].*

(*) É. Mâle, *L'art français et l'art allemand du Moyen Âge*, 4ª ed., Paris, 1923, p. 295.

É fácil a crítica dessa passagem de consumada arte. Ela está atulhada de pressuposições arbitrárias: que o marido vive permanentemente com sua mulher e que eles próprios criam seus filhos, que a aproximação cria sempre a afeição e jamais o desagrado, que o castelo é um refúgio e não uma base de ataques etc. Na realidade, a família conjugal, católica e burguesa, dos leitores de Léon Gautier é aqui pura e simplesmente transplantada para a sociedade feudal. Também é demasiadamente artificial criar a unidade entre o cenário (tal como Mâle o sente) e a sociabilidade: preferir-se-á a análise das relações dialéticas e aleatórias entre os homens e seu quadro de vida; simples demais opor a Antiguidade à Idade Média como o mundo do refinamento e da desenvoltura ao da simplicidade pura e dura; dever-se-á renunciar totalmente a essa visão. Quanto ao reino da dama, quem não pressente seus limites e sua ambiguidade?

Contudo, se esquece ainda de situar a domesticidade serviçal e importuna ao redor de sua família ideal e de mencionar as compartimentações internas das peças por meio de paredes leves, Émile Mâle tem razão sobre dois pontos importantes: a ordenação da família em torno de uma conjugalidade dominante, de um casal de senhores, e a possibilidade, para estes, de permanecer durante o dia e de deitar à noite no mesmo espaço. Mas um e outro não têm também seus retiros? E os outros membros da família, filhos, hóspedes e servidores, não têm seus quartos à parte?

Habitualmente, os comentadores de um torreão de vários andares falam de "sala" embaixo e de "quarto" em cima, considerando, portanto, à medida que se sobe no corpo da torre, uma gradação para o mais privado, o mais fechado, o mais feminino. Em suma, ter-se-ia passado sem dificuldade da ordem horizontal dos antigos palácios (*aula* e apartamentos contíguos) para a ordenação vertical dos novos torreões. Essa visão das coisas parece natural, e não se trata aqui de desmenti-la, mas de nuançá-la. Não vemos, por exemplo, as peças elevadas dos torreões, com aberturas e espaçosas, mais aptas que qualquer outra para a recepção de aparato? É que de fato a sala e o quarto não são espaços estritamente antagônicos nos quais se separaria, como na casa moderna, a morada "feudal"; eles não são senão aquilo que os homens e as mulheres que os habitam querem deles fazer. Eles e elas modulam finamente seus usos; e disso dão testemunho, se se presta atenção, certas ambiguidades de linguagem.

A SALA CONFUNDIDA COM O QUARTO

Percorrendo os textos dos séculos XI e XII, muitas vezes se tem a surpresa de encontrar, a propósito de uma autêntica *aula* (compreendendo uma peça principal empoleirada sobre um celeiro), o termo *camera*: em Bruges, a sala do conde e a casa de Bertulf, em 1127, são chamadas, uma e outra, *camera*. Do mesmo modo, na torre de Castelpers, como o relatam os *Miracles de sainte Foy*, um prisioneiro consegue subir de seu calabouço para o andar superior, a *herilis camera*:

Loches (Indre-et-Loire): grande torreão, erigido no fim do século XI, arranjado na metade do século XII. O conjunto compreende três andares assoalhados; passa-se do primeiro ao segundo por uma escada com corrimão da espessura da parede; do segundo ao terceiro, por uma escada em caracol. As chaminés com coifas cônicas são contemporâneas; as janelas abrem no interior para nichos cobertos (espaços do segredo?), enquanto que, vistas de fora, reduzem-se a simples seteiras.

atravessa-a discretamente e, como ela dá para o exterior, basta-lhe saltar por uma janela para conseguir sua evasão. Nenhuma dúvida igualmente sobre a casa, ou "torre de madeira", do senhor Aubry na Cour-Marigny (Orléanais, meados do século XI): ali ele "falava, comia e repousava à noite" com sua *familia*. Enfim, a "famosa" descrição da habitação de Ardres, construída com vigamento por volta de 1120, mostra o conjunto ordenado em torno de uma *herilis camera*, "grande quarto onde dormiam o senhor e sua mulher", e os arqueólogos não encontraram nos arredores desse lugar nenhum vestígio de *aula* distinta: a peça de recepção devia ser a mesma. Por outro lado, tratando-se dos serviços domésticos dos maiores príncipes, existem titulações cuja ambivalência chama a atenção: por exemplo, a do camareiro ducal da Normandia, "primeiro de minha *aula* e minha *camera*" (século XII).

Como sala e quarto podem encontrar-se assim confundidos?

Primeiro, o estudo das grandes salas de palácio mostra a possibilidade de uma separação interna, por tabique de madeira, entre um espaço de recepção, majoritário em superfície, e um lugar de dormir mais acanhado. Assim, em Troyes, no palácio dos condes de Champagne, esta disposição é atestada em 1177: de um lado, encosta-se à parede de separação um tablado de onde o príncipe preside os banquetes, dominando os convivas sentados a duas grandes mesas no eixo longitudinal da peça; do outro lado, o *thalamus comilis*, "leito" ou "quarto" conjugal.

Segundo, percebe-se também que em cada um dos andares de um torreão a grande peça pode ser ao mesmo tempo sala e quarto, dividir-se ao menos em duas partes. A literatura do século XIII apresenta exatamente as coisas: em Kamaalot, em *La mort le roi Artu*, dois banquetes distintos transcorrem no mesmo momento: o do rei, na grande sala, e o da rainha Guenièvre, no quarto, onde estão à mesa Gauvain e os seus, assim como toda uma companhia, servidos e subjugados pela dama. O texto não esclarece se esse quarto é um andar ou um alojamento contíguo à "sala"; não importa: quer nos encontremos em uma ordem horizontal ou em uma ordem vertical, há progressão no grau de familiaridade quando se entra nos aposentos de Guenièvre — ela pode proibir a entrada de sua habitação a um amante em desgraça — sem que as funções do "quarto" se distingam muito das da "sala" de seu real esposo, sede da corte em formação completa.

Terceiro, os testemunhos precisos recolhidos por Guillaume de Saint-Pathus, confessor da rainha Margarida de Provença, sobre os hábitos privados de são Luís durante os últimos vinte anos de sua vida mostram bem os círculos concêntricos que constituem a esfera do privado. Cada um deles se define pelo caráter e pela importância das pessoas que cercam o rei. Ele tem à sua volta companheiros mais ou menos familiares: "*mout privé*" [muito privado] é um de seus camareiros, "bastante privado" é Joinville, cavaleiro de alta linhagem que não pode servir seu senhor na intimidade. O lugar mais secreto é a alcova, isolada no interior do quarto: ali dorme Luís IX, velado por um único servidor, ali reza no recolhimento, ali lava os pés de três pobres, esquivando aos olhares esse ato de piedade toda pessoal; ali ele esconde também seu corpo, se é verdade que um camareiro, em vinte anos de serviço, não viu sua perna acima do meio da coxa. O "quarto" é um lugar muito mais vasto, oferecendo até a possibilidade de integrar atos quase públicos: recepção de dezesseis pobres, toque das escrófulas; à sua mesa, diante de um grande fogo, Luís IX pode ali receber cavaleiros, enquanto seu círculo mais modesto e mais íntimo come à distância, na alcova. Finalmente, esse "quarto" se distingue pouco da "sala", a não ser por uma menor capacidade de acolhida: entre um e outro, a

Étampes (Essone): A Torre Guinette, erigida no século XII, é arrumada no século XIII com rara elegância; aqui, um ângulo da grande sala (andar superior), com boa abertura e dotada de um jogo de arcos diafragmas que permite desembaraçar-se do pilar central.

diferença é de grau na "privança", não de natureza; percebe-se mal a diferença entre criados do quarto e criados da sala. O conjunto constitui o palácio do rei, cujo papel político não é negligenciável: uma realidade sociológica finamente articulada, que se desloca de castelo em castelo. Em Paris, em Vincennes, em Compiègne, em Noyon, na Normandia e em outras províncias, ela se instala sucessivamente em lugares diferentes (embora não de aspecto oposto) sem mudar de estrutura. Diversidade das moradas do rei, como do "Pai"; unidade e estabilidade fundamentais de seu palácio.

Cada vez mais frequentemente se oferece a possibilidade, a partir do final do século XII, de dispor de uma sala e de dois alojamentos distintos: assim, no castelo de Gand, onde a primeira fica no torreão central, elevado e reforçado; os dois outros a ela se reúnem dos dois lados, em saliências do edifício. Sem dúvida, com capacidade de alojar separadamente homens e mulheres da corte. Do mesmo modo, a literatura cortês — da qual estávamos ávidos aqui — mostra por vezes uma sala de onde se tem acesso a um ou dois "alojamentos": é o coração de toda grande morada do século XIII.

Essa é uma coisa realmente nova? Uma separação inédita do gineceu? A análise atenta dos *Miracles de sainte Foy* prova a Pierre Bonnassie que a *herilis camera* de Castelpers, onde o senhor se encontra com seus "familiares", não é senão o quarto dos guerreiros — e de suas concubinas, essas prostitutas cuja frequentação os cronistas monásticos tanto reprovam aos tiranos do ano 1100; as esposas e os filhos pequenos vivem à parte: portanto, há bipartição da sociedade doméstica. Atenção ao ler bem as expressões *cum familia* e *cum familiaribus*, atribuindo à palavra "família" seu sentido medieval... O que distingue os grandes conjuntos beneficiários do progresso do século XII é, sem dúvida, apenas terem oferecido às mulheres um quarto mais belo, com ares de sala.

A oposição pertinente, na linguagem do tempo, é portanto menos entre sala e quarto do que entre uma peça central da habitação ou do andar, uma sala/quarto, e quartinhos dispostos ao redor ou ao lado dela, entre um singular e um plural. Um tal alojamento, com seu núcleo e seus alvéolos, constitui incontestavelmente o átomo da vida privada feudal.

A PEÇA PRINCIPAL OPOSTA AOS QUARTOS

Em Angers, por volta de 1140, distinguem-se "a *aula* do conde e todos os quartos"; em seu palácio de Yvré, o bispo do Mans, antes de 1125, dispõe de uma "*aula* de pedra, com quartos e um celeiro". Sobretudo, é a descrição de Lambert d'Ardres, opondo o quarto residencial aos *diversoria* [alojamentos] nos quais se enrodilham, junto do fogo e das mulheres, as crianças e os doentes, que fornece o modelo incontestável da organização doméstica. Pierre Héliot destaca, por exemplo, a frequente aplicação da "fórmula de Ardres" nos torreões ingleses do século XII (especialmente Rising e Bamburgh): aí

O luxo régio das salas: tapeçarias e colunetas compartimentam, sem romper sua solenidade, um espaço dominado pelo soberano que dita seus cantos de amor sagrado, enquanto à direita e à esquerda acompanham-no a música e os coros. (Século XIII, Cantigas, *de Afonso X, o Sábio, Madri, Biblioteca do Escorial.)*

cada andar pode ser dividido, por tabiques leves, em duas, três, quatro e até em seis peças.*

E, mais uma vez, é o romance que revela melhor, sob a coloração do sonho, os trajetos cotidianos dos homens e das mulheres. Perceval aproxima-se de Beaurepaire, um palácio com teto de ardósia: uma donzela o avista por uma janela da sala. Ele sobe os degraus de uma escada majestosa e descobre essa mesma sala, larga e comprida, de teto esculpido. Senta-se sobre o leito com colcha de seda bordada; ali, conversa com Blanchefleur, a jovem senhora do lugar, assistida em suas aparições públicas por dois cavaleiros encanecidos; e a refeição é trazida. Observemo-lo de passagem: se a sala pode ser tomada por quarto, é que o leito central que ali se encontra serve à exibição e à palestra, tanto ou mais que ao repouso noturno. Pois, mais tarde, cada um parece ter ganho seu quarto particular; e, tomando sem dúvida um desses corredores secretos que os arquitetos doravante sabem construir tão bem, Blanchefleur vai ao encontro (às escondidas?) daquele que a partir daí será seu "amigo", para algumas lágrimas, uma doce noite casta e terna, a promessa de uma façanha guerreira.

No castelo do Rei Pescador, algumas páginas mais adiante, Perceval admira uma sala situada na frente de uma torre quadrada. Encontra no interior, em seu centro, o sábio que jaz todo paramentado diante de um grande fogo e ao abrigo de quatro colunas de bronze maciço. É nessa sala que o cavaleiro de passagem é alimentado e acolhido para dormir. Durante a refeição, ali vê passar

(*) "Quartos" tem finalmente o sentido geral e bastante indeterminado de "peças".

Prelúdios... (Fim do século XIII, Le chansonnier de Paris, *Montpellier, Museu Atger, ms 196.)*

o cortejo do Graal: lacaios e donzelas trazendo e apresentando aos olhares, às eventuais perguntas, a lança, os candelabros, os pratos preciosos; armas brilhantes e ourivesaria rutilante saem de um quarto para retornar a um outro, após um percurso processional na sala. Imagem crível, sem excessivo mistério, dos tesouros contidos nos cofres, no fundo da casa, e que são exibidos à chegada dos hóspedes de destaque.

Iniciada por Chrétien de Troyes, a literatura romanesca se enriquece no século XIII — transformando-se — com a densidade da prosa. Ela nos faz ver, ao mesmo tempo que a consistência das linhagens, a possibilidade de conversações privadas e de monólogos individuais. Em *La mort le roi Artu,* conversas particulares e confidências se desenrolam seja às janelas da sala de Kamaalot — mas então podem ser espiadas e surpreendidas —, seja na clausura dos quartos: ao seu, o rei conduz seus sobrinhos para deles ouvir a denúncia dos amores adúlteros da rainha com Lancelot — aqui, todas as portas cuidadosamente fechadas. Danielle Régnier-Bohler mostrou bem, mais acima, o papel desses "nichos do segredo". Situamo-los sem dificuldade, de fato, no quadro hoje austero e sem alma das salas abobadadas dos grandes castelos.

Portanto, mesmo levado no turbilhão de uma grande família, cada um encontrava um lugar nessas moradas: uma forma original de vida privada existiu nos palácios, nos castelos e nas simples moradas nobres da Idade Média Central. Inútil qualificá-la incessantemente em relação à nossa, em sua diferença ou como um distante prelúdio. Émile Mâle projetava ideais ou realidades de seu tempo: deve-se sublinhar que a descrição do convívio, feita neste livro por Georges Duby e comandada pela preocupação com uma antropologia fundamental, ajusta-se muito melhor aos quadros descritos pela arqueologia. Vê-se muito bem, em especial, os alojamentos vizinhos e distintos, de Castelpers a Gand, abrigarem essas duas partes da família, masculina e feminina, que se olham mutuamente, fascinadas e temerosas, e que às vezes se juntam, e furtivamente se interpenetram. Mas o que importa, afinal, a planta precisa dos lugares, já que a estrutura das "casas" é bastante independente das variações de topografia interna?

Quanto à "terrível tristeza", deixemos de acreditar nisso. Muitos textos nos convidam, ao contrário, a salientar o gosto "bárbaro" da aristocracia leiga — cuja própria sociologia, como se disse a propósito da linhagem, prolonga em muitos aspectos a da Alta Idade Média — pelos ornamentos do corpo, preferidos às decorações murais, e pelos objetos de metal vistoso, mais transportáveis que as obras-primas esculpidas na pedra. No máximo, eu diria que ela começa a conjugar esses dois registros, o objetal e o monumental, sem renunciar a um pelo outro. No castelo de sua irmã Morgana, o rei Artur penetra sucessivamente, de uma bela sala onde permanecem pessoas ricamente vestidas, que círios iluminam com seu avermelhado fervor e valorizada ainda pelos escudos fixados as paredes e pelas sedas penduradas, para um quarto onde o espera uma baixela suntuosa, de ouro e prata, depois para um outro, vizinho, preenchido pelos todo-poderosos acordes de uma rica música, para um último enfim... Mas essas não são, dir-se-á, apenas as figurações do sonho? Não. Apenas a ampliação daquilo que fragmentos "positivos" permitem discernir. Eles nos autorizam a representar a festa estranha e familiar. É com ela que se pode sonhar.

D. B.

SÉCULOS XIV-XV

LAREIRA, FAMÍLIA, CASA

Na França do final da Idade Média, quando as autoridades, com fins principalmente fiscais, empreendiam recensear a população, a operação não se fazia, senão excepcionalmente, cabeça por cabeça, casa por casa, ou mesmo chefe de família por chefe de família, mas lareira por lareira. Noção tradicional, de resto, que seria bem imprudente considerar como uma pura e simples invenção da Idade Média cristã. Horácio fala já em uma de suas epístolas de um "pequeno domínio", de um "lugarejo" de cinco lareiras (*agellus habitatus quinque focis*). E, no século IX, o políptico de Irminon menciona muitas vezes *villae* providas cada uma de tantas lareiras (*focil*), umas de condição livre, as outras servis. Entretanto, o termo parece difundir-se sobretudo a partir do século XII (por exemplo, com a aparição, na Normandia, de um novo imposto — o *focagium* — de que cada lareira era devedora), para permanecer usual, ao menos entre todos aqueles que se preocupavam com demografia, até o final do século XVIII. Étienne Boileau, no *Livre des métiers* (meados do século XIII), prescreve que "ninguém possa tomar aprendiz se não mantém lareira e lar (*feu et leu*)". "Manter lareira e lar, fazer fogo vivo e residência em uma propriedade": essas expressões, e outras ainda, são amplamente atestadas no final da Idade Média.

Outros termos vinham, subsidiariamente, fazer concorrência. Assim, sobretudo no sul, a *beluge*, ou *belugue* (etimologicamente: a centelha). A fim de empreender o cerco de uma fortaleza, o conde de Armagnac, por exemplo, recebe a promessa das pessoas dos três Estados da região de Agenais: "por cada *belugue*, um carneiro dourado". Na mesma época (meados do século XV), um personagem é encarregado "de fazer a visitação das lareiras e *beluges* das [...] regiões alta e baixa de Auvergne".

A palavra *ménage* [casa, família], de um emprego menos corrente, tem a mesma significação, como o mostra esta passagem de

um documento borgonhês de 1375: "Fazer investigação e inventário das lareiras e *mesnaiges* de todos os habitantes".

Encontra-se ainda, antes de tudo no vocabulário do leste da França, a palavra conduto, provavelmente no sentido de conduto de uma chaminé: "Dez condutos ou casas, cada conduto ou casa guarnecido de três pessoas". "Trinta e seis condutos que mantêm fogo na dita cidade" (documentos do século XIV referentes à cidade de Bar-le-Duc e o Barrois).

Há muito tempo, os historiadores da população, mas também os da família, têm-se interrogado sobre o conteúdo da lareira. Por certo, todo mundo está de acordo em admitir que havia lareiras ricas e pobres, lareiras mendigas, lareiras de *pequenos* e de *grandes*. Mas, em média, quantos indivíduos por lareira, casa, conduto ou *béluge*?

Já Voltaire se perguntava. No artigo "População" do *Dictionnaire philosophique*, ele critica um autor que reduzia cada lareira uniformemente a três pessoas: "Pelo cálculo que fiz em todas as terras em que estive e naquela que habito conto quatro pessoas e meia por lareira".

Embora plausível, a cifra retida por Voltaire não poderia ser aplicada tal qual aos séculos XIV e XV. O que, apesar de tudo, se pode admitir é que a lareira correspondia desde essa época, e mesmo, sem dúvida, muito antes, essencialmente à família nuclear, estreita, conjugal, não compreendendo senão o pai, a mãe e os filhos até seu casamento ou até seu estabelecimento.

Um exemplo privilegiado é aqui fornecido pelo *catasto* florentino de 1427. Esse documento excepcional enumera, com efeito, 59 770 famílias agrupando 246 210 pessoas. Uma média de 4,42 pessoas por lareira, com uma sensível diferença entre as cidades — onde a média é só de 3,91 pessoas — e o campo — onde ela se eleva a 4,74. Não é preciso dizer que se trata aí apenas de uma média que oculta, mas não mais que em nossos dias, uma disparidade bastante grande.

A composição das casas toscanas em 1427
(segundo D. Herlihy e C. Klapisch)

	%
Isoladas	
1. Viúvas	6,66
2. Viúvos	00,10
3. Celibatários	0,84
4. Indeterminados	6,01
Sem família conjugal	
5. Grupos de irmãos	1,60
6. Indivíduos sem laços de parentesco direto	0,69
Casas com família conjugal simples	
7. Casais sem filhos	10,26
8. Casais com filho(s)	36,35
9. Viúvos com filho(s)	1,83
10. Viúvas com filho(s)	6,36
Casas com família conjugal ampliada	
11. Para o alto (pai, avô, tio, tia)	10,64
12. Para baixo (neto, sobrinho, sobrinha)	9,44
13. Lateralmente (irmão, irmã, primo etc.), ou combinação dos casos 11, 12 e 13	1,20
Casas múltiplas	
14. Verticais, para o alto ou para baixo,	
com dois núcleos	11,28
com três núcleos ou mais	2,11
15. Horizontais (grupos de irmãos)	
com dois núcleos	3,55
com três núcleos ou mais	1,69

Documentos de meados do século XIV. A lareira, unidade de tributação para o príncipe, para o senhor. O redator do registro dos bens senhoriais de Saint-Paul-lès-Romans — senhoria dos hospitalários de Saint-Jean-de-Jérusalem — representou graficamente cada foreiro ao lado da lista de suas obrigações. Entre eles, uma mulher, sem dúvida viúva, com seus três filhos. (Arquivos da Drôme, 40 H 2.)

Em um lar da época, não se pode excluir absolutamente a presença de ascendentes ou de colaterais: sobrinho, sobrinha, irmão ou irmã, tia, avô. Em 1422, na paróquia de Saint-Pierre, em Reims, 23% dos lares estão neste caso. Em 1409, por ato devidamente registrado no tabelionato de Rouen, Jean le Monnier e Jeanne, sua mulher, *entregam* a Tassin le Monnier, seu filho, e a Perrette la Monnière, sua nora, com todos os seus bens, sem nada guardar, com a condição de que lhes sejam providas "todas as suas necessidades de beber, comer, dormir, levantar, andar, vestir, lar, leito e casa, bem e suficientemente". Receberão, em particular, durante sua vida, vinte de-

Heures de Charles d'Angoulême, *fim do século XV. Contígua à cozinha, a sala, com seu lajeamento bem-cuidado. (Paris, Biblioteca Nacional, ms lat. 1173.)*

nários torneses por semana "para ter pão ou aquilo que lhes agradar", um galão de cerveja todo dia, carne suficiente nos dias de comer carne, e nos dias de abstinência "tal alimento como haverá na casa, seja arenque, ovos ou outros alimentos". O domingo será marcado por uma refeição mais copiosa, comportando entre outras coisas um patê de cinco denários torneses. Com seu filho mais novo, Jehannin, eles poderão permanecer "no quarto alto ou andar superior de trás", provido de uma chaminé, e na peça ao lado: assim, se beneficiarão de uma espécie de pequeno apartamento, aquecido ou passível de ser aquecido, mais ou menos independente, mas as refeições serão tomadas em comum; o próprio Tassin para elas convidará seu pai, dizendo-lhe a cada vez: "Senhor, vinde sentar-vos". Primeiro a sentar-se, o pai será ainda o último a levantar-se, "se lhe agrada".

Textos assinalam, como na senhoria de Choiseul no final do século XV, que filhos já adultos "não mantêm lareira mas permanecem na casa de seus pais ou parentes".

Sobretudo, em uma parte da França, uma lareira pode muito bem corresponder a uma família ampliada, de tipo patriarcal, ou à associação de dois cunhados, ou de dois irmãos, ambos casados, que dispõem de tudo em comum, sua força de trabalho, sua riqueza, suas reservas, para viver em uma mesma *panela e lareira*, em uma mesma casa ou um mesmo *hôtel* [morada]. *Bibendo unum vinum, comedendo unum panem*, dizem os contratos em latim passados diante do tabelião para estabelecer o *affreramentum*, a irmanação, a fraternidade, a comparsaria. Ou então, ainda, são simplesmente dois amigos, de modo nenhum ligados pelo sangue, que se associam duradouramente, "com um pão, vinho, víveres, vitualhas e alimentação". Semelhantes comportamentos, que existiram pelo menos do século XII ao XIX, passam por um revigoramento bastante inesperado no final da Idade Média, talvez em razão das dificuldades cotidianas. A ampliação do lar foi uma das respostas da França meridional e montanhosa à grande depressão demográfica provocada pelas mortalidades, à insegurança difusa provocada pela Guerra dos Cem Anos e à laboriosa reconstrução agrária permitida pelo retorno à paz.

Mesmo o Norte da França não ignorou completamente essa tendência: Jean Merrey, lavrador, morre em Choiseul (Haute-Marne) pouco depois da Páscoa de 1494; deixa uma viúva, que ainda mantém o lar em 1500, e tem pelo menos dois filhos. Um deles, chamado Jean, vai instalar-se em uma aldeia vizinha desde a festa de Saint-Rémy de 1494; ainda se encontra ali em 1502. O outro, Nicolas, é chefe de família em Choiseul na Páscoa de 1496. "Aqui, três lares substituem em menos de dois anos aquele que era mantido pelo pai durante sua vida" (Hélène Olland). O mesmo ocorre no Oeste da França: Carnac, em 1475, contava 173 lares: desse total, 131 podem ser qualificados de famílias nucleares (um casal e seus filhos), e 42 de famílias ampliadas (entre as quais um lar de dezenove pessoas) (J. Gallet).

Abstenhamo-nos, apesar de tudo, de exagerar a amplitude do fenômeno. Diversos documentos, e em particular os testamentos, sugerem, com efeito, a existência de uma maioria de lares antes pequenos durante o período 1350-1450, isto é, no momento em que a esperança de vida era a mais fraca e a natalidade, a menos elevada. Ao contrário, no começo do século XIV e novamente no final do século XV, um número superior de filhos que sobrevivem juntos em uma mesma data pôde acarretar um crescimento do lar em uma ou mesmo em duas unidades. Naturalmente, aí se trata de médias, pois, quando as fontes o autorizam, damo-nos conta de que no interior de um grupo suficientemente amplo de lares os efetivos vão de uma a doze pessoas, e até bem mais, sendo o recorde, para a Toscana de 1427, o lar de Lorenzo di Jacopo, nos arredores de Florença, abrigando dez famílias conjugais: 47 pessoas distribuídas por quatro gerações.

Para voltar ao espaço francês, em 1306, em Axat, burgo do atual departamento do Aude, um lar corresponde em média a 4,9 pessoas, e, no mesmo ano, na aldeia de Caramanly (Pireneus orientais), a 5,6. Em Reims, em 1422, o número de pessoas por lar é de 3,6 na paróquia de Saint-Pierre e de 3,8 na paróquia de Saint-Hilaire. Dois bairros de Ypres, em 1412, têm lares respectivamente de 3,4 e

Missal da abadia de Montierneuf, em Poitiers, fim do século XV. De volta à casa, aquecer os pés no fogo claro da chaminé: atitude familiar reproduzida por muitas miniaturas. (Paris, Biblioteca Nacional, ms lat. 873.)

3,2 pessoas cada um, e, em 1437, de 3,7 e de 3,6. Em Carpentras, em 1473, em uma fase de plena retomada demográfica, o número de pessoas por lar sobe a 5,1, e a 4,3 em Ypres, em 1491.

Não basta ter estabelecido a absoluta preponderância, nesse final da Idade Média, de lares em suma modestos ou bastante modestos. É preciso saber ainda se a cada um desses lares correspondia um habitat nitidamente distinto, individualizado, digamos, uma casa. Pois são abundantes os exemplos, em particular na média e na alta nobreza, de proprietários de múltiplas residências, solares, castelos, ou mesmo palácios urbanos, que estavam longe de constituírem todos o objeto de uma locação e, portanto, permaneciam vazios ao menos uma parte do ano. É verdade que, com bastante frequência, essas residências não ficavam totalmente desocupadas; um mantenedor, um porteiro, um zelador, ou melhor, um castelão ou um capitão asseguram, no intervalo, a proteção e a vigilância do local. A crise demográfica acarretou também o abandono de inúmeras casas, nas cidades fechadas, assim como nas regiões descampadas: muito rapidamente essas deserções provocavam uma degradação sensível e por vezes irremediável do patrimônio imobiliário, e as habitações assim entregues às intempéries e à pilhagem não tardavam em transformar-se em verdadeiras ruínas.

Ao contrário, em especial nos centros urbanos que permaneceram mais ativos, observam-se vestígios de superpovoamento. Pensa-se naturalmente no caso de Paris, até o começo do século XV, com suas habitações reduzidas a uma ou duas peças, com seus locatários nos andares, seus pátios atulhados de *espeluncas*, de *cabanas* e de alpendres. Cidades como Lyon e mesmo Cambrai conheceram fenômenos de amontoamento análogos, que se traduziram pela divisão de imóveis de aluguel entre vários locatários, contentando-se cada um, pela força das coisas, com um mínimo de espaço. Nas cidades bretãs, "à medida que nos aproximamos do final do século XV, parece que o amontoamento se acentuou. Em todo caso, os rendeiros e os testemunhos dão conta, no mais das vezes, da presença de duas, ou mesmo três famílias sob um mesmo teto, e essa situação exibe o arranjo de *sótãos*, de *andares superiores* ou *plataformas*, de *quartos*, até dois ou três sob as cumeeiras" (Jean-Pierre Leguay). Em Chambéry, no final do século XIV, contam-se dois ou três lares por casa, ou seja, talvez 3 mil habitantes para 306 casas recenseadas.

Entre as casas que abrigam vários lares e as construções ora simplesmente desembaraçadas de elementos adventícios ou parasitários, ora abandonadas, transformadas em terrenos vagos onde se instala a vegetação selvagem, onde um pequeno monte de pedras e de telhas, onde só algumas vigas aqui ou ali vêm lembrar o edifício de outrora, é difícil fazer um balanço. E afinal, por que a presença de terrenos vazios seria incompatível com uma sobrecarga de população nas casas vizinhas ainda de pé? Na verdade, em muitas aldeias e também em muitas cidades a equivalência entre um lar e uma casa (quaisquer que sejam as dimensões de ambos) pode ser admitida como uma regra. Em Rennes, por exemplo, na metade do século XV, em uma das paróquias, 453 casas encerram 460 contribuintes, dos quais 189 proprietários e 271 locatários.

Em Porrentruy, em 1518-1520, 251 chefes de família ocupam 280 casas e granjas. A cidade de Montbéliard, na metade do século XVI, contava 375 edifícios (entre os quais 82 anexos: granjas e estábulos); ora, 267 burgueses e habitantes estavam então presentes às exibições de armas. "Significa dizer que cada casa de Montbéliard só abrigava em média uma família" (Pierre Pégeot).

Desse ponto de vista, tomar-se-á a casa de Reims do final da Idade Média como bastante representativa, com seu andar único encimado por um celeiro em cumeeira e, ao mesmo tempo, com sua pequena capacidade domiciliar. Por certo, na cidade arquiepiscopal, casas encerram por vezes mais de um lar, mas é que então, "ao lado do alojamento principal, elas oferecem um ou dois quartos de aluguel" (Pierre Desportes). Ou então podem abrigar temporariamente parentes ou amigos que vieram refugiar-se *intra muros* porque a guerra ameaça. Por exceção, certas habitações foram partilhadas igualitariamente entre dois herdeiros. Situações a bem dizer excepcionais, ou provisórias. Na Idade Média, as possibilidades de alojamento da casa de Reims são de quatro ou cinco pessoas, isto é, de um lar. Apenas mais tarde, no final do Antigo Regime e no século XIX, a situação evoluirá, seja em razão do superpovoamento, da pauperização, seja em razão de profundas modificações no arranjo interno (número de andares etc.): atingir-se-á então correntemente sete ou até dez pessoas por casa. Do mesmo modo em Tours, em 1836-1840, no interior da muralha do século XIV, 1750 casas abrigam 4511 famílias ou 13 939 pessoas: três cabeças por lar, 2,5 lares ou famílias por casa.

Enfim, existem exemplos de casas rurais que abrigam mais de um lar. Assim, uma das casas de Dracy, na Borgonha, foi aparentemente cortada em dois no começo do século XIV. Nas aldeias lorenas, no final do século XV, locatários de uma parte de casa são chamados camareiros, acarretando sua presença complexos problemas de servidões, pois era preciso que também eles tivessem acesso ao poço, ao jardim, ao celeiro, ao estábulo, à área de debulhar.

PARQUES, PALIÇADAS, CERCAS

Por volta de 1460, em um texto célebre, o *Débat des hérauts d'armes de France et d'Angleterre*, o arauto da Inglaterra trata de gabar as *belas caças* de seu reino: "Pois há tão grande quantidade de parques que é uma beleza, maravilhosamente repletos de caças grandes como cervos, cabritos e gamos".

A essa asserção, o arauto da França replica:

> Então, senhor arauto, fazeis maravilhas de gabar-vos dos parques que existem na Inglaterra; peço-vos, dizei-me se tendes tais parques e de tão grande magnificência como são os da França: a saber, como o parque do bosque de Vincennes, o parque de Lesignan, o parque de Hesdin e vários outros [o manuscrito acrescenta à margem, neste ponto: sejam nomeados todos os parques fechados com muro que se possam encontrar na França] que são fechados com altos muros como cidades fechadas. E esses são parques para reis e para príncipes. É bem verdade que tendes na Inglaterra muitos parques, mas eles só são fechados por uma pequena vala, por uma sebe ou uma paliçada, assim como o são as vinhas e os pastos da França, com exceção do parque de Wyndesore; e, com efeito, não são senão parques de aldeias. Assim, já não há necessidade de deles ter tanto orgulho.

Passagem certamente polêmica, mas que não deixa de fornecer alguns pontos de referência que permitem caracterizar a paisagem dos campos franceses no final da Idade Média. Majoritárias eram sem dúvida as regiões em que as terras, especialmente aráveis, possuíam limites precários, feitos de simples marcos, fáceis de desaparecer ou de deslocar, ou por um riacho, um caminho, uma árvore isolada, um rochedo ou algum outro acidente natural. No bailio de Senlis, no começo do século XVI, a extensão da alta justiça de Cugny é circunscrita sucessivamente por um lugarejo chamado *boschet de Fourches*, por uma grande tília, por uma ruela, uma vala, uma fonte, um marco plantado à beira de um caminho, e ainda por um outro marco. Além disso, por toda parte onde reinava o regime da pastagem livre, ocorria um momento, no decorrer do ciclo agrário, em geral após a colheita, em que a apropriação privada dos campos era interrompida por algum tempo. Por outro lado, muitas sociedades camponesas tinham seus "comunais", seus direitos de uso coletivos sobre um prado, um bosque, um alqueive. Na aldeia e fora dela, espaços considerados públicos não eram inexistentes: pensemos nas estradas (*carreria publica*, *caminus publicus*), nas fontes, nas grandes vias fluviais, mas também nas praças onde funcionava o mercado e onde se reunia o gado. Acrescentemos que a trágica despovoação dos séculos XIV e XV teve como corolário a multiplicação dos terrenos baldios, das terras *incultas, ermas e vagas*, apresentando toda a aparência de um *no man's land*, ainda que a reconstrução agrícola corajosamente empreendida a partir da década de 1450 devesse mostrar que os limites das jurisdições, das senhorias, das paróquias e das possessões estavam longe de ter sido completamente esquecidos e que, em outros termos, a "memória agrária", bem ou mal, sobrevivera.

Não deixa de ser verdade não apenas que o regime da propriedade (ou da exploração) privada dominava amplamente, mas ainda que ele se traduzia por uma tendência ao isolamento por parte dos domínios agrícolas assim como por parte de certas áreas de mesma cultura.

Livre des eschés d'amour, *século XV. "O pomar de prazer": uma simples clareira plantada de árvores frutíferas. Cães e caçadores lembram a floresta selvagem, bem próxima. (Paris, Biblioteca Nacional, ms fr. 9197.)*

Assim o atestam miniaturas, plantas e vistas em perspectiva (ao menos a partir do século XIV), relatos de viajantes e sobretudo inúmeros atos da prática. Cercas, paliçadas, perfeitamente tangíveis, estavam ali para guiar o trabalho dos agrimensores e dos medidores e para materializar sobre o terreno as investigações dos especialistas encarregados de redigir os registros dos censatários e os inventários dos bens senhoriais. Por essa vontade de possessão, o senhor do solo, quaisquer que sejam seu título ou sua condição jurídica, entendia circunscrever um espaço especialmente produtivo e precioso, onde sua vida privada e a de sua família poderiam desenrolar-se fora do olhar de outrem e onde suas reservas, seus bens móveis, seus instrumentos agrícolas, seu gado estariam, nas circunstâncias normais, inteiramente a salvo. Proteger-se dos estranhos e dos vizinhos, afastar os animais selvagens, que precisamente recomeçaram a pulular no final da Idade Média, mas também os animais domésticos errando sem vigilância. Antes das colheitas, os próprios campos eram rodeados de cercas temporárias, enquanto, por vezes dia e noite, os *senhores* faziam a vigia. Em Flandres, o *bock de vylls* designa um delito que consiste em fazer uma brecha nas cercas da aldeia no tempo das lavras e das colheitas. As terras medievais estavam, assim, pontuadas de *proteções*, isto é, de espaços ao mesmo tempo juridicamente interditados e materialmente isolados. Por volta de 1460, um grande senhor tcheco, Léo de Rozmital, fica impressionado, ao percorrer a Bretanha, com o grande número de muretas de pedra, os *murgiers*, que circundam os campos: "Desse modo os camponeses não têm necessidade de permanecer com seus rebanhos enquanto eles pastam e nem de vigiá-los, e os rebanhos não podem prejudicar as terras dos vizinhos".

Havia regiões, como o Anjou, em que a exploração, mais agrupada, mais comprimida, era também mais fácil de isolar.

> Todas as descrições o atestam. A cerca não resultava exclusivamente do desejo de proteção; materializava a tomada de posse; era de alguma maneira a sua definição jurídica. Aliás, não é por acaso que o costume angevino trata dela no capítulo da propriedade. Talhados em grandes blocos justapostos sublinhados pelos caminhos, domínios e posses formavam um *puzzle* fundiário que engloba em um só contínuo as terras, os prados, as charnecas e os bosques (Michel Le Mené).

Heures de Louis de Laval, *século XV. Homem e mulher no trabalho, em uma vinha. Ao redor, uma forte paliçada, aberta por uma porta. (Paris, Biblioteca Nacional, ms lat. 920.)*

Um exemplo entre muitos outros: o alojamento e a parceria agrícola do Grand Thorigné compreendiam "duas casas contíguas com chaminés, cobertas de telhas, espaços abertos, pomar, bosque de grandes árvores ornamentais, terras, prados, pastagens, árvores, mata de corte, mato com coelhos selvagens, com fossos, sebes e cercas em toda a volta.

Na Bretanha, a palavra "parque" podia designar vastos conjuntos dominiais e, ao mesmo tempo, reservas de caça, explorações agrícolas, florestas, terrenos de lazer e de criação de animais. Como o "parque do duque", perto de Morlaix, os de Vannes, de Lesneven, de Rhuys. Quanto ao parque de Châteaulin, onde se distinguiam o grande e o pequeno domínio, talvez correspondesse a uma antiga reserva e às renas sob a sua dependência (Jean-Pierre Leguay).

Nas regiões de *openfield* [campo aberto], ao contrário, os lotes pertencentes a um mesmo camponês estavam normalmente dispersos através das diferentes parcelas, afolhamentos ou canteiros de um terreno. Mas de qualquer maneira, na medida em que se estava mais próximo de uma aglomeração rural, via-se multiplicarem-se as cercas, de pedra ou de madeira viva ou morta, delimitando uma vinha ou um prado, um canhameiral ou um salgueiral, um pequeno pátio ou uma terra cultivável, um parque ou um bosque de bétulas, um domínio ou uma

Le nouvelin de la vénerie, *começo do século XVI. Entre dois maciços florestais, o caçador e seu cão. No horizonte, três castelos separados por sebes ou por bosquezinhos. (Paris, Petit Palais, col. Dutuit, 217.)*

morada, um jardim ou a terra contígua à exploração agrícola. Os franceses, diz Brunetto Latini, "sabem melhor fazer pradaria e jardins com árvores e pomares em torno de sua habitação do que outro povo".

Por seu lado, os senhores leigos e eclesiásticos visavam igualmente, para seu prestígio, seu proveito ou seu prazer, recortar em seus domínios espaços mais restritos a fim de neles melhor marcar seu controle e ali fortalecer seu direito de propriedade. Guardas-florestais eram encarregados de afastar os intrusos de suas florestas e de valorizar um capital considerado como particularmente precioso. Reservas de caça, permanentes ou provisórias, favoreciam a salvaguarda, a proliferação da caça de pequeno porte. Castelos comportavam um grande pátio e um terreiro de criação, este com destino mais utilitário, ou mesmo francamente agrícola. Nenhuma morada nobre ficava sem "jardim de recreio" (a expressão é atestada no final do século XV), o que não quer dizer que as plantas comestíveis e as árvores frutíferas ali não predominassem. O pomar bem fechado, *hortus conclusus*, com seu muro por vezes *bataillé* (ameado), sua fonte decorada, suas parreiras, suas cabanas, seus *coignarts* [recantos] de árvores, sua natureza domesticada, amansada, recortada em pequenos quadrados, seus bancos e suas galerias: pelo testemunho da literatura e da iconografia, lugar por excelência do repouso, da alegria, das canções e das danças de roda, dos amores abertos ou discretos, dos debates e dos folguedos, mas também símbolo da Virgem e da virgindade, figura do paraíso perdido, ao abrigo dos tumultos e dos perigos que incessantemente vêm perturbar o mundo exterior (Elisabeth Zadoura-Rio).

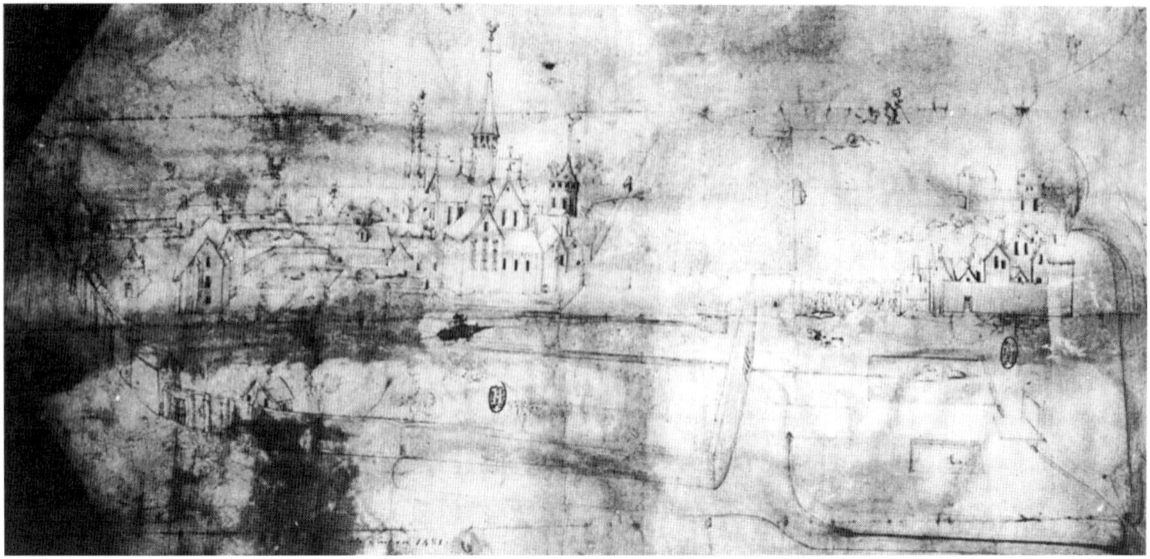

Desenhado sobre uma pele inteira de pergaminho, esse desenho do mosteiro feminino de Saint-Antoine-des-Champs, em Paris, data do fim do século XV. A clausura propriamente dita, à esquerda, engloba a igreja, o conjunto dos edifícios conventuais e também um pombal, dependências de serviço e mesmo um pequeno bosque. Além, à direita, a exploração agrícola da abadia com seu terreiro de criação. (Paris, Arquivos Nacionais, N III Sena 730.)

Datada de 1481, uma "vista geral" do mosteiro feminino de Saint-Antoine-des-Champs, ao lado de Paris, mostra, em sua feitura desajeitada mas precisa, a justaposição, no interior da cerca, de um bosquezinho, de vários charcos, viveiros, pátios, pomares e jardim, e, mais além, de um terreiro de criação, ele próprio cercado por construções de exploração agrícola.

Christine de Pisan nos deixou o relato em versos da visita que fez em 1400 ao insigne priorado Saint-Louis de Poissy, onde sua filha era religiosa dominicana. As construções desse mosteiro, tanto mais reputado quanto abrigava também, na época, uma filha de Carlos VI, são sucessivamente enumeradas. Retenhamos, no momento, que até os pátios foram percorridos. Somos convidados a admirar suas dimensões e também a laje com que são recobertos: "Assim por toda parte traçamos muitos passos/ E por grandes pátios/ Pátios largos, compridos mais que um canal/ onde estavam grandes depósitos de lenha,/ Bem pavimentados e belos de todos os lados".

Mais adiante, encontra-se o jardim, esse outro "dulcíssimo paraíso, todo por altos muros bem fechado", onde crescem mais de 140 árvores frutíferas, e ainda um *belo recinto*, onde brincam gamos, lebres, coelhos, cabritos selvagens, e enfim dois viveiros ricos em peixe.

Pátio, jardim, viveiro, tanque, parque: no final da Idade Média, um castelo como convém precisa comportar toda a série. Assim o sublinha, não sem inveja nem zombaria, o *Songe veritable* em sua descrição do "belo castelo" de Marcoussis, reedificado com grandes despesas por esse novo-rico de primeira ordem que foi Jean de Montagu, grão-mordomo de Carlos VI: "É lugar agradável e deleitável/ É acima de tudo, tanto velho quanto novo/ Fechado por muros, também por águas".

Um século mais tarde, o castelo de Gaillon, orgulhosa construção do arcebispo de Rouen, o cardeal Georges d'Amboise, então principal conselheiro de Luís XII, não fica atrás. Desta vez, a descrição que dele deixou dom Antonio de Beatis, capelão e secretário do cardeal Louis d'Aragon, começa pelo exterior, isto é, pelo parque, de duas léguas de circuito, fechado por uma espessa e alta muralha, a qual encerra igualmente o jardim do castelo. Esse parque é tanto mais notável quanto compreende partes arborizadas e partes descobertas, pequenos pavilhões, sem dúvida destinados a pausas, por ocasião das caçadas, e certamente todas as espécies de caça. Quanto ao jardim, de forma quadrada, encerra por sua vez quadrados menores, cercados por grades de madeira pintadas de verde. Há até um viveiro de pássaros e uma vasta pradaria. É apenas depois de ter admirado essas maravilhas que o visitante chega às duas galerias que dão acesso ao castelo.

Os parques reais nada tinham a invejar a essas realizações. O do bosque de Vincennes, mencionado, como vimos, no *Débat des hérauts d'armes*, o é igualmente no diário da embaixada florentina junto de Luís XI (1461-1462), que fornece suas dimensões — não menos de quatro milhas de circuito —, e no poema, sensivelmente contemporâneo, de Antoine Astesan:

Manuscrito do século XV. Jardim de um mosteiro de religiosas. Muros sólidos dominados por uma torre e atravessados por algumas seteiras. Aleias bem desenhadas. (Paris, Biblioteca do Arsenal, ms 5216.)

Pierre de Crescens, Livre des prouffitz champestres, *século XV. Jardim de recreio em um meio urbano. Os jardineiros se desvelam sob o olhar do mestre. (Paris, Biblioteca do Arsenal, ms 5064.)*

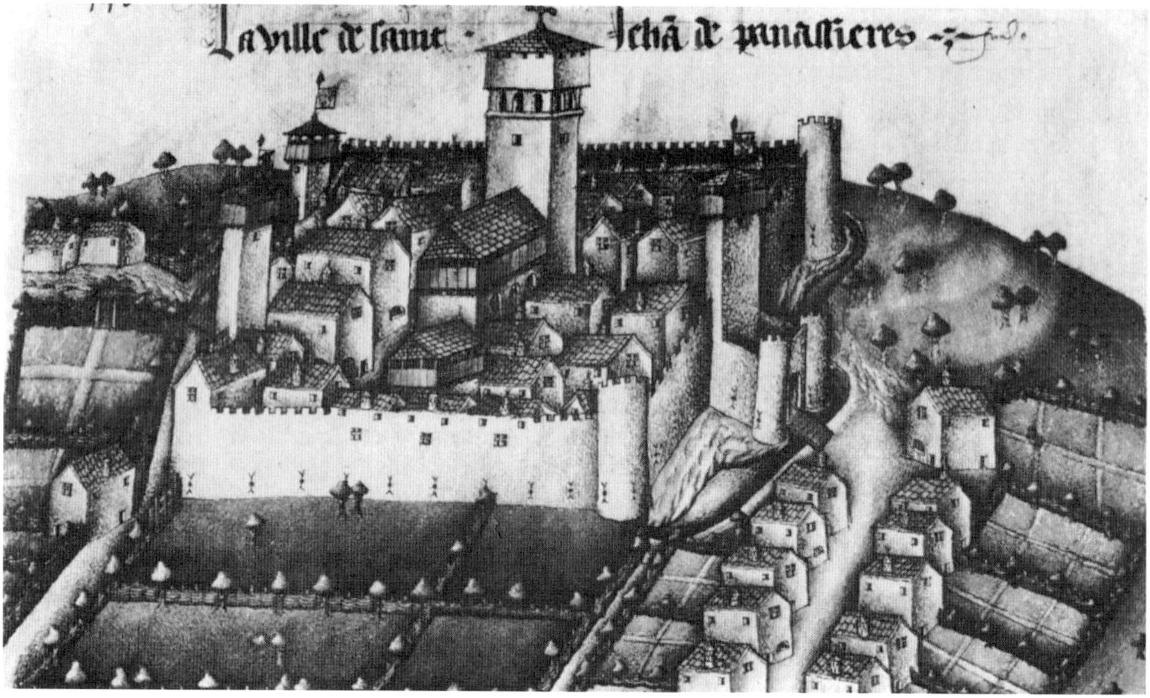

Vista de Panissières (Loire), extraída do Armorial *de Guillaume Revel, século XV. Grande burgo do Forez, encerrado em suas muralhas e dominado pela torre quadrada da Igreja Saint-Jean Baptiste. Na vizinhança imediata, pomares e jardins bem fechados, pequenas casas alinhadas ao longo de um caminho, com chaminés e telhados de telha. Mais adiante, o verdadeiro campo. (Paris, Biblioteca Nacional, ms fr. 22 297.)*

Perto se estende um bosque magnífico, do qual o castelo, creio, tirou seu nome, e que é entremeado de prados, de muitas matas de corte, e cercado por uma muralha contínua. Chamam-no vulgarmente de parque, ele é como me lembro de ter visto um perto do castelo de Pavia. Esse parque é subdividido internamente em várias partes, para ali conservar, de um lado os javalis de presas ameaçadoras, aqui os gamos tímidos, os cervos de grande armação, acolá as lebres rápidas e as cabras selvagens. Aí se encontra também uma tal quantidade de coelhos que algumas vezes veem-se vários milhares deles reunidos. Desse modo, encontram-se nesse bosque todos os prazeres da caça.

ESPAÇOS URBANOS

Se a mania de fechar, verdadeiro *habitus* da mentalidade medieval nascido talvez de um profundo sentimento de insegurança (que por certo o meio circunstancial vem justificar amplamente e reforçar, na França da Guerra dos Cem Anos), era de vasta difusão no mundo rural, o era do mesmo modo em meio urbano, pois que precisamente uma das características da cidade era de ser limitada por portas e por uma muralha. Contudo, notemos que, mesmo na França, autênticas e inegáveis cidades só se beneficiaram de uma muralha num período bastante tardio, e que arrabaldes abertos, vulneráveis, subsistiram ou se criaram, em especial no prolongamento e na vizinhança das vias de acesso. De resto, desde que o perigo parecia afastar-se e a paz voltar, muitas cidades, por simples razões de economia, tendiam a negligenciar suas muralhas que, a cada vez, transformavam-se rapidamente em passadouros...

Mas talvez o traço maior da cidade medieval e de suas relações com o espaço resida na relativa raridade dos terrenos e das construções com caráter público. Sem dúvida as ruas e as praças eram consideradas dependentes dos poderes municipais, senhoriais, leais. Sem dúvida também os procedimentos de expropriação, mediante uma indenização, com vistas ao interesse geral, não eram desconhecidos. Tem-se a impressão, apesar de tudo, de que o domínio público era restrito, ou mesmo residual, e de que era, além disso, regularmente ameaçado pelas usurpações dos particulares. Usurpações discretas, porque ilícitas, mas por vezes também legalizadas por um ato oficial. Em 1437, mestre Jacques Jouvenel queixou-se a Carlos VII das condenáveis atividades a que se entregavam, bem perto de sua casa, na Île de la Cité, em Paris, "moças de prazer" instaladas em "várias casinhas". Ora, essas casinhas eram servidas por uma "pequena ruela e via pública chamada Glatigny", de resto bastante estreita, pois "dita ruela não é de modo algum lugar onde cavalos nem carroças podem passar", e de maneira nenhuma indispensável à "coisa pública", dado que ou-

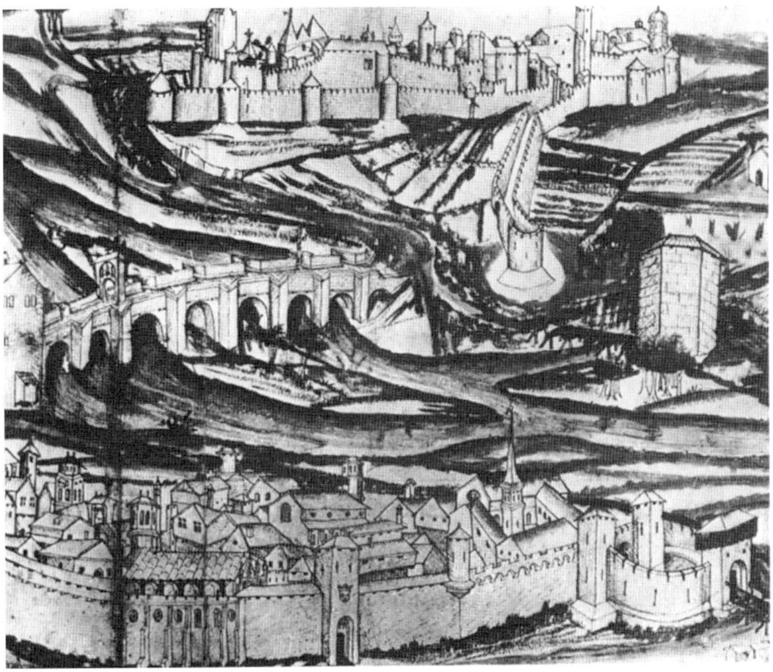

Carcassone em 1462. No primeiro plano, a cidade baixa; ao fundo, a cidade. Entre as duas, a ponte sobre o Aude, datada do século XV, e a obra fortificada, ou barbacã, prolongando a cerca para o norte.

tras vias paralelas asseguravam mais comodamente a circulação no bairro. Rendendo-se a essas explicações interessadas, Carlos VII, para fazer um gesto em relação a um membro de uma grande família que lhe permanecera perfeitamente fiel durante todo o tempo das *divisões*, autorizou a junção da ruela de Glatigny à propriedade de Jacques Jouvenel. Como o diz a carta real, "a qual ruela que era via pública temos redigido e redigimos como coisa privada em proveito do dito mestre Jacques Jouvenel e dos seus".

Entre 1439 e 1447, em Saint-Flour, um processo opôs os cônsules e habitantes da cidade aos cônegos da colegiada de Notre-Dame. O objeto do litígio era uma pequena rua de quatro a cinco pés de largura (de 1,20 metro a 1,50 metro), atravessando o cemitério do capítulo e dando acesso, noite e dia, a um forno comum. O capítulo pretendia interditar a passagem que o incomodava cercando o cemitério. Ao contrário, a municipalidade de Saint-Flour sustentava não apenas que a via era comum, mas também que na região de Auvergne os cemitérios eram "lugares públicos", que não havia razão, portanto, de fechar.

Um domínio público reduzido, fragmentado: simples manifestação, na topografia urbana, da fraqueza persistente do Estado em seus meios, seus recursos e suas ambições.

Bastará lembrar aqui a singular estreiteza das ruas, a ponto de uma via de seis ou sete metros de largura impressionar por suas dimensões, a sinuosidade dos traçados, a multidão dos pátios e das ruas sem saída, a exiguidade dos cruzamentos, a raridade das perspectivas e dos espaços livres, o engarrafamento permanente das vias carroçáveis. Nas cidades bretãs do século XV, "muitas vias se identificaram com verdadeiros corredores, escurecidos pelas sacadas das casas" (Jean-Pierre Leguay).

Entretanto, o pitoresco embaralhamento das cidades medievais, com o labirinto de suas sinuosidades e de suas tortuosidades, a abundância de suas passagens abobadadas, a inclinação intempestiva de suas rampas, não era necessariamente percebido como um quadro natural e, em suma, suportável. As pessoas se adaptavam a ele, pela força das coisas, talvez se visse nele uma proteção contra as intempéries, ou contra os intrusos de toda espécie. Mas diferentes indícios sugerem que muitos, sobretudo os dirigentes, desejavam uma melhoria e deploravam os múltiplos inconvenientes nascidos de um crescimento espontâneo ou suscitados por iniciativas privadas. As cidades novas do século XIII, planejadas pelas autoridades responsáveis, mostram ruas sensivelmente mais largas, até onze metros, por exemplo, para a *magna carreyra* de Libourne, praças arejadas, uma divisão quadriculada geométrica das linhas retilíneas. As raras operações de urbanismo realizadas no final da Idade Média demonstram, por sua vez, um inegável senso do espaço e da harmonia. Assim como as miniaturas que visam representar a cidade ideal. Quando uma cidade tinha a possibilidade de possuir uma praça de boa dimensão, esforçava-se em

Livre du gouvernement des princes, *tradução francesa do* De regimine principum *de Gilles de Roma, começo do século XVI. Belas casas urbanas com vigamento aparente de madeira. Tabuletas, oficinas, lojas abrindo-se amplamente para uma calçada pavimentada. No mais das vezes, a realidade devia ser menos sedutora. (Paris, Biblioteca do Arsenal, ms 5062.)*

A Couvertoirade (Aveyron). Rua principal dessa aldeia fortificada na metade do século XV por seu senhor, a Ordem do Hospital. Casas de pedra com escada externa para chegar à cozinha e à sala. No mesmo nível, o celeiro.

conservá-la resistindo aos apetites dos construtores e dos "loteadores" e, se necessário, valorizando-a. O olhar dos viajantes exprime eventualmente o que se podia apreciar em uma cidade. Diz Antonio de Beatis, a propósito de Malines:

> Cidade soberba, muito grande e muito fortificada. Em parte nenhuma havíamos observado ruas mais espaçosas e mais elegantes. Elas são pavimentadas com pequenas pedras, e os lados se inclinam em declive leve, de tal modo que a água e a lama jamais permaneciam ali. Diante da igreja, que é muito bela, encontra-se uma praça mais comprida e muito mais larga que o Campo dei fiori de Roma, toda pavimentada da mesma maneira que as ruas. Um grande número de canais, cujas águas seguem o movimento do oceano, atravessa a cidade.

Em 1484, a cidade de Troyes, desejosa de obter do rei a sucessão das feiras de Lyon, que acabavam de ser abolidas, apresenta-se, sem excesso de modéstia, como "uma bela e grande cidade com muitas casas e guarnecida de belas e grandes ruas largas e espaçosas, com belas praças, galpões públicos para conter feiras e mercados".

Ordenações e regulamentos municipais foram promulgados em diversos lugares, no século XV mais do que no século XIV, para favorecer as necessidades da comunidade nos domínios da higiene pública, da circulação dos homens e das mercadorias, e da segurança das pessoas e dos imóveis. Com relação a isso, a França está, aliás, antes a reboque, acompanhando com lentidão e sem muito entusiasmo um exemplo vindo de outras partes. Ao menos uma certa evolução das mentalidades começa a se fazer sentir, quer se explique por uma degradação da situação, a ponto de que se impunha tomar medidas, quer pela chegada de flagelos inéditos, como a peste, ou pela emergência de um autêntico espírito municipal, do qual o "corpo de cidade" era o depositário, com sua vontade de melhor dominar o espaço público e mesmo de impor ao espaço privado um mínimo de coerções. Um pouco por toda parte, edis se reúnem, deliberam. Eles têm sem dúvida meios financeiros menos reduzidos que no passado, dispõem de um pessoal um pouco mais numeroso para tentar fazer aplicar suas decisões. Por certo, os poderes que detêm, exercem-nos no sentido de seus interesses e dos interesses de seu meio; mas não fica excluído que se sintam igualmente responsáveis em relação ao conjunto de seus administradores e mais ainda em relação à cidade cuja gestão reivindicam, não sem orgulho.

Mas, sobretudo, seria uma visão muito parcial das coisas considerar o urbanismo medieval exclusivamente sob seu aspecto público. Sabe-se, com efeito, que as igrejas e as comunidades religiosas não eram apenas muito numerosas na maior parte das cidades, mas que aí possuíam muitos edifícios (entre os mais bem construídos) e dispunham de espaços não edificados frequentemente consideráveis. Os bens de mão-morta eram bens urbanos tanto quanto rurais. Capítulos cate-

Histoire de Renaud de Montauban, *século XV. Sala de jogo em um palácio urbano. Largas aberturas, piso cuidadosamente ladrilhado, mobiliário sumário. (Paris, Biblioteca do Arsenal, ms 5073.)*

drais e colegiadas, mosteiros de fundação antiga, conventos surgidos no século XIII ou mais tarde reservavam-se, assim, o uso, muitas vezes exclusivo, de pátios, de claustros, de jardins. Sem contar os cemitérios, por vezes isolados, tal como o dos Inocentes em Paris, porém mais frequentemente contíguos a uma igreja paroquial: morada dos mortos e dos vivos, segundo a fórmula clássica. Bem melhor: em muitas das cidades, a maior parte das casas era provida, em sua fachada traseira, não apenas de um pátio onde tinham lugar atividades profissionais ou domésticas, mas de um jardim ou de um jardinzinho. Mesmo o urbanismo meridional, mais fechado, não ignorava totalmente esse fenômeno. O mais antigo cadastro de Arles assinala um jardim nas Arènes. O arcebispo de Arles tinha o seu em sua cidade, do mesmo modo que o papa em Avignon (jardim de Bento XII, pomar de Urbano V). Com mais forte razão, os jardins eram difundidos em todo o Norte da França e no Oeste. Estavam longe de ser todos eles rejeitados para além das muralhas em uma espécie de arrabalde hortelão. Mas é verdade que se ligavam com predileção às muralhas, na direção do interior. As zonas na aparência mais densamente construídas também continham jardins, dissimulados por altos muros ou pela fachada contínua das casas. Em Besançon, ao contrário, no espaço cingido pela grande curva do Doubs, uma série de cercados, muitas vezes destinados à vinha e pertencentes a estabelecimentos religiosos, constituíam ilhotas de verdor separadas dos imóveis de habitação. Em Reims, em 1328, um recenseamento, aliás incompleto pois omitia por inteiro ou em parte os bens da Igreja, menciona na cidade dezoito casas com jardins contíguos e 28 jardins independentes, e, nos burgos, respectivamente 39 e setenta.

E, no entanto, por mais estreita, ruidosa e mesmo malcheirosa que fosse, a rua conservava sua força de atração, pois representava a comunicação, em todos os sentidos da palavra, a distração e a ação. A vida. Para ela as casas voltavam regularmente sua fachada mais cuidada, a mais ornada de "amabilidades", suas aberturas mais amplas, e, naturalmente, suas tabuletas, assim como a abertura de suas oficinas. Os quartos mais apreciados ficavam do lado da rua, e não do lado do pátio, em particular o do "chefe da casa" e de sua mulher, como levam a admitir alguns inventários. "Ao contrário das cidades do Oriente, cuja estrutura em colmeia de abelha convida o clã, o grupo étnico ou confessional a viver curvado sobre si mesmo", tudo, nas boas cidades do Ocidente no final da Idade Média, "impele para a rua os membros de uma sociedade urbana extrovertida" (Bernard Chevalier).

A CASA CAMPONESA

Voltemos à casa camponesa e procuremos agora examiná-la do ponto de vista — bastante difícil de apreender — de seu espaço social. Diversas abordagens da questão são possíveis aqui. Em primeiro lugar, pode-se perguntar, partindo de um passado recente, se as variedades regionais apresentadas pela casa "tradicional", em função de seu modo de construção, dos usos profissionais e sociais, dos materiais disponíveis, do clima etc., remontam mesmo à Idade Média. Em outros termos, havia, desde a época, uma prefiguração da casa construída com cal, do chalé alpino, da casa-bloco própria a certas províncias do sul? Autores não hesitam em tomar partido. Vejamos, por exemplo, Jean Dolfuss:

> Salvo pelo material, as construções urbanas, infinitamente diversas por suas destinações e concepções, trazem muito mais a marca das épocas do que o sinal dos lugares; ao contrário, as casas rurais diretamente submetidas ao quadro e às condições geográficas opõem sua estabilidade e suas características locais às transformações da história e às influências estrangeiras, e são elas sobretudo que, de província em província, compõem o quadro mais original da habitação francesa".

A aldeia de Hermes (Oise), no começo do século XVI. Algumas casas dispersas, dois moinhos sobre o Thérain (um de trigo, o outro de lã), uma igreja cercada por seu cemitério. (Arquivos do Oise, H 4530.)

Ora, prossegue ele, "tudo faz supor que, ligada à mesma terra e utilizando os mesmos materiais, a morada rural atual deve, em muitos casos, ser análoga à habitação dos campos das primeiras eras". Assim, a casa rural, filha de seu solo mais que filha de seu tempo, teria atravessado os séculos, imutável reflexo da ordem eterna dos campos. Mais prudente, Jean-Marie Pesez não deixa de considerar que "as oposições essenciais não parecem ser aquelas que separam as categorias sociais, mas aquelas que definem as áreas, econômicas e culturais, Norte da França e Sul da França, por exemplo".

Pode-se admitir, com efeito, que a morada camponesa corresponde mais ou menos ao regime das terras assim como às condições econômicas e técnicas da agricultura. O desenvolvimento ou o declínio da criação de animais, da viticultura, do castanheiro ou do bicho-da-seda, a instalação de um sistema de irrigação, a especialização eventual em tal tipo de produção, tudo isso não pôde deixar de influenciar a ordenação e a disposição das construções de "exploração agrícola". "Nada aí é destinado ao bem-estar, ao supérfluo, tudo aí se dispõe para o trabalho agrícola." A observação de Albert Demangeon relativa à casa rural do século XIX na Picardia, considerada como um utensílio, como um instrumento de trabalho, pode aplicar-se igualmente ao período medieval.

Então, as banalidades do forno, do moinho, do lagar, acarretaram a construção de uns tantos edifícios, à disposição, sob certas condições, da comunidade, mas inversamente impediram que cada exploração comportasse, para seu uso próprio, um lagar, um forno, um moinho. E se, com o passar do tempo, o moinho permaneceu um edifício especializado, em compensação a desagregação e depois a abolição da feudalidade (no sentido que o Século das Luzes dava a essa palavra) tiveram como consequência uma multiplicação dos fornos e mesmo dos lagares privados. Além disso, que uma casa seja habitada por um proprietário de alódio, pelo foreiro perpétuo de um senhor, por um arrendatário, por um meeiro, por um servo sujeito à mão-morta não deixa de ter consequência para a sua manutenção, assim como para a sua configuração.

Uma casa camponesa deve ser ainda considerada em seu meio. Explorações agrícolas isoladas ou habitações enquadradas por duas outras habitações contíguas, explorações dispersas em um fundo de vale ou então, ao contrário, agrupadas sobre uma eminência para formar um *castrum* com aparência de fortaleza; não apenas são múltiplas as soluções, mas elas explicam e condicionam parcialmente a planta e a estrutura de cada morada isoladamente.

Por outro lado, uma casa pode estar destinada a uma mulher só, a uma família nuclear, a um "patriarca" provido de uma numerosa descendência; pode-se supor, se não uma adequação perfeita, ao menos uma certa relação entre sua dimensão e o número de homens (e de animais) suscetíveis de ali viver.

Enfim, há casas para *cottiers* [lavradores] próximos da miséria, para simples jornaleiros com poucas ferramentas e ainda menos animais, para grandes agricultores que dispõem de vários equipamentos de cultura, devendo armazenar quantidades de feno e de palha e alojar vários domésticos. O aspecto de uma casa camponesa dependerá evidentemente do poder econômico de seu ocupante.

No seio da grande variedade das casas rurais da Idade Média, um tipo sobretudo se caracteriza com nitidez, o da "casa longa" (*longa domus*), chamada por vezes de casa mista,

> abrigando, sob o mesmo teto e nas duas extremidades opostas da construção, de um lado os homens, do outro algumas cabeças de gado. Essas duas categorias de ocupantes dispõem de um ou dois acessos comuns. Neste último caso, estes são frequentemente dispostos face a face na direção do centro ou no meio dos grandes lados (Robert Fossier).

Um documento de 1314, referente ao Forez, evoca, por exemplo, um *hospitium* compreendendo sob um mesmo teto ao centro da peça principal, com lareira e forno, em uma das extremidades um quarto ou celeiro, na outra um estábulo, e, em cima do conjunto, um granel de feno.

A casa longa, hoje se admite, foi muito amplamente difundida através da Europa ocidental. Mais tarde, desaparecerá de maneira

Tradução francesa do Decameron *de Boccaccio, século XV. Sob um mesmo teto, homens e animais. (Paris, Biblioteca do Arsenal, ms 5070.)*

progressiva, essencialmente em razão de uma repugnância cada vez maior de viver em constante promiscuidade com os animais (ruídos, moscas, odores etc.). Entretanto, ainda em pleno século XX, certas regiões "atrasadas" (Alpes, Maciço Central, Bretanha, País de Gales) ainda não haviam eliminado totalmente esse modo de habitat.

Acrescentemos que muito cedo espíritos "civilizados" manifestaram sua surpresa condoída em presença de usos tão arcaicos, tão toscos. Assim, escreve Dubuisson-Aubenay, visitando a Bretanha no século XVII:

> Na maior parte das habitações, é preciso passar através da sala ou cozinha para ir à estrebaria ou ao estábulo. É como no resto da Bretanha: os animais passam pela mesma passagem que os homens e pouco falta para que se alojem juntos. E como as habitações são em parte de pedra ardosiana e principalmente de madeira, os ratos

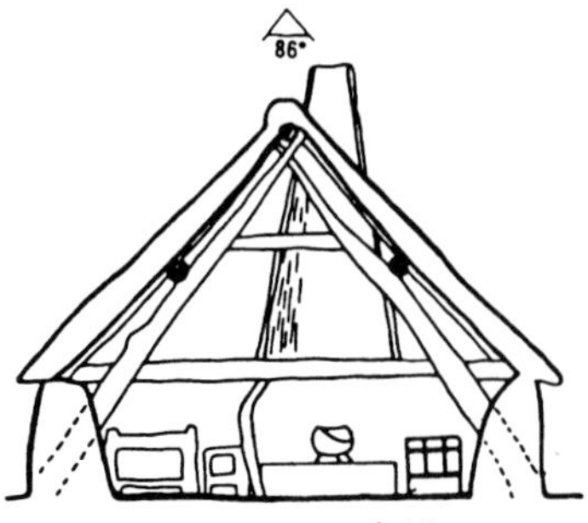

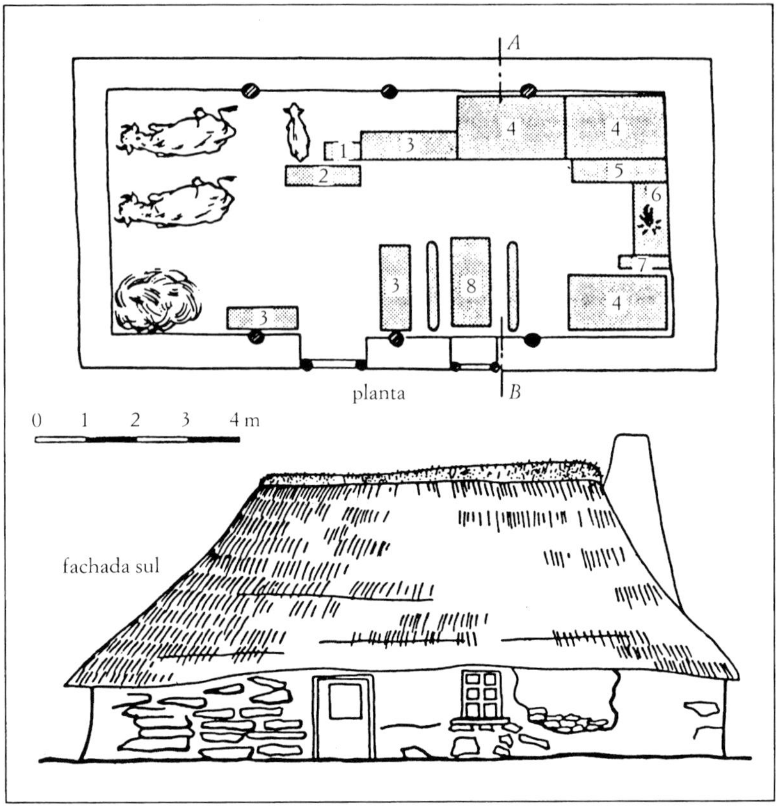

"Casa longa" em Plumelin (Morbihan). Prolongamento, até a época contemporânea, do habitat misto — homens e animais sob um mesmo teto — comum na Idade Média. (Segundo R. Fossier e J. Chapelot.)
1: pêndula;
2: banco-arca;
3: armário;
4: leito fechado;
5: arca;
6: lareira;
7: banco;
8: mesa-arca.

e os camundongos são ali em maior número do que jamais vi em nenhum lugar. Seu mobiliário está à altura: suas camas são muito curtas e muito distantes do solo, suas mesas altas e suas cadeiras ao redor muito baixas. Ali não faltam as pulgas e os percevejos.

Em 1618, um viajante alojado em Erbrée (Ille-et-Vilaine) queixa-se de não ter dormido à noite "por causa das vacas que ali estavam, só havendo o teto e as quatro paredes onde nós estávamos".

No entanto, convém anotar que a "compartimentação" dos espaços, mesmo sob um único teto, pode ser mais ou menos elaborada: no limite, a casa longa também autoriza entradas distintas para os homens e para os animais, paredes divisórias isolando uns dos outros, e mesmo a presença de várias peças no interior do setor reservado às pessoas. A coabitação sem segregação dos animais e dos homens inscreve-se em um certo modo de vida que é preciso encarar globalmente, não é exclusivamente resultante de condições econômicas particularmente duras.

A casa longa não impede igualmente a presença no pátio (pois ela tem seu pátio, o que é frequentemente esquecido) de um chiqueiro de porcos, de uma área para debulhar, de um aprisco, de uma *scure* (granja) ou de um forno para secar os grãos. De qualquer modo, a casa longa parece prevista para uma exploração rica de apenas algumas cabeças de gado. Se o camponês tem uma dúzia de vacas, uns cinquenta carneiros, precisa adotar um outro dispositivo.

Um conjunto de casas longas particularmente célebre entre os arqueólogos é oferecido pela aldeia inglesa de Wharram Percy, em Yorkshire, escavada há trinta anos. Se se deixam de lado as primeiras ocupações, seguidas de abandonos, parece que essa aldeia bastante modesta, embora provida de uma igreja paroquial, voltou à superfície no final do século XII em torno de um solar senhorial e foi abandonada por volta de 1510 em consequência da extensão da criação de animais e das *enclosures* {cercamentos}. Independentemente das técnicas de construção e dos materiais utilizados, a maior parte das casas, de um só andar, é de planta retangular, com uma largura compreendida entre 4,50 e seis metros e um comprimento que vai de doze a 27 metros. As aberturas se situam no meio dos grandes lados; a parte reservada às pessoas pôde compreender um quarto isolado, seguido de uma peça com lareira central e fumaça saindo por uma abertura feita no topo do telhado. Este é constituído de um alto e belo vigamento recoberto de colmo; quanto às paredes, ora são inteiramente de pedra (greda), ora formadas de tabiques de madeira que repousam sobre um embasamento de pedra.

Essas casas estavam situadas no interior de um cercado, o que, como vimos, não tem nada de surpreendente na Idade Média. Mas — e disso não se desconfiava de maneira nenhuma apenas à leitura dos textos — os limites desses cercados não têm nada de intangível, assim como sua forma ou sua direção. Além disso, as próprias casas só tinham uma limitada duração de vida: sobre um mesmo terreno, perto do solar, sucederam-se assim, em três séculos, não menos de nove casas, tendo cada uma por sua vez divergido ligeiramente em relação à precedente. Tudo se passa como se a casa fosse prevista para uma geração apenas.

Em Wharram Percy, uma pequena minoria de habitações não pertence ao tipo da casa longa: uma delas, datada do final do século XIII ou do começo do século XIV, dividida em duas peças, das quais uma com lareira, provavelmente não abrigava animais.

Outro exemplo: em Wawne, igualmente em Yorkshire, anotaram-se os traços de uma dúzia de casas datadas do século XII ao século XIV, construídas com trançado de estacas e galhos de árvore ou com tabiques de madeira, e medindo frequentemente em torno de quinze por 4,50 metros. Depois essas casas foram abandonadas, destruídas. Em seu terreno se fez crescer trigo. Posteriormente, talvez consequência de uma iniciativa senhorial, dezesseis casas foram construídas (segunda metade do século XIV-século XV), com uma orientação e uma largura (5,20 metros) idênticas, variando o comprimento desses novos edifícios de dez a treze metros. Essas casas eram compostas de

Reconstituição de duas "casas longas": escavações de Wharram Percy (Yorkshire). (Segundo M. Beresford.)

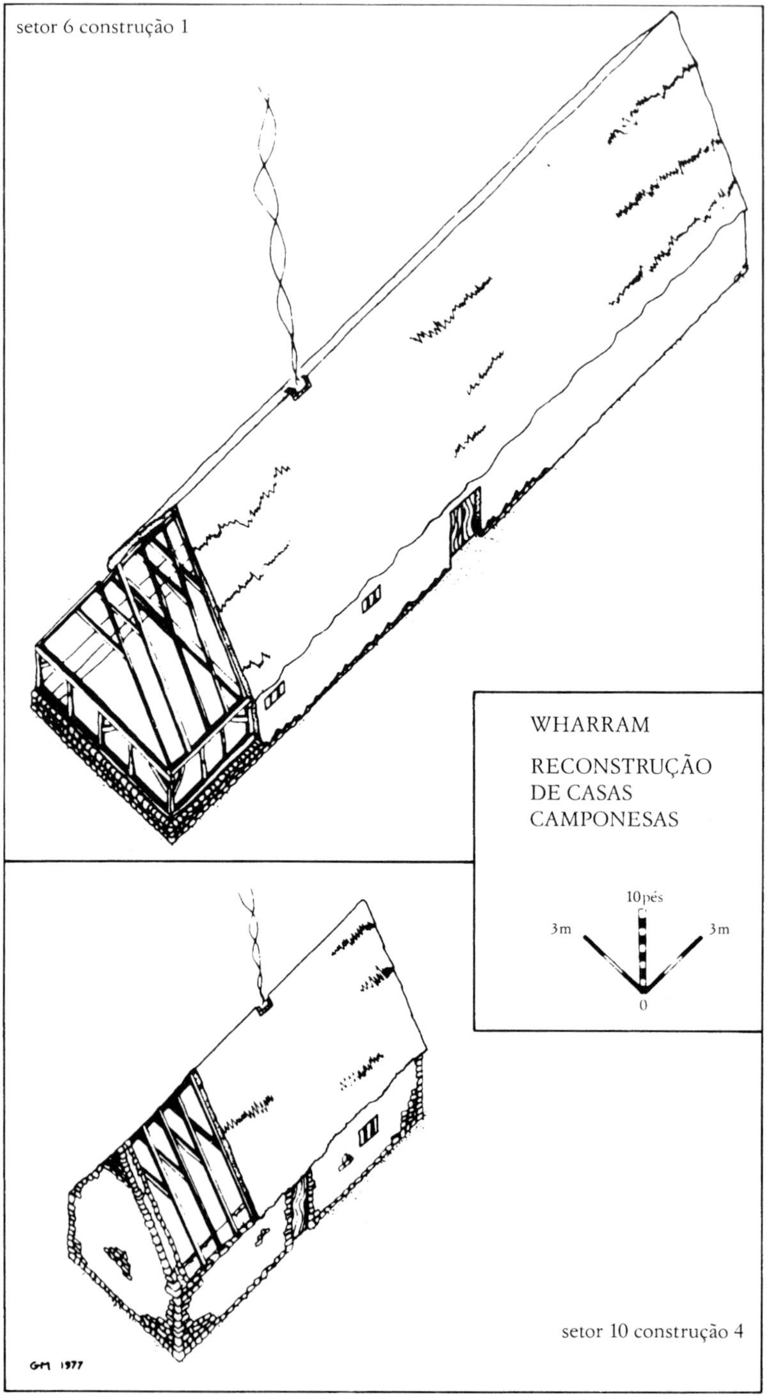

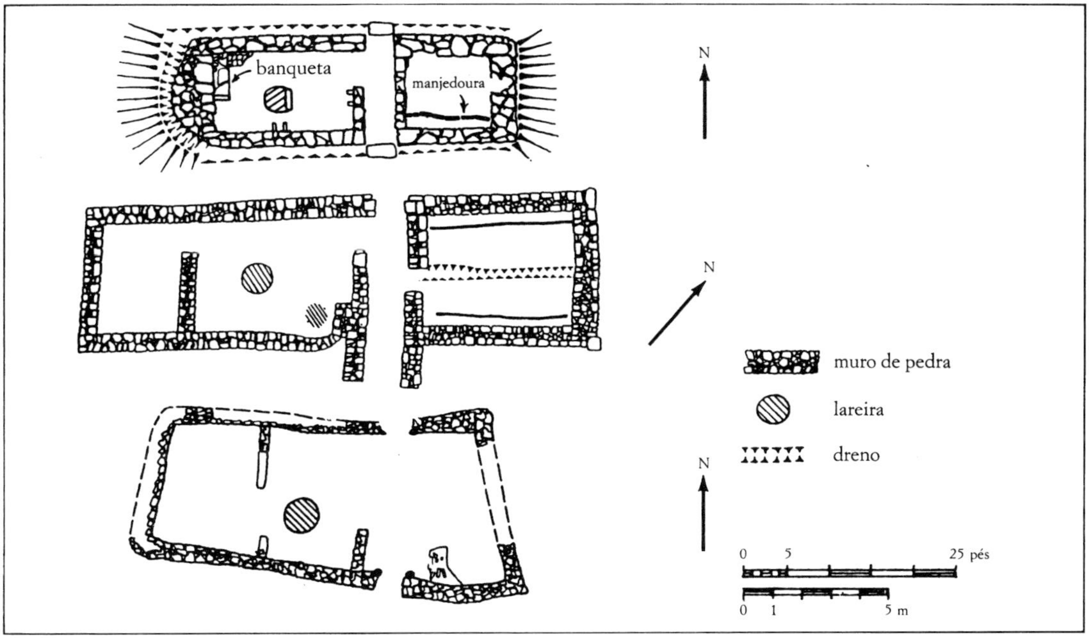

Plantas de "casas longas" na Inglaterra medieval, em Devon e na Cornualha. Ora duas, ora três peças. Ainda não há verdadeira chaminé, mas uma lareira central. (Segundo M. Beresford e J. Hurst.)

duas peças, separadas por uma lareira construída sobre uma base de tijolos. Estavam construídas com tabiques de madeira sobre uma base de cascalho; sua cobertura já não era de colmo, mas de telha.

Testemunhos, ainda que posteriores, mostraram que a uma casa longa podiam muito bem estar ligados alpendres independentes, mas também uma outra casa longa ou ainda uma habitação formada de uma só peça.

Enfim, pode-se perguntar se a Idade Média ignorou completamente a casa longa com andar superior mais ou menos arrumado, como os espécimes mais tardios que ainda subsistem.

Para simplificar, afastemos essa hipótese, pelo menos no que se refere ao Norte da França e à Inglaterra, e contentemo-nos em reter para a casa longa as dimensões médias de quinze por cinco metros; supondo que uma metade era reservada aos homens, e descontando a via de acesso comum, isso significa que um lar de cinco ou seis pessoas dispunha de uma área interna de apenas 35 metros quadrados.

De resto, é o que mostram as plantas de casas longas do Devon e da Cornualha, onde o espaço destinado aos homens e aos animais se encontra cuidadosamente distinguido.

Um segundo tipo é bem atestado: aquele no qual as construções de exploração e de habitação ora se agrupam de maneira contígua, eventualmente sob um mesmo teto, mas conservando cada uma sua independência, ora se dispersam ou se organizam no interior de um pátio. De um lado, a casa-bloco, "térrea" ou com altura; do outro, a casa com pátio, aberto ou fechado.

Nada prova que semelhantes estruturas tenham sido ignoradas pela Alta Idade Média. Contudo, os dados escritos a esse respeito se tornam mais frequentes apenas a partir do século XIII.

Trata-se muitas vezes de puras explorações camponesas, ocupadas por um foreiro rico ou abastado, um meeiro, um arrendatário. Miniaturas proporcionam representações delas, talvez um pouco idealizadas. As propriedades a meias que Philippe de Commynes mandou reparar no final do século XV em sua senhoria de Argenton compreendem "casas, choupanas, granja de guardar feno, aprisco, abrigo para os animais e outras coisas". Na mesma época, na Lorena, encontram-se já instaladas casas em profundidade, juntas, alinhadas ao longo das ruas, onde a construção reservada aos homens é paralela à construção destinada a abrigar o rebanho, as colheitas e os instrumentos agrícolas. Depois do espaço chamado *usoir*, *usuaire* ou *parge* [cercado], entre a fachada da casa e a *rua*, eleva-se a casa propriamente dita, comportando, da frente para trás, um *quarto de frente*, com porta e janela, uma *cozinha* fechada, enfim um *quarto de trás*, por vezes aquecido por um *forno*. Normalmente, nenhum corredor, conduzindo essas três peças umas às outras. Ao longo da casa, um segundo edifício abriga o *arault*, ou área para debulhar, e o estábulo, encimado por um celeiro para feno, palha ou grão. Por vezes, acrescenta-se uma terceira construção, um terceiro ramo, paralelo aos dois precedentes, formando celeiro ou granja independente. Atrás de tudo se encontra o jardim com canhameiral.

Ocorre também que o estábulo seja repelido para trás da casa. Como no caso de uma habitação de 1619, em Rugney (Vosges), que abriga, em seu estado atual, duas lareiras, em consequência de remanejamentos que é impossível datar.

As casas-blocos, ou com pátio, formam igualmente o coração de explorações "senhoriais", tendo estas podido servir, então, de modelo às explorações "camponesas" evocadas anteriormente.

Típica da construção senhorial, eis a residência de Tristan de Maignelay, em Fontains, perto de Nangis, na Brie, tal como a descreve um documento de 1377:

> A morada chamada dos Cloz, tal como está disposta, é, a saber, uma grande sala contendo três quartos em cima e dois embaixo, com quatro chaminés em cima e embaixo. Também um grande celeiro e estábulos embaixo. Uma capela, cozinha e despensa em cima, contíguas aos ditos quartos e salas, cobertas de telhas, bem e suficientemente. Também uma granja com dez traves coberta de telhas. Também o pombal com escada à volta, bem povoado de pombos. Também uma outra casa [talvez para a domesticidade agrícola] contendo dois quartos e um vazio embaixo com dez passos de degraus, coberta de telhas. Um galinheiro e embaixo um estábulo para colocar porcos, cobertos de telha, fechados com muros em toda a volta do recinto e três jardins perto.

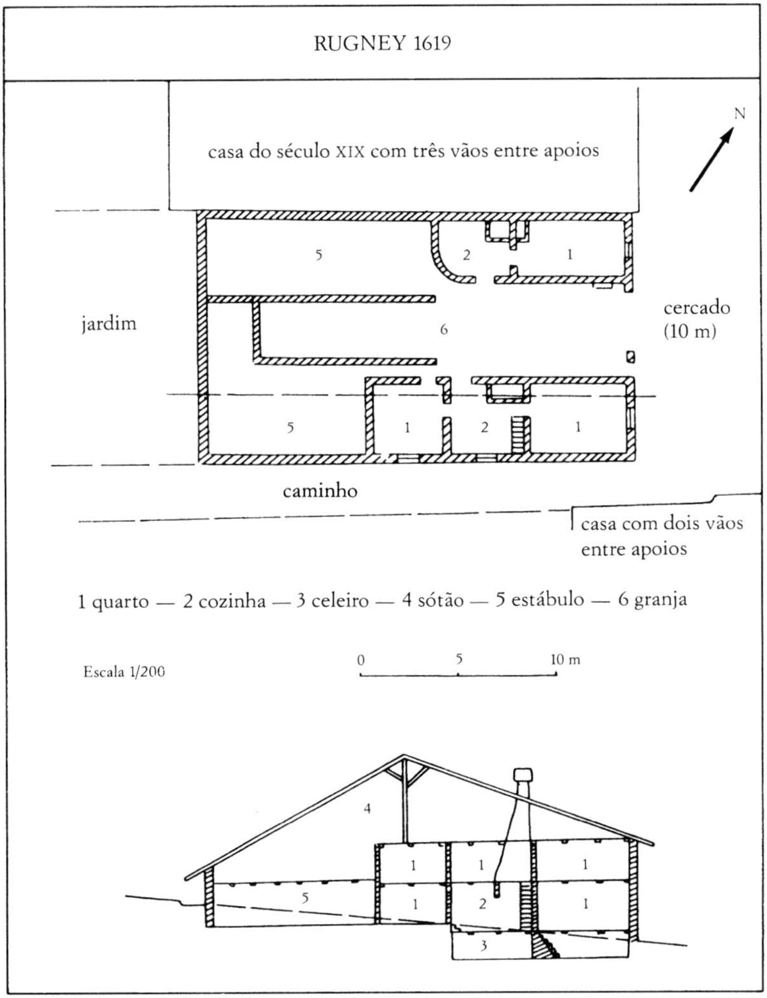

Casa de 1619 em Rugney (Vosges). Pode-se estimar que um arranjo interno análogo já existia na Lorena no século XV. (Segundo A. Weisrock e G. Cabourdin.)

Significa dizer que a "exploração agrícola" podia comportar, enquanto casa de habitação, tanto, como neste caso, um verdadeiro solar quanto uma casa elementar de uma ou duas peças com uma simples lareira, mas não com chaminé, e um teto de colmo.

Em 1450, o grande prior da França empreende recuperar as comendadorias dos hospitalários que, na maioria, haviam sofrido enormemente as devastações da guerra. Poucos anos mais tarde, em 1457, uma visita de inspeção efetuada à comendadoria de Lagny-le-Sec indica a amplitude dos trabalhos já realizados, ao mesmo tempo que permite perceber os diferentes componentes de um grande domínio agrícola na província de Brie no final da Idade Média. Em seis anos, o comendador do lugar, irmão Jean Le Roy, mandou reparar a capela, atendida em primeiro lugar, como se deve; o principal corpo de construção, em outras palavras, a *casa grande*, destinada ao alojamento dos hospitalários, com *sala embaixo e quarto, cozinha, alcova e celeiro em cima*, o todo coberto de telha; duas grandes salas, igualmente cobertas de telha, no momento servindo de granjas; um estábulo para cavalos com cinco traves, com teto de colmo; dois corpos de estábulo cobertos de colmo para o gado dos arrendatários; um aprisco de onze traves, coberto de telha; uma torre quadrada, também com telhas, servindo de pombal no andar superior e, no térreo, de porqueira; um outro aprisco, todo novo, de sete traves, coberto de colmo; um *hostel* [habitação] para o alojamento dos arrendatários; um poço coberto de telha; um quarto acima da porta de entrada do pátio; uma torre quadrada com teto de telha servindo de prisão e compreendendo no andar superior um quarto com chaminé. "Todos os edifícios, tanto aqueles que estão reparados como aqueles que estão devastados, estão assentados em um recinto contendo cerca de três a quatro *arpens* [digamos um bom hectare], o qual é cercado de muros em toda a volta em bastante bom e suficiente estado."

Meio século mais tarde, os herdeiros de Philippe de Commynes, visando sustentar uma ação na justiça, cuidaram de enumerar em um memorial que foi conservado as melhorias, ou melhor, os investimentos realizados desde 1473 no castelo de Argenton e em suas dependências pelo célebre conselheiro de Luís XI e sua mulher, Hélène de Chambes. Esses arranjos, que custaram muito caro, estão longe de concernir apenas ao alojamento de habitação. Além da reparação da capela e do recinto do castelo, e da construção de uma casa para o porteiro, são mencionados um lagar, uma "bela granja nova toda coberta de ardósia, com quatro portas e uma abertura, para colocar feno, lenha e objetos sem valor para a senhoria" e "belos estábulos todos novos cobertos de ardósia, os quais são duplos, para guardar aveia e palha".

Qualquer que seja a antiguidade desse tipo de habitat, repousando sobre uma economia rural próspera, ao mesmo tempo diversificada e equilibrada, e implicando que ao menos o chefe de exploração tenha suas comodidades, parece que em uma parte da França e na Inglaterra a tendência, do século XIV ao XV, é de uma lenta mas regular difusão. Na Inglaterra, por exemplo, os historiadores estão de acordo em pensar que diversos melhoramentos surgiram: a adição de um andar; uma divisão mais marcada do espaço, tanto no térreo como no primeiro andar; um começo de repartição entre os lugares destinados ao trabalho, à alimentação (confecção e consumo), ao repouso e ao sono; a relegação dos animais para construções separadas, ao redor do pátio; a substituição da lareira central por uma chaminé de tijolos, instalada na parede, daí uma diminuição dos riscos de incêndio e uma melhor circulação da fumaça, uma melhor tiragem. William Harrison escreve em 1577:

> As casas de nossas aldeias e de nossas cidades são construídas geralmente de tal modo que nem a leiteria, nem o estábulo, nem a

cervejaria lhe estejam ligadas sob um mesmo teto (como ocorre em muitos lugares além-mar e também algumas vezes no norte do país), mas são separados da casa, e também independentes entre si.

Enfim, casas (*cahutes*, *loges*, *cabanes*, *bordes*, *burons*, *maisoncelles*, *masurettes*, *masureaux*, para empregar os próprios termos da época) eram destinadas a uma atividade agrícola reduzida ao mínimo, simples abrigos de uma ou duas peças, onde podiam viver uma viúva, um cervejeiro e sua família. "E chamava sua choupana (*quahute*) uma velha casa onde ele morava", diz, por exemplo, um documento de 1391.

Em 1417, Jean Petitpas, lavrador em Jaux (Oise), com mulher e três filhos pequenos, habita uma casa composta de uma *lareira* e de um *quarto*. Em 1416, os bens móveis de Marie, a lenhadora, serva do duque de Orléans, estão repartidos nas três peças de sua casa de Rocourt-Saint-Martin (Aisne): uma cozinha, um quarto e um sótão. No mesmo ano, uma outra serva do duque de Orléans dispõe de uma cozinha e de um quarto, enquanto o alojamento de um vaqueiro, em Rosoy (Oise), limita-se a uma só peça onde estão reunidos os seus poucos utensílios de cozinha e sua miserável cama.

Do mesmo modo que Wharram Percy na Inglaterra, o sítio de Dracy, simples povoação satélite da paróquia de Baubigny (Côte-d'Or), possui na França uma legítima notoriedade. Escavado desde 1965 por uma equipe franco-polonesa, esse lugarejo, puramente agrícola e vitícola, estabelecera-se em uma data desconhecida bem ao pé de uma grande falésia calcária. Povoado por uns quinze lares em 1285, declinou na segunda metade do século XIV, vítima das pestes e das guerras, para desaparecer completamente pouco depois de 1400. Sem dúvida houve deslocamento dos últimos sobreviventes para uma aldeia vizinha que oferecia perspectivas econômicas melhores e um quadro de vida mais ameno.

Entre os inúmeros vestígios estudados, retenhamos os de uma casa que, incendiada por volta de 1360, oferece as informações mais esclarecedoras. Essa pesada construção, apoiada contra a falésia sobre seu flanco oeste, só tinha necessidade, assim, de três paredes, edificadas com grandes pedras brutas ou apenas desbastadas, ligadas entre si por uma argila amarelada. Essas paredes isolavam fortemente um espaço de forma aproximadamente quadrada: de 8,70 a nove metros em sua dimensão norte-sul, e de 10,75 a onze metros em sua dimensão leste-oeste. Ou seja, uma superfície de noventa metros quadrados, reduzida de fato a um pouco mais de sessenta, considerando-se a espessura dos muros externos e das paredes internas.

Em uma primeira fase, essa casa foi apenas dividida em duas peças, bastante alongadas, ocupando uma a parte norte, a outra a parte sul. Destinada então a uma só família, comportava apenas uma

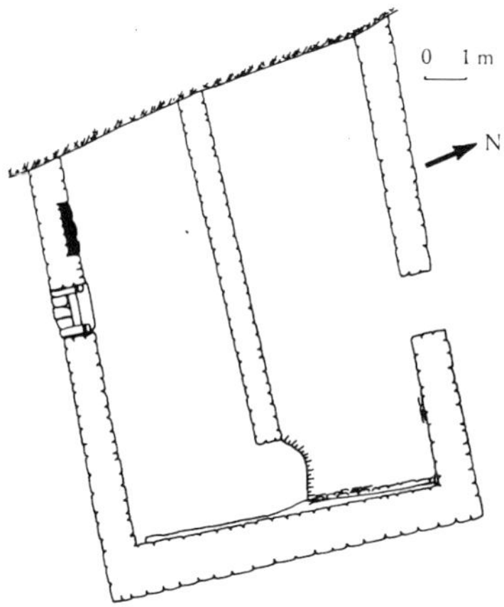

Planta de casa em Dracy (Côte-d'Or). Primeira fase, fim do século XIII. Aberta ao norte e ao sul, a casa só conta, então, duas peças.

A mesma moradia, na segunda fase de sua existência (século XIV): agora está dividida em duas habitações, abrindo ambas para o sul. Em uma última fase, terminando em 1360, o edifício não foi mais habitado senão por uma única família, ocupando as duas partes. (Segundo J. M. Pesez.)

Vestígios de casas em Dracy. Paredes espessas, incluindo-se aí as divisões internas, peças pequenas.

lareira, situada na peça sul, mas absolutamente notável, tanto para a época como para a região, pois se tratava de uma verdadeira chaminé, ou, mais precisamente, de um conduto vertical de madeira revestido de argila, apoiado contra o muro meridional. Além disso, uma soleira de pedra, cuidadosamente arranjada, permitia fixar solidamente a armação da porta e impedir as imundícies do pátio de invadir o interior. Quanto à peça norte, também comportava uma porta, aberta para a outra fachada. É possível que nesse estágio essa peça tenha servido de estábulo. Estaríamos então em presença de uma variedade de casa "mista". Em todo caso, nenhum traço de lareira nessa peça. Ademais, acima desta havia um andar, digamos antes um sótão arranjado, sem dúvida acessível por meio de uma escada, onde grãos, em particular, deviam ser armazenados. Um teto de inclinação única constituído de pesadas lajes de calcário cobria o todo: ele partia do muro da fachada norte, a cinco ou seis metros de altura, depois abaixava-se por uma inclinação bastante íngreme em direção à fachada sul, onde repousava sobre um muro cuja elevação não devia ultrapassar 2,40 metros.

Em uma segunda fase, por questões de herança, ou em razão de uma certa sobrecarga demográfica, foi preciso proceder à partilha da casa. Uma parede divisória isolou completamente a parte oeste, encostada à muralha, da parte leste. A primeira conservou a chaminé, a porta de entrada primitiva e teve acesso à metade da antiga peça norte, e ainda, sem dúvida, à metade do andar superior. Mas a peça de trás, ao mesmo tempo, tornava-se cega: depósito úmido ou celeiro, de preferência a quarto de dormir? Quanto à parte leste, foi provida de uma lareira e de uma porta para o sul, o que assegurava sua autonomia, enquanto a peça nordeste, por sua vez, perdia sua saída para o exterior, com a condenação da porta norte.

Enfim, a distribuição dos vestígios de mobiliário e utensílios descobertos por ocasião da escavação sugere que não havia duplo emprego entre a habitação oeste e a habitação leste, de modo que se pode pensar que, em uma última fase de sua história, a casa havia reunido novamente suas duas metades para não formar mais que um só lar.

No total, "uma construção pesada, maciça, inteiramente de pedra, avara de abertura e passavelmente baixa apesar de seu andar, mas uma habitação sólida, permanecendo em uso durante várias décadas e provavelmente várias gerações, já que se transforma para acolher mais habitantes" (Jean-Marie Pesez). Acrescentemos que uma grande parte da existência devia passar-se fora, diante da porta sul, no terrapleno bem exposto, de alguns metros de largura, que se estendia até a casa seguinte. Supondo, o que não é de modo algum certo, que o fogo da lareira fosse contínuo no dia, pode-se admitir que mesmo esse interior escuro e rudimentar oferece um refúgio suficientemente acolhedor e caloroso a seus sucessivos ocupantes.

Bem poucos documentos do final da Idade Média permitem uma abordagem mais concreta da casa camponesa do que o fascinan-

Reconstituição da aldeia de Dracy (Côte-d'Or) ao pé de sua falésia, tal como podia existir no século XIV. (Segundo J. M. Pesez.)

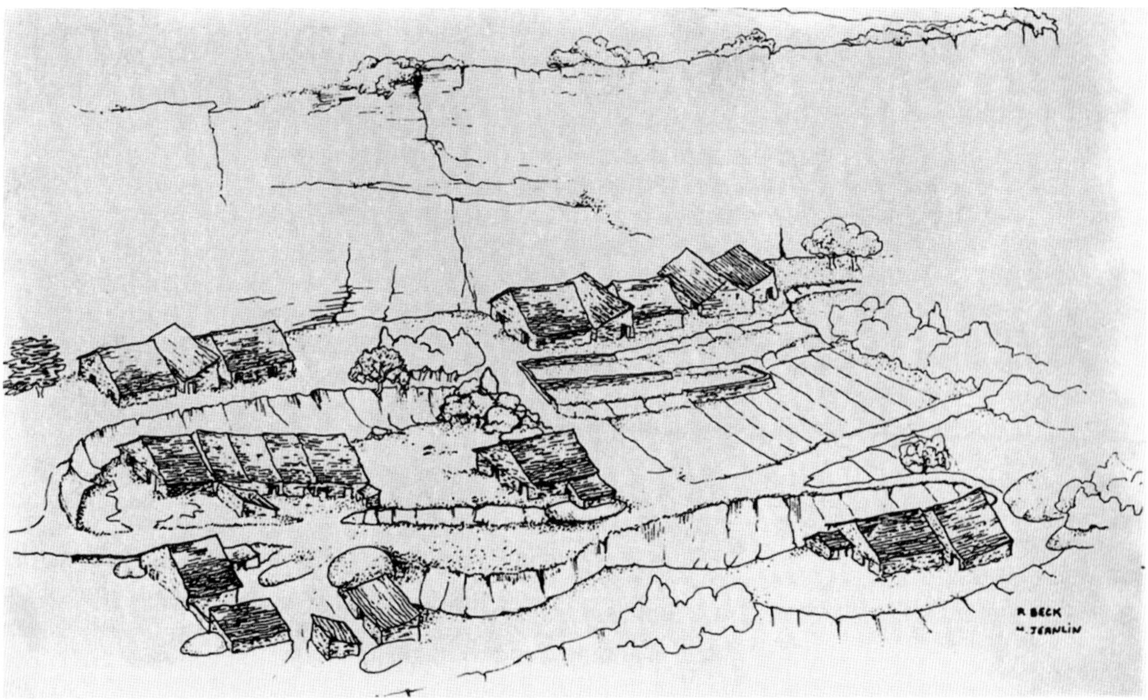

Heures de la Vierge, c. *1500. Pátio de exploração agrícola no norte da França: a batedura do linho com mangual. Sequência de pequenas construções com vigamento de madeira aparente e teto de colmo. Cada construção tem sua destinação precisa: à direita, por exemplo, uma porqueira encimada por um pombal. (Nova York, Pierpont Morgan Library, ms 399.)*

te registro de inquisição redigido sob as ordens e o controle do futuro papa Bento XII, enquanto ele ainda era apenas Jacques Fournier, bispo de Pamiers (1318-1325). Em particular, essa fonte privilegiada destaca perfeitamente o papel essencial do *hospicium*, da *domus*, do *ostal*. Nessa alta bacia do Ariège onde Jacques Fournier exibiu toda a sua engenhosidade na caça aos heréticos, a casa aparece como a estrutura estável e viva à qual cada um se liga e se agarra. Embora de maneira nenhuma recolhida em si mesma, ela é o nicho em que a heresia e os heréticos vêm esconder-se, procurar refúgio, na espera de manifestar-se. Espaço dos segredos trocados, dos conciliábulos e da livre palavra. Às diferentes casas mencionadas corresponde quase sempre uma família nuclear: o pai, a mãe e seus filhos. As quarenta casas de Montaillou reúnem umas duzentas pessoas: cinco por lar. Únicas exceções, ou quase: uma casa "católica" constituída por cinco irmãos, e uma casa "cátara" onde uma viúva conservou junto de si seus quatro filhos crescidos, é verdade que sempre celibatários.

A parte central da casa — fala-se até, a seu respeito, de "casa na casa" — é a *foganha*, o que em outras partes se chama a lareira, a cozinha, o *chas*, a *foconea*. "Colin Basin entrou na dita casa e abriu duas uchas que ali estavam, estando uma na cozinha da dita casa e a outra no quarto", diz um documento de 1377. Um outro texto, posterior em um século (1478), é ainda mais explícito: "O suplicante, que se sentia maldisposto de frio, mandou fazer em seus *chas* ou cozinha muito bom fogo [...], e depois foi dormir em sua cama em um pequeno quarto contíguo do dito *chas* ou cozinha". E ainda: "Jean Mariat possui as propriedades que se seguem [...], a casa onde mora, uma cozinha e dois quartos dos dois lados, e um pátio, pomar, área não cultivada e dependências".

À distinção cozinha-quarto, corrente no Norte da França, corresponde em Montaillou a distinção *foganha*-quarto.

Uma das tarefas da dona de casa, da *focaria*, é manter o fogo na lareira da *foganha*, permanentemente, durante o dia, e cobri-lo com cuidado, todas as noites, por temor do incêndio.

Normalmente, não se dorme na *foganha*. Ela serve para cozinhar e para comer. Lugar por excelência da atividade feminina, dando diretamente para a rua, pela porta principal da casa, no mais das vezes aberta, de manhã à noite. Entretanto, no inverno, ocorre que se instale na *foganha* o leito de um doente, o mais próximo possível da lareira. Um pouco como na casa do camponês descrita por Noël du Fail, no século XVI, onde "o leito do bom homem estava junto da lareira, fechado no meio e elevado bem alto".

Na região de Montaillou, vários são os quartos que normalmente cercam a *foganha*. Uma das melhores descrições a esse respeito é a da casa de Pierre Michel, na aldeia vizinha de Prades d'Aillon. Segundo o testemunho de sua filha Raimonde, havia em primeiro lugar uma peça baixa, a qual

> estava disposta de tal modo que era contígua à peça chamada *foganha*, e desse lado havia uma porta que fechava, de tal maneira que ninguém podia ver na peça baixa, a partir da *foganha*, quando a porta estava fechada. Do outro lado, havia uma outra porta nessa peça baixa, dando para a área [de debulhar]. Por essa porta podia entrar quem quisesse; e, no entanto, aqueles que estavam na *foganha* não os teriam visto se a primeira porta estivesse fechada. E ninguém dormia em cima dessa peça baixa [o que implica a existência de uma peça no andar superior, mas desocupada à noite] nem na peça, salvo meu pai e minha mãe, e o herético, quando estava na casa. Eu e meus irmãos dormíamos em um outro quarto que ficava ao lado da *foganha*, que estava no meio, entre essa peça baixa e o quarto onde dormíamos, meus irmãos e eu.

Assim, um certo isolamento não era impossível (sem dúvida mesmo, no caso, ele foi procurado), o que vem confirmar a frequente menção de portas munidas de ferrolhos, ou até fechadas à chave. Aliás, o número de chaves (e de fechaduras) encontradas *in situ* é uma constante das escavações medievais, mesmo quando concernem habitats aldeões.

É verdade que os tabiques separando as peças não eram estanques: escutar, espiar através das fendas estava na ordem das coisas possíveis.

Além da *foganha* e dos quartos, situados no mesmo nível, certas casas, pertencentes às aldeias mais abastadas, comportavam um sótão, no andar superior, feito de argamassa de barro com palha e de madeira, ao qual se tinha acesso por uma escada rudimentar ou por uma simples escada portátil e onde por vezes se fazia fogo, para se aquecer ou para cozinhar. Apesar de tudo, a destinação primeira do sótão é de ser, entre outros, um quarto de dormir.

O sótão (fala-se também de *sinault* ou de *sinal*): peça frequentemente atestada através do conjunto do espaço francês, de Metz a Toulouse, de Tournai a Narbonne, e também na Inglaterra. Talvez, apesar de tudo, sua frequência seja maior no sul.

Na casa típica de Montaillou, notam-se ainda um porão, um celeiro, por vezes um quarto de provisões, balcões ou uma galeria (o que em outras partes se chamava um *valet*). Em suma, uma verdadeira morada com arranjo bastante complexo. Acrescentemos seu teto de ripas (as *escannes*) bastante plano (a ponto de ali se poder depositar gavelas para fazê-las secar), suas janelas de espessos postigos de madeira, e mesmo seu banco ao ar livre, do lado da rua, para conversar com os vizinhos ou para se ter a cabeça limpa de piolhos, em pleno dia. Mas, sobretudo, raramente os animais aí coabitam com os homens. No mais das vezes, pode-se localizar a existência de um pátio (*cortile*), prolongado por uma área para debulhar e por um jardim, e comportando as dependências clássicas: forno de pão, *boal* (estábulo de bois), *cortal* (aprisco), pombal, porqueira, palheiro, granja ou choupana, abrigando por vezes pastores, trabalhadores agrícolas, servas, que ali têm seu leito, mas sem fogo nem luz.

O esforço conjugado dos historiadores e dos arqueólogos já permitiu descobrir alguma coisa da evolução arquitetônica da casa rural através da Idade Média. Em linhas gerais, ter-se-ia passado de uma "infraconstrução", de uma "casa para nada", de um abrigo transitório, edificado com os meios disponíveis (terra crua, madeira, ramagens e folhagens) para uma construção "durável" que necessita técnicas elaboradas, representando um certo investimento, mas destinada a durar. Nesse segundo tipo, afirmando-se progressivamente a partir do século XII, a célula familiar se sente mais em casa, psicológica e materialmente; beneficia-se de uma melhor proteção contra o frio, contra a água, contra o vento, e pode conservar melhor seus instrumentos de trabalho e de casa, suas provisões, tudo aquilo que a Idade Média classificava sob a expressão *estorements d'hôtel.* Em certa medida mesmo, a família adere à sua casa, identifica-se com ela, como uma linhagem nobre pode aderir e identificar-se com seu castelo. Simples esboço de um fenômeno que se devia acentuar posteriormente e subsistir até em pleno século XX, como no vale do Engadine.

"Trois choses sont, ce dist ly sage,/ Que l'omme boutent du cotage/ Par fine force et par destresce:/ Ce sont fumee et goute eauage/ Mais plus encore fait le rage/ Du male femme tenceresse." Assim rima em seu jargão anglo-normando John Gower, no século XIV, dispondo em versos um provérbio comum sob várias formas: "Três coisas afastam o homem sensato de sua casa: casa aberta, chaminé fumarenta e mulher briguenta". Ou ainda: "Três coisas lançam o homem fora de casa: a fumaça, a goteira e a mulher má".

Casa renascentista em Chartres. Escada com vigamento de madeira aparente, em caracol. A qualidade das esculturas explica sem dúvida que essa obra-prima tenha sido conservada.

Se o historiador é desprovido de meios para apreciar a evolução do último desses três aborrecimentos, pode estimar, em compensação, que entre a Alta e a Baixa Idade Média os dois primeiros tiveram tendência a diminuir de intensidade.

Por mais limitado que tenha sido, semelhante melhoramento teve consequências enormes para os relacionamentos humanos. Ele só se tornou possível por uma transformação das mentalidades, assim como das realidades econômicas e sociais. Talvez tenha havido lenta difusão de um modelo urbano (ao lado do modelo senhorial, já evocado), ao mesmo tempo quanto às técnicas e às classes de trabalhadores empregadas e quanto ao uso social da morada. Foi na cidade que se começou a construir por muito tempo, a investir nos bens imóveis de qualidade corrente, a substituir as lareiras abertas pelas chaminés, os tetos de colmo e de ripas pelos tetos de telha ou de ardósia.

Casas "burguesas" puderam também ser edificadas nas aldeias e exercer um certo prestígio. Pensemos, por exemplo, nos presbitérios rurais. Em 1344, o bispo de Bath e de Wells prescreve que o pároco da paróquia de West Harptree terá uma casa que inclui um *hall*, dois sótãos, dois celeiros, uma cozinha, uma granja, um estábulo para três cavalos, cinco acres de terra arável, dois acres de prado, um jardim e um cercado. Aí se está muito perto do solar para *squire*, mas apesar de tudo em um nível inferior. Subsiste em Alfriston (Sussex) um presbitério do século XIV: construção com estrutura aparente de madeira, com um teto de colmo; o grande *hall*, provido de uma chaminé, é flanqueado em suas duas extremidades por um sótão de dois andares, tendo um dos sótãos também a sua chaminé.

No final do século XIV, na Normandia, Guillaume Blesot, de Touville, no decanado de Pont-Audemer, vê-se encarregado, por uma soma de setenta francos de ouro, de construir por intenção do cura da paróquia, mestre Jean de Paigny, uma casa com estrutura aparente de madeira "assentada em boa pedra", de 54 pés de comprimento (dezoito metros) por dezesseis de largura (cinco metros). Vários andares são previstos, ligados por uma escada "de pedra ou de estuque", e não menos de quatro quartos e três chaminés. Os marcos de vão serão de carvalho. A uma das extremidades da casa será edificado um alpendre "para fazer um quarto confortável". Construção sem dúvida cuidada, de tipo francamente urbano, mas que não devia suscitar problema particular ao empreiteiro, já que o contrato previa uma duração de apenas seis meses para seu término.

Casas de Reims, hoje desaparecidas. Exemplo do habitat urbano de qualidade no norte da França. Dois andares dominando a oficina e encimados por um vasto sótão.

A CASA URBANA

Do mesmo modo que a casa rural, a casa urbana apresenta toda espécie de contrastes. Aqui a pedra domina, ali a madeira, a argila seca, o tijolo. Aqui a ardósia ou a lousa, ali a telha, o que não significa que os telhados com cobertura vegetal tenham desaparecido. Os problemas se colocam diferentemente, em função do clima, da dimensão das cidades, da densidade do habitat, da natureza e da intensidade das atividades, da conjuntura histórica. Cidades viram-se arruinadas ou anemizadas pela guerra, pelas epidemias, pelas transformações econômicas, desde então incapazes de manter seu patrimônio imobiliário, enquanto outras, em plena Guerra dos Cem Anos, souberam manter ou aumentar a cifra de sua população, criar ou captar riquezas, conservar uma corrente regular de construções novas. Em muitos lugares, a segunda metade do século XV, após a profunda miséria do tempo do reino de Bourges, mas antes dos amontoamentos malsãos do século XVI, foi um período feliz em que citadinos ainda não demasiadamente abundantes se beneficiaram de um habitat em plena renovação. É significativo que dessa época datem numerosas casas que ainda subsistem na França atual.

As cidades medievais comportavam uma porcentagem não negligenciável de religiosos, de religiosas e de clérigos, vivendo em comunidade ou separadamente. Palácios eram a residência, permanente ou temporária, de nobres, de grandes senhores, de príncipes ou de reis. Outros podiam abrigar notabilidades: homens de negócios e de lei, financistas, médicos de renome, todos aqueles que os textos englobam com frequência sob o termo de burguês. Infinitamente mais fornidas eram as camadas sociais alojadas de forma miserável ou precária: vagabundos e mendigos "buscando seu pão, morando e permanecendo em toda parte, estendendo-se sob os balcões" (François Villon), dormindo "pelas ruas", e para os quais, em 1439, em Tournai, a cidade mandou construir barracas cobertas; estudantes não admitidos nos colégios; velhos e velhas; criados, servas e companheiros, quando não viviam na casa de seu senhor. É verdade que o grupo mais representativo do meio urbano, ainda que só participasse muito acessoriamente no governo e na administração da cidade, era o dos homens de ofício — artesãos, lojistas —, organizados ou não em corporações e confrarias, aos quais é preciso acrescentar todos aqueles que gravitavam em torno deles e partilhavam sua existência. Talvez se trate de pelo menos a metade da população urbana. E, sem dúvida, no seio do que se chamava o comum, havia pobres e abastados, grandes e pequenos. Alguns tinham uma atividade mais prestigiosa, mais habilidade, uma melhor clientela. Outros acumulavam as desvantagens: encargos de família pesados demais, idade, doença, acidentes profissionais. Para além desses contrastes, os homens de ofício habitavam normalmente, eles e os seus, casas individuais, que ocupavam na totalidade ou em sua maior parte e que lhes serviam conjuntamente de residência privada, de oficina de produção e de local de venda dos produtos que fabricavam ou que transformavam. A maioria das 3 700 casas de Reims, das 2 400 casas de Arras (excluída a parte mais antiga da cidade), das 6 mil casas de Lille correspondia, pode-se pensar, a essa destinação.

Em função de sua localização, de sua dimensão, de seu modo de construção, de seu estado geral, essas casas de artesãos representavam valores variáveis. Uma era estimada em vinte libras, tal outra em oitenta. O que se vai dizer sobre a morada "mediana" será portanto o resultado de uma simplificação inevitável mas até certo ponto enganadora.

Na maior parte das cidades francesas, nos séculos XIV-XV, a casa do *comum*, do *popular*, tinha sua fachada principal dando diretamente para a rua, sem antepátio, quer se tratasse de uma casa com empena ou de um edifício cuja cumeeira fosse paralela à fachada. Esta era regularmente estreita: de cinco a sete metros, por vezes um pouco menos, por vezes um pouco mais. No bairro do Bourget, em Nancy, no século XIV, casas se comprimem em onze pés apenas de fachada, enquanto outras atingem 33 pés, ou seja, três vezes o "módulo" (Jean-Luc Fray).

Uma casa comportava muitas vezes dois níveis: o que se chamava, desde a época, ao menos em Paris, de andar térreo, e o primeiro

Trabalho e família: o quadro de vida do artesanato urbano. Jean Bourdichon, nessa miniatura do final do século XV, bem viu o impulso que teve então a marcenaria decorativa.

andar. Na maior parte do tempo, ela era construída sobre um porão ou um celeiro, cuja abóbada (ou teto) ultrapassava ligeiramente o nível do solo, de maneira que era preciso subir dois ou três degraus para chegar a um térreo ligeiramente elevado. A profundidade dessas casas variava de sete a dez metros. O andar térreo podia ter três ou 3,50 metros de altura; o primeiro andar (em sacada, mais ou menos sensível, o que permitia ganhar espaço, mas em detrimento do ar, da luz e talvez da estabilidade do edifício), um pouco menos, digamos 2,70 ou três metros. Acima, acessível por um alçapão, uma escada, encontrava-se o sótão encimado por um vasto teto. A madeira dominava em toda a construção, embora a pedra não tenha sido ignorada em certas regiões, especialmente para as paredes do andar térreo. Para uma melhor proteção contra o fogo e a água, a tendência, encorajada ou mesmo imposta pelas municipalidades, era de substituir o colmo pela ardósia ou pela telha. Admitamos portanto uma dimensão de seis por oito metros: em dois andares, isso dá uma centena de metros quadrados disponíveis para um "lar" (ou seja, cinco pessoas), mais o porão, o sótão e diversas construções que podem tomar lugar no pátio de trás. Entre essas construções anexas, encontra-se frequentemente a cozinha, ou *bouge*, ou *quarree*. Em teoria, nenhum vestígio de amontoamento. O andar térreo compreende uma porta de entrada, chamada vão ou abertura, que em Paris, segundo nos dizem, podia permanecer aberta durante o dia por meio de uma cadeira. "Uma cadeira apoiada servia para manter o vão": esse móvel é mencionado em um inventário da metade do século XV. Fala-se ainda de "cadeiras com encosto servindo para pôr à porta", ou "servindo para sentar-se à porta". Em 1535, o embaixador veneziano Marino Giustiniano constata que em Paris, "pelo costume, todos os homens e mulheres, os velhos e os jovens, os senhores e os servidores ficam nas lojas, à soleira de sua porta ou na rua".

A porta da casa se abria para um corredor bastante estreito, de um a 1,50 metro de largura, o qual servia duas peças: a da frente, em outras palavras, a oficina, a tenda, a loja, o ateliê — uns tantos termos de época —, e a de trás, denominada sala ou quarto de baixo, dando para o pátio. Uma escada interna em caracol permitia subir ao primeiro andar, também dividido em duas ou três peças. Em Montbéliard, no começo do século XVI, a escada externa em caracol, ou *viorbe*, começa a difundir-se.

Miniatura do século XV ilustrando um episódio da tradução francesa do Decameron *de Boccaccio. Latrina no andar superior entre duas casas urbanas. (Paris, Biblioteca do Arsenal, ms 5070.)*

Diversos elementos podiam reforçar o conforto e o atrativo de uma casa desse tipo. Em primeiro lugar, a presença de um poço individual, o que poupava as mulheres da casa de se dirigir à nascente, ao rio ou à fonte — distração, por certo, mas também trabalho pesado —, ou ainda de recorrer, como frequentemente ocorria em Paris, ao serviço dos carregadores de água. Em seguida, uma proteção mais ou menos eficaz contra o frio, a chuva, o vento; postigos e venezianas (atestadas por muitas miniaturas), papel oleado, pergaminho, tela obstruindo a moldura das janelas e mesmo, nos casos mais favoráveis, sobretudo a partir do século XV, painéis de vidro fixos ou móveis. Ocorria que a maior parte das peças de uma casa de artesão fosse provida de uma chaminé, o que está longe de significar, aliás, que essas chaminés funcionavam de maneira simultânea ou contínua. Um solo de terra batida ou um assoalho de madeira podiam ceder lugar a belos pisos envernizados, tanto no térreo como no primeiro andar. Enfim, mais frequentemente do que se esperaria, casas, mesmo comuns, eram providas de latrinas. Na segunda metade do século XV, no começo do XVI, sua presença é considerada normal, indispensável, por muitas autoridades municipais. Em 1519, o Parlamento de Rouen não faz mais que traduzir o sentimento geral quando prescreve a

Histoire du Grand Alexandre, *século XV. O conforto de uma casa burguesa. Postigos internos, vitrais em losangos, lajeamento decorado. (Paris, Petit Palais.)*

todos os proprietários "mandar construir e edificar em suas casas *retraitz* [fossas?] de terra, os assentos postos e situados na parte alta dessas casas [...] e igualmente em cada locação". Acordos podiam ser feitos entre vizinhos a esse respeito: em 1433, Martin Hubert e Pierre Fossecte ocupavam duas casas contíguas na rua do Fossé-aux-Gantiers, em Rouen. Tendo o primeiro mandado fazer "banheiros", "tudo novo", consentiu em que o segundo e sua esposa pudessem dispor de um "lugar de comodidades de corpo" durante a sua vida, mediante o pagamento de uma soma de doze libras.

> O qual lugar será na galeria do dito Hubert, na altura do segundo andar da casa desse casal, no local onde eles fazem no presente seu quarto, no qual quarto será feita toda nova uma porta para entrar e sair nessa galeria e banheiro, o qual lugar terá espaço conveniente, e ali haverá uma vista envidraçada com vidro, suspensa a altura razoável.

Se os esposos Fossecte partissem, a porta de acesso devia ser "*estouppee*" [fechada]. Enfim, quando se esvaziavam as latrinas, as despesas deviam ser suportadas em um terço pelos esposos Fossecte e em dois terços por Martin Hubert. Apesar de tudo, esses banheiros ou *cloaques* privadas eram ainda em número insuficiente. Assim, municipalidades esclarecidas mandaram edificar no século XV (em Loches, em Tournai, em Rouen) latrinas comuns, por exemplo, sobre as muralhas ou sobre os cursos d'água, onde era feita separação entre aquelas destinadas aos homens e as reservadas às mulheres, ou mesmo às crianças.

Olhemos mais para baixo, na hierarquia do habitat. Casas sensivelmente mais modestas não deixam de ser atestadas, compreendendo apenas duas ou três peças. Talvez correspondessem a esses *alpendres*, e essas *casas alpendradas* que, do ponto de vista fiscal, opunham-se em certas cidades (Rouen, Romorantin, Tours) às casas com empena ou com cumeeira, mais tributadas.

Datado de 1427, o inventário póstumo de Berthon de Santalène, um barbeiro nem miserável nem insignificante do burgo de Crest (Drôme), enumera, no interior de sua morada da *Dretche charriere*, onde vivera com seu pai, as seguintes peças: um quarto de trás (*camera posterior*), provido de duas camas, uma pequena e uma grande; um quarto de frente (*camera anterior*), compreendendo uma cama e utensílios de cozinha; uma oficina (*operatorium*), provida de três cadeiras e de cinco bacias de barbeiro, de dez navalhas, de quatro pedras de afiar, de dois espelhos e de três pequenas lancetas guarnecidas de prata, para as sangrias; um granel atrás da oficina, encerrando sobretudo trigo; enfim, um celeiro. Uma casa de apenas três peças, em que sala e cozinha se acham confundidas. "*Aula sive focanea*", como se exprimem fontes provençais.

Heures de Paris, *século XV. Inventário póstumo. O tabelião escreve, enquanto seus auxiliares abrem as arcas e dispõem os objetos — preciosos ou não — sobre uma mesa com cavaletes. (Paris, Biblioteca Nacional, ms lat. 1176.)*

O inventário póstumo de Guillaume Burellin, forjador de Calvisson, no Gard (1442), evoca um alojamento ainda mais simples, com uma oficina (*la botiga de la forja*) e uma peça no andar superior (*lo solié de l'ostal*), servindo conjuntamente de cozinha, de quarto e de sala.

Marcando um grau a mais na pobreza, quartos serviam de peça única para viúvas, criados, estudantes. Sem dúvida a "pobre moça que era fiandeira de lã à roda" e cuja casa "não tinha qualquer provisão, nem de lenha, nem de carne de porco salgada, nem de óleo, nem de carvão, nem de nada, fora uma cama e uma coberta, sua rodinha e bem pouco de outros utensílios", evocada no *Ménagier de Paris*, vivia em uma só peça. Do mesmo modo que vivia em 1426, em Paris, Perrin, o Corcunda, pobre cardador de lã que obtém remissão da pena sofrida por haver arrombado a porta do quarto de um certo Thomassin Hébert, ourives, "o qual fica em cima daquele onde o dito Perrin mora". Em Paris, no começo do século XIV, uma família habita na maior parte do tempo uma só peça, *mansion*, *domuncula*, *estage* (Raymond Cazelles).

Se se passa agora ao outro extremo, ao nível superior, eis que se apresenta um tipo clássico de morada: a casa de cônego, cuja disposição é bem ressaltada por um número especialmente elevado de inventários.

De uma maneira geral, esse tipo de residência, situada na proximidade imediata da catedral ou do claustro, dispõe de um pátio e de um jardim, e compreende uma dezena de peças: vários quartos, aí incluído o do cônego, de longe o mais bem mobiliado e sem dúvida o mais agradável, senão sempre o mais vasto, uma ou duas salas e saletas (*sala*, *aula*, nos documentos em latim), uma cozinha e uma despensa, uma sala de trabalho (algumas vezes chamada de gabinete de estudo), uma capela; enfim, de bem numerosos anexos (estábulo, celeiro, porão, galeria, *garde-manger* [despensa], lenheiro, depósito de carvão de lenha chamado *carvoeiro* etc.).

Mais acima ainda, os palácios episcopais se aproximam ora do modelo canônico, ora do modelo senhorial, ou mesmo principesco. Um inventário da casa episcopal de Laon (*domus episcopalis laudunensis*), redigido após o falecimento, em 1370, de Geoffroi le Meingre, curiosamente não menciona capela nem sala de trabalho, mas uma cozinha e uma despensa, uma sala baixa, assim como sete quartos: o do defunto, provido de uma alcova, os do provisor eclesiástico, dos capelães, do selador, do coletor, do cozinheiro, do porteiro. Em 1496, o *oustel episcopal* [casa episcopal] de Senlis é um pouco mais bem provido: nenhuma sala de trabalho, mas uma capela, uma pequena sala, uma cozinha e uma despensa, seis quartos, mais o *logis et hôtel* [alojamento e casa] do porteiro; enfim, não poucas dependências (oficina para apisoar a vindima, local para amassar e assar pão, grande e pequeno sótão, estábulo para cavalos, porão e celeiro).

Renaud de Montauban, *século XV. A oficina de escrita em uma morada aristocrática. De um lado, os escreventes; do outro, os mensageiros. Entre os dois grupos, o senhor, que dita, controla, ordena. (Paris, Biblioteca do Arsenal, ms 5072.)*

O inventário da casa episcopal de Alet, datado da morte, em 1354, de Guillaume d'Alzonne ou de Marcillac, bispo de Alet e abade da Grasse, deixa adivinhar a amplitude dos serviços de casa: aí se encontram não apenas uma capela e uma grande sala (*aula major*), chamada igualmente *tinel*, mas existe desta vez duas salas de trabalho, e não menos de vinte quartos, entre os quais um quarto dito de aparato, distinto do quarto de dormir do bispo, qualificado de quarto de retiro (*retrocamera*). Mesma distinção entre quarto de aparato e quarto de retiro, em 1389, no castelo Porte-Mars, residência urbana dos arcebispos-duques de Reims. Aqui, quartos são atribuídos nomeadamente ao dono da casa, aos capelães, aos escudeiros, aos criados de cozinha, ao copeiro, ao secretário. Em outras partes, sempre em moradas episcopais, peças podem ser destinadas a outros servidores, clérigos ou leigos: coletor, tesoureiro, vigário, palafreneiro, camerlengo, oficial do celeiro de sal ou ecônomo.

Pois mesmo independentemente das dimensões de uma casa, de seu modo de construção, de sua situação no espaço urbano, de sua decoração interna ou externa, de seu mobiliário, a distribuição e a denominação das peças de que ela se compõe informam sobre o gênero de vida, digamos, o padrão social de seu ou de seus ocupantes. É mais "burguês", por exemplo, ter em sua casa um balcão comercial do que uma oficina, e mais ainda ter uma sala de trabalho, no lugar ou em cima de um balcão de comércio. Dispor de um estábulo para cavalos ou mulas é o sinal de que as pessoas não se deslocam a pé pelas ruas.

A grande burguesia, os notáveis mais bem instalados procuravam, é claro, adotar os usos mais francamente aristocráticos, mas, ao mesmo tempo, seus palácios conservavam em geral o vestígio de suas atividades profissionais. Esse é o caso da morada, em Rouen, de Pierre Surreau, coletor geral da Normandia no tempo da monarquia lancastriana: aí se destacam dois balcões, um no andar térreo, perto da porta de entrada, para o trabalho dos clérigos das finanças, o outro no primeiro andar, sobre o qual um inventário póstumo nos informa que "era o balcão de retiro do dito defunto" (1435). Pierre Legendre, tesoureiro das guerras, depois tesoureiro da França, eminente oficial de finanças a serviço de Luís XI, de Carlos VIII e de Luís XII, aliado às famílias mais prósperas do reino como os Briçonnet, enobrecido e mesmo sagrado cavaleiro pelo rei, possuidor de várias senhorias no Vexin, visava seguramente agregar-se à mais alta nobreza, e o inventário de seu mobiliário em 1525 é suficiente para justificar essa ambição, ainda que fosse apenas pela extraordinária profusão das tapeçarias. De resto, seu palácio da rue des Bourdonnais, em Paris, apresentava uma aparência tal que, até a pesquisa muito recente conduzida por André Chastel, foi tomado pelo palácio de La Trémoille, este autêntica e puramente aristocrático. Apesar de tudo, embora esse palácio compreendesse uma capela e um parlatório, encerrava também três balcões, vale dizer, três peças profissionais.

O diário do procurador Dauvet, redigido por ocasião do processo de Jacques Coeur, contém os inventários de várias casas que pertenceram ao tesoureiro de Carlos VII ou aos seus associados em negócios. Em Lyon, assim como em Rouen, a existência de balcões e de lojas está ali para lembrar a natureza das ocupações do acusado. Quanto à *grant maison* [casa grande] de Bourges, orgulho de seu proprietário, "embora inacabada quando do processo, mostra que o bom gosto não era incompatível com o conforto do novo-rico" (Michel Mollat). As torres, a capela, as insígnias esculpidas na pedra, as galerias e as tribunas: tudo estava feito para sublinhar as dimensões principescas dessa nobre morada. Sem contar a existência de quatro salas (um recorde para esse gênero de residência) e os nomes de prestígio atribuídos a certas peças: o quarto dos adornos, o quarto das galerias, o quarto dos bispos, o quarto dos *angelotetz* [anjos], a sala dos meses do ano. E, no entanto, esse palácio aristocrático servia de moldura às atividades lucrativas: em um sentido, ele se "rebaixava", como o indica a presença de numerosos balcões onde escrivaninhas de madeira, sobre as quais estava colocado o habitual pano verde, permitiam o exame cômodo e atento das escritas financeiras e comerciais.

É só nas evocações de caráter francamente literário que os palácios burgueses transpõem, em imaginação, os últimos obstáculos que impediam de assimilá-los a residências propriamente patrícias. Não sem segundas intenções, Guillebert de Mez, em sua descrição de Paris no começo do século XV, associa em um mesmo movimento as "moradas dos bispos e prelados" às dos "senhores do Parlamento, dos senhores da Câmara das contas, dos cavaleiros, burgueses e diversos oficiais". Ele destaca, no palácio de "sire Mile Baillet", na rue de la Verrerie — membro de uma velha família da burguesia parisiense que foi cambista, depois oficial de Carlos V e de Carlos VI nos Impostos Indiretos, nas Moedas, na Câmara das contas —, uma capela "onde se celebrava todos os dias o ofício divino" e sobretudo a existência de dois níveis de habitação, um para o inverno, o outro para o verão: "Havia salas, quartos e salas de trabalho [o autor se precavê de falar em balcão, em *tablier* (tabuinhas para escrever), ou mesmo de *ouvroir d'écriture* (oficina de escrita)] embaixo para permanecer durante o verão no térreo, e no alto tudo semelhantemente, onde se habitava no inverno".

Mais comprobatório ainda é o exemplo do palácio de Jacques Duchié (ou de Dussy), que morreu mestre das contas em 1412. Aí também se trata de uma morada situada na margem direita, no bairro dos negócios, mais exatamente na rue des Prouvaires. Na descrição de Guillebert de Mez, o destaque é dado, propositalmente, às dimensões militares do palácio (provido de uma verdadeira sala de armas), em sua comodidade e em seu conforto, em sua recusa daquilo que poderia parecer muito estritamente utilitário (no pátio, *oyseaux a plaisance* [aves ornamentais], pavões, e não galinhas ou patos), nos gostos refinados do proprietário, em seu senso da cultura desinteressada, em seu amor aristocrático pelos jogos de sociedade e pela música, em que ele se revela não apenas melômano mas musicista:

> No pátio estavam pavões e diversos pássaros ornamentais. A primeira sala é embelezada por diversos quadros e inscrições de ensinamentos pregados e pendurados às paredes. Uma outra sala cheia de todas as espécies de instrumentos, harpas, órgãos, vielas, *guiternes* [instrumento de cordas derivado da cítara e da rota], saltérios e outros, dos quais o dito mestre Jacques sabia tocar todos. Uma outra sala estava guarnecida de jogos de xadrez, de damas e de várias outras espécies de jogos [essas duas peças anunciam os salões de jogo e de música do século XVIII]. Também uma bela capela onde havia facistóis para guardar livros de maravilhosa arte, os quais se fazia vir a diversos bancos próximos e distantes, à direita e à esquerda. Também uma sala de trabalho onde as paredes estavam cobertas de pedras preciosas e de especiarias de suave odor. Também um quarto onde estavam peles de várias espécies. Também vários outros quartos ricamente ornados de camas e de mesas engenhosamente entalhadas e enfeitadas de ricos panos e toalhas com

bordados. Também, em um outro quarto alto, estava grande número de balestras, das quais algumas eram pintadas com belas figuras. Ali estavam estandartes, bandeiras, pendões, arcos de mão, piques, *faussars* [arma de lâmina larga], pranchões, machados, *guisarmes* [espécie de balestra], malhos de ferro e de chumbo, pavês, tarjas, escudos, canhões e outros engenhos, com abundância de armaduras, e, em suma, havia assim todas as espécies de aparelhos de guerra. Também ali estava uma janela feita de maravilhoso artifício, pela qual se colocava fora uma cabeça de placas de ferro oca, por meio da qual se olhava e se falava com os de fora, se necessário, sem temer o alcance de um arremesso. Também, em cima de tudo, a casa era um quarto quadrado, onde estavam janelas de todos os lados para olhar por cima da cidade. E, quando ali se comia, subiam-se e desciam-se vinhos e alimentos com uma polia, porque seria muito alto para carregar. E por cima dos pináculos da casa estavam belas imagens douradas.

O PALÁCIO DOS PAPAS EM AVIGNON

O estudo do habitat urbano conduz inevitavelmente ao dos palácios, dos quais se pode dizer que, na época, estavam quase obrigatoriamente situados na cidade, embora o termo não designe realmente um certo tipo de moradia, no sentido arquitetônico, mas antes remeta à situação e à posição de seu possuidor; é assim que certos textos propõem qualificar o castelo de Vincennes de palácio, pois se trata de uma residência real. De qualquer modo, quanto ao arranjo do espaço, não é possível opor estritamente os palácios (como o do rei, na Cité, em Paris), os *hôtels* (como o *hôtel* Saint-Pol, igualmente em Paris, residência privilegiada de Carlos V e de Carlos VI) e os castelos propriamente ditos, como o Louvre. Com efeito, pouco importam as aparências, fortificadas ou não, enquanto a disposição interna, a ordenação das peças obedecem, em um caso como no outro, a regras comuns. Anota-se o mesmo tipo de peças no *hôtel* Saint-Pol e no torreão do bosque de Vincennes. E o exemplo do Palácio dos Papas, em Avignon, ao qual agora nos vamos ater, como a um dos mais notáveis, não vale apenas para outros palácios, de caráter eclesiástico ou leigo, mas também para castelos, com a condição de que tenham semelhante dimensão e semelhante vocação.

Sabe-se como Bertrand de Got, arcebispo de Bordeaux, tornado papa em 1305, tomou a decisão, implícita, de permanecer para além dos Alpes e de não alcançar Roma, nem mesmo a Itália. Após muitos périplos, ele se fixou em Avignon e em sua região a partir de 1309, como deviam fazer depois dele seus sucessores, durante mais de meio século.

João XXII, bispo de Avignon quando foi eleito papa, continuou a viver em seu antigo palácio episcopal, um edifício situado nitidamente

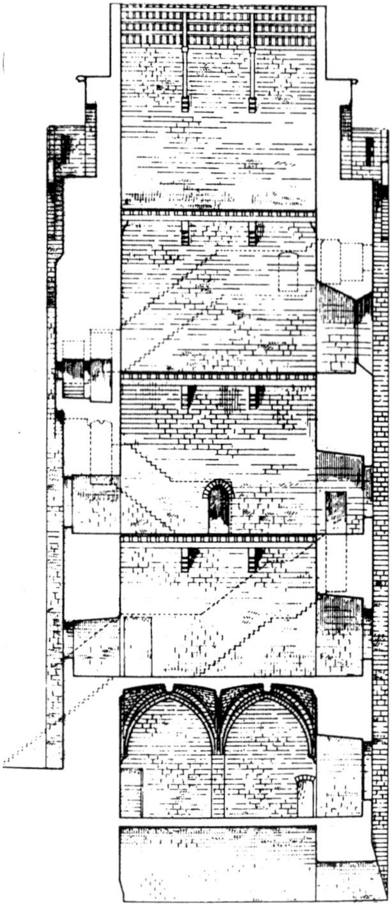

O Palácio dos Papas, em Avignon. A Torre dos Anjos. De cima para baixo: "châtelet" destinado aos sargentos de armas, a tesouraria alta e biblioteca, o quarto do papa, o quarto do camareiro, a tesouraria baixa, a adega. (Segundo L. H. Labande.)

no interior da muralha urbana dos séculos XII-XIII, no setor norte da cidade, na proximidade imediata da catedral Notre-Dame des Doms.

Os arranjos ocorridos no palácio durante seu pontificado (1316-1334) eram insuficientes. Assim, Bento XII (1334-1342) mandou demolir o conjunto das construções para edificar em seu lugar uma residência na escala e à imagem de seu prestígio e de suas funções. Em dez anos, de 1334 a 1345, sob seu reinado e durante os dois ou três primeiros anos do de Clemente VI (1342-1352), surgiu, sob a responsabilidade dos mestres de obra Pierre Poisson e depois Jean de Louvres, um "palácio grandioso", para retomar os termos de um cronista da época, "e uma beleza maravilhosa, de um poder extraordinário com suas muralhas e suas torres". E essa realização, chamada Palácio Velho a partir do momento em que Clemente VI empreendeu edificar o Palácio Novo (*novum opus*, *palatium novum*), será particularmente abordada aqui, em seu estado de 1345, tal como fontes bastante precisas e sobretudo apaixonadamente estudadas pelos eruditos permitem apreendê-lo.

O palácio de Bento XII estava essencialmente disposto em torno do pátio de um claustro, em forma de quadrilátero. Contudo, incluía também, na direção do leste, um jardim delimitado por uma espessa muralha.

"Bem está sua joia guardada,/ Em seu palácio se mantém encerrada." Essa é uma das censuras que Jean Dupin dirige ao papa em suas *Melancolies*.

Pois a preocupação com a defesa, ou ao menos com a segurança, passou longe de estar ausente do pensamento dos construtores, como o mostra a presença, ao lado dos edifícios alongados que ocupam os quatro lados do claustro, de várias torres elevadas e poderosas, por vezes encostadas umas às outras até formar verdadeiros maciços de alvenaria. Precaução que não foi supérflua: em 1398, o Palácio dos Papas sofreu um cerco em regra, com minas, canhoneios e começo de incêndio, do qual o indomável Bento XIII saiu, provisoriamente, vencedor.

Não é que a vida do palácio tenha sido inteiramente voltada para dentro: a maior parte das construções, com efeito, incluindo-se aí o quarto do papa, voltava-se também para o exterior, para a cidade e o jardim, por meio de aberturas bastante largas e numerosas feitas, sobretudo, é claro, nos andares superiores.

Ao sul, ao norte, a leste e a oeste, as quatro alas que circundam o claustro comportavam dois ou três andares. As torres, por seu lado, ofereciam no mais das vezes quatro ou cinco níveis superpostos, ligados por escadas dispostas na espessura da muralha. Cada torre tinha, assim, sua autonomia, ao menos em sua parte superior, enquanto os andares médios e inferiores uniam-se, em caso de necessidade, por intermédio de alguns degraus, ao conjunto dos edifícios. Daí uma circulação bastante fácil e o entrecruzamento, de resto habitual nos castelos medievais, da verticalidade e da horizontalidade.

Comecemos nosso percurso pelo setor meridional, domínio próprio ao soberano pontífice. Eis aí, edificados por volta de 1335-1337, os cerca de cinquenta metros da Grande Torre, chamada ainda Torre do Papa, de Chumbo ou da Tesouraria (hoje Torre dos Anjos). Ali vivia habitualmente o papa. Seu quarto (*camera turris*, *camera papae*), uma peça de dez por dez metros, de piso envernizado e teto de madeira, comportava uma vasta chaminé e era suficientemente iluminada por duas grandes janelas, para o sul e para o leste. Descendo a torre, encontrava-se sucessivamente o quarto do camareiro apostólico, ministro das Finanças do Papado, a Tesouraria baixa e, enfim, no mais profundo, uma adega para onde, diz-se, haviam descido os preciosos tonéis de vinho de Beaune e de Saint-Pourçain. Subindo, encontrava-se uma grande peça que, na época de Inocêncio VI, foi dividida para formar de um lado a tesouraria alta, do outro a biblioteca, e, no último andar, um "pequeno castelo" destinado a abrigar alguns soldados da guarnição.

Essa torre não se bastava a si mesma. Indispensáveis edifícios vinham a ela aglutinar-se, apoiá-la, completá-la. Assim, ao norte, a Torre do Estudo, com três andares apenas: bem embaixo, um quarto secreto, para o controle das operações financeiras, das receitas e das despesas da instituição pontifícia; depois um vestuário; enfim, sensivelmente no mesmo nível que o quarto do papa, seu *studium*, uma peça ladrilhada de cinco por sete metros. A oeste, uma construção quadrangular abrigava a cozinha secreta do papa, contígua ao seu quarto e dando do outro lado para a sua sala de refeições particular, o Petit Tinel. Ao sul, a torre dita da Alcova, com seus quarenta metros de altura, foi edificada por Jean de Louvres no começo do pontificado de Clemente VI, por volta de 1342-1343: aí se superpunham, de baixo para cima, uma sauna com caldeira e banheira de chumbo para o papa, duas alcovas, uma em cima da outra, o quarto dito do Cervo (que serviu de *studium* a Clemente VI e que estava no mesmo nível do quarto do papa), enfim sua capela privada, dedicada a são Miguel.

A Grande Torre se prolongava ainda, para o norte, por uma ala compreendida entre o claustro e o jardim: aí se encontravam, no andar térreo, a grande tesouraria e a sala dita de Jesus (em razão do monograma de Cristo que ornava suas paredes), no primeiro andar, o Petit Tinel, já mencionado, talvez também uma capela privada, enfim o quarto de aparato, precedendo, segundo um modelo clássico, o quarto do papa.

Transportemo-nos agora para o setor nordeste. Ali, à maior distância possível, estavam concentrados os serviços domésticos e materiais: copa, saquitaria, serviço de mesa, cozinha de Bento XII e, mais notável ainda, de Clemente VI, peças para a lenha e o carvão, celeiros e despensas, mas também prisão, arsenal, alojamentos de uma parte da guarnição (torre dita de Trouillas). Cuidemos também de não esquecer a torre das latrinas, cuja amplidão, em seus dois andares, dá testemunho por si mesma do número de pessoas — várias centenas — que vivem permanentemente no palácio.

O Palácio dos Papas, em Avignon. A torre das latrinas, edificada por Bento XII. (Segundo L. H. Labande.)

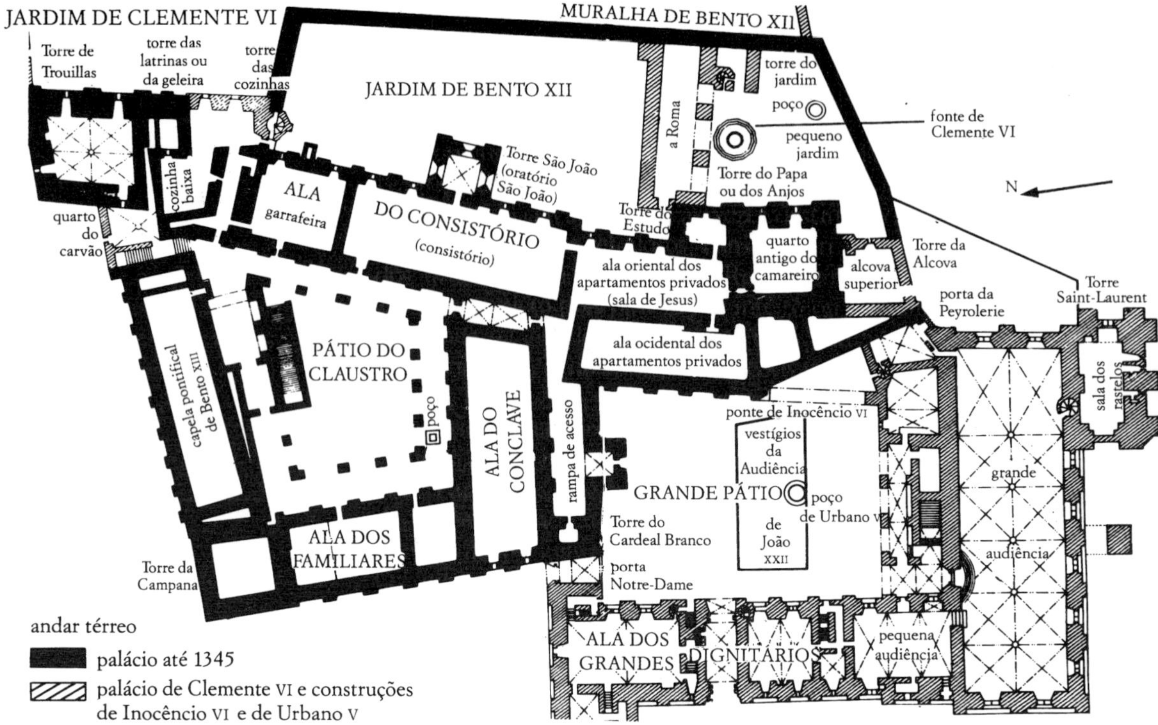

O Palácio dos Papas, em Avignon. Planta no final do pontificado de Urbano V, 1370. O andar térreo. (Segundo S. Gagnière.)

Fazendo a ligação entre o espaço pessoal do papa e o setor dos serviços, a ala oriental do claustro prolongava o Petit Tinel e o quarto de paramento, com as salas superpostas do consistório, no andar térreo, e do Grand Tinel, no primeiro andar. Talvez o Grand Tinel, destinado prioritariamente aos banquetes oficiais, servisse também habitualmente de sala para o comum. Essa ala comportava uma torre, a Torre São João, abrigando, no térreo e no primeiro andar, duas pequenas capelas.

Mas a capela de longe mais importante do Palácio Velho ocupava toda a ala norte. Ela se estendia sobre dois níveis: um nível inferior, que lhe valeu ser chamada, desde 1340, "grande capela escura" e ser transformada logo em depósito, em despejo; e um nível superior, que desde então conservou sozinho sua função litúrgica.

A Torre do Sino, ou Torre São João, defendia o ângulo noroeste. Seus 45 metros de altura, divididos em quatro andares, abrigavam parentes do papa, membros da cúria, guardas e também o mordomo-mor. Em suma, tinha um pouco as mesmas funções do edifício seguinte, fechando o flanco ocidental do claustro, chamado ala dos familiares, dos servidores titulares do papa, membros de sua *familia*, que conjuntamente ali moravam e trabalhavam. Bento XII aí tinha mesmo um *studium.*

Enfim, ao sul, logo após a porta de entrada fortificada, a ala do conclave era destinada a receber os hóspedes importantes, quando visi-

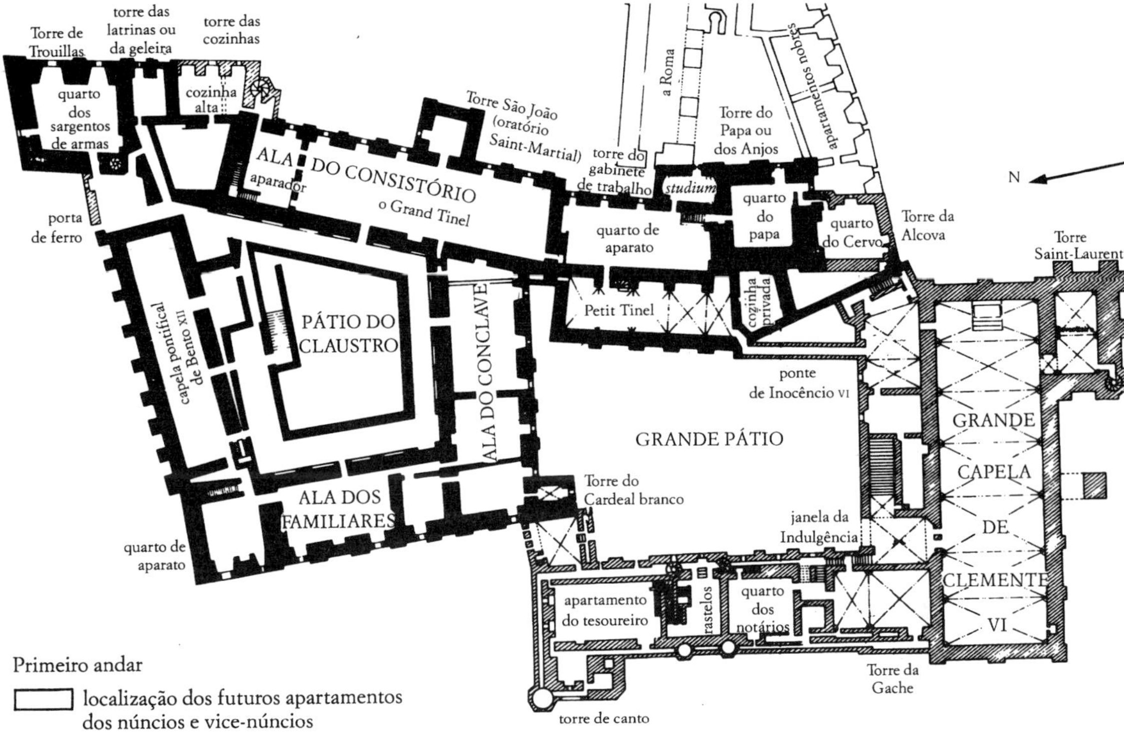

O Palácio dos Papas, em Avignon. Planta no final do pontificado de Urbano V, 1370. O primeiro andar. (Segundo S. Gagnière.)

tavam o papa. O rei da França, João, o Bom, ali foi instalado, e, alguns anos mais tarde, o imperador Carlos IV de Luxemburgo.

Completando o quadrilátero, a Torre do Cardeal Branco era destinada, ao menos em parte, aos saquiteiros e escanções que ali moravam.

Graças a esse panorama, parece que o Palácio dos Papas acumulava, não sem felicidade, diversas funções. Função militar: ali estavam uma fortaleza, provida de uma guarnição, mais ou menos numerosa segundo as circunstâncias. Função palatina: mesmo o palácio de Bento XII oferecia um quarto decente para os inevitáveis faustos da monarquia e da corte pontifícias. Função burocrática: o palácio abrigava os órgãos centrais de uma administração e de um governo reputados por sua competência e por sua atividade.

Tudo isso se reflete na ordenação bastante rigorosa do espaço interno, embora não se deixe perceber nenhuma separação absoluta entre a vida pública e a vida privada, entre o trabalho dos clérigos da cúria e sua existência pessoal.

Sem dúvida o espaço reservado à administração era, apesar de tudo, insuficiente, pois vemos que o Palácio Novo, o de Clemente VI, foi destinado principalmente a abrigar outros serviços, em particular judiciários (grande e pequena audiências).

Não acreditemos por isso que Bento XII e seu arquiteto tenham inovado ao adotar um projeto relativamente racional, ou ao menos "legível". O que se pode conhecer, com efeito, se bem que apenas se-

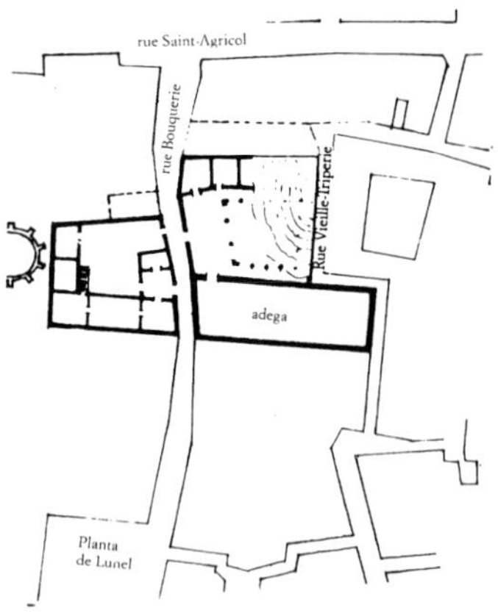

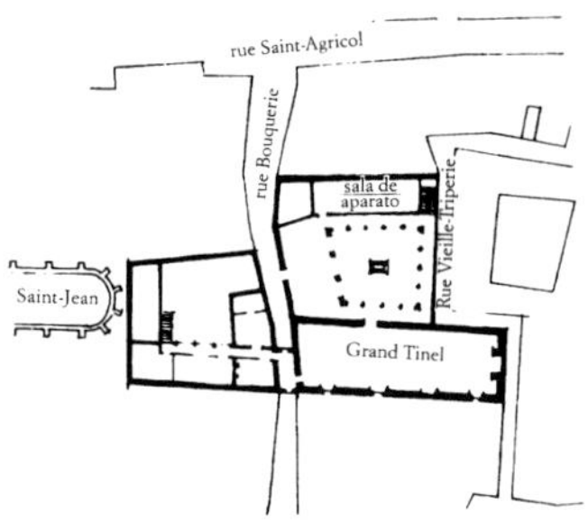

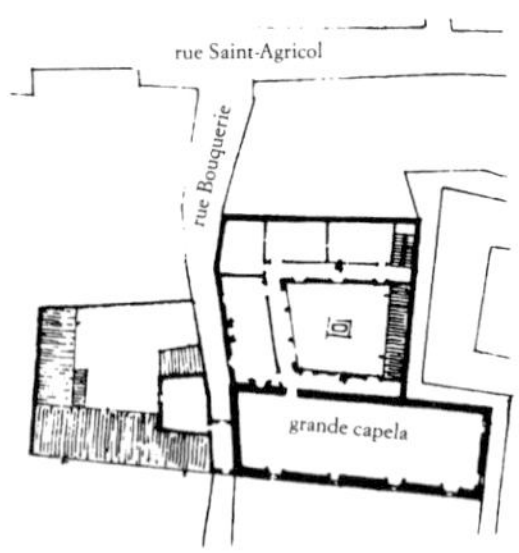

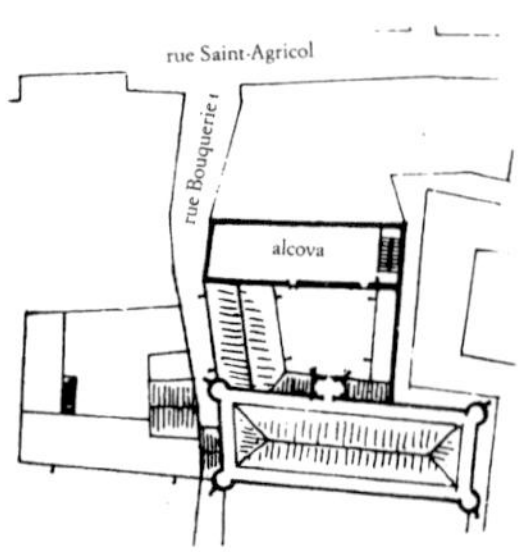

gundo os documentos escritos, do palácio de João XXII mostra já uma distribuição que corresponde ao mesmo espírito: de um lado, o alojamento particular e as peças de recepção do pontífice; do outro, os serviços domésticos (cozinha etc.); em um terceiro setor, os escritórios.

Deve-se mesmo admitir que se tenha esperado o começo do século XIV para que fosse considerada e fixada uma repartição desse tipo? Não está absolutamente excluído que castelos e palácios, tanto leigos como eclesiásticos, edificados nos séculos XII e XIII, tenham já se beneficiado de uma articulação análoga, inspirada no modelo monástico, que pôde, por sua vez, retomar, adaptando-os, projetos de palácios ou de *villae* do Baixo Império. É apenas permitido constatar que antes do século XIV — a rigor, do século XIII —, a documentação histórica e arqueológica falta ou, quando existe, permanece por demais imprecisa para permitir outra coisa que não uma reconstituição em boa parte imaginária.

PÁTIOS E JARDINS

No século XIV, na cidade de Avignon, o Palácio dos Papas estava longe de ser o único edifício centrado em torno de um espaço interno — pátio ou claustro. Em sua escala, as moradas cardinalícias — as famosas *livrées*, destinadas aos príncipes da Igreja e a seu séquito de donzéis, de capelães e de servidores — eram concebidas sensivelmente segundo os mesmos princípios. Um documento de 1374, estabelecido com fins fiscais, permite reconstituir aproximadamente a *livrée*, hoje desaparecida, do cardeal Guillaume de la Jugie, um sobrinho do papa Clemente VI, que a mandou edificar durante o terceiro quarto do século XIV. De um lado, a pequena *livrée*, disposta em torno de um pátio: um conjunto bastante confuso de quartos baixos e altos, de redutos, de salas e de galerias, destinado aparentemente à domesticidade, aos cavalos e às mulas do cardeal. Do outro, a grande *livrée*, para o senhor, que reunia três corpos de construção em torno de um pomar. Aí se encontram: 1) no subsolo, essencialmente uma adega e peças subterrâneas; 2) no andar térreo, galerias cobertas; o Grand Tinel, com sua chaminé; um pórtico pintado; um "grande quarto de aparato"; uma escada em caracol; 3) no primeiro andar, novamente galerias cobertas ligando as diferentes peças, em número de cinco (capela, quarto, antecâmara, velho e novo quartos de aparato); 4) no topo da construção, uma alcova, uma espécie de varanda coberta (para tomar a fresca, ou para secar a roupa?) e, em toda a volta do teto da capela, uma galeria lajeada circundada por uma muralha com ameias e encimada por um campanário e por quatro torrezinhas de canto. Acrescentamos que as pequena e grande *livrées* se comunicavam por cima da rua por meio de uma ponte constituída de uma galeria no primeiro andar e de um quarto no segundo. O

Entre pátio e jardim: o Palácio de Cluny, em Paris, construído de 1485 a 1498, por ordem de Jacques d'Amboise, abade de Cluny. Reconstituição de Viollet-le-Duc.

Planta reconstituída da livrée *do cardeal da Jugie, em Avignon, 1374. À esquerda da rue Bouquerie, a pequena* livrée, *para os serviços; à direita, a grande* livrée, *residencial. (Segundo P. Pansier.)*

exterior devia ser severo, rebarbativo: mas é que tudo era feito para que as peças olhassem na direção do pomar, ornado em seu centro por uma fonte. Pensa-se nos palácios florentinos do século XV, no palácio Jacques Coeur em Bourges, ou ainda, com menos amplidão, no Fondaco dei Tedeschi em Veneza. Mas, afinal, os edifícios monásticos tradicionais tinham uma planta bastante próxima, assim como os castelos em forma de quadrilátero tão frequentes na França desde o tempo de Filipe Augusto. Talvez o traço mais original da grande *livrée* do cardeal da Jugie seja a existência desses deambulatórios superpostos servindo o conjunto das peças de um mesmo andar.

O palácio de Pierre Legendre em Paris (por volta de 1500) apresenta uma solução bastante diferente. O pátio de entrada, dando para a rue des Bourdonnais, era ali cercado de galerias e de dependências de serviço, enquanto o corpo de habitação principal dava de um lado para esse pátio e, do outro, para um jardim, ou ao menos para um pátio interno, na direção da rue Tirechappe. Do mesmo modo, mas desta vez na margem esquerda, o palácio dos abades de Cluny, construído por Jacques d'Amboise entre 1485 e 1498, comportava um pátio de entrada, uma ala e um edifício principal e, atrás, um jardim. Nos dois casos, tratar-se-ia de uma primeira manifestação dos palácios entre pátio e jardim, destinados a tornar-se a regra durante os séculos clássicos.

Doravante partidária da residência na cidade, a aristocracia, de Igreja ou de corte, de ofício ou de comércio, esforçava-se, no final da Idade Média, em guardar suas distâncias em relação ao meio urbano ordinário, em se proporcionar um espaço tão privativo quanto possível.

Planta do começo do século XVI proposta ao arcebispo de Rouen, o cardeal Georges d'Amboise, para a reconstrução do castelo de Gaillon. Ao lado: *planta de conjunto do projeto. As dimensões são lançadas em toesas, pés e mesmo polegadas. Para certos quartos, figura a localização do leito.* Abaixo: *detalhe representando (de cima para baixo) os guarda-comidas para os cozinheiros e o guarda-pratos, a* pequena padaria, *os fornos e a amassadeira, um degrau conduzindo ao primeiro andar, a peça para lavar roupa* (bues) *e o quarto da roupeira. (Arquivo da Vienne, pasta 37, peça 8.)*

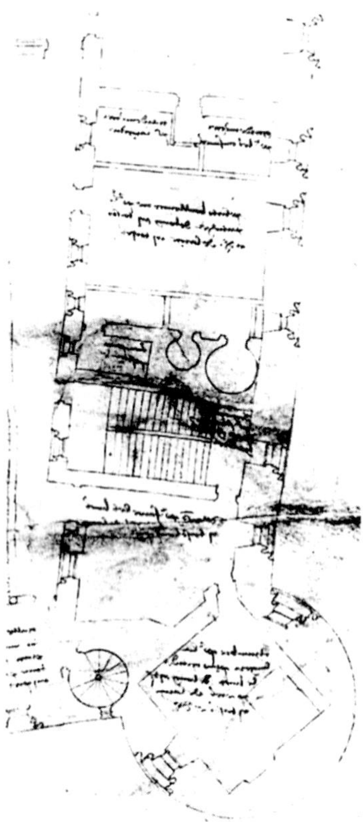

CASTELOS

Fora das cidades, as moradas senhoriais do final da Idade Média conheceram uma repartição do espaço entre o grande pátio, o terreiro de criação de animais e o jardim, correspondendo ao desígnio de distinguir o domínio dos serviços e dos ofícios materiais, o domínio das funções "nobres" e, enfim, o da vida privada e das distrações. Castelos construídos ou remanejados por príncipes da casa de Valois-Sicile (Luís II, o rei René) obedecem mais ou menos a essa preocupação: Angers, Tarascon, Saumur. Mas talvez o caso mais belo seja o do castelo de Gaillon: não que se trate aqui da construção efetivamente realizada no começo do século XVI pelo cardeal de Amboise tal como no-la mostram restos ainda imponentes e, sobretudo, uma planta e uma perspectiva a distância de Androuet du Cerceau, mas da planta de um primeiro projeto, de inspiração mais francamente italianizante, que felizmente chegou até nós.

O desenhista desconhecido dessa planta, tanto mais sugestiva quando se encontra acompanhada de uma legenda, previra organizar o castelo em torno de um vasto quadrilátero de 34 por dezoito toesas, em outras palavras, contando-se dois metros para uma toesa, 68 por 36 metros, mais de 2400 metros quadrados, ou quase um quarto de hectare.

Esse espaço interno, de grande formato, estava por sua vez dividido em três: no fundo, um jardim com uma fonte, margeado por uma galeria; no meio, um "*grant court*" [grande pátio] de mais de mil metros quadrados; e bem no desembocar do pórtico de entrada, o qual devia tomar lugar no seio do que se previra conservar do velho castelo bastante medieval, um terreiro de criação de animais acompanhado de um "lugar para fazer horta a fim de servir à cozinha" e de "um tanque para lavar roupa".

Entre os edifícios, cuja distribuição só é conhecida, observemos, pelo andar térreo, três polos podem ser localizados: a um dos ângulos, a grande capela e seu oratório, local de reunião obrigatória e regular de todos os habitantes do castelo, quaisquer que sejam sua situação, suas funções, seu lugar na hierarquia; em toda a volta do terreiro de criação e da horta, mas ultrapassando-os amplamente, à direita como à esquerda, até a altura do grande pátio, as peças destinadas aos ofícios domésticos: padarias, cozinhas, selaria, alojamentos da roupeira, dos cozinheiros e outros servidores etc.; enfim, no ângulo mais afastado, o mais bem exposto, bem perto da fonte, do jardim e da galeria, os

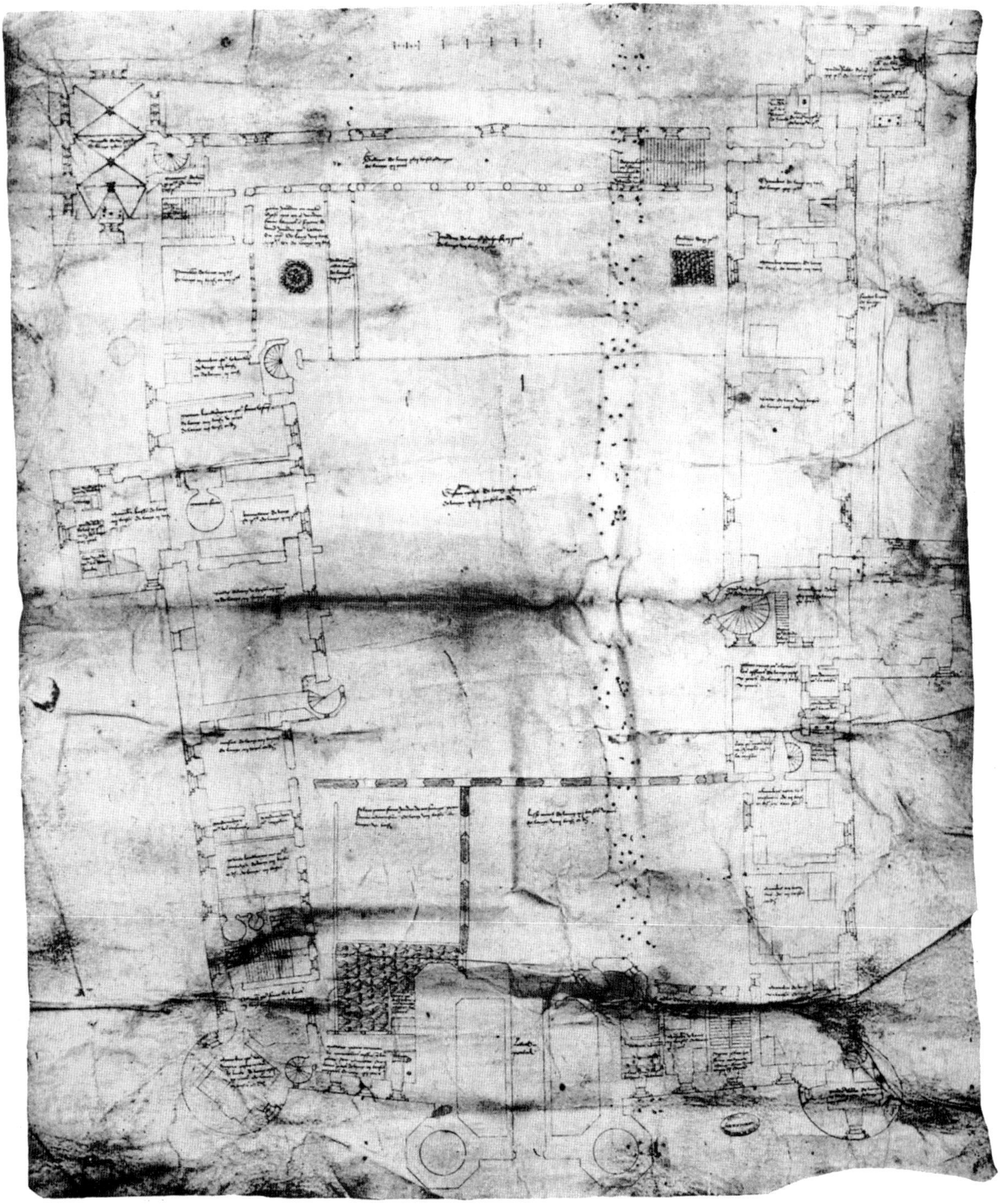

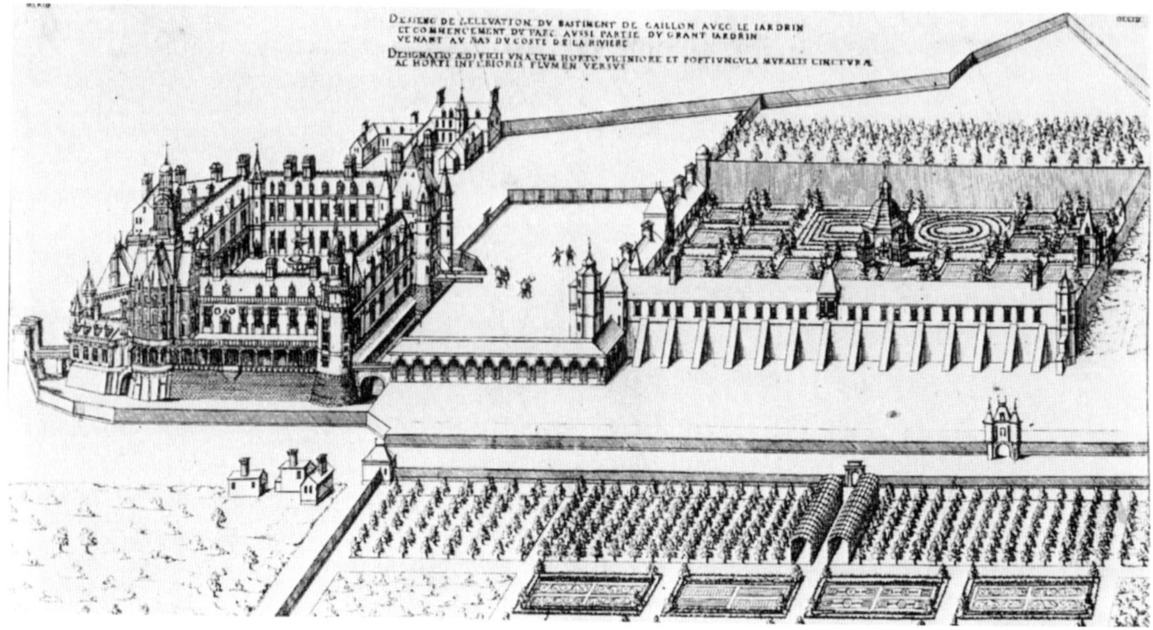

Gravura de Androuet du Cerceau, século XVI. O castelo de Gaillon, tal como foi efetivamente edificado para o cardeal Georges d'Amboise.

apartamentos do dono da casa, começando por uma enorme sala de dezesseis por oito metros (128 metros quadrados), continuando por um quarto de vestir um terço menor (oitenta metros quadrados), prosseguindo pelo quarto propriamente dito (cinquenta metros quadrados) e terminando, como de costume no habitat senhorial da época, por um retiro, uma alcova, e — marca da vinculação do proprietário à alta hierarquia da Igreja — um gabinete de trabalho e um oratório.

Ao lado dessa divisão tripartida, duas outras divisões, desta vez de caráter bipartido, podem ser destacadas:

— uma divisão vertical, de cuja existência só se pode suspeitar, entre o térreo e o primeiro andar;

— uma divisão direita-esquerda em relação ao pátio central com, de um lado, a cozinha, a copa, o guarda-comida etc., para o *comum*, e, do outro, as mesmas peças, mas desta vez para o senhor. Reencontram-se aqui as duas cozinhas, como no caso do Palácio dos Papas.

É sobretudo a partir do século XV que os orçamentos de construção, muitas vezes acompanhados, na origem, de plantas ou de *patrons* [modelos] sobre papel ou pergaminho, atestam, na França senhorial, o gosto pelas moradas robustas e sólidas, devidamente providas de *vis* [escada em caracol], de *galetas* [sótão] e de galerias, facilmente habitáveis e aquecíveis, com peças de paredes *chambrillées* (lambrisadas), bem fechadas por janelas envidraçadas munidas de *ostevens* (venezianas) e com piso cuidadosamente coberto por esteiras e ladrilhado. Por vezes aparece até mesmo a preocupação de *gallefeustrer* (calafetar) as peças de habitação. Além disso, não apenas a presença de saunas e de locais de banho não é excepcional, mas são também por vezes mencionados um parlatório, uma *librairie* [biblioteca], uma sala de jogos para a pela, para o jogo de bilhar ou de bola grande, e, destinado sobretudo às damas, um gabinete. Uma curiosidade, sem dúvida raríssima, a galeria de caça do castelo de Blois, que Beatis admirou por volta de 1518:

> Sob o palácio se escalonam três jardins, cheios de frutas e de folhagem; as pessoas para ali se dirigirem por uma galeria coberta, ornada de ambos os lados por chifres de cervos verdadeiros dispostos sobre cerros de madeira esculpida, coloridos e muito bem imitados; eles estão na parede a uma altura de dez *palmes* [palmos] mais ou menos, próximos uns dos outros, só se veem seu pescoço, sua fauce e os dois pés dianteiros. Sobre pedras salientes ao longo das paredes estão dispostos inúmeros cães igualmente de madeira, lebres com cães corredores absolutamente naturais, tanto no tamanho e fisionomia quanto nos pelos. Do mesmo modo, alguns falcões estão pousados sobre mãos colocadas igualmente na parede.

Quanto ao espaço dos serviços domésticos, acontece de refletirem bem exatamente a organização do *hôtel* [palácio], com seus *métiers* [ofícios] tradicionais; no castelo de Angers, em 1471, notam-se, além da cozinha e da despensa, uma *saucerie* [local de preparação de molhos], uma *eschançonnerie* [local de servir bebidas], uma *paneterie* [saquitaria] e uma *fruiterie* [frutaria].

A excepcional qualidade de certo habitat senhorial se traduzia por custos de construção bastante elevados. Por ocasião da ocupação inglesa da Normandia, Edmond Beaufort, conde de Dorset, de Mortain e de Harcourt, quis mandar construir em Elbeuf, às margens do Sena, bem perto do porto, uma *maison et ediffice fortiffiée*, com dois andares, além do térreo: em elevação, 3,60 metros para cada um dos dois primeiros níveis, 2,40 metros para o terceiro, que devia ser encimado pelo *comble du gallatas* [cumeeira do sótão], ele próprio habitável graças às numerosas *lucagnes* [lucarnas] que ali estavam previstas. As dimensões dessa construção retangular, contando um certo número de peças cada uma com sua chaminé, deviam ser de 24 por dez metros. É verdade que torrezinhas e *aisemens* [dependências], nos quatro cantos, deviam ultrapassar sensivelmente esse quadrilátero. Uma grande *vis* estava prevista, mais uma ou duas outras, menores. Paredes de pedra, de um metro de espessura, cobertura de ardósia, pátio e jardim, teto encimado por *banières de cuivre paintes et dorées* [estandartes de cobre pintados e dourados] com as armas do conde de Dorset, cozinha lajeada, latrinas arrumadas com cuidado. Tudo isso devia repercutir no preço: para uma moradia cuja superfície útil, excetuando-se a cumeeira, não ultrapassa oitocentos metros quadrados, os trabalhos de alvenaria, de carpintaria, de gesso, de cobertura, de plumbaria e de aterro deviam elevar-se a 6 700 francos. Ainda era preciso acrescentar o preço do terreno e também da *hucherie* [marcenaria], *serreurerie* [serralheria], *verrerie* [vidraria] *et autres habillements* [e outros engenhos]. Ao todo, talvez 8 mil francos: cem vezes mais que o presbitério de Touville (p. 457), com seus duzentos metros quadrados de superfície útil.

O HABITAT COMUNITÁRIO

Ainda que os solares e os castelos fossem antes de tudo a residência de um homem (ou de uma mulher) e de sua família, não é menos verdade que abrigavam regularmente um número bastante elevado de servidores e de criadas, com funções mais ou menos consideradas, celibatários mas também casados, que ali encontravam, de maneira permanente ou transitória, exclusiva ou acessória, a pousada e o abrigo. Diferentes exemplos sugerem como normal uma domesticidade, uma "casa" de algumas dezenas de pessoas para um membro da altíssima nobreza, de doze pessoas para um nobre médio, de seis para um pequeno nobre. Assim, nos castelos, muitas peças tomavam o aspecto de dormitório, com quatro ou cinco camas, e o mesmo número de arcas, fechadas à chave, onde cada um guardava suas coisas pessoais. Outras eram destinadas ao uso exclusivo de um oficial do palácio (mordomo, tesoureiro, coletor, capelão etc.), que podia, por sua vez, ter a seu serviço um criado, dormindo na mesma peça ou em um local contíguo. Toda essa gente se reencontrava no momento das refeições na sala comum, ou sala do comum, ainda que alguns privilegiados obtivessem por vezes o direito de receber em seu quarto sua *livrée* de alimento, de vela e de bebida, e de ali comer à parte.

Os castelos, assim como os palácios e as grandes casas urbanas, ofereciam um primeiro modelo de habitat comunitário. Existiam muitos outros. Pensemos aqui na falta das casernas, que só apareceram bem mais tarde, nos colégios universitários, nos hospitais, gafarias ou leprosários, e sobretudo em toda a gama dos estabelecimentos monásticos. Pois uma grande parte dos mais belos e dos mais vastos edifícios, das construções mais complexas, mais bem arranjadas, dependia há séculos do clero regular, estando esse traço, naturalmente, muito longe de ter desaparecido no final da Idade Média.

É fora de propósito examinar aqui a origem e os primeiros desenvolvimentos das plantas monásticas. Contentemo-nos em lançar um olhar sobre a situação dos séculos XIV e XV, quer seja ela resultante de uma herança anterior, quer se trate, bem mais raramente, de criações contemporâneas.

Um primeiro tipo é oferecido pelos estabelecimentos que combinavam vida comunitária e vida solitária. Assim era com as cartuxas, cujo sucesso não se desmentia, pois que no século XIV, através da cristandade, 110 fundações vieram aumentar essa família religiosa, e ainda 45 no século XV; o catálogo oficial de 1510 fornece uma lista de 191 cartuxas em atividade, das quais sete reservadas a monjas. Ora,

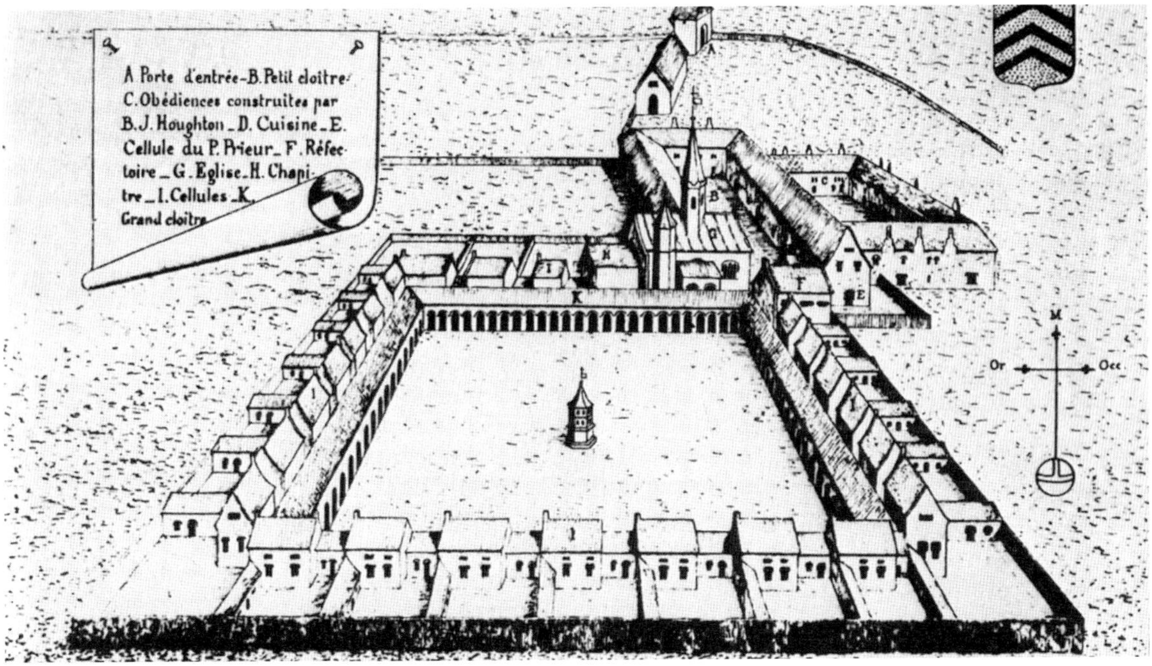

A cartuxa de Londres, edificada no século XIV para além dos muros da cidade, na direção norte. O grande claustro domina, em torno do qual estão dispostas as celas, cada uma com seu jardim. Por comparação, os edifícios comunitários, no alto e à esquerda, parecem acanhados.

pela vontade de seu fundador e iniciador, são Bruno, a vida cartusiana repousava tradicionalmente em um eremitismo fundamental e em uma certa dose de cenobitismo, no coro, no capítulo, no refeitório, em recreação. Ainda, se a frequentação da igreja era cotidiana, já que tornada necessária pela recitação e pela celebração em comum dos ofícios, o refeitório, por sua vez, não era utilizado senão aos domingos, nos dias de festa com capítulo, durante as oitavas de Natal, de Páscoa e de Pentecostes, nos dias de enterro e por ocasião da instalação de um novo prior. No resto do tempo, o cartuxo consumia a sós a austera refeição que lhe era trazida do exterior, anonimamente, através de um guichê. Daí a importância da vida de cela, contínua, abrigada em uma casa individual. O cartuxo, dizem os estatutos da ordem,

> deve velar com toda a diligência e solicitude para de modo nenhum criar para si necessidades, fora das observâncias regradas e comuns, de sair da cela, mas antes de considerá-la como sendo tão necessária à sua salvação e à sua vida quanto a água é necessária aos peixes e o aprisco às ovelhas. Quanto mais ele permanece na cela, mais a amará, desde que se ocupe com ordem e utilidade na leitura, na escrita, na salmodia, na oração, na meditação, na contemplação, no trabalho, enquanto se dela sai com frequência, e por leviandade, ela logo se lhe tornará insuportável.

Em 1398, Filipe, o Ousado, duque da Borgonha, oferece, para a Cartuxa de Champmol, dez pequenas bíblias destinadas a serem repartidas entre as "celas, a fim de que os religiosos que tiverem alguma enfermidade pela qual lhes convém abandonar a igreja possam dizer seu serviço sem impedir o enfermo de acompanhar a igreja, e para estudar se não tiverem ocasião de sair de sua cela para ir estudar na bíblia da igreja ou de falar uns com os outros".

Por si só, a planta do conjunto de uma cartuxa basta para sugerir a predominância da vida solitária: em relação ao vasto claustro em torno do qual estão dispostas as casas dos monges, o resto dos edifícios, com destinação profana ou sagrada, faz reles figura. Quanto às próprias casas, dispostas em um ou dois níveis, oferecem um quadro de vida decente, mesmo confortável, todas as coisas iguais, aliás. A ascese não reside na qualidade do alojamento superior à média medieval, mas no confinamento livremente consentido, e no rigor da reclusão.

Com os conventos das beguinas de Flandres, da região renana e do Norte da França, tais como surgiram a partir do século XIII para ganhar impulso durante os dois séculos seguintes, encontramo-nos em presença de um outro tipo de estabelecimento, em que a vida comunitária certamente existe, até um certo grau, mas onde o eremitismo cede totalmente o lugar a uma vida individual concebida segundo o modelo ordinário. Tomemos o exemplo da casa das beguinas de Paris, fundada por Luís IX em 1266. Tratava-se de um espaço bastante vasto, em princípio hermeticamente fechado desde o cair do dia, de um "cer-

Celas de cartuxos em Villeneuve-lès-Avignon, século XIV.

cado de casas", na margem direita do Sena, perto da porta Barbel, mas para além da muralha de Filipe Augusto. Ali residiam, segundo o testemunho talvez otimista de Geoffroi de Beaulieu, confessor do santo rei, quatrocentas *honestae mulieres* [mulheres honestas], ou *povres beguines* [pobres beguinas], por vezes de origem nobre, beneficiando-se de múltiplas caridades públicas e privadas, mas também ganhando elas próprias sua vida à custa de diversos trabalhos efetuados tanto no exterior como no interior. A diretora das beguinas, nomeada pelo capelão do rei e assistida pela subdiretora, pela porteira e por um conselho das anciãs, tinha por missão, sob o controle do prior dos dominicanos de Paris, vigiar as beguinas em sua conduta, em seus trajes, em suas idas e vindas, e impedir qualquer um de penetrar no interior da clausura. Não tendo feito voto de religião, comprometendo-se à castidade, mas podendo romper a qualquer momento com esse compromisso e retornar à vida secular, as beguinas deviam normalmente tomar suas refeições no convento e não pernoitar fora de casa. Precisavam ainda assistir a certos ofícios em uma capela que, aliás, era aberta aos habitantes do bairro. Algumas delas, as beguinas "de convento", dormiam em um dormitório comum, comiam no refeitório, enquanto outras moravam em quarto, em casas à parte, distintas do corpo da casa conventual, sob a direção de uma "diretora de quarto". Disciplina bastante flexível, no interior de um espaço em princípio feminino, que deixava às residentes, jovens ou velhas, autênticas devotas ou, como habitualmente eram acusadas, puras e simples hipócritas, uma iniciativa pessoal bastante grande sob o tranquilizador abrigo de uma instituição tutelar.

Monges cistercienses e monges beneditinos deveriam ater-se a permanecer fiéis ao quadro de vida cuidadosamente edificado por seus predecessores, muitas vezes desde os séculos XI e XII. Não havia, em princípio, nenhuma razão para que se modificasse a organização do espaço monástico nas abadias e nos priorados cistercienses ou beneditinos. E esse foi frequentemente o caso, como é manifesto ao exame das ruínas dos mosteiros ingleses (Rievaulx, Fountains, Tintern etc.), cuja vida foi bruscamente interrompida pela Dissolução. Contudo, as necessidades da defesa, a queda por vezes dramática dos rendimentos e também dos efetivos acarretaram pela força das coisas profundas modificações. Em inúmeros mosteiros,

> uma vez designados o prior, o hoteleiro, o enfermeiro, o ecônomo, já não restavam simples monges. Esse estado-maior sem tropas estava na impossibilidade de respeitar a lei da clausura, do silêncio e do recolhimento que, no entanto, devia caracterizar o monástico. Como as finanças das abadias não conseguiam prover as necessidades mais elementares de seus habitantes, os superiores eram obrigados a fechar os olhos às infrações à regra da pobreza pessoal. Nas comunidades masculinas, era dada a autorização, contra pagamento, de viver fora, de solicitar postos de pároco, ou mesmo benefícios (Francis Rapp).

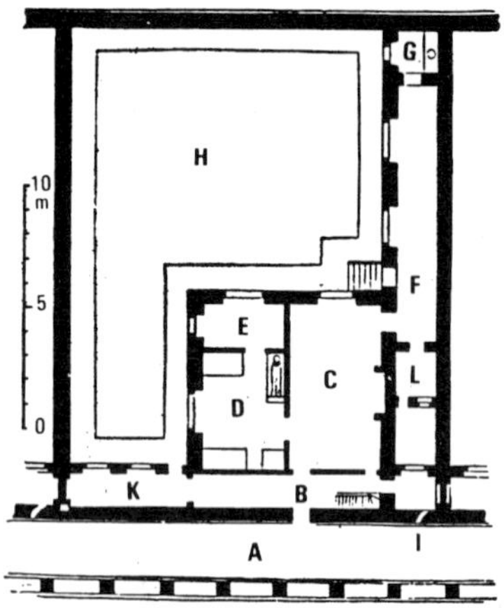

Planta típica de uma casa de cartuxo, segundo Viollet-le-Duc.
A: galeria do claustro;
B: primeiro corredor;
C: primeira sala, aquecida;
D: cela, com um leito e três móveis;
E: oratório;
F: passeio coberto, com as latrinas na extremidade (G);
H: jardinzinho;
I: torre na qual o alimento é depositado;
K: pequeno pórtico que permite ao prior ver o interior do jardim e abastecer os cartuxos de lenha e outros objetos necessários;
L: lugar onde depositar esses objetos.

Fundadas no exemplo alsaciano, estas observações valem igualmente para muitas outras regiões. Comportamento de particular consequência: o dormitório, que deveria apresentar-se como uma peça inteiramente despojada, cuidadosamente fechada à chave todas as noites por ordem ou sob a vigilância do superior e mobiliada, no alinhamento, de simples enxergas, ora foi dividido em celas, em boxes, por meio de tabiques ou de tapeçarias, ora foi totalmente abandonado em favor de quartos (*camerae*), de quartinhos (*camerulae*) onde os religiosos dormiam a sós ou em grupos de dois, três ou quatro.

As atas de visitas da ordem de Cluny estão repletas de queixas e de injunções a esse respeito. Acolhido no mosteiro Saint-Victor de Marselha, no começo do século XVI, Beatis constatou: "Nessa abadia, residem cerca de cinquenta monges da ordem de são Bento, ali comem e moram separadamente".

O dormitório do priorado de beneditinos de Littlemore (Oxfordshire) mantém o vestígio de uma compartimentação em quartos separados, dispostos, é verdade, sob a alta vigilância da prioresa, ela própria alojada à parte, mas no mesmo andar.

Ainda na Inglaterra, assinalam-se claustros com vãos fechados por vitrais e abrigando pequenas "salas de trabalho" agradavelmente lambrisadas; enfermarias monásticas que doravante compreendem quartos individuais para os monges idosos ou doentes; alojamentos, ou melhor, apartamentos, reservados não apenas ao abade e ao prior, mas também aos principais oficiais do convento; quartos destinados aos religiosos detentores de graus universitários ou que se empenham em obtê-los.

Portanto, nada de supérfluo nesta injunção que resulta da inspeção de um mosteiro inglês, no século XV: "Comer e beber em um só local, dormir em um só local, orar e servir a Deus em um só oratório [...], renunciar completamente a todos os retiros privados, aos quartos e aos alojamentos individuais".

Por certo, é tentador, a propósito da difusão um pouco em toda parte de usos tão manifestamente contrários aos estatutos mais bem estabelecidos da vida cenobítica, falar de decadência moral e espiritual, de indisciplina crescente da parte de religiosos sem vocação, por demais apegados às suas comodidades e muito inclinados a transformar a regra, sob os mais diversos pretextos. Apesar de tudo, três observações podem ser adiantadas.

Primeiro, a tendência a transformar as coerções da vida comunitária não esperou a "crise" no final da Idade Média para se manifestar. Na história das ordens religiosas, o "declínio" quase sempre começou precocemente, e a queda do fervor inicial nem sequer esperou, por vezes, o desaparecimento dos primeiros pioneiros.

Segundo, toda generalização seria abusiva; mosteiros seguramente persistiram na fidelidade aos usos oficiais. Assim ocorreu, parece, com o priorado das dominicanas de Poissy, segundo o testemunho de Christine de Pisan. O parlatório ali permanece o lugar obrigatório do encontro entre o exterior e o interior, e o dormitório, tal como foi apresentado à célebre mulher de letras e a seu séquito (mas os homens, desta vez, foram formalmente afastados desse lugar privado por definição), não parece apresentar nenhum desvio da boa regra: "*Mais encor volrent/ Plus nous monstrer les dames, qui moult sorent,/ Car leur dortouer ordonné comme ilz l'orent/ et leurs beaulx liz que sur cordes fait orent/ Ilz monstrerent,/ Mais en ce lieu de nos hommes n'entrerent/ Nul, quel qui'il fust, car hommes ne monterent/ Oncques més la, par droit s'en deporterent/ À celle fois*" [Mas elas ainda quiseram nos mostrar as damas, que eram muitas, pois seu dormitório estava devidamente arrumado, e seus belos leitos cobertos por tapeçarias. Elas no-lo mostraram; mas neste local não entrou nenhum de nossos homens, pois por lei os homens nunca entram ali].

Terceiro, talvez a evolução geral da espiritualidade não tenha deixado de favorecer e, em certa medida, legitimar a concessão a muitos monges de um quarto individual, onde trabalhar intelectualmente, orar solitariamente e, no limite, dormir. Pode-se considerar da mesma maneira a influência de práticas perfeitamente admitidas em certas ordens mendicantes. Por exemplo, a dos Pregadores. Com efeito, são Domingos, tão logo instalado em Toulouse, mandou construir no andar superior do claustro celas para seus companheiros, *ad studendum et dormiendum desuper satis.* Sem dúvida, trata-se aí de espaços muito parcimoniosamente medidos: comprimento pouco superior à pequena cama, largura de 1,50 metro apenas. Mas ao menos aí cada frade estava a sós. Mais tarde, a dimensão das celas se fez menos reduzida, ainda que fosse só para permitir a instalação de uma escrivaninha, de uma cadeira de trabalho: no Convento de Santo Eustorge de Milão, no fim do século XIII, paredes de alvenaria leve substituíram os tabiques de madeira, mas era preciso que a disposição fosse tal que o *circator*, percorrendo a *via* central do dormitório, pudesse ver, numa rápida olhadela, os frades estudiosamente sentados à sua escrivaninha ou então sossegadamente estendidos em seu leito. Só os professores encarregados (*lectores actu agentes*) tinham direito a um quarto propriamente dito, inteiramente fechado, e além disso situado, no mais das vezes, em um outro setor do convento.

É um reflexo bastante habitual, no final da Idade Média, renunciar, nas fundações piedosas e caritativas ao menos, ao dormitório comum. Quanto ao asilo de Ewelme, do qual foi o fundador, William de La Pole entende que os residentes disponham "de um certo lugar para si mesmos [...]: a saber, uma pequena casa, uma cela ou um quarto, com uma chaminé e outras necessidades do mesmo gênero, no qual cada um possa por si mesmo comer, beber e repousar".

No colégio de Dainville, em Paris, em 1380, um quarto está previsto para dois estudantes, mas sem que estes possam escapar ao controle do mestre:

> Durante o dia assim como à noite, até que eles vão para a cama, o quarto não será fechado por eles ou por um deles, a fim de que o

A vida no colégio parisiense da Ave Maria, ou de Hubant, no século XIV. Essa miniatura, que faz parte de toda uma série que ilustra as devoções, as boas ações, os jogos e os trabalhos dos escolares, mostra seis deles, em três leitos, unindo asa mãos para a oração da noite. Nos rolos que seguram simbolicamente estão inscritas as primeiras palavras das orações que deverão pronunciar todos os dias antes de adormecer. (Paris, Arquivos Nacionais, AE II 408.)

mestre possa mais facilmente, a qualquer hora, ir lá, se o desejar, e para que os estudantes, em troca, aumentem seu zelo pelo estudo e temam deixar-se levar pela ociosidade e pelos maus costumes. Se o julgar necessário, o mestre poderá ter a chave de cada quarto.

Em 1443, os estatutos do King's College (Cambridge) prescrevem um quarto para dois ou para três *fellows* (*socii*), provido do mesmo número de leitos que de *fellows* e também de local de trabalho (*loca studiorum*). Por certo, esse não é o regime do quarto individual, considerado talvez como muito dispendioso ou demasiado liberal, mas estamos longe do dormitório comum, da sala de estudo superpovoada. Aliás, compreende-se melhor esse meio-termo se se observa que ao mais avançado dos *fellows*, "em maturidade, discrição e ciência", via-se atribuir uma certa autoridade sobre seu ou seus companheiros.

É significativo que o pobre estudante Nicolas, personagem principal do "Miller's tale", de Chaucer, alojado em Oxford na casa de um carpinteiro, ali desfrute de seu próprio quarto, "sozinho, sem nenhuma companhia".

Na metade do século XVI, o jurista Hermann von Weinsberg, de Colônia, se enternece à lembrança do quarto que, vinte anos antes, seu pai lhe concedera para seu uso exclusivo, bem no alto da grande casa familiar:

> A propósito de uma pequena peça, meu *studiolo*.
> Quando, em 1529, meu pai mandou construir, edificaram-se duas pequenas peças, uma acima da outra, perto da grande peça. Eu tomei posse da mais elevada das duas, meu pai ali mandou fazer janela e porta, que se podia fechar à chave. Nessa pequena peça, montei uma pequena mesa, uma cadeira, um quadro mural, e instalei meu *studiolo*: livros, gavetas, papel, objetos de escrita etc., e tudo o que pude amontoar,

arrastei lá para cima; fabriquei também um altar, e ali coloquei o que bem quiseram me dar. Tudo fechado à chave, a fim de que ninguém pudesse entrar ali, salvo meu primo e companheiro de escola, Christian Hersbach, que ficava o tempo todo em minha casa. Era ali que eu lidava a maior parte do tempo, quando voltava da escola, lia, escrevia, e ali começava a pintura, pois meu primo que sabia pintar bem me ajudou muito. E meu pai tinha grande prazer em me ver assim instalado e me ajudou a arrumar a peça, o que me evitava vaguear pela rua. Ele me conservou sempre o uso dessa pequena peça, mesmo quando estive em Emmerich; e, quando retornava, encontrava tudo no mesmo estado.

O LEITO

Com seu senso do concreto, conscientes que estavam, por outro lado, de viver em um mundo pobre, onde todo objeto tinha seu valor, os homens da Idade Média eram fascinados, parece, pelos utensílios domésticos. Muitos escritores não desdenharam celebrar os *oustillemens d'ostel* em versos ainda mais do que em prosa, em língua vulgar mais frequentemente que em latim. Não bastava que um palácio fosse bem construído, era preciso ainda que fosse bem "guarnecido". Ora, entre todos os objetos enumerados, é o leito que retorna com mais frequência e ocupa o primeiro lugar.

A cama figura no seio dos magros apetrechos que deve possuir, segundo Guillaume Coquillart, mesmo um homem "pobre e miserável: Não tem bens senão uma cama, uma mesa,/ Um banco, um jarro, uma vasilha de sal,/ Cinco ou seis copos de má qualidade,/ Um caldeirão onde possa cozinhar".

Igualmente para a *povre filleresse* [pobre fiandeira] do *Ménagier de Paris.* Um reflexo idêntico guia a redação dos manuais de conversação destinados à aprendizagem do inglês por um francês, ou inversamente:

Ores vous convient avoir lits:	*Now muste ye have bedde:*
lyts de plummes;	*beddes of fetheris;*
pour les povres suz gesir,	*for the poure to lye on,*
lyts de bourre;	*beddes of flockes;*
sarges, tapites,	*sarges, tapytes,*
kieultes pyntes	*quilted painted*
pour les lits couvrir;	*for the beddes to covere;*
couvertoyrs ainsi;	*coverlettes also;*
bankers qui sont beaulx;	*bankers that ben fayr;*
dessoubs le lit ung calys,	*under the bedde a chalon,*
*estrein dedens.**	*strawe therin.*

É pelo leito e seus acessórios que começa a balada que Eustache Deschamps compôs "para os recém-casados": "Precisais para vossa casa,/ Entre vós, moradores novos,/ Colchões, coxins, camas e palha".

(*) Agora precisais de leitos:/leitos de plumas;/para os pobres se deitarem,/leitos de felpa;/sarjas, tapeçarias,/colchas pintadas/para os leitos cobrir;/cobertores também;/belas banquetas;/sob o leito um vaso,/com palha dentro. (N.T.)

Em um de seus discursos, pronunciado em 1453, Jean Juvénal des Ursins, para ilustrar o fardo quase intolerável dos impostos reais, retém este exemplo: "Se um pobre homem só tem um leito para ele, sua mulher e seus filhos, ele será tomado e nisso não haverá justiça, *si non sic volo sic jubeo, sic pro racione voluntas*".

Em 1539, Gilles Corrozet, em seus *Blasons domestiques*, empreende a calorosa celebração do leito, após a do quarto e antes das da cadeira, do banco, da mesa, do aparador, da arca e do escabelo. E isso em termos que traduzem seu valor quase mítico: o leito é não só "delicado, macio", não apenas é o "adorno dos quartos", mas também, puro de toda dimensão erótica, é o "leito de honra", casta e pudica testemunha da santa união conjugal.

A cama é praticamente o único móvel que vemos legado por testamento a um fiel servidor, a um parente necessitado, a um asilo.

No final do século XV, em Quercy, o leito nupcial entra regularmente na composição do dote das filhas, por um valor de oito a dez escudos de ouro.

Viajantes estrangeiros, como Beatis, não deixaram de apreciar, nos albergues, o leito francês, mesmo posicionando-o sensivelmente abaixo do leito alemão (essa maravilha desprovida de insetos) e até abaixo da cama flamenga. É verdade que, desde o século XIII, textos literários gabam os *soefs lits* [macios leitos] de pluma à moda francesa.

Enfim, existia para a cama um mercado de ocasião, assim como para os trajes. Frequentemente, aliás, as profissões de revendedores ou de *revenderesses* [revendedoras] de camas estavam associadas às de adeleiros ou de adeleiras.

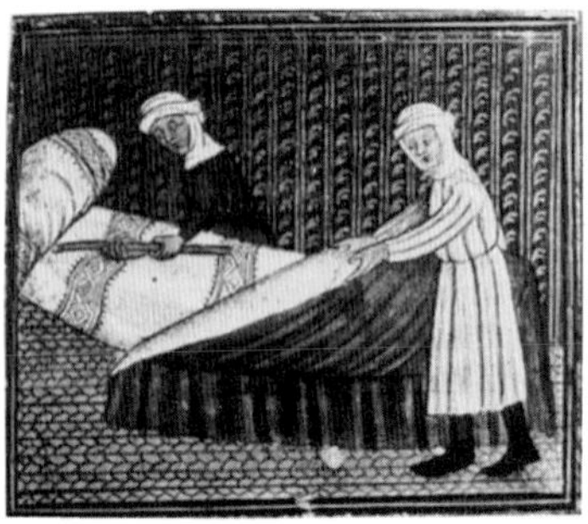

A maneira de arrumar as camas no século XIV. Supõe-se que a miniatura ilustre os versos da La pélerinage de vie humaine, *de Guillaume de Digulleville:* "Celle au baston qui rafasoit/Les lis et blanc dras y mettoit/Et as compaigne au gambeson/Chantoit une telle chançon..." [*A (mulher) do bastão que refez/O leito e colocou o lençol branco/E sua companheira de* gambeson *(espécie de traje estofado)/Cantou uma tal canção...*]. *(Paris, Biblioteca Sainte-Geneviève, ms 1130.)*

Como sugerem alguns dos textos que acabam de ser citados, o que se pode chamar o "leito completo", representado em inúmeras obras de arte, compreende três elementos: a armação da cama; a cama propriamente dita; enfim, o conjunto dos tecidos que, dispostos sobre e ao redor do leito, permitem àquele que dorme, se assim o desejar, isolar-se, protegendo-se dos olhares, da luz e das correntes de ar.

O termo habitual para designar a armação da cama, ainda em uso hoje, é o de estrado, mas fala-se também de *couche* [cama] e de *couchette* [caminha]. Mais frequentemente de carvalho, por vezes de pinho, o estrado era habitualmente guarnecido de um fundo de tábua (*lectum de tabulis*, em certos textos em latim). Tal era, parece, o estrado "orlado", do qual se distingue o estrado "cordeado" (*lectum cordegii, lectum cordelhium*), como é encontrado na Santa Casa de Paris, entre as dominicanas de Poissy e no castelo de Angers no tempo do rei René. Instaladas por esteireiros ou por cordoeiros, retesadas periodicamente, essas cordas, talvez entrecruzadas, desempenhavam sensivelmente o mesmo papel de nossos atuais estrados de lona. Entretanto, encontram-se também leitos ao mesmo tempo orlados e cordeados.

Estrados eram suficientemente elevados acima do solo para que fosse possível introduzir embaixo pequenas camas, que eram reti-

Graduel *de Saint-Dié, fim do século XV. A Natividade. Grande leito com dossel, mas as cobertas parecem comuns. Tina, balde, berço, escabelo: um mobiliário simples mas bem cuidado. (Biblioteca de Saint-Dié, ms 74.)*

radas em caso de necessidade. "Uma caminha que está embaixo do leito": a menção se encontra, por exemplo, no inventário da casa de Rouen de Hugues Aubert, um associado de Jacques Coeur (1453). Camas pequenas eram providas de rodinhas, o que facilitava ainda mais seu deslocamento: "carrocinha, caminha rolante, estrado com rodas, caminha com rodas, caminha baixa com rodinhas, que se empurram para debaixo dos leitos".

Outros estrados podiam ser desmontados, ou mesmo dobrados (graças a dobradiças?), e portanto servir, por exemplo, na guerra, para neles se instalar uma cama de campanha.

Certos estrados, mas não todos, eram munidos de pilares, de colunas, de montantes, em suma, de um madeiramento completado por vergas de ferro e destinado a sustentar o baldaquino, essa grande inovação dos meados da Idade Média (século XIII) que deu origem ao leito de aparato e também ao *lit de justice*, pelo qual se deve entender um trono, uma "cadeira" encimada por um dossel.

Os estrados eram frequentemente elevados a tal ponto que, para subir na cama, era preciso recorrer ao serviço de um estribo de madeira, por vezes recoberto de tecido. Em Ménitré, solar campestre do rei René, um inventário menciona no quarto do rei "duas arcas longas de madeira servindo de estribo, fixadas por duas chavetas cada uma, e um estribo no chão da ruela do dito leito". Com efeito, desde o século XVII, pelo menos, os termos "viela" e sobretudo "ruela" eram usados para designar esse intervalo entre a cama e a parede, e que devia ter, no século XVII, o destino literário que se conhece.

No ou sobre o estrado, amontoava-se palha, o *estrain* [leito de palha], *fuerre* [feno], o que constituía no sentido estrito uma enxerga ou, como se dizia por vezes, um *chutrin*. À enxerga acrescenta-se (mas nem sempre) o colchão propriamente dito, chamado no mais das vezes *coute*, *couette* ou *coetis*. Fabricado em cotil de Caen, de Lunel ou da Bretanha, em tela dita de espojadouro, em fustão, em tecido de lã, até de seda, por vezes recoberto por uma fronha, o colchão encerrava restos de palha (*poussière*, *balosse*), casca de aveia, felpa de lã, ou então, o que era nitidamente mais apreciado, pluma e, melhor ainda, penugem. Ao lado dos *matheras* [colchões] de lã, assinalam-se, sobretudo no Sul da França, colchões de algodão.

Um leito compreendia ainda um ou vários coxins ou então um rolo de cama (*traversier*, *traverslit*); um ou vários travesseiros, muitas vezes enchidos com penugem; um par de lençóis (*linceuls*) de qualidade variável (linho ou cânhamo, ou mesmo estopa, tecidos de *brin* e de *reparon*, isto é, de tela grosseira); uma coberta de lençol, que podia ser forrada de peles preciosas ou ordinárias; e uma colcha-edredom, à qual devem corresponder os termos *coustepointe* e *lodier*.

Quanto aos tecidos em volta e acima do leito, podiam estar dispostos em forma de *tenda*, de *pavilhão*, de *tarrafa* (no sentido de rede), de meio dossel ou de dossel. No século XV, mais que no XIV, muitos leitos são munidos de dossel, *dossiel* (*ou dossier*), mais três cortinas ou *custodes* fixadas a vergas de ferro. Os tecidos empregados são a tela, a sarja, a casimira de lã ou de seda, a tapeçaria, até a lã forrada de peles.

Existia, com efeito, toda uma hierarquia de leitos. E em primeiro lugar em função de suas dimensões: assinalam-se leitos de um festo e meio de largura, de dois festos, e até de três festos, tendo então as cobertas e os lençóis que servem a esses leitos, em geral, um meio festo a mais. Em seguida, em função da natureza do colchão, do número e da qualidade dos lençóis e das cobertas, da presença ou não de um travesseiro, além do coxim ou do rolo de cama. Em terceiro lugar, em função do estrado: alguns leitos não os possuíam; para outros, tratava-se de uma armação rudimentar; para outros, ao contrário, de um móvel esculpido com cuidado. Enfim, certos leitos tinham um dossel e cortinas, enquanto outros, segundo o testemunho das contas, dos inventários, assim como das miniaturas, eram totalmente desprovidos deles. Daí preços de avaliação extremamente variáveis, indo, para um leito, de alguns soldos a várias dezenas de libras. No final do século XV, em Paris, um leito de sessenta soldos parísis (três libras) era considerado como dos mais ordinários.

É preciso deixar à parte as camas ascéticas dos mosteiros que permaneceram fiéis ao espírito de pobreza e de penitência. Nesse caso,

Dormitório de religiosas, segundo uma miniatura de um manuscrito das Chroniques de Hainaut, *século XV. O espaço foi cuidadosamente dividido em pequenas alcovas, cada uma separada por um tabique de madeira. (Paris, Biblioteca Nacional, ms fr. 20 128.)*

estrados muito simples, nenhuma cortina, e sobretudo nada de lençóis e, no lugar do macio e quente colchão de penugem, rudes enxergas ou colchões de *bourre lanissee* [felpa lanosa] que passam por ser desconfortáveis. Em estadia na Grande Chartreuse em 1517, Beatis deplora que ele e seu mestre, o cardeal de Aragon, tenham tido de dormir "em pequenos leitos de palha sem lençóis, tendo por cobertas grosseiras peles de carneiro". Voltando da Cruzada, Luís IX, por espírito de mortificação, renunciou a dormir em um leito de plumas e se contentou com uma tábua recoberta por um fino colchão de algodão.

Leitos monásticos podiam ter bela aparência mesmo permanecendo austeros. Como no dormitório do priorado de Poissy. As religiosas, escreve Christine de Pisan, ali dormem vestidas, sem lençóis, sobre um colchão de felpa e não sobre um colchão de pluma, o que não impede seu leito de ser recoberto por uma elegante tapeçaria: *"Si ne vestent chemises, et sens langes/ Gisent de nui, n'ont pas coutes a franges/ Mais materas/ Qui sont couvers de beaulz tapis d'Arras/ Bien ordonnez, mais ce n'est que baras/ Car ilz sont durs et emplis de bourras,/ Et la vestues/ Gisent de nuit celles dames rendues/ Qui se lievent ou elles sont batues/ À matines* [...]" [Não usavam camisetas ou roupas de baixo e suas camas não tinham *coutes* com babados, mas *materas* recobertos de belas tapeçarias de Arras, muito benfeitas, o que não passava de decoração, pois (os colchões) são duros e recheados de felpa].

Em meados do século XIV, nos leprosários e nas santas casas da diocese de Paris, um leito de doente não comportava, parece, nem estrado nem cortinas, mas apenas um colchão, um travesseiro, um par de lençóis e uma coberta. Outros estabelecimentos hospitalares se mostravam mais generosos, ou mais judiciosos, prevendo duas cobertas no verão e três no inverno.

Para os mineiros da mina de Cosne, no Lyonnais, empregados por Jacques Coeur, o inventário estabelecido por ocasião do processo (1453) menciona dois tipos de leitos: o primeiro se compõe de um colchão e de um coxim de pluma, de dois lençóis e de duas cobertas; o segundo se limita a um colchão de palha e a uma única coberta. Em um caso, a avaliação é de vinte, trinta ou quarenta soldos; no outro, de dez soldos, e até menos. De qualquer maneira, nem armação de cama nem cortina.

Uma célebre miniatura de Jean Bourdichon representa um mendigo — símbolo da pobreza — em seu leito: um par de lençóis em frangalhos, uma enxerga depositada em um leito com grade, uma grosseira coberta esburacada de onde escapam duas pernas, uma enfaixada, a outra apertada em um calção rasgado...

No fim do século XV, o cozinheiro do bispo de Senlis estava sem dúvida mais bem aquinhoado, com seu leito de cotil de tela, seu rolo de cama de pluma, seu par de lençóis, seu acolchoado e sua coberta de droguete cinza (tudo avaliado em quarenta soldos parísis).

Em 1403, Colin Doulle, de Conches, na Normandia, executado por seus "deméritos", deixa "um leito, isto é, colchão e rolo de cama forrados de felpa, um velho cobertor gasto de lã arruivada, e dois pares de lençóis de estopa". O todo, vendido em leilão, renderá quarenta soldos torneses.

Boa burguesa de Paris, viúva de um barbeiro do rei, Perrette La Havée, por volta de 1460, dispunha de um leito nitidamente mais imponente, de inspiração, se não de estilo, senhorial. Os lençóis eram de linho, o travesseiro de pluma, o colchão e o coxim de cotil de Flandres, e sobretudo um dossel, uma cabeceira e duas cortinas de tela vinham envolver essa vasta cama de 1,80 por 2,10 metros. A avaliação do conjunto eleva-se, desta vez, a oito libras, seis soldos e oito denários parísis.*

Um grau a mais na magnificência: no "quarto longo" do castelo de Thouars, onde acabava de morrer, em 1470, Louis d'Amboise, visconde de Thouars, encontram-se, por ocasião do inventário póstumo, um grande estrado com estribo, com colchão, rolo de cama, tecido branco, edredom, coberta e "*garniture*" [guarnição]; e também um dossel de tapeçaria com folhagem, mais um "*entredeux*"

(*) Na época tratada, 4 libras parísis = 5 libras tornesas. Mesma relação para os soldos e os denários.

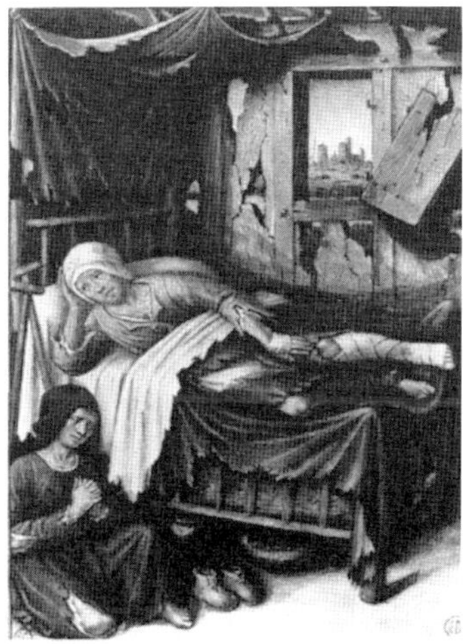

O leito do pobre segundo Jean Bourdichon, fim do século XV. Tapeçaria em farrapos. Buracos no teto, nas paredes. Resignação e devoção.

Roman de Tristan, *fim do século XV. O leito do rico agonizante. Tecido suntuoso, o mesmo para a colcha, o* dossiel, *o dossel. Belo exemplo de cadeira, perto da cabeceira da cama, à sua direita. (Chantilly, Museu Condé, ms 404.)*

(em outras palavras, um *tresdos*, um encosto) e três cortinas de tela azul. Mesmos tecidos, mesma decoração para a caminha adjacente, também ela provida de um dossel. Há ainda um pequeno leito, "*coulant*" [corrediço] sob o grande. Enfim, na parede, cinco peças de tapeçaria estão estendidas, formando com as tapeçarias dos dois leitos um conjunto perfeitamente homogêneo.

De fato, na segunda metade da Idade Média (os primeiros exemplos comprobatórios a esse respeito remontam ao século XIII), o dossel, as cortinas, o encosto, a colcha e as tapeçarias murais podiam constituir uma ornamentação harmoniosa. Tal era o "quarto" que, sem muitos problemas, montava-se e desmontava-se, colocava-se em uma arca, amontoava-se nos armários ou nas alcovas, e, desbotado ou

Miniatura ornamentando o manuscrito do Livre de vie active de maistre Jehan Henry sur le fait des offices d'iceluy hostel Dieu, *século XV. Leito dos doentes, em uma das salas da Santa Casa de Paris. (Paris, Arquivos da Assistência Pública.)*

fora de moda, acabava em algum celeiro. Decoração móvel, portátil, em perfeita harmonia com os usos do tempo que, entre os grandes, autorizavam ou impunham os deslocamentos incessantes.

Quartos de um luxo inaudito foram talhados, tecidos, fabricados nos séculos XIV e XV. Entre a profusão de exemplos fornecidos pelos documentos, sobretudo contábeis, aqui nos limitaremos a mencionar o quarto, que não está entre os mais extravagantes, do qual Catarina de Borgonha se fez acompanhar, em 1393, quando entrou por seu casamento na família Habsburgo:

> Um quarto de cetim azul trabalhado de bordado com cinco círculos com as armas de *mademoiselle* d'Osteriche, guarnecido de baldaquino, de encosto, de coberta em ponta, de cortinas de seda, de dez almofadas do mesmo tipo, trabalhadas de bordado com as armas da dita donzela, também guarnecido o dito quarto de uma coberta de leito com trabalho de alta trama, de quatro tapetes para estender pelas paredes, de uma coberta de colchão, de uma coberta de banco e almofadas de lã, com as armas como acima, e de três apoios de pé [no sentido, aqui, de tapetinho de cama] para colocar em torno do leito e de uma coberta de lã azul forrada de delicado *petigris*.

Não é preciso dizer que um quarto tão faustoso, tão completo, representava a exceção. Estatisticamente, um caso raríssimo. Mas um caso que serviu de modelo, de referência. Em consequência de um fenômeno clássico de difusão, interiores simplesmente burgueses levavam a marca de uma inegável preocupação decorativa, por meio de tapeçarias, de *tapis velus* [tapetes aveludados] (na parede, sobre os móveis e mesmo no chão), de telas e de sarjas, de cortinas em torno do leito, ou mesmo nas janelas, de *carreaux* [almofadas] e de capas revestindo os bancos (*banquiers*). É o caso do quarto onde morreu em Paris, em 1438, Pierre Cardonnel, cônego de Notre-Dame. Os dois leitos que nele se encontram estão recobertos por uma colcha branca bordada, tendo o do defunto, além disso, um dossel, um encosto e três cortinas de tela branca. Na parede, três sarjas rubras, uma das quais ornada no centro por um cervo branco e semeada de rosas brancas. Uma decoração branca e vermelha que, quando foi instalada, não devia fazer mau efeito.

Apesar de tudo, é preciso imaginar uma grande maioria de leitos desprovidos de tapeçarias, mesmo modestas, e até de estrados: *meschantes couchetes, paillasses a meschine* [medíocres caminhas, enxergas de criada], que eram colocadas diretamente no solo ou sobre tábuas sumariamente reunidas, cobertas remendadas, gastas até o fio, muito finas ou muito pouco numerosas para realmente aquecer.

O número de leitos de uma moradia era naturalmente em função de seu tamanho, dos recursos de seus ocupantes, da importância da domesticidade. Isso podia ir de uma só cama a várias dezenas. Com suas múltiplas construções, o estabelecimento mineiro de Jacques Coeur, em Cosne, compreendia uns cinquenta leitos, sem que infelizmente se conheçam os efetivos dos empregados e dos trabalhadores aos quais estavam destinados. No castelo de Madic, no final do século XV, contavam-se 31 leitos, mais 35 caminhas. Interrogado pelo procurador Dauvet, o *despensier* [administrador] de Jacques Coeur declara que a "grande casa [de Bourges contava] cerca de quinze ou dezesseis leitos ou camas, entre os quais havia leitos grandes que eram belos e bons". Datado de 1525, o inventário póstumo de Pierre Legendre, tesoureiro da França, enumera uma vintena de leitos, metade camas e metade caminhas, dispersos, em geral dois a dois (uma cama mais uma caminha) nos quartos e nas alcovas de seu palácio parisiense da rue des

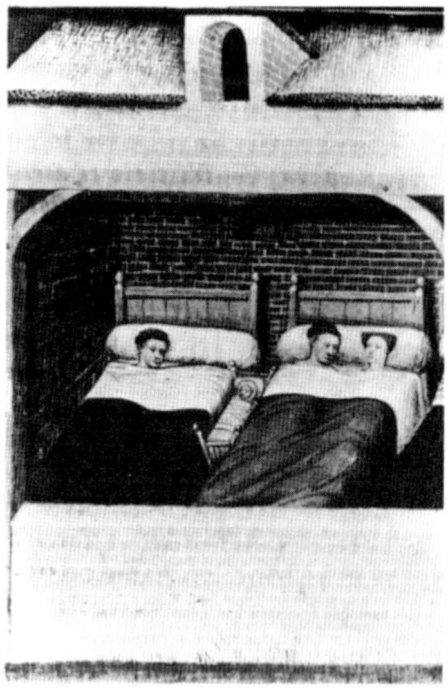

Tradução francesa do Decameron *de Boccaccio, século XV. Leitos comuns. (Paris, Biblioteca Nacional, ms fr. 239.)*

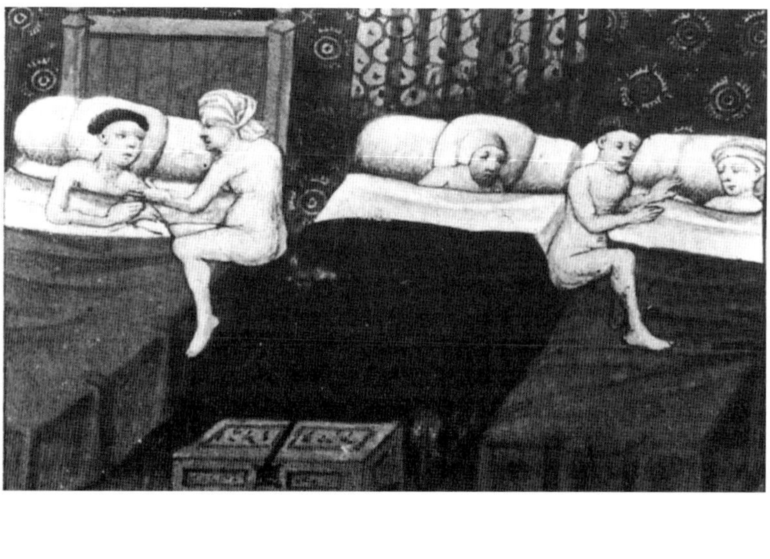

Tradução francesa do Decameron *de Boccaccio. Quarto de dormir. (Paris, Biblioteca do Arsenal, ms 5070.)*

Bourdonnais. No campo, seu solar de Alincourt tinha uns trinta deles, o de Garennes quase vinte. Pierre Legendre, em suas três principais residências (possuía outras, mas quase vazias), dispunha assim de quase setenta acomodações, sem contar as armações de cama que, na falta de colchão, não podiam servir sem arranjos. Em 1542, o castelo de Thouars, com suas quarenta peças, contava mais ou menos o mesmo número de leitos, incluindo-se aí dois berços no quarto das amas de leite e várias camas de campanha.

Não que se tenha normalmente dormido em todas as peças. Não falemos dos porões, das adegas, dos celeiros, das galerias, dos sótãos. Mas, salvo raras exceções, não havia leito na cozinha, nem na despensa, nem no escritório comercial, nem na sala de estudo, nem, sobretudo, na sala. Os leitos se encontravam nos quartos (falava-se, mesmo eventualmente, em *quartos de dormir*) e em seus anexos (alcovas, ou retiros), e também em certas peças de serviço, sobretudo as estrebarias, talvez para evitar o roubo dos cavalos.

Admite-se geralmente que na Idade Média um único leito podia abrigar não apenas, como é justo, um casal, mas também seus filhos, pequenos ou nem tanto, ou ainda vários irmãos e irmãs, vários amigos, criados a serviço de um mesmo senhor, estranhos levados a partilhar um quarto, ao acaso da existência. Essa visão não é inexata: guerreiros, estudantes, doentes, pobres dormindo vários no mesmo leito, disso dão testemunho amplamente a documentação tanto escrita quanto iconográfica. E o grande leito não apenas matrimonial, mas familiar, não é um mito (miniatura do livro de horas de Jeanne de France). Observemos, apesar de tudo, que existia a preocupação de evitar esse tipo de promiscuidade, por razões de conforto, de higiene, mas sobretudo de moral. Em seu tratado contra a luxúria, Jean Gerson escreve: "Aprouvesse a Deus que fosse costume na França que as crianças dormissem sozinhas em pequenos leitos, tanto se fossem irmãos juntos ou irmãs ou outros, como em Flandres é o costume". A norma do leito individual era respeitada na maior parte dos mosteiros, e mesmo em certos colégios. Havia preocupação com isso nos hospitais, como na Santa Casa de Paris, onde as irmãs deploravam ser obrigadas a deitar as "crianças pequenas, tanto meninas quanto meninos, juntos em vários leitos perigosos, e sobre os quais permaneciam outros doentes de doença contagiosa, porque não há lugar nem leitos particulares para essas crianças, mas dormem seis, oito, nove, dez e doze em um leito, tanto na cabeceira como nos pés".

No mesmo estabelecimento, era prescrito acomodar, na medida do possível, "os doentes graves cada um sozinho em um leito".

Significa dizer que dormir em vários era muitas vezes considerado como o resultado da simples penúria. Todos aqueles que o podiam desejavam estar a sós em seu leito, ou ao menos ali não repousar senão com a pessoa de sua escolha.

Em compensação, não se desejava necessariamente, à noite, separar-se de seu criado ou de seu camareiro, de sua camareira, de sua criada de retiro ou de sua criada de quarto. Ou esses criados íntimos dormiam em uma caminha, no próprio quarto de seu senhor, ou então se instalavam na alcova contígua, ou, ainda, vários ocupavam um quarto imediatamente vizinho. Tal castelo, por exemplo, contém, logo após o quarto da senhora, o das "moças da senhora" (Madic). E no castelo de Rouen, em 1436: "Naquele pequeno quarto dormem as donzelas da mulher do dito capitão". Antonio de Beatis observa que na Picardia, à diferença da Alemanha, onde se amontoa o máximo de leitos, os quartos das hospedadas compreendem apenas um leito para o senhor e um para o criado. Commynes lembra em suas memórias que lhe aconteceu, enquanto camareiro do duque Charles de Borgonha, dormir no quarto deste último. O favorito de um rei, de um grande, era precisamente aquele que partilhava o seu quarto regularmente. E, no *Ménagier de Paris*, o bom sábio recomenda à sua esposa: "Se tendes vossas moças ou camareiras de quinze a vinte anos, porque em tal idade elas são tolas e quase não têm visão do mundo, fazei-as dormir perto de vós em alcova ou quarto, evidentemente onde não haja lucarna nem janela baixa para a sua rua".

O que dá a entender que essa dependência contínua não agradava a todos os criados e que, por seu lado, os senhores, mantendo-os constantemente na proximidade, procuravam tanto exercer seu controle moral quanto dispor de uma presença e de um serviço de todos os instantes.

Acrescentemos que obras de ficção, como as *Cent nouvelles nouvelles*, mostram bem essa coabitação permanente dos senhores e de sua família, de seus "privados servidores". É verdade que o senhor, chegado o momento, podia afastá-los por algum tempo e reencontrar sua intimidade ao abrigo das cortinas puxadas de seu leito.

Heures de Louis de Laval, *fim do século XV. Em um banco, um casal em volta da chaminé, na intimidade do quarto ou da sala. (Paris, Biblioteca Nacional, ms lat. 920.)*

O APARATO E O RETIRO

Textos da época se comprazem em apresentar a casa como um mundo bem fechado, no interior do qual pode afirmar-se sem restrições, com toda a *franqueza*, a autoridade quase senhorial do *chefe da casa*. O *Ménagier de Paris* recomenda, ao término do dia, após a extinção dos fogos, fechar cuidadosamente as portas externas e entregar as chaves a uma pessoa de confiança — dama Agnès, a beguina, ou então Jean, o despenseiro — "a fim de que ninguém sem licença entre nem saia". Alain Chartier, para dissuadir seus contemporâneos de se transformar em *curiaux* [cortesãos], afirma que nada equivale à vida independente em sua própria *casinha*: "Desde que tua portinha é fechada, aí não entra ninguém que não te agrade". "A casa é segura, mas fechemo-la", escreve François Villon.

Entretanto, o espaço interno da casa, sobretudo a partir de um certo nível, não se apresenta como um todo homogêneo, indiferenciado. Polos de vida social ou privada, de atividade doméstica ou profissional aí se podem discernir. Há primeiramente os lugares aquecidos e os lugares não aquecidos (ou, o que é a mesma coisa, aquecíveis e não aquecíveis). Entre os primeiros, naturalmente, a cozinha, e também o quarto do senhor, e depois, de maneira menos sistemática, menos regular, outros quartos, assim como a sala. Pensemos também nas salas aquecidas dos mosteiros. Na Alemanha, peças eram aquecidas permanentemente, no inverno (*Stube*, aquecedores, fogareiros), como o assinala uma passagem do *Livre de la description des pays*, de Gilles le Bouvier, dito o Arauto Berry (meados do século XV):

> Para o frio que faz na Alemanha no inverno, eles têm fogareiros que aquecem de tal maneira que ficam aquecidamente em seus quartos, e no inverno os homens de ofício ali fazem seu trabalho e ali mantêm suas mulheres e seus filhos, e não falta lenha para aquecê-los. E os nobres e homens de guerra e outras pessoas ociosas ali ficam igualmente a jogar, cantar, beber e comer, e passar o tempo, pois eles não têm nenhuma chaminé.

O comentário de Gilles le Bouvier sugere que a prática era bastante diferente na França: não poucas chaminés, acesas sem dúvida intermitentemente, mas capazes de reaquecer os quartos quando se vinha do exterior, transido do frio e encharcado de chuva, e também uma menor concentração da família. Contudo, o aquecedor não era desconhecido, em todo caso no Leste da França (Provença, Savoia, condado da Borgonha); além disso, no século XV, ele foi deliberadamente introduzido em outras partes, como nas minas de Jacques Coeur e em certos castelos do rei René, que para isso apelou a especialistas vindos da Alemanha.

Inversamente, entre as peças que, salvo exceção, não eram aquecidas, encontram-se a despensa, a oficina, o balcão, a sala de estudo e a capela. Georges de La Trémoille, em 1475, quando empreende construir para suas orações privadas um oratório em seu castelo de Rochefort-sur-Loire, prevê um *petit chaufepié* [pequeno esquenta-pé] para completar o conforto dessa peça inteiramente lambrisada.

Acrescentemos que se recorria também às escalfetas, aos braseiros facilmente transportáveis de peça em peça, ao sabor das necessidades: *speyrogadoria* na Provença, *fouiers* ou *fouieres* de ferro ou de bronze no Norte da França.

Outra distinção, aliás no simples prolongamento de um uso anterior: a sala, oposta ao quarto. Uma evolução, apesar de tudo, então se desenha. A sala, a despeito de suas dimensões, de sua ornamentação (pensemos nas salas dos valentes e das valentes, no castelo de Coucy, celebradas por Antoine Astesan), tem uma certa tendência a transformar-se em uma espécie de antecâmara. Digamos um *hall*, no sentido atual do termo, um vestíbulo. Mais uma vez aí, Alain Chartier pode servir-nos de guia quando escreve: "A sala de um grande príncipe está comumente infectada e aquecida pelo alento das pessoas, o porteiro

A família nobre vista por Jean Bourdichon, fim do século XV. Calma, conforto e luxo, nos trajes, nos móveis, nas travessas, nos jarros do aparador.

bate com sua varinha na cabeça daqueles que ali estão, uns ali entram à força de bater, e os outros se esforçam para ali resistir", esperando que enfim se abra *l'huis du retrait* [a porta do retiro] do príncipe.

Um primeiro remédio consistiu em desdobrar a sala. Houve a sala do comum e a grande sala, ou ainda a sala de baixo, desempenhando o papel de uma sala de espera, e a sala de cima, servindo, como já se dizia, à *recepção.* Mas, sobretudo, foi o próprio quarto que deu origem ao quarto propriamente dito (ou de retiro, ou de dormir) e ao quarto oficial, chamado quarto de aparato, ou de enfeite. Ali reinava, desocupado e majestoso, o leito de aparato. A recém-casada de uma das *Cent nouvelles nouvelles* penetra em primeiro lugar na "grande sala da morada" de seu marido, depois no "quarto de enfeite, bem forrado de bela tapeçaria", aquecido

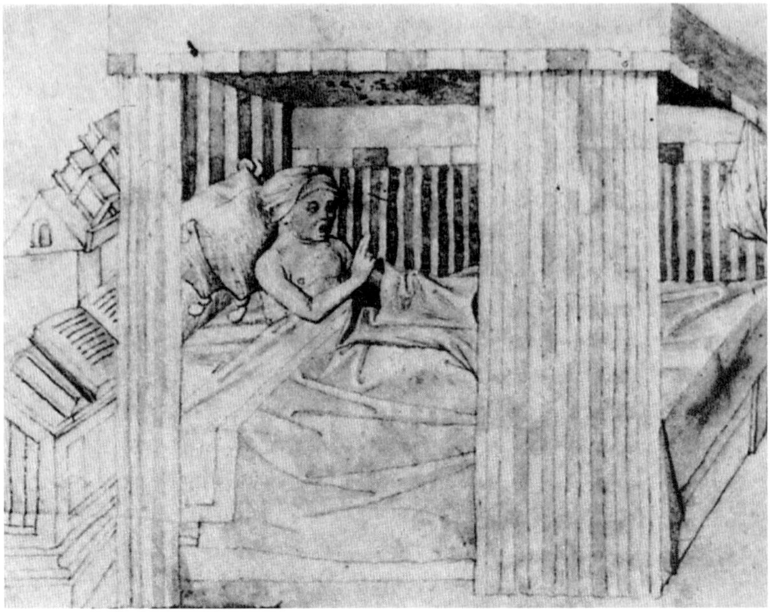

Le pélerinage de vie humaine *de Guillaume de Digulleville, século XV. O espaço privado do leito, no interior do espaço privado do quarto. (Paris, Biblioteca Nacional, ms 3520.)*

por "belo fogo grande", provido de uma "bela mesa coberta" onde a espera o "belo almoço", enquanto se oferece ao seu olhar o "belo bufê bem fornido de baixela".

O quarto de aparato é misto: é público, mas pertence também ao coração íntimo da casa; não é qualquer um que é admitido ali, onde se pode ali exibir sem risco suas riquezas, o luxo de sua prataria, a profusão de suas tapeçarias.

Pois o final da Idade Média é por excelência um tempo em que é tão necessário exibir sua magnificência quanto seu poder: daí a menção de cavalos de batalha de aparato, de espadas de aparato, de lençóis de aparato, de aparadores de aparato.

Enfim, terceiro polo da casa: o quarto do senhor, que se imaginará, à maneira de Gilles Corrozet, "muito claro e bem quadrado", ou ainda "bem apresentado e limpo, com tapeçarias, envidraçado, atapetado". "Belos quartos bem atapetados, envidraçados, guarnecidos de leitos, tapeçaria e outras coisas", escreve, por exemplo, Jean de Roye. Ou ainda, em Eustache Deschamps, esta evocação do perfeito conforto: "Quentes quartos atapetados de alto a baixo./ As portas fechadas, janela que não range".

No quarto, como o atestam os inventários, eram conservadas as joias e a prataria, os papéis mais importantes (contas, cartas de crédito e obrigações, cartas privadas) em uchas, aparadores, *écrins* [escrínios], arcas pequenas ou grandes, de carvalho, de cipreste, por vezes ferradas, mas sempre cuidadosamente fechadas à chave. Na vizinhança imediata, a sala de trabalho (por vezes chamada sala secreta), o *comptoir de retrait* [escritório de retiro], o oratório e, por certo, a alcova e o retiro, no sentido técnico do termo (com o inevitável orifício de latrina), eventualmente a sauna. Esse conjunto definia o espaço privado por excelência, o lugar onde se fazia o que bem se entendesse, onde se tinha distração (jogos de quarto), onde se cuidava do corpo e da alma, onde se escrevia: "*Or veult l'amant faire diz, balades,/ Lettres closes, segrectes ambaxades,/ Et se retrait/ Et s'enferme en chambre et retraict/ Pour escripre plus a l'aise et a traict*" [O amante quer contar histórias, cantar, redigir cartas sigilosas, realizar embaixadas secretas, e se retirar, fechar-se no quarto e escrever com mais conforto]. Assim rima Alain Chartier.

Normalmente esse espaço privado é comum ao casal, marido e mulher. No entanto, não esqueçamos que, segundo um modelo perfeitamente realizado no nível principesco ou real (como no palácio Saint-Pol, em Paris), a alta aristocracia distinguia frequentemente, em suas residências, o que quase se pode chamar, com o risco de um leve anacronismo, os "apartamentos" da dama e os "apartamentos" do senhor ou, em todo caso, destinava a cada um seu próprio quarto e sua própria alcova.

O SENTIDO DE UMA EVOLUÇÃO

Nas igrejas, uma multidão de capelas *privadas*, isoladas por um cercado de pedra ou de madeira ou por uma grade de ferro, providas de seu próprio mobiliário, de seu próprio *tesouro*, e destinadas a um indivíduo, a uma família, a uma confraria. Oratórios ora móveis — que as miniaturas representam ocupados por grandes orando à distância do grupo de seus cortesãos e de seus servidores —, ora permanentes, de pedra, com vista de cima para o altar e possibilidade de olhar a assistência sem ser percebido e de se eclipsar discretamente (oratórios de Luís XI, em Notre-Dame de Cléry e em Notre-Dame de Nantilly, em Saumur, de Jean Bourré no Plessis-Bourré). Bancos de igreja, apoios para os cotovelos e genuflexórios, até mesmo, em Flandres e em outras partes, com a distinção de um lado para os homens e de um lado para as mulheres.

Dits et faits mémorables *de Valère Máxime, século XV. A tina de banho, no quarto. Revestimentos de madeira, postigos, vigas no teto, asseio do leito. (Paris, Biblioteca Nacional, ms fr. 6185.)*

Em muitas cidades, locais destinados especialmente à reunião do conselho municipal (prefeitura, casa da cidade). Salas para a pela, até para a justa. Cercados para o tiro ao arco, à balestra, logo ao arcabuz. Um celeiro para a artilharia, uma torre para o relógio. Edifícios para uso exclusivamente universitário (sala das atas, biblioteca, como em Orléans). Verdadeiras salas de aula para os escolares (escola Saint Paul, em Londres, descrita por Erasmo, no começo do século XVI). Por vezes, uma biblioteca pública (como em Worcester e em Bristol, no século XV). Um local para os arquivos, como o Trésor des chartes, no palácio real da Cité, em Paris, ao norte da Sainte-

-Chapelle. Mercados providos de boxes e de bancas. Uma vontade manifesta de conter, de reter as prostitutas em um bairro, em uma rua, em uma casa pública. A vigilância das saunas comunitárias.

Para além de seu caráter díspar, esses diferentes dados caminham aparentemente em uma mesma direção, sobretudo se os aproximarmos da organização das mais belas mansões urbanas, dos castelos mais importantes e dos palácios mais prestigiosos. Uma tendência parece ter-se manifestado então, de um lado para fazer passar para o interior aquilo que outrora se desenrolava mais facilmente no exterior, ao ar livre, de outro lado para substituir espaços polivalentes, multifuncionais, por espaços dotados de uma destinação mais rigorosamente definida.

Um lugar para o jogo, um outro para o trabalho ou para a justiça, para a oração individual ou coletiva, para o ensino ou para a cultura, provisoriamente um lugar para o teatro. Assim se definiria no extremo final da Idade Média o ideal do espaço urbano. E não sem paralelismo com aquilo que os poderes desejavam para o conjunto do corpo social: mais hierarquia, segregação, um enquadramento mais estrito, uma vigilância mais estreita dos comportamentos.

O período dos séculos XII-XVI viu também a lenta emergência, tanto na cidade como no campo, de um habitat corrente de qualidade um pouco melhor. Talvez, paradoxalmente, os grandes distúrbios do fim da Idade Média tenham sido a condição necessária ao estabelecimento desse início de progresso. Por um movimento dialético, a vida privada, menos abandonada a si mesma por poderes públicos de bom grado mais intervencionistas, ia redescobrir sua respiração, suas dimensões, no interior de um "em casa" que se tornou mais acolhedor e mais protegido.

Progresso do individualismo? Talvez. A despeito de tudo, não esqueçamos que ainda na época da Renascença é o habitat coletivo que permanece mais apreciado, quer esse habitat seja destinado a comunidades de religiosos, de escolares, de doentes, de soldados, ou a indivíduos cujos poder, prestígio e riqueza se traduzem em primeiro lugar pela importância da humanidade que gravita permanentemente em torno deles.

P. C.

Heures de Bretagne, *século XV. Outro tipo de oratório. (Paris, Biblioteca Nacional, ms lat. 1159.)*

Heures de Marie de Bourgogne. *Tipo de oratório em uma igreja do século XV. A nobre dama senta-se em casa, seu cão nos joelhos, seu terço na proximidade, seu livro de horas aberto entre suas mãos. (Viena, Biblioteca Nacional, Cod. 1857.)*

A EMERGÊNCIA DO INDIVÍDUO

A SOLIDÃO NOS SÉCULOS XI-XIII

O DESEJO DE ESTAR SÓ: PROMISCUIDADE NECESSÁRIA

Proximidade, promiscuidade, por vezes multidão — na época feudal, o espaço, com efeito, jamais estava previsto, no interior das grandes moradas, para a solidão individual, senão no breve instante do trespasse, da grande passagem para o outro mundo. Quando as pessoas se arriscavam fora da clausura doméstica, era ainda em grupo. Todas as viagens eram feitas pelo menos em dupla, e se os companheiros não eram parentes, ligavam-se pelos ritos da fraternidade, constituindo, pela duração do deslocamento, uma família artificial. Desde que, por volta dos sete anos, considerados desde então como sexuados, os meninos da aristocracia saíam do universo das mulheres, eram lançados na aventura, mas permaneciam, e por toda a sua vida, no sentido mais forte do termo, englobados — se estavam destinados a servir a Deus, reunidos em uma escola, sob a condução de um mestre; senão, reunidos em uma equipe de estrutura semelhante, imitando os gestos de um patrono, seu novo pai, acompanhando-o quando deixava sua casa para defender seu direito pelas armas, pela palavra, ou para perseguir a caça na floresta. Terminado o aprendizado, os novos cavaleiros recebiam suas armas em grupo ainda, em enxame organizado como uma família, já que geralmente o filho do senhor era sagrado cavaleiro em companhia dos filhos dos vassalos. Eles não se deixavam mais, associados na glória ou na vergonha, respondendo uns pelos outros, oferecendo-se como reféns uns pelos outros. Seu bando, franqueado por uma criadagem e frequentemente por clérigos para as orações, corria de um torneio ao outro, de uma querela, de uma escaramuça à outra, indissociável, arvorando os sinais de sua coesão, cores ou um grito de reunião, o devotamento de todos esses camaradas a envolver o corpo de seu chefe em uma vestimenta indispensável de familiaridade doméstica: uma família itinerante. Assim, na sociedade feudal, o espaço privado aparece, na realidade, desdobrado, constituído de duas áreas distintas: uma fixa, em torno do lar, murada; a outra, deslocando-se no

O cavaleiro. Catedral de Bamberg, século XIII.

espaço público, não menos coerente, apresentando em seu seio as mesmas hierarquias, reunida pelos mesmos procedimentos de controle. No interior dessa célula móvel, a paz, a ordem encontravam-se mantidas da mesma maneira, por um poder de mesma natureza, cuja missão era organizar a defesa contra as agressões do poder público e que para isso erguia para o exterior um muro invisível tão sólido quanto a cerca da casa. Esse poder encerrava, retinha em seu interior os indivíduos, submetia-os à disciplina comum. Ele era coercitivo. E se vida privada significa segredo, esse segredo, necessariamente partilhado por todos os membros da família ampla, era frágil, logo descoberto; se vida privada significa independência, também essa independência era coletiva. A investigação deve, portanto, encerrar-se com esta pergunta: discerne-se, nos séculos XI e XII, no seio do privado coletivo, um privado pessoal?

A sociedade feudal era de estrutura tão granulosa, formada de grumos tão compactos que todo indivíduo que tentasse se libertar do estreito e muito abundante convívio que constituía então a *privacy*, isolar-se, erigir em torno de si sua própria clausura, encerrar-se em seu jardim fechado, era imediatamente objeto, seja de suspeita, seja de admiração, tido ou por contestador ou então por herói, em todo caso impelido para o domínio do "estranho", o qual, atentemos às palavras, era antítese do "privado". Quem se retirava a distância, com efeito, se não era deliberadamente para fazer o mal, estava destinado, a despeito de si mesmo, a fazê-lo inevitavelmente, por seu próprio isolamento que o tornava mais vulnerável aos ataques do Inimigo. Só se expunham desse modo os desencaminhados, os possuídos, os loucos: segundo a opinião comum, um dos sintomas da loucura era vaguear sozinho. Testemunha-o a atitude em relação aos homens e às mulheres sem escolta com quem se cruzava pelos caminhos: eles próprios se haviam oferecido como presa; tinha-se o direito de tomar-lhes tudo; em todo caso, era fazer obra pia reintroduzi-los, embora se irritassem, em uma comunidade, restabelecê-los à força no espaço ordenado, claro, gerido como apraz a Deus, dividido entre as cercas do privado e as áreas intersticiais, públicas, onde as pessoas se deslocam em cortejo. Isso explica o papel desempenhado, no vivido e no imaginário, por essa outra parte do mundo visível, as extensões incultas onde já não se encontram nem famílias nem casas, a charneca, a floresta, fora da lei, perigosas e sedutoras, locais dos encontros insólitos, onde quem se aventura sozinho arrisca-se a se encontrar a sós diante do homem selvagem ou da fada. Era nesses espaços da desordem, da angústia e do desejo que se considerava que os criminosos, os heréticos fossem buscar refúgio, ou então aqueles que a paixão transportava fora do senso, na desmedida. Como Tristão, arrastando Isolda culpada, mergulhando com ela na selvageria: sem pão, sem sal, andrajos, covis de ramagens. Mas quando o efeito do filtro, do "veneno" que os enlouquecera se dissipou, quando voltaram à razão, esta ordenou-lhes retornar à ordem, sair do estranho,

Fechadura do século XV. (Paris, Museu de Cluny.)

Chaves, por volta de 1340. Escavações de Dracy (Côte-d'Or).

isto é, do isolamento. A volta à cultura significou para eles retorno ao privado, à corte, isto é, à vida gregária.

No entanto, eles a isso retornaram renovados pela prova. Com efeito, atravessar, voluntariamente ou não, o perigo, a tribulação maior que era a solidão, parecia, para os mais fortes, para os eleitos, a ocasião de caminhar para o melhor. Foi assim que Godeliève, "desolada", abandonada pelo marido, privada de "companhia", mas resistindo pela graça divina às tentações, avançou passo a passo para a santidade. E aquele que escolhia livremente se atracar sozinho com os maus, que conseguia sair vencedor do encontro, ganhava um valor do qual se beneficiavam todos os da família da qual ele se afastara por um momento. Aí está o que ocorria ao vencedor triunfante de um único adversário em duelo, em combate *singular* na liça da batalha, ao pecador purgado de sua falta pelo isolamento penitencial, aos reclusos voluntários, como aqueles dois de Colônia dos quais se diz que "seu santo propósito de vida espalhava em toda a cidade o mais doce odor de boa reputação". Aí está o que ocorria aos heróis dos romances, cavaleiros errantes, mas que escapavam ao habitual porque em princípio vagavam solitários e não por loucura. Entretanto, se a literatura de evasão empenhava-se em retirar suas figuras exemplares do inevitável convívio, não era porque alguns começavam, no século XII, a considerá-lo por demais pesado? As pessoas não se abandonavam cada vez mais naturalmente, na boa sociedade a que, por necessidade, o presente estudo se limitou, ao sonho de evadir-se, enquanto o movimento geral da civilização levava irresistivelmente a libertar pouco a pouco a pessoa do gregarismo doméstico?

DESEJO DE AUTONOMIA

As marcas evidentes das conquistas de uma autonomia pessoal se multiplicam no decorrer do século XII, isto é, no momento em que se acelera a distensão da economia, em que o crescimento agrícola chega ao ponto, reanimando estradas, mercados, aldeias, de trans-

Sepultura de são Lázaro. Autun, século XII.

portar pouco a pouco para a cidade todos os sistemas de controle e os fermentos de vitalidade, em que a moeda começa a desempenhar no mais cotidiano da vida um papel capital, em que por toda parte se difunde o uso da palavra ganhar. É então que se descobrem, cada vez mais numerosas, menções de arcas ou de bolsas nos documentos de arquivos, restos de chaves nos canteiros de escavações, indícios de uma vontade manifesta de guardar para si bens naturalmente móveis, de poupar e de tornar-se, assim, menos dependente de seus familiares. Liberdade, espaço aberto aos empreendimentos individuais. Eles se manifestam no povo, na frente dos arroteamentos e entre esses subúrbios urbanos povoados de traficantes, de artesãos, alguns dos quais fazem rápida fortuna. Mas eles se manifestam não menos vivamente, não o esqueçamos, na classe dominante onde se veem fazer fortuna igualmente rápida certos clérigos que põem a serviço dos príncipes sua perícia administrativa, certos cavaleiros que acumulam denários a mancheias, na noite dos torneios, negociando suas presas. Tal movimento, a mobilização das iniciativas e das riquezas, suscitou a valorização progressiva da pessoa.

Ela se manifesta por inúmeros sinais. Assim, nas imagens que essa sociedade quis dar da perfeição humana. Parece que, por volta de 1125-1135, no pórtico de Saint-Lazare d'Autun, por exemplo, os entalhadores de imagens receberam dos idealizadores do programa iconográfico a instrução de se libertar das abstrações, de animar cada personagem com uma expressão pessoal; dez anos mais tarde, no pórtico real de Chartres, os lábios, os olhares se tornam realmente vivos; depois são os corpos que vemos, por sua vez, libertar-se do caráter hierático; enfim, muito mais tarde, no último terço do século XIII, uma nova etapa é transposta, decisiva, quando irrompe na escultura o retrato, a busca da semelhança. Essa evolução, na longa duração, dos procedimentos de figuração plástica aparece em perfeita sincronia com todas as mudanças que se podem observar em outros níveis do edifício cultural. No limiar do século XII opera-se, assim, na escola, a passagem da lição magistral ao "debate": uma justa, um duelo, um combate singular, duas pessoas em confronto que rivalizam entre si como no torneio. No mesmo momento, enquanto a vida penetra o rosto das estátuas-colunas, toma corpo, entre os sábios que meditam sobre o texto da Escritura, a ideia perturbadora de que a salvação não é alcançada apenas pela participação em ritos, numa passividade submissa, mas se "ganha" por uma transformação de si mesmo. É um convite à introspecção, à exploração da própria consciência, pois que a falta já não parece residir no ato mas na intenção, pois se considera que ela se refugia na intimidade da alma. Para o interior do ser, em um espaço privado que não tem mais nada de comunitário, transportam-se os procedimentos de regulação moral. Lava-se a mácula pela contrição, pelo desejo sobretudo de se renovar, por um

Pórtico real. Catedral de Chartres, por volta de 1145.

esforço sobre si, de razão, diz Abelardo, de amor, diz são Bernardo, ambos de acordo sobre a necessidade de uma emenda pessoal. Bastante paralelas se mostram as reflexões conduzidas nas escolas urbanas a propósito do casamento; elas fazem admitir pouco a pouco que a união conjugal é atada por consentimento mútuo, portanto que o compromisso pessoal de cada um dos dois cônjuges prevalece sobre a decisão tomada coletivamente no privado gregário pelos dirigentes das famílias. O florescimento da autobiografia, no começo do século XII, é um outro sintoma; por certo, um Abelardo, um Guibert de Nogent imitam modelos da Antiguidade; mas essas obras literárias afirmam com brilho a autonomia da pessoa, senhora de suas próprias lembranças, como o é de seu próprio pecúlio. O eu reivindica uma identidade no seio do grupo, o direito de deter um segredo, distinto do segredo coletivo. Não é indiferente que os heróis do embate espiritual, os santos, tenham sido muitas vezes celebrados por sua habilidade em dissimular sua intenção, esquivando assim as pressões hostis de seu círculo: a mentira como proteção de um privado mais íntimo, a mentira de são Simão subtraindo à vista de seus familiares o cilício oculto sob sua couraça, a mentira de santa Hildegonde mascarando sua feminilidade sob o hábito cisterciense.

Essa evolução coincide exatamente com a dissociação progressiva das grandes "famílias", atestada pelos textos e pela prospecção arqueológica, com o arranjo de emprego para os cavaleiros domésticos, a dissolução das comunidades de cônegos, isolando-se cada um em sua casa particular no interior do claustro catedral, com a multiplicação dos casamentos de caçulas na aristocracia. Ela coincide com os progressos de uma colonização intersticial às margens das antigas regiões aldeãs. Em todas as categorias do edifício social, a tendência contínua durante a época feudal foi para a fragmentação, a dispersão, a desbastação das células da vida privada. Tal movimento, no entanto, conduzia a individualizar famílias, não pessoas. Estas permaneceram por muito tempo prisioneiras. Para apreender até o seu termo, até a liberação do indivíduo, os progressos incertos da segmentação, é preciso concentrar novamente a atenção em dois setores estreitos da sociedade. Antes do século XIV, esses progressos não são claramente visíveis senão em dois níveis, o da instituição monástica e o dos sonhos e jogos da cavalaria.

ANACORETAS

A regra de são Bento se apresentava como uma "pequena regra para principiantes". Propunha a vida cenobítica a homens que não eram considerados bastante fortes ainda para as provas do anacoretismo. Mas ficava entendido que existia um grau superior de perfeição a que se chegava na solidão, ponto extremo da fuga fora do mundo carnal a que o monge era convidado, e a regra instituía as condições favoráveis aos primeiros passos na direção desse ideal. Na verdade, tratava-se menos de circunscrever espaços do que tempos que isolassem material e fisicamente a pessoa, a fim de que pudesse concentrar-se em si. Assim, pela obrigação do silêncio, experiência de retiro, de encerramento, o indivíduo rompendo as comunicações com o grupo, proposta como uma privação, mas também como projeto de uma ascensão espiritual. Sem dúvida, para esses principiantes que eram os monges beneditinos, a prova do silêncio sofria atenuações. Vivendo em comunidade, precisavam trocar mensagens, e para isso elaborara-se em Cluny uma complexa linguagem gestual. Por outro lado, a proibição de falar caía cotidianamente durante a reunião capitular e em certos dias, no claustro, após a hora da sesta; no verão, ela era retirada todos os dias depois da hora de noa e da distribuição de uma colação. Contudo, as conversações "privadas", como diziam os costumes clunisianos, eram suspensas nos tempos fortes da penitência, durante as quaresmas, enquanto se via exaltado o grande silêncio da noite, garantia, para são Bernardo, da mais alta elevação da alma. Ademais, uma parte dos tempos de silêncio era ocupada pela leitura individual, expressamente designada como "privada", outro exercício de recolhimento em si mesmo, diálogo místico com a Escritura, isto é, com Deus. Enfim, a regra de são Bento convidava a orações "privadas", intensas, breves, mas frequentes.

A bem dizer, a interpretação clunisiana do propósito beneditino conduzira a reduzir os momentos de autonomia individual em proveito da salmodia, o ato coletivo em que a comunidade se reunia mais estreitamente no uníssono do cantochão gregoriano. Entretanto, desde o começo do século XI, como resultado da descompartimentação do mundo e de uma incitação vinda das cristandades orientais, diante da concepção propriamente latina do monarquismo, a de Bento de Núrsia, uma outra concepção era proposta, gabando a solidão e concentrando o privado na pessoa. Propagado a partir da península italiana, o apelo à condução da luta contra o demônio, não mais na segurança da companhia, mas a sós, no pleno perigo, acabou por invadir o Ocidente inteiro nas últimas décadas do século XI. Tal desejo de atingir mais perfeição no deserto, no isolamento, levou Robert de Molesmes a afastar-se dos usos clunisianos. Ele fundou Cîteaux. Os cistercienses pretendiam retornar à letra das prescrições de são Bento; portanto, permaneceram fiéis ao princípio da vida comunitária. Quiseram, contudo, afastar-se mais dos tumultos do mundo, protegendo-se atrás de uma barreira mais estanque, essa auréola de solidão rude cuja integridade defenderam ciosamente em torno de cada abadia; além disso, exigiram ao menos do dirigente de cada equipe que levasse mais longe o retiro individual: dando o exemplo, o abade cisterciense isolava-se no tempo do maior perigo, à noite, em uma cela; ele escalava um degrau a mais na prova, sendo seu dever velar só, nos postos avançados. Os cisterciences ativeram-se a isso. Os cartuxos foram mais longe: não escolheram apenas retirar-se em um deserto mais escarpado, viver entre os animais selvagens, na montanha, espaço simbólico da ascensão espiritual; sua regra limitou para todos a vida comum a períodos muito curtos, alguns exercícios litúrgicos, algumas refeições festivas; fora desses episódios, cada religioso encerrado no silêncio de sua própria cabana devia orar e trabalhar como verdadeiro monge, isto é, sozinho.

A cartuxa representa a forma menos anárquica de uma aspiração à solidão, cuja vaga de assalto, nos anos que se seguiram à

O eremita e o cavaleiro. Ilustração do Roman de Perceval le Gallois, *século XIV. (Paris, Biblioteca Nacional, ms fr. 12 577.)*

conversão de são Bruno, foi fulgurante: por toda parte, mais numerosos talvez no Oeste da França, eremitas partiram para o retiro nas extensões selvagens. Triunfando sobre todos os obstáculos, superando as reticências episcopais, o propósito eremítico teve tal sucesso que se infiltrou no próprio cenobitismo. Muito expressiva com relação a isso é a atitude de Cluny, onde era muito firme a reserva no que diz respeito ao individualismo (Guillaume de Volpiano a denunciara como uma forma de orgulho: "o orgulho", dizia ele, "nasceu quando alguém disse que se manteria secreto e não se dignaria ver ou visitar seus irmãos"): no segundo quartel do século XII, um lugar foi ali institucionalmente arranjado para experiências limitadas de anacoretismo. Os mais avançados dos monges foram autorizados a estabelecer-se por um tempo em cabanas no meio dos bosques, à distância da abadia; o próprio abade Pierre, o Venerável, gostava de retirar-se por determinados períodos. Isolamento, portanto, mas escrupulosamente dosado na medida da força respectiva de cada um desses atletas da redenção, pois permanecia a inquietude. São Bernardo a exprimia, dirigindo-se, é verdade, a um ser mais frágil, uma religiosa, uma mulher: "O deserto, a sombra da floresta e a solidão dos silêncios oferecem em abundância a oportunidade de fazer o mal [...], o Tentador se aproxima em segurança". E para Elisabeth de Schönau: "Alguns amam a solidão menos pela esperança de uma colheita de boas obras que pela liberdade de sua própria vontade". Com efeito, onde determinar o limite entre o propósito dos eremitas tentados pela independência, como Adão, tomados pelo mesmo orgulho, e o desses contestadores resolutos que eram ditos heréticos, também eles fugindo para o deserto, levados pela esperança de um contato mais estreito, mais pessoal, com o Espírito?

CAVALEIROS ERRANTES

No último terço do século XII, nas narrativas oferecidas ao divertimento cavalheiresco e cuja oficina mais fecunda se situa então no Noroeste da França, o eremita desempenha um papel de primeiro plano, e por duas razões principais: porque a floresta é um dos dois lugares maiores da ação romanesca, o das provas da aventura, e o eremita tinha naturalmente, nessa época e nessa região, seu lugar em um cenário silvestre; e porque, sobretudo, as canções, os romances eram compostos para oferecer uma compensação onírica às frustrações que amadureciam no seio do privado feudal, do qual se sabe a que ponto comprimia as aspirações à liberdade da pessoa. Essas obras põem em cena no imaginário aquilo de que, na realidade, os homens jovens que constituíam a parte mais receptiva do auditório estavam privados, exaltando o desabrochar do indivíduo e celebrando sua liberação em relação a todas as coerções. Coerções da moral religiosa, e ali está o eremita, só, incontrolado, portador de um cristianismo pleno de indulgência e, sobretudo, subtraído à constrição dos rituais. Coerções da promiscuidade doméstica, e ali está o cavaleiro errante, solitário, levado só por seu desejo. Essa literatura informa portanto, em primeiro lugar, sobre aquilo que ela renega e propõe esquivar; mostra em negativo os poderes de sufocação do gregarismo doméstico. Mas o historiador não pode duvidar de que tenha aguçado a necessidade de intimidade, de que tenha ajudado a saciá-la ao apontar as fissuras pelas quais o indivíduo podia evadir-se, convidando cada um a seguir o exemplo de seus heróis. O historiador deve também considerar que, para ser cativante, a intriga romanesca não podia desprender-se totalmente da realidade, por conseguinte, que o ideal que ela alimentava não era inteiramente inacessível. Incontestavelmente, a sociedade cortês, como a sociedade monástica, atribuía cada vez mais valor à experiência individual e conferia-lhe os meios de se desenvolver.

Ilustração da Vie des Péres au désert, *século XV. (Paris, Biblioteca Nacional, ms fr 5216.)*

Cumprindo uma função pedagógica, a literatura cavalheiresca apelava à superação de si mesmo, propunha o itinerário de uma formação progressiva pela travessia de uma sequência de tribulações, progredindo a pessoa, por etapas, até a plenitude. Em paralelo com a mística cisterciense ou cartusiana, ela convidava o indivíduo a provar-se sozinho, passo a passo, no silêncio. A figura exemplar que ela projetava na frente da cena era então a do cavaleiro em marcha,

A floresta e a corte. Ilustração de Lancelot, *1274. (Paris, Biblioteca Nacional, ms fr. 342.)*

longe dos outros, no deserto selvagem, lugar do perigo, afrontando sozinho a mulher inquietante, a fada. Contudo, longe dos olhares, quem então ia julgá-lo, apreciar seu valor, conceder-lhe o prêmio? É por isso que a ação romanesca se desenvolve em cenas sucessivas diante de dois cenários opostos, um solitário, o outro superpovoado: a floresta, a corte. A literatura que utilizo é dita muito justamente cortês; ela expõe com predileção o silvestre, mas o mostra como um avesso, o contravalor do mundo real. Na realidade, a corte era o lugar dessa pedagogia da qual os romances constituíam um dos instrumentos, e o da promoção cavalheiresca; ali, sob o olhar do mestre, tratava-se de sobrepujar concorrentes; os cavaleiros viviam em comunidades privadas tão fechadas quanto as clunisianas, mas onde, para os caçulas que não podiam esperar herança, toda a dinâmica social se fundava na distinção. O que a literatura de evasão evoca por meio da imagem da floresta são os procedimentos de seleção pelos quais, no interior do grupo, alguns chegavam a distinguir-se. Destacando-se do rebanho em que estavam perdidos, indistintos, afirmando sua própria valentia por uma proeza individual assim como os heróis da santidade que a iconografia dos santuários dotava no mesmo momento de um rosto personalizado, eles haviam, vitoriosos, mas de uma vitória pública, notória, exibido sua façanha singular e colhido sozinhos a recompensa, também ela singular.

Proezas de armas, mas também proezas de amor. Convém avançar do lado do amor para alcançar aquilo que corresponde, na sociedade cavalheiresca, a esses alojamentos florestais onde certos monges clunisianos, em meados do século XII, faziam retiro longe da fraternidade, para chegar até o mais íntimo, ao espaço do privado pessoal conquistado sobre o território do privado coletivo. Na biografia que escreveu sobre Robert, o Piedoso, no começo do século XI, o monge Helgaud relata uma anedota, na qual Hugo Capeto lança de passagem seu manto sobre um casal que fornicava entre duas portas de seu palácio: o mais privado de todos, o ato sexual, escandaloso se não era noturno, devia, com efeito, necessariamente escapar aos olhares, dissimular-se na obscuridade, no encerramento. Refiro-me, porque as informações, nesse ponto, são raríssimas, aos depoimentos que fez diante do inquisidor a dama de Montaillou, Béatrice de Planissoles. Ela confessa ter sido violada, durante a vida de seu primeiro marido, de dia, mas em seu quarto, ao abrigo do tabique; que, viúva e livre em seu castelo, seu mordomo, uma tarde, ao cair da noite, a esperava, escondido sob a cama e, apagadas as lareiras, introduziu-se em seu leito furtivamente, enquanto ela punha ordem na casa, que ela gritou, chamando as criadas que "dormiam perto dela, em outras camas, em seu quarto" (nas trevas, a promiscuidade, como se vê, não era um obstáculo); que, casada de novo, cedeu a um padre, de dia, mas na adega, ficando uma criada na espreita; que, novamente viúva, atraiu para sua casa um outro padre, entregou-se a ele na entrada, perto da porta, à noite, e que, quando repetiu o ato de dia, esperou que suas filhas e suas criadas se tivessem afastado. Tal era o real da fornicação nessas casas povoadas, abertas; os amores ilícitos acomodavam-se muito bem ao gregarismo familiar, e era preciso que o amor fosse louco como o de Tristão e Isolda para que incitasse a fugir no espaço da estranheza, da desrazão.

O amor que dizemos cortês, o puro amor, tendia ao mesmo objetivo e se manifestava nos mesmos lugares. Contudo, era um jogo, de sociedade, conduzido necessariamente no meio de um grupo e cujas regras se ajustavam tão estreitamente às estruturas do privado doméstico que a busca amorosa pode ser considerada como um dos procedimentos de seleção e de promoção individual no concurso permanente de que a grande casa aristocrática era o lo-

Façanha do cavaleiro solitário. Ilustração do romance Artus le Restoré, *século XIV. (Paris, Biblioteca Nacional, ms fr. 761.)*

A flecha e os jogos do amor. Marfins parisienses, século XIV. (Paris, Museu de Cluny.)

cal. Tudo se passava como se o senhor dessa casa delegasse à sua esposa, a dama, o poder de eleger o melhor, de isolar por sua escolha esse indivíduo do grupo no qual todos os membros procuravam brilhar diante de seus olhos: pelo amor cortês, sem dúvida mais do que pela competição esportiva, o desejo de autonomia pessoal foi exaltado no seio da confusão comunitária. Tanto mais que uma das primeiras regras do jogo de amor era a obrigação da discrição, do segredo. Os amantes deviam dissimular, retirar-se a dois, não para uma dessas breves conjunções sexuais de que se acaba de tratar, mas duradouramente no interior de uma clausura invisível, construindo assim, em meio à balbúrdia dos familiares, como que uma célula mais privada, refúgio para o amor constantemente ameaçado pelos invejosos. Bem jogado, o amor cortês era necessariamente criador de intimidade, obrigando ao silêncio, a comunicar-se por sinais, como em Cluny: gestos, olhares trocados, cores escolhidas, emblemas. Como os santos cavaleiros escondiam seu cilício, os amantes deviam mascarar seus sentimentos. Quando, voltando à razão, Tristão e Isolda perguntam ao eremita Ogrin como reintroduzir-se nas ordenações sociais, este lhes aconselha em primeiro lugar purificar-se pela contrição, o remorso íntimo, a resolução pessoal de resistir doravante à tentação, e depois, quando estiverem de volta à corte, dissimular, muito simplesmente: "Para a vergonha aliviar e o mal encobrir, convém um pouco mentir". Doravante, a mentira no meio dos outros. Para aqueles que não se evadiram nas liberdades da floresta, que jogaram o jogo no palco amplamente aberto que lhe convém, na promiscuidade do quarto e da sala, a lei de amor é calar-se. André, o Capelão, o prescreve em seu tratado: "Aquele que deseja conservar seu amor por muito tempo intacto deve zelar *antes de tudo* para que ele não seja divulgado a ninguém, e mantê-lo oculto aos olhos de todos. Pois se várias pessoas começam a dele ter conhecimento, ele deixa imediatamente de se desenvolver naturalmente e conhece o declínio". Do mesmo modo, "os amantes não devem de maneira nenhuma dirigir-se mutuamente sinais, salvo se estiverem seguros de estar ao abrigo de toda cilada". Os jogos amorosos instituíram no interior da sociedade cortês as mais firmes estruturas do recolhimento, impondo aos amantes viver a dois uma solidão oculta, como se nada tivesse acontecido, no seio da família, envoltos em segredo, em uma clausura que os maldosos empenhavam-se incessantemente em forçar. Foi aí talvez, nos refinamentos da relação do masculino com o feminino e pela prova, difícil, da discrição e do silêncio, que se abriu desde o fim do século XII, na sociedade profana, o primeiro botão do que se tornará para nós a intimidade.

O CORPO

IMAGEM DO CORPO

Pelo olho, a flecha de amor penetra até o coração que ela vem inflamar. Troca de olhares na origem de toda paixão e, mais tarde, em um dos mais altos graus da progressão amorosa, na penúltima etapa, a ostentação talvez, pela amada, de seu corpo nu. O corpo surpreendido, o corpo exibido: a incerta exploração do mais íntimo que conduz no seio do privado feudal leva a considerar o indivíduo diante de seu próprio corpo e do corpo de outrem.

De início, é preciso acentuar que as atitudes em relação ao corpo eram governadas pela concepção dualista sobre a qual se construía toda a representação do mundo. Ninguém punha em dúvida que a pessoa fosse formada de um corpo e de uma alma, que fosse partilhada entre a carne e o espírito. De um lado, o perecível, o putrescível, o efêmero, o que deve voltar a ser pó, que, no entanto, é chamado a reconstituir-se para ressuscitar no último dia; do outro, o imortal. De um lado, o que é atraído para baixo pelos pesos, pelas opacidades das substâncias carnais; do outro, o que aspira à perfeição celeste. O corpo, portanto, é considerado perigoso: é o lugar das tentações; dele, de suas partes inferiores, surgem naturalmente as pulsões incontroláveis; nele se manifesta o que depende do mal, concretamente, pela corrupção, pela doença, pelas purulências às quais nenhum corpo escapa; sobre ele se

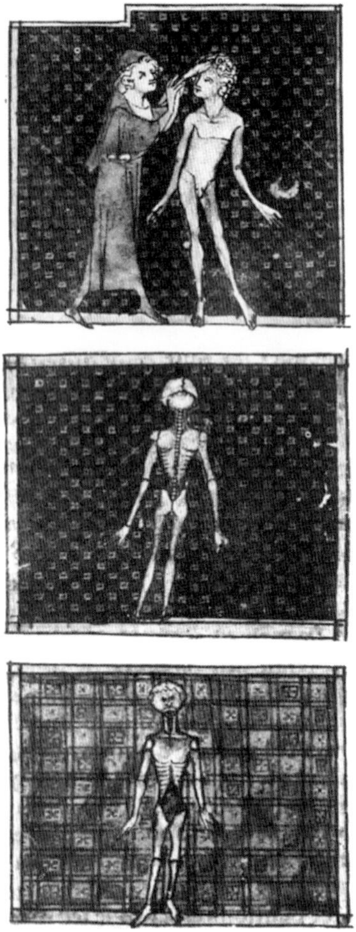

Ilustração do tratado de Cyrurgie de maistre Henri de Mondeville, *século XIV. (Paris, Biblioteca Nacional, ms fr 2030.)*

aplicam os castigos purificadores que expulsam o pecado, a falta. Testemunha, o corpo denuncia as particularidades da alma por seus traços específicos, a cor dos cabelos, a tez, mas também, em casos excepcionais, pela maneira pela qual suporta o ordálio, a prova da água ou do ferro em brasa. Pois a alma transparece através do corpo que a contém. O corpo é sentido como um invólucro, um habitáculo. Como uma casa. Ou antes como um pátio, uma clausura. A casca de um espaço protegido como o é o espaço doméstico pelo qual é circundado. No mais profundo da imbricação das estruturas, a pesquisa chega enfim à *privacy* plena.

Para reconhecer a imagem que os homens desse tempo tinham de seu corpo e do corpo dos outros, utilizo aqui os resultados de um importante estudo conduzido por Marie-Christine Pouchelle sobre o tratado de cirurgia composto em francês, em Paris, no começo do século XIV, por Henri de Mondeville. Pelas palavras, pelas comparações que emprega, esse texto, com efeito, fornece as chaves do sistema simbólico em que o corpo se encontrava então implicado não apenas no espírito dos eruditos, mas também na opinião comum, já que Mondeville, prático, simula referir-se ao que pensavam as pessoas comuns e à sua linguagem. De maneira notória, parece que o corpo era visto como uma morada: seu interior é dito "doméstico", seu exterior, "silvestre", e a oposição desses dois epítetos remete evidentemente aos dois polos da intriga romanesca, a corte e a floresta.

A corte, com efeito, pois essa casa é vasta, tão complexa quanto o mosteiro ou o palácio, e no seu interior existe uma hierarquia dos espaços: uma parte nobre, uma parte de serviço, separadas por uma parede semelhante à barreira que, na sociedade desse tempo, separava os trabalhadores dos outros. Essa barreira, o diafragma, isola uma seção baixa. Por natureza, esta deve ser dominada, submetida (e é daí que brotam as rebeliões mais perigosas), plebeia, rude, lugar das evacuações que repelem todo o supérfluo, o nocivo; esse nível inferior, como nas casas senhoriais, é de função nocitriz; fornece alimento aos órgãos estabelecidos no espaço nobre de cima, mais delicados e que preenchem as duas funções maiores, de força e de sabedoria. Em cada uma dessas duas partes, Mondeville reconhece um "forno", o de baixo, destinado a digerir os humores nutritivos, análogo ao grande fogo da cozinha, disposto para as combustões lentas, para as sopas, os alimentos camponeses; enquanto no andar superior brilha um braseiro para as iluminações, para a alegria, para o coração, onde se opera, como na igreja no centro do espaço monástico, a transferência do material ao espiritual, onde, no alto, do lado do ar, do fogo, o espírito se liberta pela destilação dos humores.

Essa casa está evidentemente envolvida por uma cerca, tão infrangível quanto aquela de que se circunda a vida privada doméstica.

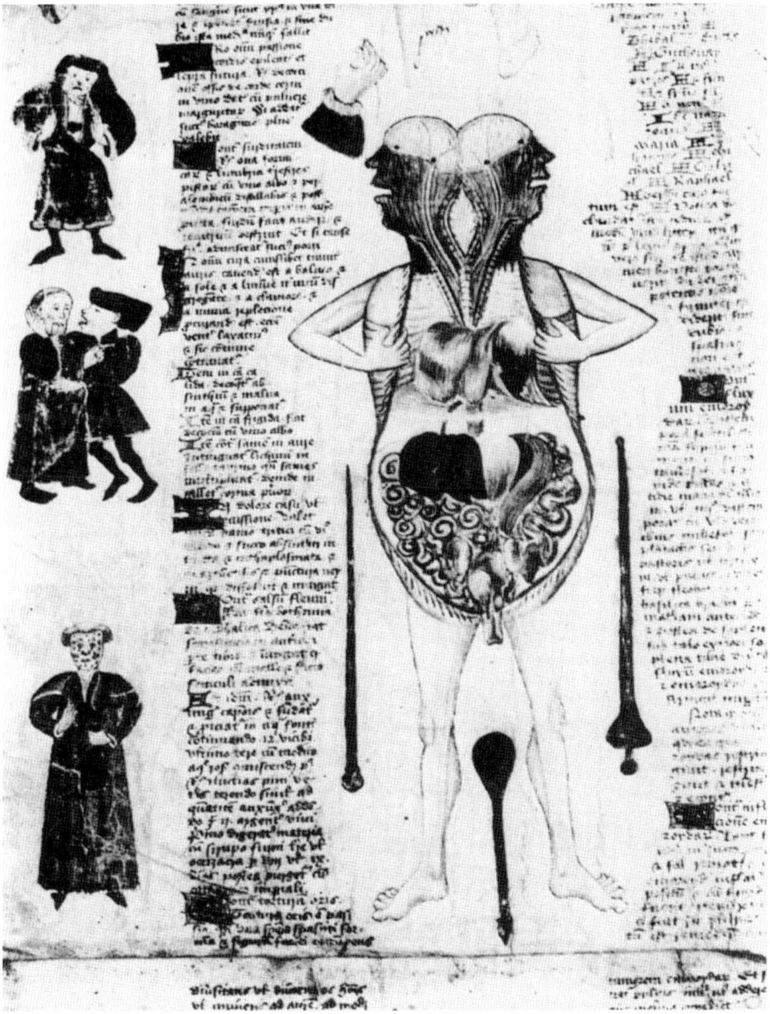

O corpo aberto. Ilustração de uma Art de la médecine et de la chirurgie, *1412. (Estocolmo, Biblioteca Real.)*

O envoltório do corpo é, assim, no mundo dos homens, a mais profunda das clausuras, a mais secreta, a mais íntima, e as interdições mais rigorosas proíbem rompê-la. Casa forte, portanto, fortaleza, ermitério, mas incessantemente ameaçado, sitiado, atacado como o é pelo satânico o refúgio dos padres do deserto. Em consequência, é preciso velar sobre esse corpo, e especialmente sobre as passagens que transpassam a muralha e por onde o Inimigo pode infiltrar-se. Os moralistas convocam a montar guarda diante dessas poternas, dessas janelas que são os olhos, a boca, as orelhas, as narinas, já que por aí penetram o gosto pelo mundo e o pecado, a podridão: vigilância assídua, como às portas do mosteiro ou do castelo.

Reflexo do corpo de Adão, mas invertido, como em um espelho (especialmente no que se refere aos órgãos sexuais, que são de mesma estrutura, mas revirados, introvertidos, mais secretos, portanto mais privados, mas também, como aquilo que se oculta, suspeitos), o corpo feminino, mais permeável à corrupção porque menos fechado, requer uma guarda mais atenta, e é ao homem que cabe a sua vigilância. A mulher não pode viver sem o homem, deve estar no poder de um homem. Anatomicamente, ela está destinada a ficar encerrada, em uma cerca suplementar, a permanecer no seio da casa, a só sair dali escoltada, enterrada em um invólucro de vestuário mais opaco. É preciso erguer diante de seu corpo um muro, o muro, precisamente, da vida privada. Por natureza, pela natureza de seu corpo, ela é obrigada ao pudor, ao retiro; deve preservar-se; deve, sobretudo, ser posta sob o governo dos homens, desde o nascimento até a morte, porque seu corpo é perigoso. Em perigo, e fonte de perigo: por ele, o homem perde sua honra, por ele corre o risco de ser desencaminhado, por essa armadilha tanto mais perigosa quanto está mais preparada para seduzir.

MORAL DO CORPO

O corpo era o objeto de uma moral e de uma prática que o historiador tem dificuldade em descobrir antes do final do século XIII, porque a arte, ao menos no que resta dela, não era então decididamente realista e porque os escritos sobre esse assunto mascaram quase tudo. O princípio era de que é preciso respeitar seu corpo, pois que ele é o templo do espírito e ressuscitará, cuidar dele, mas com prudência, amá-lo ternamente como, segundo são Paulo, os maridos devem ter afeição por sua mulher: guardando a distância, desconfiando, pois o corpo é tentador como o é a mulher, ele leva os outros ao desejo, leva a desejar os outros. O mais aparente nos textos que melhor nos informam — e são os discursos, excessivos, dos especialistas do rigor, portadores da ideologia eclesiástica — é uma forte tendência a temer seu corpo, e dele libertar-se, levando aos extremos do ascetismo até a abandoná-lo aos insetos.

Mulheres, Igreja de Chaise-Dieu, século XIV.

No entanto, ao menos na classe dominante, discerne-se nitidamente o gosto pela limpeza. O lugar conferido aos banhos pelos palácios da Alta Idade Média se mantém, no séculos XI e XII, nos mosteiros clunisianos, assim como nos usos da boa sociedade leiga. Não se inicia uma refeição ostentatória, aquela que se oferece na sala diante de grande assistência, sem que sejam apresentados aos convivas os jarros para as abluções. A água corre abundantemente, na literatura de diversão, sobre o corpo do cavaleiro errante, sempre esfregado, friccionado, pensado, à noite, na pousada, pelas filhas do hoteleiro, sobre o corpo desnudo das fadas na fonte e nas tinas, para o banho quente, prelúdio obrigatório de todos os jogos amorosos descritos pelos *fabliaux*, aparecendo a lavagem de seu corpo e a dos outros como uma fundação específica das mulheres, senhoras da água, doméstica ou selvagem.

Contudo, tais cuidados, porque revelam os atrativos do corpo, são vistos com um olhar muito desconfiado pelos moralistas: o banho conduz às torpezas, e veem-se os pecados, de que os homens são ameaçados ao banhar-se em companhia das mulheres, serem cuidadosamente relacionados no penitencial de Bourchard de Worms. Tal desconfiança parece ultrapassar amplamente o campo do integrismo eclesiástico. Lambert d'Ardres, o historiador dos condes de Guînes, evocando a jovem esposa de um ancestral de seu herói, nadando sob os olhares das pessoas da casa no tanque ao pé do castelo, tem o cuidado de dizê-la vestida de uma camisa, branca e pudica. Conservaram-se os vestígios da estrita regulamentação que velava pela moralidade nos 26 banhos públicos abertos em Paris no final do século XIII. Estabelecimentos suspeitos, dessa vez porque demasiadamente públicos: aconselhava-se lavar o corpo na parte mais íntima da casa. Tomavam-se ainda escrupulosas precauções, que eram evidentemente bastante restritivas, no seio do privado mais bem ordenado, o monástico: em Cluny, o costume, que determinava aos monges tomar um banho completo duas vezes por ano, nas festas da renovação, Natal e Páscoa, os convidava a não descobrir suas partes *pudendas*. Pudor: ele está por toda parte. No leito, os monges, parece, não eram os únicos a jamais se desnudar inteiramente. Surpreendidos adormecidos em sua cabana de folhagem, Tristão e Isolda foram desculpados, pois seu traje era aquele que era decente conservar no sono: ela de camisa, ele usando seus calções. Era mesmo corrente ficar nu para o amor? O tempo de que precisam, nos contos, os maridos das Melusinas para reconhecer a verdadeira natureza de sua esposa faz duvidar disso. Como o extremo recato de que dá mostras a literatura erótica dessa época. Ninguém então exibia seu corpo, exceto os maníacos.

Rosto. Efígie funerária, norte da França, século XIV.

Ao menos, o corpo era objeto de um minucioso trabalho de ajuste. O essencial desse tratamento resultava em sublinhar a diferença dos sexos. Com efeito, era fundamental a obrigação, e os moralistas lembravam-na incessantemente, de distinguir as "ordens", de respeitar a separação primordial entre o masculino e o feminino, portanto, de não mascarar em seu próprio corpo os traços específicos de um ou do outro: veemência contra os jovens dândis que afeminavam seu vestuário; repugnância diante das raras mulheres que ousavam vestir-se de homem. Entretanto, prescrevia-se não pôr por demais em evidência os atributos sexuais. Tal preocupação de medida, de discrição, aparece nitidamente quanto à cabeleira. Ela é dita necessária às mulheres, como um véu natural, sinal de sua inferioridade nativa, de sua sujeição. Elas são então chamadas a cuidar dela, ao passo que são vituperados os homens demasiado atentos à sua. Mas quando elas saem de seu privado, quando se mostram, devem refrear-se de exibir esse feixe tentador, investido, na época de que falo, de um temível poder erótico. As conveniências lhes impõem

Ressuscitados. Tímpano da Catedral de Bourges, século XIII.

Adão. (Paris, Museu de Cluny.)

ordená-lo, reuni-lo em uma trança, e todas as mulheres que não eram prostitutas, que não eram mais meninas e que se arriscavam em público, todas as mulheres casadas fora de seu quarto, na sala, deviam ainda encerrar essa trança em uma touca.

No entanto, tudo leva a crer que nem todos os homens e as mulheres renunciavam a servir-se dos encantos de seu próprio corpo para aumentar seu poder pessoal. Disso dá testemunho o lugar que Henri de Mondeville concede em seu livro às receitas de embelezamento e que ele justifica por duas razões. A primeira é muito prática: o médico que conhece os artifícios capazes de realçar a sedução pode ganhar, afirma ele, muito dinheiro, pois a procura é bastante grande; o segundo argumento deixa entrever muita coisa sobre o papel que desempenhava o corpo nas relações sociais: parece evidente ao autor que se deve saber usar plenamente seus atrativos físicos a fim de progredir na vida, de triunfar na competição mundana em que se fortalece justamente o espírito de individualismo.

Mondeville escrevia no limiar do século XIV, enquanto terminava um longo período de progresso contínuo no decorrer do qual parece que o corpo, no refluxo da ideologia do desprezo pelo carnal e antes que pesasse sobre o cristianismo ocidental a capa da culpabilidade sexual, foi lentamente, irresistivelmente reabilitado. Vejo o testemunho disso na maneira pela qual se modificaram as figurações da nudez. As únicas formas, ou quase, que conservamos são as da arte sacra. Ora, veem-se os escultores e os pintores, que até então habitualmente punham o acento no perverso, quase só figurando corpos desnudos investidos pelo mal ou incitando a fazer mal, mostrá-los, passado 1230 — penso nos Ressuscitados do tímpano de Bourges, no Adão do jubeu da galeria entre a nave e o coro de Notre-Dame de Paris, no Eros de Auxerre —, jovens, radiantes, em plenitude, reconciliados. Qual foi, nessa inflexão, a parte do humanismo, do espírito da Renascença, arcaizante, da corrente de naturalismo que invadia a alta cultura? Mas essa própria corrente não levava a promover a pessoa? É incontestável, em todo caso, que a beleza física contou cada vez mais no decorrer desses séculos entre as armas de que dispunha a identidade pessoal para afirmar-se no seio do coletivo.

DEVOÇÃO PRIVADA

Esse movimento geral levava também invencivelmente cada um a considerar, a sós, o que os invólucros concêntricos do corpo-fortaleza protegiam mais ou menos bem das agressões de Satã, o inimigo público, essa substância maldefinida, sua alma. Está claro que o cuidado com essa alma tornou-se cada vez mais individual, também ele se libertou pouco a pouco do comunitário, enquanto o campo do religioso progressivamente se privatizava. O terreno que se oferece ao estudo é imenso; é preciso limitar-se aqui a prepará-lo.

No começo da era feudal, o "povo", a comunidade dos fiéis punha-se nas mãos dos encarregados no cuidado de livrá-la do mal. Essa era em primeiro lugar a função do mosteiro, dessa outra comunidade, separada, de homens mais perfeitos porque viviam encerrados em um privado muito fechado. O mosteiro tinha por tarefa, transferindo, se assim se pode dizer, para a conta do resto dos homens os benefícios que lhe valiam as penitências purificadoras, lançar perpetuamente, em nome dos mortos e dos vivos, a prece pública: a equipe monástica constituía a boca cantante e rezadora do povo inteiro. Uma função igualmente mediadora era preenchida pelo príncipe. Por sua própria piedade ele assegurava a salvação de seus súditos; se acontecia de ele pecar, estes eram imediatamente atormentados pela cólera do céu; cabia-lhe também, pessoa pública, lançar continuamente para Deus a prece pública. Nos anos 20 do século XII, o conde de Flandres, Carlos, o Bom, por exemplo, tal como o descreve Galbert de Bruges, transportava-se ainda todas as manhãs, de seu leito para a tribuna da igreja Saint-Donatien, para, no meio dos cônegos auxiliares, cantar com eles em uníssono, ler ao mesmo tempo que eles o saltério, enquanto, em sua mão direita estendida, pobres, matriculados, titulares, vinham em fila indiana pegar cada um uma pequena moeda. A maioria dos homens atinha-se a olhar de longe tais espetáculos, públicos, a ver seus mandatários realizar os ritos da salvação coletiva, fiando-se inteiramente em seu ofício.

Entretanto, nem todos se achavam satisfeitos. No começo do século XI, homens e mulheres que foram perseguidos como heréticos, que foram aniquilados porque perturbavam a ordem pública e sobre os quais se triunfou pois eram ainda muito minoritários, já afirmavam que recusavam a mediação dos especialistas da oração, pretendendo comunicar-se pessoalmente com o Espírito e ganhar a própria salvação por suas obras. No começo do século XII, ouvi-se a mesma coisa ser afirmada por seus sucessores, mas muito mais alto, tão alto que a Igreja, contestada, reagiu começando por endurecer suas estruturas. Continuou a confiar-se aos príncipes, a todos esses pequenos príncipes multiplicados pela dissociação feudal dos poderes de comandar, encarregando-os de assegurar, no privado de sua capela, o enquadramento religioso de toda a sua casa. Mas ela reforçou consideravelmente o papel do clero, dos ministros cujo papel não era cantar à distância como os monges, mas difundir os sacramentos e a palavra entre o povo. O povo, no entanto, ordenado, enquadrado, reunido, e cada vez mais estritamente, em pequenos rebanhos bem vigiados, em paróquias. Enquadramento, controle, "encelamento", como diz com justeza Robert Fossier, e que refreava mais as pessoas. Contudo, a Igreja estabelecida não teria vencido a heresia se não houvesse, por outro lado, correspondido às expectativas, propondo exercícios religiosos mais pessoais.

Ela convidou os simples fiéis a manter-se, no que se refere ao sagrado, em uma relação análoga àquela de que tinham outrora o monopólio os seus encarregados nas liturgias. Convocou-os a esforçar-se, em plena responsabilidade individual, em progredir passo a passo para a perfeição. A marcha para uma interiorização das práticas cristãs foi muito lenta. Iniciou-se, evidentemente, no nível dos "poderosos", entre aqueles cujo dever de Estado era dar o exemplo, e que com efeito o davam, propagando-se as maneiras de se comportar por meio de um movimento natural a partir da aristocracia para as camadas culturais que esta domina. Enquanto nas escolas em plena efervescência intelectual os mestres redescobriam os caminhos do conhecimento de si, a alta hierarquia da Igreja

Orar sobre o saltério e diante da imagem. Ilustração das Heures de Paris, *1400-1410. (Paris, Biblioteca Nacional, ms lat. 1161.)*

advertiu de início os príncipes, e talvez em primeiro lugar as princesas, todas essas mulheres que, nas dificuldades do casamento, agarravam-se ao seu diretor espiritual. Os ricos foram os primeiros convidados a ler eles próprios em um livro as palavras da oração, como os monges, e o uso da leitura sacra, durante o século XII, difundiu-se incessantemente, enquanto se passava da leitura em grupo em voz alta, acompanhando a do oficiante, a uma leitura pessoal em voz baixa, prosseguida em murmúrio fora dos ofícios. Nas grandes casas aristocráticas, entre os bens muito privados que cada senhor possuía para si, o livro tomou o lugar, o da salmodia, do saltério. Homens e mulheres aprenderam a servir-se dele sozinhos. Ele tornou-se instrumento de meditação íntima, por seu texto, mas sobretudo por suas imagens. Ao mesmo tempo que ele, difundiram-se na mais alta sociedade, no decorrer do século XIII, outros objetos de piedade personalizados, trazendo a marca de uma pessoa, esses relicários privados que pareciam pequenas capelas, dos quais alguns eram usados diretamente no corpo, e o diálogo místico pouco a pouco instaurou-se, do qual foi mediadora a repre-

Giotto, São Francisco diante do Crucifixo. *(Assis, Convento São Francisco, igreja superior.)*

sentação, figurada sobre esse objeto, de outras pessoas, o santo, a Virgem, Cristo, diálogo levado adiante na capela, na igreja diante de outras imagens, estas públicas: são Francisco dialogando com o crucifixo. Impõe-se uma pesquisa aprofundada, baseada em tais referências, que seria preciso datar cuidadosamente, pois essas referências dão testemunho de uma expansão da devoção individual, a qual, no começo do século XIV, ganhara os estratos sociais mais profundos: pensemos no que os interrogatórios de Montaillou, essa aldeia perdida, revelam, e não apenas entre os marginais, os suspeitos de heresia, de um hábito inveterado da oração pessoal.

Essa interiorização resultava de uma pedagogia cujos agentes foram os clérigos, substituídos no século XIII pelos frades mendicantes. Discursos, sermões, arengas públicas, e diante de um público por vezes imenso. Mas a boa semente era aí lançada para germinar no interior de cada alma, e o convite era feito a cada um para em seu privado imitar Cristo, ou, antes, para agir sobre sua vontade, sobre seu coração, no interior de si, para não mais se ater aos gestos, às fórmulas. Essa exortação moral teve êxito graças, em particular, ao recurso ao *exemplum*, à pequena história muito simples, edificante, convincente, proposta a cada consciência para guiá-la. Efetivamente, uma das mais vastas coletâneas de *exempla*, composta para uso dos pregadores no primeiro quartel do século XIII pelo cisterciense Césaire de Heisterbach, apresenta-se sob a forma de diálogos: educação privada, o mestre e o discípulo em particular, e todo bom pregador de fato pretendendo dirigir-se a cada um de seus ouvintes em confidência. Nessas anedotas, todos os heróis são, aliás, pessoas que conduzem sua aventura individual afrontando provas sozinhas, depois dialogando, na estrada, mas de preferência no quarto, no meio da noite, no silêncio, no retiro, com o confidente, o amigo, ou então com o anjo, com o fantasma, com a Virgem, ou ainda com o demônio tentador: sempre conversações privadas, e escolhas pessoais. Muitas vezes nessas histórias, em torno do herói, aqueles que partilham com ele o espaço doméstico, os membros da família englobante, fazem figura de intrusos, de estorvos, de importunos que perturbam e que é preciso afastar.

Nos anos em que o movimento do progresso geral era mais vivo, as décadas que enquadram o ano 1200, os comportamentos religiosos foram verdadeiramente modificados pela nova pastoral. Ela ensinava um uso diferente dos sacramentos. Do sacramento da eucaristia: todos os fiéis chamados a consumir o pão de vida, a alojar no interior de seu corpo o corpo de Cristo para um encontro íntimo — e o que essa prática pôde suscitar de imagens que engrandecem a pessoa humana, transformada como que em tabernáculo, isolando-se, por isso, da promiscuidade doméstica. Mais decisiva ainda foi a transformação do ato penitencial, de início excepcional e público, e que, ao termo de um longuíssimo caminho esboçado desde a época carolíngia, presumiu-se que viesse a ser, em 1215, por uma decisão do IV Concílio de Latrão, apoiado na reflexão dos pesquisadores em ciência jurídica sobre o pecado e sobre a causa "íntima" da falta, ao mesmo tempo discreto, periódico e obrigatório. Obrigar a generalidade dos fiéis a se confessar ao menos uma vez por ano era evidentemente uma medida de enquadramento, de inquisição: tratava-se de desentocar o que se dissimulava de insubordinação, de heresia, nas consciências, desvendando as clausuras do privado. Mas pode-se imaginar revolução mais radical e de um efeito mais profundo e prolongado sobre as atitudes mentais que a passagem de uma cerimônia tão ostentatória quanto o fora a penitência pública — sucedendo ao reconhecimento público da falta, ela introduzia a um estado social particular, abertamente designado por certas maneiras de se conduzir, um traje, gestos, em suma, todo um espetáculo de exclusão montado na cena pública — para esse simples diálogo, o dos *exempla*, entre o pecador e o padre, isto é, entre a alma e Deus, confissão auricular, de boca a ouvido, um segredo, inviolável, importando a confissão apenas se desse início a um trabalho de correção, de desbastamento encetado pela pessoa, em silêncio, no interior de si mesma?

Em Cluny, cidadela do espírito comunitário, a confissão privada fora imposta pelos estatutos do abade Hugues II, entre 1199 e 1207, uma vez por semana pelo menos, tornando-se as próprias penitências secretas, orações individuais, em voz baixa. Eis que Latrão IV, alguns anos mais tarde, estendia a obrigação ao conjun-

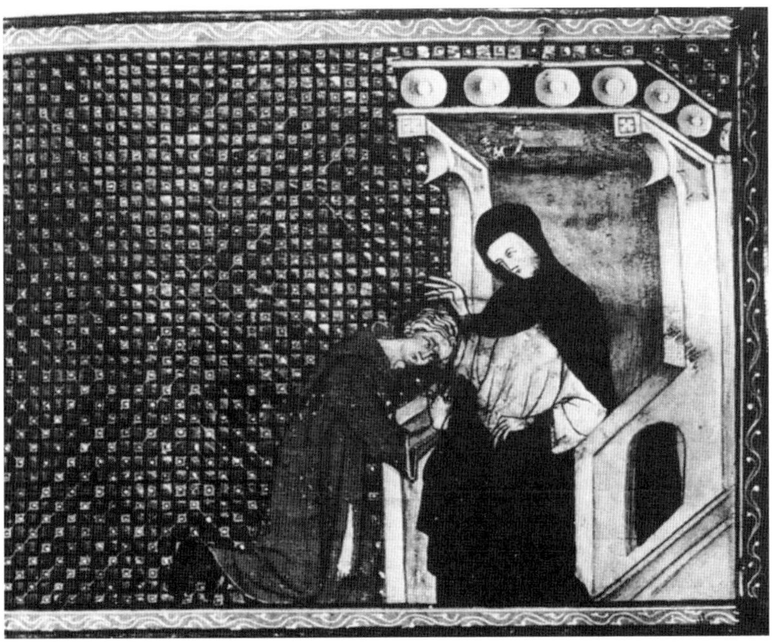

A confissão auricular. Ilustração de um tratado de devoção, século XIV. (Chantilly, Museu Condé.)

to dos cristãos. Todos deviam, à aproximação da festa de Páscoa, como preparação da comunhão, interrogar-se, examinar sua consciência, observar sua alma, proceder a esses mesmos exercícios a que se haviam obrigado alguns homens espirituais no começo do século XII para descobrir no mais profundo de seu ser as intenções perversas e sufocá-las. Falo dos autores das primeiras autobiografias, Abelardo, Guibert, mas também, mais numerosos, daqueles que, de um mosteiro ao outro, mantinham correspondência, ditando cartas que não eram íntimas, mas que ao menos situavam face a face duas personalidades inquietas. A introspecção — e depois a discrição da confissão e das macerações salvadoras: um muro erguido, abrigando-se a piedade, doravante, nesse jardim fechado. Foi uma reviravolta, lenta, por certo, progressiva. Não imaginemos o decreto de 1215 aplicado imediatamente em toda parte. Mas um século mais tarde, seus efeitos, conjugando-se aos da educação pelo sermão e pela casuística amorosa, aos da evolução econômica que liberava o indivíduo pela aceleração da circulação monetária, haviam começado a modificar o sentido da palavra *privado.* Uma concepção nova da vida privada se desenvolvia insensivelmente no seio do gregarismo familiar: ser si mesmo no meio dos outros, no quarto, à janela, com seus próprios bens, sua bolsa, com suas próprias faltas, reconhecidas, perdoadas, com seus sonhos, suas iluminações, com seu segredo.

G. D.

ABORDAGENS DA INTIMIDADE NOS SÉCULOS XIV-XV

Uma história dos espaços privados ou em via de se fechar como tais, uma história das fases de recolhimento e de intimidade em que um anteparo se interpõe entre a pessoa e o olhar, uma história dos sentimentos, dos pensamentos, das imagens mentais cultivadas secretamente, mas fixadas pela escrita privada, uns tantos objetos e abordagens frágeis e incertos. Seguramente, as fontes de que bebemos no final da Idade Média nos prometem uma relativa abundância em relação aos séculos anteriores: levando-se em conta o crescimento sensível da massa documental a partir do século XIII, a sobrevivência de uma parte apreciável de documentos de origem privada, podemos imediatamente nos sentir mais seguros de encontrar, em sua vida privada, indivíduos de que o papel pessoal, a preocupação de escrever ou de se fazer pintar, o acaso dos arquivos nos conservaram a identidade, a atitude e a voz.

É importante, contudo, evitar alguns perigos, ou marcar nitidamente os limites de uma investigação aventurosa. Quer os indivíduos revelem a si mesmos ou prolonguem sua existência na ficção, o olhar que lançam sobre o íntimo não é mais inocente que aquele que lançam sobre o mundo exterior, mas como avaliar o testemunho individual, irredutível a toda generalização? Que relação o historiador deve manter com o irracional de uma conduta, ou com a banalidade de um comportamento, e como dissociar a escrita singular que nos interpela da experiência comum que a suscitou?

A escrita privada ou sobre o privado introduz incontestavelmente, quando os testemunhos se multiplicam, uma profunda mutação na atitude dos indivíduos em relação aos grupos familiares e sociais aos quais pertencem: uma preocupação de transmitir, no mínimo de descrever fenômenos vividos, sobre os quais as gerações precedentes se calavam. Evitemos pensar que tudo muda porque a natureza das fontes mudou; o que o historiador apreende em primeiro lugar é a modificação trazida pelo hábito do escrito, é talvez também a difusão do espelho. Não tiremos daí a consequência de que, quando faltam as fontes escritas para atestá-lo, a consciência de si, o prazer e a defesa do privado não existia.

Por outro lado, é preciso lembrar que, se a escrita difundiu-se no final da Idade Média, nas grandes cidades mais do que nos burgos rurais, se ela se laicizou e se privatizou, permanece privilégio de uma minoria da população europeia; a imagem que as fontes escritas podem oferecer da vida individual nos introduz na intimidade de um número limitado de pessoas e, sobre uma população mais ampla, oferece apenas esboços; é verdade que o realismo da pintura e da escultura e as informações que a arqueologia permite acumular sobre alguns sítios corrigem e completam nossa visão imperfeita.

Um último obstáculo nos espera, é a tentação da modernidade, que faria dos últimos séculos da Idade Média um prefácio do futuro, pela única razão de que foram, como a Idade Moderna, mais tagarelas sobre os segredos dos homens. A vida privada pertence sem dúvida ao campo menos certo da história, aquele em que o estudo das estruturas econômicas, sociais, culturais corre o risco de ser um instrumento bem pesado para abordar a diversidade irredutível dos sujeitos individuais; os historiadores são formados nas ideias gerais mais que na escuta das vozes do passado. Ser sensível à voz é deixar-se surpreender pela liberdade de uma confidência, pela audácia de uma expressão, pela fantasia que se desprende de um texto, pelo amor que exala de um queixume sobre uma criança morta. Tudo o que nos aproxima do íntimo de alguns séculos atrás nos dá a tentação de abolir as distâncias que nos separam irremediavelmente de um mundo que perdemos. A armadilha da modernidade é a de descrever o que é velho como o mundo: os homens, quando se exprimem privadamente, não falam a mesma língua através dos séculos?

Pienza (Toscana), Palácio Piccolomini, obra de Rosselino, século XV.

Certaldo (Toscana), Palácio Pretorio.

Orgulho público, ostentação privada. Na rua se ergue a fachada armoriada: glória das alianças, tempo perpetuado. Do lado do jardim, o espaço fechado e tranquilo: modelo da arquitetura para uma vida privada exemplar.

Assim, a abundância das fontes nos séculos XIV e XV nos põe na difícil situação de evitar a uma só vez a ruptura com o aquém e a assimilação com a Idade Moderna. Cada documento utilizado — e aqueles que o são aqui vêm sobretudo da Itália e da Alemanha —, cada expressão redescoberta deveriam ser minuciosamente pesados em sua singularidade e em relação a documentos contemporâneos; o prazer de escutar a voz deve desdobrar-se na preocupação de identificar aquele que fala e de reinseri-lo em seu meio. Infelizmente para a veracidade histórica, as confrontações nem sempre serão possíveis, e alguns textos permanecerão, deslumbrantes ou lúgubres, marcos pouco seguros para uma história futura dos sentimentos e de sua expressão.

A INVENÇÃO DO SUJEITO

Inserido nos invólucros sucessivos de um mundo fechado, o indivíduo se define por contraste, ou mesmo por ruptura com os círculos de vida social: o grupo familiar, a comunidade costumeira, as estruturas profissionais, a massa dos submetidos. A consciência de si, nascida de um recuo, pode conduzir ao questionamento radical da ordem: aqueles que se arriscam a abandonar seu lugar estão, nos caminhos e nas solidões, fora de estatuto: os turbulentos, os ambíguos, os loucos dos romances de aventura, tão lidos no final da Idade Média, cruzam nas florestas da desordem com os carvoeiros, personagens de confins, e com os eremitas, sequiosos de outros lugares.

Mas a consciência de si, aquela que se exprimiu por escrito, não transpõe frequentemente o limite entre o gregário e o inorganizado; no interior do círculo dos hábitos mentais e das obrigações sociais que o encerram, o citadino permanece, no final da Idade Média, muito sensível à ideologia do bem comum, que propõe a *utilitas* para todos como um progresso em relação à *commoditas* dos particulares. Deve-se ver apenas um *topos* na oposição feita por Guicciardini entre uma carreira honorífica, que só pode estar no serviço público, e a vida "ociosa, privada de dignidade e perfeitamente privada"? Seu contemporâneo, Willibald Pirckheimer, de Nuremberg, faz afirmações similares em sua autobiografia, em que se mostra afastado dos negócios durante três anos, após a morte de seu pai, *privatus* e vivendo apenas para si mesmo e seus amigos, depois retomando o encargo dos negócios públicos e estigmatizando, ao contemplar sua própria estátua, aqueles que preferem à "utilidade pública" seus "sentimentos privados". Há honra em participar como protagonista na vida pública: a corrente do humanismo cívico atravessou os Alpes, e a exaltação do indivíduo, da consciência de si, manifesta-se de maneira notória a serviço da república. Com menos pose, outros narradores das coisas de seu tempo escolheram em sua vida pessoal apenas os fatos diretamente associados aos acontecimentos da vida oficial, como Velluti em Florença; ou, exibindo sua intenção de redigir memórias, não chegam a dissociar público e privado, como Hans Porner, de Brunswick, que anuncia que seu livro é bem seu e não do conselho municipal, mas não trata de fato senão dos assuntos da comuna, nos quais se inserem as anotações pessoais. A consciência de si é, portanto, balbuciante ou infeliz, afirma-se no mais das vezes com timidez em relação a um modelo de comportamento que é o do bom cidadão.

Há uma outra referência que colore a expressão da reivindicação pessoal, é a referência familiar. Viu-se na vontade de alinhar na rua um palácio com fachada, na Florença do século XV, a ruptura

Donatello, o Marzocco, *1420. (Florença, Bargello.)*

Jan van Eyck, As belíssimas horas de Nossa Senhora do duque de Berry (Horas de Milão). *Nascimento de são João Batista, 1415-1417. (Turim, Museo Civico d'Arte Antica.)*

Ao lado:
Bernhard Strigel, Nascimento de Maria. *(Berlim, Staatliche Museen Preussischer Kulturbesitz.)*

As cenas de natividade nos permitem penetrar, com o pintor, na parte mais íntima da morada, o quarto, onde as mulheres se desvelam em torno da parturiente.

com a representação familiar ampliada da ilhota, do conjunto compacto de casas pertencente ao grupo; essa necessidade individual de marcar seu reduto em relação ao resto da linhagem se manifesta no investimento glorioso que consagra o êxito de uma carreira, de uma casa de comércio conduzida por um "operador", pela ilustração da *res privata.* Mas não nos enganemos, a reivindicação do indivíduo não se pode contentar com a afirmação da família estreita; a preocupação de intimidade, de interioridade atrás da fachada familiar se manifesta pela distribuição das peças entre os membros da família, da qual se beneficia essencialmente o dono da casa, que se pode retirar em seu *studiolo*; é talvez o único lugar em que o recolhimento em relação à gestão interna da família permite ao homem de negócios, ao *pater familias*, ao humanista reencontrar-se diante de si mesmo em sua singularidade.

Assim, trabalhar pelo bem-estar da coletividade, pelo bem--estar da "casa" são tarefas que a honra atribui ao indivíduo consciente de sua responsabilidade: atividade, reflexão produtiva no interesse do grupo, com o conhecimento do círculo, deixam pouco lugar à vida privada na representação que os homens importantes deram de sua existência; e se eram tentados a conceder-lhe tempo e valor, nisso se reprimiam diante da opinião, pelo temor de parecer egoístas ou fúteis. O privado é o "abjeto"; não há reputação a conquistar fora do público: *Fama non est nisi publica.*

No quadro estreito que a escrita, reflexo de uma construção teórica, destina ao privado, é evidente que a necessária sociabilidade deixa pouco lugar à expansão natural do eu. Inúmeros autores avançam armados de virtudes que a leitura de Cícero ou de Tito Lívio torna mais exigentes. Gostaríamos de apreender expressões menos elaboradas, atitudes menos rígidas, silhuetas menos satisfeitas com suas escolhas; mas pode-se estar certo, de um lado, de que a preocupação de esculpir sua imagem para a posteridade corresponde efetivamente a condutas ativas e públicas, e, de outro lado, de que o modelo proposto por alguns porta-vozes corresponde, em toda a Europa urbana do fim da Idade Média, a um ideal de vida.

Onde encontraremos, então, as formas mais íntimas da consciência de si? A couraça virtuosa não tem por função deter a efusão dos sentimentos, as confidências, as confissões? É preciso abandonar o mundo das cidades para redescobrir, com a solidão, a ausência de afetação, a simplicidade das impressões em que se exprime o indivíduo em seu privado?

Em um belo texto, do qual a retórica não está excluída, Ulrich von Hutten mostra quanto a oposição da cidade e do campo seria uma pista falsa para a descoberta do homem em seu segredo. O humanista consciente de seu papel na sociedade aristocrática e burguesa deve esquivar-se de ir buscar no campo os estimulantes para a realização de si: a solidão empobrece, o retiro em um "deserto", ainda que fosse o de um castelo familiar, acarreta a inquietude; não, é na multidão, é no movimento que o espírito se nutre.

> O campo é a agitação e o ruído.
>
> Falas dos encantos do campo, falas de repouso, falas de paz... Quer o castelo tenha sido construído sobre um pico ou na planície, não o foi para o prazer mas para a defesa, cercado de fossos e de uma fortificação, estreito no interior, atulhado pelos estábulos de grandes e pequenos animais, alojamentos escuros para as bombardas, para as reservas de pez e de enxofre, apinhados de estoques de armamento e de máquinas de guerra. Sobretudo, reina o odor desagradável da pólvora; e depois, os cães, e as imundícies dos cães, agradável odor, não é? E o vaivém dos cavaleiros, entre os quais bandidos, salteadores e ladrões; pois no mais das vezes a

Ambrogio Lorenzetti, Os efeitos do bom governo, *"Partida da caça ao falcão" (detalhe), 1338-1341. A vida nobre encontra e atravessa as atividades dos camponeses. (Siena, Palazzo pubblico.)*

casa está escancarada, porque ignoramos quem é quem, e não nos esforçamos muito em sabê-lo. Escuta-se o balido dos carneiros, o mugido dos bois, os latidos dos cães, os gritos dos homens trabalhando nos campos, o rangido e o fragor das carroças e dos carros; e bem perto da casa, que fica próxima dos bosques, tem-se até o uivo dos lobos.

A cada dia, é preciso preocupar-se com o dia seguinte, inquietude, movimentos contínuos, e o calendário das estações: é preciso arar, dar um segundo corte, trabalhar nas vinhas, plantar as árvores, irrigar os prados, gradar, semear, estercar, ceifar, debulhar; é o tempo da colheita, é o tempo da vindima; e se um ano a colheita é má, que espantosa pobreza, que espantosa miséria, de sorte que jamais se perde a oportunidade de se comover, de se inquietar, de se angustiar, de se decepcionar, de ficar exausto, de ficar fora de si, de ir embora, de se afastar (Ulrich von Hutten a Willibald Pirckheimer, *Vitae suae rationem exponens*, 1518).

Sem outra ambição política que a de incitar os poderosos a favorecerem o conhecimento e o estudo, Ulrich von Hutten descreve a si mesmo na corte do arcebispo de Mayence como alguém experimentado na solidão em meio ao ruído: "*Saepe in turba solus sum*". A verdadeira liberdade, a afirmação de sua própria identidade é o fruto de um exercício privado: a leitura, a escrita permitem ir ao encontro de si mesmo, liberto de toda obrigação em relação ao poder público, aos fardos familiares, na leve alegria de um contraste entre o íntimo e o mundo. Esse encontro é um privilégio, ao qual, por outras técnicas, têm acesso também os místicos: "Quer veles, quer durmas, estás só mesmo no meio dos outros", escreve J. Mombaer, frade da Vida Comum. Privilégio que Ulrich von Hutten opõe ao penoso quadro da vida dos camponeses, que não têm os meios nem o tempo de penetrar na vigorosa felicidade do corpo a corpo com sua alma.

A PRIMEIRA PESSOA DO SINGULAR

Não se fala de si sem justificação; os Provérbios, Aristóteles e santo Tomás são autoridades suficientes para limitar as ocasiões de começar um relato na primeira pessoa. Para vários autores, a autobiografia liberta de toda coerção nasce com a Idade Moderna, que inventa um registro da narrativa de si mesmo independente da história e da apologética. É bem evidente que, descobrindo-se no centro do universo entre os dois infinitos, o homem exulte por ter recebido de Deus a faculdade de realizar-se em suas virtualidades e em suas inclinações: a autobiografia proclama a dignidade dos destinos singulares.

Mas o relato de si mesmo não saiu todo armado da cabeça de heróis legitimados; libertou-se progressivamente de formas narrativas que põem em cena o indivíduo socializado, os prazeres e as dores da existência inspirando ao autor a irresistível vontade de dar sua palavra, quer ele assinale que estava à margem da estrada por onde passava a história, quer incorpe à rapsódia anotações privadas, quer situe sob o olhar de Deus uma aventura exemplar que põe em cena suas próprias tribulações. Em suma, o jogo do "eu" com o "si mesmo" revolucionado é oriundo seja do modelo agostiniano da confissão, seja da preocupação de anotar no dia a dia aquilo que um bom administrador deve conservar no espírito para si mesmo e para os seus, seja do registro dos fatos memoráveis no mundo e ao alcance de si.

Paolo Uccello, Monumento equestre de sir John Hawkwood, *por volta de 1436. Grandeza e geometria: o* condottiere. *(Florença, Santa Maria Del Fiore.)*

A confissão, o diário, a crônica são, no final da Idade Média, fontes de informação em que o indivíduo apresenta por vezes sobre sua vida privada, isto é, sobre seu corpo, suas percepções, seus sentimentos e sua concepção das coisas, apanhados sinceros, tanto quanto pode sê-lo uma memória redescoberta que pretende "pintar o ser de frente e não de perfil".

Em um outro registro, antes mesmo que a anulação de toda encenação faça surgir a fisionomia pintada sobre um fundo neutro e perenize traços singulares sem outra justificativa que não a de evitar-lhes a decomposição, quantos retábulos e afrescos conferem uma presença feroz ou enternecedora a comparsas mais verdadeiros que os santos ou os Reis Magos, entre os quais o pintor que finge ter estado ali? É toda a densidade do "eu" que está em causa, intimidado pela ressonância de seu nome sob as abóbadas da história universal, evanescente desde que a tentação de dizer mais se choca com a majestade divina, e que se dissimula para falar mais alto na terceira pessoa ou no discurso metafórico. Assim, a expressão do privado poderia ser cercada sob os disfarces da linguagem a fim de acrescentar aos achados das afirmações de si o vasto domínio das reticências; permaneceríamos no limiar de alguns impasses, e para não cair nos lugares-comuns próprios a todas as literaturas do íntimo, conviria observar-lhes o contexto e a frequência. Em uma obra no cruzamento da autobiografia e da ficção, o imperador Maximiliano evoca sua dor à morte de sua jovem mulher, "pois eles se haviam amado muito, e haveria muito a escrever sobre esse ponto", o que ele não fez.

A LINGUAGEM DA CONFISSÃO

Mais que qualquer outra forma narrativa, a confissão incita à disposição em cena do indivíduo como protagonista de uma aventura espiritual. Para além do modelo biográfico franciscano, a referência é, há alguns séculos de distância, a narração justificativa de Abelardo, contemplação literária de um desastre, e sobretudo o modelo agostiniano. Enquanto a confissão dramática de Abelardo se compunha de uma sucessão de acontecimentos apreendidos em sua descontinuidade, enquanto a confissão serena de Adamo di Salimbene tentava a todo momento inscrever a silhueta do pescador na luz de são Francisco, as *Confissões* de santo Agostinho inspiraram a vários escritores italianos de primeiro plano o modelo de uma cristalização dos sentimentos iluminando num rasgo toda a vida anterior: é o tempo apreendido e abolido no encontro entre memória e escrita, em que se exprime a veracidade do sujeito. Na origem das páginas mais sensíveis de Dante, de Petrarca e de Boccaccio encontram-se as profundas observações de santo Agostinho: "A memória faz surgir não a própria realidade, que passou

Taddeo di Bartolo, O escriba do camerlengo *(detalhe). (Siena, Arquivos de Estado.)*

Vittore Carpaccio, Legenda de santa Úrsula, *"Adeus dos embaixadores" (detalhe), 1490-1496. (Veneza, Accademia.)*

Marinus van Reymerwaele (c. 1493-após 1567), Banqueiros. *(Londres, National Gallery.)*

Relatórios, contabilidades, prestação de contas: a sociedade do final da Idade Média adquiriu o hábito de registrar e de cifrar seus atos e seus projetos.

definitivamente, mas as palavras suscitadas pela representação da realidade, que, abolindo-se, imprimiu no espírito traços por intermédio dos sentidos". Sob o olhar de Deus, o tempo interior é a ressurreição dos instantes passados reanimados pelo presente; o homem novo, por seus pensamentos e pela escrita, dá forma e sentido à marcha hesitante do pecador; a conversão está na origem da narrativa, como a salvação da humanidade está na origem do mundo criado.

O poder organizador da visão agostiniana inspirou, em situações pessoais diversas, um fascínio de método e o sentimento de uma fraternidade espiritual. A fraternidade comoveu o coração de Petrarca, cujas lágrimas corriam à leitura das *Confissões* ("*inter legendum fluunt lacrimae*") e que, por um mimetismo da conversão, identificou-se na dor a Agostinho ("*transformatus sum in alterum Augustinum*"); sabe-se como o diálogo com sua alma, segundo um esquema inspirado pelos manuais de confessores, conduziu-o ao caminho do monte Ventoux e lhe sugeriu a imagem da cidadela onde ele se encerrava com o livro de seu mestre.

Dante abre a autobiografia poética que é a *Vita nuova* com um preâmbulo metodológico que deve tudo à atmosfera intelectual da leitura privada: "É em uma parte do livro de minha memória que se encontra uma rubrica, aí encontro transcritas as palavras que tenho a intenção de utilizar na presente obra; e, na falta de utilizá-las todas, ao menos um resumo significativo". A secura redutora da análise tira do vivido memorizado toda liberdade, mas através do prisma ordenador surge, de súbito, gloriosa criatura do espírito, Beatriz transfigurada ("*la gloriosa donna della mia mente*"); e Dante não hesita em se representar no quarto onde se refugiou para poder lamentar-se sem ser ouvido ("*nella mia camera, la ov'io potea lamentarmi senza essere udito*"). A intensidade do sentimento é aqui função de uma alquimia que tudo deve à escrita; é o trabalho organizador do passado pessoal que garante a perenidade das fontes vivas, é a liturgia que mantém o amor, é o culto da lembrança que constitui e renova a consciência dolorosa do sujeito.

Na obra de Petrarca, a autobiografia se dispersa em estilhaços, os "fragmentos esparsos de sua alma", permitindo a literatura, ao poeta, recompor o eu confuso, feito de instantes vividos. Assim se explica a prática assídua das notas marginais, as postilas do *Canzoniere*, as citações lançadas sobre os manuscritos que Petrarca possuía. À margem da *Eneida*, ornada de miniaturas de Simone Martini, em uma correspondência secreta com os jovens heróis virgilianos ceifados pela morte, Petrarca lançou entre 1348 e 1372 os nomes das pessoas caras subtraídas à sua afeição. No verso da página preliminar, Laura aparece primeiro "nesse lugar que volta mais frequentemente sob os meus olhos"; Petrarca dedica a essa imortal uma epígrafe terna e solene, onde se conjugam todos os fragmentos de um discurso amoroso:

Escola de Antonio Pollaiolo, frequentação do livro: trabalho ou prazer. (Paris, Biblioteca Nacional.)

> Laura, célebre por suas próprias virtudes e por meus poemas que a cantaram à saciedade, pela primeira vez surgida aos meus olhos no tempo de minha primeira adolescência no ano do Senhor de 1328, na manhã de 6 de abril, na igreja Santa Clara de Avignon; e nessa mesma cidade, no mesmo mês de abril, no sexto dia do mês, na mesma hora matinal, no ano de 1348, subtraída à luz, enquanto eu estava em Verona, ai!, ignorante do destino que se cumpria. A funesta notícia alcançou-me em Parma por uma carta de meu caro Luís, na manhã de 19 de maio de 1348. Seu corpo tão puro e tão belo foi colocado entre os Frades Menores [franciscanos], no mesmo dia de sua morte, por volta do anoitecer. Quanto à sua alma, como a do Africano segundo Sêneca, retornou ao céu de onde viera, é minha convicção profunda.

Giovanni di Paolo, São Jerônimo aparece a santo Agostinho, *1465. As palavras provocam os pensamentos e suscitam as figuras. São as aventuras dos intelectuais do século XV, e de todos os tempos. (Berlim, Staatliche Museen Preussischer Kulturbesitz.)*

A frequentação assídua de Virgílio desperta sob as palavras o sentimento repetido de haver perdido tudo: "todos os dias eu morro" (*quotidie morior*), escreve Petrarca a Philippe de Cabassoles; não se deixam senão vestígios. Petrarca inscreveu nas margens brancas do *Canzoniere*, o único espaço contínuo em que sua consciência se exprime no dia a dia, notas sobre o seu próprio labor: tal lembrança muito antiga, surgida numa noite de insônia, após 25 anos de esquecimento; tal instante propício à criação, retardado pelo convite para passar à mesa. Dessas notas, desses instantes, só Deus poderia refazer o tecido contínuo de uma vida; mas a obra está lá, com seus gritos e seus sussurros; mistura indissoluvelmente a lembrança e sua orquestração, a literatura e as coisas da vida. Petrarca só deixou sobre si mesmo um testemunho composto em forma de

Dante, A divina comédia, *gravura sobre metal atribuída a Baccio Baldini, segundo Sandro Botticelli, 1481. (Paris, Biblioteca Nacional.)*

post-scriptum, uma *Epístola à posteridade*: sua voz, levada pelo tempo, contém cuidadosamente sua emoção; apesar da distância que ele se compraz em cavar entre o homem que foi e o escritor que permanecerá, não pode resistir à tentação de descrever-se:

> Talvez um dentre vós tenha ouvido alguma coisa a meu respeito [...] fui um de vosso grupo, um homenzinho entre os mortais [...]. Sem me gabar de um físico de primeira ordem, tinha as vantagens que convêm aos verdes anos: a tez viva, entre o brilhante e o pálido, os olhos cintilantes e a vista por longo tempo muito aguda, para além dos sessenta, depois enfraquecida a ponto de me obrigar, a despeito de minha aversão, a procurar o socorro dos óculos [...].

O autorretrato nos leva de súbito, num sopro, às misérias da vida privada, que Boccaccio, em seu retrato literário do grande homem, desvelou-se em apagar, assim como estendeu sobre suas próprias lembranças o véu dos lugares-comuns dos antigos.

Depois de Petrarca, o humanismo multiplica as referências e os pastiches da literatura romana; o aspecto nitidamente mais sereno que toma no século XV a análise dos sentimentos deve-se ao conformismo da expressão e às lições de moral extraídas dos bons autores. Ainda que a preocupação cristã com o balanço espiritual continue a inspirar a narrativa na primeira pessoa, a evasão filológica, as paisagens de convenção, o gosto pela medida e a preocupação com a glória reduzem ao extremo os espaços da introspecção.

Giovanni Conversini, de Ravena, chanceler de Francesco de Carrara, deve à tradição agostiniana revivificada o título de seu exame de consciência, *Rationarium vitae*, mas seu discurso não tem os tons angustiados do diálogo com a alma; Poggio, em sua frequentação dos autores do passado ("todos os dias eu falo com mortos"), busca atitudes virtuosas, mas não diz palavra de sua própria consciência; Pier Paolo Vergerio, descrevendo sua estada no campo, instala-se de bom grado sob a mesma umbela que Plínio, o Jovem. O próprio Enea Silvio Piccolomini, o futuro Pio II, cuja acuidade de espírito se manifesta em tantas páginas, esboça em seus *Comentários* uma autobiografia insípida e fugidia enquanto sua vida privada não recebeu a consagração da tiara; mas então, escrevendo como César, seu mestre em literatura, na terceira pessoa, Enea Silvio encobre sua vida com o manto de seu pontificado. Sob o estilo da narração objetiva, algumas inflexões permitem escutar sua voz. Sarcástico, quando descreve as manobras do conclave em que foi eleito: "A maioria dos cardeais se reuniu perto das latrinas, e foi nesses locais próprios à discrição e ao segredo que se entenderam sobre os meios de eleger Guilherme papa"; melancólico, quando percorre o país de sua infância: "O papa encontrava por toda parte traços evidentes de sua velhice"; resignado, quando prepara diante de Ancona, com a Cruzada impossível, o último ato de sua vida: "Se essa rota não impele os cristãos a entrarem em guerra, não conhecemos outra [...]. Quanto a nós, sabemos que a morte está à nossa frente, e não a recusamos". Se aí existe ainda conformismo, ele é vivido e se chama imitação dos santos e dos mártires.

COMENTÁRIOS SOBRE A AÇÃO

Com os *Comentários*, passamos insensivelmente a uma outra vertente da escrita, em que o sujeito mantém só um laço com o privado: já não são os instantes privilegiados em que se abole o tempo passado, nem as exigências íntimas de iluminar os movimentos da consciência. É a reconstituição, na ordem do tempo vivido, dos acontecimentos que merecem ser salvos do esquecimento, em que os ímpetos pessoais e as escolhas são camuflados pela aparente objetividade da narrativa.

Em relação ao objetivo que continua a ser fixado, no final da Idade Média, por historiadores como Froissart ou Villani, comentários e memórias se propõem abertamente a retomar o fio dos dias passados à luz da experiência: insistências e lacunas, enumerações e digressões, sobrevoo e minúcia na apresentação dos atos esculpem nas reentrâncias o retrato do narrador, sobretudo quando ele é animado por uma preocupação apologética.

O Burguês de Paris, que mantém o diário dos tempos difíceis, é uma testemunha impotente e raivosa dos acontecimentos que o ultrapassam; Philippe de Commynes foi a uma só vez participante da intimidade dos protagonistas, o duque Charles e o rei Luís, e encarregado de missões públicas e secretas; o relato que ele faz, os julgamentos que apresenta, as descrições dos luga-

Piero della Francesa, Retrato de Sigismundo Malatesta, *1451. Rigor da composição, que eleva o retrato de um poderoso senhor ao nível de um arquétipo. (Paris, Louvre.)*

res e os retratos que pinta são coloridos por esses sentimentos e velados, no declínio de sua vida, pela distância que separa a ação política do retiro forçado. Mas o autor em seu privado aparece, fugidiamente, apenas se solicitamos seu discurso e se desentocamos suas intenções; quanto aos personagens que põe em cena, não os mostra em seu quarto senão em algumas ocasiões que justificam seu desígnio de escrever, o duque da Borgonha em seu furor de ter sido enganado, ou em sua melancolia selvagem, o rei da França em seu solar e nos tormentos de morrer, aos quais Commynes finge ter assistido até seu termo.

Certos autores, preocupados em inscrever suas experiências pessoais em uma perspectiva histórica digna dos modelos da Antiguidade, não conseguiram manter a linha divisória entre privado e público. Francesco Guicciardini redigiu separadamente três livros, distinguindo pela matéria conhecimentos sobre a vida pública, sobre a história familiar e sobre sua própria vida; são as *Storie fiorentini*, as memórias familiares e as *Ricordanze:* mas, desempenhando seu papel de historiógrafo, traça o retrato de seu pai sem mencionar seu parentesco com ele, e, quando se propõe "conservar a lembrança de certas coisas que lhe pertencem propriamente", limita-se a lembrar as etapas de seu *cursus honorum* e se outorga o *satisfecit* de um bom filho e bom esposo: uma medalha de honorabilidade que reduz a vida privada à reputação de um bom ator na cena pública.

Por um caminho inverso, é a preocupação de justificar uma ação pública que conduz os personagens mais diversos a escrever uma defesa e ilustração de sua conduta: Jörg Kazmeier, prefeito de Munique durante os distúrbios do extremo final do século XIV, só relata os acontecimentos de que sua cidade foi palco para explicar sua fuga; Arnecke, prefeito de Hildesheim em meados do século XV, assegura sua defesa contra as acusações de imperícia e de prevaricação; Götz von Berlichingen, descrevendo, octogenário, suas tribulações de mercenário, durante um quarto de século, da Suíça a Hesse, pretende, à custa de algumas distorções na verdade sobre seu papel durante a revolta dos camponeses, fazer calar obstinados caluniadores; o relato parte da infância, em que já se afirmava seu temperamento de chefe: "Muitas vezes ouvi meu pai, minha mãe, meus irmãos e irmãs e os criados que os serviam dizerem que eu era um menino extraordinário (*wunderbarlich*) [...]". Já não tendo nada a perder, o acusado contra-ataca.

Do mesmo modo, Benvenuto Cellini, cuja glória e cuja desgraça foram iguais, enfrenta a conjuração de seus detratores insistindo nos prodígios que acompanharam os episódios escolhidos de sua vida privada e pública; referências heroicas ou maléficas dão à narrativa seu ritmo e sua cor, do serviço de Clemente VII ao calabouço onde o artista é lançado em 1556. Para um tal destino, não faltavam os sinais anunciadores, nem o ancestral fundador de Florença, nem os antepassados bíblicos, nem a salamandra perto do bebê. Uma pré-história mitológica faz o indivíduo escapar aos quadros estreitos de seu tempo; a autobiografia da desmedida sai do domínio público desfrutando da reputação estabelecida do autor; mesclando habilmente relatos e símbolos, ela deforma ou dissimula a realidade da vida privada.

Estamos em meados do século XVI em companhia de Benvenuto Cellini, ao termo de uma evolução da consciência de si relatada aos outros. A ficção, exageração sobre fatos verídicos e inverificáveis, é o resultado acabado de vários componentes: a introspecção espiritual, o retorno aos acontecimentos vividos, e uma terceira corrente, que convém agora examinar, a história familiar.

A MEMÓRIA FAMILIAR

A atenção prestada aos fatos que, de perto ou de longe, constituem a trama de uma memória familiar acarretou, nos meios leigos acostumados a escrever, a conservação de papéis e de registros privados. Tabeliões e escrivães a serviço dos assuntos públicos, comerciantes de todos os níveis, do comércio varejista às grandes empresas internacionais, até mesmo alguns artesãos formam um grupo que se amplia, do século XIII ao XVI, para o conjunto dos notáveis em todas as cidades da Europa. Dele não estão excluídos os nobres, nem as mulheres, que por vezes tomam a pena tombada das mãos de seu pai ou de seu esposo. O gosto de escrever está associado à preocupação de uma boa administração do patrimônio e de uma transmissão aos herdeiros de um capital de imóveis, de bens imobiliários, de obrigações espirituais e de memórias.

O capital de memórias só se gera e só se lega se estiver ordenado, e é efetivamente a partir de 1350 que se percebe na loja, no escritório, no *studiolo* do palácio, a organização progressiva de um material familiar feito de documentos contratuais e contábeis, de listas de nascimentos e de óbitos, de receitas medicinais e propiciatórias, de maços de correspondências, de reconstituições genealógicas. O núcleo original a partir do qual se organizaram e se diversificaram os dossiês do chefe de família foi, parece, no mais das vezes, o conjunto de fichas volantes (veem-se esses mementos presos a um prego atrás dos retratos de comerciantes e de artesãos), depois cadernos e registros, conservando a lembrança de obrigações e de prazos, transformando-se em seguida em um diário de empresa em que a distinção entre o comercial e o doméstico, entre o doméstico e o memorial levou algum tempo para se estabelecer.

Urs Graf, o Velho, Porta-estandarte, *1514. O artista suíço fornece um testemunho, entusiasta ou sarcástico, sobre os heróis da violência e da glória que encontrou ao acaso das guerras de seu tempo. (Museu de Basileia.)*

As cidades do centro e do Norte da Itália, depois as cidades da alta Alemanha a partir do fim do século XIV foram os lugares onde se elaborou e se difundiu a organização escritural mais desenvolvida da empresa comercial e bancária; essa organização contábil, multiplicando as remessas de um livro especializado ao outro, expulsou do registro todas as informações que não tinham seu lugar no balanço comercial. Assim nasceram "livros secretos", "diários dos assuntos próprios", "memoriais", "livros domésticos", diários de família e de recordação

Marinus van Reymerswaele (*c. 1493-após 1567*), Controladores de impostos. *(Munique, Pinacoteca.)*

Marinus van Reymerswaele, Retrato de um desconhecido *(detalhe). (Paris, Coleção Porgès.)*

Papéis públicos, papéis privados: o realismo, levado até a caricatura, faz entrar a papelada profissional na pintura de gênero a partir do século XV.

que, qualquer que seja seu título, conservam ciosamente, para transmiti-las, informações de natureza privada. Permanece até meados do século XVI ou mais, segundo os níveis de organização intelectual, uma extrema variedade de conteúdo dessas escritas familiares, que conservam, da lenta constituição do memorial a partir das notas do dia a dia, a prática caprichosa da inserção mnemônica: desordem orgânica quando, por exemplo, as cláusulas de contratos de casamento sucedem listas de nomes de filhos, ou quando a transmissão de uma receita para curar os cavalos sucede a menção de uma venda em feira.

A prática mercantil transparece no lugar que ocupam os balanços resumidos, extraídos dos outros livros, na importância dos inventários, quer se trate dos vestidos e joias oferecidos por Lucas Rem, de Augsburg, à sua mulher, ou de relíquias colecionadas por Nicolas Muffel, de Nuremberg, o hábito também de assinalar na lista dos filhos os mortos prematuramente, a exemplo de cartas de crédito irrecuperáveis ou de parcelas de contas saldadas. Se os comerciantes mais rudes continuam, em pleno século XV, a intercalar em seu diário contábil informações erráticas, homens de negócios tão sensatos quanto Giovanni Barbarigo em Veneza, Anton Tucher em Nuremberg fazem a separação nítida entre livros de negócios e livros privados, mas continuam a inserir no livro doméstico contas de casa, rendimentos dominiais e algumas anotações mais pessoais e anedóticas. O *Libro segreto* de Goro Dati, de Florença, não tem nada em comum, a despeito de seu título, com os livros contábeis da firma Alberti e também não se eleva, apesar de um preâmbulo melancólico sobre o tempo que passa, acima das notas patrimoniais, pessoais e familiares. Sob o título *Zibaldone*, "salada mista", o manuscrito do veneziano Da Canal registra indicações estritamente limitadas aos usos comerciais no Mediterrâneo tais como as possuíam todos os escritórios de companhias, enquanto Giovanni Rucellai, de Florença, pretende reunir sob esse mesmo título uma soma de sua experiência dos negócios e da política, aí acrescentando considerações sobre os serviços domésticos, e a transcrição de contas de despesas suntuárias empreendidas na fachada de Santa Maria Novella e na capela Brancacci do Carmine. Lucas Rem, de Augsburg, no primeiro quartel do século XVI, faz o esforço de ordenar em seções a matéria que trata (carreira pessoal, despesas suntuárias, filhos), mas conserva o título enganador de *Tagebuch*, "diário".

Como se vê, a variedade dos dados inscritos à margem de uma atividade profissional e de uma vida ativa multiplica os ângulos de visão sobre as preocupações pessoais e os elementos do patrimônio que deviam permanecer cuidadosamente dissimulados ao público: o Livro dos Valori, de Florença, traz na capa: "Este livro não deve ser mostrado a ninguém" (*Questo libro non si mostri a nessuno*).

Na triagem necessária operada a cada geração, dois critérios guiaram essencialmente os comerciantes escritores, quando pretendiam transmitir uma experiência e um saber pelos quais se consideravam responsáveis: a utilidade e a dignidade. Sentados em sua *camera privata*, diante de seus contemporâneos, de seus descendentes e da posteridade, insistiram no inalienável e no exemplar: de um lado, as decisões e as escolhas que, segundo seu conhecimento, reforçaram ou enfraqueceram a sociedade ou o patrimônio — e a insistência no exemplo pode transformar-se na exaltação de um ancestral ou na confissão de seus próprios erros; e, do outro lado, o conjunto dos saberes necessários à vida do grupo familiar, quer se trate de esvaziar a fossa sanitária da casa ou de conservar de uma geração à outra a rede dos aparentados e das amizades de negócios.

Pieter Brueghel, o Velho, O pagamento do dízimo. *(Paris, Museu das Artes Decorativas.)*

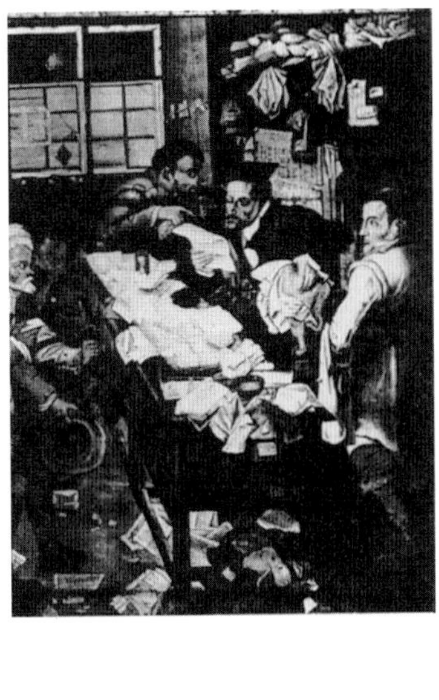

Esse é o propósito do diário familiar de Étienne Benoist, de Limoges, que, na primeira metade do século XV, durante vinte anos, elaborou a "memória familiar" (J. Tricart) que considerava bom transmitir a seus filhos: lembrança dos nascimentos, casamentos e óbitos, registro dos contratos que ocupam mais de um quarto do livro, e legados espirituais, se se podem classificar sob essa mesma rubrica tutelar orações e citações de textos sacros — uma escolha familiar — e o "estamento político" não datado de um homônimo do autor, código de conduta herdado de um ancestral e já recopiado na geração anterior. A matéria é essencialmente privada, não sendo evocados os acontecimentos limusinos senão em razão de sua incidência sobre a vida familiar e limitando-se a finalidade do livro à utilidade para o futuro dos Benoist.

Domenico Ghirlandaio, O sacrifício do patriarca Zacaria *(detalhe), 1486-1490. (Florença, Igreja Santa Maria Novella, Capela Tornabuoni.)*

Na massa das crônicas familiares europeias, publicadas ou inéditas, as fontes florentinas parecem ser as mais numerosas e as mais ricas: o gosto pelo antigo no tempo do "humanismo cívico", as rivalidades sangrentas entre os grupos familiares que pontuam a história política, o enraizamento dos notáveis raramente tentados pela aventura marítima, que muda as carreiras e interrompe os relatos, eis aí talvez algumas razões para essa densidade das histórias de vidas. Nesse laboratório em que se afirma a consciência de si de um grupo urbano, dois textos entre os mais conhecidos ilustram as duas vertentes da escrita familiar, uma voltada para a experiência pessoal, a outra para a memória longa.

Giovanni Morelli tem o senso da antiguidade de sua família e o gosto pela reconstituição genealógica; mas seus *Ricordi* propõem sobretudo um modelo educativo ("*ammaestrare i nostri figluogli*"). Ele apresenta a si mesmo na terceira pessoa como o representante da medida e do conformismo político; deixa dele a imagem de um comerciante exemplar, cujo saber determinou o sucesso: "De estatura e de robustez medianas [...], ele não apreciava o que era mau, em particular tudo aquilo que podia prejudicar a comuna [...]. Esforçou-se por viver sempre sem embaraço, sem jamais se opor por palavras ou por atos àqueles que governavam". Moral do meio-termo, da abstenção, até da fraude fiscal, que tira todo sabor ao relato da vida privada; permanece a morte do filho, drama para o pai, drama para a linhagem, com o qual se concluem bruscamente essas memórias utilitárias.

Donato Velluti pertence à geração anterior e deve talvez à sua carreira de jurista seu senso da continuidade e seu método histórico. Retomando sua vida e sua carreira, o lugar que ele ocupa no organismo vivaz que é a família, fala de si na primeira pessoa, quando é sua vez de aparecer: "Pareceu-me que escrevia coisas que eram demasiadamente em meu louvor [...] não o fiz por minha glória, mas para a lembrança dos fatos que se produziram, pensando que seria agradável a meus leitores futuros saber o porquê e o como".

Selecionando os fatos e os detalhes, ele os relaciona deliberadamente à realidade complexa que o cerca e à longa duração na qual se inscreve: evoca a gota de que sofre desde 1347, porque ela o impediu de ocupar cargos públicos; fala de seu casamento, no interesse da continuidade familiar; liga sua carreira aos episódios da vida política florentina. A "crônica doméstica", que tendia cada vez mais a confundir-se com um relato dos acontecimentos públicos, interrompe-se de maneira tão brutal quanto as "lembranças" de Morelli, com o desaparecimento, aos 22 anos, de Lamberto, seu filho; atingido por uma doença que lhe corrói as partes genitais, o jovem morto estabelece uma frágil simetria com a robustez mítica do fundador Bonaccorso.

NARRAÇÃO DE SI MESMO

Construídas a partir dos arquivos e das representações, que fazem da família o invólucro natural em que desabrocha a ação, as crônicas privadas davam o melhor papel ao narrador; quer tenha

Vittore Carpaccio, O milagre da relíquia da Cruz *(detalhe), 1494. (Veneza, Accademia.)*

Instalados em pé de igualdade na história santa, retratos de grupo de notáveis, membros da família florentina dos Tornabuoni, membros da Scuola de São João Evangelista de Veneza.

ou não experimentado a tentação de destacar-se, era a sua voz que ia ressoar, eram as suas buscas que retomavam o fio do tempo. A partir do começo do século XV, a memória ousa conservar o vestígio do inútil e do indigno. Alguns autores caem na despreocupação e no picaresco: o romance de vida está começando a nascer. Permaneçamos em Florença, na companhia de Bonaccorso Pitti. Ele escreve no primeiro terço do século XV uma crônica que, reduzindo ao mínimo o enraizamento genealógico e silenciando sobre a infância do autor, se propõe contar em primeiro lugar uma vagueação: "Vou contar agora minha vagueação pelo mundo desde a morte de meu pai". A liberdade do projeto, sua novidade, deve-se à ruptura inicial do relato pessoal, após o prólogo obrigatório. O jovem autor encanta-se em relatar sem disfarce uma aventura galante, o assassinato de um maçom, episódios de vendeta sobre o fundo da revolta dos Ciompi; nem as virtudes morais, nem a honra familiar, nem a fatuidade do sucesso guiam uma pena alerta que deixa expandir-se o eu. Com os anos e o fim das viagens, os sucessos comerciais e os cargos públicos pouco a pouco fazem o discurso mais pesado; a crônica volta a seu leito e sepulta a autobiografia sob o peso do útil e do conveniente.

Por essas brechas do natural, avalia-se o caminho percorrido desde o parcimonioso registro de notícias pessoais. Para que se afirme definitivamente o romance de uma vida, para que as últimas reticências em apresentar o íntimo em pintura sejam apagadas, era preciso que triunfasse o sentimento de que o homem deve mais a seus próprios esforços do que às suas origens ou à proteção divina. Para uma história da vida privada, apreendida em seu desenvolvimento orgânico, concorrem poderosamente o orgulho do sucesso e o diálogo entre o passado e o presente narrativo. Mas, à diferença do exame de consciência penitencial que ergue um homem novo diante da desordem e do absurdo do tempo passado, é a história dos verdes anos — a infância muitas vezes séria, por vezes difícil, os anos de formação profissional — que dá à escrita sua sinceridade. Baseada em um diário, em documentos de primeira mão, por vezes posta na perspectiva do curso dramático dos acontecimentos gerais, a biografia não perdeu suas referências familiares, políticas, espirituais: ela reúne todas as correntes que, desde meados do século XIV, conferem à voz individual, à vida pessoal, à experiência, íntimo valor, prestígio, função social. Do mesmo modo que o autorretrato ousa afirmar em um jogo de espelhos a eternidade de um olhar, assim também o livro em que se condensa um destino individual exprime, muitas vezes no declínio de uma vida, a energia criadora da consciência de si.

É esse olhar construtor, por vezes severo, no mais das vezes reconciliado, que constitui o valor das aventuras singulares redigidas no fim do século XV e no começo do século XVI, particularmente no mundo germânico: sabe-se a fortuna que teve ao norte dos Alpes o tema dos anos de aprendizagem e dos romances de formação. Assim, Johannes Butzbach, que terminou sua carreira como prior de Laach, em Eifel, em 1505, insiste, em seu *Livro das peregrinações*, na dureza de sua infância infeliz; vivendo com suas lembranças sob o olhar de Deus, ele instaura um contraponto entre as tribulações passadas da criança mártir e do órfão e o tranquilo retiro em que espera a morte: os caminhos da Providência são impenetráveis.

Outro exemplo, o de Matthäus Schwarz, de Augsburg, que concebe ainda criança, na idade em que o jovem Dürer faz seu primeiro autorretrato conhecido, o projeto autobiográfico que realizará quinze anos mais tarde. Tornando-se diretor financeiro da sede central da casa Fugger aos 25 anos, conduz conjuntamente o relato de sua vida privada, que intitula *O curso do mundo*, e um livro feito de vinhetas aquareladas em que se mostra sozinho em cena nos trajes que usou. Não se pode imaginar projeto mais narcísico, pois que esse brilhante espírito, esse confidente de um dos homens mais poderosos de seu tempo escolheu deliberadamente a aparência, a futilidade, o contentamento de si, a despeito da vida cheia que leva. Um outro tempo chegou, o da provocação e do esnobismo, e no entanto o olhar que o homem aprumado lança sobre sua primeira infância, os comentários enternecidos ou picantes com que acompanha essas silhuetas condensam todo o poder do sentimento que, após várias gerações de escrita sobre si, o homem da Renascença demonstra por seu passado.

Matthäus Schwarz (1497-1574), Trachtenbuch. *Três vinhetas entre os 137 retratos do autor datados e comentados por ele mesmo. Em 1509, aos doze anos, ele deseja tornar-se monge em São Ulrich de Augsburg e se compraz em decorar e iluminar um altar privado erguido em seu quarto; em 1516, aos dezenove anos, esse filho de comerciante, retornando de sua viagem de formação à Itália, usa com afetação um traje de fidalgo; em 1547, aos cinquenta anos, com a espada, o barrete e as luvas, ostenta a consciência de si de um notável de primeiro plano e data seu traje de tafetá* (daphatt) *de um acontecimento público no qual precisou participar, a ida de Carlos V a Augsburg para uma assembleia do Sacro Império (Reichstag). (Paris, Biblioteca Nacional.)*

O INDIVÍDUO NUM ESPELHO

A IDENTIDADE

Um historiador veronês concebera o projeto de reunir os retratos esparsos de 150 contemporâneos identificáveis do senhor de Verona no século XIV, Cangrande Della Scala. Ir ao encalço de rostos de pedra e devolver-lhes sua identidade, tirar notáveis dos grupos pictóricos em que se fundem, é, na tradição de Michelet, a louca ambição de ressuscitar indivíduos cuja ação e cujas paixões contribuíram, com a multidão de seus contemporâneos, para o destino de uma sociedade. Personagens públicos, cuja imagem pintada ou esculpida atestava o poder ou a reputação, e que ofereciam à visão da maioria aquilo que lhes pertencia propriamente, seu rosto e sua atitude.

A representação da pessoa não é um uso comum a todas as civilizações nem a todas as épocas. No Ocidente, a renovação do retrato figurado, a partir de meados do século XIV, exprime a progressiva liberação do indivíduo, saindo do quadro social e religioso onde o haviam imobilizado a adoração e a munificência privadas. Ela nasce sem dúvida também da prática leiga e pública que, ao menos na Itália central e setentrional, expunha nos muros a imagem dos con-

Extraída da Retórica *de Cícero, manuscrito ilustrado do fim do século XV, essa miniatura representa o pintor no trabalho. O ajudante prepara as cores em cadinhos: o comanditário, que assiste à sessão de pose, está ele próprio representado em pintura nos quadros que ornamentam a peça. (Gand, Biblioteca Universitária.)*

denados ao opróbrio da comunidade. Ela traduz, enfim, o apego à memória dos indivíduos que, ao longo do tempo, teceram a história familiar e de que davam testemunho em Florença — longínqua homenagem à tradição etrusca? — os retratos de cera perfeitamente parecidos, expostos como ex-voto em Santa Maria Anunziata, ou conservados no privado das grandes famílias e apresentados por ocasião das festas e procissões públicas, demonstrando a antiguidade e o poder do clã.

RETRATOS REAIS

Não se pode deixar de interrogar sobre a veracidade das primeiras efígies individuais, a tal ponto parecem carregadas de virtudes demonstrativas: não foi por acaso que o soberbo cavaleiro de Bamberg foi comparado à figura ideal do santo rei Luís. As representações figuradas fazem surgir categorias mentais, como as descrições fazem surgir imagens e sensações; a eficácia de umas e de outras foi sabiamente aproveitada pelo poder político e pelo magistério espiritual durante séculos em que triunfava o simbolismo de um mundo ordenado: hieratismo das atitudes, demonstração dos gestos, linguagem das insígnias. O sortilégio totêmico das formas e das cores surpreende ainda sob as abóbadas de Westminster. Carlos IV é o primeiro soberano do Ocidente medieval a substituir deliberadamente a perfeição dos signos monárquicos pelo seu retrato fiel e pelo retrato dos membros de sua família na Catedral de São Vito em Praga; é também o primeiro imperador a redigir ele próprio sua biografia, incorporando à narrativa de suas ações acontecimentos privados desprovidos de qualquer valor exemplar.

Quando é obra não de um pintor ou de um escultor, mas de um escritor, o retrato físico e moral de um indivíduo decorre de um gênero literário herdado da Antiguidade, transmitido pelas *Res gestae* à glória do soberano, postos em moda nos meios urbanos do final da Idade Média pelas crônicas e pelas histórias familiares, estabelecendo laços sutis entre o mundo dos vivos e dos mortos e a eternidade dos heróis de ficção.

Entre os retratos literários do fim da Idade Média, os dos reis são de um vivo interesse para apreender e datar a preocupação com a verdade física. Não que o século XV tenha abandonado o simbolismo, ou que os séculos anteriores tenham permanecido insensíveis ao realismo da descrição. Mas a representação da figura real estabelece acordo entre duas tendências, a conveniência que se prende à função do monarca, e designa o rei por suas características, e a evidência das virtudes privadas, que transpareciam em sua presença física. Do século XII ao XVI, a irresistível verdade dos detalhes se incorpora ao discurso sobre o rei, na medida em que o discurso perde sua função de celebração para adotar a liberdade de tom do cronista ou do diplomata em seus despachos secretos.

O imperador Luís, o Bávaro, morto em 1347, foi objeto de quatro elogios, dos quais um se contenta em notar a elegância do soberano; os outros três decompõem essa impressão primeira com uma série de adjetivos que são umas tantas pinceladas na paleta: o rei era delgado e esbelto, sólido, bem proporcionado, alto, muito ereto. Essas precisões concorrem efetivamente para a imagem elegante que pertence à tipologia do príncipe e que impressionava sem dúvida os observadores. Um dos quatro escritores, Albertino Mussato, fez de rei Henrique VII, predecessor de Luís, o Bávaro, um retrato físico que insiste na mesma impressão geral, devida à estatura e sobretudo à harmonia das proporções; reencontra-se na descrição dos dois soberanos a mesma relação mensurável (*commensurata conformitas*), digna de uma estátua, entre as partes do corpo, pés e pernas em Henrique VII, ombros e pescoço em Luís.

Andrea Della Robbia, Retrato de adolescente, *terracota. Donatello,* Busto de desconhecido, *bronze. Retratos de terracota esmaltada ou de bronze tão preocupados com realismo quanto as imagens de cera dos grandes de Florença; trata-se talvez de membros da família Medici. (Florença, Bargello.)*

Além do aspecto de conjunto, três dos quatro autores evocam o sistema piloso do rei: cabelos ralos e tendendo para o ruivo é um detalhe que seria perfeitamente verossímil na pena de Albertino Mussato, se ele não fosse contrariado pelos outros autores, e se não o encontrássemos palavra por palavra no retrato de Henrique VII já evocado. A tez, colorida para um, clara e rubra para o outro, parece depender da figura de estilo. Alguns detalhes do rosto (sobrancelhas proeminentes, nariz forte) completam a silhueta; Albertino Mussato acrescenta, enfim, traços de caráter: o rei era empreendedor, perseverante, cortês, amável, galante. Concordância das observações sobre o ar geral, discordância sobre os detalhes, prolixidade dos qualificativos fazem igualmente duvidar dessa reconstituição. Permanece a elegância, isto é, a lembrança, transmitida por testemunhas oculares ou por representações figuradas, de uma presença física, condensada em uma palavra por Heinrich Rebdorf: um rei não poderia parecer-se com a imagem que se faz de um rei?

Para a escolástica, cada forma visível demonstra o invisível, a ordem criada se decifra. Uma harmonia organiza os ritmos da arquitetura, as proporções do corpo humano, a estrutura da sociedade, cuja expressão mais alta é a pessoa do rei. Investido de uma missão divina, o personagem real deve conformar-se por sua aparência, seus gestos, sua voz à imagem que tem de seu cargo, e que o povo cristão reconhece. Basta vê-lo para saber sua posição: Joana d'Arc encontra Carlos VII na multidão na qual ele se misturou, na sala do castelo de Chinon. Está na ordem das coisas que sua aparência seja digna da função que exerce: "A majestade brilhava em seu rosto" (*in vultu majestas*), diz Poggio sobre o velho Sigismundo entrando em Roma para ser coroado. Frederico III, cujos ombros largos não conseguiam fazer esquecer a baixa estatura (*statura plus quam mediocri*), aplicara-se desde a sua infância em compor sua aparência, segundo Johannes Grünbeck: imprimia a seu rosto as marcas de seu caráter; todos os observadores ficam impressionados com a gravidade, a reserva amável do imperador, como a elegância de Luís, o Bávaro, marcara seus contemporâneos. Transformando seus defeitos naturais (rosto comprido, ar atarracado, baixa estatura, timidez) na expressão de sua majestade, Frederico III demonstrava que a consciência de sua missão pode conduzir o soberano a compensar por seu comportamento o que a graça não lhe deu. O discurso literário sabe aliar a verdade psicológica aos lugares-comuns de uso e redescobre pelo ângulo do elogio um dado essencial da vida privada: mais do que os outros homens e não menos do que eles, o rei, pessoa pública, constrói seu rosto.

Peter Parler e sua equipe de escultores (1375-1385). Um dos 21 bustos dinásticos, colocados no trifório da Catedral São Guy de Praga: Retrato do imperador Carlos IV.

A propósito do imperador Maximiliano, encontra-se sob a pena de certos autores, como Cuspiniano, o humanista vienense, a metáfora escolástica do rei quadrado (*statura quadrata*, *figura quadrata*), construído como uma igreja, onde resplandece a majestade divina. Vitrúvio estabelecera a analogia entre a perfeição do corpo humano e a de um edifício. Os laços entre a aparência percebida como uma construção e o sentimento do belo (*forma-formosus*) foram um dos temas recorrentes da reflexão escolástica sobre a criação, e, depois, da especulação sobre os números dos geômetras e dos artistas da Renascença. Aplicada à pessoa do príncipe, essa simbólica ilumina por seu poder sugestivo qualidades físicas e qualidades de alma; do mesmo modo que o vitral filtra e faz irradiar a luz divina, o olhar de Maximiliano lança irresistíveis clarões: Johannes Grünbeck, subjugado por seus olhos cintilantes, de um poder quase sideral, evoca o encanto a que sucumbem tanto os homens quanto as mulheres.

Um surpreendente relato de sedução mostra como o imperador era sensível, em outrem, às qualidades físicas com as quais a natureza o dotara: o jovem conde de Zimmern, graças à amistosa cumplicidade do duque Frederico da Saxônia, soube servir-se de sua aparência para obter do rei, em 1497, a restituição de uma terra que pertencera à sua família:

> Sire Wernher, que sabia quanto o príncipe era benévolo e fiel, penteou-se da maneira mais elegante, e, como era belo homem e bem proporcionado de rosto, de corpo e de aparência geral (*nachdem er sonst ain schene und wolgestalte person von angesicht, leib und gestalt*), pôs-se a esperar com os outros condes e senhores a chegada do rei; e, após a ceia, quando a dança dos príncipes terminou, sire Wernher se posicionou bem à vista, e não foi preciso mais para que o rei o notasse várias vezes, experimentasse por sua aparência um prazer particular (*ab seiner person ain besonders gefallen empfieng*) e perguntasse ao duque Frederico, que se empenhara em permanecer bem perto do rei, quem era aquele personagem [...].

Não se pode recusar nada à beleza.

Em compensação, alguns soberanos do final da Idade Média desconcertavam por sua aparência comum ou por seu físico ingrato, a ponto de seus retratos, renunciando a fazer dos defeitos uma virtude, acumularem observações críticas. *A contrario*, o constrangimento experimentado por cronistas e observadores diante da feiura tenderia a atestar a verdade dos retratos elogiosos. Em primeiro lugar, é a baixa estatura que aflige: "Embora fosse pequeno (*Etsi parvus statura*)", diz Thomas Ebendorfer de Carlos IV. Tendo encontrado o soberano, Matteo Villani traça dele um retrato sem complacência; o rei era de estatura medíocre, particularmente para um alemão, quase corcunda, pescoço e rosto projetados para a frente; a barba preta, as maçãs do rosto muito largas, os olhos esbugalhados, a cabeça calva. O busto em Praga confirma essa visão realista. Não agindo a magia da presença real sobre esse observador estrangeiro, chega-se a detalhes de comportamento que contrastam com os estereótipos da majestade soberana: Carlos IV, durante as audiências públicas, talha uma vareta com sua faca, sem olhar uma só vez os suplicantes. Sente-se a reticên-

Giovanni Pisano, Marguerite de Brabant, esposa do imperador Henrique VII *(morta em 1311), fragmento de sua sepultura (1313). Imagem de rainha, mas sobretudo poderosa afirmação da personalidade. (Gênova, Palazzo Bianco.)*

Afresco do castelo de Issogne (Val d'Aoste) datado do século XV: Comerciantes de lã no trabalho.

Abaixo*:*
Sandro Botticelli, Retrato de Lucrezia Tornabuoni *(Frankfurt-am-Main.)*

cia diante das atitudes manifestamente contrárias às convenções. O rei usa roupas curtas, tem a aparência dos pobres (*formam pauperum exprimebat*), diz seu biógrafo Thomas Ebendorfer, que o deplora.

Em suma, o realismo da descrição é tanto mais material quanto o autor não consegue apreender em uma palavra a imagem conforme à majestade real. O acúmulo de detalhes substitui a impressão primeira transmitida, ao contrário, pela escrita sugestiva, feita dos atributos do ser. Toda vez que o sentimento de um acordo perfeito (*congruentia*) sustenta a realidade sensível, toda vez que a pessoa privada entra sem esforço aparente no papel da pessoa pública, a tonalidade de conjunto do retrato real parece mais verdadeira que a multiplicação das notas: satisfaz o espírito, se não sacia a curiosidade; o realismo, em literatura como uma pintura, seria a realidade sem o espírito, a justaposição dos detalhes sem a ideia.

Se existe uma evolução na descoberta do indivíduo no final da Idade Média, ela se deve aos procedimentos de análise do real, aos instrumentos e ao vocabulário: a prática da dissecação, o hábito da frequente confissão, o uso da correspondência privada, a difusão do espelho, a técnica da pintura a óleo. Mas a multiplicação dos pontos de vista, o virtuosismo na imitação, a decomposição dos mecanismos do corpo não bastam para compreender o indivíduo em seu privado, assim como cubos de vidro colorido não bastam para formar um mosaico.

Para além da descrição realista de um rosto ou de uma cena de interior, a grande pintura flamenga do século XV fascina porque se inspira em um pensamento, em uma visão simbólica. Diante da superfície lisa do quadro, cabe ao olhar do espectador redescobrir a chave, recompor o indivíduo e traduzir-lhe o segredo.

O afresco, mostrando o comerciante de lã em sua atitude profissional, remete à imaginária dos ofícios. O banqueiro desejou deixar a tripla lembrança de seus traços singulares, de sua maestria de especialista, de seu entendimento conjugal. Os retratos de Lucrezia Tornabuoni e de Barent van Orley perpetuam rostos fascinantes, mas também o virtuosismo de Botticelli e de Dürer em representar caracteres pela virtude do estilo: a esposa do banqueiro florentino atinge, pela pose de perfil, pela impassibilidade dos traços e pela toalete resplandecente, a beleza de uma inacessível deusa; o pintor oficial da governante dos Países Baixos tem a graça séria e a urbanidade que ilustram, no espírito de Dürer, as qualidades humanas do artista e seu papel social.

Marinus Van Reymerswaele,
O coletor de impostos.
(Museu de Valenciennes.)

Albrecht Dürer,
Retrato de Barent van Orley, *1521.*
(Dresden, Gemäldegalerie.)

Doadores e heróis. Como se viu por alguns exemplos reais, o retrato pintado ou esculpido permite, no fim da Idade Média, multiplicar as confrontações de fontes e verificar a exatidão das descrições; por uma espécie de instinto, teríamos a tendência de confiar mais no pintor que no cronista.

A pintura comporta, no entanto, uma parcela de ambiguidade que se deve às convenções sociais e às intenções do comanditário: se se utiliza o retrato como documento para a história da vida privada, convém fixar imediatamente os limites da fonte, que fixa em público o homem privado, que eterniza uma atitude, que muitas vezes afoga o notável em trajes de festa. A Europa do final da Idade Média povoou-se de retratos, de início nas igrejas e nas capelas familiares, onde os doadores e suas famílias conquistaram seu lugar ao lado da Virgem com o Filho ou dos santos que os apresentam e os protegem, adquirindo na frequentação física do sagrado uma confiança crescente: o chanceler Rolin não parece surpreso de encontrar a Virgem posando no ateliê de são Lucas; ajoelha-se como convém.

Entretanto, o gosto pela Antiguidade ressuscitava o retrato cinzelado de perfil, com todas as variações estéticas sobre as cabeleiras e as coberturas de cabeça, de Piero della Francesca a Uccello. Retrato aristocrático, valorizando e idealizando por vezes os traços impassíveis do herói ou da dama. O espírito no qual essas encomendas eram executadas, a solução adotada para perenizar rosto e nome dependem da história das formas, da história da moda, ou até, no caso dos retábulos, da história social das representações. Uma dupla evolução que se desenha no século XV, nos Países Baixos assim como na Itália e nas cidades do Sacro Império, oferece para o conhecimento dos indivíduos uma matéria mais ampla.

Domenico Ghirlandaio, Retrato de Francesco Sassetti e de seu filho Teodoro. *(Nova York, Coleção Jules S. Bache.)*

Domenico Ghirlandaio, Retrato de um velho e de seu filho. *(Paris, Louvre.)*

Um primeiro movimento reposiciona o comanditário no quadro de sua atividade profissional: ourives, cambista, homem de negócios, geômetra fizeram-se representar em sua oficina ou em seu escritório, e, embora se trate ainda de encenação, o orgulho do sucesso pessoal do comanditário e a excitação inventiva do pintor em busca de um gênero novo concorrem para a preocupação de ilusionismo. A semelhança do modelo se destaca sobre um *trompe-l'oeil* familiar, que fornece preciosas informações sobre o espaço de trabalho, o cenário cotidiano, os utensílios mais verdadeiros que ao natural. O tema do espaço íntimo onde se manifesta, no silêncio, o pensamento do humanista, além dos livros e do tinteiro, é finalmente tratado por si mesmo, com são Jerônimo como pretexto, por Carpaccio, por Dürer, e tantos outros.

A vida familiar prolonga por vezes essa abertura para a vida de interior; substitui frequentemente a vida profissional, fechando sobre si a porta do escritório ou da loja. Ao estudar a escolha dos burgueses e dos notáveis que se fizeram pintar em um cenário ou no outro, sem dúvida se verificaria que o orgulho familiar toma a dianteira sobre o orgulho profissional, desde que o quadro da intimidade ociosa baste para atestar o sucesso social. Saídos dos retábulos onde se alinhavam de joelhos e por ordem de idade, os membros da família compõem, com a ajuda do pintor, um círculo em que a idade, o caráter, as aptidões fornecem suas nuanças à harmonia de bom-tom. Ao termo da evolução, Konrad Rehlinger, de Augsburg, apresentando seus oito filhos vivos e fazendo aparecer em uma abertura celeste os pequenos mortos, encomendou ao pintor Bernhard Strigel uma cena de interior perfeitamente abstrata, que não é senão a visão de conjunto de um nível genealógico.

Olhares e segredos. Ocorre, no entanto, que os laços de afeição que unem os membros da família constituam a dominante do quadro, até eliminar qualquer vestígio de cenário ambiente. O procurador da casa Medici, Francesco Sassetti, fez-se representar por Ghirlandaio sem nenhuma afetação social no traje ou na pose, só com seu jovem filho Teodoro II: o menino ergue um olhar confiante para seu pai, que só tem olhos para ele. Tão estudado quanto pode sê-lo hoje uma tomada de cena fotográfica, esse retrato ilustra um sentimento amplamente partilhado; ficamos imediatamente coniventes com os dois personagens, porque não somos provocados por uma olhadela, e porque nosso olhar não poderia interromper seu diálogo. A impressão de harmonia (*congruentia*) não é perturbada pelo realismo do nariz venoso e coberto de brotoejas, que o sentimento transcende. A tonalidade franciscana de despojamento e de amor deve ser comparada à serena gravidade do testamento que Sassetti redige em 1488, dois anos antes de sua morte. Fruto de uma encomenda, é importante sublinhá-lo, esse

Bernhard Strigel, Retrato de Konrad Rehlinger de Augsburg com seus filhos. *(Munique, Pinacoteca.)*

Colocadas sob o signo da Providência ou apreendidas na troca dos olhares, as relações entre pais e filhos são expostas com tanta verdade pela pintura quanto pelos testemunhos biográficos do século XV.

retrato intimista ganha o caráter de um manifesto, nos anos em que o banqueiro florentino era responsável pela situação financeira catastrófica da casa Medici.

Entretanto, um segundo movimento característico da pintura europeia no século XV focalizava a atenção dos retratistas no rosto frontal ou de três-quartos, suprimindo o pitoresco do cenário, jogando com os contrastes vivos ou com o aveludado dos escuros, e não deixando subsistir senão o contraponto de signos (insígnias, divisas) e a linguagem muda de alguns objetos (livro, flor, oração). No nível do espectador, o olhar: olhar incisivo do retrato de homem por Memling, na Academia de Veneza; olhar úmido e suave do homem com o cravo, de Van Eyck; olhar implacável do *condottiere* de Antonello da Messina; olhar quase desorientado de Oswolt Krel pintado por Dürer. No momento em que se exibe, com o favor da *ars moriendi* e da dança macabra, a destruição total do corpo e a separação definitiva da alma, o retrato individual desfruta com virtuosismo de uma mutação técnica da pintura, que, desde Van Eyck, conferia ao olhar uma profundidade e uma transparência inigualadas: a pintura a óleo e as receitas de camadas transparentes para clarear a cor permitiam fazer brilhar como em um espelho a pupila (a menina do olho), estremecimento luminoso que habita o retrato como a alma habita o corpo. Quando Alberti dizia da pintura que era "uma janela transparente", pode-se interpretar sua definição como uma homenagem prestada pela aparência ao íntimo. O retrato europeu do século XV faz penetrar em um espaço imaginário, que é o espaço interior, e em um espaço vertiginoso, pois que o retrato nasceu de um encontro entre um pintor e seu modelo, e está destinado a suscitar tantos encontros pessoais quanto forem os olhares fixados em uma imagem semelhante ao modelo desaparecido.

Albrecht Dürer, Retrato de Oswolt Krel, *1499. (Munique, Pinacoteca.)*

Esse jogo de olhares explica o fascínio exercido ainda pelo duplo retrato dito de Arnolfini e de sua esposa, tão frequentemente comentado, e cujo verdadeiro tema é talvez o encontro entre a realidade que foi e a ficção que permanece. *Jan van Eyck fuit hic*: o pintor assinalou sua marca acima do espelho em que seus personagens em pé aparecem de costas; diante deles, isto é, na profundidade do campo introduzida pela simetria do espelho, mantém-se sempre Van Eyck, no lugar que ocupam todos aqueles que olham o quadro.

As variações sobre o íntimo nem sempre entregam seu segredo, seja porque tenhamos perdido os caminhos de acesso ao pensamento simbólico de uma sociedade morta, seja porque o pintor, seus modelos e seus comanditários tenham intencionalmente obscurecido as referências e confundido as pistas. É o caso dos quadros de cavalete de Giorgione: *A tempestade*, *Os três filósofos* propunham à meditação de amadores venezianos prazeres raros, dos quais inúmeras pesquisas

Dois autorretratos de Albrecht Dürer: Retrato com cardo-azul, *1493. (Paris, Louvre.)* Retrato, *1498. (Madri, Museu do Prado.)*

tentaram redescobrir as pegadas. Multiplicar os símbolos que só se esclarecem por sua relação mútua, velar o sentido pela insistência nos detalhes, dissimular o verdadeiro nas dobras do belo são preocupações elitistas de um meio de esnobes cultivados.

Em um clima propício ao enigma, um retrato não é inocente: diz mais ao dizer menos, segundo a retórica da confissão sem frases. Nos casos mais simples, alguns objetos bastaram para informar, se se trata de um missal, de iniciais bordadas ou de uma letra de câmbio. Mas como ir além "desse pequeno monte de coisas derrisórias"? O ser que foi não se resume nesse instantâneo com acessórios, e a pintura não comporta menos não dito que a descrição literária.

Em um nível superior de artifício, a preocupação com virtudes pessoais e com distinção faz nascer composições mais sutis e mais excitantes, como o grande retrato de Francesco Maria Della Rovere, duque de Urbino, pintado por Carpaccio e datado de 1510, no qual o herói se destaca em pé sobre uma floresta de signos. O espaço organizado como um quebra-cabeça heráldico parece saído todo montado das reflexões e das quimeras do cavaleiro adolescente de olhar suave.

Espelhos. Uma dimensão suplementar do mistério do ser foi introduzida na pintura pela invenção do autorretrato. É incontável

Outro Autorretrato, *1500. (Munique, Pinacoteca.)*

o número dos pintores que, como os mestres esculpindo um fecho de abóbada, experimentaram a tentação de fazer conhecer seu rosto; de início eles se introduziram nos grupos e nas multidões piedosas que pintavam: Hans Memling, curioso atrás de um pilar do retábulo de sir John Donne; Botticelli, adotando a atitude altiva dos poderosos florentinos que frequentava. Depois, obedecendo ao movimento imperioso que por uma vez negligenciava o comanditário, os pintores nos deixaram seu próprio retrato solitário. O poder exercido por um autorretrato sobre o espectador vem de que a relação do pintor consigo mesmo incorpora o espelho no campo da transparência; o autorretrato esboça um romance de si, com um olhar e alguns signos.

Inaugurando a longa série dos duplos (*Doppelgänger*) da história intelectual germânica, Albrecht Dürer representou a si mesmo ao menos oito vezes; aos catorze anos, já se interrogava diante de seu espelho. Seus três autorretratos a óleo constituem marcos para a história da introspecção nos confins da Idade Média e da Renascença: três olhares sobre o íntimo, três momentos de um itinerário espiritual. O retrato "com cardo-azul", conservado no Louvre, data de 1493; foi pintado enquanto o artista gravava na Basileia o frontispício das *Cartas* de são Jerônimo. O jovem com o cotovelo apoiado na base do quadro — a "janela transparente" de Alberti — tem na mão o cardo que deu nome à obra. O olhar grave, o fundo neutro concentram a atenção nessa planta simbólica e nos pensamentos que ela desperta, e não se decidirá entre dois níveis de interpretação propostos: Albrecht Dürer está às vésperas de se casar (1494), e o cardo é aqui, por antecedência, o símbolo da fidelidade conjugal (*Männestreue*); ou, sendo o cardo-azul chamado, em grego, *dypsakos* (o sedento), o retrato proclama que esse jovem de 22 anos está sequioso de verdade. A legenda em estilo ingênuo — rima dada de antemão, confidência espiritual? —, "Meus assuntos vão como as coisas lá em cima são" (*My sach di gat/ als es oben schtat*), não é de grande ajuda para decidir.

Uma etapa importante é transposta, em 1498, no momento do segundo autorretrato a óleo, conservado no Prado. Dürer descobriu em Veneza a luz e a cor, mas também Mantegna e o desenho à antiga; inventou a paisagem autônoma e a aquarela de atmosfera; ele conhece o sucesso desde o *Apocalipse com figuras*, que a Europa disputa. Sem arrogância, mas com a certeza de seu valor, o artista lança um desafio ao meio de artesãos e de comerciantes que é o seu; reivindica soberbamente uma condição social à altura de sua missão; de Veneza, escrevia em 1506 a seu amigo Willibald Pirckheimer: "Aqui, sou alguém; em casa, um fila-boia" (*Hier bin ich ein her, daheim ein schmarotzer*): daí a elegância da pose, a insolente provocação do traje e a *veduta* leonardesca, exprimindo o acordo entre o segredo pessoal e o mistério da natureza.

O último retrato impressiona pela pose rigorosamente frontal, a mão direita erguida, a atmosfera de fervor místico. Qualquer que seja sua data (1500 ou 1518), o retrato de Munique impõe a ideia de uma semelhança acentuada com a imagem de Cristo. Quer se interprete seu espírito como um manifesto de imitação e de reforma interior, ou como uma declaração do poder criador do artista emanando do poder criador de Deus, é certo que a espiritualidade ilumina doravante a vida de Dürer: testemunham-no a tonalidade fervorosa de sua obra, seus escritos íntimos e o testamento público que acompanha a doação à cidade de Nuremberg dos *Quatro apóstolos*, sua última obra monumental.

Franqueza. Quer tenha seus traços pintados, quer se revele, o indivíduo nos parece, no final da Idade Média, de uma abordagem mais fácil do que nos séculos anteriores. Talvez até exista uma ideia nova na Europa, se com isso se entende que grupos de privilegiados da cultura e da posição social parecem mais sensíveis que seus ancestrais à fragilidade gloriosa e ao valor de sua vida pessoal.

Fazendo virtude daquilo que era, sob a antiga lei, falta de reserva, eles ousaram exaltar o que há de singular no ser; sobretudo, encontraram para esse fim meios de expressão novos, graças aos quais podemos tentar ir ao seu encontro. Possuímos sobre as sociedades, essencialmente sobre as sociedades urbanas do final da Idade Média, uma visão construída a partir das fontes públicas e de um número crescente de fontes privadas, fornecendo sobre os indivíduos instantâneos que os fixam tais como se viram ou se deixaram ver por seus contemporâneos.

Mas uma série de instantâneos não constitui um filme, único que poderia reconstituir a densidade e a dinâmica da vida privada. Correríamos sério risco de não desembocar senão na evidência dos corpos e na permanência dos sentimentos se ficássemos insensíveis à voz e ao enquadramento: a simulação só desembocaria no inventário de coisas mortas.

Não é o amor conjugal que deve surpreender-nos, mas a invenção do retrato duplo dos cônjuges, representados, no anverso, na graça de seus atrativos e, no verso, no horror pútrido da morte. Quanto ao realismo das descrições físicas, deve impressionar-nos de dois pontos de vista: quando aparece, com a audácia da imitação clínica, sem nenhuma conotação moral; quando traduz, pela análise ou pela confidência, um nível de conhecimento médico ou uma relação íntima do homem com seu corpo. Desse ponto de vista, um dos últimos retratos que Dürer desenhou diante de seu espelho nos deixa a imagem inquieta e sem pudor de um corpo gasto. Mais um degrau é transposto na confidência íntima, justificado pela doença. Mas antes de chegar a essa franqueza, vejamos como a conveniência e o gosto nos informam sobre a aparência.

Albrecht Dürer, Autorretrato, *1512 (?). Sem preocupação de ornamento ou de composição. Dürer leva adiante sua investigação: o olhar intenso da verdade surge face ao sombrio espelho. Alguns anos mais tarde, ele se representa mais uma vez nu, o dedo sobre o flanco, e anota: "Ali onde está a mancha amarela, na ponta do dedo estendido, é ali que sinto dor". (Weimar, Museu do Castelo.)*

Pintura de cassone (arca de casamento). (Veneza, Museu Correr.)

A APARÊNCIA VESTIDA

Uma das novelas de Sercambi põe em cena um peleteiro de Luca que, tendo-se dirigido ao banho público e se despojado de suas roupas, foi subitamente tomado de pânico à ideia de perder sua identidade na multidão anônima dos corpos. Põe então sobre seu ombro direito uma cruz de palha e agarra-se a esse sinal como a uma boia; mas a cruz se desprende e desliza sobre seu vizinho, que dela se apodera: "Eu é que sou tu; desaparece, estás morto!", e o peleteiro, decididamente desnorteado, está convencido de seu próprio trespasse.

TRAJES E SOCIEDADE

O humor negro é uma constante de todas as épocas, como o homem sem qualidades, que a lógica do verbo basta para matar. Mas a fábula toscana tem sobretudo a virtude de lembrar a fragilidade das definições profissionais e do orgulho social num terreno e num meio em que o sucesso individual era exaltado de todas as maneiras. A identidade se perde com o traje, porque o homem social é um homem vestido.

Além disso, há malícia em evocar o peleteiro posto a nu, em primeiro lugar porque o uso da pele é um dos elementos discriminadores da representação social, em seguida porque o nu, em uma sociedade de ordem, define o transviado ou o excluído sob o olhar das pessoas vestidas, enfim, porque a nudez confina com o natural do homem selvagem, que persegue os sonhos e as florestas do desejo. No horizonte da fábula aparece a subversão: fragilidade de uma sociedade que só se mantém de pé pelo consenso expresso pela aparência dos indivíduos, escândalo provocado pelo irmão

Geniève, um dos primeiros discípulos de Francisco de Assis, o filho do comerciante de tecidos, expondo-se nu na praça central de Viterbo.

As sociedades do fim da Idade Média permaneceram fiéis ao esquema trifuncional, mas tornaram-no mais complexo e menos legível. Entre os trabalhadores e os poderosos, o desenvolvimento econômico urbano multiplicou os estatutos; os mais ricos entre os produtores estão em condição de tomar a seu serviço a espada que os defende, e se sentem mais próximos do poder de decidir que do labor que escraviza. Ora, a ambição do sucesso, a ascensão social esfumam as divisões nítidas e, de uma cidade a outra, os estatutos profissionais não estabelecem hierarquias homogêneas: as artes desempenham em Florença, no século XIV, um papel determinante na definição do corpo político e social; não desempenham nenhum papel em Veneza. Assim, a imagem que as sociedades apresentam de si mesmas reflete os particularismos de sua história; os grupos no poder apreciam e canalizam a fluidez indispensável, aqui ou ali, ao "bem comum", mas, no final do século XIV, a codificação tende a fixar definitivamente os contornos das classes dominantes na maior parte das cidades da Europa que se governam.

O vestuário é uma das marcas essenciais da conveniência social, tanto que o hábito das assembleias e das procissões destina a cada parte do povo seu papel e seu lugar, localizável pela forma e pela cor. Em consequência, o vestuário é a aposta de um surdo conflito entre a ordem política e o movimento econômico; é o objeto de uma regulamentação que, em nome do "bem comum", tende a refrear todas as manifestações da arrogância dos particulares; é incontável o número das cidades que publicaram leis suntuárias e aumentaram o rigor, nos séculos XIV e XV, à medida que a abastança dos homens de ofício e o luxo dos ricos faziam elevar-se a maneira de vestir. Mantido em seu lugar, na posição que lhe é destinada pela Providência, cada indivíduo participa da harmonia do corpo social, seja ele poderoso ou miserável: teoria de uma ordem intangível sob o olhar divino, e da qual o vestuário é a expressão. É o que ressalta do volume publicado, com as gravuras dos trajes correspondentes às profissões, por Jost Ammann em Augsburg, em meados do século XVI, sociologia pitoresca fundada na aparência.

Pisanello, São Jorge. *(Londres, National Gallery.)*

O homem social é um homem vestido.

Há várias gerações reconhece-se o comerciante por seu aspecto, o senador veneziano pelo negro que ostenta, o judeu por sua estrela, e a mulher de má vida pelo amarelo de seu vestido; um processo veneziano do fim do século XIV evoca a infeliz sequestrada em uma pocilga e socorrida graças aos gritos que lança quando compreende, pelos trajes que lhe vestem, a sorte e a situação que lhe está destinada.

No caso das mulheres públicas, assim como no dos reis, o estereótipo da função social impõe um filtro que reduz a aparência ao signo, com variações. Desse modo, a questão levantada pela re-

Gravuras de Jost Amman para De omnibus artibus, *1574. Os ofícios oferecem uma galeria de silhuetas das quais a loja é a moldura. O cliente do comerciante de óculos usa o traje que convém à sua idade; o fabricante de couraças e outros correames está vestido à moda dos homens de armas que o visitam. (Paris, Biblioteca Nacional.)*

presentação do vestuário ao historiador é de saber se a vida privada não seria sempre a face oculta das aparências. Do homem público, sabe-se que depõe em um momento ou em outro seus atavios, e a vida privada é seu cotidiano, que só se apreende por acaso, atrás da porta da história. Quanto ao homem de pouco valor, tem mesmo uma vida privada? Em que seu traje pode ajudar-nos a imaginá-lo, já que com exceção dos dias festivos, em que se empertiga, senta-se ou dança, ele usa aos olhos de todos uma roupa prática com a qual trabalha? O trabalho ao ar livre é bem pouco compatível com a intimidade, e quando o camponês se encontra no leito está, como o burguês, completamente nu.

ELEMENTOS DE CONVICÇÃO

Há felizmente uma outra abordagem do vestuário que, voltando as costas à representação que uma sociedade faz de si mesma, vai direto aos elementos de convicção: os guarda-roupas, apreendidos em todos os seus detalhes, tais como os revelam inventários registrados em tabelião de contas. Não tanto os guarda-roupas dos príncipes, em que pode ser difícil fazer a distinção entre o aparato e o cotidiano privado: as peças mais comuns sem dúvida dele desapareceram, e a diferença se deve menos à qualidade dos tecidos do que à presença ou à ausência de mangas bordadas, de peitilhos perolados, de adornos de cabeça complicados, de mantos de cerimônia; mas são os guarda-roupas burgueses e camponeses que equilibram a documentação, que ampliam o que as observações tiradas da pintura e dos textos narrativos podem ter de restrito. Esses trastes alinhados diante do tabelião e descritos em algumas palavras estão mais ou menos gastos ("um par de velhos calções, dois chapeirões, um deles velho"), e uma olhadela estimativa distingue rapidamente as peças do inventário que ainda podem honrar ou iludir. Às descrições, as contabilidades privadas acrescentam preços, permitem calcular a parte do tecido, dos ornamentos, da mão de obra, avaliar o ciclo de renovação de um guarda-roupa ou o papel das despesas de vestuário em um orçamento familiar.

Raciocinando sobre populações que marcaram as diferenças sexuais ou ornamentaram seu corpo de preferência a cobri-lo, a análise etnológica ensina ao historiador que a comodidade funcional do vestuário não era necessariamente sua primeira qualidade. No entanto, os guarda-roupas dos pobres, aqueles que expõem com maior despudor sua vida privada ao registro do tabelião nos séculos XIV e XV, dão necessariamente um lugar, quando são compostos de duas ou três peças, à proteção contra a chuva ou o frio: chapéu e peliça fazem então seu ofício.

Vestuário camponês. Do vestuário mínimo, quando este não é temporário mas estrutural, os inventários póstumos dão, através da Europa, uma imagem monótona. Os inventários aldeões da Borgonha, na segunda metade do século XIV, tal como foram estudados por F. Piponnier, revelam a presença de uma trilogia de base

Heinrich Gross, A mina São Nicolas na Croix-aux-Mines *(Vosges), primeira metade do século* XVI. *O vigésimo quinto e último desenho a pena dessa reportagem ilustrada representa o pagamento dos companheiros mineiros em roupa de trabalho, capuz e couro de proteção. Nessa multidão operária se destacam, pelo traje, pela atitude e pelo armamento, o contador, o juiz de mina e o vigilante do canteiro. (Paris, Escola de Belas-Artes, Coleção Masson.)*

constituída de uma cota, de uma peliça e de um chapéu. Quando uma ou outra peça falta, é muitas vezes porque serviu para pagar as despesas de enterro. Entre traje masculino e traje feminino, a distinção é esfumada: o vestido designa seja o equivalente da cota, seja a sobrecota, seja o conjunto dos trajes, do mesmo modo que na Toscana, à mesma época, o "vestir" feminino se compõe de duas túnicas superpostas e de manto. A peliça é uma túnica de pele virada ou um colete forrado de coelho e, para os mais abastados, de gato. O chapeirão de tela e, para os homens, os calções completam a silhueta camponesa. Assinalemos a roupa de baixo, camisas de tela, calções dos homens, e acrescentemos os toques de cor que distiguem mais nitidamente os sexos: homens e mulheres se vestem de burel, tecido grosseiro mas bastante quente, que os homens usam no mais das vezes em seu tom cru, bege, enquanto as mulheres estão de azul; os chapeirões dos homens são comumente azuis, os das mulheres muitas vezes vermelhos, senão azuis ou brancos. A abastança, nessa sociedade rural, mesmo se é de má qualidade, é adivinhada pelo número das peças de vestuário (uma "irregular" tem cinco chapéus em seu guarda-roupa) e pelos poucos elementos de enfeite, trazidos pelos comerciantes de armarinhos em sua alcofa, e postos a nu pelas descobertas arqueológicas, em Rougiers, em Dracy, em Brandes en Oisans: fivelas de cinto e agulhetas de prata, aplicações metálicas sobre bolsas, botões sobre os chapeirões. As joias são raras, com exceção de alguns anéis; as luvas causam sensação: um jovem camponês delas se serve como chamariz para fazer sua corte, em um dos *fabliaux.*

O povo "graúdo". Descobrir-se-ia nos meios mais modestos das cidades da Europa no final da Idade Média uma igual parcimônia de vestuário; mas foram os trajes do povo "graúdo" que constituíram o objeto, até o presente, dos estudos mais sistemáticos e mais finos, seja para analisar a difusão das lãs fabricadas em todas as praças da Europa, seja para verificar a eficácia da legislação suntuária. Assim, em 1401, as burguesas da Bolonha tiveram dois dias para apresentar à apreciação de uma comissão os vestidos que possuíam e que corriam o risco de cair sob a ação de uma lei sobre o luxo do vestuário; 210 trajes foram postos sob selos judiciais, e sua descrição é uma contribuição útil à história privada do vestuário na medida em que permite apreender o que, no aparato das burguesas, era considerado excessivo em relação às normas do orçamento familiar: o que não se admite mais é a extraordinária variedade do ornamento. São as estrelas de prata, as franjas e cordões de ouro trançado, os bordados de favos, de folhas, de animais, os enfeites de pele na gola e no punho das mangas, os tons vivos que supõem o emprego de cochinilha ou de quermes, sem falar de pérolas ou de pedrarias costuradas. Efetivamente, quando é possível calcular separadamente a parte do tecido, do feitio e da ornamentação no preço de um vestido, percebe-se que em Florença, em 1363, quando Simone Peruzzi oferecia à sua mulher uma túnica ousada, as despesas de tecido e de feitio não representavam senão 30% da soma total, mas que os botões de prata, os debruns de petigris e o galão de ouro representavam juntos o equivalente a 140 dias de salário de um pedreiro. Escândalo comparável, se se relacionam às mesmas normas as despesas para a toalete de uma noiva Strozzi, em 1447, ou seja, quinhentos dias de trabalho de um trabalhador qualificado: a guirlanda, feita de oitocentos olhos de cauda de pavão, grãos de ouro "bamboleantes", pérolas, flores esmaltadas e folhas douradas à veneziana, valia sozinha 212 libras, isto é, um terço do total. Mas Peruzzi, Strozzi, no tempo de sua glória, escapavam às restrições. E o que representava o guarda-roupa de uma dama Spinelli, nascida Gherardini, em 1380, ou seja, para uma vintena de peças inventariadas, quinhentos florins, em relação aos 50 mil florins deixados por seu esposo à sua morte, isto é, o salário acumulado de oito a dez anos de trabalho de um pedreiro?

Afresco de Venceslas, O mês de julho: partida da caça ao falcão *(detalhe), século XV. Silhueta, andar, traje: tirado da sombra pelo artista, o camponês sobre quem repousam os preparativos da caça. (Trento, castelo do Bom Conselho, Torre da Águia.)*

Economia e orçamento da aparência. Essas poucas cifras fornecem a dimensão econômica de um fato de sociedade: estabelecem a distância exata entre o planeta dos ricos, que conhecemos um pouco, e o dos humildes, que mal se distingue na sombra; a vida cotidiana não tem o mesmo sentido para uns e para os outros, nem o vestuário, concebido como uma obra de arte ou reduzido à sua função de uso. Por outro lado, a história do traje deve inscrever-se em uma visão dinâmica da sociedade e, para permanecer em Florença, é evidente que uma burguesa contemporânea de Dante não era tentada a investir na aparência tanto quanto o foi sua neta;

sem sequer evocar as mudanças culturais e mentais, o mercado florentino não oferecia antes de 1300 a diversidade dos tecidos e das tentações que oferecia no começo do século XV.

Os extratos de uma conta de tutela florentina do último terço do século XIII põem em evidência o uso de tecido barato para os vestidos da mãe de família, de tecido de melhor qualidade para as roupas dos meninos — *stanfort* [tecido de lã] quente e fechado para o inverno, sarja rubra de Caen para o verão —, e sobretudo a renovação moderada do guarda-roupa: em quatro anos, a dama se concede três peças novas, ou seja, menos de dois *vestire* completos.

Esse senso de economia doméstica encontraria seu correspondente nos conselhos do *Ménagier de Paris* ou nas contas privadas de burgueses venezianos, francônios, hanseáticos, nos séculos XIV e XV. À economia familiar — o nível mais baixo das despesas necessárias — vêm excepcionalmente se superpor gastos ostentatórios, aqueles impostos a cada geração pelos casamentos: cerimônias, presentes, constituições de dote são a ocasião de investimentos em tecidos, ornamentos e joias. Lucas Rem, de Augsburg, recapitulou cuidadosamente em seu *Tagebuch*, em uma seção especial, o preço da lã preta de Lindau, do veludo castanho e do cetim cinza comprados para seu traje de casamento, o valor dos rubis, do diamante e da safira que ofereceu à sua mulher, com o total das despesas de recepção.

Despesas raras, em relação ao curso uniforme das despesas cotidianas ou das despesas de enxoval implicadas, por exemplo, no envio de um filho ao colégio ou em aprendizagem em uma cidade distante, Praga ou Veneza: boa lã sólida, calçados confortáveis. Nada se gasta mais depressa que os sapatos, e as despesas de substituição de sola, no orçamento familiar de Anton Tucher, de Nuremberg, nos primeiros anos do século XVI, escandem os trimestres que passam com as necessidades dos filhos que crescem e que as desgastam. A encomenda de um traje novo para o escolar de dez anos é um acontecimento da vida privada, e lembranças duradouras se ligam à impaciência do menino dessa idade cujos trajes, muito compridos ou muito curtos, não estão mais na moda. Voltando a seu passado, Hans von Weinsberg, de Colônia, evoca a silhueta do homenzinho que deixava, em 1531, o domicílio paterno para ser pensionista dos frades, em Emmerich:

> Meu pai mandou fazer para mim um manto de lã de cor cinza-asno, com muitas pregas, calções brancos, botas, e puseram-me na cabeça um chapéu preto. Esse foi meu traje corrente, enquanto estive em Emmerich, e melhores roupas de nada me teriam servido, pois ali os estudantes não se sentavam em bancos, mas no chão. Além disso, tinha algumas velhas roupas de verão, leves, que se tornavam muito pequenas.

Não se pode exprimir mais claramente a escolha de trajes práticos e duráveis e a aprovação dada pelo homem maduro à decisão pater-

Abrecht Dürer, Camponês e sua mulher. *Heinrich Aldegrever,* Casal. *Dois casais da comédia humana: os aristocratas e os camponeses. Se o traje, à primeira vista, os distingue, estes últimos estão longe de ser miseráveis. (Paris, Biblioteca Nacional.)*

Perugino, Cenas da vida de são Bernardino *(detalhe), 1473. Efeito de contraste entre a* terribilità *do homem de armas com capacete e a tranquila segurança dos jovens de silhuetas presunçosas. (Perúgia, Galeria Nacional da Úmbria.)*

na, ainda que ela restringisse a alegria de aparecer do adolescente: pesar de que o novo fosse cinzento, suspiro sensato. A função primeira do traje corrente é aquecer. A história privada do vestuário é feita dessa banalidade, dos preços calculados o mais justamente possível, dos suspiros de satisfação ou de pesar. Mais além, começa a história do traje público: luxo, moda, gosto, o supérfluo.

TRAJE E COMPORTAMENTO

Suntuoso ou cômodo, o traje está estreitamente ligado ao íntimo: convencemo-nos disso pelo lugar que ocupa nos diários de despesa, assim como pelas imagens de si que suscita no final da Idade Média. E se é preciso voltar agora às conveniências e aos signos, é que não se esgotou seu sentido ao evocar os níveis sociais da aparência. O traje é sempre mais que o tecido e o ornamento, estende-se ao comportamento, determina este último tanto quanto o põe em evidência: marca as etapas da vida, contribui para a construção da personalidade, apura a distância entre os sexos.

Ostentação e urgência. No fim da Idade Média, os homens e as mulheres das classes laboriosas conservam, como vimos, um vestuário de base indiferenciado, e, na outra extremidade, as formas públicas do aparato dão à silhueta imóvel dos poderosos o mesmo manto de pregas pesadas forrado de peles preciosas. Entre os dois, o dinamismo da moda atua sobre os tecidos e sobre o corte para afirmar, em uma evolução paralela, a separação dos sexos. Mobilidade econômica, fechamento das castas e círculos privilegiados aceleram, na corte e na cidade, os ciclos de uma moda mais breve e mais tirânica, que afina as formas até o inverossímil, descobre ou sublinha pelo enchimento a estrutura do corpo, alia o cinturado e o colante com o plissado, o inchado como um balão, o flutuante, o retalhado. Uma moda nervosa, violenta, sofisticada exalta os atrativos e as vantagens, expondo-os ou sugerindo-os. Renunciando à aparência de um clérigo, o jovem põe em evidência seus músculos e suas juntas para se parecer com são Jorge ou com os companheiros de Artur. É bem possível que a evolução da armadura, decompondo as formas por placas e junções, tenha contribuído para sublinhar a arquitetura do corpo masculino e que o metal tenha modelado, até nos refinamentos do extravagante, a simulação guerreira, altiva, fantástica da aparência. A partir de meados do século XV, a gravura difunde na Europa o modelo do donzel enamorado que faz da conquista de uma dama uma empresa provocante como uma excursão militar.

Diante desses galantes altivos e seguros de seus encantos, cujos retratos, de Pisanello a Dürer, nos conservaram as imagens, a jovem mulher da boa sociedade mantém uma atitude comedida. Sua silhueta por muito tempo grácil pode desabrochar no final da Idade Média, mas a moda feminina, que segue de longe a evolução do traje masculino, limita-se a marcar a cintura, a decotar mais ou menos amplamente os ombros, a velar ou a descobrir a cabeleira e o começo dos seios; peitilho, toucado, lenços, renda interpõem entre o público e o íntimo delicadas e capciosas defesas. A sedução que ela inspira, a conquista a que se abandona não devem fazê-la rejeitar muito depressa a aparência discreta recomendada no fim do século XIV pelo cavaleiro de La Tour Landry em seu tratado de educação das moças.

A viagem faz descobrir muitas vezes entre os outros o que não se soube ver em casa. Petrarca descreve em Colônia, em 1333, a simplicidade, o frescor perturbador de um cortejo de mulheres que realiza às margens do Reno um rito incompreensível: "Que aparência", escreve ele de Lyon a seu amigo, o cardeal Giovanni Colonna, "que atitude! [*Que forma! quis habitus!*]. A cabeça cingida por ervas odoríferas, as mangas erguidas acima do cotovelo, elas mergulhavam na corrente suas brancas mãos e seus braços, murmurando em sua língua uma doce cantilena [...]". Sentimento de harmonia surpreendente, "tão distante da civilização", isto é, distante das imagens refinadas e perversas difundidas por uma sociedade mediterrânea mais ágil e mais livre. Mas as jovens florentinas eram educadas no mesmo apego ao pudor e à dignidade que suas contemporâneas na França ou em terra do Sacro Império, se se julga pelo tom das correspondências privadas ou pelo tema das homilias de santo Antonino, arcebispo de Florença em meados do século XV. O sentimento de conveniência que rege o vestuário e o comportamento das moças ou das mulheres casadas se exprimem em toda a Europa em termos comparáveis.

O sexo e a idade. Se as leis suntuárias reprimem antes de tudo os excessos de ostentação feminina, é em primeiro lugar em razão

Vittore Carpaccio, Retrato de Francesco Maria I Della Rovere, duque de Urbino *(detalhe), 1510. É o primeiro retrato em pé que se encontra na Itália. Esse jovem sonhador e decidido é o sobrinho do papa Júlio II, o qual comanda as tropas na Romanha. O duque está cercado de emblemas pessoais e de divisas genealógicas; íris e lises evocam a Virgem de quem recebeu o nome, e as folhas do carvalho roble* (rovere) *que revive atrás dele sublinham sua identidade e a reconquista do ducado sobre César Borgia. (Lugano, Coleção Thyssen-Bornemisza.)*

de uma antiquíssima misoginia do legislador medieval; é, em seguida, em função de uma simbólica do poder masculino e de uma concepção patrimonial das relações entre os sexos. Madura para o casamento — é nestes termos que Poggio descreve as jovens belezas suíças que fixou com o olhar em 1416, perto de Zurique: "*Puellae jam maturae viro* [...] *in dearum habitum ac formam*" —, a moça torna-se um capital ostensível, que a distância de idade entre os futuros esposos promete a um homem estabelecido, ou mesmo a um velhote. Os regulamentos sobre o luxo ou o montante dos dotes visam, entre outros fins, frear a concorrência matrimonial, o que faz subir a parada.

Nenhum risco, em compensação, de ver o burguês casado, que começa seu diário familiar, perpetuar em sua aparência as provocações que podia permitir-se antes de se estabelecer: enterrando sua vida de rapaz, ele veste um manto escuro sobre as loucuras de sua juventude passada e não tolera que sua jovem esposa se atavie ou se exiba no privado. As pedrarias do dote, as formas que se recobrem, as harmonias de cores mais discretas, e temos o "comerciante perfeito" e sua família, segundo Francesco Sassetti: rosto afável mas impregnado de gravidade, aparência de bom-tom, andar e gestos estudados. Mesmo se é mais jovem, o "perfeito cortesão", que anuncia o "homem honesto" do século XVII, deve compor seu comportamento, no qual o traje desempenha seu papel. Posto em cena por Baldassare Castiglione, que ressuscita os diálogos travados no círculo de Lorenzo, o Magnífico, o homem de gosto alia ao respeito pelas conveniências uma elegância calculada. Discriminador social, o vestuário também ajuda o indivíduo a construir sua aparência segundo as idades da vida: a moda assenta bem na juventude, período flamejante entre o cinzento da infância e as cores desbotadas da maturidade e da velhice.

Albrecht Dürer, Insígnias. *(Paris, Biblioteca Nacional.)*

É efetivamente durante os anos de juventude e de formação que o vestuário permite exprimir sentimentos pessoais. O final da Idade Média não teve o privilégio exclusivo de indicar, por meio de detalhes codificados da aparência, gostos, intenções e desejos: seguir a moda é, em todos os tempos, curvar-se à tendência dominante distinguindo-se ao mesmo tempo dos outros. Mas, no final da Idade Média, várias correntes vêm fortalecer a vontade individual de distinção: o poder organizador do Estado, que faz dos homens livres súditos, o fechamento progressivo das instituições, que impõe a vinculação a círculos, o prestígio persistente dos romances de cavalaria, que faz do rei Artur e de seus pares modelos para as cabeças coroadas, de Carlos VI a Carlos VIII. A invenção de si mesmo, para os jovens bem-nascidos, passa pelo aprendizado do cerimonial e do simbólico: é sob o reinado de Carlos VI que a moda pessoal, nascida na corte da França, faz um contraponto atordoante ao reforço da etiqueta.

Mesa de madeira pintada, século XV. (Paris, Museu de Cluny.)

Sinais e códigos. Sinais distintivos, sinais de reconhecimento das origens militares e das virtudes familiares e políticas, as armas, as divisas, as librés inscrevem seus detentores no amplo grupo dos companheiros e amigos. As pesquisas genealógicas das notabilidades toscanas basearam-se por vezes nesses indícios, e o memorial do cavaleiro Georg von Ehingen, nobre francônio dos meados do século XV, descreve a paciente reconstituição do patrimônio familiar ligado a cruzes, insígnias, escudos esparsos entre o Meno e o Danúbio. Os sinais se multiplicam no final da Idade Média e arregimentam a sociedade: são os "clubs" ou *Stuben* dos notáveis renanos, hanseáticos, saxões; são as companhias de jovens patrícios, como a *Calza* veneziana, que Carpaccio assinala em seu traje; é o extraordinário desenvolvimento das confrarias, cujas procissões exibem os arranjos de cogulas e de círios de cores diferentes. Mesmo os jogos públicos como o *Schembartlaufen* de Nuremberg, como o *Palio* de Siena, fazem surgir imagens de multidões compostas segundo figuras heráldicas, que projetam no espaço e fazem evoluir representações codificadas. As ordens de cavalaria leigas, que se criam em toda a Europa desde o segundo quartel do século XIV, designam publicamente aqueles que, por uma cruz, um cordão, um manto, invocam juntos uma disciplina livremente consentida em consequência de um voto privado.

Enfim, difunde-se o uso de distribuições anuais, pelos príncipes, de peças de vestuário uniformes, que atestam a liberalidade dos grandes e reúnem sob a mesma insígnia e sob as mesmas cores todos aqueles que se valem de seu poder. Conservaram-se os livros dos trajes das casas da Saxônia e da Baviera, no final do século XV e no começo do século XVI: os duques tinham prazer em fazer evoluir essas multidões de dependentes marcados com sua chancela, adornando periodicamente essas librés com detalhes novos que as punham no gosto do dia. Dessa tradição imperial, o avatar burguês é, na Renascença, a distribuição pela casa Fugger a todo o seu pessoal de trajes de cerimônia para celebrar na uniformidade o casamento — em rubro — e a morte — em negro — dos chefes da firma.

O aprendizado da aparência. Em relação a esses sistemas codificados, a liberdade da escolha do vestuário supõe um aprendizado que evite os enganos e torne perceptíveis as alusões.

Dois dos textos literários franceses de meados do século XV em que o aprendizado da aparência é um elemento essencial da formação são obra de homens de ação, acostumados à estratégia dos signos: *Jouvencel*, de Jean de Bueil, e *Jehan de Saintré*, de Antoine de La Sale. Este último põe em cena um rapaz de treze anos ajudado por uma nobre dama a inventar seu próprio sistema de reconhecimento; no clima de cortesia e de educação amorosa que define esse romance, o jovem constrói laboriosamente a expressão pública de seus sentimentos íntimos. Interrogado pela dama sobre seus trajes, Saintré descreve as armas que forja para si mesmo: "E há um de damasco negro, cujo trabalho é todo contornado de fio de prata, e o campo todo preenchido por tufos de plumas de avestruz verdes, violetas e cinzentas com vossas cores, bordado de tufos brancos de avestruz, salpicado de tufos negros assim como de arminho [...]".

Mas a invenção não pode ser total criação, sobre um pano de fundo tão fremente de signos. Ela supõe a aquisição de um vocabulário e de uma gramática. Monogramas, divisas bordadas — a de Carlos de Orléans, a de Margarida de Borgonha e as de personagens de segunda ordem, que valeria a pena reunir para estudar-lhes as referências —, emblemas heráldicos baseados na fauna e na flora, e inventando espécies desconhecidas, e toda a linguagem da cor, em que se baseiam uma tradição do simbolismo místico e erudito e o fundo comum de representações moralizadas: quando Carlos VII luta como cavaleiro verde, a corte compreende a alusão cavalheiresca; os florentinos não ignoram que a expressão "o vestido de vermelho" designa o homem rico, desde o começo do século XIII; Matthäus Schwarz, quando põe uma coroa de rosas sobre seus cabelos grisalhos, pensa talvez no chapéu de rosas de Lancelot; e Ana da Bretanha faz uma proclamação política quando põe luto por Carlos VIII em negro, como na Bretanha, e não em branco, como no reino. Em suma, todos os empenhos do indivíduo na aparência são suscetíveis de

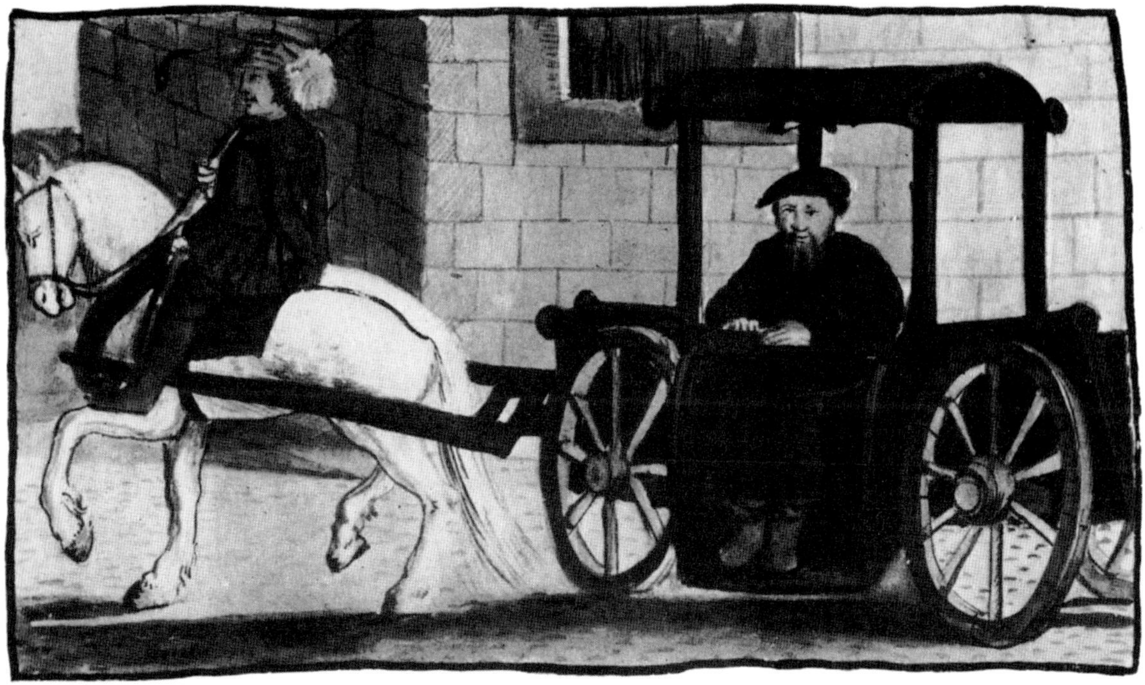

Matthäus Schwarz (1497-1574). Trachtenbuch. *Aos 27 anos, o jovem diretor financeiro da casa Fugger de Augsburg faz questão de conservar a memória de um traje que usou sem dúvida por ocasião de uma festa. (Paris, Biblioteca Nacional.)*

Em 1549, Matthäus Schwarz, tem 52 anos; sobreviveu a um enfarte, e incorpora no inventário dos trajes que produziu desde a sua juventude a visão de um homem fatigado, a passear em um veículo de sua invenção.

glosas; alguns caíram no domínio público e emitem mensagens perfeitamente claras, outros introduzem uma parcela de liberdade no campo das obrigações; outros enfim não exprimem senão empenhos privados, compreensíveis para um só ou para alguns eleitos: segredo provocador, rébus, adivinhação, das penas de amor ao coração partido, até a aposta entre amigos. Matthäus Schwarz, em seu *Trachtenbuch*, representa-se vestido com o mesmo traje que camaradas de juventude, aparecendo em um baile com uma ampulheta presa ao longo da panturrilha: nunca saberemos mais do que isso sobre a linguagem de uma noitada.

A moda, a idade e a memória. Carregado de todas as implicações culturais, econômicas e sociais que acabamos de evocar, o vestuário serve também de referente biológico ao indivíduo que evoca seu passado. Vários autores do final da Idade Média e do começo da Idade Moderna associam a memória de sua aparência pessoal a acontecimentos da vida privada ou pública; revelações muitas vezes plenas de verdade psicológica, quando o homem maduro volta com divertimento ou emoção à silhueta constrangida de sua adolescência, enterrada em trajes muito compridos: é o caso do jovem conde de Zimmern, que narra seu desgosto em ver o pouco caso que seus pais faziam da moda e sua tentativa para fazer o alfaiate impor o traje curto que invocava em seus votos secretos. Sentimento do tempo que passa, associado aos comentários pouco amáveis sobre os trajes ridículos dos jovens, como na crônica de Limbourg, entre 1360 e 1370, ou na crônica doméstica de Konrad Pellikan, de Ruffach, em que o autor se recorda da má impressão que causava, por seu exagero, a moda trazida pelos lansquenês por volta de 1480.

O documento mais novo sobre a maneira de se vestir no fim da Idade Média e na época da Renascença é sem dúvida o *Trachtenbuch* de Matthäus Schwarz, complemento da autobiografia de que já falamos: uma história por vinhetas comentadas de seus próprios trajes; não dos trajes públicos, que são, segundo ele, fantasias de carnaval, mas dos trajes compostos e executados sob suas instruções por seu alfaiate para diversas ocasiões de sua vida privada, tais como aniversários, casamentos e festas. Esse projeto adquire sua densidade de duas maneiras: de um lado, pela intenção manifesta de comparar a evolução da moda atual aos trajes das gerações passadas, de modo que Matthäus Schwarz é sem dúvida o primeiro historiador do vestuário, atento às mudanças e aos ciclos; de outro lado, pela dupla preocupação de transformar em crônica da vida privada o que não era senão um catálogo de trajes de luxo, e de remontar no tempo até as primeiras lembranças perceptíveis, "como em uma névoa", à idade de quatro anos, depois, para além, atingir a verdade dos começos, nos cueiros, "o primeiro traje" deste mundo, e o ventre materno — "onde eu estava escondido". Indicador do tempo privado, o traje do começo da vida faz par com o traje de interior do homem velho, enfraquecido por um infarto ("a mão de Deus") e vagando por sua casa com passos curtos, em uma ampla capa acastanhada, com sua bengala e seu gorro.

Urs Graf, O lansquenete empenachado, *1523. Não se pode levar mais longe a extravagância: as plumas da aparência fazem esvaecer-se a realidade do lansquenete. (Museu de Basileia.)*

A esse grau de ressonância intimista, não falta mais que o corpo nu, aquele que aproxima, confundidas todas as classes sociais, o doente em seu leito, o comerciante preocupado, o pobre tiritante, o príncipe na seda. Por uma pirueta que não carece de profundidade, Matthäus Schwarz propõe, na metade de seu livro, seu próprio corpo sob suas duas faces, "gordo como eu havia ficado", diz ele mesmo com humor.

O CORPO DESNUDO

O DESNUDAMENTO

Proteção ou adorno, o traje é o último invólucro da vida social antes dos mistérios macios do corpo. Voltemos por um instante ao mestre peleteiro de Luca posto em cena por Sercambi e que teme perder no banho sua identidade, ao mesmo tempo que se despoja de suas roupas: séculos de vigilância cristã e de proibições moralizadas impedem-no de se reconhecer em seu corpo opaco.

A nudez é o sinal de uma regressão em relação à ordem coletiva, de uma ruptura com os círculos da sociabilidade medieval; mesmo

Pisanello, Alegoria da luxúria. *(Viena, Albertina.)*

nos tímpanos das catedrais, eleitos e condenados estão ainda vestidos. A nudez feminina é a luxúria, malsã e ruiva, tal como a vê Pisanello; é também a exibição forçada das prisioneiras cativas entre as quais um imperador de romance escolhe uma mulher ou das cenas de violência ao clarão das tochas. Quanto à nudez masculina, está associada, nas representações literárias, aos fantasmas da loucura ou da vida selvagem: o menino-lobo, o cavaleiro privado de senso não têm memória nem gestos controlados, e uma nova pele os recobre; na catástrofe do baile dos Ardentes, que recuava os limites do conveniente introduzindo na corte de Carlos VI o homem selvagem, a opinião vive a sanção da proibição. Enfim, no cerimonial das execuções públicas, os condenados apresentados à multidão são privados de suas roupas: os enforcados de Pisanello, os de Villon, os esboços de Andrea del Sarto para as pinturas de infâmia dos capitães florentinos de 1530, uns tantos pavorosos e grotescos fantoches de camisa.

Glória e suplício. Sem dúvida, essas imagens e encenações dão do corpo paroxismos obsedantes; têm em comum a privação violenta, escandalosa, degradante do traje que tranquiliza e distingue. Outras imagens se erguem, que fazem da nudez uma invenção da cultura cristã: Adão, o glorioso, e Jesus, o supliciado, impõem ao povo fiel os dois termos da história da Criação e da Redenção, esplendor do corpo virgem e dor do corpo martirizado. No final da Idade Média, esse espetáculo simbólico encarnou-se: a língua alemã dispõe apenas de uma palavra para dizer a carne-corpo e a carne-alimento, *Fleisch*, e essa ambiguidade exprime perfeitamente o peso da humanidade, na pintura do Norte da Europa, que habita, a partir do começo do século XV, a nudez triunfante de Adão e de Eva, e a nudez do Cristo torturado até a morte. Muitas vezes se retiveram do realismo as lições de trevas: o virtuosismo dos artistas e as expressões de uma piedade mórbida multiplicaram as representações da carne morta. Da *Pietá* de Enguerrand Quarton aos *Vesperbilder* germânicos e ao *Cristo morto* de Mantegna e, para terminar, à predela de Holbein, no Museu da Basileia, que tem o formato do esquife para esse cadáver solitário, um impressionante percurso no caminho da salvação.

Mas o novo Adão cumpre as promessas feitas ao corpo glorioso do primeiro homem. Adão e Eva, nos painéis de *O cordeiro místico*, de Van Eyck, têm pela primeira vez na história da pintura ocidental a tez, a pilosidade, as harmonias, as sinuosidades que sugerem a circulação do sangue e o sopro da vida; fremem em sua nudez exemplar sob o cinzel de Rizzo, em Veneza; pintados ou gravados por Dürer, adquirem toda a elegância que a Antiguidade redescoberta imprime a seus gestos harmoniosos. Imagens tranquilas e nobres que aprisionam o corpo da juventude, exprimem a beleza do mundo, onde o homem se torna a medida das coisas.

Pisanello, Enforcados.
(Londres, Coleção Oppenheimer.)

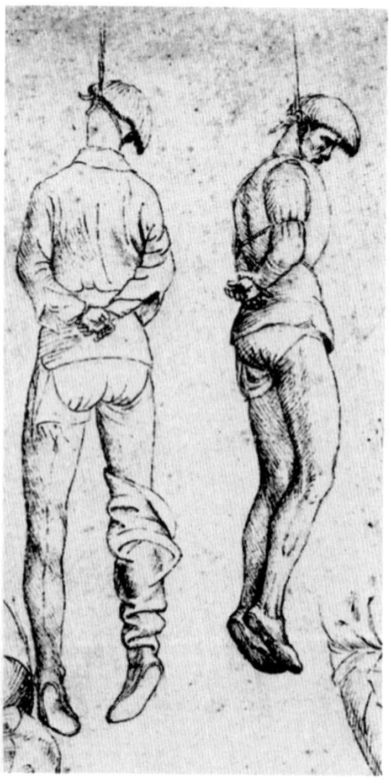

O primeiro estudo de nu posando diante de um pintor é talvez esse desenho de Dürer, datado de 1493, representando uma jovem mulher em pé. Ela deixou cair seu vestido mas conservou seus chapins de interior, que a isolam do chão frio enquanto posa. Esse detalhe da vida privada dá sua força nova ao estudo desse corpo exposto sem pretexto e sem segunda intenção ao olhar que o perscruta como perscrutaria uma flor ou uma fruta. Avalia-se o caminho percorrido desde a Eva metafísica de Autun, que não deixou nenhum vestígio de sua gestação; a jovem alemã de 1493 é um dos inúmeros retratos possíveis de Eva no século XV e nem sequer se toma por seu modelo.

O diálogo entre o homem e sua imagem, tal como a refletem os artistas, participa da consciência nova que os homens e as mulheres do fim da Idade Média tiveram de seu corpo revelado. Sem se iludir sobre o corpo delicioso e pecador, do qual a alma escapará no último suspiro para ir habitar na monotonia o corpo sofredor do purgatório.

Diante do nu reconciliado do fim da Idade Média, que não se espere conhecer enfim o íntimo. O privado nos escaparia, se acre-

Altar doméstico, século XV. O corpo martirizado de Cristo na coluna, oferecido à compaixão dos fiéis. Trata-se aqui de um retábulo de piedade privada, cujo formato permitia colocá-lo em seu quarto. (Paris, Museu de Cluny.)

ditássemos encontrá-lo prestes a se revelar sob o manto das convenções e dos signos. Não se atinge o íntimo do mesmo modo como se descasca uma cebola. A intimidade é bem o último círculo do privado, mas passa ele necessariamente pelo corpo oferecido, despojado, acossado? Ao erguer a colcha das camas "feitas", de lanterna na mão, o medievalista só encontraria *corpos nus* e adormecidos. A nudez supõe um olhar, um olhar percebido, desde o apelo que ressoou no paraíso dos primeiros dias. Tentemos ao menos apreender, nesta etapa, o olhar que os homens e as mulheres do final da Idade Média lançaram sobre seu próprio corpo.

As funções naturais. Se a saúde do corpo é um elemento determinante da vida privada dos indivíduos, não nos podemos aproximar dessa verdade senão pela análise de fatos estatísticos.

Albrecht Dürer, Jovem mulher posando nua, *1493. (Bayonne, Museu Bonnat.)*

Matthäus Schwarz (1497-1574), Trachtenbuch. *É um dos mais antigos retratos conhecidos de homem posando nu diante do pintor. (Paris, Biblioteca Nacional.)*

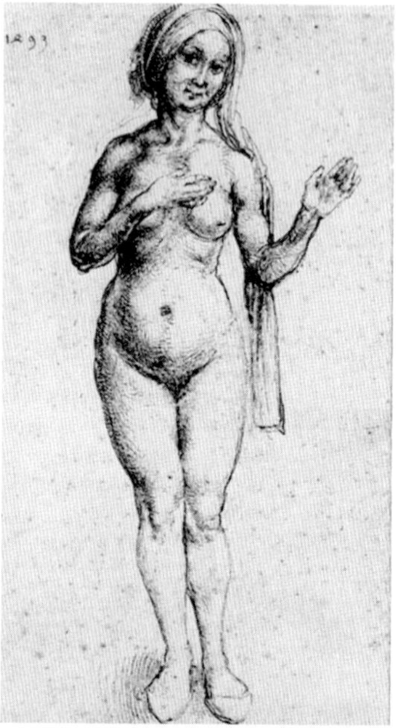

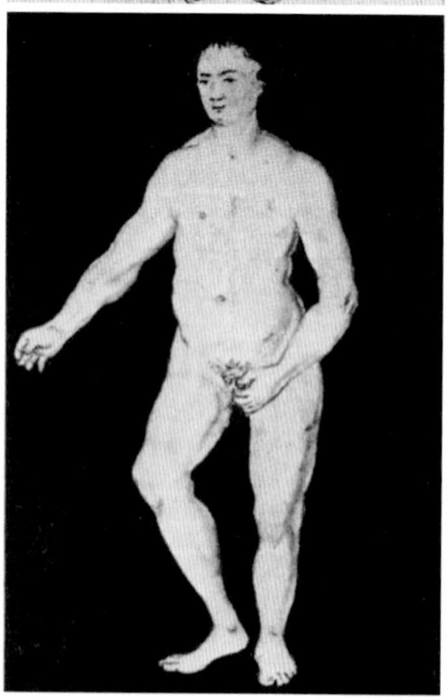

Já que se possui sobre os indivíduos, a partir do último terço do século XIV, uma documentação iconográfica muito mais ampla e confiável que para as gerações anteriores, valeria a pena considerar como uma população estatística o conjunto dos retratos conservados por classes de idade e por região, a fim de tentar, por fotografias de grupo, uma abordagem da saúde física. Através do filtro da pintura, extrair-se-ia sem dúvida desse exame o sentimento de que os notáveis urbanos eram bem nutridos, mas certos detalhes revelariam talvez, além disso, compleições ou afecções esclarecedoras para a história fisiológica de um meio social. No mínimo, uma classificação por temperamentos, do sanguíneo ao melancólico, sendo os segredos do caráter, segundo o *Calendrier des bergers*, desmascarados pelo rosto. A tez, fruto de decocções internas, é essencial na Idade Média para a percepção da identidade pessoal, a ponto de as heroínas de romance tingirem simplesmente o rosto para passar despercebidas. Sob a pele e a tez, o esqueleto. A ossatura é também um traço, cuja medida estatística merece ser empreendida: tamanho das pedras tumulares e das estátuas jacentes, gabarito das armaduras, cujas coleções estão dispersas através da Europa, e que não dão a impressão de que os justadores e os chefes de guerra eram de pequena estatura. Mas são sobretudo as pesquisas sistemáticas empreendidas a partir das sepulturas aldeãs que enriquecem, desde há pouco, o conhecimento histórico sobre a parte mais numerosa da população europeia no fim da Idade Média. Os camponeses, que não tinham o ócio de refletir sobre os temperamentos, tinham, desconfia-se, a tez bronzeada ou curtida. É assim que os pintam os textos literários que os põem em cena. Os raros retratos que os apreendem como pessoas e não como estereótipos destacam o vigor, a saúde do modelo, o da mulher eslovena que, sorridente, posou para Dürer, o do barbudo com gorro de pele de carneiro que se prestou ao jogo diante de Lucas Cranach, o Velho.

As apaixonantes pesquisas que se desenvolvem a partir do exame de esqueletos, como as que foram conduzidas no sítio de Saint-Jean-le-Froid por F. Piponnier e R. Bucaille, trouxeram conclusões novas sobre a constituição física, o regime alimentar, até sobre os grupos sanguíneos de populações rurais. Diferentemente de mineiros, como os da aldeia de montanha de Brandes en Oisans, sujeitos ao saturnismo e às deformações ósseas devidas às suas condições de trabalho, os camponeses borgonheses deixaram os sinais irrefutáveis de seu bom estado de saúde: bem constituídos, tinham uma excelente dentição, e seus ossos não apresentam vestígios de longas enfermidades. Não estendamos à Europa inteira o resultado de investigações pioneiras, mas constatemos, com M. T. Lorcin, que a arqueologia confirma nesse caso a imagem que dão do rústico textos como os *Fabliaux* ou o *Novelliere* de Sercambi, ou miniaturas como as das *Très riches heures du duc de Berry*. Os personagens representados estão na força da idade; têm o vigor inocente e brutal que Emmanuel Le Roy Ladurie nota na população de Montaillou; cumprem com muita energia as funções naturais do corpo, comer e beber, evacuar, fazer amor.

Alimentar-se. Esse corpo em bom estado é sem dúvida mais bem nutrido no final da Idade Média que nos séculos passados. Os sobreviventes da peste negra e seus descendentes conheceram, ao menos em certas regiões, condições materiais de vida melhores, se se consideram indícios como o desenvolvimento da produtividade cerealista, o elevado consumo de carne em todos os meios urbanos que as fontes permitem entrever, o crescimento considerável do consumo de vinho e de cerveja, da Gasconha ao Báltico e à Europa central, entre os séculos XIII e XVI. Salários reais pagos nos canteiros de construção, alimentação dos doentes hospitalizados, regime calórico equilibrado estudado em Arles em meados do século XV por L. Stouff dão a impressão de orçamentos menos apertados e de uma atenção maior prestada ao valor nutritivo dos alimentos; impressão de conjunto que não deve fazer esquecer os bairros de mendigos, nem a vagabundagem dos miseráveis pelas terras incultas e as cidades superpovoadas, nem as vítimas dos ataques armados e da guerrilha, nem a falta de resistência mesmo dos mais bem nutridos ao contágio epidêmico. A boa mesa permanece para muitos, como Till, o Travesso, uma realidade intermitente, substituída pelos aromas e odores da cozinha dos ricos; o paraíso é o território onírico dos prazeres insaciados, onde tudo se come; mas as comilanças rabelaisianas se inscrevem em uma tradição que celebra ritos de sociabilidade comuns a todos os grupos sociais, ainda que permaneçam ocasionais. Entre as funções naturais do corpo, comer e beber, em família ou no albergue, supõem companhia: beber no mesmo jarro basta para fundar a polidez, pois quem beberá primeiro? Emmanuel Le Roy Ladurie falou de uma "cultura da promiscuidade".

Lucas Cranach, o Velho, Retrato de camponês. *(Londres, British Museum.)*

As outras funções são mais discretas, e em todas as sociedades; a riqueza relativa da documentação nos séculos XIV-XV não deixou imagens, mas textos e subentendidos sobre a evacuação e sobre o coito, duas funções que a anatomia aproxima na morada do corpo. Textos médicos e cirúrgicos, sobre os quais M.-C. Pouchelle mostrou que classificam seus autores, no imaginário de seus contemporâneos, entre os lixeiros e os carniceiros.

Evacuar. O cirurgião Mondeville, autor da primeira obra consagrada em francês ao corpo entreaberto e exposto, embalsamou Filipe, o Belo, e Luís X, o Teimoso, e lançou olhares sobre as partes menos nobres do corpo, situadas sob o diafragma, ali onde, tendo sido elaborados os humores nutritivos, os restos se acumulam e se purgam.

Jörg, o Velho (c. 1475-1537), Albergue. *Uns comem à farta, outros jogam gamão, um outro ainda se aquece ao aquecedor de faiança. (Paris, Escola de Belas-Artes.)*

Sabe-se dos problemas de edilidade com os quais se viram confrontados, no fim da Idade Média, organismos urbanos de todos os portes, quando se tratou de dominar a evacuação dos restos. Comissões de notáveis, arquitetos-chefes das municipalidades deliberaram sobre problemas cotidianos, que não são mais que a multiplicação de problemas familiares e individuais. Um olhar sobre a vida privada, desse ponto de vista, é um olhar sobre os banheiros. Escapar à promiscuidade é ter *retraits et aisements* [reservados e banheiros] onde é possível isolar-se por um instante. Os castelos, as cidades cercadas por muralhas têm suas latrinas públicas, dando para os fossos: vêmo-las ainda dispostas na sala dos guardas do castelo dos condes de Gand. A cidade de Nuremberg tinha, no século XV, sentinas abertas, paralelas ao fundo das casas e perpendiculares ao rio; os restos que se acumulavam, na falta de corrente, deviam ser periodicamente carreados e espalhados fora dos muros. As contas de reparos nos castelos dos duques da Borgonha, os processos de vizinhança estudados por S. Roux sobre a montanha Sainte-

-Geneviève mostram os cacifes do conforto privado; quando Dürer se aloja em um palácio de Veneza, em 1506, não deixa de indicar esses banheiros na planta, andar por andar, que desenha da casa.

Há uma ocasião em que a promiscuidade necessária viola o pudor, é a longa viagem de galera, que impõe aos peregrinos de Jerusalém, confundidas todas as ordens, o olhar mútuo e involuntário sobre suas posturas íntimas. O frade dominicano Félix Faber, de Ulm, que foi duas vezes à Terra Santa, em 1480 e 1483, redigiu um texto de realismo cru para o uso de seus sucessores: o aventureiro, voltando à cela íntima de seu convento suábio, narra suas aventuras e dá publicamente alguns conselhos de comportamento privado:

> Como disse o poeta: merda madura é carga insuportável (*ut dicitur metrice: maturum stercus est importabile pondus*). Algumas palavras sobre a maneira de urinar e de fazer suas necessidades em um navio.
>
> Cada peregrino tem perto dele em sua pequena cama um urinol — recipiente de terracota, frasco — no qual urina e vomita. Mas como o local é estreito para a multidão que contém, e além disso escuro, e como há muitas idas e vindas, é raro que esses recipientes não estejam virados antes do amanhecer. Regularmente, com efeito, levado por uma necessidade urgente que o obriga a levantar-se, um desajeitado derruba à sua passagem cinco ou seis urinóis, espalhando um odor intolerável.
>
> De manhã, quando os peregrinos se levantam é que seu ventre pede piedade, eles sobem à ponte e se dirigem para a proa, onde de um lado ao outro do contraforte estão dispostas latrinas. Forma-se por vezes diante desses locais uma fila de treze pessoas ou mais que esperam tomar lugar por sua vez no assento, e não é constrangimento, mas irritação que se exprime (*nec est ibi verecundia sed potius iracundia*) quando alguém se demora demais. Eu comparava de bom grado essa espera à das pessoas que se confessam em tempo de Quaresma, quando, em pé, irritam-se com confissões intermináveis e esperam sua vez com mau humor.
>
> À noite, é uma rude empresa aproximar-se das latrinas em razão da multidão deitada e adormecida de um extremo ao outro da galera. Aquele que para lá quer dirigir-se precisa passar por cima de mais de quarenta pessoas, e a cada passo deve transpor alguém; de um degrau ao outro, arrisca-se a dar pontapés em um passageiro, ou escorregando entre dois degraus, a cair mais abaixo sobre um adormecido. Se, na passagem, esbarra em alguém, não tardam as injúrias. Aqueles que não têm medo nem vertigem podem subir à proa escalando as bordas do navio e impelir-se para a frente de corda em corda, o que fiz muitas vezes apesar do risco e do perigo. Pode-se também, saindo pelas escotilhas dos remos, passar sentado de um remo ao outro; isso não é para os temerosos, pois sentar-se a cavalo sobre os remos é perigoso, e os próprios marítimos não se seguram ali.

> Mas é com tempo ruim que as dificuldades se tornam consideráveis, quando as latrinas são continuamente inundadas por vagalhões e os remos dispostos sobre os bancos. Ir à latrina em plena tempestade é expor-se a ficar completamente encharcado; assim, muitos passageiros tiram suas roupas e se dirigem aos locais inteiramente nus. Nessa diligência, o pudor (*verecundia*) tem muito a sofrer e não imprime senão mais comoção às partes vergonhosas (*verecunda*). Aqueles que não querem fazer-se notar dessa maneira vão acocorar-se em outros locais, que sujam, o que acarreta rumores, tumultos, e desconsidera pessoas honoráveis. Enfim há aqueles que enchem seus recipientes perto de sua cama, o que é infecto, envenena os vizinhos e só pode ser tolerado dos doentes, aos quais não se poderia querer mal: algumas palavras não bastariam para contar o que tive de padecer de um vizinho de leito doente.
>
> O peregrino deve zelar com cuidado para não se conter, levado por um falso pudor, e também para não afrouxar o ventre: as duas atitudes são nocivas ao viajante embarcado. No mar, fica-se facilmente constipado. Darei ao peregrino um bom conselho de higiene, é de se dirigir todos os dias três ou quatro vezes às latrinas, mesmo que uma necessidade natural não o exija, a fim de contribuir por meio de esforços discretos para fazer funcionar a evacuação; e que não se desespere se ela não se produzir à terceira ou quarta vez. Se ele ali for bem frequentemente, se soltar seu cinto, se desatar todos os nós de suas roupas sobre o peito e o ventre, obterá a evacuação ainda que seus intestinos contivessem pedras. Esse conselho me foi dado por um velho marinheiro, uma vez quando estivera terrivelmente constipado durante vários dias; e no mar não é um meio seguro tomar pílulas ou supositórios (*pilulas aut suppositoria accipere*), porque ao se purgar demais corre-se o risco de inconvenientes mais graves que a constipação.

O vivo interesse desse texto, baseado em uma experiência pessoal, é em primeiro lugar de inscrever-se como um marco precursor na descrição da intimidade corporal. Com mais humor que Samuel Pepys, menos narcisismo perverso que James Joyce, o dominicano de Ulm faz entrar no domínio público as funções naturais menos brilhantes. O embarque obriga: conveniências, pudor ficam prejudicados, mas cada um passa por isso por sua vez sob o olhar dos outros. Por jogos de palavras, uma comparação irreverente e a análise ponderada de casos de figuras digna de um *Kriegsspiel*, a boa saúde do frade Félix oferece, sobre um capítulo delicado, variações de moralista que se vangloria de escrita. A informação que dá sobre a existência de supositórios também merece ser sublinhada, assim como a transmissão oral de práticas de saúde — aqui de homem a homem — que constituem a economia de prescrições medicinais. A

Michelangelo, O rapto de Ganimedes. *(Paris, Biblioteca Nacional.)*

verve do autor desculpa mesmo os movimentos incontrolados suscitados pelo olhar sobre o sexo dos outros. Contrariamente ao que escreveu três séculos antes Guibert de Nogent em sua autobiografia, esses movimentos não revelam maus pensamentos, mas a existência de mecanismos complexos impulsionados pelo olhar: todos os movimentos do corpo estão no espírito.

Fazer amor. "*Felix conjunctio...*", rejubilam-se os *Carmina Burana.* Entre as volúpias físicas inscritas no pergaminho pelos monges de Ottobeuren e pelas canções de amor da Renascença, corre uma vigorosa tradição de prazer físico que atravessa, enriquecendo-se, o final da Idade Média. Passeios galantes, discursos amorosos, galimatias que retardam as carícias e avivam sua espera, esses séculos são sem dúvida menos reservados que os anteriores sobre o assunto: mas entre as canções e os atos, qual é a distância?

Perfeitamente privada por natureza, a união carnal foi cercada pela sociedade medieval de ritos publicitários, quando era ato fundador de uma família, até o leito nupcial em que os esposos penetram sob o olhar de seus próximos, até a alegre exposição dos lençóis no dia seguinte às núpcias consumadas. Mas a noiva não é posta a nu, nem a posse, nem o prazer. O ato sexual, o primeiro como os seguintes, o legítimo como o furtivo, tem necessidade da sombra e do recolhimento. Entre os poderosos, o sentimento das conveniências depurou cuidadosamente nos textos que lhes concernem tudo o que poderia se parecer com as preliminares do

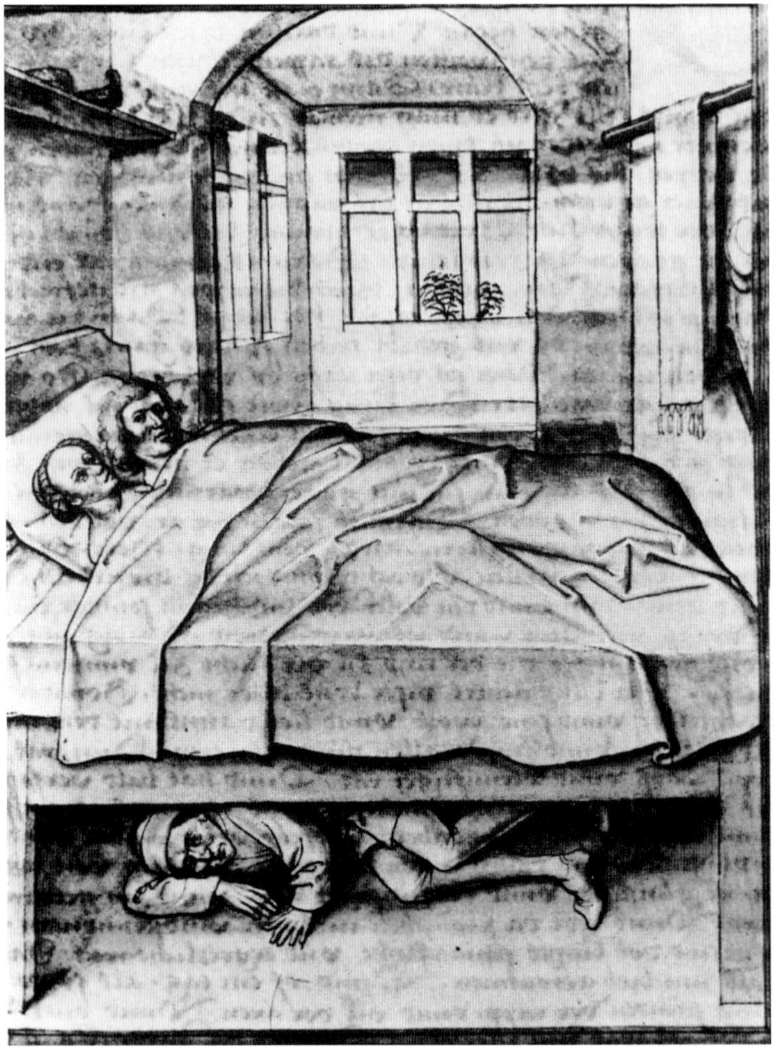

As fábulas de Bidpaï, *século* XV. (*Chantilly, Museu Condé.*)

amor físico: escaparam algumas imagens, por exemplo a do rei Luís, o Bávaro, sozinho em seu palácio, com exceção dos familiares necessários ao seu serviço, muito atarefado em acolher no leito sua segunda mulher, Margarida de Holanda, por quem estava muito apaixonado.

Mas da cópula as únicas imagens autorizadas são monstruosas ou fabulosas: de um lado, os demônios possuem sua vítima, que parece perdida em um bestiário; do outro, Leda, perfeita mulher do mundo importunada por seu cisne, ou Ganimedes, estranhamente perturbado pela águia de Michelangelo. Entre os dois, a banalidade que não se mostra.

Para o fim da Idade Média, dispomos de alguns tipos de textos que nos permitem imaginar os comportamentos sexuais a partir de discursos amorosos, de gestos descritos, de códigos normativos e de processos que indiciam, julgam e condenam. Pode-se reconstituir a normalidade com casos singulares e regras gerais? Quando santo Antonino de Florença exorta as mães a virem ao sermão com suas filhas a fim de que estas últimas sejam instruídas sobre práticas contra a natureza, que elas correm o risco, em sua ignorância, de aceitar em sua vida de mulheres casadas, apreendemos, de um lado, uma surpreendente liberdade de expressão pública sobre a sodomia no casal e, do outro, um reflexo evidente da prática: mas o santo arcebispo decidiu intervir publicamente depois de algumas confissões perturbadoras, ou porque a maioria de suas ovelhas o conduz, por revelações concordantes, a alarmar-se?

Nos depoimentos sob juramento — aqueles que tanto nos informaram sobre os paroquianos de Montaillou e seu cura —, o ato sexual aparece como a satisfação de uma necessidade elementar dos homens, que encontram sempre, por bem ou por mal, uma parceira. Muitas vezes a violência faz parte do jogo: a castelã de Montaillou deve sofrê-la pelo desejo do primo do cura. A situação é por vezes invertida; o vigário Barthélemy Amilhac relata a seguinte conversação: "Ela me disse: 'Vem esta noite à minha casa'; eu disse: 'O que queres de mim?'. E ela me disse: 'Eu te amo. Quero dormir contigo'. E eu lhe disse: 'De acordo!'". *Sancta simplicitas*... Em Montaillou, o prazer garante a inocência de uma ligação, sobretudo quando a diferença de idade entre os esposos dá sua oportunidade ao ambicioso que cobiça uma "malcasada"; é o tema por excelência da literatura na língua d'oc, ilustrado no século XIII pelo *Roman de Flamenca*.

Mesma presteza, mesmos arquejos nos são remetidos pela leitura dos autos judiciários, em que a violência é praticada, e o prazer, arrancado ao corpo submisso; mas os parceiros são muito frequentemente desiguais. São mulheres honestas enganadas, meninos e meninas vítimas de desequilibrados. Enquanto seu mestre-escola se demora, um dia de 1412, a jogar xadrez em um albergue de Veneza a dois passos da casa deles, os dois filhos de um rico fabricante de sedas, Amado di Amadi, são atirados para os fundos da oficina e violados. Não é certo que a homossexualidade, horrivelmente reprimida entre os adultos, seja apenas um fenômeno urbano, como parece acreditar Jacques Fournier no decorrer de sua investigação sobre os cátaros meridionais. É antes habitual em uma faixa etária e em todos os meios. Os hábitos de promiscuidade no leito e os tateios que daí resultam — Arnaud de Verniolles, um dos personagens de Montaillou, foi iniciado em Pamiers, aos doze anos, por um de seus camaradas noturnos —, o costume de viver entre rapazes durante dez a quinze anos antes de se fixar bastariam para tornar comuns, até o tempo do casamento, brincadeiras mais ou menos desenvolvidas com o corpo de seus companheiros. Possuímos ainda menos informações sobre as moças entre elas, sobre a vida do gineceu suspeita para os misóginos — "As mulheres falam vergonhosamente quando estão só entre elas", escreve em 1340 Jean Dupin —, as donzelas que se banham juntas no *Roman de la Rose*; é a pintura aristocrática que difunde, no primeiro terço do século XVI, o tema das amigas na toalete trocando, com um tranquilo impudor de deusas, carícias e beliscos bastante sensuais.

GOVERNAR O CORPO

Jost Amman, 1574. (Paris, Biblioteca Nacional.)

Mais livre de seus movimentos nas representações, se não na vida cotidiana, o corpo é objeto, no final da Idade Média, de cuidados mais atentos. As diferentes correntes do conhecimento e da sensibilidade convergem para uma moral prática, que visa manter o melhor possível a mecânica corporal. Sem dúvida, as formas novas da devoção, a partir do século XIV, conservam da tradição ascética a preocupação de pôr o corpo em seu lugar; mas, se a extrema santidade passa sempre pelo abandono de nosso despojo, se o movimento penitencial faz dos flagelantes especialistas do ferimento e da humilhação do corpo, a massa dos fiéis é convidada à imitação de Cristo, que não era um eremita, mas um homem no meio do povo. A pregação de santo Antonino, de Geiler von Kaisersberg não brada contra o corpo, mas contra excessos de atenção ao corpo que desviam do essencial, a vida espiritual. Nesse terreno, ela não contradiz a curiosidade naturalista, fortalecida pelo Novo Aristóteles que procura melhor compreender as funções do corpo para ajudar o indivíduo a equilibrar seu comportamento: medicina e moral são indissociáveis, já que fazem triunfar juntas a ideia de medida. É a ideia central do grande tratado de Konrad von Megenberg, *Das Buch der Natur*, datado de 1349, que recomenda um estilo de vida corporal perfeitamente compatível com a interioridade. Dieta, movimento, ar livre, banhos frequentes, *mens sana in corpore sano.* Mesmo aprovando as proezas físicas dos cavaleiros no torneio, nada deve entrevar as virtualidades espirituais dos atletas de Cristo, que deveriam ser todos os cristãos. Sabe-se do fervor com que foram cercados são Jorge e são Miguel em toda a Europa no final da Idade Média.

As receitas de vida. Conservaram-se muitas receitas, recopiadas nos diários de família, entre contas e orações, reunidas em fascículos, que atestam o valor que os indivíduos atribuíam às regras de saúde que conservam o corpo e o defendem; breviário do saber e das experiências, *corpus* europeu da higiene sensata — onde se introduzem evidentemente pomposas ou obscuras tolices —, constituído de tradições familiares, em que o conhecimento dos simples é transmitido pelas mulheres, e da prática erudita da medicina, difundida pelos universitários ligados ao serviço dos príncipes e das coletividades. É assim que vemos desenvolver-se no século XV um discurso sobre a criança em seus primeiros anos, que propõe às mães um plano educativo completo. Um tratado do doutor Bartholomeus Metlinger,

M. Albir, Tractatus de pestilentia, *século XV. (Praga, Biblioteca Nacional da Universidade.)*

No século XVI, entre os profissionais da saúde figuram o barbeiro e o mestre de banho; o primeiro lava a cabeça de seus clientes, corta-lhes a barba e os cabelos, faz os emplastros e as pensaduras; além disso, pratica a sangria. O segundo aplica as ventosas, faz massagens em seus pacientes e reduz suas entorses. Os limites entre as duas profissões são ainda menos definidos um século antes; elas ultrapassam amplamente, em todo caso, o domínio do prazer e da higiene.

de Augsburg, datado de 1475, consagra longos desenvolvimentos à lactação e à desmama, à dentição, à canção de ninar e ao passeio, ao regime alimentar e aos primeiros passos.

Para o desenvolvimento, para a conservação do corpo contribuem, por outro lado, hábitos profiláticos baseados no respeito de alguns conselhos e remédios: fumigações, colares e esferas de âmbar, teriaga veneziana, que cura tudo. Nos séculos XIV e XV multiplicam-se os sinais da vigilância que se demonstra preventivamente. Os viajantes devem prevenir-se — como vimos nas galeras — contra os riscos que correm, longe de seu meio, expostos às mudanças de ar propícias aos germes infecciosos e ao ataque inopinado da pestilência; tratados venezianos reúnem para o uso dos embaixadores as informações sobre as rotas da Europa central e as precauções a tomar, a cavalo e no albergue.

Benedetto San Moro, O romance de Troia em versos e outras histórias, *manuscrito veneziano do século XIV. O médico dispensando cuidados. (Veneza, Biblioteca Marciana.)*

Príncipes, amadores como o médico de Nuremberg, Hartmann Schedel, reúnem coleções de tratados em que a matéria médica ordena a ciência dos antigos e acrescenta-lhe outros saberes: conhecimento das pedras preciosas, anatomia, signos do zodíaco, farmacopeia, fórmulas propiciatórias; a tal ponto é vasto o campo ocupado pelo corpo humano, entre as estrelas e o alambique. Empregadas em condições precisas, muitas receitas procuram garantir contra todas as surpresas do inimigo. O livro das receitas do imperador Maximiliano, redigidas em seu círculo *contra pestilenciam*, visa prevenir a doença: "Não se conhece exemplo de morte por envenenamento ou de sério ataque por pestilência daqueles que beberam essa *aquavita* todos os dias de manhã e à noite. Quem adquiriu esse hábito eliminará todo veneno que vier a atacá-lo". A busca da imunidade, a noção de regime entraram na consciência do público, que se arma para defender-se.

O mal ronda. O inimigo é de porte e, no tempo em que se analisam os sintomas, o contágio faz sua obra. Uma vez que o mal ronda no quarto do acamado, é preciso reunir suas forças para pôr em ordem seus assuntos neste mundo e impedir a vitória do demônio. A vida privada termina nessa batalha pública em que sussurram os poderes sobrenaturais; *codicilos febris* a um testamento anotados às pressas, última carta a seus próximos, se se morre longe deles. Os organismos mais bem constituídos sucumbem depressa, as pessoas resignam-se a isso. Os últimos momentos em que o corpo sustenta a vida do espírito são, nas fontes escritas da Idade Média tardia, particularmente comoventes. Eis aqui alguns exemplos, que nos fazem assistir ao desaparecimento de algumas pessoas privadas.

Uma pestilência assola Veneza em 1478. Um grande comerciante do norte, Heinrich von den Chaldenherbergen, compreende que está perdido. Acamado em seu quarto do Fondaco, onde os alemães vivem entre eles, manda vir amigos de negócios para ajudá-lo a regularizar uma situação complexa, bastante mudada desde seu testamento romano de 1476.

> Eu, Heinrich Kufuss, de Antuérpia, atesto em minha alma e consciência que Heinrich von den Chaldenherbergen, agente de um tal Andolph von Burg, mandou pedir-me que viesse a seu quarto. Eu fui e vi que ele estava muito mal. E o dito Heinrich rogou-me que fosse ao Banco Soranzo e ali fizesse redigir uma letra de câmbio para a conta do senhor Piero Grimani, o que mandei fazer em seu nome. Eu lhe disse, ademais, que devia confessar-se e fazer seu testamento, e continuar a viver como um cristão, e que não seria por isso que morreria mais depressa. E respondeu-me que, de fato, seria bom que o fizesse e que queria fazê-lo. E eu lhe respondi e disse: "Quando estavas em Roma, pelo que sei, há cerca de dois anos, fizeste um testamento e tomaste disposições", e eu lhe disse: "Queres que o testamento que fizeste em Roma permaneça?", e eu lhe disse: "Quem são teus comissários?". E ele me respondeu que havia, sim, um testamento, mas quanto ao resto, não sabia mais nada [...].

John Ardenne de Nawark, De arte phisicali et de cirurgia, *manuscrito inglês, 1412. A doente. (Estocolmo, Biblioteca Real.)*

No mesmo ano, uma nobre dama, Anna von Zimmern, sente-se mal, desfalece, escreve e morre.

> Enquanto ela segurava o cacho de uva na mão sem prestar muita atenção, um pequeno verme amarelo, semelhante a um pequeno verme de terra, saiu da fruta, rastejou ao longo de seu dedo mínimo, aquele chamado dedo de ouro, na mão esquerda, ali se enrolou e se agarrou. Quando ela se deu conta disso, chamou Sixt von Hausen para que lhe tirasse o verme do dedo. Porém, mal isso foi feito ela sentiu-se mal, abandonou a mesa, e, pelas moças e outras pessoas que a acompanhavam, foi levada para um leito, e a toda pressa, por sua ordem, foi-se a Zurique, distante apenas uma milha alemã, para buscar um médico.
>
> E imediatamente, a toda pressa, ela conseguiu escrever a seu filho, sire Johann Wernher, e à sua esposa uma carta cujo conteúdo era o seguinte:
>
> "Minha afeição materna e meus melhores pensamentos, caríssimo filho e caríssima filha. Sabei que um pequeno verme, saído de um cacho de uva, contaminou-me um dedo, e que isso se agravou, de sorte que eu estou acamada e, em suma, antes mal e bem fraca, e que posso apenas vos escrever e fazer-vos um pedido. Caríssimos filhos, não deixeis de enviar-me continuamente um mensageiro e de fazer-me saber por ele como vão meus caríssimos filhos, os pequenos, pois sinto a vossa falta terrivelmente, a deles e a vossa. Mas não fiqueis demasiado inquietos, e antes de tudo, mandai-me

Sebastian Brant, Stultifera navis Parisis, *1498. (Paris, Biblioteca Nacional.)*

As pessoas se fazem limpar dos piolhos por aqueles a quem amam; foi confiando sua cabeleira a Dalila que Sansão lhe revelou seu segredo.

notícias das crianças. Escrita em Baden na noite da segunda-feira da Natividade de Nossa Senhora, 1478."

Não posso impedir-me de inserir aqui uma segunda carta, cujo conteúdo era o seguinte:

"Caríssimo filho, fica sabendo que minha situação piora, a ponto de que não tenho mais grande esperança, a não ser de me recomendar a Deus Todo-Poderoso; agora sou prisioneira de Sua vontade, e ele agirá em relação a mim segundo Sua vontade divina; e eu me fiz munir cristãmente de todos os sacramentos, a toda pressa antes desta noite, pois não sei como meus assuntos vão arranjar-se daqui para amanhã. Por isso, não te deixes desviar de tuas ocupações, mas envia-me imediatamente minha carta de indulgência, que eu a tenha junto de mim. Assegura-me esse serviço o melhor possível, e testemunha-me enquanto estiver viva e depois de meu trespasse toda a afeição de que és capaz. Caríssimo filho, a carta de indulgência encontra-se lá em cima, no armário, cujas chaves estão na gaveta. Escrita no dia da Natividade de Nossa Senhora do ano 1478."

Mas, antes que essa carta houvesse chegado a Mösskirch, ela estava morta.

Em um dos dois fragmentos de seu diário familiar, redigido em 1503, Dürer relata a dura morte que atinge seu pai, depois sua mãe. Despertado tarde demais para assistir a seu pai, que transpira terrivelmente antes de expirar, o artista conserva da morte de sua mãe a imagem de um combate horrivelmente desigual: "Ela teve uma morte cruel, e eu me dava conta de que ela via alguma coisa de pavoroso [...] ela entregou a alma em meio às dores". Esse combate prefigura aquele travado pelo próprio artista, cujo corpo lhe falta. Ele sabe perfeitamente onde o dano é irremediável desde o desenho em que se representa nu, o dedo fixado em seu lado, com a inscrição: "Aí é que está o meu mal" (*Do ist mir weh*).

Mas, se a agonia é, em todos os tempos, um combate solitário, uma pessoa pública deve, a si mesma e àqueles que a cercam, dar o exemplo de uma dignidade impassível. Margarida da Áustria escreve uma carta a seu querido sobrinho Carlos v, que sela sua vida como um ato oficial:

A Carlos Quinto
Malines, último dia de novembro, 1530

Meu senhor,

É chegada a hora em que já não vos posso escrever de minha própria mão, pois me sinto tão mal que creio que minha vida dure ainda apenas pouco tempo. Tranquila em meus pensamentos, e decidida a tudo receber do que Deus me enviará, sem dor salvo a de estar privada de vossa presença, de não mais vê-lo antes de meu fim nem poder falar-vos, é preciso que substitua um pouco estas palavras por esta carta que, como receio, será a última que recebereis de mim.

Eu vos constituí meu legatário universal, e vos deixo vossos Estados, que durante vossa ausência não apenas conservei tais como vos confiastes por ocasião de vossa partida, mas consideravelmente aumentados, e vos entrego a senhoria deles de sorte que creio ter merecido não apenas vossa satisfação, meu senhor, mas também a mercê de vossos súditos e a recompensa do Céu. Antes de qualquer coisa eu vos recomendo a paz, e vos peço, meu senhor, em nome do amor que ides testemunhar a este pobre corpo, conservar também a lembrança de minha alma. Recomendo à vossa graça meus pobres servidores e servidoras, e vos dirijo uma última saudação, rogando a Deus que vos ofereça, meu senhor, felicidade e longa vida.

Vossa muito devotada tia Margarida

PURIFICAR-SE

O corpo exaltado em razão mesmo de sua fragilidade é o corpo encantador da juventude: Giuliano de Medici ofereceu seu garbo louro como um estandarte nas festas que glorificam a primavera florentina. A velhice, que é fisicamente um naufrágio — Petrarca estava convencido disso e o explica em uma carta a Guido Sette —, não merece cuidados ridículos: Geiler von Kaisersberg zomba de cátedra da velha mulher enrugada de Estraburgo que quis se fazer consertar (*ausputzen*) e ficou mais feia que antes. Há uma idade para embelezar-se, e perdoa-se à juventude, que não tem nada a restaurar, por querer pôr em evidência suas qualidades naturais, com a condição de guardar as medidas. A toalete tem virtudes terapêuticas, e capítulos sobre a beleza conservada ornam os mais austeros tratados de medicina. A toalete nos conduz ao banho, onde reencontramos o corpo nu, mas não necessariamente o íntimo, como vamos dar-nos conta. Porém, antes de lavar o corpo, é preciso desembaraçá-lo de sua fauna.

Johannes de Cuba, Hortus sanitatis, *1491. (Paris, Biblioteca Nacional.)*

Parasitas. Fauna ordinária, que aproxima os indivíduos, já que as pessoas se fazem limpar de piolhos por aqueles que amam; em Montaillou, ao sol sobre os telhados, na soleira das portas, esse é o papel das mulheres, das amantes. Pierre Clergue, conversando, se faz limpar dos piolhos por Béatrice de Planissoles. Voltemos à galera dos peregrinos, esse microcosmo; o frade Félix Faber nos narra sua experiência, sobre esse ponto como sobre outros. Os parasitas prosperam se não nos defendemos deles:

> Muitas pessoas num barco não se muniram de mudas de roupa, vivem no suor e nos maus odores, onde pululam os insetos, tanto nas roupas como nas barbas e nos cabelos. É por isso que o peregrino não deve negligenciar-se, mas, ao contrário, limpar-se todos os dias; um, que agora não tem um piolho, pode ter mil na hora seguinte se tiver contato com um peregrino ou um marinheiro piolhento. Que cuide, portanto, todos os dias, de sua barba e de seus cabelos, pois se os piolhos ali proliferam

G. D. Platzi, A feiticeira, *século XVI. Qualquer que seja o tema desse quadro, espelho, bacias, fonte, flores esparsas no solo fazem pensar que essa jovem mulher em seu privado, cabelos soltos, pés nus em suas sandálias, concede-se tempo para cuidar de seu corpo. (Museu de Leipzig.)*

ele será obrigado a raspar a barba, abandonando assim sua dignidade, pois que é escandaloso não usar barba no mar. Inútil, em compensação, manter uma longa cabeleira, como certos nobres que recusam sacrificá-la, e que vi tão cobertos de piolhos que deles proviam todos os seus amigos e importunavam todos os seus vizinhos. Um peregrino não deve ter vergonha de pedir que lhe procurem piolhos na barba.

É preciso fazer recuar o imundo, que veicula os flagelos epidêmicos; o bom senso privado concilia-se com o interesse geral. A manutenção do corpo é uma empresa de salubridade que comporta uma parcela de prazer; os heróis e heroínas de belas cabeleiras e de tez branca e rubra sabem o tempo que consagram à sua toalete; homens e mulheres, no final da Idade Média, lavam-se e se fazem massagear mais comumente que seus descendentes. Ao menos, é a impressão que dá a abundância das fontes relativas ao embelezamento e aos cuidados do corpo.

Embelezamento. Os homens limitam esses cuidados aos grandes suadouros esportivos, às abluções e à massagem que se segue, ao ofício do pente e da tesoura para os cabelos e a barba, segundo os cânones da moda, que mudam tanto quanto o vestuário — os retratos estão aí para nos convencer disso. Isso é tudo o que a virilidade suporta, com algumas loções. Ovídio, que permanece no século XV o árbitro da elegância, lembra que o corpo masculino não exige nada a mais, e os dândis frisados de Veneza e de Florença, de Bruges e de Paris exageram. As mulheres têm mais trabalho para seduzir, quando dispõem do ócio para isso; e como um bom médico, segundo Hipócrates, deve poder responder a todas as perguntas sobre o corpo, os tratados de cirurgia incluem um certo número de receitas para embelezar, quer se trate de maquiagem, de depilatórios, de unguentos mamilares ou de tinturas para os cabelos, ou até de pomadas à base de vidro moído, de adstringentes e de colorantes que permitem simular a virgindade.

Assim, longe das sólidas camponesas das *Très riches heures*, das dobadeiras e fiandeiras das cidades produtoras de lã, das lavadoras e separadoras de minério dos Vosges de Heinrich Gross ou da Boêmia de Mathias *Illuminator*, construía-se, insensível às críticas da Igreja, a imagem de uma mulher artificial, uma Agnès Sorel de tez pálida e sobrancelhas depiladas que ousava posar, os seios nus, de Virgem com o Menino, ou, mais tarde, na época da revolta dos camponeses, a surpreendente boneca pintada por Baldung Grien, branca de alvaiade sob seu grande chapéu negro.

Enquanto o desgrenhado indica o luto, enquanto em sua negra melancolia Carlos, o Temerário, deixa crescer suas unhas como um animal, os cuidados do corpo visam ordenar, podar a pululante natureza. Construção da cultura, a mulher deve ser lisa para ser agradável. Os tratados de medicina explicam que o pelo é a condensação de vapores grosseiros, e que o excedente de umidade feminina que não se escoa naturalmente se transforma em espuma, que é preciso suprimir. Procede-se por arrancadura com a ajuda de tiras de tecido untadas de pez, destroem-se os bulbos pilosos com agulhas ardentes, empregam-se também temíveis depilatórios. Em um *Mystère de la passion* que fustiga a libertinagem parisiense, Magdelaine é assim apostrofada por sua fiel criada Pasiphaé: "Aqui estão vossos ricos unguentos para manter o couro belo e fresco. — Estou bem brilhante assim?, pergunta após alguns instantes a bela. — Mais brilhante que uma imagem".

Lavar-se. A pele clara, lisa, brilhante, e todo o corpo igualmente, é fruto de banhos repetidos e de um longo trabalho, completado pelos unguentos.

A lavagem do corpo já não provoca no final da Idade Média as prevenções do moralismo monástico; ou, pelo menos, a prática do

Pisanello, Jovem homem despindo-se. *(Paris, Louvre, Coleção Rothschild.)*

Piero de Eboli, Os banhos de Pouzzuoli, *século XIV. (Paris, Biblioteca Nacional.)*

banho e da sauna parece tão geral, e em todos os meios, que as reservas sobre a lavagem completa e frequente do corpo já não parecem admissíveis. O dominicano Félix Faber, como vimos, recomenda energicamente a limpeza corporal e insiste, além disso, na troca regular da roupa de baixo. Teremos ocasião de nos perguntar se a lavagem frequente não adquiriu nas representações coletivas o mesmo valor espiritual que a frequente confissão. Mas voltemos à prática e à tina.

As pessoas se lavam de duas maneiras, na água do banho ou no vapor da sauna, sozinhas ou em grupo. Quando se toma seu banho em casa, ele é preparado no quarto, perto do fogo que serve para aquecer a água; é um dos primeiros deveres da hospitalidade. Quando o senhor Barnabà Visconti, no relato de Petro Azario, cumpre as promessas que fizera *incognito* ao camponês que o ajudou a reencontrar seu caminho, ele o faz lavar-se na água tépida antes de oferecer-lhe o leito mais suntuoso que o infeliz jamais vira. Na rica morada burguesa do final da Idade Média, as pessoas se despem e se banham em seu privado. Na casa de Anton Tucher, de Nuremberg, por volta de 1500, o dono da casa passa de seu quarto para uma pequena peça onde se despe, e onde uma tina está instalada perto de um aquecedor de latão sobre um piso lajeado recoberto por um ripado de madeira. Deixam-se em infusão na água plantas odoríferas, segundo uma receita de Galeno, rega-se o banhista com pétalas de rosa: "Lançaram tantas sobre mim", diz o herói cortês de uma epopeia austríaca escrita no final do século XIII por Ulrich von Lichtenstein, "que já nem sequer se via a água do banho". No campo, se se julga a partir dos *Fabliaux*, a prática do banho não é menos difundida que na cidade; na casa ou fora, as pessoas se agacham em uma tina de água quente, debaixo de um pano estendido que conserva o vapor e acrescenta ao banho a sauna. Banham-se a dois, ou mesmo vários: a hospitalidade e a sociabilidade favorecem os rituais, o do banho dos vindimadores, o que tomam juntos, na véspera das bodas, o noivo com seus companheiros de juventude, a noiva com suas amigas.

Fora de casa, na cidade ou no campo, as pessoas se dirigiam frequentemente aos estabelecimentos públicos, por vezes geridos pela comunidade. Alguns deles acrescentavam às abluções a cura termal; a tradição antiga das termas se perpetuava em sítios naturais privilegiados. No século XV, a cura se torna um fenômeno mundano, por exemplo, em Bad Teinach, na Floresta Negra, cujo *wildbad* (o "banho selvagem", isto é, em jorro) atrai em 1476 o duque Guilherme da Saxônia acompanhado de seu médico, ou em Hall, no Tirol, de que o embaixador Agostino Patrizi, que em 1471 se dirige a Regensburg, descreve as instalações sofisticadas.

Os prazeres da água são amplamente partilhados no final da Idade Média. No norte dos Alpes, a prática da sauna é muito antiga e corrente; o tratado italiano *De ornatu*, sobre a toalete feminina, esclarece que o banho de vapor, ou *stuphis*, era uma receita germânica (*sic faciunt mulieres ultramontanee*). Efetivamente, a sauna — da qual uma das mais antigas descrições foi transmitida pelo geógrafo e diplomata Ibrahim ben Yacub, visitando a Saxônia e a Boêmia em 973 — é uma instituição muito difundida no mundo eslavo e germânico; na maior parte das aldeias, a sauna, assinalada pela insígnia de um feixe de galhos folhosos, funcionava alguns dias por semana.

Um poema épico do final do século XIII, atribuído ao austríaco Siegfrid Helbling, descreve com grande luxo de detalhes todas as fases do banho de vapor que tomam juntos, entre outros, um cavaleiro e seu criado. A partir do momento em que o mestre de banho toca a trompa, as pessoas afluem, descalças e sem cinto, camisa de banho ou roupão no braço; deitam-se sobre bancos de madeira, na obscuridade do vapor, em torno das pedras aquecidas regadas regularmente, deixam-se massagear as costas, os braços, as pernas por massagistas, ativa-se a sudação com golpes de feixes de ramos, esfrega-se o corpo com cinzas e sabão; depois vem o cabeleireiro, que apara a barba e os cabelos; enfim, veste-se o roupão para repousar em um leito numa peça vizinha. A descrição concorda com as ilustrações da Bíblia do rei Wenceslau da Boêmia e com o *Calendrier des bergers* de 1491: o banho e a sauna são lugares de relaxamento, onde se limpa o corpo, onde se pode também discutir, recuperar-se, divertir-se. Que melhor lugar para encontros galantes de todo tipo? A má reputação de alguns locais recai sobre a profissão de banhista e desconsidera o ofício de massagista; o erotismo da água colore os encontros furtivos narrados no *Roman de Flamenca*, esse poema provençal do amor culpado, nos banhos de Bourbon-l'Archambault. Corpos impudicos, corpos inocentes se cruzam e se dão em espetáculo; o indivíduo é escrutado, avaliado, desejado, seduzido. Imagina-se o encontro dos olhares; pode-se ir mais longe na busca do íntimo, graças a um texto que reconstitui comportamentos e os julga como contemporâneos. Os olhos de um estrangeiro — trata-se de Poggio visitando a Suíça — fazem os estereótipos caírem como cascas.

Mulher na tina. *(Paris, Biblioteca Nacional.)*

Banhos coletivos na água corrente canalizada, ou banho de vapor solitário, onde se ativa a sudação.

Alegrias do corpo, banho da alma. Tendo acompanhado, em 1414, o papa João XXIII no Concílio de Constância, na qualidade de secretário apostólico, Poggio, autor na moda, amigo dos principais humanistas florentinos, grande colecionador de manuscritos antigos que desentoca em toda a Europa, vê-se de súbito privado de funções e de emprego depois da deposição de seu protetor, Baldassare Cossa. É como espectador desocupado que ele se dirige, em 1416, aos banhos de Baden, perto de Zurique, e o espetáculo é verdadeiramente surpreendente:

> A cidade de Baden — o nome significa "banhos" em alemão — é bastante florescente, situada em um vale dominado por altíssimas montanhas, perto de um grande rio de corrente rápida que se lança no Reno a 6 mil passos da cidade. Perto da cidade, em quatro estágios, encontra-se um estabelecimento soberbo construído sobre o rio para uso dos banhos. No centro do estabelecimento estende-

se uma imensa praça e, em toda a sua volta, edifícios magníficos capazes de receber multidões. Cada edifício possui no interior seus banhos, onde mergulham apenas aqueles que ali foram admitidos. Desses banhos, alguns são públicos, os outros são privados, cerca de trinta ao todo.

Dos banhos públicos, existem dois, aos quais se tem acesso abertamente de um lado ao outro da praça, tanques para o povo e a multidão sem qualidade, para onde descem mulheres, homens, crianças, moças, e a escória daqueles que os cercam em massa.

Nesses tanques, uma espécie de paliçada foi construída entre pessoas pacíficas: ela separa os homens das mulheres. É realmente risível ver velhas decrépitas, ao mesmo tempo que jovens, entrarem na água completamente nuas sob os olhos dos homens, mostrando aos homens suas partes naturais e suas nádegas; eu ri muitas vezes desse gênero de espetáculo pitoresco, evocando por contraste os jogos florais, e em mim mesmo eu admirava a inocência daquelas pessoas, que não prendem seus olhos a esses detalhes e não imaginam nem dizem nada de mal.

Quanto aos banhos que estão nas casas privadas, são muito chiques e, eles também, comuns aos homens e às mulheres. Simples telas os separam, nas quais inúmeras pequenas janelas são recortadas, e graças a elas pode-se beber junto, conversar, ver-se de um lado ao outro e mesmo se tocar, como é o hábito. Acima dos tanques correm galerias onde os homens se instalam para observar e discutir. Pois é permitido a todos ir aos banhos dos outros, para contemplar, tagarelar, jogar, descansar o espírito, e permanecer ali de maneira que, quando saem da água ou

Johannes Stumpf, Schweizer Chronik, *1586. Diferentes maneiras de banhar-se: em uma grande cuba em várias pessoas, com colação; nos célebres banhos de Baden perto de Zurique, jovens e velhos, homens e mulheres, sãos e doentes entram juntos na piscina pública, sob os olhos de alguns espectadores; enfim, em um poço d'água em pleno campo; é a cura termal dita natural ou selvagem (*Wildbad*). (Paris, Biblioteca Nacional.)*

quando nela entram, as mulheres são submetidas ao olhar quase inteiramente nuas.

Nenhuma guarda observa as entradas, nenhuma porta as proíbe, nenhuma suspeita de licenciosidade. Na maior parte dos casos, é a mesma entrada que serve aos homens e às mulheres, e os homens encontram mulheres seminuas, e as mulheres, homens nus. Os homens usam no máximo uma espécie de ceroulas, as mulheres estão vestidas com túnicas de tela, aberta no alto ou do lado, que não cobrem nem o pescoço, nem o peito, nem os braços, nem os ombros. É na água que muitas vezes se faz uma refeição pagando com seu bilhete de entrada, sendo as mesas postas sobre a água, e os espectadores têm o hábito de assistir a essas refeições [...].

De minha parte, era da galeria que eu devorava tudo com os olhos, os costumes, o uso, os prazeres da sociabilidade, a liberdade, até mesmo a licença dos modos de vida. É realmente espantoso ver com que inocência, com que verdade eles vivem. Maridos viam sua própria mulher tocada por estranhos e não se perturbavam, não prestavam atenção a isso, tomavam tudo pelo lado bom. Não há nada de tão delicado que não se torne fácil graças a seus hábitos de vida. Teriam facilmente se acomodado ao *Político* de Platão, tornando qualquer coisa comum a todos, já que, sem se basear em suas teorias, se classificariam de imediato entre seus seguidores. Em certos banhos, os homens se misturam diretamente às mulheres, quer sejam seus próximos pelo sangue ou por outras cumplicidades; a cada dia, entram no banho três ou quatro vezes, passando assim a maior parte do dia, cantando, bebendo ou dançando. Com efeito, cantam na água ao som da cítara, agachando-se um pouco; e é um espetáculo encantador ver moças, já maduras para o casamento, na plenitude de suas formas núbeis, o rosto brilhante de nobreza, manter-se e mover-se como deusas; enquanto cantam, suas roupas formam uma cauda flutuante à superfície das águas, de modo que as tomaríamos por Vênus aladas.

Konrad Kyeser, Bellifortis, *manuscrito de Göttingen, 1405. O banho quente: por um célebre inventor de mecânicas e de máquinas, um estabelecimento comportando duas salas de banhos, uma para os homens, a outra para as mulheres, cuja água é aquecida em um vasto balão. (Paris, Biblioteca Nacional.)*

Descrevendo em seguida os jogos aos quais as pessoas se entregam, nas tardes, em um grande prado plantado de árvores ao longo do rio, em particular concursos de dardos e apresentação de danças, Poggio continua: "Esses lugares, creio realmente que viram nascer o primeiro homem, esses lugares que os judeus chamam Éden; é bem isso, o jardim da volúpia. Pois se a volúpia pode tornar a vida feliz, não vejo o que falta aqui para atingir a perfeição de uma volúpia sob todos os aspectos consumada".

É possível que o corpo seja a uma só vez oferecido e puro? O homem de cultura, o homem do mundo perde como em um sonho acordado todas as suas referências literárias, nacionais, morais. Seu senso das conveniências é profundamente abalado pelo alegre espetáculo que mistura as idades e os sexos: não, a velha decrépita não es-

Das Mittelalterliche Hausbuch, *manuscrito do fim do século XV (Coleção dos príncipes Waldburg-Wolfegg). Esse desenho a pena reúne em torno de um banho voluptuoso, entre íntimos, todos os ingredientes do prazer: a música de diversão, o vinho posto para refrescar, o jardim fechado povoado de animais, onde se passeia conversando.*

conde suas formas murchas e não desperta nenhuma hilaridade; não, os jovens que se olham quase nus não têm os olhos acesos de desejo. As fronteiras do bem e do mal desapareceram sorrateiramente, e embora os corpos se toquem, embora as mulheres não escondam seu pescoço, nem seu colo, nem seus ombros, nem seus braços (*neque... neque... neque...*), é Poggio quem as despe com o olhar, é a seus lábios que chegam as palavras de impudor e lubricidade: a simplicidade, a saúde mental exalam do espetáculo, a inconveniência não existe mais que no vocabulário do humanista. Não lhe resta senão despir-se por sua vez para tomar um banho de juventude que limpe seu espírito; receia ele ser posto a nu pelo olhar dos outros? Ele se lembra de que o bem falar é sua profissão; um intelectual pode sentar-se junto das damas no banho sem procurar deslumbrá-las? Não sabe alemão? Que importa, ele se transforma em *voyeur* diante dessa comunidade de corpos reconciliados, alegres e sem desejos, pois que nada lhes falta; doloroso sentimento de uma plenitude da qual não participa. Último elemento de sua perturbação: esse jardim da volúpia, esse Éden

Thomas Murner, Die Badenfahrt, *1514. Três momentos da vida do cristão. (Paris, Biblioteca Nacional.)*

fica ao norte dos Alpes. Um novo contrato social fundado sobre os costumes, aquele que realiza a Cidade de Platão, parece realizado na harmonia, sem violência, sem inveja: nada de guardas na porta, nada de maridos ciumentos como o são os italianos. No entanto, Zurique está ao norte da civilização, aquela da qual vem Poggio. O corpo, o íntimo de que ele é composto estão apaixonadamente do lado de sua mãe mediterrânea. Do norte, ele repatria os manuscritos antigos que o alimentam: de Cluny, de Colônia, de Sankt Gallen, transporta os textos em carroças, alguns totalmente desconhecidos: treze novos discursos de Cícero, e a *Instituição oratória* de Quintiliano, e todo o Lucrécio. Diante dessa pátria que é a sua, o que pesa a dolorosa visão de um paraíso nórdico? Atingido por um momento de graça, que explica talvez essa hesitação em sua carreira, Poggio se recuperará. O parêntese fechou-se, enigmático, sobre essas assembleias de corpos felizes, que anunciam a Renascença, os atletas de Michelangelo atrás da Virgem musculosa e as festas despidas, de Primatício a Cranach.

Mais eis que o corpo no banho desperta outras ressonâncias no final da Idade Média. A Renascença não é apenas visão espacial da felicidade, é também visão profunda de uma caminhada interior. Ao lado da fonte da juventude de um eterno verão, a fonte da vida, da vida eterna. O corpo iluminado pelo prazer dos sentidos inspira também os gestos, a iniciativa de uma reforma espiritual. É a água da salvação que inspira ao poeta de Estrasburgo Thomas Murner sua *Badenfahrt*, publicada em 1514, alegoria da conversão ao apelo de Cristo, embocando a trombeta do mestre de banho:

Então Deus, apiedando-se de nós,
Começou a nos ensinar
Como se deve ir para o banho,
Lavar-se, purificar-se, perder toda vergonha
Na força e poder de Seu santo nome.
Ele o fez tão publicamente
Que o mundo inteiro o viu:
Ninguém poderia dizer na verdade,
Nem dizer nem se lamentar
De não ter sabido
Como deve banhar-se, purificar-se,
Purificar-se novamente em Deus,
Erguer-se como um novo Adão
Que o batismo ressuscita.
Pois Deus nos concede em Sua graça
Que nenhum pecado original nos esmague mais.
Isso foi realizado por Deus tão abertamente
Que o mundo inteiro o viu:
Foi o próprio Deus quem nos chamou para o banho ao som da trombeta.

Sobre essas primícias, sustentado por admiráveis xilografias das quais se imagina a difusão sob a forma de imagens volantes, desenvolve-se um vocabulário que suscita as imagens mais correntes da toalete nas saunas; como se a geração dos gestos simples fizesse germinar a palavra divina. A vida do corpo é uma perfeita homotetia, uma demonstração da vida espiritual. A conversão não é uma busca distante, uma peregrinação aos extremos; é um caminhar cotidiano iluminado pelo sentido: a cada vez que fizeste esse gesto, Cristo se aproximou de ti. Deixa-te convidar ao banho, depõe teus vícios, desembaraça-te de teus pecados, desperta teu ardor pelo bem, agradece ao mestre do banho...

O banho da alma

die badecur	a cura termal	a purificação
in das bad laden	convidar ao banho	a revelação
sich selbst unrein erkennen	reconhecer-se justo	a confissão
sich abziehen	despir-se	depor seus vícios
vor Gott nackent stehen	apresentar-se nu diante de Deus	a vergonha
die fus weschen	lavar os pés	a humildade
den leib reiben	esfregar seu corpo	escutar a confissão
die haut kratzen	limpar sua pele	a penitência
in bad lecken	fustigar-se com galhos	despertar o ardor
der badmantel	o roupão	a mortalha
das ölbad	o banho de óleo	batismo e extrema-unção
das täglich bad	o banho cotidiano	a missa
das wildbad	o banho termal	a conversão antes da morte
dem bader dancken	agradecer ao mestre do banho	a ação de graças

Amor sagrado, amor profano: o corpo e a água são símbolo e receptáculo do espírito. O que é o humanismo, senão a vontade de reconciliar a aparência e o íntimo?

Entre os dois, o olhar e todas as percepções do mundo. Antes de abordar a atitude de reserva, tentemos apreender, naquilo que a seu respeito eles nos disseram, os instrumentos do conhecimento sensível.

SENSACÕES, SENTIMENTOS

Em nossa abordagem do íntimo, somos tributários das formas da expressão, e, embora nada pareça mais constante que as funções perceptivas, a notação, mais ou menos lacunar, dos hábitos sensíveis desenha uma rede variável das maneiras de viver, de sentir e de pensar. É insistindo nas discordâncias com maneiras contemporâneas que se pode tomar a medida do que foi o íntimo dos tempos passados, ou, antes, das dificuldades de abordá-lo.

A VISÃO

Mais que o olfato ou o gosto, a visão é implicitamente reconhecida como o sentimento mais indispensável à testemunha que a história interroga. A medida do espaço, necessária à sua utilização, parte da visão mais próxima, a que o homem tem de seu próprio corpo: o palmo, a braça, o pé, e mesmo o arremesso de balestra e a légua têm uma relação direta com o íntimo, isto é, a relação consigo do homem do Ocidente, semeador, industrioso, combatente. Para além do campo visual familiar, os cereais cortados alto à foice, o limite dos bosques, as paliçadas, os fossos e os muros estendem-se por espaços difíceis de dominar, desertos, montanhas, passagens perigosas. Não sendo os defeitos de visão comumente corrigidos pelo uso de óculos, concebe-se que o panorama faça uma aparição tardia, e de início simbólica, na literatura descritiva. Essa visão próxima acomodou-se muito bem a uma prioridade do simbólico nas representações, e a uma discordância duradoura entre o ilusionismo pictórico e a descrição do real pela escrita.

Retomemos o exemplo do espaço. Sabe-se como a pedagogia ilustrada do cristianismo difundiu amplamente, desde a origem, signos cuja riqueza de sentido era acessível a todos sem supor a organização lógica de um espaço: a imaginação e a memória permitiam à maior parte dos fiéis decompor, isolar e reunir os elementos de uma cena pintada ou esculpida. A partir do século XIV, estabelece-se um outro tipo de representação figurada, fundada na sugestão de uma

Afresco de Venceslas, A colheita, *século XV. (Trento, castelo do Bom Conselho, Torre da Águia.)*

Albrecht Altdorfer, Paisagem. *Uma elegante simulação do real. (Munique, Pinacoteca.)*

liberdade de movimento das figuras no espaço: os gestos, as paredes fictícias, a profundidade dos planos supostos, em uma palavra, o *trompe-l'oeil*, faziam da perspectiva uma categoria nova das formas simbólicas. O que somos tentados a avaliar como uma evolução para o realismo da representação, no final da Idade Média, é uma elegante simulação do real, que satisfaz uma clientela para quem a riqueza repousa nos objetos, e o pensamento, no espaço que os une. Os verdadeiros devotos, ainda que fossem os pobres e os ignorantes com quem se preocupa um Gerson, permanecem apegados a imagens sensíveis, cuja contemplação — voltaremos a isso — renova incessantemente o poder pelo símbolo. Essa é a verdadeira aposta do debate que se instaurou pela imagem da Renascença entre o profano e o sagrado, e que repousa sobre os caracteres físicos e culturais da percepção.

A notação das cores não depende menos de uma abordagem do íntimo que a percepção do espaço. Desse ponto de vista, a heráldica, a moda do vestuário, a pintura de interior nos persuadiriam à primeira vista de que os homens do século XV tinham o mesmo gosto pelos contrastes e o mesmo senso das nuanças que nós. Esquecemos muitas vezes o que o valor simbólico das cores acrescentava ao encanto de uma obra enquanto intenções então percebidas e hoje ocultas. Mais estranho ainda é o contraste entre o aparente realismo da pintura e da escultura dos séculos XIV e XV e a pobreza do vocabulário descritivo nos textos contemporâneos.

Quando Froissart descreve os campos do Ariège, quando permanece na corte do conde de Foix, Gaston Phébus, o cenário que ele fixa é o de "sorridentes" colinas e de "claros" riachos; longe do pitoresco ou do naturalismo, o cronista não tem outro objetivo que não o de manifestar o poder de seu anfitrião, assentado em ricas possessões. Em compensação, descrevendo a entrada em Paris da rainha Isabel da Baviera, ele se detém com o cortejo real diante de todas as paradas de honra, e sua pena flameja de vermelho, de azul e de dourado; mas a cor não está ali senão para atestar por seu caráter simbólico a homenagem prestada pela burguesia parisiense à monarquia.

Procuraríamos longamente na literatura histórica do final da Idade Média uma qualidade descritiva comparável à das aquarelas alpestres de Albrecht Dürer, as primeiras paisagens da história da arte ocidental libertas de toda significação ou de toda utilidade. A convenção simbólica, ainda que fosse colorida como a rosa purpúrea, não cede o lugar à realidade vivida senão em raros textos emotivos em que a paisagem aparece como o quadro de uma aventura rememorada, como a fonte de Vaucluse que, em plena noite, inspira a Petrarca o fascínio inquietante de suas águas escuras, ou os bosques do Cadore, solitários e selvagens, onde Carlos IV quase se perdeu com seu exército, ou o deserto do Sinai, onde quase pereceu o monge Félix Faber, tentado pelo incomensurável.

Como se vê, algumas cenas noturnas e angustiantes nos valem o esboço de uma descrição. Nada de comparável aos diários de viagem do século XIX: mesmo os peregrinos do Oriente mais abertos às impressões de exotismo, descobrindo, por vezes com lágrimas, os lugares bíblicos tão frequentemente evocados pela imaginação, limitam-se a anotar para seus leitores a veracidade de informações de que dispunham antes de sua partida. Não concluamos daí que são insensíveis à cor local, mas que não dispõem do vocabulário necessário à descrição, e que, dos cinco sentidos, a visão talvez não seja o mais sensível.

OUTROS SENTIDOS

Com efeito, os mesmos textos turísticos detêm-se de bom grado nos jardins da Terra Santa, onde aparecem reunidas para esses europeus todas as condições do deleite, primícias do paraíso. O canto dos pássaros, o rumor das fontes, os odores que emanam das espécies vegetais reunidas encantam os sentidos dos cavaleiros, burgueses e homens de Igreja que vieram provar as delícias do Oriente. Mesmo na Europa, o jardim fechado oferece à intimidade dos grandes, dos enamorados, dos refinados, a ocasião de festas dos sentidos que convém aproximar do

Albrecht Düreer, Castelo fortificado. *Essa aquarela data da primeira viagem do artista à Itália em 1495, em sua travessia do Trentino. (Paris, Louvre.)*

prazer da polifonia ou da mistura dos sabores de mesa, o acre e o doce. Nos meios menos afortunados, a descrição das iguarias reunidas, a variedade dos condimentos, o gosto pelas flores colhidas, a presença de pássaros em gaiola, uns tantos signos do prazer de viver. Em um mundo menos asséptico e menos uniforme que hoje, o olfato, o ouvido e o gosto desempenhavam sem dúvida um papel essencial na definição da felicidade sensível, tanto na realidade como no imaginário: descrições e pinturas da felicidade recorrem mais comumente a sons harmoniosos e a perfumes inapreensíveis do que a visões seráficas para traduzir um estado de graça. Assim, para a mística Margaretha Ebner descrevendo indizíveis transportes, a presença divina no coro de sua igreja se manifestava por suaves sopros de ar e por um maravilhoso aroma.

Inversamente, odores insuportáveis definem limites sociais e os contornos da xenofobia; o fedor liga-se duradouramente a certas profissões, delimita setores urbanos, encerra grupos de população em sua singularidade. O monge Félix Faber, que sofre, como vimos, com a promiscuidade na galera da Terra Santa, tem o cuidado de distinguir os muçulmanos e os judeus por seu odor nos banhos de Gaza, enquan-

Mestre E. S., O jardim de amor com jogadores de xadrez, *século XV. (Paris, Biblioteca Nacional.)*

to os cristãos, diz ele, não cheiram mal. Entre os lugares-comuns que se aplicam comumente aos alemães sob a pena dos italianos figura o mau odor que reinaria em terra do Sacro Império e que os imperiais, qualquer que seja a sua condição, transportariam com eles. Campano, humanista em missão no Reichstag de Ratisbona em 1471, fala de um odor fétido e persistente que obriga o estrangeiro de retorno à sua casa a se lavar cinco, ou até sete vezes, para dele se desfazer. Para além do exagero polêmico ou fabulador, é muito possível que hábitos alimentares tenham definido de modo duradouro, por meio de odores cotidianos, fronteiras culturais. A geografia dos odores de André Siegfried não era apenas a invenção divertida de um economista sério.

Nada de surpreendente no fato de que a diversidade dos ruídos resultante da promiscuidade seja sentida como uma praga insuportável por um monge habituado ao silêncio de seu convento; Félix Faber realmente analisou separadamente todos os dissabores da viagem a que estavam condenados os peregrinos, e o ruído é um deles. Mais geralmente, os ruídos naturais violentos — não se encontra senão nas deliberações urbanas a referência aos incômodos industriais — acompanham acontecimentos de mau presságio, tais como a morte de um tirano ou a chegada do diabo: na noite em que morreu Gian Galeazzo Visconti, segundo o historiador florentino Goro Dati, um furacão e trombas-d'água assinalaram o voo de sua alma para o inferno. E nos relatos de viagem ao poço de são Patrício, boca irlandesa do mundo infernal, o valente cavaleiro deve suportar ventos impetuosos, gritos abomináveis e um alarido de todos os diabos, tão vivo "que todos os rios do mundo reunidos não teriam feito melhor"...

Assim, quer se trate da felicidade ou das situações mais insuportáveis, é o conjunto dos sentidos que é afetado pelas impressões invasoras do mundo exterior, mundo em que as almas sussurram ao redor dos vivos, em que os anjos de Fouquet, vermelhos e azuis, estreitam a Virgem com o Menino, e em que os próprios desertos estão infestados de demônios procurando a quem devorar.

A EXPRESSÃO DOS SENTIMENTOS

Diante do poder do real, o indivíduo busca dominar a expressão de seus sentimentos. Os preceitos de educação, o modelo das canções de gesta, os espelhos dos príncipes levam em conta o que cabe ao público, o que não se exprime senão privadamente.

O pudor proíbe falar demais de sua felicidade ou alongar-se sobre sua tristeza. Luís de Diesbach, que narra a morte de sua mulher, anota que dispensou os domésticos para permanecer só a abanar a agonizante e a velá-la; Ana da Bretanha, informada às onze horas da noite da morte de Carlos VIII, retirou-se em seus aposentos e não tolerou nenhuma companhia; no dia seguinte, recebeu as condolências do cardeal Briçonnet, não lhe respondeu nada e encerrou-se cerca de 24 horas. Evidentemente, é impossível considerar nesse retiro a parte da dor, do retorno sobre si, da meditação política. Mas ele atesta no mínimo uma preocupação de contenção que só se remete a si, e talvez a Deus.

Mathis Grünewald, O retábulo de Isenheim *(detalhe), 1511-1516. A Madalena. A extrema dor. (Colmar, Museu de Unterlinden.)*

Alguns pais, no entanto, confiaram à escrita a expressão perturbada de seus sentimentos, após a morte de seus filhos. Lucas Rem, de Augsburg, anota em seu diário a litania das mortes familiares, os traços físicos de filhos cedo desaparecidos, aos quais ele se habituara, como esse menino de olhos negros, morto de langor depois de vinte semanas de estiolamento, "o mais desolador espetáculo que jamais vi em minha vida". Giovanni Conversini, de Ravena, declara que o pudor "o impede de expor a dor que lhe aperta o coração". Mais prolixo, e quão comovente, Giovanni di Pagolo Morelli, de Florença, após ter contado a morte de seu filho Alberto, acrescenta:

> Meses se passaram desde a hora de sua morte, mas não posso, nem sua mãe, esquecê-lo. Incessantemente temos sua imagem diante de nós, rememorando-nos todas as maneiras e situações, suas palavras e seus gestos, vendo-o de dia, à noite, almoçando, jantando, na casa, fora, dormindo ou acordado, em nossa vila ou em Florença; de qualquer maneira que nos comportemos, é uma faca que nos atravessa o coração.

E mais adiante: "Durante mais de um ano não pude entrar naquele quarto, sem outra razão que não minha extrema dor".

A RESERVA

O RECOLHIMENTO

O "quarto dos pensamentos". Fora das cartuxas e dos alojamentos de reclusão voluntária, há um bom uso civil da solidão que supõe vontade e capacidade de recolhimento. O "compartimento de fundos" de Montaigne se situa na linha dos "quartos privados" onde se encerram de bom grado poetas, humanistas e devotos no final da Idade Média.

Trata-se efetivamente, de início, de um lugar arranjado para o trabalho e a meditação, o *studiolo* à italiana do qual Carpaccio e Dürer fizeram o cenário íntimo e solitário das atividades de são Jerônimo. Vimos que o uso dessa peça entrara nos hábitos da vida privada no norte dos Alpes. O *studiolo* designava mesmo o quarto de brincar fechado à chave para onde o pequeno Conrad von Weinsberg, de Colônia, transportara seus tesouros e onde bancava o padre diante de um altar improvisado.

Era em seu quarto que Dante, segundo a *Vita nuova*, encerrava-se para se lamentar sem ser ouvido. Era em seu privado que Petrarca, lendo as *Confissões* de santo Agostinho, deixava correr suas lágrimas, batia na testa, torcia as mãos, a tal ponto participava, em sua leitura expressiva, dos tormentos de seu modelo; nessas ocasiões, não fazia questão de embaraçar-se com testemunhas. Com mais forte razão, o retiro espiritual é favorecido pelo silêncio de um local afastado: a constituição dos frades da Vida Comum, os cônegos de Windesheim, recomendava "separar-se do mundo para dirigir mais intensamente seu coração para Deus".

O retiro pode também designar a uma só vez um lugar de solidão e uma vontade de renunciar ao mundo. Diferentemente de Datini, o comerciante de Prato, que hesita em render-se às advertências de sua mulher e de seus amigos e em pensar enfim em sua alma, o "comerciante perfeito", tal como o vê Benedetto Cotrugli em seu tratado de moral prática, fecha seus livros de contas e, retirado em sua casa de campo, passa o tempo que lhe resta a viver preparando sua salvação.

No sentido espiritual, o retiro se define enfim como um movimento ascensional, para chegar a um lugar elevado, simbólico e íntimo. Subindo ao topo do monte Ventoux, Petrarca é penetrado pelo valor demonstrativo de sua caminhada, que lhe permite ao mesmo tempo contemplar o panorama de sua vida passada e se aproximar do essencial. Como escreve Ludolph von Sudheim: "É elevando-se nos ares que o homem muda realmente". O retiro se torna então essa "fortaleza do silêncio" em que o homem, tendo feito o vazio, pode acolher Jesus Cristo. Entre todas as definições da alma propostas por mestre Eckhart em seus *Sermões*, uma das mais impressionantes é a da fortaleza: "Essa pequena fortaleza está tão elevada acima do mundo e de todo poder que apenas Deus pode chegar a penetrá-la com seu olhar. E porque Ele é Uno e Simples, Ele entra nessa unicidade que chamo uma pequena fortaleza da alma".

Nessa última etapa do recolhimento em si mesmo, o quarto isolado, o quarto alto da Escritura não deve ser procurado em um lugar ideal; está em cada um de nós, se sabemos erguê-lo e ali nos retirar.

Albrecht Dürer, São Jerônimo, *1514. (Paris, Biblioteca Nacional.)*

Nas duas obras, a descrição detalhada do gabinete de trabalho de um erudito e as referências de uma iconografia cristã, mais nitidamente acentuadas por Dürer: leão, chapéu, crucifixo. O santo doutor de Ghirlandaio interrompe sua tarefa de tradutor das Escrituras para fixar o pintor, e os indiscretos espectadores que somos.
Levou-se mais longe a análise da gravura de Dürer e se buscou, a partir dos indícios dispostos na peça, uma interpretação "cardeal", isto é, cosmogônica: o cão insólito (Sírio), o leão e as gavinhas da cucúrbita (Ursa Menor) projetariam a meditação do sábio no espaço infinito da abóbada celeste...

Domenico Ghirlandaio, São Jerônimo na sala de trabalho, *1480. (Florença, Igreja de Ognissanti.)*

Elevar-se em si mesmo e fechar as portas ao mundo é criar esse "íntimo silêncio da alma", como dizia a mística Mechtilde de Magdeburg. Então, "em vigília ou adormecido, sentado, comendo e bebendo, pode-se estar só mesmo no meio dos outros, só com Cristo" (J. Mombaer).

Sem dúvida, essa forma suprema do retiro não estava, no século XV, mais que em qualquer outra época, ao alcance de todos os corações. Carlos de Orléans, que possuía uma vasta biblioteca filosófica e teológica, não transpõe a etapa do inventário de si no "quarto de seu pensamento", onde ele é assoberbado pela melancolia. Mas a introspecção, da qual tantos autores dos séculos XIV e XV deram o exemplo, mesmo quando se limita a fórmulas testamentárias, inscreve-se no horizonte de inquietudes sinceras e fervorosas. Disso dão testemunho o prestígio renovado, no século XV, das ordens

Albrecht Dürer, Santo Antônio lendo, *1519. Silêncio penitencial no coração da cidade. (Paris, Biblioteca Nacional.)*

ascéticas, o sucesso das confrarias de devoção, os aspectos mais espetaculares da pregação dos Mendicantes, e sobretudo a riqueza das manifestações pessoais de piedade.

A disciplina da memória. Bem evidentemente, essas disposições de espírito são fortalecidas por um exercício no domínio de si. O aprendizado da disciplina começa pelo silêncio inculcado nos escolares, considerado como um elemento formador do mesmo modo que o abecedário: um ourives francônio do começo do século XVI coloca no mesmo plano, em suas recordações de infância, o *stille sitzen* (permanecer sentado em silêncio) e o *buchstabieren* (aprender as letras). O silêncio é gerador de estruturas mentais se ele põe em ação a memória. Uma memória desenvolvida por técnicas visuais, e um hábito da recapitulação.

Do poder e da precisão da memória dos homens e das mulheres do milênio medieval, em que a raridade do livro faz da imagem, e da imagem religiosa, o documento de referência, são abundantes os exemplos. Não apenas nos meios cultivados em que a memória é um dos elementos de uma cultura cumulativa, mas nos meios populares, como o atesta a prática judiciária do testemunho. A vida privada, nos aspectos mais pessoais que compõem o indivíduo, está baseada em círculos de memória em que os elementos adquiridos, frutos do estudo e da experiência, vêm acrescentar-se à transmissão oral do grupo; e se a memória familiar não parece remontar a mais de três gerações, para além das quais arquivos, tradições e legendas compõem o passado dos grandes, a memória individual de acontecimentos, ou até de palavras pronunciadas, traz de volta à luz, com uma força surpreendente, o quarto de século findo. Petrarca, fazendo no *Rerum vulgarium fragmenta* a crônica diária de sua obra, pode escrever: "Nesta sexta-feira, 19 de maio de 1368, em minha insônia, levanto-me, pois eis que me volta esta lembrança muito antiga, de mais de 25 anos [...]". Mais surpreendentes ainda são estas declarações, diante do juiz inquisidor, de Béatrice de Planissoles, a castelã de Montaillou, que evoca um fato que remonta a 26 anos, ao mês de agosto, ou de uma pobre operária de Douai capaz de citar, depois da morte do poderoso e temível fabricante de tecidos Jehan Boinebroke, as palavras de zombaria dirigidas pelo homem de negócios à sua jovem mãe trinta anos antes.

O MUNDO DO ESPÍRITO

Essa prática da memória era uma necessidade em sociedades em que o escrito permanecia o sistema de referência para uma elite do poder e do conhecimento. As técnicas da impressão contribuem, a partir do começo do século XIV, para difundir imagens, muitas vezes acompanhadas de textos, fazendo circular em toda a Europa esses adjuvantes da memória. A imagem contribui, com efeito, para fortalecer a rememoração de que a pedagogia religiosa soube fazer o mais judicioso emprego.

Técnicas da emoção devotada. Vimos como Petrarca utilizava à margem de seus livros bem-amados as anotações capazes de suscitar, como sinais, a mecânica da lembrança, reavivando as feridas e as lágrimas. Esses simples vestígios dão testemunho de hábitos de pensamento muito amplamente difundidos na Idade Média: assim, uma folha impressa italiana dos anos 1300 representa a própria Virgem meditando, depois da Ascensão, nos mistérios da salvação que ela acabava de viver. A folha recapitula, em torno da Virgem dolorosa, os episódios dessa história na ordem cronológica, utilizando signos muito próximos dos ideogramas e dos rébus acompanhados de legendas sumárias. A manjedoura é evocada pelo asno e o boi; o jardim de Gethsêmani, por uma espada e uma lança erguidas entre árvores; a Ascensão, pelo rastro de dois pés impressos sobre a forma de uma colina. Meditar sobre a vida de Cristo é, como Maria que "repassava todas essas coisas em seu coração", rememorar na ordem indicada pelo plano gráfico um certo número de episódios bem conhecidos do Novo Testamento e, neles aplicando seu espírito, reavivar sentimentos piedosos.

Aguçada pela memória imediata, a expressão dos sentimentos íntimos era, por outro lado, estimulada pelo tom monótono e inebriante da leitura em voz baixa, esse murmúrio da oração ou da confissão, a "voz da alma", recomendada pelo Concílio de Latrão de 1214. Era-o também pela técnica da repetição contável, que pertence às formas mais antigas da prática religiosa — já que o cordão de contas, ancestral do terço, é atestado no século IV. A inserção de um *Pater* depois de dez *Ave*, invenção de um cartuxo de Colônia no começo do século XV, é uma etapa no processo complexo que liga estreitamente a *Ave Maria* aos quinze mistérios da salvação: as fórmulas

Hugo van der Goes, A morte de Maria. *A emoção contida, canalizada pelos gestos e pela meditação. No primeiro plano, os dois objetos usuais da piedade privada no fim da Idade Média: o livro de horas e o terço. (Berlim, Staatliche Museen Preussischer Kulturbesitz.)*

condensadas, *clausulae*, visando encerrar a meditação no círculo das contas em que ela se expande, de preferência a deixá-la vagabundear, e talvez se perder, desenvolvem no final da Idade Média uma piedosa contabilidade, da qual por vezes se ridicularizou o automatismo sem reter sua intenção ascética. Viu-se aí uma exacerbação ritualista, por aproximação com as cifras elevadas, chegando ao milhar, de missas encomendadas por disposições testamentárias. Na realidade, por seu formalismo repetitivo, a contagem dos 5 500 ferimentos de Cristo ou dos mil passos ensanguentados da via dolorosa permitem desfiar o tempo incomensurável do sofrimento e multiplicar até a vertigem os olhares instantâneos do devoto sobre o mistério da Paixão.

Do mesmo modo que os sentimentos pessoais expressos por cronistas do fim da Idade Média estão frequentemente ligados a lugares e às lembranças agradáveis ou trágicas que evocam, assim também a pedagogia das ordens mendicantes, preocupada com a salvação da maioria, pôs o acento nesses objetos mediadores que são o rosário, popularizado pelo sucesso europeu da confraternidade criada em Colônia em 1474, as relíquias, cujas coleções privadas se desenvolvem por vezes até a mania, as imagens piedosas, que são contempladas na intimidade, e as preces manuscritas, que se carregam consigo. A esse respeito, as descobertas arqueológicas feitas sob os revestimentos de madeira do coro de Wienhausen, igreja cisterciense da charneca de Luneburgo, esclarecem da maneira mais comovente os hábitos da devoção privada desde o fim do século XIII. Ao lado dos alfinetes, das facas, dos óculos com armações de madeira ou de couro encontrados sob as estalas dos cônegos, descobriam-se as imagens caídas dos missais ou das roupas, gravuras sobre madeira coloridas, relevos de papel prensado em moldes de chumbo, pequenos pacotes de ossadas e de restos de seda, atestando o uso de relíquias ocultas. É a esse registro que pertence a crucificação esquemática, esboçada a tinta, que Dürer carregava junto ao corpo, e que não apresenta nenhuma pretensão à obra de arte.

Quais são os signos, as imagens mais frequentemente reproduzidos? Não há nenhuma dúvida de que no final da Idade Média as formas da piedade privilegiam representações ou alusões à humanidade de Cristo e aos seus sofrimentos, mais que à sua realeza divina. Dado o caráter muito elíptico do signo, a contemplação dos sofrimentos de Jesus e a compaixão do fiel são despertadas por alusão a instrumentos (o chicote) ou a objetos (as tochas do monte das Oliveiras) depositados pela narrativa bíblica no percurso que conduz à "loucura" da cruz.

A esse domínio instrumental pertence a representação das cinco chagas de Cristo que, em uma sociedade sensível às armas e às divisas, constituem o brasão místico do Filho do Homem; ou, no centro de uma estampa de objetos triviais e sagrados ao mesmo tempo, varetas, pregos, esponja, escala..., o ferimento aberto do flanco de Nosso Senhor — em tamanho natural, esclarece o comentário — que se destaca como uma auréola.

Mestre de Vestfália, A missa de são Gregório, c. *1473. A paixão significada por objetos de meditação. (Soest, Igreja Sainte-Marie-des-Prés.)*

O "imenso apetite do divino" de que falava Lucien Febvre e que Emmanuel Le Roy Ladurie resume em uma fórmula brutal: "O Cristo, eles o amam sangrando", nos remete ao realismo corporal da imitação de Jesus Cristo: imitar não é adotar uma linha geral de conduta que reproduz imperfeitamente o comportamento de um modelo perfeito; é, para os mais fervorosos dos cristãos, quer estejam reunidos em piedosas confrarias ou isolados em seus exercícios espirituais, reviver da maneira mais penosa para o corpo e para o espírito cada episódio da Paixão. "Ter incessantemente no espírito" (*frequenter in mente...*, diz G. Groote), preparar-se "por meio de piedosas efusões" (*per pias affectiones...*, diz o capítulo sobre a missa da constituição dos Frades da Vida Cristã), considerar "lentamente e com lágrimas" (são Boaventura em seu tratado de ensinamento aos noviços); aí estão as disposições a que se deve submeter o devoto.

"Contempla", escreve Boaventura, "o suor de sangue, os golpes em pleno rosto, a sanha do chicote, a coroa feita de espinhos, a derrisão e os escarros, a penetração dos pregos nas palmas das mãos e dos pés, o erguimento da cruz, o rosto alterado, a boca descolorida, o amargor da esponja, a cabeça que pende com todo o seu peso, a

Retábulo proveniente da abadia de Everborn, século XV. A devoção privada é uma incitação à encomenda de obras de arte. Pode-se estudar o lugar ocupado no mercado europeu dos objetos de piedade no século XV pelos ateliês de Flandres e de Brabant, e pela produção em série de retábulos pintados ou esculpidos. (Paris, Museu de Cluny.)

morte atroz [...]." O devoto é chamado a detalhar todas as etapas de um suplício, a escrutar em câmara lenta os signos e os efeitos da condenação à morte, a imitar pelo pensamento e em sua carne a abjeta agonia infligida ao Salvador do mundo.

Formado nas técnicas da memória e da emoção, o olhar que os contemporâneos pousavam sobre telas que nos parecem em primeiro lugar soberbas peças de pintura nos relembra a ambiguidade que a arte religiosa do século XV deve às suas origens. Assim, *A deposição da cruz*, de Rogier van der Weyden, pintada para os arqueiros de Louvain que instalaram a tela sobre o altar de sua confraria, liga-se a um momento suspenso da história da Paixão, recriada pela ilusão das atitudes. Essa suntuosa narrativa interrompida lança ao mesmo tempo o duplo signo difundido, na mesma época, pelas humildes folhas impressas de uma piedade mais discreta: o corpo pálido e sofredor do Cristo morto, a compaixão da Virgem desmaiada. Outro exemplo, mais sutil ainda, o da *Madona* de Giovanni Bellini, conservada na Academia de Veneza, em que a Virgem em adoração não pode ignorar o destino futuro do Menino-Deus de braço pendente e hirto. Esses exemplos atestam que a imagem de altar e a imagem de piedade pessoal não são necessariamente disjuntas, que liturgia e intimismo nem sempre se opõem. Há graus na percepção do sagrado e na eficácia dos signos: a maior interioridade pode acomodar-se à praça pública.

A oração. Tudo é oração, segundo a teologia mística do chanceler Gerson, quando o fiel mais humilde, o espírito mais simples (*etiamsi sit muliercula vel ydiota*) pratica sem deliberar a elevação espiritual. O cristão pode fazer matéria de sua oração a todo espetáculo que se apresente a ele. A devoção pessoal, enraizada a uma atitude de humildade permanente, é disponibilidade para a vinda do Espírito Santo. A prece, escreve Gerson, é "a cadeia que permite ao navio aproximar-se da margem, sem dele aproximar a margem". A meditação, fundada em um aprendizado da memória e em um treinamento da sensibilidade mais amplamente difundidos no final da Idade Média do que o suporiam nossas categorias intelectuais, conduz à contemplação. Se julgarmos pelos milhares de orações manuscritas de toda natureza e de todo nível conservadas nos arquivos europeus, e que, às centenas, apresentam as marcas de uma comovente espontaneidade, pode-se estimar que o hábito da oração, isto é, de uma conversação íntima do ser com um poder superior, marcou profundamente os aspectos mais secretos da vida privada nos séculos XIV e XV.

Como no caso das imagens, não se trata de opor radicalmente uma oração oficial, litúrgica, e uma oração pessoal, íntima: ao lado dos grandes textos do saltério, das célebres preces atribuídas aos pais da Igreja e a místicos, difundidas por inumeráveis cópias e pela impressão, deve-se entretanto constatar a extrema diversidade das orações redigidas, recolhidas, proferidas em todas as ocasiões da vida cotidiana. Nota-se evidentemente a inflação das preces marianas, os fenômenos de moda, que substituem, de uma geração a outra ou de uma região a outra, invocações e intercessores, sem modificar o texto. Mas, escritas para festas, para os dias da semana, para acompanhar as decisões, para ações de graças após a provação, as preces conservadas muitas vezes deram livre curso à expressão de uma efusão pessoal. Ao lado dos livros de horas cotidianamente folheados, das coletâneas de cópias manuscritas em que as orações são vizinhas das receitas e das fórmulas, conservaram-se preces escritas em pergaminhos enrolados, costurados em roupas, encerrados em pequenas caixas, e que dão testemunho do papel profilático que podiam desempenhar essas testemunhas materiais de um elo entre o homem e o invisível.

O êxtase. Da meditação à oração, as distâncias não são claramente marcadas; uma e outra são meios de acesso a uma realidade mais vasta, mais alta, mais esclarecedora: o mundo do espírito se

Bicci di Lorenzo, Anunciação. *Tema maior da pintura no final da Idade Média, a saudação do anjo, que está em todos os lábios. (Paris, Louvre.)*

Sano di Pietro, O anúncio aos pastores *(detalhe), século XV. Ver para crer, ou crer para ver? (Siena, Pinacoteca.)*

Virgem com o Menino, *começo do século XIV. (Orvieto, Museu da Opera del Duomo.)*

entreabre sobre o mundo dos espíritos pela visão. Ainda que não se trate senão de uma manifestação extrema da vida espiritual, o misticismo do final da Idade Média teve, através de toda a Europa, uma repercussão que ultrapassa os limites da marginalidade. Se se define o misticismo como a aniquilação de si mesmo deixando o lugar a Deus (o céu sobre a terra), relatos autobiográficos ou "revelações" dão testemunho, através das experiências assumidas e descritas até o indizível, dos encontros íntimos vividos por homens, e sobretudo por mulheres, com o além. Desses diálogos com Cristo, a freira Margaretha Ebner declara ter recebido muitas respostas, "impossíveis de transcrever segundo a verdade deste mundo: pois quanto mais a graça abunda, menos é possível exprimi-la por meio de pensamentos".

Essas manifestações extáticas, designadas desde o século XIII no mundo germânico pelo termo *kunst*, isto é, por uma habilidade — técnica e disponibilidade — mais que por um estado, foram objeto de análises psicológicas, psicanalíticas e clínicas que insistem com justa razão nos aspectos corporais das experiências vividas; mas nenhuma interpretação redutora das perturbações íntimas descritas pelos místicos pode diminuir a pura e dolorosa verdade do amor descrito como um amor divino.

As visões de Margaretha Ebner, freira em Medingen, morta depois de longos anos de sofrimentos, em 1351, eram acompanhadas de uma excitação ou de uma paralisia sensível e motriz. A excitação se traduzia por um transporte musical e luminoso e por uma espécie de júbilo do corpo que se manifestava por um balbucio automático e uma língua de parte alguma:

> Quando eu começava meu *Pater*, meu coração era arrebatado pela graça e eu não sabia para onde ela me arrastava; por vezes, incapaz de rezar, eu permanecia em uma alegria divina das matinas à prima; por vezes me era aberto o caminho por onde chegava a palavra (*Rede*); por vezes eu era erguida a ponto de não mais tocar a terra [...].

A paralisia provocada pela evocação das dores da Paixão, depois apenas pelo enunciado do nome de Jesus, traduzia-se, a intervalos cada vez mais próximos, por uma perda do uso dos membros e da palavra: catalepsia, que Margaretha Ebner chama de *swige*, isto é, o silêncio. Aí, estamos nos confins extremos da vida devota, com a admirável constância do sujeito em anotar as etapas de um fogo devorador. A obstinação em dar testemunho de uma aventura que abrasa sua vida nos vale as páginas mais livres e mais surpreendentes da literatura afetiva ou amorosa escrita por mulheres na Idade Média.

Cristo é essa divina criança que passeia no final do século XIV nos claustros dos mosteiros femininos. "Quem é teu pai? — *Pater Noster!*", responde a criança, que desaparece. Uma freira de Adelshausen não deixou de gemer durante anos, noite e dia, inconsolável de não mais ver o menino que encontrara uma vez. Mais feliz, Umiliana dei Cerchi guarda longamente a lembrança maravilhada da visita do *bambino*. Violenta, Agnès de Montepulciano recusa devolver à Virgem o bebê que lhe fora confiado por uma hora; conserva da aventura uma pequena cruz, que a criança usava no pescoço. A identificação com a Virgem, pelos cuidados atentos dirigidos a simulacros reais, bonecas de madeira ou de estuque, ou a crianças de sonho, encontra sua fonte em um ensinamento de devoção baseado na participação na história bíblica. O contato visual com as imagens sagradas transmuda, por uma manipulação imaginária, as frustrações de jovens freiras. Margaretha Ebner tinha em seu quarto um berço, suscitando um Menino Jesus que se recusava a dormir para que ela o tomasse em seus braços.

Tilman Riemenschneider (1460-1531), O Cristo, *salvador do mundo, noivo divino. (Heidelberg, Tríptico de Windsheim.)*

Cristo é também, e mais frequentemente, o noivo divino. Adèle de Brisach fala de uma "união com Deus que chega ao beijo"; Christina Ebner estreita-se contra Cristo "como a cera onde o selo se imprime"; Adèle Langmann vê Cristo entrar em sua cela e lhe dar um pedaço de carne para comer ("Este é o meu corpo..."); Margaretha Ebner vê o Crucificado inclinar-se para ela, os braços prestes a estreitá-la; ela repousa contra seu seio como o apóstolo João e se alimenta dele. Essas cenas ardentes estão bem distantes das elegantes e castas pinturas do casamento místico de santa Catarina executadas por Rafael ou Perugino para um público que não teria admitido tão perturbadoras representações.

Os ímpetos, as visões dos místicos não deixavam de levantar a questão de sua origem. Margaretha Ebner sabe perfeitamente que o diabo tem o costume de aparecer como anjo de luz: "De súbito", escreve ela, "tudo se torna escuro em mim, a ponto de que chego a duvidar, e contra minha vontade de crer". Só o redobramento de suas dores físicas lhe devolvia a certeza da salvação. Para Robert d'Uzès, a dúvida não é possível; ele realmente sofreu, ao cair do dia, ao assalto da melancolia: "Satã quis enganar-me", escreve ele, "aparecendo-me sob a forma de Nosso Senhor Jesus Cristo".

O ar rarefeito em que se movem os místicos dá forma à presença real do divino e lhes permite descobrir por sinais íntimos a veracidade de suas visões.

VER O INVISÍVEL

Grandes ou anônimos, outros indivíduos transmitiram por meio de impressões ou de narrativas sua aptidão para ver por momentos o invisível, sob todas as suas formas: sombrias ou luminosas visões do sonho, pesadelos, encontros enigmáticos, breves relações com fantasmas ou com mortos, que prolongam a realidade ou a desdobram.

Visão e angústia. Algumas dessas visões se inscrevem na tradição antiga dos sonhos proféticos, e seu caráter literário e político retira-lhes o valor de um testemunho sobre o íntimo; entretanto, sua forma é rica em informações sobre as imagens mentais e as representações que se tinha comumente dos espíritos. Para o futuro imperador Carlos IV, despertado em plena noite em sua tenda, perto de Parma, por um anjo de Deus, a identidade do enviado, que ele chama de "senhor" (*Herr*), não provoca nenhuma dúvida, assim como o sobrevoo de vastas paisagens, suspenso pelos cabelos, ou o esgotamento físico ao despertar, depois de ter percorrido nos ares tão grandes distâncias.

O conde de Zimmern é, segundo a crônica familiar, a testemunha e o protagonista de uma cena fantástica que é do domínio do legendário piedoso. Perdido em plena floresta, vê erguer-se diante dele uma figura humana silenciosa, encarregada de lhe fazer uma revelação. "Como ele falava de Deus, o conde aceitou cavalgar atrás dele." A visão de um castelo encantado, cujos habitantes imitam em silêncio um interminável festim, é uma peça de resistência da literatura de encantamento, até o desaparecimento da paisagem e da figura iniciática, em um odor de enxofre e gritos, que faz de súbito surgir o inferno. O conde de Zimmern, horrorizado de ter assistido ao castigo eterno infligido a seu falecido tio, decide imediatamente fundar uma capela expiatória, mas seus amigos mal o reconhecem, "de tanto que seus cabelos e sua barba embranqueceram". Literatura? Pode ser. O pavor do conde é talvez, com as construções subsistentes, o ponto de partida da narrativa.

Um outro relato, extraído da autobiografia de Burkard Zink, burguês de Augsburg, registra uma angústia comparável, porém ainda mais insólita, pois sem função moral e sem objetivo literário. Tendo seguido, através de uma floresta da Hungria que ele não conhecia, dois cavaleiros que o precediam no caminho, o autor vê estes últimos desaparecerem e se encontra de súbito, ao cair do dia, detido por javalis ameaçadores diante de um castelo lúgubre. Mal apelou para a ajuda de Deus, o castelo se esvaeceu e um caminho se desenhou, permitindo-lhe sair da passagem perigosa: "Então vi que tinha sido enganado e que seguira fantasmas ao cavalgar atrás dos dois personagens na floresta [...]. Quando implorei a Deus e fiz o sinal da cruz, tudo o que era simulacro desapareceu diante de meus olhos".

A presença do Inimigo se manifesta mesmo em um lugar fechado e guardado. Disso dá testemunho a insólita anedota que Carlos IV fez questão de inserir no relato político e militar de seus anos de juventude, em que o espírito maligno se faz conhecer pelo lançamento de um copo de vinho ao chão e por um rumor de passos. Com o elemento de convicção encontrado no piso ao amanhecer, o relato entra na categoria dos terrores inexplicados. O diabo, jamais nomeado, é esse sopro de sangue no rosto, esse batimento de coração do pânico que, na solidão e nos lugares hostis, ou nos locais fechados bruscamente invadidos, faz surgir a ilusão e o incompreensível.

Essa inquietude difusa, que por vezes se transforma em pavor, ajuda a compreender a dupla figura do diabo medieval: a precisão irrealista de sua aparência para aqueles que não o encontraram, e a opressora imprecisão de sua presença real para aqueles que ele persegue. Ao cercar de perto os textos que descrevem sua intervenção na vida cotidiana dos homens e das mulheres no final da Idade Média, constata-se que o demônio toma, a cada vez que é reconhecido — isto é, quando desapareceu —, a aparência mais comum; e que as alterações físicas (envelhecimento prematuro, letargia, manifestações histéricas) provocadas por sua presença são reais. Existe, sem dúvida, uma experiência subjetiva da presença do mal, mas, como já se disse, os demônios mais aterrorizantes são os demônios interiores.

O real e o verdadeiro. Cercados pelos poderes do alto e pelas potências inferiores, que, com a permissão divina, por vezes lhes aparecem e os enganam, solicitados até o seu último suspiro a tomar partido entre o bem e o mal cujas cortes cerradas ocupam o quarto dos agonizantes, os homens e as mulheres, no final da Idade Média, têm os olhos abertos para o invisível.

Clérigos e ignorantes, separados por tudo, salvo pela angústia, nobres e campônios, que a morte zombadora estreita com o mesmo vigor, atravessam juntos um mundo ainda pleno e sussurrante, em que para os melhores olhos são indecisas as fronteiras entre o que é real e o que é verdadeiro.

O triunfo da morte *(detalhe), século XV. Um mundo pleno e rumorejante, atravessado de sonhos e de visões. (Palermo, Palácio Sclafani.)*

Armande Rives, de Montaillou, estava convencido, por tê-las encontrado frequentemente, de que as "almas têm uma carne, ossos e todos os membros". Algumas gerações mais tarde, o cavaleiro Jorge, o Húngaro, pergunta ao anjo que o faz visitar o purgatório se os santos, que ele vê, têm corpos. O próprio invisível está enraizado no corporal, prolongando a comunidade dos mortos e dos espíritos sua vida terrena ao roçar por vezes os vivos. Todos os eleitos serão um dia reunidos na imobilidade gloriosa da casa do Pai: *domus* espiritual do paraíso, onde se projetam as estruturas de uma sociedade hierarquizada.

Mas tempos novos se preparam, desde o século XIV, com a afirmação de si de indivíduos preocupados em perpetuar sua imagem e sua memória neste mundo. Um grande movimento oriundo das sociedades urbanas do Ocidente fez recuar sem trégua os limites do mundo conhecido e os pilares do Céu, criando em torno da figura humana um espaço geométrico e insensível, abandonando aos humildes o valor das lágrimas, da credulidade e do assombro.

Lancemos um último olhar a esses objetos bem materiais, documentos e representações, cartas e crônicas, imagens humildes ou sublimes, livros de horas folheados, registros em tabelião interrompidos pela morte, restos de vestuário, pegadas frágeis e incertas deixadas sem comentários. Nenhuma leitura, nenhuma conclusão daí sai irrefutável e definitiva, porque a busca dos vestígios do íntimo está longe de ter terminado.

P. B.

BIBLIOGRAFIA

1. SÉCULOS XI-XIII

FONTES ACESSÍVEIS

La chanson de Roland, ed. e trad. de P. Jonin, Paris, Gallimard, col. Folio, 1979.

CHRÉTIEN DE TROYES, *Perceval ou le Roman du Graal*, Paris, Gallimard, col. Folio, 1974.

GALBERT DE BRUGES, *Le meurtre de Charles le Bon*, trad. de J. Gengoux, Anvers, Fonds Mercator, 1978.

GUIBERT DE NOGENT, *Autobiographie*, ed. e trad. de E. R. Labande, Paris, Les Belles Lettres, col. Les classiques de l'histoire de France, 1981.

JOINVILLE, *Histoire de Saint Louis*, ed. N. de Wailly, Paris, Firmin Didot, 1874.

La mort du roi Arthur, trad. de G. Jeanneau, Paris, col. 10/18, 1983.

Le roman de Renart, 2 vols., Paris, Garnier-Flammarion, 1985.

Romans de la Table ronde, Paris, Gallimard, col. Folio, 1975.

SUGER, *Vie de Louis VI le Gros*, ed. e trad. de H. Waquet, Paris, Les Belles Lettres, col. Les classiques de l'histoire de France, 1964.

HISTÓRIA, DIREITO E ANTROPOLOGIA (*cf. parte 2*)

BARTHÉLEMY, D., *Les deux ages de la seigneurie banale. Coucy (milieu XIe-milieu XIIIe siècle)*, Paris, Publications de la Sorbonne, 1984.

BLOCH, M., *La société féodale*, Paris, Albin Michel, 2ª ed., 1968.

BONASSIE, P., *La Catalogne du milieu du Xe à la fin du XIe siècle. Croissance et mutation d'une société*, 2 vols., Toulouse, Universidade de Toulouse-Le Mirail, 1975.

BOUCHARD, C. B., "Consanguinity and noble marriages in the tenth and eleventh centuries", *Speculum* 56-2 (1981), pp. 268-87.

DAUVILLIER, F., *Le mariage dans le droit classique de l'Eglise, depuis le décret de Gratien (1140) jusqu'à la mort de Clément V (1314)*, Paris, 1933.

DUBY, G., *Le chevalier, la femme et le prêtre*, Hachette, 1981.

______, *Guillaume le Maréchal ou le Meilleur Chevalier du monde*, Paris, Fayard, 1984.

______, *Hommes et structures du Moyen Âge*, Paris, Mouton-De Gruyter, 1973. (Coletânea de artigos, dos quais muitos são consagrados às estruturas de parentesco aristocráticas e à literatura genealógica.)

______, *Saint Bernard. L'art cistercien*, Paris, AMG, 1976, e Flammarion, col. Champs 77, 1979.

______, *La société aux XIe et XIIe siècles dans la région mâconnaise*, 2ª ed., Paris, Mouton, 1971.

Famille et parenté dans l'Occident médiéval, dir. por G. Duby e J. Le Goff, Paris-Roma, EFR, 1978.

FOSSIER, R., *Enfance de l'Europe*, 2 vols., Paris, PUF, 1982.

______, *La terre et les hommes en Picardie jusqu'à la fin du XIIIe siècle*, 2 vols., Paris-Louvain, Nauwelaerts, 1968.

GAUDEMET, J., *Eglise et société en Occident au Moyen Âge*, Londres, Variorum reprints, 1984. (Coletâneas de artigos, entre os quais um é consagrado à definição romano-canônica do casamento, um outro ao celibato eclesiástico.)

GÉNICOT, L., *Les généalogies (Typologie des sources du Moyen Âge occidental*, 15), Turnhout, Brepols, 1975.

______, *La noblesse dans l'Occident médiéval*, Londres, Variorum reprints, 1982. (Coletânea de artigos dos quais vários são consagrados às estruturas de parentesco aristocráticas.)

GOODY, J., *L'évolution de la famille et du mariage en Europe*, trad. francesa, Paris, Armand Colin, 1985.

GRISWARD, J. H., *Archéologie de l'épopée médiévale*, Paris, Payot, 1981.

GUERREAU-JALABERT, A., "Sur les structures de parenté dans l'Europe médiévale", *Annales ESC* 36 (1981), pp. 1028-49.

HÉRITIER, F., *L'exercise de la parenté*, Paris, Seuil, 1981.

"La femme dans les civilisations des Xe-XIIIe siècles (Actes du colloque de Poitiers, 23-25, septembre 1976)", *Cahiers de civilisation médiévale*, XX (1977), pp. 93-263.

LE GOFF, J., *La civilisation de l'Occident médiéval*, 2ª ed., Paris, Arthaud, 1972.

Les domaines de la parenté, dir. por M. Augé, Paris, Maspéro, 1975.

LÉVI-STRAUSS, C., *Les structures élémentaires de la parenté*, 2ª ed., Paris, Mouton-De Gruyter, 1976.

MOLIN, J. B. e Mutembé, P., *Le rituel du mariage en France du XIIe au XVIe siècle*, Paris, Beauchesne, 1974.

MUSSET, L., "L'aristocratie normande au xie siècle", *La noblesse au Moyen Âge*, dir. por Contamine, Paris, PUF, 1976, pp. 71-86.

POLY, J. P. e Bournazel, E., *La mutation féodale*, Paris, PUF, 1980.

TOUBERT, P., *Les structures du latium médiéval*, 2 vols., Paris-Roma, EFR, 1974.

______, "La théorie du mariage chez les moralistes carolingiens", *Settimane di studio del Centro italiano di studi sull'alto medioevo, XXIV, 1976: il matrimonio nella società altomedievale*, Spoleto, 1977, pp. 233-85.

VALOUS, G. de, *Le monachisme clunisien des origines au XVe siècle*, 2 vols., Paris, Picard, 1935.

VAUCHEZ, A., *La spiritualité du Moyen Âge occidental*, Paris, PUF, 1975.

VERCAUTEREN, E, "Une parentèle dans la France du Nord au XIe et XIIe siècle", *Le Moyen Âge*, 4ª s., XIX (1963), pp. 223-45 (a de Lambert de Wattreloos).

WARLOP, E., *The flemish nobility before 1300*, trad. inglesa, Courtrai, 1975.

ARQUEOLOGIA (*cf. parte 4*)

BOÜARD, M. de, *Manuel d'archéologie médiévale*, Paris, Sedes, 1976.

______, "De l'aula au donjon. Les fouilles de la motte de la Chapelle à Doué-la-Fontaine (Xe-XIe)", *Archéologie médiévale*, III, Caen (1973), pp. 5-110.

______, "La salle dite de l'Échiquier, au château de Caen", *Medieval Archeology*, IX, Londres (1965), pp. 64-81.

CALLEBAUT, D., "Le château des comtes à Gand", *Château-Gaillard*, XI, Caen (1983), pp. 45-54.

COLARDELLE, M., "L'habitat médiéval immergé de Colletière à Charavines. Premier bilan des fouilles", *Archéologie médiévale*, X, pp. 167-203.

DEBORD, A., "Fouille du *castrum* d'Andone à Ville-Joubert (Cha rente)", *Château-Gaillard*, VII, Caen (1975), pp. 35-48.

______, "Motte castrale et habitat chevaleresque", *Mélanges d'archéologie et d'histoire médiévales en l'honneur du doyen M. de Boüard* (*Mémoires et documents publiés par la Société de l'École de chartes*, XXVII), Genebra-Paris, 1982, pp. 83-90.

DECAËNS, J., "La motte d'Olivet à Grimbosq (Calvados), résidence seigneuriale du XIe sièclè", *Archéologie médiévale*, IX, pp. 167 ss.

FOURNIER, G., *Le château dans la France médiévale*, Paris, Aubier Montaigne, 1978.

HÉLIOT, P., "Sur les résidences princières bâties en France du Xe au XIIe siècle", *Le Moyen Âge*, 4ª s., X (1955), pp. 27-61, 291 ss.

______, "Les origines du donjon résidentiel et les donjons-palais romans de France et d'Angleterre", *Cahiers de civilisation médiévale*, XVII, Poitiers (1974), pp. 217-34.

______, "Nouvelles remarques sur les palais épiscopaux et princiers de l'époque romance en France", *Francia* IV (1976), pp. 139 ss.

"Les fortifications de terre en Europe occidentale du Xe au XIIe siècle (colloque de Caen, 2-5 octobre 1980)", *Archéologie médiévale*, XI (1981), pp. 5-123.

LORREN, C., "La demeure seigneuriale de Rubercy (milieu XIIe début XIIIe)", *Château-Gaillard*, VIII, Caen (1977), pp. 185-92.

MORTET, V., *Recueil de textes relatifs à l'histoire de l'architecture et à la condition des architectes en France au Moyen Âge* (*Collection de textes pour servir à l'étude et à l'enseignement de l'histoire*), Paris, Picard, 1911.

PESEZ, J.-M. e Piponnier, E, "Les maisons fortes bourguignonnes", *Château-Gaillard*, V, Caen (1972), pp. 143-64.

VAN DE WALLE, A., "Le château des comtes de Flandre à Gand: quelques problèmes archéologiques", *Château-Gaillard*, I, Caen, pp. 163-69.

2. *TESTEMUNHOS DA LITERATURA*

FONTES

Os textos evocados na parte "Ficções" são numerosos: para o essencial, foram explorados os romances de Tristão e Isolda, os de Chrétien de Troyes (*Cligès, Érec et Énide, Le chevalier à la charrette, Le chevalier au lion)*, os *Lais* de Marie de France, narrativas arturianas em prosa como *La quête du Saint-Graal* e *La mort le roi Artu*, o *Roman de la Rose*, o *Roman de Flamenca*, os *fabliaux*, enfim canções de fiar. Outros textos, talvez menos conhecidos, revelaram-se fontes particularmente generosas: assim, romances como *Guillaume de Dole, L'escoufle, La Manekine,* mas igualmente novelas como *La châtelaine de Vergi*, a *La fille du comte de Pontieu*, o *Lai du blanc chevalier*, o *Dit du prunier.* Textos normativos, por exemplo, *Le chastoiement des dames* de Robert de Blois e o *Livre pour l'enseignement de ses filles* do cavaleiro de La Tour Landry, vieram acrescentar-se aos *Quinze joyes de mariage* e aos *Les évangiles des quenouilles.*

Para qualquer esclarecimento referente aos textos citados, cf. Robert Bossuat, *Manuel bibliographique de la littérature française du Moyen Âge* (obras relacionadas até 1960), Librairie d'Argences, ou ainda, o *Dictionnaire des lettres françaises. Le Moyen Âge*, edição totalmente revista e atualizada sob a direção de Geneviève Hasenohr e Michel Zink, Paris, Fayard, 1992.

OBRAS E ARTIGOS

BAUMGARTNER, E., *L'arbre et le pain, essai sur la queste del Saint Graal*, Paris, Sedes, 1981.

BEZZOLA, R., "Les neveux", *Mélanges Frappier*, Genebra, Droz, 1970.

BOHLER D., "L'honneur des femmes et le regard public: l'accusé et son juge. Une étude de cas: *Le livre du chevalier de La Tour Landry*, 1371", *Das Oeffentliche und Private in der Vormoderne*, ed. Gert Melville e Peter von Moos, Colônia, Weimar, Viena, 1998, p. 41-433.

______, "Le moi et le temps chez les femmes mystiques du Moyan Âge", *Colloque d'Orléans Le temps, sa mesure et sa perception au Moyan Âge*, 1991, Caen, Paradigme. 1992, pp. 215-28.

______, "Le savoir des mères, le secret des soeurs et le devenir des héros", *Arthurian literature and gender*, dir. Fr. Wolfzettel, Amsterdam Rodopi, 1995, pp. 4-25.

DRAGONETTI, R., "Pygmalion ou les pièges de la fiction dans le *Roman de la Rose*", *Mélanges Bezzola*, Berna, Francke, 1978.

HASENOHR, G., "La vie quotidienne de la femme vue par l'Eglise: l'enseignement des 'journées chrétiennes' de la fin du Moyen Âge", *Atas* do Congresso de Krems, 1984, *Frau und spätmittelalterlicher Alltag*, Viena, 1986, pp. 19-101.

JAMES-RAOUL, D., *La parole empêchée dans la littérature arthurienne*, Paris, Champion, 1997.

LAURIOUX, B., "De l'usage des épices dans l'alimentation médiévale", *Médiévales*, 5 de novembro de 1983.

LORCIN, M. T., "Le corps a ses raisons dans les fabliaux: corps féminin, corps masculin, corps de vilain", *Le Moyen Âge*, 3-4 (1984).

MARCHELLO-NIZIA, C., "L'historien et son prologue: forme littéraire et stratégies discursives", *La chronique et l'histoire au Moyen Âge*, textos reunidos por D. Poirion, Presses universitaires de Paris-Sorbonne, 1984.

______, "Le roman du Châtelain de Coucy et de la Dame de Fayel", *Perspectives médiévales*, 3 (1977).

______, "La rhétorique des songes et le songe comme rhétorique dans la littérature française médiévale", Atas do colóquio "Les songes au Moyen Âge", Roma (out. 1983).

______, "Entre l'histoire et la poétique, le 'songe politique'", *Revue des sciences humaines, Moyen Âge flamboyant* (1981-3).

______, "Amour courtois, société masculine et figures du pouvoir", *Annales ESC, 36 (1981), pp. 969-82.*

MÉNARD, P., *Les fabliaux. Contes à rire du Moyen Âge*, Paris, PUF, 1983.

MONFRIN, J., "Joinville et la prise de Damiette", *Académie des inscriptions et belle lettres*, relatório das sessões do ano 1976, Paris, Klincksieck, 1976.

PASTOUREAU, M., "Et puis vint le bleu...", *Europe, le Moyen Âge maintenant* (out. 1983).

PERRET, M., "... À la fin de sua vie ne fuz-je mie" (Joinville), *Revue des sciences humaines, Moyen Âge flamboyant* (1981-3).

POIRION, D., *Le poète et le prince. L'évolution du lyrisme courtois de Guillaume de Machaut à Charles d'Orléans*, Paris, PUF, 1965.

______, "Le temps perdu et retrouvé... au XVe siècle", *Revue des sciences humaines, Moyen Âge flamboyant* (1981-3).

POUCHELLE, M.-C., *Corps et chirurgie à l'apogée du Moyen Âge*, Paris, Flammarion, 1983.

ZINK, M., "Musique et subjectivité. La passage de la chanson d'amour à la poésie personnelle au XIIIe siècle", *Cahiers de civilisation médiévale* (jul.-dez. 1982).

______, *La subjectivité littéraire autour du siècle de Saint Louis*, Paris, PUF, 1985.

3. SÉCULOS XIV-XV

A. A Toscana

Além dos documentos inéditos conservados nos arquivos de Florença, foram utilizadas as seguintes fontes impressas:

Acta Sanctorum, fevereiro III, pp. 298-357 (Margherita de Cortona); abril II, pp. 792-812 (Agnes de Montepulciano); abril III, pp. 851 ss. (Catarina de Siena).

ALBERTI, L. B., *I libri della famiglia*, Ruggero Romano e Alberto Tenenti ed., Turim, 1969.

______, *De re aedificatoria*, trad. italiana Cosimo Battoli, Florença, 1550.

ANTONINO DE FLORENÇA (santo), *Opera a ben vivere*, "Biblioteca del santi", Milão, 1926, t. XI.

BARBARO, F., *De re uxoria*, in *Prosatori latini del Quattrocento, La letteratura italiana, storia et testi*, ed. E. Garin, Milão-Nápoles, 1952, t. XIII, pp. 101-37.

BERNARDINO DE SIENA (santo), *Le prediche volgari*, ed. Piero Bargellini, Milão-Roma, 1936.

BOCCACCIO, *Decameron*, in *La letteratura italiana* [...], op. cit., t. VIII, pp. 3-764.

______, *L'elegia di madonna Fiammetta*, ibid., pp. 1060-217.

BRUCKER, G., *Firenze nel Rinascimento*, Florença, "Documenti", 1980, pp. 233-399.

DALLARI, U., "Lo statuto suntuario bolognese del 1401 e il registro delle vesti bollate", *Atti e Memorie della R. deputazione di storia patria per le provincie di Romagna*, série III, t. IV (1889), pp. 1-44.

DOMINICI, G., *Regola del governo di cura familiare*, ed. D. Salvi, Florença, 1860.

FRANCESCO DI BARBERINO, *Reggimento e costumi di donna*, ed. crítica de G. E. Sansone, Turim, 1957.

GIORDANO DA PISA, *Prediche del beato fra G. da Rivalto dell'ordine de' predicatori, recitate in Firenze dal MCCCII al MCCCVI*, ed. D. Moreni, 2 vols., Florença, 1831.

GIOVANNI *(ser), Il Pecorone*, "Classici italiani minori", Ravena, 1974.

LENZI, M. L., *Donne e madonne, l'educazione femminile nel primo Rinascimento italiano*, Turim, 1982.

Le lettere di Marguerita Datini a Francesco di Marco (1384-1410), ed. Valeria Rosati, Prato, 1977.

MASUCCIO SALERNITANO, *Il Novellino*, ed. Alfredo Mauro, Bari, 1940.

MAZZEI, L., *Lettere di un notaro a un mercante del secolo* XIV, *con altre lettere e documenti*, ed. Cesare Guasti, 2 vols., Florença, 1880.

MORELLI, G. di P., *Ricordi*, ed. Vittorio Branca, Florença, 1956.

Motti e Facezie del Piovano Arlotto, ed. Gianfranco Polena, Milão--Nápoles, 1953.

PALMIERI, M., *Della vita civile*, "Scrittori politici italiani", 14, Bolonha, 1944.

PAOLINO MINORITA (fra), *Del reggimento della casa* [...], Perugia, 1860.

PAOLO DA CERTALDO, *Libro di bounì costumi*, ed. Alfredo Schiaffini, Florença, 1945.

Paradiso degli Alberti, ritrovi e ragionamenti del 1389, romanzo di Giovanno da Prato, ed. A. Wesselofsky, Bolonha, 1867.

PEROSA, A. *Giovanni Rucellai e il suo zibaldone*, I: *Il Zibaldone quaresimale*, Londres, The Warburg Institute, 1960.

PLATINA, B., *L'ottimo cittadino*, ed. F. Battaglia, Bolonha, 1940.

SACCHETTI, E., *Il Trecentonovelle*, ed. Pernicone, Florença, 1946.

SERCAMBI, G., *Novelle*, "Scrittori d'Italia" (250-251), ed. Giovanni Sinicropi, Bari, 1972.

Statuta communis Parmae, ab anno 1266 ad annum circiter 1304, Parma, 1867.

Statuti della Repubblica fiorentina, ed. R. Caggese, 2 vols., Florença, 1910-1921: *Capitano del popolo, 1322-1323*; Podestà, 1325.

STROZZI, A. "Macinghi", in *Lettere di una gentildonna fiorentina del secolo XV ai figliuoli esuli*, ed. Cesare Guasti, Florença, 1877.

VERDE, A., *Lo studio fiorentino (1473-1503), ricerche e documenti*, III, 2, *Studenti "fanciulli a scuola", 1480*, Pistoia, 1977; pp. 659 ss., *Michael ser Ugolini Vieri;* pp. 759 ss., *Orsinus Johannis Lanfredini.*

zoli, A., *Statuto del secolo XIII del comune di Ravenna*, Ravena 1904.

OBRAS

Archeologia medievale, VII (1980), "Per una storia delle dimore rurale". Atas do colóquio de Cuneo, 8-9 de dezembro de 1979.

BELGRANO, L. T., *Vita privata del genovesi*, Gênova, 1875 (reimp. Roma, 1970).

BELLOMO, M., *Profili della famiglia italiana nell'età del comuni*, 2ª ed., Catânia, 1975.

CHERUBINI, G., *Signori, contadini, borghesi, ricerche sulla società italiana del Basso Medioevo*, Florença, 1974.

______, *"I libri di Ricordanze come fonte storica", Civiltà comunale libro, scrittura, documento*, Gênova, 1989, pp. 567-91.

CIAPPELLI, G., *Uma famiglia e le sue ricordanze: I castellani di Firenze nel Tre-Quattrocento*, Istituto nazionale di studi sul Rinascimento, Florença, 1995.

COGNASSO, F., *L'Italia nel Rinascimento, società e costume*, v. 1, *Vita privata*, Turim, UTET, 1965.

DAVIDSOHN, R., *Storia di Firenze*, trad. italiana, 8 vols., Florença, 1956-1968.

DELORT, R., *Le Moyen Âge. Histoire illustrée de la vie quotidienne*, Paris, Seuil, 1983.

FRATI, I., *LA VITA PRIVATA DI BOLOGNA*, BOLONHA, 1900.

GOLDTHWAITE, R., "The Florentine palace as domestic architecture", *The American Historical Review*, 77 (1972), pp. 977-1012.

HEERS, J., *Le clan familial au Moyen Âge*, Paris, PUF, 1974.

______, *Esclaves et domestiques au Moyen Âge dans le monde méditerranéen*, Paris, Fayard, 1981.

HERLIHY, D. e Klapisch-Zuber, C., *Les toscans et leurs familles. Une étude sur le "catasto" florentin de 1427*, Paris, Fondation Nationale des Sciences Politiques, 1978.

KENT, F. W., *Household and lineage in renaissance Florence, the family life of the Capponi, Ginori and Rucellai*, Princeton, 1978.

KLAPISCH-ZUBER, Ch., *La maison et le nom. Statégies et rituels dans l'Italie de la Renaissance* (compilação de artigos). Bibliothèque de l'École des Hautes Études em Sciences Sociales, Paris, 1990. La Roncière, Ch. M. de, "Une patricienne florentine entre vie privée et vie publique, Alessandra Macinghi, veuve Strozzi, face à l'exil de ses fils", *Das Offentliche und Private in der Vormoderne*, ed. G. Melville e P. Von Moos, Böhlau Verlag, Weimar, Viena, 1998, pp. 671-86.

Marriage in Italy, 1300-1650, ed. T. Dean e K. J. P. Lowe, 1998, 304 p.

MAZZI, M. S. e Raveggi, S., *Gli uomini e le cose nelle campagne fiorentine del Quattrocento*, Florença, 1983.

MOLHO, A., *Marriage alliance in late medieval Florence*, Harvard University Press, Cambridge (Mass.) e Londres, 1994.

MOLMENTI, P., *La storia di Venezia nalla vita privata*, I: *La grandezza*, Bergamo, 1905.

ROSENTHAL, E., "The position of women in Renaissance Florence: neither autonomy nor subjection", *Florence and Italy Renaissance studies in honor of Nicolai Rubinstein*, P. Denley e C. Elam ed., Londres, 1988, pp. 369-81.

SCHIAPARELLI, A., *La casa fiorentina e i suoi arredi nei secoli XIV e XV*, Florença, Sansoni, 1908.

STROCCHIA, S., "La famiglia patrizia fiorentina nel secolo XV: la problematica della donna", *Palazzo Strozzi, Metà Millenio, 1489-1989*, Roma, Istituto dell'Enciclopedia italiana, 1991, pp. 126-137.

TAMASSIA, N., *La famiglia italiana nei secoli Decimoquinto e Decimosesto*, Milão-Palermo-Nápoles, 1910 (reimp. Roma, 1971).

ZDEKAUER, L. *La vita privata del Senesi nel Dugento*, Siena, 1896.

B. O ESPAÇO PRIVADO

BARDET, J. P.; CHAUNU, P.; DÉSERT, G.; GOUHIER, P.; e NEVEUX, H., *Le Bâtiment. Enquête d'histoire économique, XIVe-XIXe siècle*, I, *Maisons rurales et urbaines dans la France traditionnelle*, Paris-Haia, Mouton, 1971.

"Bauernhaus" (artigo) no *Lexikon des Mittelalters*, I, Munique, 1980.

BOÜARD, M. de, op. cit.

CHAPELOT, J. e FOSSIER, R., *Le village et la maison au Moyen Âge*, Paris, Hachette, col. Bibliothèque d'archéologie, 1979.

CHEVALIER, B., *Les bonnes villes de France du XIVe au XVIe siècle*, Paris, Aubier-Montaigne, 1982.

CONTAMINE, P., *La vie quotidienne pendant la guerre de Cent Ans, France et Angleterre, XIVe siècle*, 2ª ed., Paris, Hachette, col. Vies quotidiennes, 1978.

DEMIANS D'ARCHIMBAUD, G., *Les fouilles de Rougiers (Var)*, Paris, cnrs, 1982.

EAMES, P., *Furniture in England, France and the Netherlands from the twelfth to the fifteenth century*, Londres, 1977.

GONON, M., *La vie familiale en Forez au XIVe siècle et son vocabulaire d'après les testaments*, Universidade de Lyon, 1961.

HERLIHY, D. e Klapisch-Zuber, C., op. cit.

HERVIER, D., *Une famille parisienne à l'aube de la Renaissance. Pierre le gendre et son inventaire après décès. Etude historique et méthodologique*, Paris, Champion, 1977.

LEGUAY, J. P., *La rue au Moyen Âge*, Rennes, Ouest-France, col. De mémoire d'homme, 1984.

LEHOUX, F., *Le cadre de vie des médecins parisiens aux XVIe et XVIIe siècles*, Paris, Picard, 1976.

LE ROY LADURIE, E., *Montaillou, village occitan, de 1294 à 1324*, Paris, Gallimard, col. Bibliothèque des Histoires, nova ed. 1982.

La maison de ville, coletivo, sob a direção de J. Guillaume, Paris, 1984.

PESEZ, J.-M., "Une maison villageoise au XIVE siècle: les structures", *Rotterdam Papers*, 2, Roterdã (1975), pp. 139-50.

PIPONNIER, E., "Une maison villageoise au XIVe siècle: le mobilier", *Rotterdam Papers*, 2, Roterdã (1975), pp. 151-70.

QUENEDEY, R., *"L'habitation rouennaise. Études d'histoire, de géographie et d'archéologie urbaines*, Rouen, 1926.

ROUX, S., *La maison dans l'histoire*, Paris, Albin Michel, 1976.

WOOD, M., *The English medieval house*, Londres, 1965.

C. EMERGÊNCIA DO INDIVÍDUO (ESPECIALMENTE NO DOMÍNIO GERMÂNICO)

APPUHN, H., "Das private Andachtsbild im Mittelalter am Hande der Funde des Klosters Wienhausen", *Leben in der*

Stadt des Spätmittelalters, Viena, 1977, pp. 159-69.

BAUDRILLART, H., *Histoire du luxe public et privé de l'Antiquité à nos jours*, Paris, 1880.

BEYER-FRÖLICH, M., *Die Entwickelung der deutschen Selbstzeugnisse*, Munique, 1930.

BUCHNER, E., *Das deutsche Bildnis der Spätgotik und der frühen Dürerzeit*, Berlim, 1953.

Cohen, K., *Metamorphosis of the death symbol*, Londres, 1973.

Le diable au Moyen Âge, série "Sénéfiance", nº 6, CUERMA, Aix-en--Provence, 1979.

DINFELBACHER, P., *Vision und Visionsliteratur im Mittelalter*, Stuttgart, 1981.

EISENBART, L. C., *Kleiderordnungen der deustschen Städte zwischen 1350 und 1700*, Göttingen, 1962.

ERICKSON, C, *The medieval vision. Essays in history and perception*, Oxford, 1976.

Études sur la sensibilité au Moyen Âge, Actes du 102ᵉ Congrès national des sociétés savantes (Limoges, 1977), Paris, 1980.

Faire croire, EFR 51, 1981.

FINK, A., *M. und K. V. Schwarzsehe Trachtenbücher*, Berlim, 1963.

FREY, D., *Kunstwissenschaftliche Grundfragen*, 1946 (reed. Darmstadt, 1972).

GMELIN, H., "Personendarstellungen bei den florentinischen Geschitsschreibern der Renaissance", *Beiträge zur Kulturgeschichte des Mittelalters uns der Renaissance*, 31, 1927 (reed. 1973).

GUGLIELMINETTI, M., *Memoria e scrittura. L'autobiografia da Dante a Cellini*, Milão, col. Piccola Biblioteca Einaudi, 199, 1977.

HEYNE, M., *Fünf Bücher deutscher Hausaltertümer, III, Körperpflege und Kleidung*, Leipzig, 1903.

HINZ, B., *Das Ehepaarbildnis. Seine Geschichte vom 15. bis zum 17. Jahrhundert*, tese, Münster, 1969.

IMHOF, A. E., *Der Mensch und sein Körper von der Antike bis Heute*, Munique, 1983.

KRIEGK, G. L., *Deutsches Bürgertum im Mittelalter*, Frankfurt-am--Main, 1868-1871.

LE ROY LADURIE, E., op. cit.

MISCH, G., *Geschichte der Autobiographie*, Frankfurt-am-Main, 1949-1955.

MURNER, T., *Die Badefahrt, mit Erläuterungen über das altdeutsche Badewesen*, ed. E. Mart, Estrasburgo, 1887.

PAYEN, J. C., *Littérature française, le Moyen Âge*, vol. 1, Paris, Arthaud, 1970.

POIRION, R., *Littérature française, le Moyen Âge*, vol. 2, Paris, Arthaud, 1970.

POST, P., *Die französich-niederländische Männertracht 1350-1475*, tese, Halle, 1910.

La prière au Moyen Âge, série "Sénéfiance" nº 10, CUERMA, Aix--en-Provence, 1981.

500 Jahre Rosenkranz: Kunst und Frömmigkeit im Spätmittelalter, Colônia, 1976.

SCHEFFLET, W., "Die Porträits der deutschen Kaiser und Könige im späteren Mittelalter (1292-1519)", *Repertorium für Kunstwissenschaft* 33 (1910).

SCHULTZ, A., *Deutsches Leben im 14 und 15. Jahrhundert*, Viena, 1892.

SUCKALE, R., *Arma Christi*, "Uberlegungen zur Zeichenhaftigkeit mittelalterlicher Andachtsbilder", Städelsches Jahrbuch 6 (1977), pp. 177-200.

VOGT, K., *Italienische Berichte aus dem spätmittelalterlichen Deuschland, von Francesco Petrarca zu Andrea de' Franceschi (1333-1492)*, "Kieler Historische Studien", vol. XVII, 1973.

VOGT, M., "Beiträge zur Geschichte der Visionenliteratur im Mittelalter", *Palestra*, 146 (1924).

ZOEPF, L., "Die Mystikerin Margaretha ebner (1291-1351)", *Beiträge zur Kulturgeschichte des Mittelalters und der Renaissance*, 16 (1914).

WAAS, A., *Der Mensch im deutschen Mittelater*, Colônia, 1964.

(N. B.: EFR: Escola Francesa de Roma.)

ÍNDICE REMISSIVO

As referências às ilustrações estão compostas em *grifo*

bigamia, 297, 302

CRÉDITOS DAS ILUSTRAÇÕES

Aerofilms, Londres: 394. — R. Agache: 55, 70b. — Bildarchiv Foto, Marburg: 88, 93, 123, 139, 145, 153. — Bildarchiv Preussischer Kulturbesitz, Berlim (fotos J. P. Anders): 189, 218, 227, 251, 252, 531, 537, 610. — Bulloz: 76-77, 367, 431, 461, 484, 563, 581, 605. — A. Chatelain: 400b, 401, 405, 416ab. — G. Dagli Orti: 103, 134, 165, 173, 174, 175, 176, 197, 247, 253, 305, 325, 327b, 337b, 339, 360, 379, 419, 420, 517, 528ab, 529, 532, 534a, 545b, 549ab, 556, 557, 564, 566, 585, 586, 587, 600, 6l4ab. — F. Garnier: 16, 46, 65, 81, 142, 147, 151, 486, 491a, 525. — Giraudon: 224, 298, 312, 320, 323, 331, 337a, 341; CFL: 346, 376, 383, 459, 491b, 492, 497, 502, 514, 515, 518, 519, 521, 542ab, 552a, 553a, 554ab, 560, 573, 574, 578, 582, 601, 603; Alinari-Giraudon: 177, 180, 181, 182a, 186a, 187, 190, 191, 192, 195ab, 217, 222, 231, 234, 269, 274, 286, 292, 293, 524, 533, 552b, 553b, 607; Anderson-Giraudon: 18, 169, 179a, 182d, 183, 185, 186b, 188ab, 193, 199, 221, 225, 230, 235, 240, 259, 268, 270, 273, 275, 276, 277, 279, 283, 287, 295, 304, 306-307, 308, 534b, 544, 545a, 577, 618; Bridgeman-Giraudon: 254, 590; Brogi-Giraudon: 182bc; Bruckmann-Giraudon: 535, 555, 611; Hanfstaengl-Giraudon: 535; Lauros-Giraudon: 576a, 615. — R. Goguey, Dijon: 411. — M. Langrognet: 178, 180b, 194, 198, 200, 202, 204, 238, 239, 302. — MAS, Barcelona: 92. — Rapho/J.-M. Charles: 407. — Réunion des Musées nationaux, Paris: 219, 226, 249, 284, 290, 322, 414, 504, 540, 569, 575, 612, 613. — Roger-Viollet: 309, 456, 457, 558, 591; Anderson-Viollet: 260, 272, 561. - J. Roubier: 51, 57b, 403, 409a, 506, 520. — G. Saint-Yrieix: 410. — Scala, Florença: 166, 167, 170, 196, 208, 211, 233, 245, 271, 282, 285, 291. — Studio M. Delcroix: 334. — J. Vigne: 389, 487. — YAN: 84a, 89, 435. — Zodiaque: 56, 57ac, 480. Archives de la Drôme: 45, 87, 422ab, 423. — Archives départementales de Meurthe-et-Moselle: 157. — Archives départementales du Nord: 156. — Archives départementales de l'Oise: 441. — Archives de Poitiers (fotos A. Maulny): 475. — Archives nationales/Seuil: 432. — Bibliothèque municipale, Avignon: 472. — Bibliothèque municipale, Carcassonne: 333. — Bibliothèque nationale, Paris: 6-7, 50, 73, 101, 115, 117, 135, 136, 158, 162, 206, 210, 216, 220, 244, 255, 265, 296, 314, 315, 318, 321, 324, 326, 327a, 329, 345, 347, 349, 351, 353, 356, 361, 363, 364, 365, 368, 371, 372, 373, 377, 378, 380, 381ab, 382, 384, 390, 391, 392, 424, 425, 429, 430, 433ab, 434, 437, 439, 443, 460, 462, 464, 476, 489, 493ab, 495, 498, 499, 501, 510, 511, 512, 513, 516, 523, 538, 546, 562, 565, 568, 570, 571, 576b, 584, 588, 589, 592, 593, 604, 606, 608. — Bibliothèque nationale/Seuil: 468, 469, 470, 471, 479, 594, 595, 596, 597, 598, 599. — CAHMGI, Grenoble: 79a, 83, 85ab. — Centre d'études supérieures de civilisation médiévale, Poitiers: 111. — CNMH/SPADEM (fotos J. Feuillie): 57d, 65b; (fotos Lefevre-

-Pontalis): 154; (CNMH/SPADEM): 66, 97, 110, 400a, 507. — CRAM, Caen: 71, 396, 398, 399, 404. — EHESS: 452, 453, 505a. — IRHT, Orléans: 59a, 60, 61, 62, 63, 64, 67a, 91ab, 95, 100, 125, 132, 133, 137, 152abcd. — Laboratoire d'archéologie médiévale méditerranéenne, Aix-en-Provence: 70a, 78, 79b, 412. — Musées d'Arles: 86. — Arquivos dos autores: 54, 409b, 482. — Archives Seuil: 436, 536, 550, 551. Bibliothèque royale, Bruxelas: 59b, 68, 90. — Bibliothèque de l'université, Gand: 548. — Staats und Univeisitats Bibliothek, Göttingen: 126. — Bibliothèque de l'université, Liège: 363. — Biblioteca Trivulziana, Milão: 293. — Bayerische Staatsbibliothek. Munique: 332. — Pierpont Morgan Library, Nova York: 48, 454. — Stifsbibliothek, Sankt-Gallen: 53. — Bildarchiv Osterreichische Nationalbibliothek, Viena: 500. — Offentliche Kunstsammlung, Basileia: 541, 572. — Kunstinstitut, Ftankfurt-am-Main: 197b. — Galerie Thyssen, Lugano: 567. — Museu cívico, Turim: 530. — Museu do Castelo, Weimar (foto E. Renno): 559.

Ilustrações em cores: 12, Edimédia © Archives Snark. — 2, 4, 6, 7, 8, 9, 11, 13, 14, 15, 16, G. Dagli Orti. — 1, 3, 10, Giraudon. — 5, Scala.

Páginas de guarda: Ambrogio Lorenzetti, *Os efeitos do bom governo na cidade*, 1338-1341, Siena, Palazzo pubblico. Foto G. Dagli Orti.

Os autores gostariam de agradecer aos srs. Michel de Boüard, Michel Fixot e Jean-Marie Pesez, que generosamente colocaram à disposição documentos preciosos.

Direção: Jean-Robert Masson

Iconografia: Claude Simion e Anne Wolff
Árvore genealógica: Véronique Cezard
Capa e guardas: Janine Lescarmontier
Paginação: Gaëtane Miletti e Anne Wolff

Composição: Editora Página Viva
Impressão: Geográfica, em junho de 2013

FSC
www.fsc.org
MISTO
Papel produzido a partir de fontes responsáveis
FSC® C019498

A marca FSC® é a garantia de que a madeira utilizada na fabricação do papel deste livro provém de florestas que foram gerenciadas de maneira ambientalmente correta, socialmente justa e economicamente viável, além de outras fontes de origem controlada.